suhrkamp taschenbuch
wissenschaft 1431

W0177694

Der am Beginn dieses Jahrhunderts in die Wege geleitete Versuch, den Bereich des sprachlich Sinnvollen auf formale und in diesem Sinne ›technische‹ Weise abzugrenzen und ihn damit kalkülmäßig zu beherrschen, ist aus präzise angebbaren Gründen zum Scheitern verurteilt, und es ist sprachphilosophisch höchst aufschlußreich und für die Geisteswissenschaften von größtem Belang, diese Gründe im einzelnen zu studieren. Die Kompetenz, Sinn von Unsinn zu unterscheiden, läßt sich nicht als eine allein ›rechnende‹, formale oder schematische Kompetenz rekonstruieren; die natürliche Sprache ist kein Kalkül, obwohl sie wichtige Aspekte hat, die sich angemessen so darstellen lassen. Die nichttechnische Fähigkeit zur spontanen, von Regeln nicht geleiteten Handlung, die im Titel mit dem Wort ›Phantasie‹ angedeutet ist, durchsetzt sie – die natürliche Sprache – sogar so, daß auch das Formale an ihrer strukturellen Seite nur dann richtig verstanden werden kann, wenn die Rolle der spontanen Handlung stets mitgedacht wird. Zugleich gilt umgekehrt, daß man dem besonderen Charakter der *sprachlichen* Ausprägung der Phantasie nur gerecht werden kann, wenn man sie zur formalen, kalkülhaften Seite der Sprache in Beziehung setzt.

Hans Julius Schneider, geb. 1944, ist seit 1997 Professor für Systematische Philosophie an der Universität Potsdam (zuvor, ab 1983, in Erlangen). Veröffentlichungen u. a.: *Pragmatik als Basis von Semantik und Syntax*, 1975; *Über das Schweigen der Philosophie zu den Lebensproblemen*, 1979; (Hg.) *Metapher, Kognition, Künstliche Intelligenz*, 1996; (Hg. mit Matthias Kroß) *Mit Sprache spielen. Die Ordnungen und das Offene nach Wittgenstein*, 1999. Mitherausgeber der *Deutschen Zeitschrift für Philosophie*.

Hans Julius Schneider
Phantasie und Kalkül

Über die Polarität
von Handlung und Struktur
in der Sprache

Suhrkamp

Die Deutsche Bibliothek – CIP-Einheitsaufnahme
Schneider, Hans Julius:
Phantasie und Kalkül :
über die Polarität von Handlung und Struktur
in der Sprache /
Hans Julius Schneider. –
1. Aufl. – Frankfurt am Main : Suhrkamp, 1999
(Suhrkamp-Taschenbuch Wissenschaft ; 1431)
ISBN 3-518-29031-2

suhrkamp taschenbuch wissenschaft 1431
Erste Auflage 1999
© Suhrkamp Verlag Frankfurt am Main 1992
Suhrkamp Taschenbuch Verlag
Druck: Wagner GmbH, Nördlingen
Printed in Germany
Umschlag nach Entwürfen von
Willy Fleckhaus und Rolf Staudt

1 2 3 4 5 6 – 04 03 02 01 00 99

>Es ist, als hätten wir uns eingebildet, das Wesentliche am lebenden Menschen sei die äußere Gestalt, und hätten nun einen Holzblock von dieser Gestalt hergestellt und sähen mit Beschämung den toten Klotz, der auch keine Ähnlichkeit mit einem Lebewesen hat.«

Ludwig Wittgenstein (1953 § 430)

Inhalt

*Gewidmet meinen Lehrern –
im weitesten Sinne des Wortes*

Vorwort zur Taschenbuchausgabe

Der Text der vorliegenden Ausgabe, mit der der Verlag das Buch dankenswerterweise auch für Studenten erschwinglich macht, ist unverändert geblieben, von der Korrektur einiger Druckfehler abgesehen, für deren Entdeckung ich vor allem Herrn Henning Moritz mit seinen erstaunlichen Adleraugen danken möchte.

Was an Leserstimmen zu mir gelangt ist, veranlaßt mich zu dem folgenden Hinweis: Das systematische Zentrum des Buches bilden die Kapitel III und IV. Das Frege-Kapitel entwirft die Kalkül-Sicht auf die Sprache, deren Grenzen (bei einem zugestandenen relativen Recht) dann das nächste Kapitel aufweist. Folglich enthält das Wittgenstein-Kapitel die positiven Thesen des Buches, die angebotenen Lösungen für die erörterten Probleme. Leser und Leserinnen, die vor komplexeren Argumentationen zu Fragen der logischen Form zunächst noch zurückschrecken, können deshalb die Lektüre getrost mit dem Wittgenstein-Kapitel beginnen, um dann (in Kenntnis der vorgeschlagenen Antworten) die vorher behandelten Fragen leichter nachzuvollziehen.

Die normativ-pragmatische Grundorientierung des vorliegenden Buches, die Auffassung darüber, welcher terminologische Bereich in der Sprachphilosophie die erklärende Rolle spielen kann und welche Wörter mit seiner Hilfe erklärt werden müssen, teilt das vorliegende Werk mit Robert B. Brandoms wichtigem Buch »Making it Explicit«, das zwei Jahre nach »Phantasie und Kalkül« erschienen ist und nun bald auf deutsch vorliegen soll. Der Einschätzung Brandoms, der hier vorgelegte Ansatz sei zwar weniger ›theorieförmig‹ als sein eigener, er vermeide aber auch das andere Extrem, das wittgensteinische ›therapeutische Schweigen‹, kann ich mühelos zustimmen. Darüber hinaus aber wünsche ich mir von den LeserInnen, daß Sie mir darin folgen, die schöpferische Seite als einen konstitutiven Bestandteil der Sprachfähigkeit wichtig zu nehmen. Daraus ergibt sich dann auch eine Ausweitung dessen, was es heißt, sich einen Zusammenhang ›theoretisch‹ durchsichtig zu machen.

Potsdam, Februar 1999

Vorwort

Verschiedenen Institutionen und Personen möchte ich hier Dank abstatten für ihre Anteile am Zustandekommen des vorliegenden Buches: Der Deutschen Forschungsgemeinschaft, die es mit einem Heisenberg-Stipendium ermöglicht hat, in einer nicht von den Zwängen des wissenschaftlichen Selbst-Management geprägten Atmosphäre das Fundament zu legen, und dem *British Council*, der im Rahmen seines *Academic Links and Interchange Scheme* mehrere Reisen nach Oxford unterstützt hat. Dafür, daß sie größere oder kleinere Teile von früheren Fassungen des vorliegenden Textes kritisch gelesen und mir so mit Nachfragen und Hinweisen geholfen haben, danke ich G.P. Baker, M. Dummett, F. Kambartel, P. Lorenzen, W.J. Meyer, Ch. Thiel, H.G. Ulrich und W. Zitterbarth. Es versteht sich, daß keiner der genannten Gesprächspartner mit dem Resultat ganz einverstanden sein wird; und die Verantwortung für die verbleibenden Mängel trägt der Autor allein.

Für die Leser meines früheren Buches ›Pragmatik als Basis von Semantik und Syntax‹ (1975) sei angemerkt, daß ich mit seiner programmatischen Titel-Aussage noch immer ganz einverstanden bin. Nur hat sich inzwischen gezeigt, daß der damals aufgestellte, einen kurzen Marsch versprechende Wegweiser ›Sprechakttheorie + pragmatisch verstandene Logik, *und so weiter* = universale Prinzipienlehre sprachlichen Handelns‹ die wahren Verhältnisse in ihrer Komplexität und unaufhebbaren Vielfalt gewaltig unterschätzt. Wohin die notwendige Ausgestaltung des »*und so weiter*« im einzelnen führt, läßt sich im Folgenden nachlesen; als kurzer Einstieg in die Problemstellung (besonders für Sprachwissenschaftler) und als Ergänzung ist das frühere Buch aber durchaus noch geeignet.

Wenn ich dies neue Buch nun trotz seiner unausweichlichen Unvollkommenheiten doch wie ein halbwegs erwachsen gewordenes Kind ziehen lasse, ist das von Gefühlen der Erleichterung und gleichzeitig des Bedauerns begleitet: Erleichterung darüber, daß all jenen, die Hoffnung darin gesetzt hatten, schließlich ein Ganzes vorgelegt werden kann, dessen Gestalt es dem Urheber für diesen Moment erlaubt zu sagen *manum de tabula*; Hände weg, denn weitere Verbesserungsversuche würden es verderben. Bedauern darüber, daß die anregende Abenteuerreise seiner Entstehung beendet ist, mit ihren steilen Strecken und unverhofften Ausblicken. Soll zuguterletzt ein Argument öffentlich vorgelegt, das Gespräch fortgesetzt werden, läßt sich das Hinausschieben des Schlußpunktes nicht mehr durch die Bemerkung Wittgensteins rechtfertigen »Im Rennen der Philosophie gewinnt, wer am langsamsten laufen kann. Oder: der, der das Ziel zuletzt erreicht.« (1977, S. 71) Das Wort hat nun die Leserin*; der Weg ist das Ziel.

---

* Obwohl ich den Hinweis ernst nehme, es sei gravierend, in Texten als Frau immer wieder nicht angesprochen zu sein, konnte ich mich zu einer entsprechenden Veränderung meines zunächst naiv-muttersprachlich verfaßten Manuskripts nicht durchringen: Das Resultat meiner Versuche war so unästhetisch wie ein mißglückter Handkuß. Ich versichere deshalb an dieser Stelle, daß ich Leserinnen und Leser gleichermaßen ansprechen möchte, und lasse der überkommenen Grammatik ihren Lauf.

1. Einleitung

Die These dieses Buches lautet, auf ihre allgemeinste Form gebracht, daß der am Beginn dieses Jahrhunderts in die Wege geleitete Versuch, den Bereich des sprachlich Sinnvollen auf formale und in diesem Sinne ›technische‹ Weise abzugrenzen und ihn damit zu beherrschen, aus präzise angebbaren Gründen zum Scheitern verurteilt ist, und daß es sprachphilosophisch aufschlußreich und allgemein für die Geisteswissenschaften von größtem Belang ist, diese Gründe im einzelnen zu studieren, statt sich mit vagen Gefühlen des Mißtrauens zu begnügen. Die Kompetenz, Sinn von Unsinn zu unterscheiden, läßt sich nicht als eine formale, schematische Kompetenz rekonstruieren; die natürliche Sprache ist kein Kalkül, obwohl sie wichtige Aspekte hat, die sich angemessen so darstellen lassen. Die nicht-technische Fähigkeit zur spontanen, von Regeln nicht geleiteten Handlung, die im Titel mit dem Wort ›Phantasie‹ angedeutet ist, durchsetzt die Sprache vielmehr so, daß auch das Formale an ihrer strukturellen Seite nur dann richtig verstanden werden kann, wenn die Rolle der spontanen Handlung stets mitbedacht wird. Und zugleich gilt umgekehrt, daß man dem besonderen Charakter der *sprachlichen* Ausprägung der Phantasie nur gerecht werden kann, wenn man sie zur formalen, kalkülhaften Seite der Sprache in Beziehung setzt. Dieses Verschränkungsverhältnis, das es nicht gestattet, die eine Seite gegen die andere auszuspielen, ist im Titel mit dem Ausdruck ›Polarität‹ angedeutet. Diese Polarität zu übersehen oder zu mißachten, führt zu gravierenden Fehldeutungen in den Versuchen, die geistige Seite unserer Handlungen zu verstehen.[1]

---

1 Vgl. dazu Bruner 1990, wo die einseitige Ausrichtung beschrieben wird, die die ›kognitive Wende‹ in der Psychologie genommen hat, weil sie sich von der Computer-Metapher als Leitvorstellung für alles Geistige hat faszinieren lassen.

1. Die Idee der Sprachanalyse und das Projekt einer formalen Beherrschung des Sinnes

Der Gedanke, es könnte gelingen, den Bereich des sprachlich Sinnvollen mit formalen Mitteln und in diesem Sinne ›technisch‹ abzustecken, legt sich nahe, wenn man ein bestimmtes Verständnis der Möglichkeit einer ›Analyse‹ der Sprache zugrundelegt, das sich wie folgt charakterisieren läßt. Jeder weiß, daß man Wörter, insbesondere wissenschaftliche Termini, definieren kann. So sagt man schon alltagssprachlich, der Ausdruck ›Schimmel‹ sei definiert durch den komplexen Ausdruck ›weißes Pferd‹, und die Religionswissenschaft lehrt uns z. B., daß der Ausdruck ›Schamane‹ definiert ist durch die Bestimmung, er bezeichne eine Person mit übernatürlichen Kräften, die ihr in der Ekstase von den Geistern verliehen werden. Die Tatsache, daß ein Wort durch eine Verbindung mehrerer anderer definierbar ist, betrifft die Bedeutungen der dabei auftretenden Wörter, und deshalb sagen wir auch, es sei ein *Begriff*, der durch andere Begriffe definiert werde.

Wenn nun ein Begriff wie ›Schamane‹ durch andere Begriffe, u. a. durch ›mit übernatürlichen Kräften begabt‹ definiert ist, dann spricht derjenige, der in Kenntnis der Definition behauptet, eine bestimmte Person falle unter den Begriff des Schamanen, dieser Person damit zugleich den Begriff ›mit übernatürlichen Kräften begabt‹ zu. Er kann das eine nicht ohne das andere tun, genausowenig wie er sagen kann: ich habe zwar behauptet, Kollege x sei ein Plagiator, aber von unbefugtem Abschreiben war dabei nie die Rede. Hieraus ergibt sich ein klarer Sinn, in dem man mit einem bildlichen Ausdruck sagen kann, die erste Handlung *enthalte* die zweite, und dies überträgt man dann auch auf die zugehörigen Begriffe und sagt z. B., der Begriff ›Schamane‹ enthalte u. a. den Begriff ›mit übernatürlichen Kräften begabt‹.

Wenn so die Redeweise, ein Begriff enthalte mehrere andere, akzeptiert ist, und wenn zugleich gilt, daß man den Worten, auf die wir angewiesen sind, wenn wir Begriffe artikulieren wollen, nicht ansieht, welche Begriffe sie enthalten, dann ist damit ein erstes Anwendungsgebiet des Ausdrucks ›Sprach-analyse‹ umrissen: Die Analyse eines *Begriffs* ist die Aufdek-kung seiner Zusammengesetztheit aus Teilbegriffen. Oder auf Wörter bezogen: Die Analyse der Bedeutung eines Wor-tes ist die Aufdeckung ihrer Zusammengesetztheit aus Teil-bedeutungen, die durch andere Wörter ausgedrückt wer-den.

Diese Analyse ist enthüllend: Wie die chemische Analyse von Wasser die vorher nicht bemerkbaren Gase Wasserstoff und Sauerstoff ans Licht bringt, so führt eine bedeutungs-bezogene Analyse eines Wortes nicht zu seinen wahrnehm-baren Teilen, den Lauten oder Buchstaben, sondern zu anderen, in ihm nur mit Bezug auf die Bedeutungen und insofern auf verborgene Weise ›enthaltenen‹ Wörtern. Und wenn wir mit Leibniz davon ausgehen, daß wir über die Definition eines definierbaren Begriffs nicht schon notwen-dig verfügen, wenn wir über den Begriff verfügen, so gilt dasselbe auf der Ebene der Begriffe: auch hier deckt die Ana-lyse etwas auf, was vorher verborgen war.

Dieses Bild von der Zerlegung legt die Frage nahe, ob sie abschließbar ist, d. h. ob es kleinste, nicht weiter zerlegbare, sozusagen ›atomare‹ begriffliche Einheiten gibt, so daß die Vorstellung einer *vollständigen* Analyse aller nichtatomaren Begriffe sinnvoll erscheinen würde. Wenn man diese Frage bejaht und auch noch annimmt, die Anzahl der nicht mehr zerlegbaren Einheiten sei endlich, dann kann man das Ana-lyseprogramm durch ein komplementäres Syntheseprogramm ergänzen, nun aber auf der Ebene der Ausdrücke fordern, man solle die Zusammengesetztheit der Bedeutung des komplexen Ausdrucks aus begrifflichen Atomen dem Ausdruck selbst ansehen. Das Resultat dieses vollständigen Analyse- und Syntheseprozesses wäre im Bereich der Be-griffe eine Darstellungsform, die der Strukturformel in der Chemie entspricht.[2] Sie würde sich von der natürlichen Spra-che darin unterscheiden, daß das, was die Analyse enthüllt hat, die begriffliche Hinterwelt der Sprache, nun für jeder-mann hör- und sichtbar ist, so daß Begriffsverwirrungen ein für allemal auf einfache Weise vermieden werden können. Wenn z. B. Gottlob Frege kritisch darauf hinweist,[3] daß im Deutschen die Wörter ›Baumriese‹ und ›Berggipfel‹ auf völlig gleiche Art, nämlich durch bloße Verkettung zweier Komponenten, zusammengesetzt sind, die zugehörigen komplexen Begriffe aber jeweils ganz anders aus Teilbegriffen gebildet sind (was man im ersten Fall durch die Paraphrase ›ein Baum *wie* ein Riese‹, im zweiten Fall durch den Ausdruck ›der Gipfel *von* einem Berg‹ sichtbar machen kann), dann leitet ihn die Vorstellung einer Sprache, in der die begrifflichen Verhältnisse, wie er sich ausdrückt, ›explizit‹, d. h. äußerlich ablesbar sind und nicht dem Erraten überlassen bleiben. Was Sprecher und Hörer unausdrücklich mitverstehen, ist dann auch an den Zeichen abzulesen. Nimmt man hinzu, daß in Definitionen, wenn auch vielleicht nicht ›das Wesen‹, so doch gewiß etwas Wesentliches ausgedrückt wird, dann kann man die Faszination, die die Vorstellung einer vollständigen Analyse mit nachfolgender, gründlich verbessernder Synthese auf Philosophen wie Leibniz, Frege, Russell oder Carnap ausübte, auch heute noch nachempfinden.

Das zweite Gebiet, auf dem die Vorstellung einer Analyse der Sprache eine klar umreißbare Bedeutung hat, ist eng mit dem ersten verwandt und betrifft die Logik als Urteils- und Argumentationslehre. Die diesem Sprachgebrauch zugrundeliegende vertraute Tatsache besteht darin, daß wir die vom Sprecher gemeinte Art der Zusammengesetztheit eines Aussagesatzes oder die Gültigkeit eines deduktiven Arguments den natürlichsprachlichen Formulierungen nicht immer leicht ansehen. Zwar hat (anders als bei den einfachen Begriffsausdrücken) die sprachliche Formulierung eines Urteils oder deduktiven Arguments im Normalfall schon hör- und sichtbare bedeutungsrelevante Teile, aber wie für die zusammengesetzten Begriffsausdrücke der natürlichen Sprache gilt auch hier, daß die sprachlich-grammatische Zusammengesetztheit der begrifflich-logischen Zusammengesetztheit nicht einfach entspricht, so daß hier ebenfalls eine Analyse

3 »Booles rechnende Logik und die Begriffsschrift«, Frege 1969, S. 13

möglich erscheint, die, wie im Fall der Begriffe, die bislang verborgenen inhaltlichen Verhältnisse ans Licht bringt. So folgt z. B. aus der Aussage ›im Garten sitzt ein bunter Hund‹ die Aussage ›im Garten sitzt ein Hund‹; aus der scheinbar parallel gebauten Aussage ›im Auditorium sitzt ein angebliches Genie‹ folgt aber nicht ›im Auditorium sitzt ein Genie‹.

Wenn man nun die Vorstellung hegt, man könne durch eine Analyse die inhaltlichen Verhältnisse freilegen, dann denkt man hier nicht in erster Linie an die Auflösung von etwas Komplexem in Einfaches, sondern an das Herausarbeiten von Arten inhaltlicher Zusammengehörigkeit, die, wenn man das jeweils bestimmte Material, also den ›Inhalt‹ der Ausdrücke ›Hund‹, ›Genie‹ etc. außer acht läßt und nur die Komplexitätsarten ins Auge faßt (und außerdem sich auf den Bereich des potentiell Wahren beschränkt, d.h. Ausrufe, Aufforderungen etc. beiseite läßt), als ›logische Formen‹ bezeichnet werden. Hier ist die Analyse weniger wie die Auflösung von Wasser in Wasserstoff und Sauerstoff, sondern eher wie das Auflösen der Fleischreste in einer Säure beim Präparieren eines Tierskeletts: Das Medium unserer natürlichen Sprache erscheint als historische, von allerlei Zufällen und nicht erkenntnisorientierten Umständen abhängige, oft verfälschende *Hülle* der Gedanken, die das logisch-begriffliche Knochengerüst, nach dem wir uns, ohne es an der Sprachoberfläche wahrzunehmen, gleichwohl praktisch zu richten versuchen, oft verbirgt und uns zu falschen Analogien verführt: Wir meinen, ein logisches Kniegelenk vor uns zu haben, wo es sich in Wirklichkeit um ein Fersengelenk handelt.

Auch hier läßt sich dem Analyseprogramm ein Syntheseprogramm zuordnen: Wenn wir unterstellen, es gebe nur endlich viele Weisen, auf die einfache oder komplexe Begriffe zu Urteilen verbunden werden können (und Urteile zu komplexen Urteilen), dann erscheint es sinnvoll, diese Verbindungsweisen aufzusuchen und mit Hilfe eines speziell dafür entwickelten Ausdruckssystems explizit und eindeutig darzustellen, so daß die Differenz von grammatischer und logisch-begrifflicher Form für dieses Ausdruckssystem verschwindet. Wir hätten dann eine Grammatik, die es uns erlaubt, wie Frege sich einmal ausdrückt, ›den Gedanken rein wiederzugeben‹,[4] d. h. in seiner wahren, von den Zufälligkeiten der natürlichen Sprachen nicht verfälschten Form. Diese Grammatik dürfte ›logische Grammatik‹ oder (mit Freges Terminus) ›Begriffsschrift‹ heißen; ihr zu folgen, würde zwar nicht heißen, das empirisch Falsche auszuschließen, wohl aber alles Sinnlose, alle Arten begrifflicher Täuschungen. Diese Sinnlosigkeiten würden, so Rudolf Carnap, »somit schon durch die Grammatik gewissermaßen automatisch ausgeschaltet; d. h. man brauchte, um Sinnlosigkeit zu vermeiden, nicht auf die Bedeutung der einzelnen Wörter zu achten, sondern nur auf ihre Wortart«, wobei der Ausdruck ›Wortart‹ natürlich im Sinne der projektierten *logischen* Syntax zu verstehen ist, deren syntaktische Kategorien, wie Carnap erläutert, z. B. ›Ding‹, ›Dingeigenschaft‹, ›Dingbeziehung‹ und ›Zahl‹, ›Zahleigenschaft‹, ›Zahlbeziehung‹ heißen.[5]

Ein faszinierendes Bild: Nach erfolgreichem Abschluß dieses Syntheseprogramms müßte die schwierige Abgrenzung des Sinnvollen vom Sinnlosen nicht mehr mit oft großem hermeneutischen Aufwand von Fall zu Fall erfolgen, sondern der Sinn wäre durch die Befolgung der grammatischen Regeln der einmal erarbeiteten ›richtigen‹ Sprache für alle Zeiten garantiert; er würde sich bei (im neuen Sinne) ›grammatisch‹ korrektem Sprechen ›automatisch‹ einstellen. Das im Prinzip technisch kontrollierbare Verbleiben im Bereich dessen, was die formbezogenen Regeln der logischen Syntax erlauben, würde eine Garantie dafür darstellen, daß die Sphäre des Sinnvollen nicht verlassen wird.

Wir meinen nun aber, daß Ludwig Wittgenstein im Recht ist, der in seinen späten Schriften unermüdlich versucht hat, zu zeigen, daß diese Hoffnungen Illusionen sind, die sich aus einem falschen Bild vom Funktionieren der Sprache ergeben. Der Kern dieses Bildes ist die Vorstellung, die von der logischen Analyse herauszuarbeitende ›eigentliche‹ Struktur der

4 Vorwort zur »Begriffsschrift«, Frege 1964, S. XIII (Orig. Pag. S. VII)

5 Carnap 1932, S. 228

Sprache bilde die Struktur von etwas Vorgegebenem ab; nach ihrer Auffassung gibt es etwas vom Medium der jeweils betrachteten bestimmten Sprache Unabhängiges, eine in sich gegliederte, uns im Prinzip auch ohne das Medium einer Sprache zugängliche oder zumindest durch dieses Medium hindurch unverfälscht sichtbare ›Hinterwelt‹. Von dieser geben die natürlichsprachlichen Grammatiken verschiedene, sich historisch-kontingenten Umständen verdankende Zerrbilder; da sie aber unabhängig von allen Medien für sich existiert, muß es nach dieser Vorstellung im Prinzip möglich sein, von ihr ein treffendes, klares und vollständiges Bild zu geben, das die ›begrifflichen Atome‹ und ihre wirkliche Zusammengesetztheit *getreu* wiedergibt. Dies sei die Aufgabe der Grammatik einer begrifflich-logisch gesehen idealen Sprache.

Dem ist entgegenzuhalten, daß diese ›Hinterwelt‹ weder in einem naiv-realistischen Sinne als ›Welt da draußen‹ unserem unmittelbaren, sprachlich nicht geprägten Blick zugänglich ist, so daß wir uns bei der ›Analyse‹ der Sprache an ihr orientieren könnten, noch existiert sie in der Form eines platonischen Reiches reiner Gedanken und Begriffe, noch in Gestalt subjektiv gewisser, in sich selbst ›von Natur aus‹ geordneter ›Sinnesdaten‹. Deshalb kann keine Sprache, auch keine von Logikern oder Sprachphilosophen entworfene logische Sprache, als ein durchsichtiges Medium gelten, das, wie eine plane, vollkommen gearbeitete Glasscheibe, den Blick auf die wahre Struktur einer solchen Hinterwelt freigibt, ohne selbst als Medium in Erscheinung zu treten. Der Grund für diese Unmöglichkeit ist also nicht die Unvermeidbarkeit von Trübungen; die postulierte Hinterwelt ist nicht einfach nur schwer zugänglich. Vielmehr sind diejenigen Sachverhalte, die wir oben durch die Rede von begrifflichen Atomen, von der Zusammengesetztheit solcher Atome im komplexen Begriff, von der Zusammengesetztheit der Begriffe in der Aussage und der Aussagen in der komplexen Aussage beschrieben haben, Sachverhalte, die das Medium selbst betreffen; sie betreffen Relationen zwischen sprachlichen Ausdrücken und folglich zwischen Handlungsmöglichkeiten im Rahmen eines jeweils *bestimmten* Mediums. Wie sich zeigen wird, läßt sich das skizzierte Analyseprojekt am angemessensten als ein Bündel von Forderungen verstehen, die von Logikern bezüglich der Eigenschaften eines erst noch zu konstruierenden Mediums gestellt wurden, und es erscheint nur so, als gebe es etwas hinter der Sprache Liegendes, dem man bloß zu folgen brauche, dessen Struktur man nur getreu wiedergeben müsse, um zu einer Sprache zu gelangen, die diesen Forderungen entspricht. Ob sie einen klaren Sinn haben und ob es um die Möglichkeit ihrer Erfüllung besser steht, wenn man sie nicht als Adäquatheitsnormen versteht, die sich an etwas Vorgegebenem orientieren, sondern als frei festgesetzte Maßstäbe für ein erst noch zu konstruierendes Medium, wird in einem eigenen Schritt erst noch zu klären sein. Sichtbar wird aber schon, daß aus der technischen Beherrschbarkeit eines so konstruierten Mediums eine ebensolche Beherrschbarkeit der natürlichen Sprache auch dann nicht folgt, wenn die Sätze beider Sprachen ineinander übersetzbar sind.

Trifft die skizzierte These Wittgensteins zu, daß es nicht möglich ist, die Struktur für eine logisch ausgezeichnete Sprache einer sprachunabhängig vorgegebenen und bereits strukturierten ›Hinterwelt‹ zu entnehmen, dann stellt sich (für natürliche *und* konstruierte Sprachen) die grundsätzliche Frage, wie ihre jeweilige Strukturiertheit, die Art der Zusammengefügtheit oder Komplexität, die in dieser oder jener Form für alle Sprachen charakteristisch ist, denn *richtig* verstanden wäre. Laut Voraussetzung kann sie ja auch im logischen Fall nicht als in irgendeinem Sinne ›abbildend‹ verstanden werden, und deshalb kann man die natürlichsprachlichen Strukturen nicht als historisch verzerrte Formen, als unvollkommene Bilder der logischen Strukturen ansehen. Die Tatsache, daß Sprachen Strukturen haben, ist also in beiden Fällen erst noch *verständlich zu machen.*

Wenn die Formen und Strukturen einer Sprache nichts abbilden, was unabhängig von ihr schon da ist, dann drängt sich die Antwort auf, daß sie offenbar aus dem sprachlichen Handeln selbst hervorgehen, so daß es möglich sein müßte, sie als (intendierte oder nicht intendierte) Resultate von Handlungen verständlich zu machen. Der Versuch, die Strukturiertheit oder Komplexität von Sprache (im formalen Idealfall: ihren Kalkülaspekt) als wie immer auch vermitteltes Handlungsresultat zu verstehen, ist deshalb einer der roten Fäden, die sich durch die folgenden Untersuchungen hindurchziehen; er bestimmt den Weg, auf dem der Zusammenhang von Handlung und Struktur aufgeklärt werden soll. Zu sagen, die Struktur entstehe aus dem sprachlichen Handeln, heißt, sie zur Spontaneität in Beziehung zu setzen, zur Fähigkeit, eine Handlung von selbst anzufangen und ohne vorgegebenes Gleis auszuführen, und damit zu einem Bereich, der mit dem Titelwort ›Phantasie‹ angedeutet ist. Die Frage nach einem *Verständnis* der Strukturiertheit der Sprache führt also auf das Thema des Zusammenhangs von Handlung und Struktur, von Phantasie und Kalkül.

Nun könnte man versuchen, sich vorgreifend das Ergebnis vorzustellen, zu dem eine solche Untersuchung führen könnte, und es auf das oben skizzierte Projekt zur Beherrschung des Bereichs des Sinnvollen zu beziehen. Zwei entgegengesetzte Vermutungen bieten sich an: Auf der einen Seite könnte man ein Resultat antizipieren, das dem, was dieses Projekt ins Auge gefaßt hatte, noch relativ nahe kommt: Es könnte durchaus sein, daß zwar nicht eine sprachunabhängige Hinterwelt, wohl aber eine Art ›Logik‹ der sprachlichen Handlungen selbst uns in die Lage versetzt, manche Komplexbildungsweisen philosophisch (z. B. erkenntnistheoretisch) auszuzeichnen. Es könnte universale, vielleicht als ›transzendental‹ zu bezeichnende Sprechhandlungsstrukturen geben, denen sich, wenn auch nur auf der Ebene der ›Tiefenstruktur‹, alles zu fügen hat, was sinnvoll gesprochen werden kann. Eine Antwort dieses Typs scheint von der Sprechhandlungstheorie Searles,[6] von der Transzendental- und Universalpragmatik von Apel und Habermas[7] und auch von Konstruktivisten wie Gethmann[8] angestrebt zu werden. Wer andererseits mit der Aufweisbarkeit einer solchen zwar internen, aber dennoch universalen oder auf andere Weise auszuzeichnenden Sprechhandlungslogik

6 Searle 1969; vgl. Schneider 1979
7 Apel 1973; Habermas 1971, 1981; vgl. Schneider 1982 a
8 Gethmann 1979; vgl. Schneider 1982 b

nicht rechnet, wird sich von dem Projekt, das Sinnvolle über-schaubar oder in seinem Zustandekommen verständlich zu machen, vielleicht ganz abwenden. Ihm könnte es konse-quent erscheinen, wegen des Verlustes der orientierenden ›Hinterwelt‹ (und in Ermangelung einer universalen hand-lungslogischen ›Zwischenwelt‹) ein umfassendes *laissez faire* auszurufen; er würde dann meinen, die philosophisch, spe-ziell die erkenntnistheoretisch ambitionierte Sprachphiloso-phie sei am Ende; das Zeitalter einer in diesem Sinne ›postanalytischen‹ Philosophie sei angebrochen.

2. Sprachphilosophie nach Rorty: »Anything goes«?

Diese zuletzt genannte Konsequenz hat Richard Rorty in seinem vielbeachteten Buch über die Irreführung der Philo-sophie, auch der Sprachphilosophie, durch das Bild vom ›Spiegel der Natur‹ gezogen.[9] Weil die hier vorzutragenden Überlegungen sich mit denen Rortys darin treffen, daß auch sie die Vorstellung von einer Spiegelung einer sprachunab-hängigen Hinterwelt mit Hilfe eines ausgezeichneten Medi-ums für verfehlt halten, liegt die Vermutung nahe, daß hier auch dieselben Konsequenzen gezogen werden sollen. Dies ist aber nicht der Fall, und um einem Mißverständnis vor-zubeugen, soll auf Rortys Thesen kurz eingegangen wer-den.

Aus der Einsicht in die Verfehltheit des Spiegel-Bildes zieht Rorty die folgende Konsequenz: Da die Philosophie eine kantische Richterrolle bezüglich der Unterscheidung zwi-schen Sinn und Unsinn mangels flächendeckender und über-zeitlicher Kriterien nicht ausüben könne, verbleibe ihr nur noch die Aufgabe, am ›Gespräch der Menschheit‹ teilzuneh-men und dieses kriterienlos, von Fall zu Fall, zu fördern. Der wissenschaftstheoretischen Position Paul Feyerabends ver-gleichbar[10] verzichtet der von Rorty vorgestellte pädago-gisch-moralistisch arbeitende Philosoph darauf, über den Einzelfall hinausgehende Einsichten in die Arbeitsweisen

9 Rorty 1980   10 Feyerabend 1983

des Mediums dieses Gesprächs anzustreben; ohne ihm Unrecht zu tun, könnte man ihm Feyerabends Maxime *anything goes* in den Mund legen, denn auch Feyerabend hat ja, wenn er diesen Leitsatz aufstellt, nicht irgendeinen amoralischen Opportunisten, sondern den ›freien Menschen‹ im Auge, der trotz seines Mißtrauens allem Methodischen gegenüber versucht, vertretbare Entscheidungen zu treffen.

Seine Beurteilung der sprachphilosophischen Diskussionssituation[11] drückt Rorty mit Hilfe der Unterscheidung zwischen einer ›reinen‹, nämlich ohne erkenntnistheoretischen Ehrgeiz auftretenden Sprachphilosophie auf der einen Seite, und einer ›unreinen‹, mit solchen Ansprüchen noch verbundenen Sprachphilosophie auf der anderen Seite aus. Er wendet sich entschieden gegen die ›unreine‹ Form (wie sie z. B. Michael Dummett praktiziert) und erklärt die ›reine‹, die er u. a. in den Arbeiten von Donald Davidson exemplifiziert sieht, für zulässig, wobei er sie aber so charakterisiert, daß dabei eher eine Verabschiedung von jeder philosophisch interessanten Beschäftigung mit der Sprache herauskommt als eine engagierte Parteinahme für eine auch von ihm selbst vorangetriebene Sache. Er sieht in Davidsons Arbeiten die Bemühung, ein begriffliches Gerüst zur Beschreibung gewisser sprachlicher Phänomene zu erarbeiten, das, ähnlich wie theoriebildende Begriffssysteme (›theoretical frameworks‹) auf anderen Wissensgebieten, keine philosophischen Ansprüche erfüllen, sondern sich in seinem Anwendungsgebiet praktisch bewähren muß. Dies Anwendungsfeld ist für Rorty die Grammatik im linguistischen Sinne, nicht die Erkenntnistheorie und nicht die davon untrennbare Bemühung um ein angemessenes, philosophische Irreführungen vermeidendes Verständnis des Gebrauchs der Sprache (also nicht das Untersuchungsfeld, das Wittgenstein in seinem abweichenden Sprachgebrauch als ›Grammatik‹ bezeichnet).

So verständlich es ist, wenn jemand, der überraschend in eine Diskussionsrunde mit ahistorisch argumentierenden, wissenschaftsgläubigen und sendungsbewußten Positivisten ge-

11 Rorty 1980, S. 257ff.

rät, als *advocatus diaboli*, um das Denken durch einen Schock zu fördern, die These vertritt, mittelalterliche Hexenvorstellungen unterschieden sich nicht prinzipiell von zeitgenössischen psychologischen Theorien, so wenig überzeugend ist es doch, auf dieser Meinung als einer wissenschaftstheoretischen Position zu beharren, ohne ausgeführte, zwangsläufig über den betrachteten Einzelfall hinausweisende Gründe dafür aufzubieten. So auch im Fall der Sprachphilosophie: Die Maxime *anything goes* darf auch Rorty nur mit dem Zusatz ›wenn es das Gespräch fördert‹ in den Mund gelegt werden. Ob nun eine Redeweise, ein Vergleich oder ein Bild das gerade im Gange befindliche Gespräch fördert oder als Jargon, Phrase oder *schiefer* Vergleich dies gerade nicht tut, kann wohl nur im Einzelfall entschieden werden; trotzdem wird es nicht ausbleiben, daß in einer Folge solcher Entscheidungen, über den Einzelfall hinausgehend, Arbeitsweisen der Sprache, Arten sprachlicher Handlungsmöglichkeiten sichtbar werden, die nicht nur die Grammatik im linguistischen Sinne betreffen, sondern auch die Unterscheidung von Sinn und Unsinn. Man wird aus einer erfolgreichen Bemühung um Verständigung für einen der nächsten Fälle, wenn er dem ersten ähnlich ist, etwas lernen können. Auch Wittgenstein will etwas über den Einzelfall Hinausgehendes deutlich machen, was sich z. B. daran zeigt, daß er von seinen Untersuchungen sagt, in ihnen würde »an Beispielen eine Methode gezeigt«,[12] und mißverständlichen Äußerungen zum Trotz ist auch er eindeutig der Meinung, die Philosophie habe auch kritisch, normierend vorzugehen, denn sonst könnte er nicht von sich sagen, daß er »einen philosophischen Fehler rektifiziere«.[13]

Es ist unsere These, daß bei einem an Wittgenstein anknüpfenden Vorgehen nicht nur eine Methode sichtbar wird; nicht allein eine in der Lektüre dem Leser vermittelte Kunst oder Fertigkeit ist das Allgemeine am Philosophieren des späten Wittgenstein, sondern wer ihn mit Verständnis liest, kann dabei auch zu allgemeinen Einsichten über sprachliche Handlungs- und Verfahrensweisen kommen. Die so formu-

12 Wittgenstein 1953, § 133   13 Wittgenstein 1989 a, S. 179

lierbaren allgemeinen Aussagen bilden wohl kein System mit dem Charakter einer ›Theorie‹ in einem strengen Sinne; sie sind nicht ›flächendeckend‹, sie können nicht die Gesamtheit sprachlicher Handlungsmöglichkeiten abgrenzen, geschweige denn sie unter Regeln bringen, mit deren gewissenhafter Anwendung das Verbleiben innerhalb der Grenzen des Sinnvollen ›automatisch‹ garantiert wäre. Die Erörterung sprachlicher Handlungsmöglichkeiten ist also eine Erörterung von Beispielen. Gleichwohl wird in ihr etwas sichtbar, das, ganz im Sinne Dummetts, erkenntnistheoretisch bedeutsam ist und die Erörterung so zu einer in Rortys Sinn ›unreinen‹ macht. Insbesondere ist die gerade aufgestellte Unmöglichkeitsbehauptung selbst eine solche allgemeine Aussage, die sich durch eine genaue Untersuchung der Arbeitsweisen der natürlichen Sprachen, die sehr viel mehr ins Detail geht als die Überlegungen Rortys, begründen läßt.

Wir tun gut daran, in Erinnerung zu behalten, daß Rortys hermeneutisches Ideal von einem fortlaufenden Gespräch, das trotz aller Verschlingungen letztlich doch immer wieder zur hinreichend guten Verständigung führt, nur einen der möglichen Wege darstellt, die durch das ›*Anything goes!*‹ eröffnet werden. Es wird die Geschichte erzählt von dem Schüler, der auf die Frage des Geographielehrers, wie er sich im Falle eines Erdbebens verhalten würde, die Antwort gab: »mitbeben«, und es fällt nicht schwer, sich an Zeiten zu erinnern, da das Lernziel so mancher philosophischer Seminarveranstaltungen mit dem einen Wort »mitreden« charakterisiert werden konnte. Daran hat sich, nicht zuletzt durch die sprachanalytische Philosophie, etwas geändert. Man darf darin durchaus einen Fortschritt sehen, den niemand rückgängig machen will, denn man kann wohl unterstellen, daß trotz aller nun auch jenseits des Atlantiks erwachten Liebe zur Hermeneutik kein hiesiger Kollege mehr zu jenen deutschen Philosophen gerechnet werden möchte, von denen Carlyle gesagt haben soll, niemand sonst »can dive so deep or emerge so muddy«.[14]

14 Zitiert nach Black 1964, S. 3

3. ›Phantasie‹ und ›Kalkül‹

Die Sprache selbst zeigt zwei Aspekte, deren Zusammenspiel jenes Schillern zwischen ›Berechenbarkeit‹ und *anything goes* hervorbringt, das die Vision einer sprachanalytischen Richterrolle einerseits aufkommen und andererseits als verfehlt erscheinen läßt. Damit jeder dieser Aspekte richtig gesehen werden kann, so lautet unsere These, müssen beide zusammen betrachtet werden. Worum es sich bei diesen ›Ansichten‹ von der Sprache handelt, ist mit den Worten ›Phantasie‹ und ›Kalkül‹ zunächst nur (bewußt konnotationsreich) angedeutet. Zu *Phantasie* läßt sich ›Spontaneität‹ gesellen, auch ›Handlung‹ und speziell ›Sprechhandlung‹, wenn die von der Sprechakttheorie damit verkettete Assoziation einer festen Regelhaftigkeit in vorgegebenen Geleisen beiseite gelassen wird. Hierher gehört der neu gefundene treffende Ausdruck, die beabsichtigte Regelverletzung, die innovative Metapher; hier ist die Seite des Wagnisses, des Sprungs ins Leere, die eine Sprechhandlung haben kann und, folgt man Wittgensteins Gedanken zu den Themen ›Regel‹ und ›Gewißheit‹, auf der untersten Ebene stets haben muß. Dem entspricht auf der Seite des Hörers z. B. das Erraten einer kommunikativen Absicht oder das Auffassen des ›Witzes‹ einer Äußerung, aber oft, wie wir sehen werden, auch schon das Verstehen des Sinns eines Satzes.

Demgegenüber ist bei *Kalkül* zu denken an den Bereich der grammatischen Regelhaftigkeit im traditionellen Sinne und an die damit gegebenen ›Strukturen‹ der Sprache; hierher gehören Flexionsformen und Satzbauregeln. Auf die Merkmale dieser Seite der Sprache stützt sich ein Projekt der modernen Linguistik, das weit über die Zielsetzung der traditionellen Grammatik-Lehrbücher hinausgreift. Bestand deren Zweck darin, das Lernen einer fremden Sprache durch die Formulierung von Regeln zu erleichtern, die trotz ihres Charakters als Bestandteile einer ›Formenlehre‹ auf die Bedeutungen der zu erlernenden Sätze bezogen blieben, so verfolgt das moderne Kalkülisierungsprojekt ein weiter gestecktes Ziel: Die von den Kalkülen der Mathematik und der Logik bekannte Möglichkeit, einen Bereich von mathematischen oder logischen Ausdrücken durch eine rekursive Erzeugung von Zeichenketten so zu definieren, daß die benutzten Erzeugungsregeln ›mechanisch‹ handhabbar sind, d. h. nur auf die Figuren*gestalten*, nicht deren Sinn, bezogen sind, – diese in den Formalwissenschaften entwickelte Möglichkeit der Ausdruckscharakterisierung möchte man entweder (im behutsamsten Verständnis) als Vergleichsobjekt für die Spracherzeugung benutzen, oder, weitergehend, als Beschreibungsmittel der ›Oberflächenstrukturen‹ der erzeugten Sätze einer natürlichen Sprache, oder schließlich gar als Darstellungsmittel für angeblich tieferliegende Sachverhalte: Seine philosophisch oder wissenschaftlich gewichtigste Form hat dies Projekt, wenn es mit der Auffassung verbunden ist, mit einem solchen Kalkül könne man direkt das verborgene Wesen der Sprache darstellen, wie es ihr entweder von der (dem Philosophen sichtbaren) ›Struktur der Welt‹ aufgezwungen werde, oder von Notwendigkeiten des Denkens, oder von davon nicht klar unterschiedenen Abläufen im so genannten ›*mind/brain*‹, die der handelnden Person nicht zugänglich sind, sondern nur einer empirischen Wissenschaft. Ein Abglanz dieser Gewichtigkeit wäre auch noch sichtbar, wenn es den Philosophen gelänge, eine übereinzelsprachliche Sprachstruktur aus einer universalen, vielleicht transzendental begründbaren Handlungslogik abzuleiten, auch wenn eine kalkülförmige Darstellung dieser Struktur bei einem solchen Verständnis des Projektes vielleicht nicht für möglich gehalten wird.

Von einer ›Polarität‹ von Phantasie und Kalkül ist hier deshalb die Rede, weil diese beiden Seiten der Sprache sich im folgenden Sinne gegenseitig durchdringen und befördern: Die phantasievolle, ungewöhnliche kommunikative Handlung tritt im Fall der Sprache charakteristischerweise im Rahmen eines von Sprecher und Hörer geteilten Strukturverständnisses auf, und umgekehrt können die ›Kalkülregeln‹, mit denen grammatische Strukturen erzeugt werden, nur in Schritten angewendet werden, deren jeder einzelne einen nicht weiter fundierbaren ›Sprung‹ erfordert.

Die Verankerung der sprachlichen Phantasie im Strukturverständnis ist auf doppelte Weise gegeben: Erstens setzt der

Sprecher beim Hörer normalerweise das Verständnis der von ihm gesprochenen Sprache (und also ihrer Strukturen) voraus und *benutzt* es, um sich verständlich zu machen; darüber hinausgehend besteht aber zweitens für ihn die Möglichkeit, es (meist unausdrücklich) zu *thematisieren*, um seinen Zweck zu erreichen.

Der erste Fall ist eher trivialer Art und ist fast durchgehend gegeben, nämlich bei allen im geschilderten Sinne ›phantasievollen‹ Sprechhandlungen, deren Vollzug mit strukturierten Sätzen geschieht, d. h. mit Äußerungen, die so aus Teilen bestehen, daß die grammatischen Beziehungen zwischen den Teilen für die Bedeutung der Sprechhandlung relevant sind. Der Hörer muß dann die grammatische Beziehung erkennen, um die Bedeutung der Handlung zu verstehen; das Strukturverständnis ist notwendige Bedingung für das Handlungsverständnis. So kann man auch einen ungewöhnlichen Sprachgebrauch, z. B. die Synästhesie in Brentanos Wendung »blickt zu mir der Töne Licht« (›Abendständchen‹) nur richtig auffassen, wenn der *grammatische* Bezug zwischen ›Töne‹ und ›Licht‹ verstanden ist. Die Interpretation des Besonderen fängt in diesen Fällen erst dort an, wo die grammatischen Verhältnisse durchschaut sind.

Den zweiten Fall haben wir bei einer Äußerung vor uns, bei der ein strukturbezogenes Wissen in dem Sinne auf einer ›höheren Stufe‹ benutzt wird, daß nicht nur durch das Medium des grammatischen Verständnisses hindurch der kommunikative Zweck so erreicht wird, daß die Sprache nur *Mittel* ist, sondern daß der Weg zum kommunikativen Ziel über eine (zusätzliche) *Thematisierung* grammatischer Verhältnisse führt. Dies kann beispielsweise durch eine bewußte Regelverletzung erfolgen, wie in der wohl auf Karl Kraus zurückgehenden Formulierung, die ungefähr lautet »je preiser einer gekrönt wird, desto durcher fällt er«.[15] Hier ist das Erkennen der Abweichung, das Wissen um die Regel-

---

15 Ein geflügeltes Wort aus meiner Kinderzeit, dessen genaue Herkunft ich nicht feststellen konnte.- Instruktiv sind auch die Erörterungen von F. Koppe (1983, S. 132f.) zum Gedicht ›Sturmangriff‹ von August Stramm, in dem sehr wenige grammatische Unstimmigkeiten einen entscheidenden Beitrag zum ›Gehalt‹ leisten.

verletzung, die Voraussetzung zum Verständnis des ›Witzes‹ und damit der besonderen Bedeutung des sprachlichen Einfalls. Thesenhaft können wir also formulieren: Erst der Kalkül ermöglicht die für die Sprache charakteristischen Formen der Phantasie; deren bunteste Vögel starten ihren Flug nicht vom Boden aus, sondern vom Gerüst des Kalküls. Wo es keine Strukturvorgaben gibt, die es gestatten, mit ganzen Geflechten von Konnotationen zu arbeiten, wo in diesem Sinne wirklich ›alles‹ geht, kann die Phantasie sich nur unvollkommen entfalten.

Zugleich gilt nun umgekehrt, daß die Existenz einer Regel und damit auch die Existenz eines nach Regeln verfahrenden Kalküls daran gebunden ist, daß es denjenigen, die die Sprache erwerben, gelingt, in hinreichend vielen selbst aufgesuchten Anwendungsfällen (d. h.: auch außerhalb der ausdrücklichen Sprachvermittlung) das Gelernte kommunikativ anzuwenden. Jede solche Äußerung auf eigene Faust ist ja zunächst ein ›Sprung ins Leere‹; es gibt keine vorgezeichneten Geleise, auf die man beim Spracherwerb gesetzt wird, und daher ist dieses kommunikative Gelingen im elementarsten Fall ebensowenig selbstverständlich wie z. B. das Verstandenwerden im Fall einer erstmalig formulierten Metapher. Daß es hier letztlich keine sprachliche Fundierungsmöglichkeit mehr gibt, die alle Mißverständnisse ausschließen könnte, haben Wittgensteins Überlegungen zum Regelbegriff gezeigt: Da es unmöglich ist, die Anwendung jeder Regel durch eine dahinterstehende neue Regel abzusichern, ruht alle erfolgreiche Regelanwendung auf dem kommunikativ-praktischen Gelingen nicht weiter fundierbarer Handlungen. Dieses durch die Praxis oder, wie Wittgenstein sich ausdrückt, durch die ›Lebensformen‹ ermöglichte Schritthalten der Phantasie des Hörers mit den versuchten Anwendungshandlungen des Sprechers gestattet es allererst, vom Vorliegen einer Regel zu sprechen. Daher läßt sich sagen: Nur der Erfolg der Phantasie ermöglicht die Regel.

Wenn diese Beobachtung stimmt, wenn sich im Fall der Sprache Phantasie und Kalkül im angedeuteten Sinne gegenseitig durchdringen und befördern, muß jede ausschließliche

Betrachtung des einen Pols ein auf charakteristische Weise verzerrtes oder markant unvollständiges Resultat ergeben, wenn sie mit dem Anspruch auftritt, ein Bild des Ganzen oder des ›Wesentlichen‹, des ›Kerns‹ der Sprache zu sein. Eine ausdrückliche Erörterung der Polarität kann deshalb dazu beitragen, diese Verzerrungen auszugleichen. Sie wird hier so erfolgen, daß der Frage nachgegangen wird, wie die Strukturseite der Sprache als Handlungsresultat verstanden werden kann. Wenn nicht nur das Sprechen ein Handeln ist, sondern wenn die Sprache selbst angemessen nicht als Widerspiegelung einer vorhandenen Struktur, sondern als ein Geflecht von Handlungsmöglichkeiten zu beschreiben ist, wenn ferner die Produkte des Sprechens, die Äußerungen, nicht nur deskriptiv-objektivierend, ›von außen‹ als strukturiert *betrachtet* werden können, sondern von Sprecher und Hörer als strukturierte *gemeint* sind, dann muß diese Strukturiertheit als etwas verständlich gemacht werden können, das sich aus den Eigenheiten der betreffenden Handlungen ergibt.

Diese Bemühung um eine Verschränkung beider Pole ist nicht üblich, was die folgende Begebenheit illustrieren mag: In einem Seminar, das von einem namhaften Theoretiker der Geisteswissenschaften zum Thema ›Bedeutungstheorien‹ gehalten wurde, in dem von Hegel, Humboldt, Heidegger und Wittgenstein die Rede war, stellte ein Student, der sich auf Logik und Linguistik spezialisiert hatte und sich durchaus beeindruckt zeigte, die Frage, wie die geschilderten Bedeutungstheorien die grammatische Strukturiertheit der Sprachen behandeln würden. Er erhielt nur Ratlosigkeit zur Antwort; darüber müsse erst noch nachgedacht werden.[16] Wenn aber aus der Denktradition, die durch die genannten Namen bezeichnet ist, wirklich kein Weg zu einer angemessenen Erörterung der Sprachstruktur führen würde, dann spräche dies entschieden gegen sie, weil sie eine ins Auge

16 Es gibt wohl keinen Grund, dem Leser zu verheimlichen, daß es sich bei dem Veranstalter um den von mir sehr geschätzten Charles Taylor handelt; wesentliche Teile des Inhaltes des Seminars sind inzwischen in dem (trotz dieses ›blinden Flecks‹ sehr lesenswerten) Aufsatz »Theories of Meaning« veröffentlicht (Taylor 1980).

fallende und charakteristische Eigenschaft ihres Gegenstandes entweder ignorieren oder in ihrer Deutung der ebenfalls, nur andersherum einseitigen Kalkülsicht überlassen müßte. Umgekehrt neigen nämlich Autoren, die sich stärker der Untersuchung des strukturellen Aspekts der Sprache widmen, dazu, das Moment der freien Handlung, des ›Geschaffenseins‹ der Strukturen, des Ungeregelten an der Basis der Regeln und des Regelverstoßes entweder zu übersehen oder für marginal zu erklären, für ein ›parasitäres‹, vielleicht poetisches Randphänomen, das von der normalen Arbeitsweise der Sprache weit entfernt und allenfalls im Spätstadium des Weges der Entwicklung einer Theorie zu behandeln sei.

Diese Festlegung auf jeweils nur eine Seite der Polarität läßt zwei auf je verschiedene Weise schiefe Bilder entstehen: Wer den Phantasie-Aspekt in den Vordergrund rückt, ist ratlos oder gar voreingenommen gegenüber der Kalkülseite; früher ließ sich ein Mitglied dieser Gruppe durch jedes logische Symbol und jede Strukturformel in Angst und Schrecken versetzen. Wer umgekehrt die Seite der Struktur zum Ausgangspunkt wählt, übersieht oder leugnet oft die Seite der freien, durch Regeln nicht präformierten und durch ›notwendige und hinreichende Bedingungen‹ nicht domestizierbaren Handlung. Er ist heute meistens von der Computer-Metapher und dem Programm einer Simulation menschlicher Leistungen mit Hilfe von Maschinen so fasziniert, daß in seinem Denken Kreativität mit Rekursivität zusammenfällt und er die erkenntnistheoretische Frage, was mit einer gelungenen Simulation denn gezeigt, bewiesen oder verständlich gemacht wäre, gar nicht stellt. Es verhält sich hier ähnlich wie im Fall von Leib und Seele, Körper und Geist: Wer den Menschen nur als frei schweifenden Geist betrachtet, ohne die Grenzsetzungen und Bedingtheiten seiner Körperlichkeit, verfehlt ihn ebenso wie derjenige, der nur die körperlichen Abläufe nach Verursachungszusammenhängen untersucht, ohne die Person mit ihren Bedürfnissen, Begeisterungen und Beschwernissen fassen zu können. Worauf es dagegen in beiden Bereichen ankäme, wäre in allererster Linie die Bereitschaft, statt monistisch Partei zu ergreifen, die Spannung zwischen den Polen ins Auge zu fassen, sie wenn nötig auszuhalten, damit dann der Versuch unternommen werden kann, aus einem Verständnis der lebendigen Einheit heraus beide Pole sich gegenseitig erhellen zu lassen.

Ein Fragment Heinrich von Kleists lautet: »Man könnte die Menschen in zwei Klassen abteilen; in solche, die sich auf eine Metapher und 2) in solche, die sich auf eine Formel verstehn. Deren, die sich auf beides verstehn, sind zu wenige, sie machen keine Klasse aus.«[17] Dies Buch soll dazu beitragen, die Gruppe derer, die sich auf beides verstehen, weiter wachsen zu lassen.

17 Kleist 1964, S. 71

II. Form oder Funktion, Gehirnmechanismus oder Tätigkeit: Wovon handelt eine ›Theorie der Sprachkompetenz‹?

Die Kontroverse zwischen A. N. Chomsky und J. R. Searle

1. Kommunikative und grammatische Kompetenz

Wenn im Untertitel der vorliegenden Abhandlung von einer ›Polarität von Handlung und Struktur‹ in der Sprache die Rede ist, dann sind damit zwei zentrale Aspekte bezeichnet, unter denen sie betrachtet werden kann. Diese Aspekte charakterisieren zugleich zwei Schulen oder Denkrichtungen, die in Erörterungen über die Sprache heute eine wichtige Rolle spielen: Der Ausdruck ›Sprechhandlung‹ hebt die überwiegend von Philosophen, von Autoren wie Ch. S. Peirce[1], L. Wittgenstein[2], J. L. Austin[3] und J. R. Searle[4] in das Zentrum ihres Interesses gerückte Tatsache hervor, daß jemand, der spricht, im Normalfall eine Handlung ausführt, die durch die Aussage, sie sei ein Hervorbringen eines Lautgebildes, die Produktion eines Geräuschs, nicht erschöpfend beschrieben wäre: Sprachliche Handlungen erfüllen Funktionen, die nur unter Rekurs auf andere (sprachliche oder nichtsprachliche) Handlungen verständlich gemacht werden können. Im Alltag ist uns das selbstverständlich, und wir drücken es z. B. aus, wenn wir sagen, ein Sprecher habe, indem er gewisse Laute hervorbrachte, eine andere Person ›um Rat gefragt‹, sie ›um etwas gebeten‹, er habe ›einen Einwand vorgebracht‹ etc. Bezeichnen wir jemanden als einen kompetenten Sprecher einer Sprache, so meinen wir damit

---

1 Peirce hat den Grundgedanken der Sprechakttheorie in einem Fragment, das etwa aus dem Jahre 1908 stammt, vorweggenommen; Peirce 1970, S. 296-298

2 Wittgenstein 1953   3 Austin 1962   4 Searle 1969

u. a., daß er solche sprachlichen Handlungen unter Benutzung von Ausdrücken dieser Sprache ausführen kann. Dieser Aspekt der Sprachfähigkeit, für den es charakteristisch ist, daß er bestimmte Arten des Eingehens und Modifizierens sozialer Beziehungen umschließt (man denke an sprachliche Handlungen wie das Versprechen oder die Verurteilung), läßt sich mit einem Ausdruck von J. Habermas[5] als ›kommunikative Kompetenz‹ bezeichnen.

Der Ausdruck ›Sprachstruktur‹ andererseits wird heute vor allem in der Sprachwissenschaft so verstanden, daß er sich nicht auf Abfolgen von Handlungen oder Teilhandlungen im gerade erörterten interpersonalen Sinne bezieht,[6] sondern daß er eine Eigenschaft der beim Sprechen erzeugten Lautgebilde bezeichnet, die, wie es scheint, auch unter Absehung von ihrer kommunikativen Rolle erörtert werden kann. An den Lautgebilden lassen sich nämlich Einheiten unterscheiden und klassifizieren, deren mögliche Aufeinanderfolge gewissen Regelmäßigkeiten unterliegt. Was eine *mögliche* Aufeinanderfolge ist, dachte man sich zur Entstehungszeit des hier behandelten Zweiges der modernen Linguistik als bestimmbar mit Bezug auf ein gegebenes Korpus von Äußerungen, die dem linguistischen Feldforscher als korrekt gelten. Die Regelmäßigkeiten werden in diesem Sinne empirisch festgestellt und können dann als Regeln zur Herstellung korrekter Lautketten formuliert werden. Weicht ein Lautgebilde in seiner Zusammengesetztheit von dem ab, was die so gewonnenen Regeln erwarten lassen, so gilt es als ›grammatisch‹ nicht korrekte Äußerung, auch wenn die damit intendierte Sprechhandlung gelingen sollte.

Fragt man sich nun, in welchem Sinne hier das Wort ›Regel‹ verwendet wird, so zeigt sich, daß bei der geschilderten Weise, den Begriff des Grammatischen zu fassen, zwei Fragestellungen sich verschränken: Die erste zielt (trotz aller vorgenommener ›Idealisierungen‹) darauf ab, ein als objektiv

---

5 Habermas 1971 und 1981; vgl. Campbell/Wales 1970
6 Auch in der Logik wird von ›Strukturen‹ häufig so gesprochen, daß dabei die Frage, welche handlungsbezogenen Ausdruckseigenschaften eine Struktur zu einer logischen machen, nicht mehr eigens thematisiert wird.

vorliegend gedachtes Faktum im Sinne einer reinen Tatsachenfeststellung zu *beschreiben*; sie will eine vorhandene Regelmäßigkeit durch die Formulierung von Regeln darstellen. Die zweite Fragestellung verfolgt das traditionelle Ziel, *normative* und also auf die Handlungen von Sprechern bezogene Regeln zu formulieren, die als Hilfe beim Erlernen des als ›richtig‹ geltenden Sprechens dienen können, sei es mit Bezug auf die Muttersprache, sei es im Fremdsprachenunterricht. Schon dieser Blick auf den Begriff der sprachlichen Regelmäßigkeit zeigt also eine Spannung zwischen einem distanzierten, quasi-naturwissenschaftlichen Beschreiben der Sprache einerseits und einem Formulieren von grammatischen Regeln andererseits, die auf eine schwer systematisierbare und selbst sprachvermittelte Weise an das Sinnverständnis des Hörers appellieren (und daher über innergrammatische Fragen hinausweisen auf die Funktionen von Äußerungen) und, was ihre unmittelbare, ›engere‹ Reichweite angeht, sich nicht auf Laute beziehen, sondern auf größere sprachliche Einheiten, z.B. auf Flexionsendungen oder Wörter.

Der Begriff der Struktur läßt sich nun sowohl auf Komplexe von sinnbezogenen Einheiten als auch auf Komplexe von Lautketten anwenden. Der amerikanische Deskriptivismus hat die zweite Möglichkeit gewählt und die Sprachstruktur im engeren, lautorientierten Sinn noch während seiner Gründungszeit zum Hauptgegenstand der Untersuchung gemacht. Diese Bevorzugung der Laute hatte vor allem den Grund, daß man in ihnen die kleinsten und daher als grundlegend betrachteten Einheiten der Sprache sah, die darüber hinaus (anders als die Bedeutungsphänomene) in den Augen der hier weichenstellenden Autoren den Vorteil hatten, in ihrem Sinne ›wissenschaftlich‹ problemlos zugänglich zu sein. Von jemandem zu sagen, er sei ein kompetenter Sprecher einer Sprache, bedeutet dann unter diesem Aspekt, daß er in der Lage ist, grammatisch korrekte Äußerungen dieser Sprache (im Sinne zulässiger Lautfolgen) zu produzieren und beliebige Äußerungen, die mit dem Anspruch auftreten, der betrachteten Sprache anzugehören, unter dem Gesichtspunkt ihrer grammatischen Korrektheit zu beurteilen. Die

Sprachfähigkeit in diesem Sinne ließe sich, in Abgrenzung von der kommunikativen Kompetenz, als ›grammatische‹ (oder besser ›phonetisch-grammatische‹) Kompetenz bezeichnen, wobei, wie der zweite Ausdruck andeuten soll, die geschilderten Besonderheiten dieses modernen Grammatikbegriffs im Auge zu behalten sind. Ihre Beschreibung würde sich, wenn sie dem geschilderten Verständnis der Sprachwissenschaft folgt, methodisch allein an den Lauten der untersuchten Sprache orientieren, d. h. nicht am Sinn derjenigen über sich hinausweisenden Handlungen, die durch die Äußerung der entsprechenden Lautfolge vollzogen werden können. Die Frage, ob man zur Bestimmung eines grammatischen Kompetenzbegriffs (d. h. dort, wo es anders als bei den Gründern um mehr geht als die bloße Beschreibung der ›Produkte‹ der Sprachtätigkeit) als Zugangsebene wirklich die der Lautfolgen oder besser eine höhere Ebene wählen sollte, wird uns in diesem Kapitel noch beschäftigen.

Problematisch und umstritten ist die Frage, wie das Verhältnis zwischen den beiden Sehweisen und den ihnen zugeordneten Begriffen der kommunikativen und der grammatischen Kompetenz zu bestimmen ist. Hier steht auf der einen Seite die zugleich formalistisch und naturwissenschaftlich orientierte Auffassung von N. Chomsky, der die Isolierbarkeit und die forschungslogische und sachliche Priorität des Strukturaspektes behauptet und die These vertritt, die Sprachkompetenz bestehe in erster Linie in der Fähigkeit zur Produktion und zum Verständnis grammatisch korrekter Äußerungen; erst sekundär dazu könne man diese Fähigkeit dazu benutzen, sprachliche Handlungen wie das Behaupten, Befehlen, etc. auszuführen. Damit verbunden ist die These, unsere gegenwärtige wissenschaftliche Kenntnis beziehe sich fast ausschließlich auf den Strukturaspekt; von einem ernst zu nehmenden Verständnis des Phänomens der Sprachverwendung (und also der Funktion und des Sinnes sprachlicher Äußerungen) seien wir noch weit entfernt. Dem widerspricht J. Searle mit der ›funktionalistischen‹[7] These, der

7 Der Begriff ›Funktionalismus‹ steht in diesem Kontext für die These, der Funktion der Sprache im Handeln komme bei der Erklärung der Sprachfähigkeit eine entscheidende Rolle zu. Vgl. die prägnanten,

Handlungsaspekt sei primär; die Sprachkompetenz bestehe in erster Linie in der Fähigkeit, sprachliche Handlungen auszuführen, und die Struktur einer Äußerung sei insofern sekundär, als sie wesentlich durch ihre Funktion bestimmt werde. Charakteristisch für diese Position ist es, daß der Zugang zum Handlungsaspekt alltagsweltlich oder sprachphilosophisch (auf der Verständnisebene der betroffenen Sprecher) und nicht naturwissenschaftlich gesucht wird. Kennzeichnend und erklärungsbedürftig ist aber auch die Tatsache, daß von diesem Ansatz aus die Einbeziehung des Strukturaspektes in einem für die Linguistik interessanten Umfang noch nicht gelungen ist.

Keine dieser beiden Thesen scheint schon auf den ersten Blick falsch zu sein; vielmehr drängt sich die Vermutung auf, beide Auffassungen würden ein zwar je verschiedenes, aber in beiden Fällen wesentliches Moment an der Sprache treffen. Chomsky wird man zugestehen müssen, daß ein Sprecher, der z. B. jemandem etwas unter Benutzung einer bestimmten Sprache versprechen will, wissen muß, welche Wörter er dazu verwenden kann und in welcher Reihenfolge und grammatischen Form er sie äußern muß, um sich verständlich zu machen. Jede sprachliche Handlung müsse sich eines *bestimmten* Mediums bedienen, und ohne die Kenntnis einer (jeweils bestimmten) Sprache, so ließe sich pointiert sagen, könne man nicht einmal die Absicht haben, jemandem etwas zu versprechen. Die Kenntnis des Mittels müsse der Kenntnis seines Einsatzes vorausgehen und daher auch die Beschreibung des Mittels der Beschreibung seiner Anwendung. Und an dieser Beschreibung arbeitet Chomsky.

Searle andererseits kann eine gewisse Plausibilität für sich in

ganz im Sinne Searles formulierten Ausführungen von Toulmin (1971), der Chomskys Kritik an Skinners Behaviorismus (Chomsky 1959) teilt und seinen Funktionalismus als eine gemäßigte Alternative zu Chomskys strengem Nativismus anbietet. – Im weiteren Sinne einer funktionalistisch orientierten kognitiven Psychologie, deren Hauptmerkmal darin besteht, nicht unmittelbar von körperlichen Abläufen zu handeln, käme aber auch Chomskys Theorie dieses Prädikat zu. Vgl. Churchland 1986, Kap. 9 und als wichtigen Beitrag zur Begriffsklärung Malcolm 1979/80.

Anspruch nehmen, wenn er sagt, die grammatische Form, die zu wählen sei, könne selbst doch nur verständlich gemacht werden als etwas, das z. B. die Sprechhandlung des Versprechens ermögliche und dessen Modifikation in charakteristischen Fällen in einer Äußerung resultiere, die als Ausführung einer *anderen* Handlung zählen würde: Eine Inversion z. B. kann aus einer Aussage eine Frage machen. Pointiert ließe sich daher zugunsten Searles sagen: Erst im Lichte ihrer Funktion wird eine Struktur verständlich.

Da also beide Aussagen etwas an der Sache, um die es aus vortheoretischer Perspektive geht, zu treffen scheinen, wird es im Folgenden darauf ankommen, das Verhältnis der von den beiden Autoren jeweils in den Vordergrund gerückten unterschiedlichen Aspekte zueinander auf einer wissenschaftsmethodisch noch nicht festgelegten, also sprachphilosophischen Ebene so zu klären, daß das relative Recht und Unrecht jeder der beiden Positionen sichtbar wird. Es wird sich dabei herausstellen, daß die zu erörternde Kontroverse kein Streit um Sachfragen im engeren Sinne ist, sondern Ausdruck und Folge zweier sehr verschiedener Interessen und Wissenschaftsideale, mit denen man sich der Sprache zuwenden kann. Dies scheint den beiden Kontrahenten im vorliegenden Fall nicht bewußt zu sein, was zumindest mit Bezug auf Chomsky nicht überrascht, denn es entspricht dem auch sonst anzutreffenden Befund, daß grundlegende Unterschiede zwischen ihren Zugangsweisen in Diskussionen unter Fachwissenschaftlern häufig übersehen oder nicht ernsthaft zum Gegenstand der Erörterung gemacht werden. Gerade hier liegt deshalb ein wichtiges Untersuchungsfeld für Wissenschaftstheoretiker und Sprachphilosophen. Es gehört zu ihren Aufgaben, diese Unterschiede in den möglichen Zugangsweisen herauszuarbeiten und damit Wahlmöglichkeiten bewußt zu machen, die innerhalb eines schon etablierten wissenschaftlichen ›Paradigmas‹[8] nicht mehr gesehen werden (und z. T. nicht mehr bestehen). Demgemäß ist die hier zu behandelnde Frage nicht die, ob bestimmte Aussagen, die einer der beiden Kontrahenten gemacht hat, von

8 Kuhn 1967

einem Gegenstand, über dessen Identität sich beide einig wären, nämlich von ›der Sprachkompetenz‹, tatsächlich gelten oder nicht. Vielmehr geht es um ein Problem, das ihr vorausgeht, nämlich um die Frage, was denn vor aller wissenschaftsmethodischen Festlegung mit dem Ausdruck ›Sprachkompetenz‹ bezeichnet zu werden verdient. Erst dann können die Reichweiten verschiedener wissenschaftlicher Verschärfungen der jeweiligen Fragestellungen beurteilt werden, d. h. es kann beurteilt werden, von welchem Typus von Untersuchung wir uns eine Aufklärung über welchen Aspekt des vorwissenschaftlich bestimmten Gegenstandsbereichs ›Sprachkompetenz‹ versprechen können. Wissenschaftstheoretisch formuliert, lautet die Streitfrage also: Was wäre ein dem vorwissenschaftlich vertrauten Gegenstand angemessener Begriff der Sprachkompetenz und welcher Typus von Theorie wäre für welche diesen Gegenstand betreffenden Fragestellungen ein geeignetes Instrument zu ihrer Beantwortung? Diese Frage hat auch dann ihre Berechtigung, wenn man (selbstverständlich) damit rechnet, daß das vorwissenschaftliche Verständnis des Gegenstandsbereichs im Zuge der Untersuchungen revidiert wird.

2. Die Gesamtstruktur von Chomskys Theorie

Wir geben zunächst vorgreifend eine allgemeine Charakterisierung der Gesamtkonzeption der Theorie von Chomsky[9] und erörtern ihre Herkunft und die für unseren Kontext entscheidenden Einzelheiten im Anschluß daran. Dabei wird es uns hier ausschließlich auf die methodologischen oder ›philosophischen‹ Thesen und Weichenstellungen Chomskys ankommen, nicht auf die Beurteilung der linguistischen Einzelaussagen, insoweit sie von seinen metatheoretischen und philosophischen Vorstellungen ablösbar sind. Chomsky hat selbst betont, daß seine Position des »physical realism« von seinen im engeren Sinne linguistischen Thesen abtrenn-

9 Eine aktuelle und leicht zugängliche Darstellung ist Chomsky 1988; als Einführung geeignet ist auch Chomsky 1982.

bar ist,[10] und hat (im Jahre 1982) zum Ausdruck gebracht, daß er an den methodologischen Aussagen im ersten Kapitel des Hauptwerks von 1965 praktisch keine Änderungen anzubringen hat.[11] Wir können, was die methodologische Position Chomskys angeht, also mit einem großen Maß Kontinuität rechnen.[12]

Was Chomskys Theorie, die wie ihre linguistischen Vorläuferinnen eine Theorie der Sprach*struktur* ist, für die Frage nach dem Zusammenhang von Struktur und sprachlicher *Handlung* besonders interessant macht, sind drei Dinge: erstens, daß ihr Autor den Anspruch erhebt, die Sprachtheorie in die Psychologie integrieren zu können, zweitens das von kontinentalen Interpreten bei ihm entdeckte (und wie sich herausstellen wird: mißverstandene) Bestreben, die Grammatik am Verständnis des Sprechers zu orientieren[13], und drittens sein erklärter Antibehaviorismus. Diese Merkmale der Theorie scheinen auf den ersten Bick aus der Tradition des amerikanischen Deskriptivismus, gegen den sich Chomsky auch ausdrücklich wendet,[14] im Sinne einer Öffnung gegenüber handlungsbezogenen und damit hermeneutischen Gesichtspunkten herauszuführen und also zusätzlich zur Sprachstruktur auch das sprachliche Handeln zum Gegenstand der Untersuchung zu machen. Es scheint so, als sollten sprachliche Äußerungen nicht mehr länger nur möglichst naturwissenschaftlich exakt *beschrieben* werden, sondern als gehe es Chomsky, wenn er von der Sprachkompetenz spricht, um etwas, worüber ein Sprecher handelnd verfügt und worüber er Rechenschaft geben kann. Man könnte bei flüchtiger Lektüre also den Eindruck gewinnen, hier werde die Sprache unter Einbeziehung der Sicht des Sprechers erforscht und es werde die Frage beantwortet, was ein solcher Sprecher tue, wenn er spreche. Wir werden im

10 Chomsky 1982, S. 31
11 A.a.O., S. 62
12 Dies bestätigt sich auch in Chomsky 1988.
13 K.-O. Apel, Noam Chomskys Sprachtheorie und die Philosophie der Gegenwart; eine wissenschaftstheoretische Fallstudie. In Apel 1973, 264-310
14 Chomsky 1982, S. 58, 68, passim

Folgenden sehen, daß dies eine Fehleinschätzung wäre; Chomskys Äußerungen dazu sind inzwischen auch so eindeutig, daß dies Mißverständnis nicht mehr naheliegt. Trotzdem sind die besonderen Eigenheiten des Resultats, zu dem Chomsky gelangt, für unser Thema von Interesse: Es ist ihm gelungen, alle Verstehensfragen im hermeneutischen Sinne aus seiner Theorie fernzuhalten und sie gleichwohl als Ausdruck eines ›Mentalismus‹, eines ›Rationalismus‹,[15] als eine Theorie nicht nur des Gehirns, sondern zugleich des Geistes anzubieten. Wer an der Möglichkeit dieses einfachen Zusammenfallens von ›mind‹ und ›brain‹ seine Zweifel hat, steht bei der Formulierung seiner Kritik vor der Frage, was es überhaupt heißen kann, sich eine geistige Fähigkeit verständlich zu machen. Gerade eine Auseinandersetzung mit Chomskys Theorie kann die Frage, was denn in einem nicht-naturwissenschaftlichen Sinne unter der ›Sprachkompetenz‹ verstanden werden könnte, in ein helleres Licht rükken.

Charakteristisch für den Kompetenzbegriff von Chomsky ist die Tatsache, daß er seine Begriffe und theoretischen Konzeptionen, wenn er sie zum Sprecher der untersuchten Sprache in Beziehung setzt, im Sinne eines theoretischen Rahmens für eine naturwissenschaftlich, auf das Gehirn hin orientierte Psychologie interpretiert: Für ihn ist die Sprachwissenschaft ein Teil der Kognitionspsychologie und diese wiederum, wenn sie einmal ihr ›abstraktes‹[16] Stadium hinter sich gelassen und ihr Forschungsziel erreicht haben wird, ein Teil der Humanbiologie.[17] Sieht man von ihrer linguistischen Herkunft ab, so lesen sich seine Vorschläge wie hochspezialisierte, empirisch gemeinte Hypothesen einer theoretischen Psychologie, die versucht, bestimmte geistige Erscheinungen und Prozesse zu erklären, indem sie ›mentale Instanzen‹

15 Chomsky 1965, S. v, 4, 193; Vgl. Chomsky 1966 und Chomsky 1972

16 »In fact, we may think of the study of mental faculties as actually being a study of the body -specifically the brain- conducted at a certain level of abstraction.« Chomsky 1982, S. 34

17 Chomsky 1972, S. 1, 26 ff. Chomsky 1982, S. 42, 49; Chomsky 1988, S. 6

postuliert, deren Zusammenwirken sie so beschreibt, daß die zu erklärende geistige Erscheinung als Resultat oder *output* eines ›Mechanismus‹ erscheint, der gewisse ›Daten‹ als Eingabegrößen oder *inputs* erhalten hat und auf die angenommene Weise funktioniert. Zu beachten ist dabei, daß der postulierte ›Mechanismus‹ bei Chomsky zunächst, d. h. im gegenwärtigen Stadium seiner Hypothesenbildung, nicht in einem körperlichen Sinne gemeint ist. Es ist also nicht schon im ersten Schritt an Nervenzellen oder Ähnliches zu denken. Im Fall der Sprachfähigkeit ist es nach Chomskys Auffassung sogar so, daß wir über ihre körperliche Seite (er spricht von ihrer ›Realisierung‹ oder ›Repräsentation‹) gegenwärtig noch sehr wenig wissen.[18]

In Anlehnung an gewisse Forschungsrichtungen der kognitiven Psychologie[19] meint Chomsky, ›der menschliche Geist‹ konstruiere nach Regeln, die ihm angeboren sind, so genannte ›kognitive Strukturen‹. Damit sind Systeme von ›unbewußtem‹ Wissen, von unbewußten Überzeugungen, Erwartungen und Urteilen gemeint.[20] Nach dieser Vorstellung gibt es eine Anzahl verschiedener kognitiver Strukturen, die durch unterschiedliche Mengen von Regeln konstruiert werden. Unter der Sprachfähigkeit im allgemeinsten Sinn (im Folgenden ›Kompetenz$_1$‹ genannt[21]) versteht

18 »I think that all the things we are talking about will ultimately be explained in terms of properties of the brain; however, we cannot speak of the physical structure of the brain because of our ignorance, and therefore we can only speak of some of the conditions that the physical structures must meet, however they meet them. We simply don't have the kind of evidence to tell us how the abstract structures might be represented in the concrete physical system.« Chomsky in: Piatelli-Palmarini 1980, S. 81 f.; vgl. Chomsky 1986, S. 38

19 Neisser 1974, 1979; Anderson 1988. Zum Verhältnis zwischen den Vorstellungen Chomskys und Piagets vgl. auch Piatelli-Palmarini 1980

20 Die Frage, ob wir hier nicht ein ›hölzernes Eisen‹, eine *contradictio in adjecto*, vor uns haben, wird unten (S. 73 ff., 116 f.) noch erörtert.

21 Chomsky nennt diese Kompetenz$_1$ auch »the language faculty« (Chomsky 1988, S. 15.) und bestimmt sie als »the system... that converts the data available to the child into the language that comes to be incorporated in the mind/brain« (a. a. O., S. 40).

Chomsky nun die Fähigkeit des Menschen, überhaupt eine Sprache zu erlernen. Er setzt sie gleich mit einer von ihm postulierten Menge von angeborenen Regeln, mit denen die jeweils spezifische kognitive Struktur konstruiert wird, die jemand ausbildet, der eine bestimmte Sprache als Muttersprache erlernt. Die Sprachfähigkeit in diesem Sinne (Kompetenz$_I$) ist also dasjenige mentale ›Instrument‹, mit dem nach Chomskys Meinung alle gesunden Menschen von Geburt an ausgestattet sind, und das ihnen ermöglicht, die Sprache zu erlernen, die in ihrer primären sozialen Umgebung gesprochen wird. Chomsky hält es zwar für denkbar, daß beim Erlernen einer Sprache auch noch andere geistige Fähigkeiten mitspielen, er selbst spricht sich aber für die Hypothese aus, diese Sprachfähigkeit sei ein autonomes, von Erfahrungsinhalten unabhängiges ›formales‹ System.[22] Diese Sprachfähigkeit hat die wichtige Aufgabe, die Konstruktion kognitiver Strukturen zu beschränken: Aus den überhaupt denkbaren kognitiven Strukturen, die aufgrund der Erfahrungen, die das Kind mit der Sprache macht, die es hört, gebildet werden könnten, wird der These zufolge nur eine solche konstruiert, die gewissen Prinzipien, Bedingungen und Regeln folgt. Diesen einschränkenden Schematismus nennt Chomsky die ›universale Grammatik‹.[23]

Von der Sprachfähigkeit in diesem Sinn, also der menschlichen Fähigkeit, als Kleinkind eine Primärsprache zu erlernen, unterscheidet Chomsky die jeweils konkrete, einer bestimmten Sprache zugehörige kognitive Struktur, die eine Person erwirbt, wenn sie ein Sprecher der für sie primären Sprache wird (hier ›Kompetenz$_{II}$‹). Sie ist gemeint, wenn von der Kompetenz im Gegensatz zur Performanz gesprochen

22 In Chomsky 1982, S. 114f. plädiert er dafür, die gesamte Syntax (nicht nur die ›language faculty‹) als ›independent system‹ zu betrachten, wobei Syntax als diejenige geistige Fähigkeit bestimmt wird, »which corresponds to the computational aspects of language« (114). Dies schließt aber nicht aus, daß er später sagen kann, Begriffe seien angeboren (1988, S. 27 f., 98 f.) und »In fact, most of the theory of meaning is called syntax.« (1988, S. 191) Vgl. unten Anm. 25
23 Chomsky 1965, S. 27; 1988, S. 60f.

wird, und sie ist hier hauptsächlich von Interesse, weil sie dem entspricht, was oben als ›grammatische‹ im Gegensatz zur ›kommunikativen‹ Kompetenz bezeichnet wurde. Nach Chomskys Auffassung ist diese Kompetenz nicht eine Fähigkeit, ein ›skill‹,[24] sondern eher eine Kenntnis, ein Wissen.[25] – Drittens schließlich gibt es nach Chomsky die Fähigkeit, die im Gebrauch der Sprache, in der ›Performanz‹ ausgeübt wird; sie benutzt zwar die Kenntnisse, die die kognitive Struktur ausmachen (also die Kompetenz$_{II}$); sie enthält aber auch noch andere Komponenten. Sie wird im Folgenden ›Kompetenz$_{III}$‹ heißen.

In seiner Konzeption unterscheidet Chomsky also vier Fragen, die durch verschiedene Teile einer noch zu vollendenden umfassenden Theorie beantwortet werden sollen,[26] nämlich erstens: Aufgrund welcher angeborenen Ausstattung ist es möglich, daß ein Kind diejenige kognitive Struktur erwirbt, deren Besitz die Kenntnis der jeweiligen Muttersprache ausmacht? Diese Frage nach der Ausstattung, die den Spracherwerb erst ermöglicht, ist die Frage nach der Kompetenz$_I$. Zweitens: Wie sieht die zu einer bestimmten Sprache gehörende kognitive Struktur aus? Hier wird nach der Kompetenz$_{II}$ gefragt. Drittens: Was läuft, psychologisch gesehen, an Prozessen ab, wenn ein Sprecher Sprechhandlungen ausführt und dabei die Kompetenz$_{II}$ aktiviert wird? Diese Frage fragt nach der Kompetenz$_{III}$. Und viertens: Wie sehen die körperlichen Mechanismen aus, die als materielle Basis der verschiedenen Kompetenzen dienen? – Chomsky äußert sich ausführlich nur zu den zwei ersten Fragen, da er meint, man

---

24 Chomsky 1985, S. 5, 19

25 Chomsky spricht von einem »system of knowledge« (1988, S. 3) und einem »cognitive system« (S. 36). Auf diese Weise kommt in das, was er selbst gelegentlich die ›grammatische‹ im Unterschied zur ›pragmatischen‹ (Sprachverwendungs-) Kompetenz nennt, ein semantisches Moment hinein, das er aber wegen seines sich aus der Methodologie ergebenden ›semantischen Agnostizismus‹ fast ganz unerörtert läßt bzw. lassen muß. Chomsky 1980, S. 59; für eine genauere Erörterung dieser Zusammenhänge vgl. unten S. 77 ff. und S. 110 ff.

26 Chomsky 1988, S. 3

könne zu den anderen erst dann etwas sagen, wenn diese beantwortet seien.[27]

Um die Besonderheiten dieser Konzeption einer Theorie der Sprachkompetenz richtig einschätzen zu können, muß man sich vor Augen führen, aus welcher Tradition heraus Chomsky seine Ideen entwickelt hat. Denn sowohl die Annahme einer autonomen und ›formalen‹ Sprachlernfähigkeit als einer eigenen mentalen Instanz (Kompetenz$_I$) als auch das Postulat einer der jeweiligen Einzelgrammatik entsprechenden und vom Aspekt konkreten sprachlichen Handelns losgelösten kognitiven Struktur (Kompetenz$_{II}$) ist nicht aus der psychologischen Forschung hervorgegangen, sondern läßt sich nur verstehen, wenn man sieht, wie sehr Chomsky, trotz seiner genannten (wirklichen oder nur unterstellten) Neuerungen in der Linguistik (Antibehaviorismus und Sprecherorientiertheit) der strukturalistischen Denkweise, und zwar in ihrer formalen Spielart, verhaftet geblieben ist. Um zu verdeutlichen, was damit gemeint ist, soll ein Blick auf einen bestimmten Strang in der Entwicklung der Linguistik geworfen werden. Dann zeigt sich nämlich, daß Chomskys Postulat einer formalen grammatischen Kompetenz$_{II}$ sich nicht einer psychologischen Einsicht, sondern einer wissenschaftstheoretischen Vorentscheidung der linguistischen Tradition verdankt. Der Aufweis eines solchen auf die Genesis bezogenen Zusammenhangs hält sich selbstverständlich nicht für eine Falsifikation von Chomskys Theorie; darin besteht nicht das Ziel der hier vorgetragenen Überlegungen, und sie könnte auch erst versucht werden (und wäre nur dann schlagend), wenn die methodisch ersten, gegenstandskonstituierenden Schritte Chomskys akzeptiert wären.[28] Gerade sie sollen aber hier nicht vorausgesetzt, sondern zur Debatte gestellt werden, damit sichtbar wird, daß sie revidierbar und revisionsbedürftig sind. Erst das Be-

27 A.a.O., S. 133
28 Eine auf naturwissenschaftliche Fakten bezogene Kritik aus linguistischer Sicht versucht aber z.B. Jäger 1990; vgl. auch Toulmin 1971 und (aus psychologischer Sicht) Bruner 1975, 1983, 1990. Für eine aktuelle Einschätzung der neurobiologischen Seite vgl. Modgil u. Modgil 1987, Teil II

wußtsein dieser Möglichkeit kann dazu führen, daß der Frage, was unter einer Theorie der Sprachkompetenz verstanden werden sollte, kritisch nachgegangen wird.

3. Lautbezogener und ideenbezogener Strukturalismus: Zum historischen Hintergrund der Theorie von Chomsky

Es gilt als ein Verdienst der amerikanischen deskriptiven Linguistik, bei der Untersuchung der Indianersprachen nach der Einsicht Humboldts verfahren zu sein, daß jede Sprache ihre eigene, möglicherweise einzigartige Struktur habe. Negativ gesehen bedeutet das, daß es unangemessen ist, bei der Beschreibung fremder Sprachen die für den westlich gebildeten Forscher naheliegenden traditionellen Kategorien der lateinischen Schulgrammatik zu benutzen. Positiv folgt daraus, daß es zur Aufgabe des Linguisten gehört, für jede Sprache (oder Sprachfamilie) die Kategorien erst zu entdecken, die ihrer Beschreibung angemessen sind. Diese Auffassung nennt J.Lyons ›strukturalistisch‹ und schreibt sie dem Stammvater der amerikanischen Linguistik zu, dem Anthropologen Franz Boas.[29]

Damit hier keine Mißverständnisse entstehen, ist zu beachten, daß die gegebene Kennzeichnung der strukturalistischen Auffassung mehrdeutig ist: Sie könnte im Sinne des späteren Distributionalismus mißverstanden werden, demzufolge die grammatischen Kategorien einer Sprache allein durch Verteilungseigenschaften der nur als Lautgebilde betrachteten Äußerungselemente zu bestimmen seien. So verstanden wäre die Entdeckung und die Darstellung der für die Beschreibung einer Sprache angemessenen Kategorien eine ›formale‹ Prozedur in dem Sinne, daß inhaltliche Gesichtspunkte dabei keine oder allenfalls eine heuristische Rolle spielen; es wären allein die Möglichkeiten des Vorkommens in gewissen, lautlich zu charakterisierenden Nachbarschaften, die die Kategorie eines Ausdrucks festlegen würden; sowohl der Ausdruck als auch seine Umgebung wären nur als Lautgebilde bestimmt.

29 Lyons 1970, S. 28f.

Dies ist aber noch nicht die Auffassung von Boas. Er versteht seinen Hinweis auf die großen Unterschiede in den Strukturen der verschiedenen Sprachen vielmehr in einem Sinn von ›Struktur‹, der von inhaltlichen Gesichtspunkten nicht losgelöst ist. Das erkennt man z. B. an der Art und Weise, wie er zur Erläuterung dieser strukturellen Verschiedenheit der Sprachen darauf hinweist, daß die Angabe des Genus oder ›grammatischen Geschlechts‹ nicht bei allen Sprachen als obligatorisches Klassifikationsmittel für Nomina fungiert. Zwar ist es im Englischen (wie im Deutschen) so, daß jedes Nomen notwendig als ein ›Maskulinum‹, ›Femininum‹ oder ›Neutrum‹ klassifiziert wird, aber das Genus ist keine universale, für alle Sprachen geltende Kategorie. Daß Boas die Rede vom ›grammatischen Geschlecht‹ zwar sicher nicht naiv mit dem naturgegebenen Sexus identifiziert, aber doch auch nicht als bloßes Kürzel für eine Verteilungseigenschaft benutzt, erkennt man daran, wie er zur Illustration seiner These von der Verschiedenheit der Sprachen eine abweichende Strukturierung beschreibt:

»Some of the Siouan languages classify nouns by means of articles, and strict distinctions are made between animate moving and animate at rest, inanimate long, inanimate round, inanimate high, and inanimate collective objects.«[30]

Wie der Text zeigt, benutzt Boas hier inhaltliche, nicht-distributionelle Unterscheidungen wie ›animate‹, ›moving‹ etc., um den von ihm gemeinten Strukturunterschied zu benennen und die Kategorien zu bestimmen, nach denen in der betrachteten Sprache Nomina klassifiziert werden. Das Entdecken und Beschreiben der geeigneten Kategorien besteht bei Boas also im Bemerken und Darstellen der Tatsache, daß es gerade jene und keine anderen Gesichtspunkte sind, nach denen diese Sprache ihre Nomina klassifiziert, d. h. deren Angabe sie, hier über den Artikel, obligatorisch macht.
Die Weise, auf die Boas dieses inhaltliche Moment beschreibt, stützt sich auf die traditionelle philosophische Vorstellung, daß die Sprachen dazu dienen, gewisse Inhalte

30 Boas 1911, S. 36

(»ideas«), die dem Sprecher als intendierte Bedeutungen geistig gegenwärtig sind, auszudrücken und sie so einem Hörer zu übermitteln. Diese Inhalte denkt er sich als sprachunabhängig, und wenn er die Verschiedenheit der grammatischen Strukturen verschiedener Sprachen betrachtet, dann interessiert ihn, welcher Teil der jeweils zu vermittelnden ›Idee‹ in welcher Sprache obligatorisch ausgedrückt werden muß, weil er als ein Klassifikationsgesichtspunkt in die Grammatik eingegangen ist, und welcher Teil unausgedrückt bleiben kann oder durch andere Mittel zur Sprache kommt. Dies ist der erste Schritt. Boas muß dann damit rechnen, daß die Sprache den Ausdruck einer ›Teil-Idee‹ auch dort verlangen kann, wo sie faktisch nicht vorliegt: Die Sprache behandelt z. B. etwas als belebt, was tatsächlich nicht belebt ist. Der Strukturbegriff von Boas und seine Vorstellung von der strukturellen Verschiedenheit der Sprachen ließen sich also gar nicht explizieren, wenn man von diesem inhaltlichen Gesichtspunkt absehen würde. Hätte Boas eine Theorie der grammatischen Kompetenz (auf der Ebene von Chomskys Kompetenz$_{II}$) entwickelt, so hätte er keinen Anlaß gehabt, sie (wie Chomsky das tut) durch einen formalen Regelmechanismus zu beschreiben. Sie wäre mit der Fähigkeit, Begriffe zu bilden und Urteile zu fällen, aufs engste verbunden zu denken; sie wäre die Kompetenz, die als sprachunabhängig vorliegend gedachten ›Ideen‹ in diejenigen Formen zu bringen, die für die bestimmte Sprache jeweils angemessen sind.

Nun gilt diese traditionelle Vorstellung, die Sprache diene dazu, unabhängig von ihr gebildete, im Geiste schon fertig vorliegende ›Ideen‹ bloß auszudrücken, so daß sie als ein bloßes ›Transportmittel‹ von Inhalten erscheint, unter Philosophen heute als überholt, als ein Scheingesims, das nicht wirklich trägt. Darauf braucht im Moment aber nicht eingegangen zu werden.[31] Hier genügt der Hinweis, daß aus der Tatsache, daß das inhaltliche Moment an der Sprachstruktur, auf das Boas im zitierten Text hinweist, besser nicht mit Hilfe der Vorstellung von einem Bereich sprachunabhängiger

31 Vgl. dazu Schneider 1975

Ideen dargestellt werden sollte, nicht folgt, daß es nicht existiert. Also folgt auch nicht, daß ein angemessenes Verständnis der von Lyons ›strukturalistisch‹ genannten Auffassung notwendigerweise ein in Chomskys Sinn formales, nämlich nicht-inhaltsbezogenes sein müßte. Auf die Frage, wie eine solche Inhaltsbezogenheit zu denken ist, ohne daß dabei unterstellt werden muß, daß grammatische Klassifizierungen mit inhaltlichen Merkmalen einfach zusammenfallen, werden wir noch zurückkommen.

Den entscheidenden Schritt zum formalen Verständnis des Strukturbegriffs macht für die amerikanische Linguistik nicht Boas selbst, sondern, trotz seiner ursprünglich ganz anderen Orientierung[32] an den Vorstellungen von W. Wundt, sein Schüler L. Bloomfield. Obwohl ein wesentlicher Grund dafür Bloomfields behavioristisches Sprachverständnis ist, also diejenige Auffassung, die Chomsky dann aufs schärfste bekämpfen wird, ist er damit dessen Theorie in wesentlichen Punkten näher als der von Boas.

Bloomfield[33] unterscheidet an einem Äußerungsakt: (A) die Ereignisse vor der Äußerung (z. B. Jack und Jill gehen spazieren; Jill ist hungrig und sieht einen Apfel), (B) die Äußerung (Jill sagt etwas, z. B. »ich hätte gern diesen Apfel«; sie ›macht ein Geräusch mit ihren Sprechorganen‹) und (C) die Ereignisse nach der Äußerung (Jack pflückt den Apfel und gibt ihn Jill). Seinen behavioristischen Vorstellungen gemäß nennt er die Komponente (A) den ›Sprecher-Reiz‹; er ist dasjenige, was den Sprecher oder die Sprecherin zur Äußerung veranlaßt hat; und er nennt die Komponente (C) entsprechend die ›Hörer-Reaktion‹. Nun meint er, im Prinzip müßte es wissenschaftlich möglich sein, wenn man den Reiz (A) nur genau genug kennen würde, die Äußerung (B), die dieser Reiz ›auslöst‹, vorherzusagen, und weiter müßte es, wenn man den ›Hörer-Reiz‹ genau kennen würde (also das, was diesen zu seiner sprachlichen oder nichtsprachlichen Antwort veranlaßt, seine dem Ereignis vorausgehenden Erfahrungen, einschließlich der Äußerung (B)), möglich sein, die ›Hörer-Reaktion‹ (C) vorherzusagen. Da

32 Bloomfield 1983 (Orig. 1914)
33 Bloomfield 1935, S. 22ff.

Bloomfield, wie er selbst von sich sagt, einer materialistischen oder ›mechanistischen‹ Theorie des menschlichen Verhaltens anhängt, beschreibt er die Komponente (B), die Äußerung, nicht als ›einen Wunsch äußern‹, ›einen Hinweis geben‹ oder dergleichen, sondern als ›ein Geräusch machen‹[34], und die Komponenten (A) und (C) behandelt er als äußere, beobachtbare Ereignisse bzw. Verhaltensweisen. Er nennt die Gesamtumstände oder ›Umgebung‹ der Äußerung, d.h. die beiden Komponenten (A) und (C) zusammen, die ›Bedeutung‹ von (B), und in dem dadurch gegebenen verhaltensbezogenen Sinne ist auch seine bekannte Formulierung zu verstehen »To study this co-ordination of certain sounds with certain meanings is to study language.«[35]

Diese Festlegungen seines Ausgangspunktes konfrontieren Bloomfield nun mit einem Problem, das ihm selbst sehr deutlich bewußt ist: Von marginalen Randfällen des gelingenden Erratens abgesehen, läßt sich aus der Kenntnis der Ereignisse vor einer Äußerung ihr Auftreten nicht vorhersehen und (beim gegenwärtigen Stand der Wissenschaft) in keinem Fall wissenschaftlich streng prognostizieren; und normalerweise kann auch niemand vorhersagen, wie ein Hörer auf eine Äußerung reagieren wird. Das liegt nach Bloomfields Meinung daran, daß wir den psychischen ›Mechanismus‹ zu wenig kennen, der vom Reiz zur Reaktion führt. Bei der Erläuterung dieser These unterläuft ihm die folgende, methodologisch erhebliche Verschiebung: Er interpretiert die Komponenten (A) und (C), den Sprecher-Reiz und die Hörer-Reaktion, nicht mehr im Sinne von Ereignissen und Handlungsweisen, so wie er es vorher anhand seines Beispiels tat (Jack und Jill gehen spazieren, etc.), sondern, in Übereinstimmung mit seiner mechanistisch-materialistischen Methodeneinschränkung, im Sinne von körperlichen Zuständen von Sprecher und Hörer. Offenbar meint er, Erfahrungen (Jill sieht den Apfel und bekommt Appetit) würden sich letztlich als körperliche Veränderungen niederschla-

34 A.a.O., S. 22   35 A.a.O., S. 27

gen (Speichelsekretion etc.) und seien als solche bei genügendem Fortschritt der Wissenschaft auch identifizierbar; d. h. wer die körperliche Veränderung kennt, kann die zugehörige Erfahrung daraus erschließen. Seine These lautet dann: Wenn man den genauen Zustand des Körpers des Sprechers zu einem bestimmten Zeitpunkt und die dann auftretenden Reize kennen würde, könnte man die daraufhin erfolgende Äußerung vorhersagen, ohne von der Lebensgeschichte, den Erfahrungen etc. des Sprechers auf die übliche, lebensweltliche Weise reden zu müssen. Der Aspekt der Handlung, der vorher in Gestalt der von Bloomfield erzählten ›Geschichte von Jack und Jill‹ in seiner Darstellung noch vorhanden war (vielleicht unabsichtlich und nach seinem Selbstverständnis allein aus didaktischen Gründen), ist damit aus der Sprachbetrachtung zugunsten der ausschließlichen Behandlung physischer Abläufe eliminiert bzw. in Form einer Hoffnung auf den Fortschritt der Wissenschaft, der eines Tages eine kontrollierbare Reduktion der Lebensgeschichte eines Menschen auf körperliche Veränderungen erlauben sollte, in der wissenschaftlichen Erörterung jener körperlichen Veränderungen und ihrer Gesetzmäßigkeiten ›aufgehoben‹.

Mit Bloomfields Auffassung sowohl von der Laut- als auch von der Bedeutungsseite der Sprache ist eine bis hin zu Chomskys Arbeiten wichtige Weichenstellung erfolgt. Da ›Bedeutung‹ bei Bloomfield definiert ist durch die Komponenten (A) und (C), da diese aber seiner Meinung nach nur unter Heranziehung von Physiologie und Psychologie wissenschaftlich befriedigend charakterisierbar sind, da ferner diese beiden Wissenschaften über die relevanten ›Mechanismen‹ noch sehr wenig zu sagen wissen, wird das Studium der Bedeutung nicht nur auf die Untersuchung von letztlich körperlichen Abläufen festgelegt, sondern auch in eine für Bloomfield und seine Schüler nicht absehbare Zukunft verschoben. Und ferner: Obwohl Bloomfield sagt, idealerweise müßte die Linguistik aus zwei Gebieten bestehen, nämlich der ›Phonetik‹, die die Äußerungen studiert, und einer die Rolle der Semantik ausfüllenden Verhaltenswissenschaft, die die Bedeutung im Sinne der Komponenten (A) und (C) untersucht, kommt er wegen der genannten Festlegungen und der sich damit ergebenden Schwierigkeiten mit der Bedeutungsseite der Sprache zu der Auffassung:

»In principle, the student of language is concerned only with the actual speech (B)«[36] und: »In the division of scientific labor, the linguist deals only with the speech-signal…; he is not competent to deal with problems of physiology or psychology.«[37]

Übrig bleibt also das, was Bloomfield die ›Phonetik‹ nennt. Hier müsse der Linguist, wolle er wissenschaftlich verfahren, so vorgehen, als sei er ein Anhänger der materialistischen Auffassung, das heißt, als seien menschliche Handlungen Teile von Ursache/Wirkungs-Gefügen, wie sie in der Physik und in der Chemie auftreten.[38] Bloomfield weiß, daß die Linguistik diese Kausalketten nicht schließen kann, und daß auch die dafür zuständigen Wissenschaften der Physiologie und der Psychologie, vorsichtig gesprochen, davon noch sehr weit entfernt sind. Vorläufig müsse also der Aspekt der Bedeutung aus Mangel an einschlägigen Kenntnissen vernachlässigt werden. Mit dem Problem des Reduktionismus, also mit der Frage, ob jene Kausalketten prinzipiell schließbar sind, und ob sie, falls geschlossen, mit der Sprache der Handlungen und der Erfahrungen verbunden werden können (bzw. ihre Darstellung die der Handlungen ersetzen kann), setzt er sich nicht auseinander; seine Fortschrittshoffnung rechnet offenbar mit einer positiven Antwort. Als eine Möglichkeit, einen Schritt in die richtige Richtung zu tun, bewertet er die Tatsache, daß die Sprachwissenschaft schon zu seiner Zeit eine naturwissenschaftlich präzise Beschreibung jenes Verhaltensaspekts des Menschen geben könne, der im Hervorbringen von Lautketten bestehe. Die ›Phonetik‹, also das Arbeitsgebiet, auf dem der Sprachwissenschaftler unmittelbar tätig werden könne, ohne die Fortschritte in anderen Wissenschaften abzuwarten, studiere also die Äußerungen losgelöst vom Aspekt ihrer Bedeutung, »investigating only the sound-producing movements of the

36 A.a.O., S. 74
37 A.a.O., S. 32
38 A.a.O., S. 33, 38

speaker, the sound-waves, and the action of the hearer's eardrum.«[39]

Mit dieser im Namen der Wissenschaftlichkeit vollzogenen Reduktion des Gegenstandes der Sprachwissenschaft auf das, was unter dem Gesichtspunkt der Geräuschproduktion gesehen werden kann, mit dieser vollständigen Ausklammerung der Semantik, ist der Handlungsaspekt im Sinne der kommunikativen Kompetenz, der bei Boas noch in Gestalt der traditionellen Vorstellung vorhanden war, der Sprecher würde ›Ideen‹ ausdrücken, aus der wissenschaftlichen Sprachbetrachtung zunächst entfernt. Eine Äußerung erscheint nur noch als Handlung, insofern sie als ein ›Machen, daß das Geräusch x zu hören ist‹ beschrieben wird. Der Strukturbegriff wird im Sinne einer quasi-naturwissenschaftlich beschreibbaren Geräuschstruktur interpretiert. Nicht mehr interessiert wie bei Boas die Frage, welche inhaltlichen Gesichtspunkte eine Sprache für bestimmte Ausdrucksarten obligatorisch macht, sondern es interessieren nur noch Distributionseigenschaften von akustischen Verhaltensmomenten, d.h., in den Worten von Harris, der die von Bloomfield skizzierte Forschungsmethode im Detail ausgearbeitet hat, »the occurrence of these features relatively to each other within utterances«.[40]

Läßt man sich auf eine Spekulation darüber ein, wie Bloomfield wohl den Begriff der Sprachkompetenz bestimmt hätte, so wäre zu vermuten, er hätte darunter ein hochkomplexes System sich durch die laufenden Sinnesreizungen ständig ein wenig verändernder, naturwissenschaftlich beschreibbarer ›habits‹ verstanden, gemäß denen ein Sprecher einerseits auf sprachliche Reize mit sprachlichem oder nichtsprachlichem Verhalten reagiert, und andererseits auf nichtsprachliche Reize sprachlich. Diese ›habits‹ müßten letztlich als physiologische ›Mechanismen‹ so genau beschreibbar sein, daß das jeweilige sprachliche Verhalten als eine Geräuschproduktion eines phonologisch genau angebbaren Typus oder Musters prognostizierbar und damit in den Kontext des nichtsprach-

39 A.a.O., S. 74
40 Harris 1951, S. 5. Vgl. Chomskys daran anknüpfende Charakterisierung der ›distributional analysis‹ in Chomsky 1985, S. 127

lichen Verhaltens einzuordnen wäre. Die Sprachfähigkeit in diesem physiologisch-psychologischen Sinne wäre, wie das Zitat oben zeigt, für Bloomfield zwar ein wichtiger Teil im Studium der Sprache, aber kein Gegenstand der Linguistik, ebensowenig, wie er wohl umgekehrt auf den Gedanken Chomskys gekommen wäre, die Beschreibung der Kombinationsmöglichkeiten der lautlichen Elemente einer Sprache und ihrer relativen, d.h. nicht auf sprachexterne Faktoren (den Korrelaten von Handlungen, Erfahrungen, etc.) bezogenen formalen Eigenschaften schon als eine Darstellung der Sprachfähigkeit (Kompetenz$_{II}$) anzusehen.

4. Chomskys Neuerungen

Vor diesem Hintergrund lassen sich nun die Eigenheiten von Chomskys Kompetenzbegriff verständlich machen. Als Harris-Schüler, der auf dem Gebiet der Syntax arbeitet, steht er, traditionell betrachtet, vor der Aufgabe, den Begriff des wohlgeformten Satzes so zu bestimmen, daß dabei nur Termini benutzt werden, die die phonologischen Satzelemente und ihre Distributionseigenschaften betreffen. Eine Sprache ist für einen Linguisten in der Tradition Bloomfields die Menge der wohlgeformten Sätze dieser Sprache, und seine Aufgabe besteht in der Entwicklung eines Kriteriums, mit dessen Hilfe für eine beliebige Lautkette entschieden werden kann, ob sie unter den Begriff ›Satz der Sprache L‹ fällt oder nicht. Das Ziel ist also eine ›objektive‹, letztlich an akustischen Merkmalen orientierte Erfassung des Bestandes jener Geräusche, deren Gesamtheit laut Voraussetzung die Sprache ausmacht.[41]

Die erste Besonderheit an Chomskys Auffassung von der Bewältigung dieser Aufgabe besteht in seinem ›Exaktheitsideal‹, d.h. in seiner (sehr spezifischen, keineswegs selbst-

41 Diese Voraussetzung wird sich im Verlauf der folgenden Überlegungen als nicht haltbar erweisen.- Chomsky ist nur konsequent, wenn er erklärt, er halte den Begriff der Sprache für bis zur Unbrauchbarkeit vage und beschränke sich lieber auf den präziseren Begriff der Grammatik. Chomsky 1982, S. 107

verständlichen) Vorstellung davon, was es heißt, die so gestellte Aufgabe ›ordentlich‹ zu lösen. Er stellt sich diese Lösung nämlich als ein Regelsystem vor, das von der Explizitheit eines mathematischen Kalküls oder einer sogenannten ›logischen Maschine‹ ist. Die von ihm ins Auge gefaßte Grammatik soll nicht (wie es traditionelle Grammatiken taten) Beispiele nennen und Regeln formulieren, die in dem Sinne an das ›Verständnis‹ des Lesers appellieren, daß ihre Anwendung die Fähigkeit zur sinngemäßen oder analogen, den jeweiligen Umständen angemessenen Fortsetzung von ihm verlangt. (Vorgreifend können wir sagen: sie würde ja dann in seinen Augen die Sprachkompetenz voraussetzen und benutzen, statt ihre Funktionsweise offenzulegen.[42]) Vielmehr soll Chomskys Grammatik die Sätze der untersuchten Sprache in dem Sinne effektiv aufzählen oder abzuleiten gestatten, in dem ein Logikkalkül Theoreme ›aufzählt‹ oder ›erzeugt‹, nämlich durch eine ›mechanische‹, d. h. hier: durch eine nur an den Formen von Figuren bzw. an den akustischen Eigenschaften von Lauten orientierte Anwendung von Regeln.[43] (Abermals vorgreifend: Die Konstruktion eines solchen Erzeugungswegs wird als die Erarbeitung einer Hypothese über die abstrakten Charakteristika der Sprachkompetenz verstanden.)

Diese Vorstellung von einer logischen oder ›abstrakten‹ Maschine, eines zunächst nur in Gestalt von Regeln, nicht von physischen Teilen oder Bausteinen gedachten ›Mechanismus‹, ist ein wichtiges Moment der späteren Kompetenztheorie Chomskys. Schon bevor er auf das Sprecherverständnis als externes Bewertungskriterium für Grammatiken zu sprechen kommt, zieht er in seinem frühen Buch »Syntactic Structures« (1957) eine Parallele zwischen dem Sprecher einer Sprache, der, indem er Sprechhandlungen vollzieht, Geräuschfolgen produziert, und einer logischen Maschine, die Figurenketten erzeugt, die sich als Sätze deuten lassen. Chomsky schreibt, nachdem er den Begriff einer ›finite state language‹ und den der dazugehörigen Grammatik als einer solchen logischen Maschine expliziert hat:

42 Chomsky 1985, S. 8 f.
43 A. a. O., S. 25

»This conception of language is an extremely powerful and general one. If we can adopt it, we can view the speaker as being essentially a machine of the type considered. In producing a sentence, the speaker begins in the initial state, produces the first word of the sentence, thereby switching into a second state which limits the choice of the second word, etc. Each state through which he passes represents the grammatical restrictions that limit the choice of the next word at this point of the utterance.«[44]

Es kommt hier nicht darauf an, daß er die Diskussion der ›finite state grammar‹ zu dem Zweck durchführt, zu zeigen, daß das Englische mit Hilfe einer Grammatik dieses Typs nicht charakterisierbar ist. Daraus folgt nämlich nicht, daß die Parallele zwischen Sprecher und logischer Maschine unangebracht ist, sondern nur, daß der Sprecher nicht als eine Maschine vom ›finite state‹-Typ angesehen werden kann. Den Gedanken, es sei erhellend, den Sprecher einer Sprache als eine logische Maschine zu betrachten, gibt Chomsky nicht auf; er meint nur, man müsse ihn als eine sehr viel komplexere logische Maschine ansehen, als eine ›finite state‹-Grammatik sie darstellt. So sagt er mit Bezug auf den Prototyp einer Transformationsregel, d. h. an einer Stelle, an der er seinen eigenen damaligen Vorschlag erläutert, jene Regel »...requires a more powerful machine, which can ›look back‹ to earlier strings in the derivation in order to determine how to produce the next step in the derivation«.[45]

Aus der Weise, wie er in dem zitierten Abschnitt die Parallele zwischen Sprecher und logischer Maschine ausführt, läßt sich bereits die Vermutung ableiten, daß Chomsky nicht behauptet, die einzelnen Zustände und Prozesse auf seiten der Maschine entsprächen Punkt für Punkt ebensolchen im Sprecher. Das ist nicht ganz ohne seine Schuld häufig übersehen worden, was ihn veranlaßte, sich um eine Klarstellung zu bemühen.[46] An dieser Stelle kann die Frage, ob es Chomsky gelingt, hier eine konsistente Position zu beziehen, offen bleiben, sie wird aber später von Bedeutung sein,

44 Chomsky 1957, S. 20
45 A. a. O., S. 36
46 Siehe schon Chomsky 1959, S. 56 und Chomsky 1965, S. 9. Vgl. auch Chomsky 1972, S. 117, 156f. und unten, Abschnitt 6

wenn es darum gehen wird, in welchem Kontext die vorgeschlagene Parallele überhaupt sinnvoll ist, und in welchem
Maße die daraus entwickelte Theorie als empirisch gehaltvoll
angesehen werden kann. Vorläufig genügt es, die These fest-
zuhalten, daß ein Sprecher und eine logische Maschine sich
insofern ähnlich sind, als beide Sätze ›erzeugen‹, und zwar
so, daß im Idealfall alle vom Sprecher gesprochenen Sätze der
durch die Maschine definierten Menge angehören und diese
keine Sätze ›erzeugt‹, die dem Sprecher nicht als wohlgeformt gelten. In diesem genau umschriebenen Sinn kann die
logische Maschine als Beschreibungsinstrument zur Charakterisierung der als Geräuschfolgen gesehenen ›Produkte‹ der
Sprachkompetenz dienen.

Ein zweites wichtiges Moment in der Ausbildung von
Chomskys Kompetenzbegriff ergibt sich aus der Tatsache,
die er vielleicht als erster deutlich gesehen hat, nämlich daß
die von Bloomfield dem Linguisten gestellte Aufgabe im
Normalfall mehr als eine Lösung hat. Es gibt zu einer Sprache, aufgefaßt als eine Menge von Sätzen (im Sinne Bloomfields müßte man genauer sagen: als eine Menge von
Geräuschfolgen, die aus vorwissenschaftlicher Sicht als Sätze
deutbar sind), mehr als eine Grammatik, wenn unter einer
›Grammatik‹ eine logische Maschine verstanden wird, die
genau jene Satzmenge produziert. Daraus ergibt sich eine
Frage, an deren Beantwortung Chomsky schon in »Syntactic
Structures« besonders interessiert ist, nämlich: Nach welchen Kriterien kann man unter verschiedenen Grammatiken
in diesem Sinne, die als Kennzeichnungen der betrachteten
Satzmenge äquivalent sind, diejenige auswählen, die in irgendeinem Sinne besser oder angemessener ist als die anderen? Diese theoretische Frage bezeichnet Chomsky als das
Problem der ›Rechtfertigung‹ von Grammatiken, und er
setzt sie später parallel zur Frage, mit welchen Mitteln
(Kompetenz$_I$) ein Kind beim Spracherwerb zur Entwicklung
einer spezifischen Kompetenz$_{II}$ kommt.[47]

47 Hierin sieht er dann auch die Erklärungskraft seiner Art von Theorie,
die über das bloße Beschreiben hinausgehe; vgl. die prägnante Aussage »What you want is a function which is going to map small

Er selbst schlägt drei Kriterien vor, nach denen eine solche Bewertung oder Rechtfertigung erfolgen könnte: Einfachheit, Allgemeinheit und Sprecher-Adäquatheit. Die beiden ersten Kriterien sind auch in wissenschaftstheoretischen Überlegungen logisch-empiristischer Art, von denen schon Bloomfield beeinflußt ist, geläufig; das für die Besonderheiten von Chomskys Konzeption entscheidende und gegenüber der Bloomfield-Tradition als umwälzend empfundene Kriterium ist das zuletzt genannte: Chomsky schlägt vor, unter den Grammatiken einer Sprache L, die dieselben Sätze erzeugen, diejenige höher zu bewerten als andere, die der Weise, wie ein Sprecher von L seine Sätze ›versteht‹, besser gerecht wird. Radikaler formuliert: Die Aufgabe der Linguistik ist nach Chomskys Auffassung nicht mehr nur die ›objektive‹, rein deskriptive Charakterisierung einer Menge von Geräuschsequenzen, sondern der Entwurf einer logischen Maschine, deren satzerzeugender Mechanismus in einem noch zu klärenden Sinne dem kompetenten Sprecher der Sprache entspricht oder gerecht wird. Dieser Mechanismus soll das Sprachverhalten dann erklären (nicht nur beschreiben), und entsprechend sollen die Regeln der ›universal grammar‹ (Kompetenz$_I$) den *Erwerb* dieses Mechanismus (Kompetenz$_{II}$) erklären.

Es sieht also so aus, als sei der Gegenstand der Sprachwissenschaft nicht mehr ausschließlich das von Bloomfield so sorgfältig vom Sprecher isolierte und physikalistisch betrachtete *Produkt* der Sprechtätigkeit, das Geräusch, sondern entweder die bewußte, verstehensgeleitete Sprachtätigkeit oder der ›benutzte‹ (besser: der ›ablaufende‹) Mechanismus der Produktion bzw. ein zentraler Aspekt desselben. Damit scheint Chomsky sich einen Teil desjenigen Bereichs zur Untersuchung vorzunehmen, den Bloomfield, wie wir gesehen haben, ›meaning‹ nannte, und den er, auf lange Sicht gesehen, zwar ebenfalls für erforschbar hielt, den er selbst

amounts of data uniquely onto grammars, and that function will be an explanatory theory in the sense that it will explain the phenomena predicted by the grammars on the basis of boundary conditions given by the data.« Chomsky 1982, S. 27

jedoch nicht der Sprachwissenschaft, sondern der Physiologie zuordnete. Greift Chomsky diese von Bloomfield seinen Nachfolgern zugewiesene Aufgabe also auf, und tut er das (da er die Linguistik ja letztlich als Teil der Humanbiologie sieht) in Bloomfields Sinn?

Man könnte aus Chomskys Arbeit auch den Eindruck gewinnen, sie sei alles andere als eine Fortführung der Ansätze von Bloomfield, denn Chomsky ist ein erklärter und leidenschaftlicher Gegner des Behaviorismus.[48] Er nennt das, was er über die produzierten Lautketten hinausgehend untersuchen will, nicht eine Menge von in den Kategorien von Reiz und Reaktion beschreibbaren ›habits‹, sondern die ›Kompetenz‹ des Sprechers, und er nennt seine eigene linguistische Theorie, wie schon erwähnt, ›mentalistisch‹.[49] Dies hört sich so an, als gehe es ihm im Sinne der eben zuerst genannten Deutung nicht um Prozesse, die ablaufen, sondern um ›geistige Akte‹, um Handlungen, die ein Sprecher ›im Geiste‹ auszuführen gelernt habe, wie z.B. das Kopfrechnen. Die Regeln der Grammatik würden dann das wiedergeben, was der Sprecher über sein Tun weiß (oder doch einmal wußte und wieder wissen könnte), so ähnlich wie eine Regel zum Addieren mehrstelliger Zahlen das wiedergeben kann, was jemand beim Kopfrechnen tut. Dies ist aber für Chomskys Grammatikregeln wenig plausibel, und wir hatten oben auch erwähnt, daß er ausdrücklich nicht behauptet, es gebe eine unmittelbare Parallelität zwischen dem Erzeugungsprozeß eines Satzes in der Grammatik einerseits und dem, was ›im Geiste‹ des Sprechers vor sich geht, wenn er einen Satz äußert, andererseits. Dieser Hinweis (und andere, noch zu erörternde Klarstellungen von Chomsky) legen eine zweite Lesart nahe: Ihr zufolge würde er sich trotz seines Anti-Behaviorismus mit dem Wort ›mental‹ nicht auf bewußtseinsfähige *geistige* Operationen, sondern auf *Gehirn*prozesse beziehen. Trotzdem könnte man aber auch bei dieser Deutung eine Parallele unterstellen, diesmal zwischen dem Ableitungsprozeß gemäß den Grammatikre-

48 Chomsky 1959, 1971
49 Vgl. oben, Anm. 15

geln und den (nicht bewußten und insofern nur in einem ungewöhnlichen Sinn ›mentalen‹) Gehirnprozessen. Aber auch diese Parallelität behauptet Chomsky nicht; die als Grammatik fungierende logische Maschine soll allein die Kompetenz charakterisieren; die Performanz unterliege noch ganz anderen Einflüssen. Wenn diese Interpretation aber die richtige ist, dann muß man fragen, in welchem Sinn eine bestimmte Grammatik einer anderen, die dieselben Sätze erzeugt, darin überlegen sein kann, daß sie dem Sprecher adäquater ist; – es soll ja nicht der Produktionsprozeß sein, der für den Sprecher und die Grammatik derselbe ist, und zwar weder im Sinn einer bewußtseinsfähigen Tätigkeit noch im Sinn eines körperlichen Prozesses. Wir haben also zwei Fragen zu klären: Was heißt es für Chomsky, eine Grammatik entspreche der Weise, wie ein Sprecher seine Sätze *verstehe?* Und zweitens: Wie verträgt sich eine solche postulierte Entsprechung mit der These, es sei nicht der Erzeugungsprozeß (bewußt oder im Sinne eines ›Mechanismus‹), der beim Sprecher derselbe sei wie bei der Grammatik?

Zunächst zur ersten Frage: Der Gesichtspunkt, der Chomsky als Bewertungskriterium für alternative Grammatiken dient, ergibt sich aus der Tatsache, daß sowohl die Grammatik als auch der Sprecher den jeweils erzeugten Sätzen eine Struktur zuordnet. Bei einer Grammatik der von Chomsky erörterten Art ist dies offensichtlich; die Ableitungsgeschichte eines Satzes, darstellbar z. B. als Baumdiagramm (bzw. als eine Folge solcher Diagramme), gliedert die Elemente der erzeugten Schlußkette, die dem Satz entspricht, auf eine jeweils spezifische Weise. Als Bewertungskriterium für Grammatiken fordert Chomsky nun, diese Gliederungsweise habe der zu entsprechen, gemäß der ein Sprecher der untersuchten Sprache den Satz verstehe. Was heißt das?

Grundsätzlich scheinen drei Möglichkeiten zu bestehen, diese Aussage zu deuten, von denen nur zwei ernsthaft in Frage kommen. Die erste, die offensichtlich nicht gemeint sein kann, würde lauten, der Sprecher habe Erinnerungen an seinen schulischen Grammatikunterricht und sei daher z. B.

in der Lage, Termini wie ›Subjekt‹, ›Prädikat‹ etc. auf seine Äußerung anzuwenden und ihr auf diese Weise eine Struktur zuzuschreiben. So verstanden würde Chomskys Postulat auf die Forderung hinauslaufen, die vom Linguisten entworfene Grammatik müsse dem jeweils üblichen Schulunterricht entsprechen, – eine offensichtlich abwegige Interpretation.

Zweitens ist denkbar, daß Chomsky mit einer unmittelbaren, sich nicht ausschließlich und rein reproduzierend auf Erinnerungen an einen vorangegangenen Unterricht stützenden Fähigkeit des Sprechers rechnet, Aussagen über die Struktur der von ihm geäußerten Sätze zu machen. Der Sprecher hätte in diesem Sinne ein ›Reflexionswissen‹ von seinem Produkt; er wüßte auf ähnliche Weise, was er beim Sprechen tut, wie jemand weiß, was er bei komplizierteren Fällen des Kopfrechnens tut; er könnte dieses Tun kommentieren, und er würde die überkommene grammatische Terminologie, wenn überhaupt, nur dazu verwenden, um etwas zu sagen, was er auch anders ausdrücken könnte. Die Tatsache, daß Chomsky seine Auffassung als ›Mentalismus‹ bezeichnet, legt diese Lesart nahe.

Drittens schließlich könnte gemeint sein, der Sprecher würde von sich aus oder durch Veranlassung von seiten des Linguisten in einer Art von ›Experiment‹ ein Verhalten zeigen, aus dem dieser auf seine ›Auffassung‹ von der Struktur eines geäußerten oder gehörten Satzes schließen könne, ohne daß diese Auffassung im Regelfall etwas wäre, was der Sprecher als seine Meinung, und sei es nach einigem Nachdenken, auch selbst artikulieren könnte. Dies im Experiment sichtbare ›Verhalten‹ könnte im Prinzip auch aus Pupillenveränderungen oder Vorgängen im Gehirn bestehen, die der Wissenschaftler, nicht aber die Versuchsperson beobachten kann.

Eine korrekte Deutung des hier von Chomsky verwendeten Verstehensbegriffs ist entscheidend für eine richtige Auffassung seiner Argumentation und seiner Vorstellung vom Bereich des ›Mentalen‹. Hier erfolgt nämlich sowohl für den wissenschaftstheoretischen Status seiner Theorie als auch für den Gehalt seines Kompetenzbegriffs eine Weichenstellung: Für seine Theorie entscheidet sich, ob sie auf ein *Erklären* von Verhalten oder ein *Verstehen* von Handlungen abzielt,[50] und für den Kompetenzbegriff entsprechend, ob er für einen physiologisch-psychologisch zu beschreibenden ›Mechanismus‹ steht, also für einen naturwissenschaftlichen Gegenstand, der trotz seiner viel größeren Komplexität von prinzipiell derselben Art ist wie der Mechanismus der ›habits‹, der Bloomfield vorschwebte, oder für eine bewußtseinsfähige, intentionale Handlungskompetenz.

5. Das ›Verständnis‹ eines Sprechers von seiner Äußerung

Um hier mit der nötigen Sorgfalt vorzugehen, betrachten wir im Folgenden diejenige Stelle in der Entwicklung von Chomskys Gedankengebäude, an der er erstmalig das Sprecherverständnis als einen ihn leitenden Gesichtspunkt heranzieht. Dies geschieht im Kontext der folgenden Überlegungen: Aufgrund der bereits dargestellten Einschränkungen im Sprachbegriff der deskriptivistischen Tradition sieht sich Chomsky in »Syntactic Structures« genötigt, sich dafür zu rechtfertigen, daß er bei der Sprachbeschreibung Begriffe benutzt, die er nicht auf der phonologischen Ebene gewonnen hat, und von denen er darüber hinaus meint, sie seien so auch gar nicht gewinnbar. Hier wirkt Bloomfields physikalistische Reduktion nach: Wenn die Sprache wissenschaftlich gesehen nichts anderes ist als eine Menge von Geräuschfolgen, dann muß sie mit einem Vokabular beschreibbar sein, das allein an Geräuschfolgen und deren distributioneller Kombinatorik explizierbar oder mit üblichen logischen Verfahren daraus konstruierbar ist. Chomsky sprengt diese Einschränkung, und weil er sich damit der Möglichkeit einer sehr viel radikaleren Revision der deskriptivistischen Tradition nähert, als er sie schließlich vollzieht, ist es wichtig, zu verstehen, wie er diesen Schritt begründet.[51]

50 Vgl. von Wright 1971
51 Vgl. Chomsky 1957, und (besonders die Einleitung zu) Chomsky 1985

Er sagt,[52] die Linguistik habe, über die Entwicklung eines Kriteriums für den Begriff ›Satz der Sprache L‹ hinaus, auch die Aufgabe, eine Reihe ›einfacher Tatsachen‹ der Sprache und des sprachlichen Verhaltens zu erklären, von denen er die folgende anführt: Die Phonemsequenz / əneym/ könne für viele Sprecher des Englischen auf mehr als eine Weise verstanden werden, nämlich als ›a name‹ oder als ›an aim‹. Diese Tatsache könne auf der phonologischen Ebene nicht verstanden werden, wohl aber auf der morphologischen, auf der die Morpheme ›a‹, ›an‹, ›name‹ und ›aim‹ unterschieden würden, aus deren Kombinierbarkeit sich die doppelte Verstehensmöglichkeit von / əneym/ ergebe. Chomsky folgert, daß es, wenn es zur Aufgabe der Grammatik gehöre, solche ›Konstruktionshomonyme‹ zu erklären, d. h. die Möglichkeit gleich klingender Äußerungstypen, die aufgrund einer verschiedenen Konstruktions- oder Strukturzuschreibung nicht gleich verstanden würden, gerechtfertigt sei, diejenige Beschreibungsebene einzuführen, die eine solche Erklärung ermögliche, d. h. die es überhaupt erst erlaube, den einschlägigen Begriff des Konstruktionshomonyms zu definieren. Da er die Erklärung der ›einfachen Tatsachen‹ des genannten Typs zu den Aufgaben der Grammatik zählt, entschließt er sich zur Einführung der dazu benötigten Begriffe, obwohl sie auf der Basis phonologischer Unterscheidungen nicht zu gewinnen sind.

Dasselbe Argument benutzt Chomsky auch bei der Einführung seiner syntaktischen Beschreibungsebenen und des dort benötigten terminologischen Apparats. Auch dort braucht er Begriffe, die aus der Phonologie nicht zu gewinnen sind, um die (diesmal syntaktische) strukturelle Mehrdeutigkeit von Konstruktionshomonymen wie z. B. ›the shooting of the hunters‹ beschreiben zu können.[53] Auch hier ist sein Argument, eine solche Wortfolge könne, je nachdem, wie ihre Struktur aufgefaßt werde, auf die eine oder andere Weise verstanden werden, und wenn die Grammatik diese Tatsache berücksichtigen wolle, müsse sie die Begriffe be-

52 Chomsky 1957, S. 85 ff.
53 A. a. O., S. 88

nutzen dürfen, die zu ihrer Erklärung notwendig seien, auch wenn diese Begriffe auf der Basis rein phonologischer (und in diesem Fall auch morphologischer) Unterscheidungen nicht zu gewinnen seien. Chomsky scheint hier also den von Bloomfield gesetzten physikalistischen Rahmen zu sprengen, und er begründet seinen Schritt durch den Hinweis auf Tatsachen, die das Verstehen eines Satzes durch einen Hörer betreffen. Dieser Schritt könnte, an der Tradition gemessen, revolutionär erscheinen, und er ist von manchen auch so verstanden worden.[54]

Nun kann aber der bei dieser Argumentation benutzte Ausdruck ›verstehen‹ auf mehr als eine Weise interpretiert werden, und es ist gewiß kein Zufall, daß Chomsky ihn häufig in *scare quotes* setzt, in warnende, eine Distanzierung ausdrükkende Anführungszeichen. Einerseits scheint er ihn nämlich im Sinne von ›auffassen‹, fast von ›hören‹ zu verwenden, d. h. so, wie wenn jemand z. B. sagt, er habe die Äußerung ›I missed a name‹ mißverstanden, weil er ›an aim‹ statt ›a name‹ *gehört* habe. Wer sein Mißverständnis so erklärt, weiß vielleicht gar nicht, daß bei dem betrachteten Sprecher die beiden Äußerungen ›I missed a name‹ und ›I missed an aim‹ phonologisch gesehen ununterscheidbar sind; er sucht den Fehler bei sich, als einen Hörfehler. Wird ›verstehen‹ in diesem Sinne als ›hören‹ gedeutet, dann könnte man vielleicht trotzdem davon reden wollen, daß in einem solchen Falle z. B. ›die Erwartung‹ des Hörers seine Wahrnehmung ›beeinflußt‹; es wäre damit dann aber nicht gemeint, daß hier eine bewußte Entscheidung oder Abwägung vorliegen müsse. Man würde vielmehr sagen, daß der als autonom gedachte, ›automatische‹ *Prozeß* der Wahrnehmung dazu führe, daß der Hörer ›a name‹ oder ›an aim‹ höre, nicht eine (auch noch so flüchtige) bewußte Deutung oder Stellungnahme des Wahrnehmenden. Wäre dann trotzdem im Kontext einer psychologischen Theorie über solche nicht bewußten kognitiven Prozesse davon die Rede, daß dabei eine ›Interpretation‹ des dem Gehör dargebotenen ›Materials‹ stattfinde und zu einer Strukturierung dieses Materials führe, dann

54 Macley 1971, Searle 1972

wäre dies nach dem Selbstverständnis einer streng prozeß-
haft orientierten, d.h. das selbstreflexive Handlungswissen
ausschließenden Deutung des Begriffs des Verstehens nur
eine metaphorische Redeweise, die keinen Rückschluß auf
die Priorität des bewußten Handlungsverständnisses zuläßt.[55]

Nun entspricht auf der anderen Seite dem unterschiedlichen
Hören einer solchen strukturell mehrdeutigen Äußerung
aber auch eine unterschiedliche Bedeutungszuschreibung im
Sinne einer unterschiedlichen semantischen Deutung, und
insofern heißt die Aussage, man könne eine Wendung wie
/ǝneym/ oder ›the shooting of the hunters‹ so oder so verstehen, auch, daß man ihr, möglicherweise nach einer Abwägung, die eine oder andere Bedeutung zuordnen könne.
Das ›Auffassen‹ der Struktur ist offenbar mit einer jeweils
bestimmten Bedeutungszuordnung verbunden; die Entscheidung für eine Struktur ist auch eine Entscheidung für
eine Bedeutung, und umgekehrt. Darüber hinaus läßt sich im
zweiten Fall (›the shooting of the hunters‹) das unterschiedliche Auffassen in diesem semantisch relevanten Sinn nicht
auf einen bloßen Unterschied im Hören herunterspielen
oder zu einem solchen als sekundär einstufen, denn es gehört
zur Sprachkompetenz des Hörers im alltäglichen Sinne, daß
er weiß, daß ein Unterschied im Klang nicht besteht. Es kann
sich daher bei einem Mißverständnis nicht um ein falsches
Hören handeln, sondern nur um ein falsches Auffassen inhaltlicher Zusammenhänge.

In beiden Fällen ist der Hörer in der Lage, sein Mißverständnis zu erläutern. Auch im ersten Fall, für den sich vielleicht
sagen läßt, die Strukturierung erfolge als untrennbares Element in einem ›automatischen‹, dem Bewußtsein gegenüber
autonomen oder im Laufe des Spracherwerbs erst autonom

55 Im Gegensatz zu einer solchen Position wird sich aus den hier vorgetragenen Überlegungen ergeben, daß die Benutzung einer handlungsbezogenen Terminologie zur Beschreibung postulierter ›Prozesse‹ ein wissenschaftstheoretisch empfehlenswerter Schritt ist (vgl.
Schneider 1989). Dies läßt sich aber nur aus einer Perspektive sagen,
die nicht von vornherein alles handlungs- und bedeutungsbezogene
Reden für unwissenschaftlich hält.

gewordenen Wahrnehmungsprozeß, kann der Hörer die Struktur nachträglich beschreiben, nämlich mit Hilfe der Aussage, er habe die beiden Wörter ›an‹ und ›aim‹ gehört. Zu dieser Erläuterung braucht er nicht die Hilfe eines Wahrnehmungspsychologen, denn er selbst kann die betreffenden Wörter praktisch (nämlich sowohl sprechend als auch hörend) unterscheiden, und er verfügt als kompetenter Sprecher auch ohne sprachwissenschaftliche Belehrung über einen für diesen Fall ausreichend präzisen Begriff des Wortes. Auch im zweiten Fall ist der Hörer zu einem entsprechenden Kommentar in der Lage. So könnte er z. B. sagen, er habe fälschlich geglaubt, die Jäger seien die *Objekte* des Schießens, und nicht, wie der Sprecher es meinte, die *Subjekte* oder *Täter*, d. h. diejenigen, die schössen. Auch hier ist es so, daß die Aussage, jemand würde eine Äußerung so oder so verstehen, auch bedeutet, daß er eine bestimmte Meinung über ihre Struktur hat, nämlich über ihre Elemente und die Art ihrer Zusammengehörigkeit, so unvollkommen und unwissenschaftlich er seine Meinung auch artikulieren mag.

Die Frage ist nun, wie Chomskys Aussage gemeint ist, die Grammatik solle das Verständnis des Sprechers oder Hörers, speziell die unterschiedlichen Verstehensmöglichkeiten bei Konstruktionshomonymen, berücksichtigen: Soll der Linguist die Meinung oder *Kenntnis* berücksichtigen, die der Sprecher von der Struktur eines Satzes hat, oder soll er nur die *Tatsache* berücksichtigen, daß er zwei gleichklingende Sätze je nach Kontext verschieden *auffaßt?*

Trotz immer wieder auftretender mehrdeutiger Formulierungen läßt ein genaues Studium der Texte Chomskys keinen Zweifel darüber zu, daß er nicht meint, der Sprachwissenschaftler solle die (bewußte) Kenntnis berücksichtigen, die der Sprecher von der Struktur einer Äußerung hat; es geht ihm nicht um ein dem Sprecher selbstreflexiv zugängliches Wissen von dem, was er tut; entsprechend sieht er die Aufgabe der Sprachwissenschaft auch nicht in einer methodischen Ausarbeitung und Erweiterung dieses Wissens. Dies zeigt sich an mehreren Zügen in Chomskys Argumentationsweise, von denen hier drei erörtert werden sollen, weil sie für seinen Kompetenzbegriff aufschlußreich sind: (1) Die Wörter, die Chomsky zur Beschreibung der höheren Ebenen einführt, versteht er nicht als Ausdrucksmittel für ein selbstreflexives Wissen des Sprechers um seine eigene Handlungsfähigkeit, sondern als theoretische Terme einer explanativen, d. h. im naturwissenschaftlichen Sinne erklärenden Theorie; sie artikulieren einen ›Blick von außen‹, nicht ›von innen‹. (2) Was Chomsky als das ›Wissen‹ des Sprechers von seiner Sprache bezeichnet, hält er ganz überwiegend für nicht bewußt und zum großen Teil für dem Bewußtsein gar nicht zugänglich. (3) Der Rahmen, den Chomsky für seine Theorie absteckt, wird von ihm ausdrücklich durch die These charakterisiert, es gebe eine Analogie zwischen dem Grammatiker und einem Ingenieur, der eine Theorie über die Funktionsweise eines verborgenen Mechanismus aufzustellen hat, der nur an seinen Wirkungen studiert werden kann.

Zum ersten Punkt: Geht es Chomsky um die Ausarbeitung und Erweiterung eines selbstreflexiven Wissens oder um die Aufstellung einer explanatorischen Theorie für fremdes, ›von außen‹ betrachtetes Verhalten? Ein hermeneutisch orientierter Wissenschaftler, der Bloomfields physikalistische Reduktion nicht mitgemacht hat, fände es naheliegend, die Termini, die zur Beschreibung der höherstufigen Ebenen (Morphologie und Syntax) nötig sind, für wissenschaftliche Präzisierungen, Verfeinerungen, Weiterentwicklungen oder Revisionen vortheoretischer Unterscheidungen zu halten, die die Sprecher und Hörer selbst gebrauchen, wenn sie z. B. vorgekommene Mißverständnisse aufzuklären versuchen. Er würde sagen, daß sich an den von Chomsky herangezogenen Fakten der Konstruktionshomonymie zeige, daß es unbefriedigend und verfälschend sei, die Sprache als Menge von Phonemsequenzen zu bestimmen, weil der Sprecher in seiner Sprechtätigkeit offenbar nicht nur Lautfolgen, sondern Sinneinheiten, nämlich Wörter und Konstruktionsweisen, unterscheide. Der Grammatiker müsse das, was die Sprache für Sprecher und Hörer sei, berücksichtigen, sonst stoße er auf eben jene Grenzen, die Chomsky in seinem Buch »Syntactic Structures« aufgewiesen habe.

Dieser argumentiert aber anders, und zwar ganz im Sinne der Tradition Bloomfields. Er sieht nämlich die von ihm eingeführten syntaktischen Beschreibungsmittel nicht als wissenschaftliche Präzisierungen von Unterscheidungen, die dem sprachlich Handelnden zur Erläuterung seines Tuns prinzipiell zur Verfügung stehen, sondern er versteht sie als theoretische Terme, die ihre Deutung und Rechtfertigung allein aus der Erklärungskraft, d. h. der Prognosefähigkeit, der mit ihrer Hilfe formulierbaren Theorie gewinnen. Die Perspektive bleibt eine von außen betrachtende; wie Bloomfield begibt sich Chomsky mit seinen Überlegungen nicht auf die Ebene des Sprechers, um mit ihm gemeinsam ein noch unklares Handlungswissen auszuarbeiten, sondern der Sprecher und sein Verhalten bilden für ihn den *Gegenstand* einer erklärenden, den Methodenidealen der Naturwissenschaften verpflichteten Theorie. Zu diesem Verhalten gehört, ebenfalls wie bei Bloomfield, auch ein ›Verstehensverhalten‹, in diesem Fall ein Sprecherurteil des Typs ›die Äußerung x ist dieselbe (bzw. nicht dieselbe) wie die Äußerung y‹. Auch Bloomfield konnte ja zur Feststellung der Phoneme einer Sprache nicht auf Urteile der Art ›'Sägen' ist nicht dasselbe wie 'Segen'‹ verzichten; insofern ist die deskriptive Linguistik auch zu seiner Zeit nicht ohne die Berücksichtigung der Weise ausgekommen, auf die ein Hörer eine Äußerung versteht.

Oder wäre es korrekt, zu sagen, sie sei nicht ohne die Berücksichtigung der Weise ausgekommen, auf die der Hörer eine Äußerung ›auffaßt‹, und dieses Auffassen habe mit einem bewußtseinsfähigen Verstehen nichts zu tun? Wenn wir überlegen, wie ein Hörer antwortet, der z. B. gefragt wird, ob seine Sprache einen Unterschied mache zwischen ›Deich‹ und ›Teich‹, wird klar, daß hier doch mehr hineinspielt als ein bloßes Auffassen, ja, daß es ein ›bloßes‹, d. h. nicht sinnbezogenes Auffassen in diesem Fall gar nicht gibt. Der Adressat dieser Frage wird nämlich Kontexte bilden und sehen, ob der akustische Unterschied einen Sinnunterschied machen kann. Zumindest würde er seinen (wie auch immer gewonnenen) Befund auf diese Weise nachträglich erläutern und begründen. Dadurch würden die Wörter ›Deich‹ und

›Teich‹ zu Teilhandlungen komplexer Handlungen, die der Sprecher *als Handlungen* unterscheidet, insofern sie einen jeweils verschiedenen Sinn ausdrücken, und auf diesem Weg würde das Verstehen in einem gewichtigeren Sinn, als es das bloße ›so-oder-so-*Hören*‹ ist, auch hier hineinspielen: als das Verstehen eines Bedeutungsunterschiedes zwischen zwei Äußerungen. Soll dieser genauer erfaßt (und z. B. im Fremdsprachenunterricht eingeübt werden), dann kann schließlich auch die Erzeugung entweder des einen oder des anderen Anfangslautes als Teilhandlung erfahren und gelehrt werden; daß der Sprecher hier einen Unterschied auf der Ebene seiner sprachlichen Handlungen ›macht‹, erfordert, daß er in der Lage ist, eine Differenz im Klang zu erzeugen, und dies ist der Kontext, in dem die Klangerzeugung zu Recht als Teilhandlung erscheint.

Anders verhält es sich dagegen, wenn es nicht darum geht, die Phoneme einer Sprache durch die Bildung von bedeutungsverschiedenen Vergleichspaaren erst herauszufinden, sondern darum, sie durch ihre spezifischen akustischen Merkmale oder Artikulationseigenschaften auf neutrale Weise zu charakterisieren, d. h. so, daß es nicht um die Handlungsmöglichkeiten im Medium einer *bestimmten* Sprache geht, sondern um allgemeine Charakterisierungsmöglichkeiten für sprachliche Laute, wie man sie z. B. fordert, wenn die Aufgabe die Entwicklung einer universal verwendbaren phonetischen Schrift ist. Da das Ziel der Untersuchung hier nicht die Charakterisierung von *Handlungen* ist (z. B. von möglichen Äußerungen in Kontexten, die gemeinsam einen dem Sprecher zugänglichen Zusammenhang bilden), sondern die Charakterisierung von *Merkmalen* von Handlungen unter Gesichtspunkten, die dem Sprecher nicht als Sprecher einer *bestimmten* Sprache schon vertraut sein müssen, ist es zweifellos nur in Grenzen sinnvoll, ihn darüber zu befragen. So erscheint es z. B. wenig einleuchtend, den Sprecher nach den Einzelheiten im Bewegungsablauf seiner Artikulationsorgane -etwa der Zunge- zu befragen, denn die so genannten ›distinctive features‹, auf deren Feststellung man es dabei abgesehen hat, sind, wie es der Terminus schon zum Ausdruck bringt, *Merkmale* von Handlungen, keine Teilhandlungen.

Und da wir zu den Merkmalen oder Eigenschaften unserer Handlungen nicht notwendig ein intentionales Verhältnis der Art haben, wie wir es zu Teilhandlungen haben, ist die Perspektive ›von außen‹ hier durchaus angemessen.

Im Gegensatz dazu geht es in der Morphologie und in der Syntax nicht um bloße Merkmale komplexer Sprechhandlungen, sondern um Teilhandlungen, die dem Handlungsbewußtsein des Sprechers zugänglich sind. Trotzdem wirkt sich das von Bloomfield gesetzte an der Phonetik orientierte Paradigma auch noch auf Chomskys Vorgehen aus: Bei empirischen Erhebungen würde er, so ergibt es sich aus seinen hier erörterten Auffassungen, den Sprecher nicht fragen, *wie* er eine Äußerung verstehe, sondern, ob er zwei in verschiedene Kontexte gestellte Vorkommnisse einer Äußerung *gleich* oder *verschieden* verstehe bzw. auffasse. Und konsequenterweise fordert er nicht, die Grammatik müsse das ›Wie‹ des jeweiligen Verständnisses in Begriffen rekonstruieren, die dem Sprecher als adäquate Mittel zur Beschreibung seiner sprachlichen Handlungen einleuchten, sondern sie müsse das Faktum des Unterscheidens in dem Sinne ›erklären‹, daß sie genau für diejenigen Äußerungstypen, bei denen der Hörer trotz gleichen Klangs jenes ›x-ist-anders-als-y‹-Verhalten‹ zeige, auch entsprechend mehrere Strukturzuordnungen (d. h. Erzeugungsprozesse) vorsehe.[56]

Für den von Chomsky benutzten Verstehensbegriff bestätigt dies, daß seine Forderung, der Grammatiker müsse die Weise, wie ein Hörer einen Satz verstehe, berücksichtigen, nicht im Sinne eines Nachvollzugs einer prinzipiell dem Bewußtsein zugänglichen sprachlichen Konstruktionstätigkeit gemeint ist. Vielmehr denkt Chomsky, wie er manchmal auch ausdrücklich sagt,[57] an einen ›Mechanismus‹ von der Art des ›Wahrnehmungsapparats‹. Ein Satz wird sozusagen ›automatisch‹ auf eine bestimmte Weise wahrgenommen, und die Grammatik muß demgemäß den Funktionen des unterstell-

---

56 Es ist kennzeichnend, daß Chomsky den Regelbegriff in einem Atemzug auf Laute und auf syntaktische Einheiten anwendet: »...the case of following a rule of pronunciation or syntax...« Chomsky 1986, S. 254

57 In Chomsky 1980, S. 39 f.- Vgl. auch Jäger 1990

ten Automaten gerecht werden, ganz so, wie eine Wahrnehmungstheorie des hier zum Vergleich vorgestellten Typs nicht von bewußten Tätigkeiten eines Subjekts handelt, sondern von den Funktionen des Wahrnehmungs*apparats*. Diese sind aber dem wahrnehmenden Menschen so fremd wie die Prozesse in seinem Gehirn, von denen er ohne ein besonderes Studium nichts weiß.[58]

Zum zweiten Punkt, der These vom ›unbewußten Wissen‹: Eine Bestätigung findet die eben vorgetragene Interpretation in der Aussage Chomskys, die Regeln der Grammatik, deren Gesamtheit die einer bestimmten Sprache zugeordnete Kompetenz (Kompetenz$_{II}$) ausmachen, seien dem Sprecher ganz überwiegend nicht bewußt, ja zum Teil sogar von der Art, daß sie ihm niemals bewußt werden könnten. Chomsky sagt, seine Aussage, der Sprecher habe eine generative Grammatik internalisiert, bedeute nicht,

»...that he is aware of the rules of the grammar or even that he can become aware of them... Any interesting generative grammar will be dealing, for the most part, with mental processes that are far beyond the level of actual or even potential consciousness.«[59]

Besonders die letzte Aussage zeigt, wie weit Chomsky davon entfernt ist, sich mit Regeln zu beschäftigen, die den Sprecher im sprachlichen Handeln leiten, oder die er formulieren würde, um einem Kritiker gegenüber die Art seines Sprechens zu rechtfertigen. Es geht in seiner Grammatik letztlich um Gehirnprozesse, nicht um äußere oder ›innere‹ Handlungen, seien sie durch Gewohnheit auch noch so ›automatisiert‹ oder aus dem kontrollierenden Bewußtsein auf eine nicht mehr bewußte aber bewußtseinsfähige Ebene abgesunken.

Dieser Punkt erfordert deshalb eine besondere Hervorhebung, weil es viele Textstellen gibt, an denen sich Chomsky sehr mißverständlich ausdrückt, wofür schon die Wahl des Terminus ›Mentalismus‹ ein Beispiel ist. Er benutzt häufig

---

58 »Die Worte sind noch mehr Teil unserer selbst als die Nerven. Wir kennen unser Gehirn ausschließlich vom Hörensagen.« Valéry 1987, S. 472

59 Chomsky 1965, S. 8

ein Vokabular, das normalerweise für bewußte Handlungen verwendet wird, das er aber nicht in diesem üblichen Sinn verstanden wissen will. So schreibt er z. B. in der Rezension von Skinners Buch »Verbal Behavior«:

»And we understand a new sentence, in part, because we are somehow capable of determining the process by which this sentence is derived in this grammar.«[60]

Das Wort »determine« steht hier für einen innerhalb seines Modells postulierten unbewußten Mechanismus; es steht weder für eine Tätigkeit, was der Ausdruck eigentlich nahelegt, noch auch für einen physiologisch bereits bekannten Ablauf im Gehirn. Vielmehr steht es für eine Beziehung innerhalb von Chomskys Modell. Dieses Modell ist nun zwar durchaus eine *geistige* Konstruktion seines Autors, daraus allein folgt aber keineswegs, daß der Terminus für den modellierten Vorgang deshalb auch eine geistige Tätigkeit derjenigen Sprecher bezeichnet, von denen Chomskys Konstruktion ein Modell ist. Vielmehr handelt es sich um ein Modell eines in seinen materiellen Eigenschaften noch unbekannten, bisher nur postulierten Gehirnvorgangs, von dem der Sprecher in den weitaus meisten Fällen nicht einmal die Möglichkeit hat, ohne die Hilfe der Wissenschaft etwas zu wissen. Aus diesem Grunde kann es sich nicht um eine geistige Tätigkeit handeln.[61]

Ebenso mißverständlich sagt Chomsky an einer anderen Stelle, die Grammatik würde demjenigen, der eine Sprache beherrsche, ein System von Regeln und Prinzipien zuschreiben, »that he applies in language use, as a speaker and hearer«.[62] Hier ist das Wort »to apply« metaphorisch gemeint, nämlich im Sinne der ›Tätigkeit‹ eines Mechanismus, nicht der Tätigkeit des Sprechers als einer Person, die sich ihrer Handlungen bewußt ist.

Irreführend ist Chomskys Wortgebrauch oft auch dort, wo er den Ausdruck »knowledge« verwendet. So definiert er an einer Stelle die Sprachkompetenz durch die Bestimmung,

60 Chomsky 1959, S. 56
61 Vgl. unten, Anm. 86 und Abschnitt 10
62 Chomsky 1975, S. 304

damit sei das Wissen des Sprechers von seiner Sprache gemeint; wenig später folgt die schon zitierte Einschränkung, dies sei zum größten Teil ein »unbewußtes Wissen«, worauf sich die terminologisch sehr verwirrende Bemerkung anschließt:

»Thus a generative grammar attempts to specify what the speaker actually knows, not what he may report about his knowledge.«[63]

Es erfordert oft Mühe, sich bei solchen Aussagen gegenwärtig zu halten, daß das ›was der Sprecher tatsächlich weiß‹, bei Chomsky ein hypothetisches Konstrukt ist, das einen Mechanismus und seine Arbeitsweise kennzeichnen soll, auf dessen Vorhandensein der Linguist aus dem Verhalten des Sprechers meint schließen zu können. Es ist eine zu Mißverständnissen geradezu einladende Wortwahl, ausgerechnet ein solches hypothetisches Konstrukt, das Teil einer keineswegs universell akzeptierten Theorie ist, mit dem Ausdruck »actual knowledge« in Verbindung zu bringen; wir müssen so von einem Inhalt sagen, daß wir ihn »tatsächlich« wissen, von dem wir ohne die Hilfe der Wissenschaft gar nichts wissen können. Eines Menschen »actual knowledge« in diesem Sinn kann dann etwas sein, wovon er nie etwas erfährt, dann nämlich, wenn er keine sprachwissenschaftlichen Bücher liest. – Immerhin hat Chomsky später zum Ausdruck gebracht, daß ihm bewußt sei, daß er den Ausdruck »knowledge« auf eine unübliche Weise verwende. Und er hat dort hinzugefügt, er habe den Terminus »Kompetenz« deshalb eingeführt, weil er damit die Probleme umgehen wollte, die mit dem Wort »knowledge« verbunden seien.[64] Die Sprachfähigkeit in Chomskys Sinn ist demnach eine Kompetenz, die wir zum größten Teil nicht direkt kennen, sondern nur indirekt, insofern wir ihre Produkte kennen.

Zum dritten Punkt, der Architektur der Gesamttheorie: Die Rahmenvorstellung, die Chomsky von seiner Tätigkeit als psychologisch orientierter Sprachtheoretiker hat, bringt er wiederholt durch das folgende Bild zum Ausdruck:

63 Chomsky 1965, S. 8
64 Chomsky 1975, S. 315; vgl. Chomsky 1980, S. 59

»What is postulated is that to know a language is to have a certain mental constitution which is characterized by the linguist's grammar. There is nothing mystical about this approach, contrary to what is sometimes believed. It is precisely the approach that would be taken by a scientist or engineer who is presented with a black box that behaves in a certain fashion, that evidences a certain input-output relation, let us say. The scientist will try to construct a theory of the internal structure of this device, using what observations he can as evidence to conform his theory. If he is unable to investigate the physical structure of the device, he will not hesitate to ascribe to the device a certain abstract structure, perhaps a certain system of rules and principles, if this turns out to be the most successful theoretical approach. There is no reason to adopt some different standpoint when the object under investigation is the human being.«[65]

Hier macht Chomsky deutlich, daß es ihm, wenn er von ›mentaler Konstitution‹ spricht, um neurophysiologische Einsichten in Prozesse im menschlichen Gehirn geht, und daß seine ›abstrakte‹ Charakterisierung der Leistungen, der Resultate jener Prozesse, nur ein Zwischenschritt auf einem Weg ist, der zur Erkenntnis der körperlichen Prozesse selbst führen soll. Die ›Regeln‹ und ›Prinzipien‹ sind Regelhaftigkeiten von Abläufen und Axiome und Theoreme deskriptiver Theorien, die diese Abläufe beschreiben sollen; es sind nicht Handlungsregeln und Handlungsgrundsätze der untersuchten Sprecher. Wir kommen also auch hier zu dem Resultat, daß in Chomskys Forderung, unter mehreren Grammatiken, die dieselben Satzmengen erzeugen, sei diejenige höher zu bewerten, die dem Verständnis des Sprechers adäquat sei, das Wort ›Verständnis‹ nicht im Sinne eines inhaltlichen, selbstreflexiven Bewußtseins der eigenen sprachlichen Tätigkeit gemeint ist, daß Chomskys Theorie also nicht der wissenschaftlichen Ausarbeitung eines vorhandenen, wenn auch unsicheren und unvollständigen Selbstverständnisses dient. Seine Theorie soll vom Gehirn (›brain‹) handeln, nicht von geistigen Tätigkeiten (›mind‹).

65 Chomsky 1975, S. 304

6. Gibt es eine ›formale‹ syntaktische Kompetenz?

Wir haben die Frage noch nicht beantwortet, ob die von Chomskys Theorie postulierten Instanzen und Prozesse zusammen als ein ›Modell‹ des Sprechers angesehen werden sollen oder nicht. Eine unmittelbare Parallelität hat er, wie schon erwähnt, unter Verweis auf die noch ausstehende Performanztheorie mehrfach zurückgewiesen,[66] andererseits ist die Adäquatheitsforderung zur Rechtfertigung von Grammatiken nur dann sinnvoll, wenn sich mit Bezug auf zwei Grammatiken entscheiden läßt, welche dem Sprecher-›Verständnis‹ (im Sinne seiner ›Auffassungsmechanismen‹) angemessener ist, – und was soll eine solche Aussage nach dem Ergebnis der letzten Überlegungen anderes heißen, als daß die bessere Grammatik das bessere Modell der im Sprecher ablaufenden Vorgänge ist?[67] Was wir also zu untersuchen haben, ist die Frage, wie genau die von Chomsky in seiner Gesamttheorie postulierten Instanzen dem entsprechen sollen, was in einem Sprecher vor sich geht. Mit Bezug auf den hier untersuchten Kompetenzbegriff (Kompetenz$_{II}$) und die Kontroverse zwischen Chomskys kalkülorientiertem Formalismus und dem noch zu behandelnden ›Funktionalismus‹ von Searle heißt dies insbesondere: In welchem Sinne gibt es nach Chomsky im Sprecher einer Sprache eine isoliert beschreibbare Instanz, von der sich sagen ließe, sie werde durch eine Grammatik des hier erörterten Typus dargestellt? Gibt es empirische und nicht nur wissenschaftsgeschichtliche Gründe dafür, eine von semantischen und pragmatischen Gesichtspunkten unabhängig arbeitende formale grammatische Kompetenz$_{II}$ zu postulieren und sich die Sprachbenutzungskompetenz (Kompetenz$_{III}$) als die Fähigkeit zur ›Anwendung‹ dieser Kompetenz$_{II}$ auf Inhalte zu denken? Es hat den Anschein, daß auch hier wieder innerlinguistische und methodologische Überlegungen für Chomskys Thesen ausschlaggebend waren, und daß aus seiner Entscheidung für

---

66 S. oben, Anm. 46
67 Eine deutliche Stellungnahme für eine solche ›realistische‹ Position findet sich z. B. in Chomsky 1985, S. 39

eine Sprachbeschreibung, die von der Semantik zunächst absieht, nicht folgt, der Sprecher müsse über eine entsprechende formal-syntaktische Kompetenz im Sinne einer isolierbaren ›mentalen‹ Instanz verfügen. Um dies zu zeigen, muß zunächst auf Chomskys Verwendung des Wortes ›formal‹ eingegangen werden.

Einen Hinweis dazu geben einige Äußerungen gegen Ende von »Syntactic Structures«.[68] Chomsky sagt dort, mit der Erwägung, ob nicht die syntaktische Struktur gewisse Einsichten in Probleme der Bedeutung und des Verstehens geben könnte, habe er ein »gefährliches Gebiet« betreten, und er beeilt sich, festzustellen:

»The remarks in § 8 about possible semantic implications of syntactic study should not be misinterpreted as indicating support for the notion that grammar is based on meaning. In fact, the theory outlined in §§ 3-7 was completely formal and non-semantic.«[69]

Der letzte Satz zeigt im Rahmen seines Kontextes an, daß Chomsky das Wort ›formal‹ im Sinne von ›nicht semantisch‹, also ›nicht bedeutungsbezogen‹ versteht. Der Absatz macht zugleich deutlich, daß die These, gegen die er sich wendet, lauten würde: Grammatische Unterscheidungen müssen auf Bedeutungsunterscheidungen aufgebaut werden. So formuliert, ist diese Aussage noch mehrdeutig: Sie kann entweder meinen, daß Bedeutungsunterscheidungen für grammatische Unterscheidungen eine Rolle spielen, oder, daß grammatische Unterscheidungen Bedeutungsunterscheidungen genau entsprechen und in diesem Sinne eigentlich Bedeutungsunterscheidungen sind. Die schwächste Fassung, in der man Chomskys Gegenthese deuten könnte, würde sich also gegen die zweite, die weitergehende der genannten Aussagen richten und sagen: Es ist nicht der Fall, daß grammatische Unterscheidungen mit Bedeutungsunterscheidungen genau zusammenfallen.

Daß es tatsächlich diese These vom Zusammenfallen gram-

---

68 Vgl. den späteren Kommentar in Chomsky 1985, S. 21, der den im Folgenden herausgearbeiteten methodisch motivierten ›semantischen Agnostizismus‹ noch einmal ausdrücklich bestätigt.

69 Chomsky 1957, S. 93

matischer mit Bedeutungsunterscheidungen ist, gegen die
Chomsky sich wendet, zeigt der auf den zitierten Abschnitt
folgende Text. Dort zählt er eine Reihe von Einzelbehaup-
tungen auf, mit denen sie begründet zu werden pflegt, und er
skizziert, wie diese zu widerlegen wären. Eine dieser Ein-
zelbehauptungen lautet, in Chomskys Worten:

»(117 iv) the grammatical relation subject-verb (i.e., NP-VP as an analysis of ›sentence‹) corresponds to the general ›structural meaning‹
actor-action«.[70]

Und er deutet an, wie sie duch Gegenbeispiele zu widerlegen
wäre:

»Such sentences as ›John received a letter‹ or ›the fighting stopped‹ show
clearly the untenability of the assertion (117 iv) that the grammatical
relation subject-verb has the ›structural meaning‹ actor-action, if meaning is taken seriously as a concept independent of grammar.«[71]

Mit dieser Behauptung ist Chomsky zweifellos im Recht:
Wenn wir die Termini ›Akteur‹ und ›Handlung‹ unabhängig
von grammatischen Fakten definieren, etwa im Kontext einer philosophischen Handlungstheorie, dann gilt nicht, daß
man von *jedem* Satz der Form ›Subjekt-Verb‹ zutreffend behaupten kann, das Subjekt stehe für einen Akteur und das
Verb für eine von diesem ausgeführte Handlung. Schon bei
Sätzen wie ›der Hund bellt‹ und ›Peter schläft‹ wäre diese
These fraglich, weil man aufgrund philosophischer Erwägungen einwenden könnte, die ›Tätigkeit‹ des Hundes sei
keine Handlung, sondern ein Verhalten, und Peters Schlafen
sei trotz des menschlichen Akteurs ebenfalls keine Handlung, sondern ein Widerfahrnis.
Daraus folgt aber nicht die weitergehende These, daß die
Grammatik bei der Behandlung der Subjekt-Verb-Relation
von inhaltlichen Erwägungen ganz abzusehen (also formal
vorzugehen) habe oder daß umgekehrt ›die Bedeutung ernst
zu nehmen‹ nur heißen könne, sie als von der Grammatik
unabhängig zu betrachten, etwa als medienlose ›Sprache des
Denkens‹, deren über-einzelsprachliche Eigenschaften (etwa
ihr Bestehen aus Teilen) durch philosophische Reflexion ans

70 A.a.O., S. 94   71 A.a.O., S. 100

Licht gebracht werden könnten. Es wäre eine falsche Alternative, zu sagen: Entweder müsse man für alle grammatischen Relationen und Kategorisierungen behaupten, sie seien eindeutig und in einer stets gleichbleibenden Weise semantisch interpretierbar, oder man müsse sich für ein rein formalistisches Vorgehen im Sinne des auf einen Lautkettenkalkül zielenden Distributionalismus entscheiden. So ist auch kaum anzunehmen, daß das, was Chomsky selbst an einer Stelle die »intuition about linguistic form«[72] nennt, eine Intuition über Distributionseigenschaften ist, vielmehr läßt sich von der Form auch in einem anderen Sinn reden, wie wir oben bei Boas gesehen haben.

Chomskys Überlegungen dazu in »Syntactic Structures« sind durchaus abwägend.[73] Er spricht von auffälligen Entsprechungen zwischen grammatischen Strukturen und spezifischen semantischen Funktionen[74] und sagt von der oben zitierten These (117 iv), sie sei, wie die anderen, die er mit ihr zusammen nennt, und die in dieselbe Richtung deuten, nicht völlig falsch. Nur meint er, die Entsprechungen zwischen Grammatik und Semantik seien so unexakt, daß die Bedeutung als Basis einer grammatischen Beschreibung »relativ unnütz« sei; jedenfalls dürfe man sich an den vagen semantischen Indizien nicht auf zu enge Weise orientieren, was zweifellos richtig ist. Die folgende Passage ist für seine Überlegungen besonders aufschlußreich:

»More generally, it seems that the study of meaning is fraught with so many difficulties even after the linguistic meaningbearing elements and their relations are specified, that any attempt to study meaning independently of such specification is out of the question. To put it differently, given the instrument language and its formal devices, we can and should investigate their semantic function...; but we cannot, apparently, find semantic absolutes, known in advance of grammar, that can be used to determine the objects of grammar in any way.«[75]

Sicher hat Chomsky damit recht, daß es unmöglich ist, Be-

72 A.a.O., S. 94
73 Vgl. auch den im selben Geist abgefaßten Kommentar dazu in Chomsky 1985, S. 18 ff.
74 Chomsky 1957, S. 101
75 A.a.O., Fußnote

deutung unabhängig von ›Bedeutungsträgern‹, also von Lautverbindungen, die zur Ausführung von Sprechhandlungen benutzt werden können, und ihren Teilen, zu charakterisieren. Und gewiß läßt sich ohne eine Betrachtung der Kombinierbarkeit solcher Bedeutungsträger das Phänomen komplexer Bedeutungen nicht beschreiben. Man wird eine Untersuchung also nicht mit einer Charakterisierung von ›reinen‹, unartikulierten Bedeutungen beginnen können, und wenn man die oben zitierte Redeweise von Boas, dem Sprecher läge zunächst eine ›Idee‹ vor, die er in einem zweiten Schritt je nach der Sprache, die er benutze, auf je verschiedene Weise unvollständig zum Ausdruck bringe, als die These versteht, uns sei introspektiv ein solches Reich sprachunabhängiger (allgemeiner: von jedem Medium unabhängiger) Bedeutungen zugänglich, dann wäre genau dies einer der Gründe, sie zurückzuweisen. Aber daraus folgt nicht, daß der umgekehrte Weg, die vorläufige Beschränkung auf die ›reine Form‹, der beste oder der einzig verbleibende Weg ist, und ebenfalls folgt nicht, daß man die Existenz einer isolierbaren formal-grammatischen Kompetenz annehmen muß, wenn man die Linguistik als psychologische Theorie verstehen möchte.

Um dies zu verdeutlichen, sei auf einen Aspekt der genannten Überlegungen von Boas und auf den dort benutzten Begriff eines inhaltlich, nicht distributionalistisch orientierten Strukturalismus noch einmal kurz eingegangen. Wenn Boas von einer Indianersprache sagt, sie klassifiziere ihre Nomina unter den Gesichtspunkten ›belebt und bewegt‹, ›belebt und ruhend‹ etc., dann ist damit noch nicht unbedingt die These impliziert, jeder Gegenstand, dem ein so klassifiziertes Wort zu Recht zugesprochen werden könne, zeige tatsächlich die ihm durch die Klassifikation zugesprochenen Merkmale. Das ist bei der für das Deutsche gebräuchlichen Klassifikation der Nomina nach ›Maskulinum‹, ›Femininum‹ und ›Neutrum‹ bekanntlich auch nicht der Fall; ›der‹ Stuhl ist nicht männlich und ›das‹ Fräulein ist nicht ›keines von beiden‹, weshalb wir vom *grammatischen* Geschlecht statt einfach vom Geschlecht eines Nomens reden. Boas meinte aber offenbar, es sei sinnvoll und erhellend, zu sagen, das Deutsche *behandle* das Fräulein als geschlechtsneutral, oder, auf eines der Beispiele von Chomsky bezogen, in dem Satz ›the fighting stopped‹ behandle das Englische den Kampf oder das Kämpfen wie einen Täter, der etwas tue, nämlich ›anhalte‹ oder ›aufhöre‹. Chomsky versucht nicht, solche semantischen Aspekte, deren Zusammenhang mit grammatischen Strukturen er, wie wir gesehen haben, keineswegs übersieht,[76] von Anfang an ausdrücklich in seine Betrachtung einzubeziehen. Als Gesichtspunkt, unter dem er die Termini einführt, mit deren Hilfe er die Einheiten in Morphologie und Syntax bestimmt, wählt er nicht die Frage, wie das wohl ein Sprecher täte, der die Elemente seiner Sprache unter dem Aspekt der Funktion betrachtet, die sie für sein sprachliches Handeln haben, sondern er folgt der von Bloomfield eingeführten Trennung zwischen einer distributionalistisch zu betrachtenden Lautseite und einer für eine spätere Behandlung vorgesehenen Inhaltsseite der Sprache, wobei er den Distributionalismus zu einer Theorie über Gehirnprozesse verstärken und der so gewonnenen anspruchsvolleren Theorie eine erklärende, nicht nur beschreibende Kraft verleihen will.[77] Dieser intendierte Bezug auf kognitiven Zwecken dienende Gehirnprozesse bringt zwar, wie wir noch sehen werden, einen indirekten semantischen Aspekt in Chomskys Syntax, dieser kann in der Theorie selbst aber nicht expliziert und in ihrem Rahmen mit dem Sprecherbewußtsein (im Sinne eines *zugänglichen* Bewußtseins) nicht vermittelt werden.

Im Anschluß an die oben zitierten Überlegungen über die Parallelen zwischen Semantik und Syntax macht er den sehr traditionellen Vorschlag, in zwei Etappen vorzugehen, nämlich doch zunächst eine rein formale Theorie der grammatischen Struktur einer Sprache zu entwickeln, um erst hinterher, nachdem die Elemente der Sprache und ihre möglichen Relationen spezifiziert sind, zu untersuchen, wie diese Elemente Bedeutungen tragen, oder anders gesagt, wie das unabhängig von seinem Gebrauch auf formale Weise charak-

76 Vgl. auch Chomsky 1977, S. 56
77 Damit wäre nach seinem eigenen Verständnis der Distributionalismus als bloße Beschreibung der Phänomene überwunden.

terisierte ›Instrument‹ der Sprache ›benutzt‹ werde.
Chomsky schreibt über sein Vorgehen in »Syntactic Structures«:

»…we were studying language as an instrument or tool, attempting to describe its structure with no explicit reference to the way in which this instrument is put to use. The motivation for this self-imposed formality requirement for grammars is quite simple – there seems to be no other basis that will yield a rigorous, effective, and ›revealing‹ theory of linguistic structure.«[78]

Diese Trennung wirkt sich in seiner Grammatik so aus, daß dort zunächst nach rein formalen Kalkülregeln abstrakte Strukturen erzeugt werden, die erst auf einer späteren Stufe eine semantische Interpretation erhalten sollen. Noch in einem sehr viel späteren Buch heißt es:

»It seems to me reasonable to adopt the working hypothesis that the structures of formal grammar are generated independently, and that these structures are associated with semantic interpretations by principles and rules of a broader semiotic theory.«[79]

Der zitierte Passus aus ›Syntactic Structures‹ zeigt, daß das Motiv für dieses Vorgehen eine wissenschaftstheoretische Überzeugung ist: die Wertschätzung einer strengen, effektiven Form von Theorie, die sich an den Kalkülen der Logik und den Methoden der Naturwissenschaften orientiert. Über sprachliches Handeln in einem umfassenderen, mehr als verhaltensbezogenen Sinn läßt sich mit diesen Mitteln nicht sprechen.

7. Ist Chomskys Grammatik ein Modell des Sprechers?

Was heißt eine solche Aufteilung in mehrere Komponenten und entsprechend in mehrere sukzessive Prozesse innerhalb des hypothetisch geforderten Spracherzeugungsmechanismus nun für Chomskys Annahmen über den beim Sprechen ablaufenden Vorgang im Sprecher? Haben die bisherigen Überlegungen Argumente für die Annahme gebracht, daß

78 Chomsky 1957, S. 103
79 Chomsky 1977, S. 56

der Sprachmechanismus eines Sprechers, der einen Satz äußert, zunächst eine abstrakte Struktur entwirft, sozusagen die syntaktische Form des zu äußernden Satzes festlegt, um sie dann mit Bedeutungen aufzufüllen, phonologisch zu realisieren und in einen Kontext einzubetten (wenn wir einmal unterstellen, es sei überhaupt sinnvoll, so zu reden)? Und ist dies Chomskys Behauptung?

Aus der Perspektive des Sprechers und seinem durchaus zugestandenen wissenschaftlichen Interesse, die ihm bislang unbekannten neurophysiologischen Grundlagen einer ihm nur im praktischen Sinn gut vertrauten Fähigkeit kennenzulernen, erscheint die Annahme eines solchen Ablaufs wenig plausibel, weil sie seinen Erfahrungen auf der Handlungsebene widerspricht.[80] Wenn nicht andere Gründe, speziell schon vorhandenes Wissen über die Funktionsweisen des Gehirns, entschieden dafür sprechen, sollte man es daher als heuristisch wenig sinnvoll ansehen, dieses Bild als Leitfaden für die Hypothesenbildung der empirischen Forschung zugrundezulegen. Auf der anderen Seite läßt sich Chomskys These von der Autonomie einer formal-grammatischen Kompetenz als eine Annahme über einen Sachverhalt auf der physischen Ebene, auf die er letztlich abzielt, nicht *a priori* ausschließen. Haben wir erst einmal eingewilligt, im Rahmen einer ausschließlich auf zerebrale Vorgänge beschränkten Theorie der Sprachkompetenz von den beim Sprechen ablaufenden ›Mechanismen‹ im Gehirn zu reden, dann ist die Handlungsperspektive mit diesem Schritt schon aufgegeben zugunsten einer Untersuchung von bloßen Vorgängen; zu den physiologisch zu beschreibenden Prozessen haben wir aber, wie erwähnt, auch dann keinen privilegierten, ›introspektiven‹ Zugang, wenn wir selbst die Sprecher der Äußerungen sind, um deren ›körperliche‹ Untersuchung es geht. Obwohl wir über unsere Sprechhandlungen sehr wohl Auskunft geben könnten, können wir es über jene Vorgänge nicht. Obwohl die Zweifel des Betroffenen in diesem Sinne auf die heuristische Ebene beschränkt bleiben, sind sie doch nicht irrelevant, weil es ihnen um die Angemessenheit der

80 So auch Chomsky 1972, S. 157

Beschreibung derjenigen Fähigkeit geht, die dann in einem zweiten Schritt wissenschaftlich untersucht werden soll. Wer der Meinung ist, daß schon die Fähigkeit auf gröbste Weise verfälschend beschrieben ist, wird die auf dieser Beschreibung beruhenden Forschungsstrategien zur Aufhellung der beteiligten körperlichen Prozesse nicht vielversprechend finden, er wird im Gegenteil meinen, der beste Zugang zu den Mechanismen sei der, der von einer adäquaten Handlungsbeschreibung ausgehe. Es geht hier also um vor-empirisch vorzunehmende begriffliche Entscheidungen; sie sind zwar von größter Bedeutung, diese kann aber nur dann richtig eingeschätzt werden, wenn Überlegungen auf dieser Ebene mit empirischen oder *a priori*-Argumenten gegen spezifische empirische Thesen (die erst aufgestellt werden können, wenn begriffliche Entscheidungen bereits gefallen sind) nicht verwechselt werden.

Wenn man daher die angedeuteten Zweifel ausarbeiten will, so müßte dies in Form eines Vorschlags geschehen, wie ein anderer Kompetenzbegriff aussehen könnte, und in diesem Sinne werden wir im nächsten Abschnitt dieses Kapitels die Einwände Searles interpretieren. Die gegenstandskonstituierenden Vorentscheidungen Chomskys, speziell die Bestimmung des Kompetenzbegriffs, lassen sich zwar, wie wir gesehen haben, von der Entwicklung seiner Fragestellung her kritisch beleuchten; wenn sie aber akzeptiert sind, dann ist die Frage nach der Existenz einer eigenen formal-grammatischen Komponente nur empirisch zu beantworten. Darauf können wir uns hier nicht einlassen; wir können aber fragen, wie weit wir nach Chomskys eigener Auffassung von einer Antwort auf diese (für den Moment einmal akzeptierte) empirische Frage entfernt sind. Was würde als eine Bestätigung, was als eine Widerlegung seines Modells zählen?

Es hat den Anschein, als habe er sich hier nicht klar entschieden: Einerseits betont er immer wieder, daß seine Theorie nicht als Modell von der Tätigkeit bzw. vom Funktionieren des Sprechers beim Vollzug einer Äußerung gemeint sei, er nennt eine solche Annahme sogar absurd[81] und

---

81 A.a.O., S. 117

verweist darauf, daß in der Performanz, der Ausübung der Fähigkeit, um deren Beschreibung es ihm geht, viele Faktoren eine Rolle spielen, die in der Kompetenztheorie nicht vorkommen. Andererseits sagt er,[82] der Theoretiker würde nicht zögern, einer von ihm untersuchten *black box* eine gewisse ›abstrakte Struktur‹ zuzuschreiben, wenn dies dazu führe, daß die entworfene Theorie das Verhalten der *black box* korrekt vorhersage. Dies scheint aber zu bedeuten, daß der Theorie zufolge im Sprecher eben doch Prozesse ablaufen, die den Schritten der in der Grammatik niedergelegten Regelanwendungen entsprechen, und es würde wohl auch heißen, daß Chomsky meint, eine formale Sprachkompetenz im Sinne einer ›autonomen‹, bedeutungsunabhängigen Syntax würde es tatsächlich als Teilmechanismus oder Teilfunktion im Gehirn geben.

Damit hier kein Widerspruch entsteht, kann man Chomsky wohl nur so verstehen, daß er meint, ausschließlich der von ihm entworfene Theorienkomplex als ganzer, also unter Einschluß einer noch völlig unausgeführten Performanztheorie, sei bewährungs- und widerlegungsfähig. Nur dieser wäre dann ein ›Modell‹ des Sprechers zu nennen, wobei aber auch das nur heißt, daß er im Sinne einer explanativen Theorie Erklärungen liefert und Prognosen ermöglicht. Ähnlich wie uns manche Teilchenphysiker versichern, sie glaubten nicht wirklich an die Existenz sehr kleiner Billardkugeln, wäre auch Chomskys Gesamttheorie, seine Theorie der Kompetenz$_{III}$, kein Modell in dem weitergehenden Sinne, daß behauptet würde, die sich in der Theorie ergebenden Aufteilungen in Komponenten oder gar in einzelne Erzeugungsschritte und Regelanwendungen entsprächen unterschiedlichen Einheiten und Prozessen auf seiten des Sprechers. Zwar erlaube die Theorie als ganze, wenn sie einmal fertig sei, Prognosen, und in einem solchen Fall sei es üblich, die von ihr postulierten Abläufe den untersuchten Gegenständen bis auf weiteres auch dann schon zuzuschreiben, wenn man die tatsächlichen körperlichen Vorgänge (noch) nicht beobachten könne. Trotzdem heiße diese Zuschreibung aber nichts

82 Vgl. das Zitat oben, S. 76

anderes, als daß der Gesamtrahmen der Theorie erfolgreiche Prognosen erlaube.

Dies scheint zumindest ein Aspekt dessen zu sein, was Chomsky zum Ausdruck bringen will, wenn er von der ›Abstraktheit‹ der Strukturen spricht, um die es dem Linguisten gehe.[83] Dieser Ausdruck würde dann bedeuten, daß nicht nur die physische ›Realisierung‹ dieser Struktur zur Zeit so gut wie unbekannt ist, so daß von ihr (allerdings ohne daß der Wissenschaftler sie kennen würde) ›abstrahiert‹ werden muß, sondern daß überhaupt nur eine *Input-output*-Entsprechung zwischen Theorie und Gegenstand behauptet wird, daß also auch Chomsky mit der Möglichkeit rechnet, daß das Verhalten, der ›Output‹, tatsächlich auf eine ganz andere Weise zustandekommt, als es in der Theorie erscheint, und zwar sogar dann, wenn diese einmal (als fertige Performanztheorie) in der Lage sein sollte, es korrekt vorherzusagen. Trifft diese Deutung zu, dann wäre das Wort ›zuschreiben‹ in der oben zitierten Aussage, der Theoretiker würde nicht zögern, der *black box* eine Struktur zuzuschreiben, in einem doppelt vermittelten Sinne zu verstehen: Es würde damit nur von der Gesamttheorie über die Kompetenz$_{III}$ behauptet, sie bewähre sich und treffe in diesem Sinne offenbar etwas an ihrem Gegenstand; und nur insofern sie auf diese Weise etwas treffe, sei es sinnvoll, so zu reden, *als ob* die *black box* über die von der Theorie postulierten Instanzen und Mechanismen verfüge. Dieses ›als ob‹ wäre bei Zuschreibungen der genannten Art in Gedanken immer mitzuführen. Die Verwendung von Wörtern wie ›wissen‹, ›anwenden‹ etc. erscheint, wenn diese Interpretation korrekt ist, dann aber doppelt mißverständlich: Nicht nur sind sie nicht im üblichen intentionalen Sinn gemeint und beanspruchen nicht, dem Selbstverständnis des Sprechers gerecht zu werden, sondern zusätzlich wird mit ihnen nicht einmal die

---

83 So sagt er z.B., mentalistische Untersuchungen der von ihm angestellten Art würden vermutlich von größtem Wert sein bei der Erforschung neurophysiologischer Mechanismen, »since they alone are concerned with determining abstractly the properties that such mechanisms must exhibit and the functions they must perform.« Chomsky 1965, S. 193

Überzeugung ausgedrückt, die körperlichen Prozesse, für die sie (in Chomskys abweichendem Gebrauch) stehen sollen, würden auf physiologisch nachweisbare Art genau so existieren, wie die Theoriearchitektur dies nahelegt.

Wenn es zutrifft, daß nur bei dieser Interpretation der Theorie Widersprüche zu vermeiden sind, ergibt sich eine erhebliche Abschwächung für den empirischen Gehalt des Begriffs der Kompetenz$_{II}$. Da eine übergreifende Performanztheorie noch nicht existiert und wir nach Chomskys eigener Aussage über die Gehirnmechanismen selbst noch so gut wie gar nichts wissen, kann von einer Bewährung der Gesamttheorie noch nicht gesprochen werden. Folglich kann auch die Annahme einer eigenen formal-syntaktischen Kompetenz noch nicht damit begründet werden, daß gerade diese Komponentenaufteilung sich aus empirischen Gründen empfehle. Empirisch gesehen scheint eine Theorie, die das sprachliche Handeln eng mit nichtsprachlichen Handlungen und Fähigkeiten verknüpft denkt, nicht nur dem ›gesunden Menschenverstand‹, sondern auch manchem Fachwissenschaftler und manchem um die Fachwissenschaften bemühten Philosophen sehr viel plausibler.[84]

Diese zumindest zur Zeit noch bestehende Empirieferne legt abermals die schon oben ausgesprochene Vermutung nahe, daß es ganz überwiegend die deskriptivistische linguistische Tradition und ihre Schwierigkeiten mit der Semantik (speziell mit einer inhaltlich orientierten Auffassung von grammatischen Strukturen) sind, die das Postulat einer formal-syntaktischen Kompetenz motivieren. Die psychologisch-zerebrale Interpretation wirkt aus wissenschaftsgeschichtlicher Sicht wie ein kaum abgestützter Überbau einer durch ein spezielles linguistisches Paradigma sowie bestimmte wissenschaftstheoretische Grundentscheidungen motivierten Theorie.

Bevor wir uns der Kritik zuwenden, die Chomskys Konzeption durch J.R. Searle erfahren hat, soll noch auf einen Umstand eingegangen werden, der einen in kontinentalen

---

84 Vgl. Campbell/Wales 1970, Toulmin 1971, Bruner 1975, 1983, 1990, Fleisher Feldman/Toulmin 1976, Jäger 1990

Traditionen denkenden Leser verwirren kann, nämlich auf die Tatsache, daß Chomsky sich als engagierter Gegner des Behaviorismus hervorgetan hat, ohne doch, was naheliegen würde, sich methodologisch in die Tradition der ›Geistes-‹ oder Handlungswissenschaften zu stellen. Chomsky macht deutlich, daß sein ›Mentalismus‹ ihn nicht zur Annahme einer *res cogitans* verpflichten soll,[85] er scheint aber nicht zu sehen, daß man über Geistiges in Begriffen von Handlungen reden kann. Alle Ansätze dieser Art, auch z. B. den des späten Wittgenstein, versteht er offenbar als Varianten des Behaviorismus.[86] Chomsky möchte wie Bloomfield geistige Prozesse und Tätigkeiten letztlich unter dem Aspekt der in ihrem Dienst ablaufenden körperlichen ›Mechanismen‹ studieren, und seine Gegnerschaft zum Behaviorismus Skinners erklärt sich daraus, daß dieser nach Chomskys Auffassung viel zu einfache Vorstellungen vom körperlichen ›Apparat‹ hat, der das ›produziert‹, was aus einer anderen Perspektive als eine geistige Leistung erscheint.

Worum es hier geht, läßt sich gut an einem älteren Aufsatz des Neuropsychologen K.S. Lashley illustrieren, den Chomsky wiederholt zustimmend zitiert.[87] Dort wird auf eine Reihe von Phänomenen hingewiesen, für deren Erklärung jedenfalls die zu Lashleys Zeit üblichen Vorstellungen

85 Chomsky 1972, S. 98; vgl. Chomsky 1982, S. 34
86 Vgl. das Eingeständnis seiner Hilflosigkeit gegenüber Wittgenstein in Chomsky (1969), S. 280. Er kann auch mit den folgenden Klarstellungsversuchen von Kenny (1984, S. 139) offenbar nichts anfangen: »Human beings and their brains are physical objects; their minds are not, because they are capacities. This does not mean that they are spirits...It is not any adherence to spiritualism, but simply concern for conceptual clarity, that makes us insist that a mind is not a physical object and does not have a length and breadth.« Und: »I agree with Chomsky that to describe a state of mind is, to describe, at a certain degree of abstraction, a physical object; but the physical object so described is a human being and not a brain.« (S. 143) Es geht also darum, welche Sprache zur Beschreibung des (›körperlichen‹) *Menschen* angemessen ist; sie muß reicher sein als die (›physikalische‹) Sprache zur Beschreibung des Gehirns.- Zu Chomskys verständnisloser Reaktion vgl. Chomsky 1987, S. 7, Anm. 4
87 Chomsky 1959, S. 55 f.; Chomsky 1972, S. 3, 69

vom Funktionieren des menschlichen Gehirns ganz deutlich unzureichend sind, insbesondere die Annahme, man habe es mit linearen, in Form einfacher Kausalketten beschreibbaren Vorgängen zu tun, bei denen jeder Schritt durch das erklärt werden kann, was ihm zeitlich unmittelbar vorhergeht. So erwähnt Lashley die Kompetenz von Musikern, ihr Spiel in einen Grundrhythmus zu integrieren, die sich z.B. in der Fähigkeit des Geigers zeigt, in einer Folge von Strichen, zu denen er jeweils die ganze Bogenlänge braucht, jeden Strich in exakt derselben Länge wie jeden anderen zu spielen, unabhängig davon, ob das Tempo insgesamt schnell oder langsam ist. Für besonders typisch für solche integrierenden Prozesse hält Lashley Fähigkeiten im Bereich der Sprache, und er schreibt dazu:

»The study of comparative grammar is not the most direct approach to the physiology of the cerebral cortex, yet Fournié has written, ›speech is the only window through which the physiologist can view the cerebral life‹. Certainly language presents in a most striking form the integrative functions that are characteristic of the cerebral cortex and that reach their highest development in human thought processes.«[88]

Lashley war besonders an der Frage interessiert, welche ›Mechanismen‹ das Phänomen der zeitlichen und räumlichen Integration von Handlungselementen zu komplexen Handlungen ermöglichen, und er kann am Beispiel sprachlichen Handelns leicht zeigen, daß die nach seinem Urteil einzige zu seiner Zeit verfügbare wirklich physiologische Theorie, nämlich die der Reflexketten, für eine Erklärung solcher Prozesse ungeeignet ist. Eine solche Theorie sei z.B. von M.F. Washburn vertreten worden, einer Autorin, von der er sagt:

»She described speech as a succession of vocal acts in which the kinesthetic impulses from each movement serve as a unique stimulus for the next in the series.«[89]

Demgegenüber weist Lashley auf die Tatsache hin, daß die einzelnen Artikulationshandlungen oder -abläufe (wie He-

88 Lashley 1951, S. 507
89 A.a.O., S. 508

ben der Zunge, Ausstoßen der Luft, etc.), deren richtige Aufeinanderfolge in einem Verhalten resultiert, das sich unter Handlungsperspektive als ein Aussprechen von Wörtern und Sätzen beschreiben läßt, keine festgelegte Ordnung haben, so daß auf eine Artikulationsbewegung eines Typs jedesmal die eines bestimmten anderen folgen müßte. Und er folgert daraus:

»The order must therefore be imposed upon the motor elements by some organization other than direct associative connections between them.«[90]

Bezogen auf die Syntax bedeutet das:

»From such consideration, it is certain that any theory of grammatical form which ascribes it to direct associative linkage of the words of the sentence overlooks the essential structure of speech. The individual items of the temporal series do not in themselves have a temporal ›valence‹ in their associative connections with other elements. The order is imposed by some other agent.«[91]

Diese Passage erinnert an Chomskys Kritik der ›finite state grammar‹, und sie erscheint wie diese, soweit ein Laie auf dem Gebiet der Neurophysiologie dies beurteilen kann, durchaus triftig. Aber auch Lashley hatte an der zitierten Stelle keine Antwort auf die Frage, welches denn der ›andere Akteur‹ sei, der die Integration der niederstufigen Elemente leiste. Und wenn man dem Urteil Chomskys glauben darf, weiß die neurophysiologische Forschung auch heute auf diesem Gebiet nicht wesentlich mehr als zur Zeit der Abfassung von Lashleys Aufsatz.[92]
Es ist dieser Zusammenhang, in dem auch Chomskys Kritik an Skinners Buch »Verbal Behavior« zu sehen ist, in der er überzeugend zeigt, daß die Art der darin vollzogenen Anwendung des Behaviorismus auf das Sprachverhalten dieses nicht erklären kann, weil die dort aufgestellten Thesen zum größten Teil entweder falsch sind (wenn man sie streng wissenschaftlich nimmt) oder nichtssagend (wenn man die sich wissenschaftlich gebende Terminologie in Alltagssprache

90 A.a.O., S. 509
91 A.a.O., S. 510
92 Chomsky 1988, S. 136

zurückübersetzt).[93] Aber man sollte bei aller Schärfe und Überzeugungskraft dieser Kritik nicht übersehen, daß Chomsky und Skinner letztlich dasselbe wollen. Wenn Chomsky z.B. schreibt:

»It is a historical curiosity that the experimental investigation of human behavior has often departed from the general methods and approaches of the natural sciences, and has insisted on certain *a priori* conditions on ›legitimate theory construction‹«[94],

dann ist seine Zurückweisung zwar gegen den Behaviorismus gemünzt; mit denselben Worten könnte er sich aber auch gegen jede philosophische oder geisteswissenschaftliche Thematisierung der Sprache wenden, denn auch sie stimmen nicht mit den »general methods and approaches of the natural sciences« überein.

Dies ist wegen seiner immer wieder unklaren Ausdrucksweise oft schwer zu erkennen. Wenn er z.B., abermals gegen empiristisch orientierte Stimulus-response Theorien gerichtet, von der Psychologie, die er sich vorstellt, sagt, sie

»...begins with the problem of characterizing various systems of human knowledge and belief, the concepts in terms of which they are organized and the principles that underlie them, and...only then turns to the study of how these systems might have developed through some combination of innate structure and organism-environment interaction«[95],

dann sind für die Charakterisierung der Wissens- und Glaubensinhalte und ihrer Begriffe, soweit seine Linguistik das erkennen läßt, keine von den Subjekten dieses Wissens frei wählbaren Ausdrücke zugelassen, sondern nur Termini, die zusammen eine formal handhabbare Struktur bilden, die sich als abstrakte Darstellung eines Mechanismus lesen läßt, auf den es, trotz des ›wissensbezogenen‹ ersten Schrittes, bei Chomsky schließlich ankommt. Dies wird durch die Analogie deutlich, die er wenige Seiten später benutzt: Die Psychologie, deren Teil seine linguistische Theorie sein solle,

93 Chomsky 1959
94 Chomsky 1985, S. 10
95 Chomsky 1972, S. 7

suche nach tieferen, verborgenen Prinzipien, die am bloßen
›Verhalten‹ nicht ablesbar seien,

»...principles that cannot be detected ›in the phenomena‹ nor derived
from them by taxonomic data-processing operations, any more than the
principles of celestial mechanics could have been developed in confor-
mity with such strictures«.[96]

Die Verborgenheit, um die es ihm geht, ist also nicht von der
Art, daß sie durch Befragen von Personen aufgehoben werden könnte, nicht in *diesem* Sinn geht es um ›Inneres‹,
sondern sie ist eine solche, die, wie die Verborgenheit der
Gesetze der Himmelsmechanik, durch gute Einfälle bei der
Konstruktion explanatorischer Theorien überwunden werden kann. In der Terminologie Poppers gesprochen, läßt sich
sagen, die hier eigentlich nötige Einbeziehung der handelnden Personen verlange eine Berücksichtigung der ›Welt
drei‹.[97] Diese Welt des sinnbezogenen Handelns kann
Chomsky aber wegen seiner ausschließlich auf naturwissenschaftliche Verfahren beschränkten Methodologie nicht erörtern. Wenn er daher mit Lashley nach einem ›anderen
Akteur‹ sucht, der die bislang rätselhafte Integrationsarbeit
leistet, dann denkt er nicht an die sprechende Person, die
über ihre Sprachtätigkeit Auskunft geben könnte, sondern er
denkt an naturwissenschaftlich zugängliche Abläufe, an eine
letztlich physiologisch zu beschreibende ›Instanz‹ im ›mentalen Apparat‹.
Der unverkennbare Zorn, mit dem Chomsky Skinners Thesen kritisiert, ist nicht etwa der eines hermeneutisch orientierten Philologen, der empört darüber wäre, daß sich
jemand vorgenommen hat, seine geistigen Leistungen reduk-
tionistisch als Funktionen einer Maschine zu erklären, sondern er ist die Entrüstung eines mathematisch und technisch
gebildeten Linguisten über die Zumutung, als Maschine eines viel zu simplen Typs angesehen zu werden. Auch
Chomsky will darauf hinaus, die ›Verursachung‹ des Sprach-
verhaltens zu erforschen; wie Bloomfield wird er es als
Promotor einer im naturwissenschaftlichen Sinne ›explana-

96 A. a. O., S. 15 f.
97 Vgl. Jäger 1990

tiven‹ Theorie prinzipiell für denkbar halten, daß eines Tages eine integrierte Kompetenz- und Performanztheorie, die alle Komponenten berücksichtigt, die das tatsächliche Sprachverhalten beeinflussen, Voraussagen darüber gestatten wird, was jemand im nächsten Moment äußern wird. Nur macht er sich über die Komplexität der dabei zu unterstellenden ›Mechanismen‹ nach seiner eigenen Einschätzung weniger Illusionen als sein Gegner Skinner.

Chomskys Position ist wesentlich auch durch das bestimmt, was er ablehnt: Da er keines der von der empiristisch orientierten Philosophie und Psychologie erörterten ›induktiven‹ Verfahren zur Beschreibung der Sprachkompetenz für ausreichend hält (er nennt »procedures of generalization, analogy, induction, association, and habit formation«[98]) und offenbar nicht sieht, wie man nicht-behavioristisch von Handlungen und vom Erfahrungszuwachs im Handeln sprechen kann, entscheidet er sich für die ›rationalistische‹ Position, die bestimmte Wissensinhalte für angeboren erklärt (›Nativismus‹). Diese Inhalte faßt er aber im Unterschied zum klassischen Rationalismus nicht als etwas auf, worüber der Sprecher Auskunft geben kann, sondern als körperliche ›Mechanismen‹, die den Anfangszustand des ›Systems Mensch‹ so bestimmen, daß eine Konfrontation mit geeigneten sprachlichen ›Daten‹ dazu führt, daß der Mensch nach einer Weile sprechen kann.[99]

Diese Beurteilung wird auch durch die Weise nicht widerlegt, in der Chomsky das nicht ausschließlich linguistische Problem des Spracherwerbs in seine Überlegungen einbezieht. Unbestritten ist hier die Berechtigung seiner Kritik an Skinners Weise der Anwendung behavioristischer Lerntheorien auf den Spracherwerb; es scheint tatsächlich so zu sein, daß es noch keine Lerntheorie gibt, die den Prozeß des

---

98 Chomsky 1985, S. 13

99 »The empirical condition that must be met by this characterization is that a ›device‹ in this initial state, given data of the sort available to a person who acquires a given system of knowledge or belief, will attain a final state in which this system is represented.‹ Chomsky 1985, S. 10; vgl. a. a. O., S. 35

Spracherwerbs befriedigend ›erklären‹ kann.[100] Chomskys eigene Vorstellungen aber, insbesondere seine These von der Angeborenheit formaler Prinzipien zur Konstruktion einer Grammatik (Kompetenz$_1$), sind abermals nur vor dem Hintergrund der deskriptivistischen Tradition und ihrer folgenden Grundentscheidungen verständlich: (1) Der Gegenstand der Sprachwissenschaft ist nicht das sprachliche Handeln, sondern die Menge der wohlgeformten Äußerungen und ein hypothetisch angenommener Produktionsmechanismus, der allein in naturwissenschaftlichen Begriffen zu beschreiben ist. (2) Die Bestimmung der Wohlgeformtheit hat auf phonologischer Basis und distributionalistisch zu erfolgen; semantische und pragmatische Erwägungen dürfen dabei aus Gründen wissenschaftlicher Strenge zunächst keine Rolle spielen; sie haben ihren Ort in einer Performanztheorie, die nach der Erarbeitung der formalen Charakterisierung der Wohlgeformtheit aufzubauen und ebenfalls naturwissenschaftlich zu fassen ist. (3) Termini für ›höhere‹, traditionellerweise sinnbezogen interpretierte Einheiten sind als theoretische Terme anzusehen, deren Zweck nur in ihrem Charakter besteht, Werkzeuge für eine korrekte Vorhersage von Urteilen über distributionalistische Wohlgeformtheit und über Strukturhomonymie zu sein. In dem Maße, wie diese Vorhersage gelingt, gelten die Hypothesen über die körperlichen Mechanismen als bestätigt.

Verbindet man diese linguistischen Grundentscheidungen mit der Aussage, daß die Tätigkeit des Linguisten insofern mit der Tätigkeit des Kindes, das eine Sprache erlernt, vergleichbar sei, als es sich in beiden Fällen um die Konstruktion einer Grammatik handle,[101] dann ergibt sich Chomskys An-

---

100 Ob dies tatsächlich so ist, läßt sich aber erst *nach* einer Einigung sowohl über den Begriff der Sprachkompetenz als auch über die Frage, was eine ›Lerntheorie‹ sei, beurteilen.

101 »Were it possible to formulate procedures that can be applied to a corpus of data to yield a generative grammar, these procedures could be formulated as an empirical hypothesis with regard to the language faculty. It would be appropriate to postulate that the child acquires language by applying procedures of this sort to the data availabe to him.« Chomsky 1985, S. 11. Vgl. a. a. O. S. 12, 15, 36. –

geborenheitsthese fast von selbst. Denn wie sollte jemand, der, ohne zu wissen, was eine Sprache ist, mit einer Menge von Geräuschen konfrontiert ist, die für ihn durch keinerlei Handlungskontext geordnet sind oder Bedeutung haben, in der Lage sein, eine ›logische Maschine‹ zu konstruieren, mit deren Hilfe er prognostizieren kann, wie die Geräusche geartet sein werden, die in Zukunft zu erwarten sind?

Chomskys Denkweise ist auch hier wieder durch technische Bilder bestimmt. Er fragt sich, wie ein Informationsverarbeitungssystem aussehen müsse, das aus den so definierten ›Daten‹ als *Inputs* eine Grammatik konstruieren könnte. Und wenn man so fragt, ist es naheliegend, zu postulieren, daß ein solches System mit einem recht detaillierten Programm von nicht erst zu erwerbenden Regeln schon ausgestattet ist (nämlich mit der Sprachkompetenz$_I$), das als eine Komponente auch eine Aufstellung der allgemeinsten Merkmale der Grammatiken aller möglicher menschlicher Sprachen enthält, die von Chomsky so genannte ›universale Grammatik‹.

Es ist wohl deutlich geworden, daß es die nur aus der linguistischen Methodologie verständliche Fiktion ist, das Kind, das eine Sprache erlerne, stehe vor einer Aufgabe der geschilderten Art, die den Anschein von Plausibilität erzeugt, die diese Thesen allenfalls haben könnten. Mag es unter Linguisten noch umstritten sein, was sie als ›Daten‹ ihrer Theorien ansehen wollen, für ein Kind, das seine Muttersprache erlernt, ist es im lebensweltlichen Sinne einfach falsch, daß es einer Geräuschfolgenmenge gegenübersteht und eine Aufgabe jener Art zu lösen hat, wie Chomsky sie sich gestellt hat. In seinem Buch »Syntactic Structures«, in dem er sich mit dem Problem des Spracherwerbs noch nicht explizit auseinandersetzt, sieht er noch ganz deutlich, daß die Entscheidung zum formalen Vorgehen eine Auflage ist, die er sich selbst um eines bestimmten Ideals von wissenschaftlicher Rigorosität und Effektivität willen macht.[102] Und aus

Was das Kind vom Linguisten unterscheide, sei die Tatsache, daß es die Prinzipien, die der Linguist suche, schon kenne, wenn auch nur ›unbewußt‹. Chomsky 1988, S. 45 f.

102 Vgl. das Zitat oben S. 83

einer selbst auferlegten Beschränkung in der Betrachtungsweise folgt natürlich nicht, daß der betrachtete Gegenstand das ihm durch die Einschränkung zudiktierte Merkmal trägt. Auch wenn es eine formale Sprachwissenschaft gibt, braucht es eine grammatische Kompetenz in einem formal-syntaktischen Sinne deshalb noch lange nicht zu geben.

Die Frage, ob und in welchen Sinne es sie tatsächlich ›gibt‹, hat, wie wir schon oben betont haben, selbstverständlich *auch* eine empirische Komponente, die durch wissenschaftsgeschichtliche und methodologische Erwägungen nicht entschieden werden kann; es soll nicht der Anschein entstehen, als würde das hier geleugnet werden. Eine empirisch beantwortbare Frage entsteht aber erst im Kontext jener gegenstandskonstituierenden nicht-empirischen Schritte, die der Wissenschaftsforscher Ludwik Fleck[103] treffend als ›aktive Koppelungen‹ bezeichnet hat. Erst wenn sie gesetzt sind, d. h. wenn über Begriffe, Methoden, Kriterien etc. entschieden ist, kann die ›Antwort der Empirie‹ eingeholt werden. Sie muß dann in der Tat einfach zur Kenntnis genommen werden; deshalb spricht Fleck hier von ›passiver Koppelung‹. Die Antwort *ist* eine Antwort aber nur im Kontext eines zuvor gesetzten Rahmens, der immer auch anders gesetzt werden kann, als es jeweils geschieht. Da also methodologische Schritte und Weichenstellungen den jeweiligen wissenschaftlichen Gegenstand mitkonstituieren, und da die mit ihnen verbundenen Angemessenheitsfragen im Alltag der von T. Kuhn[104] so genannten ›normalen Wissenschaft‹ immer wieder zu wenig Platz haben, ist es sinnvoll und notwendig, daß sie von Wissenschaftstheoretikern und Philosophen vorgetragen und erörtert werden. Auch im Interesse der Fruchtbarkeit der ›normalen Wissenschaft‹ ist es wichtig, daß der mit aktuellen Problemen befaßte Forscher dadurch, daß ein Fachfremder eine andere Perspektive an seine Arbeit heranträgt, immer wieder einmal so viel Abstand gewinnt, daß er den Charakter des von ihm eingeschlagenen Zugangs, die besonderen Merkmale seiner gegenstandskonstituierenden Schritte, im ganzen überblicken und so sich seine spe-

103 Fleck 1980   104 Kuhn 1967

zifischen Ausblendungen und die Möglichkeit anderer, ihm weniger vertrauter Zugänge vor Augen führen kann.

Für unseren Kontext bedeutet dies, daß man unter der menschlichen Sprachfähigkeit und dementsprechend unter ihrer Aufklärung oder Erforschung auch etwas ganz anderes verstehen kann als Chomsky. Einen Ansatz zu einer solchen Alternative kann man in der Kritik sehen, die seine Theorie von J.R.Searle erfahren hat. Daß es in der Konsequenz um eine ganz andere Art der Annäherung an die Sprache geht und nicht um eine Ergänzung oder Erweiterung der Theorie von Chomsky, wird bei Searle noch nicht recht deutlich. Trotzdem sind seine Argumente geeignet, zu einer anderen Thematisierungsweise der Sprachfähigkeit hinzuführen. Es kann hier also nicht darum gehen, Searle als den besseren Linguisten zu erweisen, aber es soll gezeigt werden, daß aus seiner Kritik ein legitimes Interesse an einer anderen Zugangsweise spricht.

8. J.R. Searles Kritik an Chomsky: Ergänzung oder Revision?

J.R. Searle hat sich in zwei größeren Aufsätzen[105] mit Chomskys Sprachtheorie auseinandergesetzt und ist dabei zu einigen sehr kritischen Aussagen gekommen, z.B. zu dem Verdikt, es sei »pointless and perverse«, die Struktur der Sprache unabhängig von ihrer Funktion, d.h. von ihrer sozialen Rolle, zu studieren.[106] Viele seiner Einwände haben aus der Perspektive eines Lesers, der für Chomskys Linguistik noch nicht voreingenommen ist (Searle beruft sich auf den ›common sense‹) vermutlich etwas unmittelbar Überzeugendes, und manche Gedanken entsprechen der in den vorangegangenen Abschnitten entwickelten Sehweise, nach der Chomskys Thesen, stellt man sie in den Zusammenhang der Geschichte seines Faches, allerdings relativierungsbe-

---

105 Searle 1972; vgl. die Antwort in Chomsky 1976; eine Entgegnung darauf ist der Rezensionsartikel Searle 1976.
106 Searle 1972, S. 19

dürftig erscheinen. Nun ist der ›gesunde Menschenverstand‹ allein, wie Chomsky in einer Replik zu Recht anmerkt, hier aber keine taugliche Appellationsinstanz;[107] Searles intuitiv oft plausiblen Einwände sind teils präzisierungsbedürftig, und sie gewinnen an Überzeugungskraft, wenn man sie in einen größeren Rahmen stellt.

Seine Kritik leidet vor allem daran, daß Searle zwischen einer milden Form, die überwiegend auf Ergänzungen von Chomskys Theorie drängt, und einer schärferen Fassung, die grundsätzliche Einwände erhebt und für einen ganz anderen Zugang plädiert, schwankt. Er macht nicht deutlich, ob es ihm um eine Erweiterung, um eine Vertiefung dieser Theorie geht, ob er sie also übernehmen, aber um gewisse Komponenten, zusätzliche Hypothesen etc. bereichern will, oder ob er dafür plädiert, an die Untersuchung der Sprache von vornherein ganz anders heranzugehen, so daß sich sein eigenes Vorgehen von dem Chomskys schon im wissenschaftstheoretischen Status grundsätzlich unterscheiden würde. Wir wollen im Folgenden den ins Grundsätzliche gehenden Aspekt von Searles Kritik ein Stück weit herausarbeiten und zeigen, daß Searle im Grunde fordert, einen von dem Chomskys ganz verschiedenen Begriff der Sprachkompetenz zu entwickeln; insofern bezieht sich seine Kritik, wie schon der Ausdruck »pointless« zeigt, auf Merkmale der Weise, wie Chomsky zu seiner *Zielsetzung* kommt und daher seinen Untersuchungsgegenstand konstituiert. Sie ist keine unmittelbare Kritik an der *Wahrheit* seiner Aussagen, denn eine solche ist nur dort möglich, wo Einigkeit über die richtige Zugangsweise und über die Identität der Gegenstände der Kontroverse besteht. Steht aber die Konstituierung des Untersuchungsgegenstandes zur Debatte, dann geht es um wissenschaftstheoretische und (in unserem Fall) um sprachphilosophische Fragen.

Wir betrachten zunächst einige Äußerungen von Searle, die in die erste Richtung weisen, d.h. die sich wie Vorschläge lesen, Chomskys Theorie zu erweitern oder zu vertiefen. Searle schreibt z.B.:

107 Chomsky 1976, S. 56

»We don't know how language evolved in human prehistory, but it is quite reasonable to suppose that the needs of communication influenced the structure. For example, transformational rules facilitate economy and so have survival value...«[108]

Hier scheint Searle die empirisch gemeinte Hypothese aufzustellen, die Sprache habe sich in der menschlichen Vorgeschichte so entwickelt, daß die Kommunikationsbedürfnisse der Benutzer möglichst ›ökonomisch‹ befriedigt werden konnten, und diese Entwicklung habe z. B. zur Ausbildung der Möglichkeit von syntaktischen Transformationen geführt. Chomskys Theorie, so könnte man diese Aussage verstehen, müßte durch Hypothesen über die gattungsgeschichtliche Evolution dessen, was sie nur als Zustand darstellt, erweitert oder ›vertieft‹ werden.

Man fragt sich sofort, wie eine solche Hypothese, wenn sie empirisch gemeint ist, gestützt werden könnte, man findet bei Searle dazu aber keine Hinweise. Auch liegt die Frage nahe, warum wir heute nicht im Telegrammstil sprechen; ist Searle der Meinung, wir hätten das Optimum einer ökonomischen Sprache schon erreicht, oder glaubt er, wir würden uns gegenwärtig weiter auf ein solches zubewegen? Wie würde er das zeigen wollen?

An einer anderen Stelle sagt Searle, Chomskys Darstellung des Faktums, daß die Regeln der englischen Syntax strukturabhängig seien, sei nicht unbedingt als falsch, sondern eher als oberflächlich zu bezeichnen, und er schlägt vor:

»...let us see what deeper rules concerning the functions of language (rules of semantics, of speech acts, etc.) underlie these structural regularities. It would be unscientific to assume at the outset e.g., that the rules that relate interrogative and indicative sentences must be purely structural. Perhaps the rules make mention of the functions that the structures serve.«[109]

Searle scheint hier die Vermutung auszudrücken, man werde unter den Fakten, um deren Untersuchung es in der Sprachwissenschaft gehe, vielleicht die Tatsache vorfinden, daß in

108 Searle 1972, S. 19
109 Searle 1976, S. 1118, Spalte 2f.

einer Regel der Syntax die Erwähnung der *Funktion* der zugehörigen Ausdrücke vorkomme, oder man würde finden, daß den syntaktischen Regeln andere, nicht rein syntaktische Regeln zugrundeliegen. Er nennt diese Vermutung eine ›Hypothese‹, die ein nicht voreingenommener Forscher aus Gründen der Wissenschaftlichkeit zu berücksichtigen habe. Bei dieser Deutung erscheinen die von Searle vermuteten Regeln wie natürliche Gegenstände, über deren Vorhandensein man ähnlich wie bei nur vermuteten Planetenmonden aufgrund gewisser beobachteter Tatsachen Hypothesen aufstellen kann. Daß Searle hier das Wort ›*unscientific*‹ gebraucht, läßt den Leser leicht vermuten, daß er Chomskys Wissenschaftsideal teilt.

Es ist aber keineswegs selbstverständlich, daß syntaktische Regeln als Gegenstände angesehen werden können, die ein selbständiges Dasein haben, und über deren Eigenschaften und über deren Existenz oder Nichtexistenz der Wissenschaftler begründete oder unbegründete Vermutungen anstellen kann.[110] Ist das, was Searle zu erwägen gibt, tatsächlich eine empiriebezogene Hypothese, die einer konkurrierenden Hypothese von Chomsky widerspricht bzw. sie ›tiefer‹ erklärt? Macht sich einer der beiden Kontrahenten ein zutreffendes, die unabhängigen Fakten richtig (oder treffender) wiedergebendes Bild von der ›wahren Natur‹ syntaktischer Regeln, und der andere ein falsches oder unvollständiges Bild? Steht hier tatsächlich eine Faktenfrage zur Debatte, wie es Searles Ausdrucksweise immer wieder nahelegt?

Daß Searle im zitierten Absatz einerseits von verhaltensbe-

---

110 Vielmehr könnte man sagen, der Rekurs auf Regeln habe oft den Charakter einer nachträglichen Deutung und Erläuterung einer eigenen Handlung, ohne daß derjenige, der sein Handeln so erläutert, damit eine Aussage über ›innere‹ Handlungen machen müßte. Vgl. Schneider (Annahmen).– In diesem Sinne ließe sich auch die Bemerkung Dummetts verstehen, eine Aussage über etwas, was man gedacht oder beabsichtigt habe, »...may be called an *interpretation:* it is not read off from an inner tape recorder, but is, as it were, *ascribed* to oneself on the basis of the remembered stimuli and reactions to them.« Dummett 1989, S. 195

zogenen ›regularities‹ (mit Bezug auf Chomsky) und anderseits von ›rules‹ (als Erweiterungsvorschlag) spricht, läßt noch mehrere Deutungen zu: Es könnte heißen, daß er die Regularitäten auf der Lautebene durch Hinzuziehung weiterer (z. B. verhaltensbezogener) Regularitäten im Sinne vorfindbarer Fakten erklären will. In diesem Fall wären die Gegenstände, die mit Hilfe der ›Regeln der Semantik‹ dargestellt werden, ebenfalls ›Regularitäten‹, die parallel und ergänzend zu den schon von Chomsky postulierten ›brain mechanisms‹ zu denken wären. Es handelte sich dann um vorfindbare Gegenstände, die sich nur darin von den von Chomsky postulierten Mechanismen unterscheiden, daß sie ein weiteres Operationsfeld haben. Searles Aussage könnte aber auch so gemeint sein, daß es ihm von vornherein gar nicht um Laut- oder andere Regularitäten geht, sondern um sprachliche *Handlungen*. Dann wären schon die gegenstandskonstituierenden Schritte beider Autoren verschieden. Um hier zu einer Klärung zu kommen, erörtern wir die Weise, wie Searle ein Beispiel behandelt, an dem er seine eigenen Vorstellungen von denen Chomskys am deutlichsten abgrenzt. Es betrifft die schon genannte Eigenschaft der Strukturabhängigkeit englischer Syntaxregeln.

9. Searles Kritik: ein Beispiel

Chomsky (so referiert Searle) betrachtet Paare von Aussagesätzen und zugeordneten Fragesätzen wie (1 a-b) und (2 a-b) und fragt sich, welches die Regel ist, nach der aus der Aussage die zugehörige Frage gebildet wird:

(1) (a) The man is tall. (b) Is the man tall?
(2) (a) The book is on the table. (b) Is the book on the table?

Naheliegend für ein an maschinellen Analyseprozessen orientiertes Denken,[111] aber für den vorliegenden Fall nicht

111 Vgl. Chomsky 1988, S. 43, wo er ebenfalls diese Probleme bei der Fragebildung als Beispiel erörtert und ausdrücklich zu erkennen gibt, er erörtere sie »from a computational point of view«.

richtig, wäre die Regel, daß die Frage aus der Aussage dadurch gebildet wird, daß das erste Vorkommnis des Wortes »is« aufgesucht und an den Anfang des Satzes gestellt wird. Daß diese Regel nicht die gewünschten Ergebnisse bringt, zeigt sich daran, daß (3c), nicht aber (3b) eine zu (3a) korrekt gebildete Frage ist:[112]

(3a) The man who is tall is in the room.
(3b) * Is the man who tall is in the room?
(3c) Is the man who is tall in the room?

Chomsky folgere daraus, daß ein Sprecher, der die korrekte Frage (3c) bildet, den Satz (3) zunächst in syntaktische Komponenten (»abstract phrases«) zerlegen müsse, dann das erste Vorkommnis von »is« nach der Nominalphrase aufsuchen (hier also das »is« nach dem Satzteil »the man who is tall«) und es dann an den Anfang des Satzes stellen müsse.

Der entscheidende Punkt ist für Searle, daß Chomsky die damit angedeutete Regel als eine *formale*, ausschließlich mit (im kalkülbezogenen Sinne) ›syntaktischen‹ Begriffen arbeitende Regel auffaßt und darstellt. ›Strukturabhängig‹ heißt eine Regel dann insofern, als ihre korrekte Befolgung, hier also die richtige Bildung der Frage (3c), voraussetzt, daß die Person oder die mentale Instanz, die sie befolgt bzw. ihr gemäß verfährt, den Ausgangssatz (3a) syntaktisch-strukturell analysiert haben muß; sie muß z. B. ›wissen‹, daß das erste Vorkommnis von »is« ein Teil der Nominalphrase ist und deshalb bei der Fragebildung nicht an den Anfang gestellt werden darf.

Da kleinere Kinder die Bildung einer Frage der Art (3c) offenbar beherrschen, müsse man laut Chomsky annehmen, sie arbeiteten mit strukturabhängigen Regeln, und da sie solche Regeln offenbar nicht von ihren Eltern, die sie wohl selbst kaum korrekt formulieren könnten, gelernt hätten (und da zu vermuten steht, alle natürlichen Sprachen würden mit strukturabhängigen Regeln arbeiten), sei zu erwarten, daß das Prinzip der Strukturabhängigkeit einen Teil der ›uni-

---

112 Der Asteriskus zeigt wie üblich an, daß der ihm folgende Satz als inkorrekt gilt.

versalen Grammatik‹ (Kompetenz$_I$) bilde, die dem menschlichen ›mind/brain‹ angeboren sei.

Dieser Betrachtungsweise setzt Searle nun die folgende Alternative entgegen: Man könnte die Zunahme der Sprachfähigkeit eines Kindes als eine fortschreitende Entwicklung sinnvoller Handlungsmöglichkeiten betrachten, und wenn es um den Unterschied zwischen Aussage- und Fragesätzen gehe, könne man zu verstehen suchen, was ein Sprecher mit diesen Sätzen tun könne, wie sie den Horizont seiner Handlungsmöglichkeiten erweitern. Man stoße so auf die Sprechhandlungen des Behauptens und Fragens und auf die untergeordneten Handlungen des Referierens und Prädizierens. Aus dieser Sichtweise ergebe sich die Hypothese, daß die der Fragebildung zugrundeliegende Regel wie folgt laute:

(4) »In asking a yes/no question Q corresponding to a statement S one predicates interrogatively in Q what was predicated assertively in S, while keeping the reference constant in both Q and S.«[113]

Man könne dann darangehen, zu untersuchen, auf welche Weise diese zugrundeliegende Regel in den Konventionen der verschiedenen natürlichen Sprachen verwirklicht sei, d.h. man könne die syntaktischen Formen dieser Sprachen untersuchen. Wenn man so vorgehe, sei die Erklärung dafür, warum (3c), aber nicht (3b) im Englischen korrekt sei, recht offensichtlich: Der Ausdruck »* the man who tall is« sei kein möglicher referierender Ausdruck. Und wenn man noch untersuchen wolle, warum nicht, hätte man sich mit der Struktur und der Funktion von Relativsätzen zu beschäftigen.

Wir wollen Searles Argument zunächst durch eine leichte Modifikation stärken. Es ist nicht ganz überzeugend, daß er gleich auf die Unkorrektheit von (3b) eingeht, statt auf die korrekte Ableitung von (3c). Es wäre einleuchtender, zunächst zu zeigen, wie (3c) aus (3a) durch die Anwendung einer ›Realisierung‹ von Searles über-einzelsprachlich formulierter Regel (4) konkret zu gewinnen ist. Daß außerdem (3b) einen nicht ordentlich gebildeten Referenzausdruck

113 Searle 1976, S. 1118 Sp. 2

enthält, ist ein anderer Punkt, der ausführlicher behandelt werden müßte. Auf die Frage, ob es möglich ist, Sprechhandlungsregeln zunächst über-einzelsprachlich zu formulieren, um ihnen dann sprachspezifische ›Realisierungsregeln‹ zur Seite zu stellen, werden wir später noch ausführlich eingehen.[114] Man kann der Argumentation von Searle aber unabhängig davon dadurch einen guten Sinn geben, daß man nicht die Regel (4) betrachtet, sondern sich vorstellt, man habe diejenigen Regeln ausformuliert vor sich, die der Regel (4) im Englischen entsprechen, in Searles Terminologie: die sie ›realisieren‹. Geht man so vor, dann besteht der wichtigste Unterschied zwischen Searles und Chomskys Vorgehen darin, daß in Searles Fragebildungsregel Ausdrücke für Sprechhandlungen (›Prädizieren‹, ›Referieren‹) vorkommen, und nicht ausschließlich Ausdrücke einer syntaktisch-strukturellen, d.h. ›formalen‹ Analyse von Sätzen.

Damit hängt unmittelbar zusammen, daß Searle eine Regel formuliert, der ein Sprecher bewußt folgen kann, eine Regel also, die entschieden auf die Seite des ›mind‹ gehört, des bewußten Handelns, und nicht auf die Seite der Mechanismen des ›brain‹. Searle nimmt nämlich an, daß (auch ein kindlicher) Sprecher des Englischen, der korrekte Fragen vom Typus (3c) bilden kann, in der Lage ist, zu erkennen, daß der Ausdruck »the man who is tall« im Behauptungssatz (3a) als ganzer die Funktion, den ›Witz‹ hat, zu referieren, und die in Searles Regelformulierung gegebene Anweisung, die Referenz konstant zu halten, könnte in der auf das Englische bezogenen ›Realisierung‹ bedeuten, daß dieser Teilausdruck bei der Fragebildung unangetastet bleiben soll. Versteht der Sprecher nun auch, daß mit dem Teilausdruck »is in the room« etwas über den Gegenstand, auf den sich der Referenzausdruck bezieht, prädiziert wird, und weiß er darüber hinaus, daß eine Frage (aus Sätzen mit der Kopula »is«) dadurch gebildet wird, daß dieses Wort, das Referenzausdruck und Prädikatausdruck verbindet, nach vorn gezogen wird, so hat er offenbar alles, was er zur korrekten Bildung von (3c) aus (3a) benötigt.

114 Unten, Kap. V, Abschnitte 1 und 5

In welchem Verhältnis stehen nun diese beiden Sehweisen der Fragebildung und des Phänomens der Strukturabhängigkeit? Searle sagt von Chomskys Auffassung, sie sei nicht unbedingt falsch, aber sie verbleibe, auch wenn sie zutreffe, an der Oberfläche. Und bezüglich der Frage, ob die betreffende Regel semantische, funktionsbezogene Fakten zu berücksichtigen habe, präjudiziere sie vielleicht ein negatives Ergebnis, da sie aus methodologischen Gründen annehme, daß die Regeln, um die es gehe, nur syntaktische Eigenschaften nennen dürften. Dem setzt Searle die oben zitierte Aufforderung entgegen, nach ›tieferen‹ Regeln zu suchen, die die sinnvollen Funktionen der Sprache im Handeln betreffen, und den formal-strukturellen Regularitäten zugrundeliegen, die sie (man könnte sagen: ›beiläufig‹) miterzeugen. Pointiert ließe sich sagen, daß nach dieser Deutung Searle dafür plädiert, Chomskys methodologische, aus der Priorität der Phonologie stammende Beschränkung auf die ›utterance acts‹ aufzugeben (d.h. auf die Sprechhandlungen, insofern sie ein Hervorbringen von Lauten sind) und die Gegenstände der Sprachwissenschaft in den ›illocutionary acts‹ zu sehen, den Sprechhandlungen, insofern sie ›Züge im Sprachspiel‹ sind, wie das Stellen von Fragen, das Behaupten, Bezweifeln etc.

Welche Rolle sollen dabei aber die grammatischen Regeln der vom Linguisten untersuchten, einzelnen natürlichen Sprache spielen? Sie müssen ja vorkommen, wenn die Aufforderung Searles nicht einfach heißen soll, man solle Sprechakttheorie betreiben, und nicht Grammatik. Die genaue Bestimmung des Streitpunktes wird dadurch erschwert, daß Searle es offenbar für möglich hält, eine Anzahl sehr allgemeiner, bedeutungs- und sprechaktbezogener Regeln auf ›philosophische‹, über-einzelsprachliche Weise zu formulieren, d.h. ohne Bezug auf das Englische, Deutsche etc. Dies sollte offenbar jene ›reine‹, von der Grammatik unabhängige Semantik sein, von der wir oben meinten feststellen zu können, daß Chomsky im Recht sei mit seiner Aussage, sie könne zur Bestimmung der strukturellen Bedeutung syntaktischer Komplexbildungen nicht unmittelbar verwendet werden.[115] Searle dagegen scheint zu meinen, es sei möglich, aus seinen Sprechhandlungsregeln die von Chomsky formulierten Syntaxregeln als Spezialisierungen zumindest verständlich zu machen, wenn nicht (unter Benutzung zusätzlicher Informationen) sogar z. T. abzuleiten. In diesem Fall würde die Sprechakttheorie nicht nur einen anderen, nämlich einen verstehenden Zugang zu einer jeweils bestimmten, exemplarisch erörterten Sprache eröffnen, sondern sie würde eine Art ›Übertheorie‹ darstellen, mit deren Hilfe man zumindest teilweise erklären könnte, warum die englische Syntax gerade jene Regeln enthalte, die die Grammatiker feststellen. Und dies müßte nach Searles Auffassung möglich sein, obwohl Grammatiker wie Chomsky keine (im illokutiven Sinn) handlungsbezogenen Regeln formulieren, und zu ihrer Rechtfertigung auch darauf verweisen können, daß die von ihnen in Regelform angegebenen ›formal‹ dargestellten Regelmäßigkeiten zumindest *prima facie* keine durchgehende semantische Deutung zulassen. Die von Searle ins Auge gefaßte Erklärung hätte die Form: Ein Komplex von syntaktischen Regeln R stellt eine spezifische Realisierung der Sprechhandlungsregeln S dar, die wiederum verständlich sind, insofern sie gesehen werden können als konstitutiv zur Ausführung der als sinnvoll anzusehenden sprachlichen Handlungen des Typus H. Da die Syntaxregeln hier nicht nur festgestellt, sondern selbst noch aus anderen Regeln abgeleitet oder verständlich gemacht werden würden, erhielten die (wir unterstellen: von Chomsky korrekt wiedergegebenen) syntaktischen Fakten auf diese Weise eine ›tiefere‹ Erklärung.

Uns scheint, daß der Zusammenhang zwischen der Sprechakttheorie und der Syntax Chomskys so nicht ganz richtig getroffen wäre, und daß auch die Weise, in der Searle das betrachtete Beispiel tatsächlich behandelt, trotz mancher mißverständlicher Formulierungen, diese Interpretation strenggenommen nicht erlaubt. Searle macht im erörterten Text nicht den Versuch, die von Chomsky formulierten Regeln der englischen Syntax aus einer allgemeinen Sprech-

akttheorie oder aus allgemeinen Betrachtungen über die
Funktionen ›der‹ Sprache und der Kenntnis weiterer Umstände wirklich *abzuleiten* im Sinne eines Nachweises, daß
es sich um konventionelle Realisierungsvorschriften für
den Vollzug allgemein charakterisierter Akte handelt. Für
Searles tatsächliches Vorgehen in den erörterten Abschnitten ist es vielmehr charakteristisch, daß er schon das Problem anders stellt als Chomsky: Searle betrachtet im ersten
Schritt nicht strukturierte Lautketten, er sucht auch nicht
nach einem Algorithmus, einer ›logischen Maschine‹, die
eine Lautkette von einer Struktur (die dem Behauptungssatz entspricht) in eine solche von einer anderen Struktur
(dem Fragesatz entsprechend) umwandeln könnte, sondern
er betrachtet von Anfang an sprachliche Handlungen, wie
das Behaupten und das Fragen, und darin eingehende Teilhandlungen, wie das Referieren und das Prädizieren. Daß er
meint, diese Handlungen und Teilhandlungen über-einzelsprachlich charakterisieren zu können, lassen wir zunächst
außer acht.

Wenn er sich dann die Frage stellt, wie aus einem Behauptungssatz ein Fragesatz gebildet wird, stößt er auf die Tatsache, daß englische Behauptungssätze so strukturiert sind,
daß sie (einfache oder komplexe) Ausdrücke enthalten, mit
denen der Sprecher referiert, ferner (z. T. ebenfalls komplexe) Ausdrücke, mit denen er prädiziert, und daß beide
Ausdrücke (Ausdrucksfolgen) durch das Wort »is« verbunden sein können. Er bemerkt ferner, daß eine Weise, auf die
die referierenden Ausdrücke komplex sein können, diejenige
ist, die durch Relativsätze entsteht; dies wäre bei genauerer
Analyse wiederum sprechhandlungstheoretisch, etwa mit
Hilfe des Begriffs der (in einem Kontext) eindeutigen Referenz, zu interpretieren.

Daß die Regel für die Fragebildung im Englischen strukturabhängig ist, heißt dann aus dieser Perspektive, daß eine
Anleitung dazu, wie zu einem bestimmten englischen Aussagesatz eine korrekte Frage zu bilden sei, z. B. nicht einfach
verlangt, daß vor den Behauptungssatz eine Fragepartikel
gesetzt wird (z. B. ein Ausdruck, der dem Fragezeichen entspricht), sondern daß sie ohne eine Berücksichtigung der

geschilderten Art der Zusammengesetztheit von Behauptungssätzen nicht formuliert werden kann. Um eine englische Frage bilden zu können, muß man erkennen, wie die Ausdrücke, mit denen der Sprecher die Teilsprechakte vollzieht, zusammengehören, und wie sich aus ihnen eine abgeschlossene Sprechhandlung konstituiert. Denn nur so findet man heraus, welches die Kopula ist, die den Prädikationsausdruck des Gesamtsatzes mit seinem Referenzausdruck verbindet, und diese muß ja herausgenommen und an den Anfang des Satzes gestellt werden. Searle benutzt also wie Boas einen inhaltlichen Strukturbegriff und kommt so zu Strukturen, die viel reicher als bei Chomsky sind und darüber hinaus dem Sprecher- und Hörerbewußtsein zugänglich. Die inhaltliche Seite der Struktur beschreibt er allerdings nicht unter Rekurs auf eine unterstellte rein geistige Handlung der Bildung komplexer Ideen, sondern er sieht sie als die Struktur komplexer Sprechhandlungen. Eine Handlung ist im Gegensatz zu einem Körperprozeß ein auch geistiger Gegenstand; die Aufgabe, sie verständlich zu machen, gehört auf die Seite des ›mind‹, nicht des ›brain‹.

Der Weg, den Searle in der Analyse seines Beispiels tatsächlich einschlägt, besteht also nicht darin, in einem ersten Schritt die von Chomsky angebotene Faktenbeschreibung zu übernehmen, um sie in einem zweiten Schritt durch eine (partielle oder vollständige) Ableitung aus ›tieferen‹, vom Englischen unabhängigen ›reinen‹ Sprechhandlungsregeln zu erklären. Und zwar geschieht dies weder im Sinne eines Rückgriffs auf sinnbezogene allgemeine Handlungsregeln, die die spezifischen ›Realisierungen‹ des Englischen verständlich machen, noch im Sinne von tieferliegenden bloßen ›Regelmäßigkeiten‹ in einer von allen Einzelsprachen unabhängigen ›Sprache des Denkens‹, die man sich wie Chomskys ›Mechanismen‹ vorzustellen hätte, von denen sie sich allein durch ihre Bezogenheit auf semantisch-pragmatische Umstände unterscheiden würden (dies wäre Chomskys Weg, nach der Vollendung der seinen Vorstellungen entsprechenden Performanztheorie). Die von Chomsky benutzte Strukturbeschreibung taucht in Searles Analyse der Fragebildung nämlich gar nicht auf. Searle gibt vielmehr schon vom ersten Schritt an eine andere Beschreibung der Sache, die es zu untersuchen gilt: Ihm geht es, folgt man der hier vorgeschlagenen Lesart, um *englische* Äußerungen, *insofern* mit ihnen vom Sprecher bewußt Sprechhandlungen vollzogen werden, nicht, insofern sie unter distributionellem Gesichtspunkt grammatisch regelgerechte Lautketten sind.

Nun könnte Chomsky einwenden, er selbst betrachte sprachliche Äußerungen zwar in einem ersten Schritt nur als Lautketten, er gehe aber, ohne dies eigens zu thematisieren,[116] davon aus, daß die Mechanismen des Gehirns, mit deren Hilfe sprachliche Strukturen entstehen, diese Strukturen so erzeugen, daß sie eine semantische Ordnung haben, – schließlich soll eine Sprache ein ›kognitives System‹ sein, keine formale Spielerei. Schon oben hatten wir seine aus jüngster Zeit stammende Äußerung zitiert »In fact, most of the theory of meaning is called syntax«, und er fährt an dieser Stelle erläuternd fort:

»It is a theory of representations in the mind – mental representations and the computational systems that form and modify these representations.«[117]

Ganz in diesem Sinne sagt er an einer anderen Stelle über das Verhältnis zwischen Semantik und formaler Syntax:

»That is to say rules like, say, quantifier movement and the binding conditions and the like are completely formal rules. They just have to do with computational manipulations, but of course they have a direct, and immediate interpretation in the semantic domain, with respect to quantifiers, anaphora, etc. Still, I want to include all that as syntax.«[118]

Sein *Vorgehen* und seine begriffliche Fassung der untersuchten Gegenstände ist also rein formal und in diesem Sinne

---

116 Vgl. die oben S. 83 zitierte Aussage Chomskys, seine Strukturbeschreibung des ›Instruments‹ Sprache beziehe sich nicht *explizit* auf die Weise, wie es gebraucht werde. *Implizit,* so hätte er ergänzen können, muß das Instrument so beschrieben werden, daß es zum Gebrauch geeignet ist.

117 Chomsky 1988, S. 191

118 Chomsky 1982, S. 114

syntaktisch, obwohl diese selben Gegenstände eine Seite haben, die einer unmittelbaren semantischen Sehweise zugänglich ist. Diese Seite kommt aber in seiner Syntax nicht zur Sprache. Dem entspricht der folgende Kommentar, den Chomsky rückblickend zu seiner Arbeit gibt:

»On a personal note, my own work, from the beginning, has been largely concerned with the problems of developing linguistic theory so that the representations provided in particular languages will be appropriate for explaining how sentences are used and understood, but I have always called this ›syntax‹, as it is, even though the motivation is ultimately semantic...«[119]

Diese Selbstinterpretation, mit der sich Chomsky ein semantisches Interesse zuschreibt, das schon immer hinter seiner Arbeit an der Syntax gestanden habe, mag durchaus zutreffen; es gibt keinen Anlaß, sie in Zweifel zu ziehen. Trotzdem besteht ein ganz entscheidender Unterschied zwischen den Ansätzen von Chomsky und Searle: Die Frage nämlich, was es *heißt*, daß eine formale Struktur eine »direct and immediate interpretation in the semantic domain« habe, ja die Frage, was die »semantic domain« überhaupt sei und wie die bewußte Einsicht des Sprechers in den Bereich der Bedeutungen (seine ›kommunikative Kompetenz‹, die es ihm z. B. erlaubt, Äußerungen zu kritisieren, zu kommentieren, zurückzuweisen, etc.) so beschrieben werden kann, daß sich eines Tages vielleicht aufklären läßt, wie sie zusammenhängt mit den noch unbekannten Produktionsmechanismen – diese Fragen bleiben bei Chomsky unerörtert, und sie können von einer Theorie des von ihm bevorzugten explanativ-naturwissenschaftlichen Typus auch gar nicht behandelt werden.

Daß sich Chomsky hierüber täuscht, scheint an seiner gleich noch zu erörternden Auffassung zu liegen, der Bereich des Geistigen, des ›mind‹, sei mit einer ›abstrakten‹ Darstellung der Prozesse des ›brain‹ schon abgedeckt. Er sieht nicht, daß er mit der ausschließlichen Erörterung von Mechanismen die geistige Seite der Sprache, ihren Handlungs- und Sinnbezug, vollständig ausklammert. Dies wird, was ihm selbst vielleicht

119 Chomsky 1987, S. 25, Anm. 12

nicht deutlich ist, durch den Kompromiß-Ausdruck ›mind/brain‹, der offenbar unterschiedliche Optionen der Parteinahme zum Leib-Seele-Problem offenlassen soll, verdeckt.[120] In seinem praktischen Vorgehen schließt Chomsky aber jeden unmittelbaren, verstehenden Zugang zum sprachlichen Handeln als unwissenschaftlich aus. Es geht ihm allein um formal (und, wie er hofft, eines Tages körperlich) darstellbare ›Mechanismen‹. Was das Semantische an den von diesen Mechanismen erzeugten Strukturen ist, kann eine Theorie der von ihm entworfenen Art nicht sagen, weil sie die Ebene des ›mind‹, d. h. des bewußten Handelns, vollständig aus der Betrachtung ausschließt. Und sie kann es auch dann nicht sagen, wenn sie sozusagen ›inoffiziell‹, am semantischen Agnostizismus[121] vorbei, die Syntax selbst für (wie man dann sagen muß: ›von Natur aus‹) semantisch strukturiert erklärt.[122]

Ganz anders Searle: Er hat von Anfang an die Ebene des bewußten oder bewußtseinsfähigen *Handelns* im Auge. Was sein Vorgehen von dem Chomskys unterscheidet, ist also der allererste, gegenstandskonstituierende Schritt, es sind, noch einmal mit L.Fleck gesprochen, die ›aktiven Koppelungen‹, in denen sich Chomsky und Searle grundsätzlich unterscheiden. Beide machen nicht unterschiedliche Behauptungen über denselben Gegenstand (›die Sprachkompetenz‹), sondern verschiedene Behauptungen über verschiedene Gegenstände: Chomsky über hypothetische Mechanismen, die dem Bewußtsein nicht zugänglich sind, und über deren Produkte; Searle über bewußte sprachliche Handlungen. Deshalb ist Searles Ausdrucksweise, er wolle die Hypothese

---

120 Chomsky 1982, S. 34 f.

121 Vgl. Katz 1980 und Chomsky 1985, S. 21, wo er sich ausdrücklich als semantischen Agnostiker bezeichnet.

122 Vgl. die Äußerung »Thus the grammar is to provide the means for semantic description, and should *fall in place* in a broader semiotic theory in which this promissary note is made good.« (Chomsky 1985, S. 19; Hervorhebung von H.J.S.) Hieraus spricht die Erwartung, die semantische Adäquatheit werde sich auch ohne ausdrückliche Thematisierung des Sinnbezugs der Sprache ›von selbst‹ ergeben.

aufstellen, daß es, im Widerspruch zu Chomskys impliziten, methodologisch motivierten Annahmen, Regeln ›gebe‹, die diese und jene Eigenschaften hätten (semantische Fakten erwähnen etc.), irreführend:[123] Was er tatsächlich vorschlägt, ist nicht eine ergänzende empirische Hypothese, sondern eine abweichende gegenstandskonstituierende Beschreibung: Er möchte das Sprechen und Hören unter dem Gesichtspunkt des *Handelns* untersuchen. Dies bedeutet, daß er von vornherein einen Gegenstand betrachtet, der verschieden ist von den ›inneren‹ Prozessen des Entstehens von (formalen Strukturen möglicher) ›Repräsentationen‹, die Chomsky untersucht. Und es heißt, daß Searle nicht meint, wer auf rationale Weise das Sprechen untersuchen wolle, könne es ausschließlich im Sinne eines Gehirnprozesses thematisieren, zu dem allein ein naturwissenschaftlicher Zugang besteht.

10. Regel oder Regelmäßigkeit, ›mind‹ oder ›brain‹? – Zwei Begriffe der Sprachkompetenz

Die damit charakterisierte Differenz zu Chomsky macht Searle dort am deutlichsten, wo er klarstellt, daß es ihm um diejenigen Regeln geht, an denen sich der Sprecher faktisch orientiert, oder, wie wir uns weiterführend ausdrücken können,[124] von denen es sinnvoll und erhellend ist (für den Sprecher *und* für einen Beobachter), zu sagen, der Sprecher handle, *als ob* er sich an ihnen orientiere. Da Searle Chomskys Projekt wegen dessen mißverständlicher Ausdrucksweise aber offenbar so versteht, als ginge es auch ihm um Regeln, an denen sich ein Sprecher orientieren könnte, meint Searle, hier liege eine Kontroverse um Faktenfragen vor, und er behauptet gegen Chomsky, der Sprecher folge nicht den

---

123 Ein Anlaß für diese Irreführung ist Searles Trennung zweier Ebenen, derjenigen der ›reinen‹ Sprechhandlungen und derjenigen ihrer einzelsprachlichen ›Realisierungen‹. So entsteht der Anschein, die erste Ebene könne die Eigenheiten der zweiten erklären. Zu dieser Problematik vgl. unten, Kap. V.

124 Vgl. Schneider (Annahmen)

von diesem angegebenen Regeln, sondern anderen. Searle formuliert seine Fragestellung so, daß sie mit dem zusammenzufallen scheint, was Chomsky als das Problem der ›Rechtfertigung‹ von Grammatiken bezeichnet hatte:

»Of different sorts of grammars which generate all and only the same set of acceptable sentences, how do you tell which one people are following?«[125]

Bezüglich dieser Frage hatte Chomsky sich durch die Benutzung von Ausdrücken wie ›verstehen‹ und ›wissen‹ zwar mißverständlich ausgedrückt, eine genaue Interpretation hatte aber zu dem Ergebnis geführt, daß in Chomskys Version dieser Frage das oben enthaltene »people are following rules« von Anfang an im Sinne eines ›Mechanismus‹ zu verstehen wäre. Entsprechend lautet seine Antwort, wenn man sie kurz zusammenfaßt, man müsse empirische Fakten über das Sprachverhalten und den Spracherwerbsprozeß zusammentragen, aus denen man Rückschlüsse auf das Funktionieren des ›mentalen Apparats‹ des Sprechers ziehen könne. Und wir hatten gesehen, daß Chomsky der Meinung ist, der weitaus größte Teil der Regeln, nach denen der Apparat verfahre, sei dem Bewußtsein des Sprechers nicht zugänglich.[126]

Searle dagegen schlägt einen ganz anderen Weg ein, der von seiner Formulierung der Frage her auch viel näher liegt. Im Anschluß an das eben zitierte Textstück fährt er fort:

»The obvious answer is to find out from the people, that is, to elicit from them a sense of how the rules play a role in their intentional behaviour.

125 Searle 1976, S. 1119, Sp. 2
126 Nach Chomskys Denkweise müßten eigentlich *alle* ›Regeln‹ in seinem Sinne dem Sprecherbewußtsein unzugänglich sein. Jedenfalls hat er nicht ausgeführt, inwiefern es in diesem Bereich eine Kontinuität oder eine ›Schwelle‹ geben kann, die die ›introspektiv‹ zugänglichen Regeln, mit denen der Sprecher sein Handeln erläutern würde, mit den so nicht zugänglichen (in Regelform nur *beschriebenen*) *Abläufen* verbindet, oder was das eine vom anderen trennt. Es handelt sich ja nicht um Gegenstände derselben Kategorie; wir können nicht *manche*, sondern *gar keine* Gehirnmechanismen durch einen ›Blick nach innen‹ wahrnehmen.

This is the test we would use for other forms of rule-governed behaviour such as games, or etiquette, or ethics.«

Die Benutzung der Wendung »intentional behaviour« sowie die Herstellung einer Analogie zur Ethik dürften ebenso wie die wenig später auftretende Formulierung, es gehe ihm um Regeln, von denen sich der Sprecher leiten lasse (»How do they guide – as opposed to merely describe – his speech?«), erlauben keinen Zweifel darüber, daß es Searle im Gegensatz zu Chomsky nicht um Hypothesen über die Funktionen eines ›mentalen Apparats‹ geht; vielmehr interessieren ihn diejenigen Regeln, die ein Sprecher auf Befragen angeben würde, mit deren Hilfe er sich über sein Können auch dann selbstreflexiv Klarheit verschaffen könnte, wenn er sie auf Anhieb nicht zu formulieren wüßte. Anders ausgedrückt: Searle will nicht das *Verhalten* eines (Teiles des Körpers eines) Sprechers im Sinne eines ›Vorgangs‹ durch eine explanative Theorie über Abläufe im Gehirn oder im Nervensystem *erklären*, sondern er will die Regeln explizit machen, mit denen ein Sprecher auf Befragen sein intentionales Handeln *verständlich machen* und gegebenenfalls rechtfertigen würde.[127] Daß das Ziel, eine Handlung verständlich zu machen, etwas ganz anderes ist als das Ziel, die Mechanismen aufzudecken, die einen körperlichen Ablauf kausal verursacht haben (auch wenn die Handlung und der körperliche Ablauf raumzeitlich zusammenfallen), zeigt nicht nur die ausgedehnte Diskussion zum Unterschied zwischen Erklären und Verstehen,[128] sondern in unserem Kontext z. B. auch die Tatsache, daß der von Chomsky wiederholt zurückgewiesene Begriff der Analogie zwar in einer ›Mechanismus‹-Theorie untauglich, beim Verständlichmachen von Handlungen aber durchaus am Platze ist: Obwohl es für Kalkülregeln konstitutiv ist, rein schematisch anwendbar zu sein, so

127 Searle hat darüber hinausgehend die Vorstellung, es sei sinnvoll, von einer *Gesamtheit* dieser Regeln zu sprechen und zu sagen, sie sei für die ›Institution‹ der Sprache konstitutiv; sie ›explizit‹ zu machen, führe zu einem *Verstehen* derjenigen Handlungen, die von der Institution ermöglicht werden. Zur Kritik an diesem Teil seiner Überlegungen vgl. Schneider (Annahmen)

128 Von Wright 1971

daß eine Vorschrift, man solle in einem neuen Fall ›analog‹ zu einem alten Fall verfahren, als Kalkülregel in der Tat untauglich ist, ist der Begriff der Analogie für das Verständlichmachen auch sehr einfacher *Handlungen*, wie sie etwa im Kontext frühkindlicher Kommunikationsspiele auftreten, sowohl nötig als auch legitim.[129]

Diese auf ein Verstehen von Handlungen bezogene Frageweise Searles wird auch deutlich an seiner Kritik von Chomskys Gebrauch des Ausdrucks ›unbewußt‹. Er weist darauf hin, daß wir dieses Wort herkömmlich so gebrauchen, daß die Zuschreibung unbewußter geistiger Zustände nur dann sinnvoll ist, wenn das Subjekt, dem die Zustände zugeschrieben werden, im Prinzip fähig ist, sich ihrer bewußt zu werden. Wo dies Wort gebraucht wird, geht es um potentielle *Bewußtseinszustände*, nicht um *Gehirnzustände*. Wenn S. Freud von einem unbewußten Motiv, z. B. einem unbewußten Wunsch spricht, bedeutet das immer, daß dieses Motiv, dieser Wunsch, bewußt werden kann, und daß es der betreffenden Person möglich ist, eine Einsicht darüber zu gewinnen, wie ein solches Motiv ihre Handlungen geleitet hat. ›Unbewußtes Wissen‹ ist also immer potentiell bewußtes Wissen; es gehört zum Bereich der Handlungsgründe, nicht der Verhaltensursachen. Freuds Verdienst besteht u. a. gerade darin, unsere Sicht des Bereichs des potentiell verständlichen, von Motiven geleiteten Handelns ausgeweitet zu haben auf Gebiete, die vielen seiner Zeitgenossen als allenfalls naturwissenschaftlich-kausal erklärbar erschienen, wenn nicht als ganz und gar chaotisch oder rätselhaft.

Wenn Chomsky nun von regelhaften Abläufen in einem hypothetisch postulierten mentalen Apparat als einem ›unbewußten Regelwissen‹ spricht und hinzufügt, der größte Teil dieser Regeln sei so beschaffen, daß er dem Bewußtsein nie zugänglich werden könne, ist dies ein verwirrender, wenn nicht unzulässiger Gebrauch sowohl des Wortes ›Wissen‹, worauf oben schon hingewiesen wurde, als auch des Wortes ›unbewußt‹. Wird dies durch einen Kommentar zur Terminologie nicht eigens vermerkt, entsteht leicht der Eindruck,

129 Illustrationen für diese Art des Verständlichmachens finden sich z. B. in Bruner 1975; vgl. auch Bruner 1983, 1990.

als gehe es auch bei Chomsky um Regeln, von denen es zumindest sinnvoll ist, zu sagen, der Sprecher lasse sich von ihnen leiten, auch wenn es sich im konkreten Fall nur um eine ausdrückliche Fiktion handelt.[130] Eine solche Fiktion kann durchaus sinnvoll sein; z.B. rechtfertigen es die Umstände des Erwerbs der Fähigkeit des Autofahrens, auch dann von einem Fahrer zu sagen, er befolge bewußt gewisse Regeln bei der Koordination seiner Handlungen des Kuppelns, Schaltens und Gasgebens, wenn er zur Zeit dieser Aussage faktisch ›ohne nachzudenken‹ fährt, d.h. so routiniert, daß er über die einzelnen Teilhandlungen nicht mehr reflektiert. Dieser Fall ist aber gerade nicht von der Art, die Chomsky im Auge hat; er denkt an Fälle, bei denen sich zu keinem Zeitpukt des Erwerbs der Kompetenz sagen läßt, der sie Ausübende folge der erörterten Regel bewußt.

Zusammenfassend läßt sich also festhalten, daß Chomsky und Searle zwei ganz verschiedene Begriffe der Sprachkompetenz haben. Das, was Chomsky untersuchen will, ist keine Kompetenz im selben Sinne, wie z.B. das Addieren eine Handlungsfähigkeit ist, die unmittelbar durch die Regeln dargestellt werden kann, nach denen eine Person sich richtet, die diese Fähigkeit ausübt, Regeln, die ihr erklärt worden sind, die sie kommentieren, umformulieren kann etc. Was Chomsky unter ›Kompetenz‹ versteht, ist eher analog zu einer Fähigkeit, wie es das räumliche Sehen ist;[131] sie ist derjenige Teil der Organisation des ›mentalen Apparats‹, von dem man sagen könnte, er sei die körperliche Seite, der materielle Prozeß, von dem er annimmt, daß er im Gehirn abläuft, wenn jemand Sprechhandlungen ausführt. Daß Chomsky eine sehr spezifische, nur aus der linguistischen Tradition verständlich zu machende Sicht zunächst auf die menschliche Leistung und dadurch vermittelt auf den die Leistung hervorbringenden hypothetisch unterstellten Apparat hat, haben wir ausführlich besprochen: Wegen der

130 Zur Berechtigung solcher ›als ob‹-Aussagen vgl. Schneider 1989
131 Er selbst benutzt Forschungen dazu immer wieder als Vergleich zur Erläuterung seines eigenen Projekts; z.B. in Chomsky 1980, S. 39f.

Probleme mit der Semantik werden sprachliche Handlungen in dieser Tradition als reine Geräuschfolgen dargestellt; die Darstellung wird in Form eines Kalküls gegeben; und dieser Kalkül wird dann als vorläufige, ›abstrakte‹ Darstellung eines hypothetischen ›Mechanismus‹ interpretiert, der die Äußerungen erzeugt bzw. an ihrer Erzeugung beteiligt ist.

Daß Chomsky von diesem körperlichen Mechanismus vorläufig nur eine ›abstrakte‹ Darstellung gibt, also über die tatsächliche materielle ›Realisierung‹ der vermuteten Abläufe nichts aussagt, scheint er fälschlich als gleichbedeutend damit anzusehen, daß der *Gegenstand*, von dem er dabei handelt, der Mechanismus, dieser Abstraktheit wegen bereits etwas Geistiges sei. Schon vorn hatten wir seine Aussage zitiert

»In fact we may think of the study of mental faculties as actually being a study of the body -specifically the brain- conducted at a certain level of abstraction.«[132]

Und als ob er die Konsequenz nicht so sichtbar werden lassen wollte, daß er damit tatsächlich nur über das Gehirn spricht, übernimmt er den Vorschlag seines Gesprächspartners, den nur Unklarheit erzeugenden Ausdruck ›mind/brain‹ zu benutzen,[133] statt der Sache auf den Grund zu gehen. Nun ist aber ein *Black-box*-Modell einer Maschine, das über mögliche Realisierungen der von ihm abstrakt charakterisierten Abläufe, also über ihre Ausführung z. B. auf mechanische, pneumatische oder elektronische Weise, nichts aussagt, zwar (als theoretischer Entwurf) selbst ein ›geistiger Gegenstand‹, er ist aber allein wegen dieses abstrakten Charakters noch keine Beschreibung *von* geistigen Abläufen oder Tätigkeiten, die der Maschine zugeschrieben werden könnten; diese sehr viel weitergehende These verlangt eine besondere Begründung.

132 Oben, Anm. 16; vgl. auch »When I use such terms as ›mind‹, ›mental representation‹, and the like, I am keeping to the level of abstract characterization of the properties of certain physical mechanisms, as yet almost entirely unknown.« Chomsky 1980, S. 5
133 Chomsky 1982, S. 35

Daran würde sich auch dadurch nichts ändern, daß man um des Arguments willen einmal unterstellt, daß im Fall der natürlichen Sprache (wie im Fall der Ausdrücke einer geeignet reglementierten Logik-Sprache) zur Beschreibung der Geräuschproduktionen der Sprecher ein Kalkül benutzt werden kann. Wäre dies der Fall, dann könnten die Regelanwendungsschritte, da sie ›formal‹ gefaßt und daher ›mechanisch‹ handhabbar sind, auch unter Zuhilfenahme einer Maschine ausgeführt bzw. von einer solchen simuliert werden. Es würde die Lage deshalb nicht ändern, weil die unzweifelhaft geistige Leistung der Erfindung und Handhabung des Kalküls bzw. der Herstellung und verständnisvollen Bedienung der Maschine in diesem Fall auf der Seite des Wissenschaftlers läge, nicht des von ihm benutzten Apparats. Nur die Verbindung von Benutzer *und* Maschine ermöglicht die Beschreibung der Leistung als einer geistigen, die maschinellen Prozesse allein haben diese Eigenschaft nicht. Es ist denkbar, daß sich auch die Sonnenflecken-Aktivität unter Zuhilfenahme eines Kalküls darstellen läßt, dessen Regelschritte abermals mit Maschinenhilfe ausgeführt werden können; dies allein würde aber weder die Sonne noch die Rechenmaschine als ein geistiges Wesen ausweisen, sondern allein den Wissenschaftler.

Nun ist es im Fall des Logikkalküls so, daß man ihn (ähnlich wie es bei Tabellen, Wörterbüchern etc. der Fall ist) bei geistigen Tätigkeiten (hier: beim Ableiten bestimmter Formeln) benutzen kann; zu genau diesem Zweck ist er ja entwickelt worden. Das Protokoll der Regelanwendungsschritte wird daher von jemandem, der es mit Verständnis liest, als Protokoll einer geistigen Tätigkeit gelesen werden; in diesem Sinne ist es eine ›Spur‹ einer geistigen Leistung und ist für die Darstellung dieser Leistung geeignet. Diese Darstellung ist aber für sich genommen, ohne den Leser, der sie zu den entsprechenden Handlungen in Beziehung setzen kann, noch keine Beschreibung der geistigen Leistung, was sich daran zeigt, daß ein nicht vorgebildeter Leser mit dem Protokoll, der bloßen ›Spur‹ der Handlungen, nichts anfangen kann.

Entsprechend gilt, daß die maschinelle Realisierung der Regelanwendungsschritte die dabei benutzte Maschine noch nicht zu einem geistigen Wesen macht. Resultate geistiger Leistungen *als* Äußerungen des ›mind‹ darzustellen, verlangt vielmehr, sie als bedeutungsvoll, als Momente sinnvollen Handelns darzustellen, und dies erfordert auch im Fall des Logikkalküls die Einbeziehung des (nicht mechanischen) Kontextes der ›mechanisierten‹ Teilhandlungen, d.h. die Einbeziehung des Logikers als sinnvoll handelndes Wesen. Dasselbe gilt auch für die Darstellung der Fähigkeit, der Kompetenz zu solchen Handlungen. Allein die Abstraktheit einer Darstellung ist für den geistigen Charakter des Dargestellten nicht entscheidend.[134] Darauf verweist auch M. Dummett, wenn er mit Bezug auf Chomsky schreibt:

»A characterization of some physiological system is not, however, qualified as psychological merely by being abstract or schematic: i.e. by omitting to specify the actual mechanisms involved. What gives Chomsky's theory its psychological character is its use of psychological terms like ›computation‹ and ›knowledge of a rule‹«.[135]

Dieser Gebrauch psychologischer Ausdrücke, so hatten wir oben gesehen, ist bei Chomsky aber gerade insofern ein *unpsychologischer*, als er nie auf Handlungen zielt, auf deren Sinn, Ziel oder Zweck aus der Perspektive des Handelnden, sondern stets auf von der Dimension des Sinns getrennte Abläufe, auf Mechanismen.

Es ist lehrreich, zur Verdeutlichung der hier erörterten Unterscheidungen einen Blick auf den Versuch D'Agostinos zu werfen, Chomskys Theorie als einen Fall von ›Intellektualismus‹ zu interpretieren. Mit diesem Wort will der Autor ausdrücken, daß er (im genauen Gegensatz zur hier gestellten Diagnose) der Meinung ist, die Theorie Chomskys lasse

134 Zur Unvermeidbarkeit einer sinnbezogenen Sprache bei der Darstellung einer geistigen Leistung vgl. Moravcsik 1983. Wir teilen aber nicht seine Ansicht, Chomskys Zugang zur Sprache erfülle diese Anforderung; im Gegenteil: Chomsky scheint sich über die Notwendigkeit der Einbeziehung der Sinndimension von Handlungen nicht im klaren zu sein; vgl. Chomsky 1988, S. 6 ff., 144 f., 185 ff.

135 Dummett 1981, S. 6

sich doch als eine Behandlung geistiger Leistungen verstehen.[136] Eine genaue Betrachtung dieses Versuchs wird dagegen zeigen, daß die Bemühung, den Sinnaspekt von Handlungen auszuklammern, die D'Agostino im Interesse eines möglichst naturwissenschaftlichen Vorgehens unternimmt, am Ende nur dazu führt, daß dieser Aspekt des Sinnes an einer anderen, im vorliegenden Fall weit weniger überzeugenden Stelle wieder zum Vorschein kommt. Noch einmal wird dadurch die Unvermeidbarkeit des Sinnbezugs sprachlichen Handelns sichtbar, die sich auch in der oben besprochenen Annahme Chomskys zeigte, die Grammatik als Syntax werde schon ›von selbst‹, ohne daß man darüber reden müßte, ihren semantisch richtigen Ort in einer semiotischen Theorie finden.

D'Agostino vertritt die These, Chomsky gehe es in seiner Theorie um handlungsbezogene *Regeln*, nicht um *Naturgesetze*, und er stellt zu Recht fest, die entscheidende Frage bei der Beurteilung des psychologischen Charakters einer Theorie sei die nach dem Vokabular, dessen sie sich bediene: ist es handlungs- oder prozeßbezogen? Da er nun einen ›naturalistischen‹, naturwissenschaftlich orientierten Intellektualismus vertreten will, wohl weil er darin die einzige Möglichkeit sieht, die Annahme einer *res cogitans* zu vermeiden, sieht er sich genötigt, eine als naturwissenschaftlich gemeinte Evolutionsgeschichte der folgenden Art zu unterstellen: Man müsse davon ausgehen, daß bei primitiveren Wesen, die dem Menschen in der Evolution vorhergehen, einfache intellektuelle Handlungen vorkamen, bei denen die Regelanwendungen, die sie als Handlungen involvieren, kausal bestimmt sind. Dies scheint nun ein handfester Widerspruch zu sein: Entweder ist (neutral gesprochen) ein ›Verhalten‹ regelgeleitet oder es ist kausal bestimmt; es scheint nicht beides zugleich sein zu können. Diesen Widerspruch formuliert D'Agostino selbst von der anderen Seite her, aber nicht weniger deutlich, wenn er sagt, jene postulierten primitiven Handlungen seien kausal bestimmt, aber »rationally responsive to the situation«.[137] Wie kann ein Verhalten

136 D'Agostino 1986, Kap. 3: »Chomsky's Intellectualism«
137 A.a.O., S. 129

zugleich kausal determiniert und eine rationale Antwort sein?

Die Vermeidung dieses Widerspruchs soll nach seiner Auffassung nun dadurch gelingen, daß die für die Anwendung des Handlungsbegriffs nötige Rationalität in der ›Antwort‹ des fingierten Wesens auf seine Umgebung darin gesehen wird, daß ein (kausal gesehen zufälliger) Verlauf in die Richtung, die er faktisch nimmt, in den hier relevanten Fällen *überlebensdienlich* ist. In diesem Sinne könne man sagen, die Antwort sei ›rational‹. Dem zuzustimmen heißt aber, den Standpunkt eines jenseits dieser Kausalprozesse stehenden Beobachters einzunehmen, nicht den des kausal determinierten Wesens. Diese (am fingierten evolutiven Zustand gemessen) ›überweltliche‹ Beobachterperspektive drückt D'Agostino aus, wenn er sagt, der Evolutionsprozeß ›simuliere‹ einen Prozeß rationaler Wahl; und er meint offenbar, auf diesem Weg Naturgesetzlichkeit und Handlung verbunden zu haben. Aber wer ist ›der Evolutionsprozeß‹ und was heißt es, diesen Prozeß als Subjekt einer Handlung der Simulation zu betrachten? Die Tatsache, daß D'Agostino die von ihm (um des Intellektualismus willen) gewollte Rationalität im Verhalten des Lebewesens nur als eine *Simulation* rationaler Wahl von seiten eines mythischen Wesens mit Namen ›der Evolutionsprozeß‹ deuten kann, zeigt, daß diese Rationalität allein für den Beobachter oder den Schöpfer des Wesens besteht; für das Wesen selbst ist die ›Handlung‹ kein Fall des Regelbefolgens. Die Rationalität, der ›intellektuelle‹ oder geistige Charakter des Verhaltens besteht nur für die Einheit von Schöpfer/Beobachter *und* (kausal determiniertem) Wesen, so wie oben der geistige Charakter im Benutzungsvorgang einer Rechenmaschine nur für die Einheit von Benutzer und Maschine bestand.

Dies bedeutet aber, daß das Charakteristikum der Handlung, ihr ganz alltäglicher Sinnbezug und die für die Behandlung dieses Sinnbezugs nötige Sprache in einem ersten Schritt von D'Agostino ausgeklammert wird (sonst hätte er keinen Naturalismus), nur um dann in einem zweiten Schritt wieder eingeführt zu werden: Die erst zum Naturgegenstand gemachte, zum bloßen Verlauf ›naturalisierte‹ Handlung wird anschließend (um des Intellektualismus willen) wieder ›rationalisiert‹, mit Vernunft beseelt. Diese Vernunft ist dann sogar noch eine ›höhere‹ Vernunft, denn D'Agostino verschiebt das zur Formulierung des Sinnbezugs (des Intellektualismus) nötige Vokabular vom betroffenen Wesen auf einen Quasi-Schöpfer, einen außerhalb der Kausalprozesse stehenden Beobachter. Um sich dabei aber vor einer nichtnaturalistischen Ansteckung zu schützen, bedient er sich der *scare quotes*, der distanzierenden Anführungszeichen, wenn er das unvermeidlich sinnbezogene Wort ›to design‹ benutzt:

»...the naturalistic intellectualist proposes to rationalize the primitive intellectual activity involved in human problem-solving by pointing out that human beings were ›designed‹ by evolution, which simulates the role of a creator, to function in a way appropriate to the realization of their ends.«[138]

Wozu aber dieser doppelte Schritt zuerst einer ›Naturalisierung‹ der Handlung, die dann von einer ›Rationalisierung‹ wieder aufgehoben werden muß, die darüber hinaus vom wirklichen Handlungssubjekt zu mythischen Wesen führt? Statt die Sinndimension, die in der Rede vom Entwerfen, von den Zielen und Bedürfnissen zum Ausdruck kommt, in ein außermenschliches Wesen mit Namen ›Evolution‹ zu verlegen, wäre es sehr viel einfacher, sie schon im Zuge der Bestimmung des Gegenstandsbereichs beim menschlichen Handeln zu belassen: Man könnte das sprachliche Handeln von vornherein als sinn- und bedürfnisbezogen beschreiben, statt es erst naturwissenschaftlich zu verfremden, um es durch einen Rückgriff auf mythische Wesen dann wieder zu ›rationalisieren‹.[139]

Dieser direktere Weg ist derjenige Searles. Er interessiert sich nicht für die körperliche Seite des Sprechers, für die

138 A.a.O., S.135
139 Damit ist nichts gegen die Evolutionstheorie gesagt, nur gegen die Personalisierung ›der Evolution‹ zu einem Subjekt rationaler Handlungen. Zur Möglichkeit, auf eine in ›Gesetzen‹ denkende ›Naturalisierung‹ von Lebensprozessen von vornherein zu verzichten, vgl. Schneider 1989.

dem Bewußtsein nicht zugänglichen zerebralen Prozesse, sondern ihm geht es in dem Sinn um die geistige Seite der Sprachkompetenz, daß er den Sprecher als ein handelndes, kommunizierendes Wesen betrachtet, mit dem er sich verständigen kann. Er betrachtet ihn als jemanden, der sich von Regeln leiten läßt, der solche Regeln auch bewußt verletzen oder zu seiner Rechtfertigung anführen kann; als jemanden, der prinzipiell in der Lage ist, über sie Auskunft zu geben. Da solche Kommentare stets über den Bereich des Sprechens auf den Kontext ausgreifen, in dem erst das sprachliche Handeln als sinnvolles Handeln sichtbar werden kann, läßt sich sagen, es gehe Searle um die ›kommunikative Kompetenz‹. In diesem Bereich heißt ›etwas verständlich machen‹ etwas ganz anderes als im Bereich der Erklärung der Funktionsweisen von Mechanismen.

Ein Widerspruch zwischen Faktenbehauptungen von Chomsky und Searle entsteht folglich nur dann, wenn man entweder Chomskys Theorie als Aussage über ein bewußtes oder bewußtseinsfähiges Wissen versteht, an dem sich der Sprecher orientiert, oder indem man umgekehrt die Aussagen Searles so versteht, als sei ihr Gegenstand ein ›mentaler Apparat‹. Diese beiden Interpretationen wären aber, wie gezeigt wurde, Mißverständnisse.

11. Verschiedene Beschreibungen und/oder verschiedene Gegenstände?

Wir wollen nun noch einmal auf die Frage zurückkommen, in welchem Sinne Searle meinen kann, seine Sprechhandlungstheorie würde zumindest für manche der syntaktischen Regeln, die Chomsky angibt, eine ›tiefere Erklärung‹ liefern. Dabei soll die bewußte, oben zur Stärkung seiner Position vorgenommene Zurechtstellung seiner Argumente rückgängig gemacht werden zugunsten einer Lesart, die seine wirklichen Ansichten vermutlich besser trifft. Searle scheint nämlich der Meinung zu sein, man könne so von den notwendigen und hinreichenden Bedingungen für das Vorliegen

von Sprechhandlungen reden, daß man daraus Regeln gewinnt, die auf die besonderen Eigenschaften des Mediums, in
dem die Sprechhandlungen vollzogen werden, nicht einzugehen brauchen. In unserer oben zugrundegelegten Interpretation dagegen hatten wir unterstellt, es gehe Searle
darum, wie man in einer *bestimmten* Sprache, beispielsweise
im Englischen, Sprechhandlungen vollzieht. Er meint aber
offenbar (in Anlehnung an Teile der sprachphilosophisch-
logischen Tradition), die Frage, wie sich eine Sprechhandlung aus Teilen konstituiere, ließe sich unabhängig vom
jeweils verwendeten Medium (der gerade betrachteten natürlichen Sprache) auf allgemeine, für alle natürlichen Sprachen gleichermaßen geltende Weise beantworten.

Als Ausgangspunkt zum Verständnis dieser radikaleren Lesart von Searles Chomsky-Kritik kann die Tatsache dienen,
daß es möglich ist, ein und dieselbe Handlung auf verschiedene Weisen und doch jeweils zutreffend zu beschreiben.[140]
Man stelle sich z. B. vor, man würde jemandem zuhören, der
am Telefon mit einem Partner blind Schach spielt. Man
würde wahrnehmen, wie er in gewissen Abständen Kombinationen von Buchstaben und Zahlen ausspricht. Wenn nun
ein Beobachter in dieser Situation die Aufgabe hätte, die
Handlungsweise dieses Schachspielers zu beschreiben und
darin etwa auftretende Regelmäßigkeiten festzustellen,
wenn er zwar die verwendeten Buchstaben und Zahlen kennen würde, aber nicht wüßte, was Schach ist, dann könnte er
in der beobachteten Handlungsweise nichts anderes sehen
als ein ›bloßes Verhalten‹, womit hier gemeint ist, daß der
Sinn der Teilhandlungen und der gesamten Handlungsweise,
d. h. die vom Handelnden verfolgten Absichten und die Weise, wie dieser selbst seine Handlungen versteht, bei der
Erfassung der Regelmäßigkeiten unberücksichtigt bleiben
müßte, denn dieser Aspekt ist laut Voraussetzung dem Beschreibenden nicht zugänglich. Folglich würde der Beobachter die von ihm wahrgenommenen Handlungen des Schachspielers nur unter dem Gesichtspunkt eines Hervorbringens
von Kombinationen von Buchstaben und Zahlen beschrei-

140 Vgl. Anscombe 1957, § 46ff. und Anscombe 1979

ben können. Er wäre nach einiger Zeit vermutlich in der Lage, z.B. Aussagen über die Länge der vorkommenden Äußerungen zu machen, auch über die relative Häufigkeit einzelner Zeichen und über die Distribution von Buchstaben und Zahlen in den Äußerungen. Alle diese Aussagen könnten zutreffend sein, und es würde im Rahmen dieser Art der Beschreibung keinen Unterschied machen, ob die ›Geräusche‹ als Resultate willentlicher Handlungen oder, wie z.B. der Herzschlag, durch unwillkürliche Leibesregungen hervorgebracht werden.[141] Eine Handlung, deren Sinn für einen auf diese Weise beschränkten Beobachter unzugänglich ist, ist für ihn ein bloßes Verhalten, und die Darstellung, die er als Ergebnis seiner Bemühungen vorlegen kann, ist auf eine offensichtliche Art trotz ihrer Korrektheit nicht einmal eine angemessene Beschreibung der Leistung ›eine Schachpartie spielen‹. Aus ihr ist daher auch kein angemessenes Verständnis der zu dieser Leistung gehörenden Kompetenz zu gewinnen.

Man könnte Searles Kritik nun als die These verstehen, diese reduzierte Art, das Schachspielen zu beschreiben, entspreche Chomskys Art, die Sprache zu beschreiben: Chomsky betrachte die an sich reichere, sinnbezogene und soziale Tätigkeit des Sprechens unter dem aus methodischen Gründen (den Problemen mit der Semantik) freiwillig eingeschränkten Aspekt der Produktion von geordneten Lautketten. Diese Einschränkung habe zur Folge, daß er unter der ›Kompetenz‹ zu dieser Tätigkeit in seinem ersten, ursprünglichen Schritt nur das abstrakte Regelsystem, den Kalkül verstehen könne, der die richtigen (und nur die richtigen) Lautketten zu generieren gestatte.[142] Dieser Kalkül ist (wie im Deskriptivismus) zunächst nichts anderes als ein aus der Perspektive des Beobachters entwickeltes Beschreibungsmittel. Die Ausklammerung semantischer Aspekte verdankt sich, wie wir gesehen haben, sachlichen Schwierigkeiten, verbunden mit

141 Von der Tatsache, daß die Buchstaben und Zahlen für den Beobachter in einem *anderen* Kontext einen Sinnbezug haben, kann für die Zwecke, denen der Vergleich dienen soll, abgesehen werden.

142 Wobei wir hier unerörtert lassen, ob es möglich ist, einen solchen Kalkül zu formulieren.

methodologischen Idealen. Sie verfälsche aber, so könnte Searle bei dieser Interpretation argumentieren, die Leistung und daher auch die auf ihrer Beschreibung fußende Vorstellung von der Kompetenz. Was er verlangen würde, wäre entsprechend eine reichere Gegenstandsbeschreibung von Anfang an.[143]

Bevor wir uns den Unbestimmtheiten zuwenden, die hier in den Ausdrücken ›ärmer‹ und ›reicher‹ stecken, können wir noch einmal negativ feststellen, daß diese reichere Gegenstandsbeschreibung nicht schon dann gegeben wäre, wenn Chomsky seine erklärte Absicht verwirklicht hätte, seine bisherige Arbeit in eine umfassende Semiotik, die die Kompetenz$_{III}$ zum Gegenstand hat, einzubetten. Zur Begründung genügt der Hinweis, bei dem Verlangen nach einer ›reicheren‹ Beschreibung der Tätigkeit des Sprechens gehe es (wie im Fall des Schachspielers) in einem ersten Schritt gar nicht darum, ein Modell für einen ›Gehirnmechanismus‹ und seine Funktionsweise aufzustellen, also auch nicht um einen ›reicheren‹ Gehirnmechanismus der Art, wie Chomsky ihn für die Performanztheorie projektiert. Vielmehr bestehe die erste Aufgabe darin, eine zutreffende und erhellende Beschreibung der Tätigkeiten *als Handlungen* zu geben, und genau dazu sei bei Chomsky nichts zu finden. Später könne und solle man dann immer noch die durchaus interessante Frage anschließen, wie die (dann überzeugend beschriebenen) Handlungen ›körperlich‹ im weitesten Sinne verwirklicht würden.

Hier zeigt sich noch einmal, daß diese Kritik auch durch die schon kurz angesprochene neuere Tendenz Chomskys nicht gegenstandslos wird, die von seinem Regelsystem entworfenen Strukturen als in einem doppelten Sinne ›von Natur aus‹ semantische Strukturen anzusehen, nämlich erstens insofern sie vor aller Erfahrung des Sprechers schon für Inhalte geeignet sind, und zweitens, indem ihre diesbezügliche Eignung auch vom Sprachtheoretiker nicht eigens thematisiert und begründet zu werden braucht. Auch dieser ›Nativismus als biologischer Rationalismus‹ würde nichts daran ändern,

143 Vgl. Bruner 1975, 1983, 1990

daß der semantische Charakter der syntaktischen Strukturen, den Chomsky begriffslos unterstellt, dem Sprecher ganz oder zum größten Teil verborgen wäre in dem Sinne, daß er zwar semantisch korrekt sprechen könnte, aber nicht in der Lage wäre, über den semantischen Charakter der Strukturen seiner Äußerungen eine auf den Sinn seiner Sprechhandlungen bezogene Auskunft zu geben. Diese Auskunftsunfähigkeit gilt bei dieser Konzeption nicht nur für den Sprecher, sondern auch für Chomskys Theorie: Auch in ihr bleibt die Beziehung der als Ausdruck von ›Mechanismen‹ gedeuteten syntaktischen Struktur zur Semantik solange ›unbewußt‹, wie das sprachliche Handeln nicht *als Handeln* (und dies bedeutet: sinnbezogen) thematisiert wird. Und genau dies tut Chomsky nicht, auch nicht in seinen bislang nur angedeuteten Vorstellungen zu einer Performanztheorie. Er macht die Sprachkompetenz ausschließlich als einen physischen Mechanismus zum Gegenstand der Untersuchung, als körperlich-materielles ›Instrument‹ zur Hervorbringung der nur als Lautfolgen beschriebenen Produkte des Sprechers, so daß bei seiner Störung die entsprechenden Handlungen, soweit wir wissen, auf ähnliche Weise nicht länger ausgeführt werden könnten, wie jemand beim Verlust der Augen oder einer Schädigung in der Funktion der Sehnerven nicht mehr sehen kann. Wie immer dieser Mechanismus in weitere Mechanismen eingebettet sein mag, ihn allein als Mechanismus zu behandeln, *heißt*, den Aspekt der Handlung unerörtert zu lassen.

Searles Kritik richtet sich also gegen die ersten Schritte, gegen die reduzierte Beschreibung des Gegenstandsbereichs, mit der der Handlungsaspekt so ausgeklammert wird, daß ihn auch Ergänzungen um Theoriekomponenten, die von weiteren Mechanismen handeln, nicht wieder hineinbringen können. Chomskys über die linguistische Tradition hinausgehende Schritte, nämlich seine Umdeutung der Beschreibung zu einer Theorie der Hervorbringungsmechanismen und seine These, die formal gewonnene Syntax *sei* schon eine Semantik, erscheinen so gesehen nicht nur als sekundär, als Versuche, aus einer Not (der methodischen Unzugänglichkeit der Bedeutung) eine Tugend (die Theorie einer naturgegebenen Semantik) zu machen, sondern auch als ungeeignete Antwort auf eine Fragestellung, der es um ›zerebrale Mechanismen‹ gar nicht geht, sondern um sprachliches Handeln.

Wie angemessen oder simplifizierend ist nun aber das Bild vom Telefonschach und die darin zum Ausdruck kommende Unterscheidung zwischen einer ›armen‹ und einer ›reichen‹ Beschreibung zur Erläuterung der Pointe von Searles Kritik? Gibt Chomsky (wie der ratlose Schachspielbeobachter) eine richtige aber *arme* Beschreibung der Resultate oder ›Produkte‹ sprachlichen Handelns,[144] die von Searle problemlos zu einer *reicheren* Beschreibung erweitert werden könnte, deren Ergebnis seine Theorie der Sprechakte wäre? Beim Telefonschach ist es einem weniger ahnungslosen Beobachter ohne weiteres möglich, statt der ›abstrakten‹, nur lautkettenbezogenen Charakterisierung der Handlungen des Telefonierenden eine andere, ›reichere‹ Beschreibung zu geben, die dem Verständnis des Handelnden adäquater wäre und die Abfolge der gewählten Handlungen verständlich machte; dies wäre eine Beschreibung der Äußerungen *als* Züge im Schachspiel. Und er könnte als Basis einer Beschreibung eines bestimmten Spiels sogar die Protokolle des ahnungslosen Beobachters benutzen; er würde die reichere Beschreibung aus der ärmeren im günstigsten Fall erschließen können. Eine solche reichere Beschreibung enthielte einen Bezug auf die das Spiel konstituierenden Regeln, und damit auf den Sinn des Spiels und den Witz der einzelnen Züge. Insofern sich beide Beschreibungen, wenn der Beobachter gut gearbeitet hat und lange genug beobachten

---

144 Die Tatsache, daß die Theorie zugleich als eine über Gehirnprozesse gemeint ist, könnte aus der Perspektive Searles entweder als unnötige Zutat übergangen werden, oder Searle könnte, wie auch wir es hier angedeutet haben, verlangen, daß auch eine Theorie über diejenigen körperlichen ›Mechanismen‹, ohne die sprachliches Handeln nicht möglich ist, von einer das Handlungsverständnis *treffenden* Beschreibung auszugehen habe. Dies schließt nicht aus, daß spätere empirische Einsichten auch zu Korrekturen des vorwissenschaftlichen Handlungsverständnisses führen können.

konnte, Zug für Zug aufeinander beziehen lassen,[145] können wir in diesem eingeschränkten Sinn sagen, wir hätten hier eine ärmere und eine reichere Beschreibung *derselben Sache*.

Searle scheint nun zu meinen, daß auf entsprechende Weise auch für die Sprache eine Beschreibung denkbar sei, die die dabei auftretenden Handlungen nicht nur als Produktionen strukturierter Lautketten darstellt und sie auch nicht in Termini einer traditionellen, dem Sprecherbewußtsein zugänglichen Grammatik beschreibt. Sondern er meint offenbar, *dasselbe Handeln* könne auch in den Begriffen seiner Sprechhandlungstheorie beschrieben werden, als ein Aufstellen von Behauptungen, als ein Fragen, ein Referieren, ein Prädizieren etc., und er ist der Auffassung, daß diese reichere Beschreibung der Perspektive des Sprechers auf vergleichbare Weise gerecht wird, wie eine Beschreibung in der Terminologie von Bedrohung, Verteidigung, Schlagen etc. der Sicht eines Spielers auf sein Schachspiel. Diese von Searle ins Auge gefaßte Darstellungsweise ist (und darin ist sie dem Fall des Schachs vergleichbar) gewiß umfassender und in diesem Sinne ›reicher‹: Sie greift weiter aus, indem sie den nicht-sprachlichen Kontext und damit Sinn und Witz der sprachlichen Handlungen berücksichtigt, und sie betrachtet die Sprache insofern als ein geistiges Phänomen. Sie ist nicht an der ›Kompetenz‹ als einer naturwissenschaftlich zu beschreibenden körperlichen Konstitution und Funktionsweise interessiert, sondern ihr Untersuchungsgegenstand ist die Handlungsfähigkeit in einem viel geläufigeren Sinn, der unserem üblichen, praktischen Verständnis entspricht, wenn wir über die Handlungen einer Person sprechen, also z. B. Aussagen machen über ihre Handlungsversuche, ihre Korrekturen, etc.

Dies ist zugestanden; kann man nun aber auch sagen, Chomskys Sprachbeschreibung unterscheide sich von dem, was Searle uns ausmalt und in Ansätzen vorführt, *allein* dadurch, daß Searle die *reichere* Beschreibung *derselben* Hand-

145 Das *braucht* natürlich nicht so zu sein: der Beobachter könnte z. B. Teiläußerungen fälschlich für relevant/irrelevant gehalten haben. In einem Glücksfall *könnte* es aber so sein.

lungen gebe, wenn damit gemeint ist, daß sich Chomskys
›utterance acts‹ durch eine reichere Beschreibung in Searles
›illocutionary acts‹ unmittelbar transformieren lassen? Damit dies bejaht werden könnte, müßten die von der Sprechhandlungstheorie ins Auge gefaßten Teilhandlungen Stück
für Stück den von Chomsky nur unter ihrem Lautaspekt
beschriebenen Äußerungshandlungen entsprechen, so daß
die ›Realisierung‹ einer Sprechhandlung in einem bestimmten Medium wie dem Englischen oder Deutschen von Searles
Theorie aus gesehen nur eine Sache von Zuordnungsregeln
wäre, mit denen *denselben* (vom Philosophen aufgewiesenen) Sprechhandlungsstrukturen *verschiedene* (vom Linguisten zu beschreibende) Lautformen zugeordnet werden
könnten. Die grammatischen Strukturen müßten sich *als*
Sprechhandlungsstrukturen in Searles über-einzelsprachli-
chem Sinne darstellen lassen.

Daß dies höchst zweifelhaft ist, wollen wir hier schon vorgreifend erwähnen. Diese Zweifel werden bereits von der
Tatsache nahegelegt, daß Chomsky im Recht ist mit seinem
oben[146] zitierten Hinweis, z.B. im Englischen würden die
›strukturellen Bedeutungen‹, die Bedeutungen der Komplexbildungsmittel von der Art des Täter-Tätigkeitsschemas,
keine durchgängig gleichbleibende semantische Interpretation erlauben. Wie die Teile eines Satzes so als zusammen-
gehörig angesehen werden können, daß sich eine einheitliche
Satzbedeutung ergibt, läßt sich offenbar nicht allein durch
eine ein für allemal mögliche Charakterisierung der Bedeutungen der strukturbildenden Elemente sagen. In den Struk-
turbildungsmitteln einer Sprache scheinen Semantik und
Syntax vielmehr auf eine noch klärungsbedürftige Weise ver-
schränkt zu sein;[147] diese schwer durchschaubare Verschränkung war für Chomsky ein Anlaß, um die Semantik einen
Bogen zu machen.

Dies bedeutet aber, daß die strukturbildenden Elemente der
verschiedenen natürlichen Sprachen auch keiner durchgän-
gigen pragmatischen Deutung zugänglich sind, die die
sprachlichen Teilhandlungen unabhängig von den jeweiligen

146 Vgl. oben S. 78 ff.
147 Vgl. dazu unten Kap. IV und V, und Schneider 1990b

grammatischen Verhältnissen direkt in Begriffen der Sprechakttheorie interpretiert. Dem entspricht, daß die Regeln, mit denen ein Sprecher seine Äußerungen erläutern kann, zumindest *auch* in einem noch zu klärenden Sinne formalgrammatische Regeln sind, die zu Sprechhandlungsregeln wohl in Beziehung gesetzt werden können (was Chomsky leider unterläßt), die aber nicht nur ärmere Beschreibungen *derselben* Regeln oder einfache Zuordnungen von einzelsprachlichen Lauten zu sprachunabhängig charakterisierbaren Teilhandlungen sind. Der von Searle verwendete Ausdruck ›Realisierung‹[148] ist geeignet, über dieses kompliziertere Verhältnis zwischen seiner medien-unspezifisch konzipierten Sprechhandlungstheorie und den Grammatiken der Einzelsprachen hinwegzutäuschen. Searle neigt in seinem an der logischen Tradition orientierten Universalismus dazu, die von Chomsky klar angesprochene Verflochtenheit von Semantik und Syntax zu übersehen. Nur so jedenfalls scheint sein Schweigen darüber und die Tatsache erklärlich zu sein, daß die Sprechhandlungstheorie noch immer keine größeren Gebiete einer Grammatik aus ihrer Sicht dargestellt hat. Nur wenn sich die Syntaxen der Sprachen mit einer universal formulierbaren Semantik (auch in ihrer Gestalt als Sprechakttheorie) in dem Sinne decken würden, daß man sagen könnte, sie unterschieden sich nur wie Notationsvarianten z. B. ein und desselben Logikkalküls, träfe das am Telefon-Schach gewonnene Bild von den zwei Beschreibungen zu, die sich *nur* unter dem Gesichtspunkt ›ärmer-reicher‹ unterscheiden. Auch die Sprechakttheorie darf also die Verschränktheit von Semantik und Syntax nicht verleugnen. Chomsky hatte sie einmal zum Anlaß genommen, sich von der Semantik fernzuhalten. Wir sollten uns von Searle nicht zum komplementären Fehler verleiten lassen, die Rolle der Syntax zu gering einzustufen, vielmehr wird es später darum gehen, ihre ›Verselbständigung‹ zu *verstehen*.

Dies spricht nun dafür,[149] gegebenenfalls in Abweichung von

148 Searle 1969, S. 39
149 Wir greifen in diesem und in den nächsten Abschnitten bewußt vor und werden später auf die hier angesprochenen Fragen zurückkom-

den tatsächlichen Absichten Searles, die oben als erste erörterte, von uns etwas zurechtgestellte Fassung seiner Chomskykritik für sachlich berechtigter zu halten als die eben betrachtete, am Telefonschach gewonnene Version. Demnach ginge es in einem verstehenden Zugang zur Sprache darum, die grammatischen Regeln der *jeweiligen* natürlichen Sprache mit Bezug auf die Ermöglichung sprachlichen Handelns zu erörtern; das Ziel läge nicht in einer medienunspezifischen Darstellung ›reiner‹ Sprechhandlungen. Damit würde ein gewisses Maß an Eigenständigkeit der Syntax anerkannt (d. h. sie hat eine wichtigere Rolle als nur die eines Regelsystems zur *Realisierung* sprachphilosophisch faßbarer ›reiner Sprechakte‹), aber gleichwohl würde eine *Verbindung* der Strukturseite der Sprache mit ihrer Rolle im Handeln aufrechterhalten. Erörterungen, die diese Verbindung verständlich machen, wären dann eine ›Erklärung‹ der Regeln der betrachteten Syntax mit den Mitteln einer Theorie der Sprechhandlungen. In dem Maß, in dem Searle es unterläßt, auf die besondere Rolle, die teilautonome Zwischenstellung der einzelsprachlichen Syntax, einzugehen, *unterläßt* er die Behandlung des von Chomsky erörterten *Gegenstandes*, er gibt nicht von *demselben* Gegenstand eine reichere Beschreibung,[150] was nur deshalb nicht ins Auge springt, weil er sich in sehr elementaren Bereichen bewegt.

Aus diesen Überlegungen ergibt sich, daß man an die Untersuchung einer natürlichen Sprache mindestens auf vier verschiedene Weisen herangehen kann: Den ersten beiden Annäherungsarten ist gemeinsam, daß sie lautbezogen vorgehen, unter Ausklammerung des Bereichs der Bedeutungen. Aber eine solche Herangehensweise läßt sich auf zwei verschiedene Weisen deuten: Erstens als bloße Deskription der lautlichen Seite der sprachlichen Äußerungen, bei der die

men. Zur Sprechakttheorie Searles vgl. unten, Kap. V, Abschnitte 1 und 5

150 Ganz abgesehen von der schon ausführlich erörterten Tatsache, daß es Chomsky in seinem Selbstverständnis um ›Mechanismen‹ geht, Searle aber um Handlungen. Aus Searles Perspektive könnte hier ein Selbstmißverständnis Chomskys vorliegen.

Struktur der Darstellung keine Ähnlichkeit mit der Struktur von Hervorbringungsmechanismen beansprucht. Eine solche Darstellung der Lautseite der Sprache wollte Bloomfield geben, und er wollte sie langfristig mit einer psychologisch-physiologischen Behandlung der ›habits‹ verbunden wissen, die für ihn die Bedeutung konstituieren. Damit wäre in seinen Augen die ›Zuordnung von Laut und Bedeutung‹ geleistet, das Ziel der Sprachwissenschaft erreicht.

Die lautbezogene Herangehensweise läßt sich aber zweitens auch naturwissenschaftlich-realistisch deuten, als (zunächst und vorläufig) abstraktes Modell einer das sprachliche Handeln mitermöglichenden Teilkompetenz, die nach der oben benutzten Terminologie als ›grammatische Kompetenz‹ zu bezeichnen wäre und als ein körperlicher Mechanismus im Gehirn zu denken ist. Dies ist der Weg Chomskys, der mit diesem Schritt eine über die bloße Beschreibung hinausgehende naturwissenschaftliche Erklärungskraft für seine Theorie beansprucht. Die Darstellung dieser Teilkompetenz soll langfristig durch die Darstellungen anderer Kompetenzen zu einer sprachliches Handeln erklärenden Performanztheorie (= Theorie der Kompetenz$_{III}$), einer (naturwissenschaftlich verstandenen) allgemeinen ›Semiotik‹, ergänzt werden, in der die semantischen Aspekte ›von selbst‹, d.h. ohne daß sie *als* semantische, in einer auf Sinn bezogenen Sprache erörtert werden, ihren richtigen Ort finden.

Die dritte Weise, sich der Sprache zu nähern, bezieht sich in einem ersten Schritt auf Sinnelemente, die sie sich als ›hinter‹ oder ›unter‹ den Elementen einer jeweils bestimmten natürlichen Sprache liegend vorstellt, als ›in der Wirklichkeit‹ oder ›im Denken‹ oder in ›universalen Handlungsstrukturen‹ vorgegeben. Bei Searle sind dies (wie auch immer ›realisierte‹) Teil-Sprechakte wie z. B. das Referieren und das Prädizieren; er entnimmt sie der logisch-philosophischen Tradition, deutet deren Unterscheidungen aber handlungstheoretisch (und ergänzt sie, Austin[151] folgend, durch die ›illokutive‹ Seite,

151 Austin 1962

also durch die Berücksichtigung von sprachlichen Handlungen wie ›jemanden warnen‹, ›etwas versprechen‹ etc.). Eine natürliche Sprache will er dann in einem zweiten Schritt als System von Teilhandlungen verstehen, die als je verschiedene Realisierungsformen der sprechhandlungstheoretisch allgemein darstellbaren, zugrundeliegenden Handlungen verständlich gemacht werden sollen. Eine so verstandene Theorie der ›kommunikativen Kompetenz‹ würde beanspruchen, sich in einem Bereich zu bewegen, der ›vor‹ oder ›über‹ den einzelsprachlichen Satzlehren liegt bzw. ausschließlich universale Spracheigenschaften betrifft, die in allen Satzlehren als dieselben auftreten müssen. Er würde der Absicht nach von der Fähigkeit handeln, Sprechakte auszuführen, die in der Theorie nur kategorial charakterisiert werden, so daß die Gestalt ihrer ›Realisierung‹ in irgendeinem *spezifischen* Medium offen bleibt.

Die vierte Annäherungsweise schließlich wäre weder nur lautbezogen, sie würde nicht vom Sinn der Äußerungen absehen und würde auch nicht meinen, man brauche ihn nicht zu erörtern, wenn man statt über ihn über Gehirnprozesse spricht. Noch würde sie diesen Sinn aber auf einer ›hinter‹ jeder konkreten natürlichen Sprache liegenden Ebene lokalisieren, und zwar weder in einem Bereich eines reinen inneren Handelns, das nur um der Mitteilung an andere willen eines Mediums bedarf (wie es z. B. bei Locke und anscheinend bei der sich auf ›Ideen‹ beziehenden inhaltlichen Form des Strukturalismus bei Boas der Fall ist), noch in ein Kommunikationsmedium, das in dem Sinne als ›über‹ den natürlichen Sprachen stehend angesehen wird, daß diese nur als verschiedene ›Realisierungsformen‹ der Sprechhandlungen gelten, deren reine Form jenes ausgezeichnete Medium zeigt. Vielmehr würde man bei diesem Zugang zur Sprache, nicht zuletzt wegen der von Chomsky angesprochenen Verschränkung von Semantik und Syntax, die aufzuklärenden Eigenschaften an Teilbereichen einer natürlichen (oder zur Exemplifikation erfundenen) Sprache erörtern. Der Bereich der Bedeutung würde hier weder einer isoliert behandelten Lautseite nachträglich hinzugefügt (wie bei Bloomfield die ›habits‹; dem entspricht bei Chomsky die nachträgliche semantische Deutung der Prinzipien der Kompetenz$_I$ und der Kompetenz$_{II}$ und eine möglicherweise semantische Deutung der noch unbehandelten Prozesse, die die Gegenstände einer ›Performanztheorie‹ bilden werden), noch würde die Bedeutung isoliert in einem dazu eigens entworfenen, von historischen ›Verunreinigungen‹ freien Medium dargestellt werden (z. B. im Medium der ›Normalformen‹ der Sprechakttheorie oder im Medium der Quantorenlogik), um erst dann zu den einzelsprachlichen ›Realisierungen‹ in Beziehung gesetzt zu werden. Die Andeutungen zur Möglichkeit eines solchen Vorgehens waren in unseren bisherigen Erörterungen noch am spärlichsten; sie fanden sich bei Boas und seiner inhaltlichen Auffassung vom Strukturalismus und kamen indirekt in unserer modifizierenden Searle-Deutung zum Ausdruck. Der Leser wird hier auch an manche Überlegungen des späten Wittgenstein erinnert sein.

Nun erhebt sich die Frage, wie sich diese Seh- und Vorgehensweisen zueinander verhalten und ob es ein sinnvolles Ziel ist, sie zu einer Darstellung zu integrieren, die alle angesprochenen Bereiche enthält und aufeinander bezieht. Damit zusammenhängend ist zu klären, wo hier die Aufgaben der Sprach*philosophie* liegen. Die erste Zugangsweise, den bloßen Lautkettendistributionalismus, können wir (mit Chomsky) als uninteressant beiseite lassen. Die zweite Zugangsweise, also der Weg, den Chomsky selbst geht, auf dem die gesamte Sprachtheorie als ein empirisch zu verstehendes Modell für die Funktionsweise letztlich zerebraler Instanzen konzipiert wird, erscheint für eine integrative Zielsetzung jedenfalls als *erster* (oder gar einziger) Zugangsweg ungeeignet, womit keineswegs in Abrede gestellt werden soll, daß es *später* eine sinnvolle und wichtige Aufgabenstellung ist, die ›materielle Seite‹ einer zunächst aber angemessen beschriebenen Handlungsfähigkeit zu untersuchen. Chomskys Art des Vorgehens klammert den Handlungsaspekt der Sprache aber von vornherein aus, und seine Methode ist so eingeschränkt, daß auch eine Weiterführung seines Programms in Richtung ›Performanz‹ im Bereich der ›Mechanismen‹ bleibt: durch Komplexitätszunahme allein kann eine naturwissenschaftlich angelegte Theorie nicht zur Handlungstheorie werden.[152] Es hat für ein Integrationsprogramm, das die Sprache bei aller verständlichen Faszination der Gehirnforschung *auch* als System von *Handlungsmöglichkeiten* verständlich machen will, deshalb keinen Sinn, auf noch zu entwickelnde Komponenten dieser Theorie einfach zu warten. Es wäre eine falsche Hoffnung, zu meinen, daß sich mit diesen Methoden der Handlungsaspekt doch noch eines Tages abdecken ließe. Als zweiter Schritt, der *nach* einer handlungsbezogenen Beschreibung der Kompetenz darüber hinaus nach der körperlichen Realisierungsweise der Handlungsfähigkeit fragt, erscheint eine so naturwissenschaftlich ausgerichtete Theorie aber durchaus als sinnvoll. Unsere These ist also, daß eine dem betroffenen Subjekt plausible Beschreibung seiner Kompetenz ihrer naturwissenschaftlichen Untersuchung vorhergehen sollte; und es gibt darüber hinaus auch Gründe für die Annahme, daß eine methodisch bewußte Benutzung der Handlungssprache sogar zur Aufklärung der ›rein körperlichen Abläufe‹ Wesentliches beitragen kann bzw. für manche Fragestellungen sogar unumgänglich ist.[153]

Wählt man dagegen die dritte Zugangsweise und folgt Searles Entwurf, dann stellen sich andere Fragen: Ist es plausibel, eine ›Logik der Sprechhandlungen‹ als ein (paradox formuliert) ›von Medieneigenschaften freies Medium‹ zu entwerfen, demgegenüber alle natürlichen Sprachen sekundär sind, mit ›Verunreinigungen‹ belastet, die aus historischen Zufällen stammen? Diese Auffassung hat eine deutliche Verwandtschaft mit derjenigen Freges, dem wir uns im nächsten Kapitel zuwenden werden. Oder ist die Sprache von Searles ›Standardformen‹ (und die Sprache von Freges Logik) jeweils eine Sprache unter anderen, so daß zwischen ihnen und den Ausdrücken natürlicher Sprachen nicht das Verhältnis der ›Realisierung‹, sondern ein komplizierteres, vielleicht nur das der Übersetzbarkeit bestünde? Dies wäre wohl die

152 Dies zeigt u.a. das als ›Emergenz‹ oder ›Fulguration‹ bezeichnete Phänomen, daß die Termini für die ›höheren‹ Ebenen komplexer Systeme aus der Perspektive ›von unten‹ nicht zu gewinnen sind.

153 Vgl. Schneider 1989

Meinung des späten Wittgenstein, die uns im übernächsten Kapitel beschäftigen wird. In diesem Kontext muß auch die oben schon kurz angesprochene Frage erörtert werden, wie weit der Ansatz von Searle reicht, und warum er bisher nicht dazu benutzt wurde, größere Gebiete einer natürlichen Sprache zu behandeln. Konkret stellt sich die Frage, ob sich über die traditionellerweise von Philosophen behandelten Bereiche der Referenz und der Prädikation hinausgehend noch weitere Teilfunktionen angeben lassen, mit Bezug auf die sich bestimmte Satzteile als Ausdruck medienunspezifisch charakterisierbarer Teilhandlungen deuten lassen (gibt es eine Sprechhandlung des ›Akkusativobjekt-Ergänzens‹?[154]), und falls das nicht der Fall ist, wie man dann jene Aspekte der Sprachstruktur zu behandeln hat, die sich einem sprechhandlungstheoretischen Verstehen in Searles Sinn widersetzen.

Der damit angesprochene Bereich sprachlicher Struktureigenschaften scheint durchaus uneinheitlich zu sein. Eine mit ›distinctive features‹ arbeitende Phonetik bzw. Phonologie, die es mit Merkmalen von Handlungen statt mit Teilhandlungen zu tun hat, scheint dazuzugehören, die uns z. B. sagt, daß auch Phantasiewörter, die als Produktnamen erfunden werden, ›unbewußten‹ Regeln unterliegen, die festlegen, welches die ›möglichen‹ und welches die ›unmöglichen‹ z. B. deutschen Phantasiewörter sind. Solche Regeln dürften schwerlich sprechhandlungstheoretisch verständlich gemacht werden können. Wie steht es aber mit denjenigen die Satzbildung betreffenden Aspekten der Sprache, auf die Chomsky zur Begründung seiner These verwiesen hatte, die ›strukturellen Bedeutungen‹ seien *rein* semantisch nicht zu

---

154 Vgl. die Überlegungen zu einer universal angelegten Kasusgrammatik von Fillmore (1968, 1977) und die Beobachtungen in Bruner 1975, 1983 und 1990, wo das Gebiet der »intralinguistic rules« (1975, S. 18) ins Auge gefaßt, aber nicht ausführlich erörtert wird. Die Unmöglichkeit, ein zugleich abgeschlossenes und universales Kasussystem zu entwickeln, spricht aus der hier erarbeiteten Perspektive nicht gegen diesen Ansatz, sondern sie ist selbst noch sprechhandlungsbezogen verständlich zu machen; vgl. unten, Kap. V.

fassen; es entspreche *einer* Struktur nicht immer *ein* inhaltliches Verhältnis? Deutet die Existenz solcher Fakten auf eine Lücke oder auf einen Fehler in Searles Sprechhandlungstheorie? Oder geraten sie erst in den Blick, wenn man sich mit den verschiedenen Weisen der ›Realisierung‹ von Sprechakten beschäftigt? Und welche Reihenfolge im Vorgehen wäre hier angemessen: Muß man den in Searles Sinn sprechhandlungstheoretisch zunächst nicht zugänglichen Bereich der Syntax erst einmal unabhängig von anderen Aspekten beschreiben, um dann nachträglich, wie es Searle einmal formuliert,[155] Beziehungen zwischen ›Struktur‹ und ›Funktion‹ festzustellen? Ist dies Hinausschieben der Erörterung des Sinnes, die Trennung des ›Mittels‹ von seiner ›Anwendung‹, aber nicht das Vorgehen von Chomsky? Kann er nicht sagen, die Beschreibung der Kompetenz zur Hervorbringung sprachlicher Mittel müsse der Beschreibung der Anwendung dieser Mittel aus logischen Gründen vorhergehen? Oder läßt sich die Tatsache einer begrenzten ›Autonomie‹ mancher struktureller Aspekte der Sprache selbst noch in einem weiten, über Searles Überlegungen hinausgehenden Sinn ›sprechhandlungstheoretisch‹ verständlich machen, wenn man die traditionelle philosophische Idee eines ›reinen‹, ›durchsichtigen‹ Mediums aufgibt? Wir hätten dann eine Teilautonomie gewisser (›sekundärer‹, ›bloß syntaktischer‹) Handlungen, deren Status aber ganz anders wäre als der von bloßen Handlungs*merkmalen*, so daß es ein Fehler wäre, beide unter dem Begriff einer ›Regel‹ im selben Sinne zu subsumieren.[156]

Der damit bereits angedeutete vierte Weg schließlich scheint der mit den üblichen theoretischen Mitteln am wenigsten faßbare und doch in einem gewissen Sinne der vertrauteste zu sein. Schwer faßbar erscheinen die Andeutungen von Boas zur inhaltlichen Seite von Sprachstrukturen und die zitierten Äußerungen von Chomsky, mit denen er eine enge Verbindung zwischen grammatischen und inhaltlichen Verhältnissen zugesteht. Vertraut erscheint dieser Weg aber wegen seiner Ähnlichkeit mit den Aussagen traditioneller

155 Searle 1972, S. 20; Searle 1976, S. 1119, Sp. 1
156 S. oben, Anm. 56

Grammatikbücher, wenn diese z.B. davon sprechen, Substantive bezeichneten alles, was die Sprache als Ding *behandle*,[157] und nicht, was logisch oder philosophisch gesehen ein Ding oder eine Substanz sei.

Wir stellen die Frage nach der Integration der auf den vier Wegen zu erwartenden Ergebnisse zurück und fragen danach, wo in diesem Kontext der Aufgabenbereich einer *sprachphilosophischen* Arbeit liegt, der es um einen Beitrag zur Aufklärung des Begriffs der Sprachkompetenz und um ein inhaltliches Verständnis der Sprachstrukturen geht. Wie schon ausgeführt, ist für sie weder der rein distributionalistische Weg interessant, noch ist es sinnvoll, sich im Sinne des zweiten Weges auf eine Kritik der Ergebnisse einer empirischen Theorie über unterstellte zerebrale Mechanismen der Lautkettenproduktion einzulassen, solange nicht, in einem methodisch vorhergehenden Schritt, die Leistungen, von denen diese Theorie schließlich handeln soll, angemessen dargestellt sind. Dies wäre aber, wenn die vorgetragenen Argumente triftig sind, nur dann der Fall, wenn der Aspekt der Handlung von vornherein in die Darstellung einbezogen wäre. Da dies in einer Theorie der von Chomsky vorgeschlagenen Art nicht geschieht, muß es mit Bezug auf sie hier ausreichen, eine wissenschaftstheoretisch und wissenschaftshistorisch begründete Kritik ihres Kompetenzbegriffs vorgetragen zu haben, um nun, auf der Basis der dabei erfolgten Klärungen, die Chancen für einen weiter gefaßten Begriff der Sprachfähigkeit zu erkunden, – nicht zuletzt auch im Interesse einer später einmal zu entwickelnden Theorie der körperlichen Abläufe, die hier ja keineswegs als uninteressant beiseite geschoben werden soll, von der vielmehr nur verlangt wird, daß sie von einer vorwissenschaftlich (und das heißt auch: sprachphilosophisch) plausiblen Kennzeichnung ihres Gegenstandsbereichs ausgehen soll.

Ganz in das traditionelle Arbeitsfeld der Sprachphilosophie fällt dagegen der dritte Weg, die Untersuchung der Frage, ob es möglich ist, eine ›hinter‹ allen Sprachen liegende Bedeu-

---

157 Vgl. auch die Bestimmung »Abstrakta heißen diejenigen Substantive, die Nichtgegenständliches so nennen, als ob es Dinge seien...«; Duden 1959, S. 140

tungsstruktur aufzudecken und ›rein‹ darzustellen, sei es als ein eigenes Reich besonderer, nicht-sinnlicher Gegenstände, einer ›Welt des Sinnes‹, wie bei Frege, sei es, wie bei Searle, als ein Reich medien-unspezifisch faßbarer und in diesem Sinne universaler Sprechhandlungen. Diesen Weg werden wir im Folgenden einschlagen. Wir fragen also nach den Ansätzen für ein inhaltliches, bedeutungsbezogenes Verständnis des Phänomens sprachlicher Komplexität (und also der *Sprachstruktur*) in der jüngeren Logik und Sprachphilosophie.

Die Überlegungen, die auf diesem Gebiet auch für die Arbeit von Searle noch grundlegend sind, sind diejenigen Freges, der hier in mehrfacher Hinsicht eine besondere Stellung hat: Im Gegensatz zum späteren Formalismus, der die Tendenz zeigt, die Frage nach der Logik mit der nach dem Logikkalkül zu vertauschen, erörtert Frege die traditionellen inhaltlichen Fragen; der Leitbegriff der Logik ist für ihn der der Wahrheit, nicht der der Ableitbarkeit. Im Unterschied zu Chomsky ist Frege kein semantischer Agnostiker, der die Eignung der von ihm behandelten Strukturen für kognitive Zwecke nur ›inoffiziell‹, ohne in klaren Worten darüber reden zu können, unterstellt, vielmehr behandelt er die Strukturen der von ihm entworfenen ›Begriffsschrift‹ ausdrücklich unter semantischem Aspekt. Zugleich ist seine Arbeit epochemachend für die Entwicklung von Logikkalkülen, für den Versuch, die Übertragung der Wahrheit von Sätzen auf andere Sätze durch formale Verfahren zu erfassen; deshalb verbindet sich bei Frege das Bemühen um ein inhaltliches Verständnis der (über-einzelsprachlich aufgefaßten) Sprachstruktur mit dem Bemühen, die Ausdrücke, die ihr gemäß gebildet sind (und das heißt für ihn: den Bereich der sinnvollen unter den wahrheitsfähigen Ausdrücken) mit Hilfe eines nur auf die Ausdrucks*formen* bezogenen Regelsystems ableitbar zu machen. Schließlich dient die Auseinandersetzung mit Frege, wie angedeutet, auch dem Zweck, den Hintergrund der Theorie Searles kritisch zu erörtern, insbesondere seine Vorstellung von einem über-einzelsprachlichen, bevorzugten Medium, und seine aus linguistischer Perspektive auffällige Beschränkung auf genau zwei inhaltskonstituierende Teil-Sprechakte, auf Referenz und Prädikation.

Nach der Erörterung dieser Fragen wollen wir uns den sich dazu kritisch verhaltenden Überlegungen des späten Wittgenstein zuwenden, die uns zur Unhintergehbarkeit des ›Mediums‹ Sprache zurückführen und insofern Chomsky dort Recht geben werden, wo er die Interpretierbarkeit syntaktischer Komplexbildungsweisen durch eine ›reine‹, von jeder Grammatik unabhängige Semantik in Zweifel zieht. Auf diese Weise wird schließlich etwas Licht auf den vierten Weg fallen, auf die Möglichkeit eines am Handlungsbewußtsein des Sprechers orientierten inhaltlichen Strukturalismus.

Welches ist also Freges Verständnis von der inhaltlichen Strukturiertheit einer Sprache oder besser eines Ausdrucksmittels, das diese inhaltliche Ordnung optimal und ohne nur historisch zu erklärende Verfälschungen wiedergibt? Und welche Überlegungen haben ihn zu der Überzeugung gebracht, die unter inhaltlichen Gesichtspunkten richtig strukturierten Ausdrücke ließen sich mit einem formalen Regelapparat systematisch erzeugen?

III. Eine inhaltliche Deutung sprachlicher Komplexität und die Erfassung der Formen möglicher Inhalte in einem Kalkül

Zu Gottlob Freges ›Begriffsschrift‹

1. Fragestellung

Die kritische Auseinandersetzung mit den Thesen von Searle führte uns im letzten Kapitel zur Formulierung einer Zielsetzung, die sich von der des Chomsky-Projekts ganz wesentlich unterscheidet. Diesem ging es darum, eine Theorie der menschlichen Sprachfähigkeit zu erstellen, die zwei Aufgaben hat: Erstens soll sie die *Produkte* charakterisieren, die der Mensch in der Ausübung der Sprachfähigkeit hervorbringt. Dies geschieht bei Chomsky durch eine Bestimmung der formalen Eigenschaften, die mögliche Äußerungen als Lautketten haben; dabei heißen ›formal‹ diejenigen Eigenschaften von Äußerungen, die die möglichen Reihenfolgen wiederkehrender lautlicher Elemente betreffen. Die Tatsache, daß die Äußerungen Bedeutungen haben, die sich durch Veränderungen in der Reihenfolge der Laute ebenfalls verändern, wird zwar anerkannt, sie soll in der Erarbeitung der im geschilderten Sinne ›formal‹ verstandenen Syntax aber keine Rolle spielen.

Zweitens soll die Beschreibung so angelegt werden, daß sie einen ersten Schritt zu einer *Erklärung* der Fähigkeit zur Hervorbringung dieser Produkte darstellt. Dieser erste Schritt soll die Erstellung einer naturwissenschaftlichen Theorie über ›abstrakte‹ Eigenschaften zunächst nur postulierter, nicht im einzelnen bekannter Gehirnmechanismen sein. Eine in ferner Zukunft einmal ganz fertiggestellte Erklärung soll nach diesem Programm auch Teilmechanismen ausweisen, die den Bedeutungsaspekt sprachlicher Ausdrücke erfassen und das sprachliche Handeln, die ›Performanz‹ erklären. Da diese Erklärung naturwissenschaftlich sein soll, kann sie sich nicht unmittelbar der Handlungssprache der betroffenen Sprecher und Hörer bedienen, sondern muß dies Handeln als Abfolge von nach Kausalgesetzen ablaufenden Prozessen oder ›Mechanismen‹ beschreiben.

Im Gegensatz zu dieser auf eine naturwissenschaftliche *Erklärung* gerichteten Zielsetzung stellen wir uns wie Searle die Aufgabe, die Sprachfähigkeit als eine Handlungsfähigkeit *verständlich zu machen*. Wir verfügen zwar praktisch über sie, wir haben sie aber in großen Teilen unreflektiert erworben und durchschauen sie nur unvollkommen, von einer Fülle historisch überlieferter Fragen und Analogien eher verwirrt als aufgeklärt. Die Perspektive, die wir mit dieser Aufgabenstellung einnehmen, ist nicht die eines von seinem ›Objekt‹ getrennten Beobachters, der Hypothesen über das Funktionieren eines ihm fremden und nur auf dem Weg über seine Wirkungen erkennbaren Apparats aufstellt, sondern die eines Akteurs, der sich einen Tätigkeitsbereich, den er selbst auf praktische Weise beherrscht, nun zusätzlich noch reflektierend verständlich machen will. Ob das Resultat, das damit angestrebt wird, die Form einer ›Theorie‹ annehmen wird, kann dabei vorläufig ebenso offenbleiben wie die Frage, was gegebenenfalls die Kriterien sein sollen, nach denen zu entscheiden ist, Überlegungsresultate von welcher Art diesen Titel verdienen und von welcher Art nicht.[1]

Wenig Mühe macht uns das Verstehen der Möglichkeit sprachlicher (oder, wenn man den Begriff der Sprache enger faßt, sprachähnlicher) Handlungen dann, wenn wir uns auf *einfache* Zeichenhandlungen beschränken wie z. B. die Geste des Heranwinkens eines Kellners in einem Lokal. Man kann sich leicht ausmalen, wie sich eine solche Handlung herausgebildet haben könnte, ihre Funktion ist durchsichtig, und sie kann problemlos an Personen weitergegeben werden, die mit ihr nicht vertraut sind. Erhebliche Verständnisprobleme ergeben sich aber sofort, wenn wir uns der Sprache im engeren Sinne zuwenden und berücksichtigen, daß wir es dann fast ausschließlich mit *komplexen*, in sich strukturierten Zeichenhandlungen zu tun haben. Als Einheit sprachlichen Handelns (mit Wittgenstein gesprochen: als kleinster ›Zug

1 Vgl. dazu unten, Kap. VI

im Sprachspiel‹) gilt die Äußerung eines Satzes; Sätze aber sind typischerweise aus mehreren Wörtern zusammengesetzt, und zwar so, daß die durch das Aussprechen des Satzes vollzogene Handlung nicht als bloßes Aufeinanderfolgen prinzipiell auch unabhängig voneinander ausführbarer sprachlicher Handlungen aufgefaßt werden kann, wie die Betrachtung auch einfachster Beispiele sofort zeigt: In einer Äußerung des Typs ›ich habe Hunger‹ hängen die Wörter auf eine andere Weise miteinander zusammen, als dies bei den Eintragungen ›Brot‹, ›Käse‹, ›Obst‹ auf einem Einkaufszettel der Fall ist. Sätze sind nicht wie Listen von Wörtern; die Wörter eines Satzes sind nicht nur durch ihre (im Fall des Geschriebenen) räumliche oder (im Fall des Gesprochenen) zeitliche Nachbarschaft miteinander verbunden, sondern zusätzlich noch auf eine andere, ›innere‹ Weise, die mit der Bedeutungseinheit des Satzes, den sie bilden, zu tun hat.

Man kann dies unbestrittene Faktum auf verschiedene Weisen zum Ausdruck bringen, z. B. indem man sagt, der geäußerte Satz sei, im Gegensatz zur Wortfolge auf der Einkaufsliste, *strukturiert*, oder im Fall des Satzes sei die Sprechhandlung, die mit seiner Äußerung vollzogen werde, nicht aggregathaft-summierend, sondern *komplex*.[2] Man sagt auch, die Bedeutung des Satzes ergebe sich nicht nur wie die der Einkaufsliste aus der Bedeutung der Teile, sondern darüber hinaus auch aus der *Art ihrer Zusammensetzung*; oder: So wie die Worte zusammentreten und als eine neue Einheit einen Satz bilden, so träten auch die Wortbedeutungen zusammen, um eine neue Einheit, die *zusammengesetzte Satzbedeutung* zu bilden. Diese Eigenschaft komplexer Sprechhandlungen betrifft das *Verständnis*, das der Sprecher von ihnen hat, und nicht eine allein ›von außen‹ festgestellte Regelmäßigkeit in der Distribution ihrer Teile.

Aber wie ist das möglich? Auf der einen Seite steht die einleuchtende These, daß wir Sätze, insbesondere solche, die wir vorher noch nie gehört haben, deshalb verstehen, weil wir die einzelnen Wörter verstehen und in der Lage sind, aus ihren Bedeutungen und ihren Verhältnissen zueinander die

2 Vgl. Schneider 1980, 1983

Satzbedeutung in irgendeinem Sinne ›abzuleiten‹, zu ›erschließen‹. Erklärungsbedürftig wäre aus dieser Perspektive, wie eine solche ›Ableitung‹ geschieht, d. h. wie wir die einzelnen Wortbedeutungen, wenn die Wörter zu einem Satz, den wir hören, aneinandergefügt werden, zu einer neuen Bedeutungseinheit, der Satzbedeutung, verbinden. Wodurch entsteht hier ein Ganzes, das etwas anderes ist als die Aneinanderreihung seiner Teile? Wie ist die *Struktur* eines Satzes nicht nur formal zu beschreiben (oder hirnphysiologisch als Produkt von ›Mechanismen‹ zu erklären), sondern *inhaltlich* zu verstehen? Was heißt es, von einem Satz zu sagen, er habe nicht nur als Lautgebilde, sondern auch unter inhaltlichen Gesichtspunkten eine Struktur? Und wie können wir die von Chomsky hervorgehobene Tatsache verstehen, daß die inhaltlichen Strukturen, wie immer sie zu charakterisieren sind, mit den syntaktischen Strukturen nicht zusammenfallen? Lassen sie sich doch syntaxunabhängig charakterisieren?

Problematisch an dieser auf ein Zusammenfügen gerichteten Sehweise ist die Tatsache, daß sie die Annahme verlangt, jedes Wort habe für sich genommen eine Bedeutung, denn die Kenntnis der Wortbedeutungen soll vom Hörer ja benutzt werden, wenn er die Satzbedeutung erschließt. Was heißt es nun für ein isoliert betrachtetes Wort, es habe eine Bedeutung? Wenn wirklich die Äußerung eines ganzen Satzes der kleinste Zug im Sprachspiel ist, wenn wir mit der Äußerung eines einzelnen Wortes also niemandem etwas zu verstehen geben können, dann ist es sehr unklar, was es heißen soll, von der Bedeutung eines Wortes zu sprechen. Die Antwort, die Bedeutung eines Wortes sei sein Beitrag zur Satzbedeutung, führt offenbar zu einem Zirkel, wenn man sie mit der oben als plausibel bezeichneten These von der Ableitung der Satzbedeutung aus den Wortbedeutungen zusammennimmt. Wortbedeutungen müßten mit Rekurs auf Satzbedeutungen erklärt werden, während Satzbedeutungen nicht anders als mit Rekurs auf Wortbedeutungen erläutert werden können. Was ist also primär, die Wort- oder die Satzbedeutung, und wie hängen beide Bedeutungsarten miteinander zusammen?

Das mit Hilfe dieses Dilemmas umrissene Problem kann als das der *semantischen Komplexität* bezeichnet werden; seine Lösung bestünde in einer Beschreibung der Weise, wie sich die Bedeutung eines Satzes eines jeweils betrachteten Typs aus seinen Teilen und der Art ihrer Zusammensetzung ergibt, wobei die Eigenschaft der Teile, selbständig oder unselbständig Bedeutung zu haben, ebenfalls verständlich gemacht werden müßte. Die Beschreibung eines Satzes unter diesem Gesichtspunkt kann die *semantische Beschreibung seiner Struktur* oder die Beschreibung seiner *semantischen Struktur* heißen.

Dieser Begriff der *semantischen* Struktur ist vom Strukturbegriff Chomskys, der im letzten Kapitel erörtert wurde, offensichtlich verschieden. Wie wir gesehen haben, hat Chomsky (durchaus nachvollziehbare) Schwierigkeiten, den Aspekt der Bedeutung so zu fassen, daß er ihn von Anfang an ausdrücklich in die Erörterung der syntaktischen Strukturen des Englischen einbeziehen kann; es scheint keine klar erkennbare ›strukturelle Bedeutung‹ für die Komplexbildungsmittel des Englischen zu geben. Es ist daher verständlich, daß er sich das Ziel gesetzt hat, die Sprachstruktur zunächst möglichst unabhängig vom Phänomen der Bedeutung zu beschreiben. Im Unterschied zu den noch bedeutungsbezogenen Überlegungen bei Boas versteht Chomsky unter der Struktur eines Satzes folgerichtig die Weise, wie er im Licht eines generativen Mechanismus als *aus Lauten* bzw. Lautkomplexen bestimmter, abstrakt erfaßter Kategorien zusammengesetzt betrachtet werden kann; die Sprachstruktur wird von ihm unter dem Aspekt der Lautstruktur beschrieben, und die Ausdrücke für Einheiten höherer Stufe betrachtet er als theoretische Terme, die für die Beschreibung der Lautstruktur nützlich oder notwendig sind. Sie haben deshalb einen instrumentellen, auf die Arbeit des *Linguisten* bezogenen Charakter und beziehen sich nicht oder nicht unmittelbar auf Einheiten, die der *Sprecher* bewußt unter dem Gesichtspunkt der Bedeutung, unter dem Gesichtspunkt dessen, wie er selbst seine Handlung versteht, bildet und auf Nachfrage voneinander unterscheiden könnte. Interessieren dagegen der Aspekt der Bedeutung und das

Problem der semantischen Komplexität unmittelbar und nicht, wie bei Chomsky, als ein vielleicht von Anfang an intendierter, explizit und reflektiert aber erst nachträglich an eine fertig spezifizierte Lautstruktur herantragbarer Gesichtspunkt, dann ist es nötig, sprachliche Einheiten zu betrachten nicht insofern sie nur Laute, sondern insofern sie auch Bedeutungseinheiten sind. Deshalb braucht man bei diesem Vorgehen *von vornherein* auch einen semantisch orientierten Strukturbegriff, und nicht erst in einem späteren, die syntaktischen Strukturen ›interpretierenden‹ semantischen Theorieteil, – ganz abgesehen von der Frage, ob eine in ›Mechanismen‹ formulierte Semantik, sollte sie eines Tages vorliegen, diesen Namen verdient.

Unter Linguisten hat es im Anschluß an Chomsky Auseinandersetzungen gegeben über die Rolle des Bedeutungsaspekts für die Beschreibung der Sprachstruktur, und es gab Ansätze zur Entwicklung eines semantischen Strukturbegriffs.[3] Chomsky selbst hat, inspiriert durch J.J. Katz, seine Tiefenstruktur zeitweilig im Sinne einer semantischen Struktur begriffen und später verschiedentlich geäußert, seine Syntax *sei* eine Bedeutungstheorie.[4] Die von ihm gewählte Methodologie ist aber, wie wir im letzten Kapitel gesehen haben, nicht in der Lage, diese These explizit zu machen, weil ihr die begrifflichen Mittel dazu fehlen. Die aus Chomsky-Schülern hervorgegangene Schule der ›Generativen Semantik‹ hat gefordert, die semantische Struktur eines Satzes als Ausgangspunkt für den syntaktischen Erzeugungsprozeß zu nehmen. Sie hat sich dem Problem der semantischen Struktur ausdrücklich gestellt, sie ist in dieser Frage aber nicht zu einer eigenständigen linguistischen Antwort gekommen; ihre Auskunft lautete, am ehesten würde das, was man traditionellerweise die ›logische Struktur‹ eines Satzes nenne, der gesuchten semantischen Struktur entsprechen.[5] Diese Diskussion hat damals zu keiner befriedigenden Klä-

3 Vgl. Schneider 1975, Kap. V
4 Vgl. Chomsky 1965, Katz 1980 und oben, Kap. II, S. 110ff.
5 Zur heutigen Arbeitsweise eines prominenten Vertreters dieser ehemaligen Schule vgl. Lakoff 1987 und die Bemerkungen zu Johnson, unten, Kap. VI, Abschnitt 3

rung des Begriffs der semantischen Struktur geführt, auch nicht zu einer Einsicht in das Verhältnis zwischen der syntaktischen und der semantischen Struktur einer Sprache. Auch wenn man das Urteil Searles über die *Syntax* der Chomsky-Schule für falsch oder sehr übertrieben hält, sie sei in mehr als zwanzigjähriger Arbeit mit der Spezifizierung einer autonomen syntaktischen Struktur kaum vorangekommen,[6] ist ihm zuzustimmen, wenn er sagt, auf dem Gebiet der *Semantik* (d.h. für uns auch: zur Lösung des Problems der semantischen Komplexität) könne Chomsky bemerkenswert wenig beitragen.[7]

Mit der auch von Linguisten gegebenen Auskunft, es sei die Logik, die die semantischen Strukturen sichtbar mache, sind wir auf die Sprach*philosophie* verwiesen, insbesondere auf ein inhaltliches Verständnis des Terminus ›logische Struktur‹. Erst wenn wir die philosophischen Bemühungen beurteilen können, Bedeutungsstrukturen unmittelbar darzustellen, d.h. unter Umgehung der besonderen Merkmale irgendeiner natürlichen Sprache, läßt sich die Frage behandeln, wie diese logischen Strukturen sich zu den syntaktischen Strukturen einer gegebenen natürlichen Sprache verhalten.

Die philosophisch gründlichsten und zugleich bis heute grundlegenden Untersuchungen zu diesem Thema, und damit auch zum Problem der semantischen Komplexität, stammen von Gottlob Frege. In Konkurrenz dazu können einzig die von Freges Gedanken oft sehr verschiedenen Überlegungen des späten Wittgenstein gesehen werden, die aber den Nachteil haben, viel weniger deutlich erkennen zu lassen, ob und wie auf ihrer Basis die Ausarbeitung eines systematischen Verständnisses der Bedeutungsseite der Sprache (anspruchsvoll: die Erarbeitung einer ›Bedeutungstheorie‹) möglich ist. Hier soll zunächst Freges Beitrag zum Verständnis semantischer Komplexität erörtert werden, weil er eher positive Auskünfte verspricht; die demgegenüber oft kritischen Überlegungen Wittgensteins bilden dann den Gegenstand des nächsten Kapitels. Da Frege versucht, ›durch eine

6 Searle 1976, S. 1119, Sp. 2   7 A.a.O., S. 1120, Sp. 5

natürliche Sprache (das Deutsche) hindurch‹ die logischen Strukturen selbst zum Gegenstand zu machen, wird im Folgenden über weite Strecken von ›Gedanken‹, vom ›Sinn‹ und von der ›Bedeutung‹ von Ausdrücken die Rede sein, wobei es zwar unvermeidlich ist, Wörter und Sätze des Deutschen zur Darstellung der zu erfassenden Unterscheidungen im Bereich der Gedanken zu benutzen, aber nur, um auf etwas hinzuweisen, was, wie es scheint, auch ohne ihre *grammatischen* Besonderheiten erörtert werden kann. Dies sollte den primär an der natürlichen Sprache interessierten Leser aber nicht abschrecken. Schließlich geht es ja darum, die für Chomsky so ungreifbare Möglichkeit zu erörtern, ›semantische Strukturen‹ *ohne* Verzerrung durch die Formen einer je spezifischen Grammatik zu erfassen, um dann besser sagen zu können, was es denn heißen würde, die Sprachkompetenz auch als bedeutungsbezogene Fähigkeit unmittelbar zum Gegenstand der Betrachtung zu machen und nicht erst nach dem Abschluß einer formalen Syntax, die erst in einem zweiten Schritt mit einer noch aufzubauenden Performanztheorie verbunden werden soll.

2. Grundthese und Methode Freges

Wenn man Freges Semantik unter dieser Fragestellung betrachtet, ist es hilfreich, von vornherein in Erinnerung zu behalten, daß sie aus seinem Bemühen entstanden ist, diejenigen Seiten der Sprache genau zu verstehen und darzustellen, die er für eine Klärung der Grundlagen der Arithmetik zu benötigen meinte, und speziell für das mathematische Beweisen, bei dem sich die Eigenschaft der Wahrheit von einer Anzahl von Prämissen nach logischen Regeln auf eine Konklusion überträgt. Andere Aspekte der Sprache, die für die Wahrheit und das logische Schließen nicht relevant sind, haben Frege nur am Rande und unter dem Gesichtspunkt interessiert, den Gegenstand seiner Untersuchungen von ihnen abzugrenzen. Es war nicht seine Absicht, eine Bedeutungstheorie für natürliche Sprachen zu entwickeln. Da es in unseren Überlegungen um das Problem der semantischen

Komplexität in einem ganz uneingeschränkten Sinne geht, haben wir also von vornherein damit zu rechnen, daß es in der natürlichen Sprache Bildungsweisen für komplexe Ausdrücke gibt, die bei Frege nicht behandelt werden. Dies braucht nicht daran zu liegen, daß er sie übersieht, sondern kann seinen Grund auch darin haben, daß sie für seine Fragestellung nicht von Belang sind. Zu diesen bei Frege nicht erörterten sprachlichen Handlungsmöglichkeiten gehört z. B. die Nennung der angesprochenen Person in einer Aufforderung oder Frage. Wie diese Einschränkung von Freges Fragestellung aber zu bewerten ist, wird man am besten erst dann zu beurteilen suchen, wenn seine Auffassung zu denjenigen Aspekten der Sprache klar geworden ist, denen er sich in der Hauptsache zuwendet.

Wenn Wörter so zusammentreten, daß das, was sie zum Ausdruck bringen, ein wahrheitsfähiges Ganzes ist, nennt Frege dieses Ganze in seinen frühen Schriften einen ›beurteilbaren Inhalt‹ und später einen ›Gedanken‹. Die einfachste Weise, auf die das geschehen kann, ist für ihn die Verbindung eines Eigennamens mit einem Begriffswort, und er charakterisiert die ›allgemeine‹ oder ›logische Form‹ eines beurteilbaren Inhalts dieses einfachsten Typus als »a fällt unter den Begriff F«.[8] Das Fallen eines Gegenstandes unter einen Begriff nennt Frege »die logische Grundbeziehung«;[9] ihre Aufklärung und ihre Darstellung auf eine eindeutige Weise, die die Unklarheiten und Mehrdeutigkeiten der Grammatiken der natürlichen Sprachen durch die Benutzung einer ›Begriffsschrift‹ vermeidet, wäre demnach ein entscheidender erster Schritt bei der Lösung des Problems der semantischen Komplexität. Auf weitere Weisen der logischen Komplexbildung werden wir unten eingehen, wenn wir die ›Grundbeziehung‹ erörtert haben. Nichtlogische Formen der Komplexbildung und die Frage nach der Abgrenzung beider Bereiche werden uns dann in den nächsten Kapiteln beschäftigen.

Begreift man das Komplexitätsproblem wie traditionell üblich als eines der *Komposition*, der Zusammenfügung, dann liegt es nahe, die jetzt anstehenden Klärungsschritte so zu

8 Frege 1986, S. 79 (Orig. Pag. S. 83)
9 ›Ausführungen über Sinn und Bedeutung‹, Frege 1969, S. 128

konzipieren, daß in ihnen gefragt wird, was Eigennamen und Begriffswörter semantisch gesehen für Ausdrücke sind, und wie die Möglichkeit zu verstehen ist, durch ihre *Zusammenfügung* einen beurteilbaren Inhalt oder Gedanken zum Ausdruck zu bringen.[10] Aus dieser Perspektive erscheint es naheliegend, erst die Bedeutungen der Teile eines komplexen Ausdrucks zu klären, um dann die Möglichkeit ihrer Verbindung zu einem neuen Ganzen zu verstehen. Frege wählt diesen Weg ausdrücklich nicht, sondern er entscheidet sich für ein Vorgehen, das er selbst in den »Aufzeichnungen für Ludwig Darmstaedter« wie folgt charakterisiert:

»Das Eigenartige meiner Auffassung der Logik wird zunächst dadurch kenntlich, dass ich den Inhalt des Wortes ›Wahr‹ an die Spitze stelle, und dann dadurch, dass ich den Gedanken sogleich folgen lasse als dasjenige, bei dem Wahrsein überhaupt in Frage kommen kann. Ich gehe also nicht von den Begriffen aus und setze aus ihnen den Gedanken oder das Urteil zusammen, sondern ich gewinne die Gedankenteile durch Zerfällung des Gedankens.«[11]

Ein solches analytisches oder zerlegendes Vorgehen wird nur dann befriedigend sein, wenn wir hinreichend genau wissen, was ein beurteilbarer Inhalt oder Gedanke ist, und was wir uns darunter vorzustellen haben, daß dieser Gedanke ›zerfällt‹ oder zerlegt wird. Der Wert von Freges Analyse wird sich u. a. daran zeigen, ob sie uns dazu verhilft, auch umgekehrt zu verstehen, was bei der ›Fassung‹ eines Gedankens geschieht, d. h. wie wir erkennen, was seine ursprünglichen Teile sind und auf welche Weise er aus ihnen zusammengefügt ist, oder, weniger in der Denkweise Freges gesprochen,

10 Diese traditionelle Auffassung findet sich z. B. bei Hobbes (1966, S. 30), wenn er sagt: »the logicians teach the same [d. h., wie Hobbes vorher schreibt, »as the arithmeticians teach to add and subtract in *numbers*«] in *consequences of words*; adding together two *names* to make an *affirmation*.« – Vgl. auch J. St. Mill (1879, S. 19): »Now the first glance at a proposition shows that it is formed by putting together two names.« Vom prädikativen Ausdruck sagt Mill, er »denotes the quality affirmed«. (Ibid.)

11 Frege 1969, S. 273. Für eine frühere Formulierung desselben Gedankens vgl. a. a. O., S. 17 (›Booles rechnende Logik und die Begriffsschrift‹)

wie wir einen Gedanken oder seinen Ausdruck so aus Teilen *bilden*, daß der Ausdruck den Gedanken möglichst wenig verfälscht.

Es läßt sich zunächst feststellen, daß Frege sich bei seinen Erklärungen tatsächlich ganz überwiegend an der Tatsache der Zerlegbarkeit von Gedanken (genauer: ihrer sprachlichen Formulierungen) orientiert. Immer wieder setzt er voraus, daß komplexe wortsprachliche Einheiten oder komplexe Rechenausdrücke vorhanden sind, die wir bereits als Formulierungen eines Gedankens oder Inhalts verstehen, und die wir aufgrund dieses Verständnisses zerlegen können. Das Problem, wie die *Bildung* eines Ausdrucks aus seinen Teilen zu begreifen ist, wird von ihm fast nirgendwo angesprochen. Das mag z.T. daran liegen, daß Frege Gedanken für selbständig existierende Gebilde hielt, die wir nicht im sprachlichen Handeln aus ihren Teilen selbst herstellen, sondern die wir ähnlich wie Bergkristalle oder Planeten vorfinden. Träfe dies zu, erschiene es verständlich, daß wir gedankliche Ganzheiten kennen können, bevor wir durch ›Analyse‹ bis zu ihren elementaren Teilen vorgedrungen sind.[12] Die Zusammensetzung der Gedanken aus Teilen wäre ferner unabhängig von unserem Weg bei ihrem Erfassen zu behandeln; sie kann eine Struktur aufweisen, die uns nicht unmittelbar zugänglich ist. Deshalb erscheint es möglich, sich das Ziel zu setzen, eine logische Sprache wie die Begriffsschrift so aufzubauen, daß sie sich in ihren sprachlichen Formen an dieser (erst zu erforschenden) Zusammengesetztheit der Gedanken selbst orientiert. Und gerade darin wäre sie im Vorteil gegenüber den natürlichen Sprachen, in denen Semantik (die ›Ordnung der Gedanken‹) und Syntax (die Ordnung der satzbildenden grammatischen Formen), wie Chomsky festgestellt hatte, auf eine schwer durchschaubare Weise verwoben sind.

Entscheidender für Freges Vorgehen könnte aber ein anderes Motiv gewesen sein, das mit dem Problem der semantischen Komplexität unmittelbar zu tun hat und sich aus der einleitend angesprochenen Einsicht ergibt, daß sich Sätze von

12 Vgl. Freges Äußerungen in ›Der Gedanke‹; Frege 1967, S. 350 (Orig. Pag. S. 66), S. 354 (S. 69)

bloßen Zusammenstellungen von Namen grundlegend unterscheiden: Als Paradigma des bedeutungsvollen sprachlichen Ausdrucks galt zu Freges Zeit weithin der Eigenname und als Leitvorstellung für die Eigenschaft, Bedeutung zu haben, entsprechend die Relation, die ein Eigenname zu demjenigem Gegenstand hat, für den er steht. Will man innerhalb dieses Rahmens erklären, worin die Bedeutung eines Begriffswortes besteht, das man vom Satz isoliert und für sich betrachtet, so wird man nach einem Gegenstand suchen müssen, dessen Name das Wort ist. Wie immer die Antwort auf diese Frage ausfällt, ob (wie bei den von Frege kritisierten Logikern vorherrschend) psychologistisch (ein Begriffswort sei der Name einer Vorstellung) oder begriffsrealistisch im traditionellen Sinne (es sei der Name einer Eigenschaft oder eines ›Universale‹), man erhält bei dieser Auffassung als einfachste Satzform stets die Zusammenstellung zweier Namen. An einem Beispiel Freges aus seinem Aufsatz »Über Begriff und Gegenstand« erläutert: Aus dem Namen der Zahl 2 und dem Namen für den Begriff der Primzahl erhält man nicht den Satz ›2 ist eine Primzahl‹, sondern die Namensliste ›2 der Begriff der Primzahl‹.[13]

Es war eine der Grundeinsichten Freges, daß eine Zusammenfügung zweier Namen niemals etwas zum Ausdruck bringen kann, das wahr oder falsch ist; ein Satz unterscheidet sich folglich grundsätzlich von einer Namensliste, gleichgültig, ob sie u. a. auch die Namen von Eigenschaften, Vorstellungen oder Begriffen enthält. Wenn man also die Weise, in der Begriffswörter Bedeutung haben, unabhängig von ihrer Rolle im Satz erklären will (um erst dann zu erläutern, wie man mit ihnen Sätze bilden kann), und wenn man sich dabei außerdem an der Namensrelation orientiert, dann erscheint es unmöglich, verständlich zu machen, was ein beurteilbarer

---

13 Frege 1967, S. 178 (Orig. Pag. S. 205). Vgl. auch die Äußerung B. Russells (1937, S. 50): »A proposition…is essentially a unity, and when analysis has destroyed the unity, no enumeration of constituents will restore the proposition.« Einen Überblick über einige Aspekte der Behandlung desselben Problems bei F.H. Bradley, dem frühen Wittgenstein und G. Ryle gibt A. Palmer (1988). Zu Freges Lösung vgl. Dummett (1981), S. 174ff.

Inhalt oder Gedanke ist. Es scheint daher, als könne man auf dem Weg der Synthese einer Gesamtbedeutung aus für sich bedeutungsvollen Teilen prinzipiell nur zu Namenslisten kommen, aber niemals zu Sätzen.

Bei seinem Versuch, dieses Problem zu lösen, macht sich Frege auf beiden Zweigen ein Stück weit von der traditionellen Auffassung frei: Erstens zeigt er mit seinem beharrlichen Insistieren auf dem Unterschied zwischen Begriff und Gegenstand die deutliche Tendenz, die Bedeutungen von Begriffswörtern *nicht* in Analogie zu der von Eigennamen zu interpretieren, und zweitens stellt er den als ›Kontextprinzip‹ bekannten Grundsatz auf, »nach der Bedeutung der Wörter muß im Satzzusammenhange, nicht in ihrer Vereinzelung gefragt werden«.[14]

Freges Vorgehen, zunächst den Ausdruck eines vollständigen Gedankens zu betrachten, um erst dann zu fragen, aus welchen Teilen er besteht, kann als Konsequenz dieses Grundsatzes verstanden werden und erscheint als Weg durchaus plausibel: Wenn es nicht gelingt, zu verstehen, wie Wörter, die auch für sich betrachtet bedeutungsvoll sind, so zusammentreten können, daß sich ihre Bedeutungen zu einer neuen Bedeutungseinheit verbinden, erscheint es aussichtsreich, die schon gebildete Einheit als Ausgangspunkt zu nehmen und zu untersuchen, wie sie aus ihren Teilen konstituiert ist. Auf diesem Wege kann man hoffen zu klären, was es für einen in einem Satz vorkommenden Ausdruck heißt, bedeutungsvoll zu sein und gleichwohl nicht wie ein Name zu funktionieren. (Dies erscheint besonders dann plausibel, wenn man dabei an Wörter wie ›und‹, ›oder‹ etc. denkt, die dem Logiker Frege sicher besonders nahelagen.) Allerdings ist, wie schon oben bemerkt wurde, bei der Beurteilung eines so gewonnenen Lösungsvorschlags im Auge zu behalten, daß er nur dann als befriedigend gelten kann, wenn er uns schließlich auch umgekehrt das *Zustandekommen* komplexer Bedeutungen (komplexer bedeutungsvoller Ausdrücke) verständlich macht.

Was ist nun das Ergebnis von Freges ›Zerfällung‹ eines Ge-

14 Frege 1986, S. 10 (Orig. Pag. S. IX)

dankens, welches sind nach seiner Auffassung die ›Gedankenteile‹, und wie können wir verstehen, daß sie ein Ganzes bilden, einen Gedanken? Freges Grundidee zur Beantwortung dieser Fragen kommt in seiner These zum Ausdruck, ein Gedanke bestehe stets aus zwei ganz unterschiedlich gearteten Teilen, nämlich aus einem (oder im komplexeren Fall mehreren) vollständigen oder abgeschlossenen Teil(en) und einem ergänzungsbedürftigen oder ›ungesättigten‹. In dieser ›Ungesättigtheit‹ mancher Gedankenteile sieht Frege den Grund dafür, daß sie mit anderen, vollständigen Teilen eine Einheit bilden können; sie ist für ihn das, was logische Komplexität überhaupt ermöglicht, worin folglich der Grund dafür zu sehen ist, daß es auf der Ebene des Ausdrucks Sätze gibt und nicht nur Namenslisten.[15]

Um zu verstehen, was Frege mit ›Ungesättigtheit‹ meint, ist es hilfreich, mit M.Dummett[16] zwei Kontexte zu unterscheiden, in denen er davon spricht. Der eine ist durch das Problem bestimmt, wie man Allgemeinheit logisch angemessen zum Ausdruck bringt; hier geht es also um das Verständnis von Sätzen wie z.B. ›alle Menschen sind sterblich‹ und ihrer Rolle in logischen Folgerungen. In diesem Bereich sind Freges Überlegungen zwar sehr klar, sie betreffen aber nicht unmittelbar das Problem der semantischen Komplexität in seiner einfachsten Fassung, sondern sie setzen voraus, daß die Verbindbarkeit zweier Wörter zu einem Satz, der die Form ›a fällt unter den Begriff F‹ hat und zum Ausdruck eines Gedankens geeignet ist, bereits verstanden ist. Die Erörterungen zu diesem Problemkomplex sind stärker an der fertigen *Form* von Ausdrücken und an Substitutionsfragen orientiert, weniger an den Arten ihrer *Inhalte* und der Weise, wie sie die Formen allererst bestimmen. Der zweite Kontext ist der, in dem Frege gerade die Verbindungsmöglichkeit zu erklären sucht; hier bleiben seine Ausführungen, wie ihm

---

15 So heißt es in ›Gedankengefüge‹: »Und die Vermutung liegt nahe, daß im Logischen überhaupt die Fügung zu einem Ganzen immer dadurch geschehe, daß ein Ungesättigtes gesättigt werde.« Frege 1967, S. 378 (Orig. Pag. S. 37); vgl. auch Frege 1969, S. 274 (›Aufzeichnungen für Ludwig Darmstaedter‹)

16 Dummett 1981, S. 27f.

selbst bewußt war, im Bereich des Gleichnishaften, der Analogie. Sie verlangen daher größere Interpretationsanstrengungen und laden zur Weiterführung ein.

Da die genannten Kontexte bei Frege nicht streng getrennt sind, ist es nötig, im Rahmen dieser Untersuchung beide Zusammenhänge zu betrachten, obwohl die logische Allgemeinheit hier nicht zum zentralen Thema gemacht werden soll. Wir erörtern also zunächst die Überlegungen Freges, die er zur Vorbereitung seiner Deutung der logischen Allgemeinheit anstellt, und beziehen uns dabei auf sein erstes Buch, die »Begriffsschrift«. Wir werden zu zeigen versuchen, daß in diesem Text Freges zwei verschiedene Gedankengänge miteinander verwoben sind, die zwei unterschiedliche Lesarten verlangen, die hier die ›formale‹ und die ›inhaltliche‹ heißen sollen, wobei nur die inhaltliche Lesart das oben umrissene Komplexitätsproblem unmittelbar betrifft. Wir behandeln die beiden Lesarten in der genannten Reihenfolge.

3. Argument und Funktion in der »Begriffsschrift«

Der Textabschnitt, um den es hier gehen wird, betrifft die Einführung der Termini ›Argument‹ und ›Funktion‹, durch die Frege die grammatischen Begriffe ›Subjekt‹ und ›Prädikat‹ ersetzen will. Auffällig ist, daß er auf die mathematische Bedeutung des Terminus ›Funktion‹, gemäß der ein Ausdruck wie ›3x+7‹, der aus einer Variablen und einem Funktionsausdruck besteht, auch durch eine Einsetzung nicht zu einer *Aussage* wird, in den betreffenden Paragraphen nicht eingeht. Vielmehr erläutert Frege seine Verwendung des Wortes ›Funktion‹ am Beispiel von Aussagesätzen, zu deren Formulierung er sich der natürlichen Sprache bedient, wenngleich er den Leser auffordert, sich eine begriffsschriftliche Formulierung zu denken.

Frege setzt voraus, man habe bedeutungsvolle komplexe Ausdrücke, z.B. begriffsschriftliche Äquivalente für Sätze wie ›Wasserstoffgas ist leichter als Kohlensäuregas‹ bereits zur Verfügung. Er weist nun darauf hin, daß man solche Ausdrücke zerlegen kann, indem man einen oder mehrere

Teilausdrücke aus ihnen herausnimmt und durch einen (bzw. mehrere) andere Ausdrücke ersetzt. So kann man z.B. aus dem Ausdruck ›*Wasserstoffgas* ist leichter als Kohlensäuregas‹ den kursiv gedruckten Teilausdruck ›Wasserstoffgas‹ herausnehmen und durch den Ausdruck ›Sauerstoffgas‹ oder den Ausdruck ›Stickstoffgas‹ ersetzen. Ist der zugrundegelegte komplexe Ausdruck wie im vorliegenden Fall ein Satz, so läßt sich eine Allgemeinheit dann dadurch ausdrücken, daß man sagt: Was immer für geeignete Teilausdrücke an der durch Kursivdruck (eine Konvention, die wir hier für unsere Zwecke einführen) kenntlich gemachten Stelle statt des dort gerade stehenden Ausdrucks eingesetzt werden, der resultierende komplexe Ausdruck drückt eine Tatsache aus. Statt des kursiv gedruckten Teilausdrucks kann man auch ein unbestimmt andeutendes Symbol, z.B. den Buchstaben ›x‹ verwenden und damit anzeigen, an welcher Stelle des komplexen Ausdrucks die Einsetzungen, von denen die Rede ist, erfolgen sollen.

Frege gibt nun die folgende allgemeine Bestimmung der Termini ›Funktion‹ und ›Argument‹:

»Wenn in einem Ausdrucke, dessen Inhalt nicht beurtheilbar zu sein braucht, ein einfaches oder zusammengesetztes Zeichen an einer oder an mehren Stellen vorkommt, und wir denken es an allen oder einigen dieser Stellen durch Anderes, überall aber durch Dasselbe ersetzbar, so nennen wir den hierbei unveränderlich erscheinenden Theil des Ausdruckes Function, den ersetzbaren ihr Argument.«[17]

Zwei Merkmale fallen an dieser Bestimmung auf: Erstens bezeichnen die Termini ›Funktion‹ und ›Argument‹ (Teil-)*Ausdrücke*, nicht etwas, wofür Ausdrücke stehen; und zweitens schränkt Frege den Bereich derjenigen Ausdrücke, die als ersetzbar gedacht werden können, hier in keiner Weise ein. Die Handlung, die zur Unterscheidung von Funktion und Argument führt, scheint also allein darin zu bestehen, einen oder mehrere *beliebige* Teilausdrücke eines komplexen (begriffsschriftlichen) Ausdrucks (der nicht einmal einen beurteilbaren Inhalt, eine ›Proposition‹, auszudrücken braucht) als ersetzbar zu denken. Hält man sich allein an die

17 Frege 1964, S. 15

zitierte Bestimmung, so ist es unmittelbar einleuchtend, daß Frege von der Funktion, das heißt, auf das Beispiel ›*Wasserstoffgas* ist leichter als Kohlensäuregas‹ bezogen, vom nicht kursiv gedruckten Teilausdruck sagt, er sei ergänzungsbedürftig oder ›ungesättigt‹: Gemessen am ursprünglichen Ausdruck ist der Restausdruck, wie die von Frege vorgeschlagene Schreibweise ›x ist leichter als Kohlensäuregas‹ deutlich sichtbar macht, in der Tat unvollständig.

Mit dieser Lesart stimmt die Tatsache überein, daß Frege ausdrücklich darauf hinweist, daß bei einem komplexen Ausdruck auf mehr als eine Weise ein Teilausdruck als ersetzbar gedacht werden kann, und daß er folglich auch auf mehr als nur auf eine Weise als aus Argument und Funktion bestehend aufgefaßt werden kann. So kann man den Beispielsatz auch so auffassen, daß man ›Kohlensäuregas‹ als ersetzbar denkt (in unserer Schreibweise: ›Wasserstoffgas ist leichter als *Kohlensäuregas*‹) oder sowohl ›Wasserstoffgas‹ als auch ›Kohlensäuregas‹, wobei man dann zusätzlich deutlich machen muß, ob man Ersetzungen betrachtet, die durch Einfügung desselben Ausdrucks an beiden Stellen (›x ist leichter als x‹) oder durch Einfügung verschiedener Ausdrücke (›x ist leichter als y‹) entstehen. Und nach dieser Interpretation scheint es ebensogut möglich zu sein, den Teilausdruck ›ist leichter als‹ (bzw. sein begriffsschriftliches Äquivalent) als ersetzbar zu denken und so zu erhalten: ›Wasserstoffgas *ist leichter als* Kohlensäuregas‹, anders notiert: ›Wasserstoffgas x Kohlensäuregas‹. Hier wäre nach der zitierten Definition der Ausdruck ›ist leichter als‹ das Argument, und eine entsprechende Allgemeinheit ließe sich z. B. durch den Satz ausdrücken: »Es gilt nicht für alle (zulässigen) Ersetzungen von x in ›Wasserstoffgas x Kohlensäuregas‹, daß der resultierende Satz eine Tatsache ausdrückt«.

Es ergibt sich also, daß im Rahmen dieses Kontextes, in dem es um den Ausdruck von Allgemeinheit geht, die Frage, welcher Teil eines Gesamtausdrucks Argument und welcher Teil Funktion ist, nicht aufgrund von bedeutungsbezogenen Eigenschaften seiner Teilausdrücke beantwortet werden kann, so daß es sinnlos ist, sie ohne die gleichzeitige Angabe einer bestimmten Betrachtungsweise zu stellen. Von dem benutzten Beispielsatz kann man z. B., wenn man ihn für sich betrachtet, nicht sagen, er *sei* aus der Funktion ›x ist leichter als Kohlensäuregas‹ und dem Argument ›Wasserstoffgas‹ zusammengesetzt. Man kann nur sagen, dies sei eine von mehreren möglichen Weisen, ihn als zusammengesetzt *aufzufassen*. Die Unterscheidung zwischen Argument und Funktion im bisher vorgetragenen Sinne ist also eine *formale*, keine *inhaltliche*, *semantische* Unterscheidung. Sie setzt allein voraus, daß man die Grenzen zwischen den Teilausdrücken erkennt und einen oder mehrere als ersetzbar denkt. Für unser Problem einer adäquaten Beschreibung *semantischer* Strukturen scheint sie also nichts zu erbringen.

Es sieht sogar so aus, als würde Frege in dieser Relativierung der Zerlegungsmöglichkeiten von Ausdrücken eines Inhaltes noch einen Schritt weiter gehen. Er sagt über die Unterscheidung von Funktion und Argument: »Diese Unterscheidung hat mit dem begrifflichen Inhalte nichts zu thun, sondern ist allein Sache der Auffassung«[18], und er begründet diese Aussage damit, daß nicht nur, wie wir gesehen haben, jeder Satz, der einen bestimmten beurteilbaren Inhalt ausdrückt, auf mehr als nur eine Weise als bestehend aus Funktion und Argument aufgefaßt werden kann, sondern daß es darüber hinaus möglich ist, denselben begrifflichen Inhalt durch einen anderen Satz auszudrücken, der nicht einmal dieselben Teile enthält. Frege sagt mit Bezug auf den betrachteten Beispielsatz, wir könnten »denselben begrifflichen Inhalt auch in der Weise auffassen [und das heißt auch: ihn entsprechend ausdrücken; H.J.S.], dass ›Kohlensäuregas‹ Argument, ›schwerer als Wasserstoffgas zu sein‹ Function wird.«[19] Nun kam aber der Teilausdruck ›schwerer als‹ in der ersten Formulierung des Gedankens nicht vor. Wie soll es dann möglich sein, sich bei der begriffsschriftlichen Formulierung eines Gedankens an diesem selbst zu orientieren, wenn die Tatsache, daß man ihn richtig erfaßt hat, nicht auch bedeutet, daß man eindeutig erkannt hat, welche Teile sein begriffsschriftlich adäquater Ausdruck haben muß?

18 Ibid.   19 Ibid.

Wenn es so wäre, daß ein bestimmter beurteilbarer Inhalt nur durch einen einzigen begriffsschriftlichen Satz ausgedrückt werden könnte (eine Annahme, die der Zielsetzung, eine den begrifflichen Verhältnissen unmittelbar angemessene Sprache zu entwickeln, sehr entgegenkäme), dann träfe es zwar ebenfalls zu, daß ein bestimmter Inhalt nicht festlegt, wie der Satz, der ihn ausdrückt, als in Argument und Funktion zerlegt aufgefaßt werden soll. Dies läge aber nur daran, daß noch offen wäre, welche seiner Teile im jeweiligen Kontext als ersetzbar gedacht werden sollen. Aber weil dem Inhalt laut Voraussetzung nur eine einzige begriffsschriftliche Formulierung entsprechen würde, könnten wir doch aus den durch ›Zerfällung‹ gewonnenen Satzteilen entnehmen, welches die ›Teile des Gedankens‹ sind, und dies hätte, so würde man wohl sagen müssen, durchaus etwas mit dem begrifflichen Inhalt zu tun. Obwohl es nämlich nicht möglich wäre, vom Gedanken selbst, vom ›Inhalt‹, zu sagen, er gliedere sich in Argument und Funktion (dies wäre nach wie vor eine Sache der Auffassung, des Betrachtens eines Teils als veränderlich), könnte man sehr wohl sagen, die Teilbarkeit des begriffsschriftlichen Satzes bestimme die Möglichkeiten, ihn als in Argument und Funktion gegliedert aufzufassen. Wenn also, wie hier um der Argumentation willen versuchsweise angenommen, zu einem Gedanken stets nur *eine* begriffsschriftliche Formulierung (*eine* semantische Struktur) gehören würde, dann hätte der begriffliche Inhalt in dem Sinne etwas mit der Unterscheidung von Argument und Funktion zu tun, daß er zwar nicht festlegen würde, was in seinem Ausdruck Argument und was Funktion ist, er würde aber die *Teile* des begriffsschriftlichen Ausdrucks festlegen und folglich auch, was für Ausdrücke überhaupt dafür in Frage kommen, als fest oder veränderlich aufgefaßt zu werden.

Freges ausdrückliche Behauptung, die Unterscheidung von Argument und Funktion habe mit dem begrifflichen Inhalt nichts zu tun, scheint zu bestätigen, daß die Zerlegung, die zu dieser Unterscheidung führt, eine Zerlegung des (begriffsschriftlichen, also in einem noch zu klärenden Sinn semantisch adäquaten) *Ausdrucks* ist, die der Zerlegbarkeit, der Möglichkeit der ›Zerfällung‹ des *Gedankens* offenbar nicht parallel läuft. Für die Frage, auf welche ›Gedankenteile‹ wir durch die Zerfällung des Gedankens stoßen, haben wir mit der Zerlegung eines Ausdrucks in Funktion und Argument, soweit wir sie bisher erörtert haben, deshalb offenbar nichts gewonnen. Entsprechend hilft uns der Begriff der Ergänzungsbedürftigkeit oder ›Ungesättigtheit‹ einer Funktion, soweit er durch den Kontext des Ausdrucks von Allgemeinheit in seiner Bedeutung bestimmt ist, und soweit wir uns auf die im Moment erörterte Lesart von Freges Unterscheidung von Argument und Funktion beschränken, für die Frage nach den ›Gedankenteilen‹ und nach der Möglichkeit ihrer Zusammensetzung zu einem Ganzen nicht weiter. Diese Frage interessiert aber, wenn es um die Möglichkeit geht, Inhaltsstrukturen ›logisch‹, und das sollte heißen, unabhängig von spezifischen Medieneigenschaften, von den grammatischen Eigenheiten einer *bestimmten* Sprache, darzustellen.

Daraus folgt auch, daß Freges Aussage, jeder Ausdruck eines beurteilbaren Inhalts, d. h. jeder assertorische Satz, lasse sich als Funktion eines Arguments auffassen, gemäß der im Moment erörterten Lesart nicht heißt, daß ein beurteilbarer Inhalt selbst aus voneinander unterscheidbaren Bestandteilen besteht, die diesen Ausdrucksteilen entsprechen, sondern nur, daß sein Ausdruck notwendigerweise zusammengesetzt ist und deshalb auf die beschriebene Weise als zerlegbar aufgefaßt werden kann. Nur ein Ausdruck, der überhaupt nicht zusammengesetzt wäre, ließe sich nicht als bestehend aus Argument und Funktion auffassen. Deshalb, so scheint es, enthüllt die Schreibweise ›$\Phi(A)$‹, die Frege zum allgemeinen Ausdruck einer Funktion Φ eines Arguments A einführt,[20] und von der er sagt, sie könne zum Ausdruck aller beurteilbaren Inhalte dienen, nicht eine z. B. im natürlichsprachlichen Satz ›Wasserstoffgas ist leichter als Kohlensäuregas‹ verborgene ›logische Form‹. Daß beurteilbare Inhalte mit Hilfe des Ausdrucks ›$\Phi(A)$‹ dargestellt werden können, sagt also nichts über ihre Zusammengesetztheit aus verschieden-

20 A. a. O., S. 18

artigen, durch ›Φ‹ und ›(A)‹ angedeuteten ›Gedankenteilen‹ aus.

Diese Lesart von Freges Ausführungen soll hier die ›formale‹ Auffassung von Funktion und Argument heißen, weil sie sich allein auf Formeigenschaften von Ausdrücken bezieht: Sie ist an der Tatsache orientiert, daß Ausdrücke zusammengesetzt sind, daß sie daher zerlegt werden können, und daß man so entstandene Teilausdrücke als gleichbleibend oder als veränderlich betrachten kann. Das Wort ›formal‹ drückt daher aus, daß inhaltliche Unterschiede zwischen den Arten von Rollen, die die Teilausdrücke (oder andere Teilausdrücke von derselben Art) erfüllen, bei der Entscheidung darüber, ob ein Teilausdruck Argument oder Funktion ist, keinen relevanten Gesichtspunkt darstellen. Nach dieser Lesart trägt die Unterscheidung zwischen Argument und Funktion für die Aufklärung der Frage, welches diejenige Weise der ›Zerfällung‹ eines beurteilbaren Inhalts ist, die die verschiedenen Arten von ›Gedankenteilen‹ so sichtbar macht, daß verständlich wird, wie sich das Ganze eines beurteilbaren Inhalts aus seinen verschiedenartigen Teilen ergibt, nichts bei; vielmehr ist eine solche nicht-willkürliche Zerlegbarkeit der Inhalte bei einer Anwendung der formalen Unterscheidung bereits vorausgesetzt. Diese inhaltsbezogenen Fragen sind aber diejenigen, um die es bei der Bemühung, den Begriff der ›semantischen Struktur‹ zu klären, gehen muß.

Nun enthält aber bereits der hier erörterte Abschnitt der »Begriffsschrift« Aussagen, die mit dieser formalen Auffassung der Unterscheidung von Funktion und Argument im Widerspruch stehen. Sie zeigen an, daß Frege eine andere Unterscheidung, die nicht je nach Auffassung beliebig abgegrenzte Teilausdrücke betrifft, sondern inhaltlich bestimmte Ausdruckskategorien, schon an dieser Stelle seiner Überlegungen mitführt, und daß er sie von der Unterscheidung zwischen Funktion und Argument im formalen Sinne nicht deutlich trennt.

Noch vor der oben zitierten allgemeinen Bestimmung der Bedeutung der Termini ›Funktion‹ und ›Argument‹, die für eine rein formale Lesart spricht, sagt Frege mit Bezug auf den

Beispielsatz ›*Wasserstoffgas* ist leichter als Kohlensäuregas‹, der hier nicht kursiv gedruckte (d.h. nicht als ersetzbar gedachte) Teil des Ausdrucks würde »die Gesammtheit der Beziehungen darstell(en)«, in denen sich derjenige Gegenstand befinde, den der andere Ausdruck (›Wasserstoffgas‹) bedeute. Und er fährt im unmittelbaren Anschluß daran fort: »Den ersteren Bestandtheil nenne ich Function, den letzteren ihr Argument.«[21] Dies ist das erste Vorkommen dieser beiden Termini in den Paragraphen, die mit Freges Gebrauch des Ausdrucks ›Funktion‹ bekannt machen sollen. Man könnte zwar meinen, er habe hier ausdrücken wollen, daß es bei der gerade betrachteten Zerlegungsweise *zufällig* so sei, daß das Argument einen Gegenstand bedeute, die Funktion aber Beziehungen darstelle, in denen sich dieser befinde, daß es aber im Prinzip auch genau umgekehrt sein könnte – so lautete unsere bisherige Interpretation. Im Lichte gleich noch zu erörternder Textstellen erscheint es aber doch nötig, Frege so zu interpretieren, daß er mit den zitierten Worten sagen möchte, ›Argument‹ heiße ein Ausdruck, der einen Gegenstand bedeute, ›Funktion‹ dagegen ein Ausdruck, der eine Eigenschaft oder Beziehung darstelle. Die Termini ›Argument‹ und ›Funktion‹ wären damit bedeutungsbezogen bestimmt, und nicht formal.

Man würde bei dieser Lesart die sich anschließende Aussage, diese Unterscheidung habe mit dem begrifflichen Inhalt nichts zu tun, sondern sei allein Sache der Auffassung, nicht so streng interpretieren, wie oben erwogen, also nicht als die These, über die ›Gedankenteile‹ lasse sich auch einem begriffsschriftlichen Ausdruck *überhaupt nichts* entnehmen, weil ein und derselbe Gedanke durch ganz verschiedene Ausdrücke formuliert werden könne. Vielmehr würde man dann sagen, Frege habe hier nur zum Ausdruck bringen wollen, daß sich der Satz

(1) Wasserstoffgas ist leichter als Kohlensäuregas

nicht nur auf die Weise (1a), sondern auch im Sinne von (1b) als zerlegbar auffassen läßt:

21 A.a.O. S. 15

(1a)   x   ist leichter als Kohlensäuregas
(1b) Wasserstoffgas ist leichter als   x

Die Pointe von Freges Formulierung, wir könnten den begrifflichen Inhalt von (1) auch so auffassen, daß »»schwerer als Wasserstoffgas zu sein‹ Function wird«[22], wäre dann nicht die Tatsache, daß derselbe begriffliche Inhalt auch mit ganz anderen Worten ausgedrückt werden kann, sondern Freges Wahl von ›schwerer als‹ statt ›leichter als‹ wäre nur ein zufälliges Resultat des Bemühens, die Lesart (1b) in einem unkomplizierten deutschen Satz auszudrücken. Frege hätte sonst sagen müssen, man könne den begrifflichen Inhalt auch so auffassen, daß ›etwas zu sein, so daß Wasserstoff leichter ist als es‹ Funktion wird. Was ›Sache der Auffassung‹ ist, wäre bei dieser Lesart doch allein das ›Als-veränderlich-Betrachten‹, nicht auch die Gegliedertheit begriffsschriftlicher Ausdrücke in Teilausdrücke verschiedener Kategorien.

Diese Interpretation wird durch die Tatsache gestützt, daß Frege sich vorstellt, er würde begriffsschriftliche Formulierungen der hier natürlichsprachlich angegebenen Sätze betrachten, was dafür spricht, daß man sich an den deutschen Wortlaut der Beispiele so streng nicht halten darf. Ließe man dies unberücksichtigt, müßte man hier einen für Freges Genauigkeit zu offensichtlichen Fehler konstatieren, denn der von ihm als Funktion bezeichnete Ausdruck ›leichter als Kohlensäuregas zu sein‹ kommt wörtlich im natürlichsprachlich formulierten Satz gar nicht vor, seine zitierten Bestimmungen beziehen sich in der »Begriffsschrift« aber auf *Ausdrücke*, nicht auf etwas ›hinter‹ den Ausdrücken. Für dieses Textverständnis spricht ferner die Tatsache, daß Frege in den beiden Beispielen, die bis zu seiner allgemeinen Bestimmung noch folgen, stets nur Gegenstandsnamen als Argumente betrachtet (›das Sonnensystem‹, ›Cato‹) und keine anderen Teilausdrücke.

Ein weiteres Indiz dafür, daß Frege in der »Begriffsschrift« kein *rein* formales Verständnis des Unterschieds zwischen Funktion und Argument hat, zeigt sich wenig später, wenn er zu begründen versucht, daß die beiden Sätze

22 Ibid.

(2a) Die Zahl 20 ist als Summe von vier Quadratzahlen darstellbar
(2b) Jede positive ganze Zahl ist als Summe von vier Quadratzahlen
darstellbar

nicht so zerlegt werden können, daß ›x ist als Summe von vier
Quadratzahlen darstellbar‹ als Funktion und ›die Zahl 20‹
und ›jede positive ganze Zahl‹ als Argumente aufgefaßt werden. Würde man sich allein am natürlichsprachlichen Ausdruck und an Freges formaler Bestimmung orientieren, so
könnte man in der Tat auf diese Weise einen gleichbleibenden
Bestandteil (definitionsgemäß also: die Funktion) von einem
veränderlichen Teil (den Argumenten ›die Zahl 20‹ und ›jede
positive ganze Zahl‹) unterscheiden. Frege wendet dagegen
ein, die hier als Argumente erwogenen Ausdrücke seien
nicht »Begriffe gleichen Ranges«; der ›Rang‹ eines Begriffs
ist aber offenbar etwas anderes als eine sich einer frei wählbaren Auffassungsweise verdankende Eigenschaft seines natürlichsprachlichen Ausdrucks. Frege will *unter Benutzung*
des natürlichsprachlichen Ausdrucks etwas deutlich machen, was im Fall der natürlichen Sprache eher seine Verwendung betrifft (Begriff eines bestimmten ›Ranges‹) als
seine grafische Gestalt, was dann am begriffsschriftlichen
Ausdruck aber in der Tat von seiner Gestalt ablesbar sein
soll. Frege hat jedoch Mühe zu erklären, welche Eigenschaft
er meint.
Seine erste Erläuterung lautet: »Was von der Zahl 20 ausgesagt wird, kann nicht in demselben Sinne von ›jede positive
ganze Zahl‹, allerdings aber unter Umständen von jeder positiven ganzen Zahl ausgesagt werden.«[23] Damit wird der
Unterschied nicht erklärt, denn daß man über eine Zahl
(Frege schreibt ohne Anführungszeichen »von der Zahl 20«)
nicht Aussagen derselben Art machen kann wie über einen
Ausdruck (er schreibt mit Anführungszeichen »von ›jede
positive ganze Zahl‹«), verwundert nicht; dies stand auch
nicht zur Debatte, denn der Satz (2b) handelt nicht vom
Ausdruck, sondern von den positiven ganzen Zahlen. Wie
das Zitat zeigt, fügt Frege auch sofort hinzu, von jeder positiven ganzen Zahl, also nicht vom Ausdruck, könne man

23 A.a.O. S. 17

solche Aussagen, wie man sie von der Zahl 20 macht, unter Umständen machen; dann ist aber der Unterschied, den er erläutern wollte, nicht erklärt; es bleibt bei der ungeklärten Intuition, daß die beiden Subjektausdrücke ›die Zahl 20‹ und ›jede positive ganze Zahl‹ in irgendeinem Sinne anders funktionieren (insbesondere, daß der Ausdruck ›jede positive ganze Zahl‹ kein Gegenstandsname ist). Eines Mangels in der soweit gegebenen Erläuterung ist sich Frege offenbar bewußt, denn er ergänzt nun: »Der Ausdruck ›jede positive ganze Zahl‹ giebt nicht wie ›die Zahl 20‹ für sich allein eine selbständige Vorstellung, sondern bekommt erst durch den Zusammenhang des Satzes einen Sinn.« Dieser Aussage kann man entnehmen, daß ein Argument nur ein Teilausdruck sein kann, der ›für sich allein eine selbständige Vorstellung gibt‹, und dies läßt sich so lesen, daß es in dieselbe Richtung weist wie die oben erörterte Feststellung, Argumente bedeuteten Gegenstände. Nach der sich daraus ergebenden Lesart würden mit den Termini ›Argument‹ und ›Funktion‹ also unabhängig von der Frage, welcher Teilausdruck eines Komplexes gerade als veränderlich betrachtet wird, zwei inhaltlich verschiedene Kategorien von Ausdrücken bezeichnet: solche, die für einen Gegenstand stehen (eine ›selbständige Vorstellung geben‹), und solche, die nicht für einen Gegenstand stehen, sondern Beziehungen ausdrücken, in denen ein Gegenstand steht (bzw. mehrere Gegenstände stehen), oder Eigenschaften, die ein Gegenstand hat.[24] Diese Bestimmung bezieht sich auf den ›Inhalt‹ eines Ausdrucks; sie expliziert eine Intuition darüber, was ›man sagen kann‹, und steht so im Gegensatz zur formalen Auffassung, nach der ›Argument‹ derjenige Teilausdruck heißt, der als ersetzbar gedacht wird, gleichgültig, wofür er steht (und ›Funktion‹ entsprechend der als fest gedachte Teilausdruck, ebenfalls unabhängig von der Frage, wofür er steht oder welche Rolle er spielt). Zu klären ist nach dieser Lesart, was es heißt, ein Ausdruck ›stehe für einen Gegenstand‹ bzw. er ›drücke Beziehungen aus‹.

24 Eine genauere Erörterung der Ausdrücke des Typs ›jede positive ganze Zahl‹, der auch kein einfacher Funktionsausdruck in dem Sinne ist, daß er ›Beziehungen‹ ausdrückt, in denen Gegenstände stehen, erfolgt unten, in den Abschnitten 7 ff.

Daß Frege in der Tat auf eine Unterscheidung von Ausdruckskategorien nach inhaltlichen Gesichtspunkten zusteuert, die sich an dem orientiert, was ›man sagen kann‹ (traditioneller gesprochen: an dem, ›wofür ein Ausdruck steht‹), zeigt sich an seiner Überlegung, die Auffassung eines Ausdrucks eines Inhalts als in Argument und Funktion zerlegbar sei nur unwichtig, solange Funktion und Argument völlig bestimmt seien, d.h., solange wir vollständige Sätze betrachten, bezüglich derer wir uns gewisse vorhandene Teile als ersetzbar denken. Frege gibt dann den folgenden Hinweis:

»Wenn aber das Argument *unbestimmt* wird wie in dem Urtheile: ›du kannst als Argument für 'als Summe von vier Quadratzahlen darstellbar zu sein' eine beliebige positive ganze Zahl nehmen: der Satz bleibt immer richtig‹, so gewinnt die Unterscheidung von Function und Argument eine *inhaltliche* Bedeutung. Es kann auch umgekehrt das Argument bestimmt, die Function aber unbestimmt sein. In beiden Fällen wird durch den Gegensatz des *Bestimmten* und *Unbestimmten* oder des *mehr* und *minder* Bestimmten das Ganze dem Inhalte nach und nicht nur in der Auffassung in *Function* und *Argument* zerlegt.«[25]

Was will Frege hier sagen? Wenn wir zunächst nur den Satz betrachten ›die Zahl 20 ist als Summe von vier Quadratzahlen darstellbar‹, dann ist es gleichgültig, welchen Teil wir als ersetzbar betrachten (nach der oben eingeführten Konvention also kursiv drucken). Wir können sowohl ›*die Zahl 20* ist als Summe von vier Quadratzahlen darstellbar‹ notieren, also den Teilausdruck ›die Zahl 20‹ als Argument auffassen, als auch ›die Zahl 20 *ist als Summe von vier Quadratzahlen darstellbar*‹ notieren und den nun kursiv gedruckten Teil als Argument auffassen.

Das Argument wird dadurch ›unbestimmt‹, daß wir nicht mehr den ursprünglichen vollständigen Satz betrachten, von dem wir uns einen Teil als ersetzbar denken, sondern daß wir einen Teilausdruck tilgen und ihn durch ein unbestimmt andeutendes Symbol ersetzen. Wenn wir jetzt mit Bezug auf einen solchen Ausdruck, der einen derartigen Platzhalter enthält, noch von Argument und Funktion sprechen, wenn

25 Ibid., S. 17

wir z.B. eine Aussage über die Resultate von Ersetzungen machen, bekommt das Wort ›Argument‹ nach Frege eine inhaltliche Bedeutung. Als Beispiel für eine solche Aussage nennt er den Satz »du kannst als Argument für ›als Summe von vier Quadratzahlen darstellbar zu sein‹ eine beliebige positive ganze Zahl nehmen: der Satz bleibt immer richtig«. Hier hat der Ausdruck ›Argument‹ eine inhaltliche Bedeutung bekommen, was deutlich daran sichtbar wird, daß Frege entgegen seiner vorherigen Festsetzung sogar die Zahlen selbst, deren Bezeichnungen er eingesetzt denkt, als Argumente bezeichnet. Aber auch wenn er dies nicht täte, müßte der Satz, der über den Ausdruck mit dem unbestimmten Argument spricht, eine inhaltliche Angabe dazu enthalten, welcher Ausdruckskategorie die Ersetzungen angehören dürfen. Diese Angabe *müßte* sich nicht der Wörter ›Argument‹ und ›Funktion‹ bedienen. Frege aber benutzt zur Bezeichnung der Ausdruckskategorien, die durch den ›Gegensatz zwischen Bestimmtem und Unbestimmtem‹ nötig wird, weil angegeben werden muß, ein Ausdruck welcher Kategorie an die Stelle des unbestimmt andeutenden Zeichens gesetzt werden darf, jetzt ebenfalls die Wörter ›Argument‹ (Ausdruck für einen Gegenstand, z.B. für eine Zahl) und ›Funktion‹ (Ausdruck für Eigenschaften und Beziehungen).

Nur so ist nämlich der dann folgende Satz verständlich, es könne auch umgekehrt das Argument (das bedeutet nun: der Gegenstandsname) bestimmt, die Funktion (also der Ausdruck für die Eigenschaft oder Beziehung) unbestimmt sein. Würde man sich dagegen allein an der formalen Lesart orientieren, dann ergäbe sich hier ein Widerspruch, denn nach ihr sollte ›Argument‹ immer der jeweils als veränderlich, also als unbestimmt gedachte Bestandteil heißen, folglich könnte keineswegs das Argument bestimmt, die Funktion aber unbestimmt sein. Liest man aber die kategoriale Bedeutung mit, dann heißt diese Aussage Freges, daß man z.B. den oben erörterten Satz auch so auffassen kann, daß der Teilausdruck ›die Zahl 20‹, der für einen Gegenstand steht, also Argument im inhaltlichen Sinne ist, als unveränderlich angesehen wird, während der Teilausdruck ›ist als Summe von vier Quadratzahlen darstellbar‹, der eine Eigenschaft ausdrückt, also Funktion im inhaltlichen Sinne ist, als veränderlich betrachtet wird. Eine Aussage, die einen Satz betrifft, in dem in diesem Sinne die Funktion unbestimmt gelassen ist, in dem daher der Ausdruck ›Funktion‹ eine inhaltliche Bedeutung hat, wäre z. B. die folgende: Es gibt mindestens einen Ausdruck einer Funktion, so daß, wenn man ihn anstelle des kursiv gedruckten Teilausdrucks in ›die Zahl 20 *ist als Summe von vier Quadratzahlen darstellbar*‹ einsetzt, der resultierende Satz wahr ist. Eine Formulierung, in der die doppelte, nämlich einmal formale (Subscript ›f‹) und einmal inhaltliche (Subscript ›i‹) Lesart der Termini ›Argument‹ und ›Funktion‹ deutlich sichtbar wird, wäre die folgende, die ganz parallel zu Freges Beispiel konstruiert ist (daß sie einen falschen Satz artikuliert, ist für unseren Zweck ohne Belang): »Du kannst als Argument$_f$ in ›die Zahl 20 *ist als Summe von vier Quadratzahlen darstellbar*‹ einen beliebigen Ausdruck einer Funktion$_i$ einsetzen, der Satz bleibt immer richtig.«

Diese Interpretation, die den Wörtern ›Funktion‹ und ›Argument‹ eine doppelte Rolle zuschreibt, wird durch Freges weiteren Text bestätigt. Die kategoriale, nicht-formale Lesart dieser Unterscheidung zeigt sich, wo er die Notation ›Φ(A)‹ einführt für eine »unbestimmte Funktion des Arguments A«[26] und zugleich sagt, man könne das Urteil[27] ›⊢ Φ(A)‹ lesen als ›A hat die Eigenschaft Φ‹. Denn würde er nicht mit dieser Notation gleichzeitig festlegen, daß ›A‹ für einen Gegenstandsnamen, ›Φ‹ für einen diesen zu einem Satz ergänzenden Ausdruck steht, dann könnte er nicht allgemein ›⊢ Φ(A)‹ als ›A hat die Eigenschaft Φ‹ lesen. Formal gesehen könnte man z. B. ›Peter läuft‹ nicht nur als ›*Peter* läuft‹, sondern auch im Sinne von ›Peter *läuft*‹ als in Funktion und Argument gegliedert auffassen. Im zweiten Fall sieht man den Satz (formal) als Funktion des Arguments ›läuft‹ an, Frege müßte also schreiben ›Φ (läuft)‹, was er dann aber (mit

26 A. a. O., S. 18
27 Das Zeichen ›⊢‹ drückt aus, daß der Schreibende dem Gedanken, dessen Ausdruck diesem Zeichen folgt, ›Wahrheit zuerkennt‹, ihn also nicht nur erwägt oder zur Diskussion stellt. Vgl. Frege 1964, S. 2

›Peter‹ für ›Φ‹) nicht lesen könnte als ›läuft hat die Eigenschaft Peter‹.[28]

Damit ist nicht die hier ›inhaltlich‹ genannte Lesart der Unterscheidung von Argument und Funktion als *die* richtige Interpretation der »Begriffsschrift« erwiesen, vielmehr benutzt Frege die beiden herausgearbeiteten Bedeutungen dieser Unterscheidung nebeneinander: Einerseits benutzt er das Wort ›Argument‹ zur Bezeichnung solcher Ausdrücke, die Gegenstände bedeuten, das Wort ›Funktion‹ für solche Ausdrücke, die Argumente zu Sätzen ergänzen können. Dem entspricht die Notationsweise ›Φ(A)‹, bei der ›A‹ für Ausdrücke der ersten, ›Φ‹ für solche der zweiten Kategorie steht. Andererseits sagt er vom Ausdruck ›Φ(A)‹, den er wenige Zeilen vorher als Ausdruck einer »unbestimmten Funktion des Arguments A« eingeführt hatte, man könne in ihm ›Φ‹ durch ›Ψ‹, ›X‹ etc. ersetzt denken und ihn daher auch als eine Funktion des Arguments Φ auffassen. Hier ist also wieder, wie bei der ersten Einführung der Termini, der Gesichtspunkt der vorgestellten Ersetzbarkeit das Kriterium für die Unterscheidung von Argument und Funktion, ganz unabhängig von der Frage, wofür ein Teilausdruck steht. Damit dies nicht als Widerspruch erscheint, muß man die beiden Lesarten wiederum zusammen berücksichtigen: die Stelle, an der Frege ›Φ(A)‹ als Funktion des Arguments A einführt, muß man so lesen, daß damit der kategoriale Sinn gemeint ist, d.h.: ›A‹ soll für einen Gegenstandsnamen stehen, ›Φ‹ für einen Ausdruck, der ›A‹ zu einem Satz ergänzt. Die spätere Stelle, an der Frege sagt, er könne ›Φ(A)‹ auch als Funktion des Arguments betrachten, heißt dann: er kann den Ausdruck ›A‹ als fest, den Ausdruck ›Φ‹ als veränderlich ansehen und Sätze bilden, die über Resultate möglicher Ersetzungen von ›Φ‹ sprechen.

Wir kommen deshalb zu dem Schluß, daß Freges Aussagen zum Problem der semantischen Komplexität in seiner elementarsten Form dort zu suchen sind, wo er von der ›Ungesättigtheit‹ als einer Eigenschaft von Ausdrücken gewisser inhaltlich bestimmter Kategorien spricht. Die zum Aus-

28 Allenfalls als ›zu laufen ist eine (momentane) Eigenschaft von Peter‹ oder ›'laufen' wird von Peter erfüllt‹; vgl. dazu unten, S. 212f.

druck einer Allgemeinheit und für das logische Schließen wichtige Möglichkeit, einen oder mehrere Teile eines Gesamtausdrucks als veränderlich zu betrachten und ihn unter Hinterlassung einer Stellenmarkierung zu entfernen, schafft zwar ebenfalls eine ›Ergänzungsbedürftigkeit‹, diese Eigenschaft gestattet aber keine Rückschlüsse, die zur Aufklärung des grundsätzlichen Problems dienlich wären, wie überhaupt mehrere Ausdrücke ein komplexes Ganzes der untersten Stufe bilden können, denn unter diesem Gesichtspunkt verhalten sich alle Bestandteile eines Satzes genau gleich: Gehen wir von einem beliebigen vollständigen Satz aus, z. B. von ›Peter läuft‹, dann ist sowohl in ›*Peter* läuft‹ als auch in ›Peter *läuft*‹ der jeweils nicht kursiv gedruckte, als unveränderlich gedachte Teilausdruck ›ergänzungsbedürftig‹; die formale Interpretation der Ergänzungsbedürftigkeit verhilft uns also nicht zu einem Verständnis derjenigen Eigenschaft mancher Ausdrücke, die nach Frege logische Komplexität ermöglicht, der ›Ungesättigtheit‹ in einem inhaltlichen Sinn. Sie ist auf ähnliche Weise an bloß ›äußerlichen‹ Zeicheneigenschaften orientiert wie das Projekt Chomskys, das wir wegen dieses Mangels kritisiert hatten.

4. *Funktionen und Begriffe*

Um nun zu erfahren, was Frege unter ›Ungesättigtheit‹ versteht, wenn er dieses Wort zur Kennzeichnung von Ausdrücken bestimmter semantischer Kategorien und also zur Erklärung der semantischen Komplexität benutzt, wenden wir uns dem Aufsatz »Funktion und Begriff« zu. Im Unterschied zu seinem Vorgehen in der »Begriffsschrift« erläutert Frege sein inzwischen verändertes Verständnis des Ausdrucks ›Funktion‹ in diesem Aufsatz unter ausdrücklicher Bezugnahme auf den mathematischen Sprachgebrauch (wie er ihn sieht), und das Hauptcharakteristikum seiner sich entwickelnden Semantik ist die These, daß Begriffe sich als Spezialfälle von Funktionen auffassen lassen. Dies bedeutet, daß die ›Ungesättigtheit‹ mathematischer Funktionen, von der Frege spricht, nach seiner Auffassung der allgemeinere Fall zur ›Ungesättigtheit‹ der Begriffe ist, so daß ein gründliches Verständnis des mathematischen Falls geeignet erscheint, auf den sprachlich-logischen Fall ein Licht zu werfen.

Schon die ersten Gedankengänge, die Frege in diesem Aufsatz entwickelt, bringen auffällige Veränderungen gegenüber der »Begriffsschrift«: Erstens wählt er als Ausgangspunkt seiner Erläuterung des Ausdrucks ›Funktion‹ nicht einen Satz wie ›Wasserstoffgas ist leichter als Kohlensäuregas‹, sondern, wie in der Mathematik üblich, Rechenausdrücke der Art ›2·2³+2‹ und ›2·x³+x‹. Und zweitens erklärt er gleich zu Beginn, wenn man einen *Ausdruck* als Funktion bezeichne, was er in der »Begriffsschrift« selbst getan hatte, so sei das ein Fehler, »weil dabei Form und Inhalt, Zeichen und Bezeichnetes nicht unterschieden werden«[29]. Diesen Übergang vom Ausdruck zu dessen ›Inhalt‹ rechtfertigt Frege damit, daß es in der Mathematik nicht darum gehe, »physikalische und chemische Eigenschaften, die von dem Schreibmittel abhängen«[30], zu erörtern, was zweifellos richtig ist. Daraus folgert er aber, es könnten nicht die Ausdrücke, die Zeichen, der Gegenstand dieser Wissenschaft sein, sondern ihr ›Inhalt‹, ihre ›Bedeutung‹, das ›Bezeichnete‹. Dieser Zug in Freges Argumentation unterstreicht zwar die Notwendigkeit, semantische und nicht nur formale Eigenschaften von Ausdrücken ins Auge zu fassen; mit ihm erhält aber die Perspektive, in der Frege seinen Untersuchungsgegenstand sieht, nämlich das Zeichen, sofern es einen Sinn hat, eine bestimmte, traditionelle Ausprägung: Das Problem, das er in der »Begriffsschrift« noch in die Frage hätte kleiden können, ›wie können wir verstehen, daß es Ausdrücke gibt, die mit Gegenstandsnamen verbunden einen Satz bilden‹, erscheint durch diesen Zug in der Fassung ›*wofür stehen* diejenigen Ausdrücke, die mit Gegenstandsnamen zusammen einen Satz (bzw. mit Zahlzeichen zusammen einen Rechenausdruck) bilden‹. Die Behandlung des Inhalts- oder Bedeutungsaspekts eines Zeichens scheint nun doch auch für Begriffswörter, nicht nur für Namen, zu verlangen, daß ein Gegenstand angegeben wird, wofür das Zeichen steht.

29 Frege 1967, S. 126; (Orig. Pag. S. 2)   30 A.a.O., S. 127 (S. 4)

Diese Sicht, daß ›bedeutungsvoll sein‹ soviel heißt wie ›für etwas stehen‹, scheint darüber hinaus dadurch bestätigt zu werden, daß es sinnvolle Ausdrücke der Form »der Begriff ›F‹« gibt, also Kennzeichnungen, die logisch dieselbe Rolle spielen wie Eigennamen, und da sie sinnvoll sind, offenbar *etwas* kennzeichnen. Die auf diese Weise doppelt plausibel wirkende Vorstellung, ›Bedeutung haben‹ *heiße* nicht nur für Namen, sondern auch für Funktions- bzw. Begriffsausdrücke dasselbe wie ›für etwas stehen‹, gerät später, wie wir sehen werden, in Konflikt mit Freges bewahrenswerter Einsicht, daß diese Ausdrücke in einem wichtigen Sinn gerade *nicht* für Gegenstände stehen. Die Auflösung dieses Gegensatzes ist für ein Verständnis des inhaltlichen Begriffs der ›Ungesättigtheit‹ und damit der Antwort Freges auf die Frage nach der semantischen Komplexität unumgänglich.

Die schon erwähnte andere Veränderung gegenüber Freges Vorgehen in der »Begriffsschrift«, die ausdrückliche Herstellung einer Verbindung zwischen seinem eigenen, sprachbezogenen Gebrauch des Wortes ›Funktion‹ und dem mathematischen Gebrauch, macht das Verhältnis zwischen einem Zeichen und dem, ›wofür‹ es steht, noch auf eine weitere Weise zum Thema der Erörterung, denn Rechenausdrücke wie ›2·2³+2‹ stehen typischerweise auch als ganze für etwas, nämlich für die Zahl, die sich als Resultat der dargestellten Rechenoperationen ergibt, und die als ›Wert‹ der bei entsprechender Betrachtungsweise zugrundezulegenden Funktion für die eingesetzten ›Argumente‹ bezeichnet wird. Wenn Frege also auf die Behauptung einer Parallelität zwischen Sätzen und Rechenausdrücken zusteuert, um die Ungesättigtheit der Begriffe als etwas zu erweisen, was man in der Mathematik schon länger kennt, schafft er sich damit das Problem, sagen zu müssen, was denn beim Behauptungssatz dasjenige sei, was dem *Wert* im Fall der mathematischen Funktion entspricht, dasjenige, wofür ein vollständiger Behauptungssatz steht.

Was versteht Frege also in dem genannten Aufsatz unter einer mathematischen Funktion und ihrer Eigenschaft der Ungesättigtheit? Mit dem schon erwähnten Unterschied, daß er hier nicht Sätze, sondern Rechenausdrücke betrachtet, ist seine Argumentation parallel zu der in der »Begriffsschrift«. Er macht darauf aufmerksam, daß man in einem Ausdruck wie ›$2 \cdot 2^3 + 2$‹ z. B. die hier kursiv gedruckten Teilausdrücke als veränderlich betrachten kann; die verschiedenen Einsetzungen, z. B. ›1‹ (ergibt ›$2 \cdot 1^3 + 1$‹) oder ›4‹ (ergibt ›$2 \cdot 4^3 + 4$‹) heißen entsprechend die »Zeichen des Arguments«[31], während der als unveränderlich gedachte Ausdrucksteil »Ausdruck der Funktion« heißt. An dieser Wortwahl zeigt sich der zweite, ebenfalls schon erwähnte Unterschied zur »Begriffsschrift«: Eine Funktion (und entsprechend ein Argument) ist nicht mehr ein Ausdruck, sondern das, was ein solcher Ausdruck bedeutet, das, *wofür* er ein Ausdruck ist. Bei den Argumenten macht das am bisher erreichten Punkt dann keine Schwierigkeiten, wenn man keine Probleme darin sieht, die Zahlen als diejenigen Gegenstände anzusehen, für die die Zahlzeichen stehen, – ein freilich nicht selbstverständlicher Punkt, der im Moment aber nicht zum Thema gemacht werden soll. Wie ist es aber mit Funktionen, was sind das für Entitäten, und worin besteht ihre Eigenschaft der Ungesättigtheit, die sie von den Gegenständen unterscheidet und sie in die Lage versetzt, zusammen mit diesen als den Bedeutungen von Argumentausdrücken jeweils ein Ganzes zu bilden? Und was heißt es demnach, Begriffe als besondere Funktionen aufzufassen?

Der Text zeigt, daß Frege hier trotz seines Interesses, über ›das Bezeichnete‹ statt über das Zeichen zu sprechen, ganz eng am Ausdruck orientiert bleibt, und daß seine Antwort auch nur auf dieser Ebene unmittelbar verständlich ist. Frege sagt, man erkenne in den Ausdrücken » ›$2 \cdot 1^3 + 1$‹, ›$2 \cdot 4^3 + 4$‹, ›$2 \cdot 5^3 + 5$‹ dieselbe Funktion wieder, nur mit verschiedenen Argumenten, nämlich 1, 4 und 5«, und er fährt fort:

»Daraus ist zu ersehen, daß in dem Gemeinsamen jener Ausdrücke [sic] das eigentliche Wesen der Funktion liegt; d. h. also in dem, was in

›$2 \cdot x^3 + x$‹

31 A. a. O., S. 128 (S. 7)

noch außer dem ›x‹ vorhanden ist, was wir etwa so schreiben könnten

$$»2·( )^3+( )‹.«^{32}$$

Frege bezieht sich hier auf einen Ausdruck, dessen Namen er mit Hilfe von Anführungszeichen notiert; das, was in dem genannten Ausdruck »noch außer dem ›x‹ vorhanden ist«, ist strenggenommen also ein Teilausdruck. Wenn er dann fortfährt, das Argument würde mit der Funktion zusammen ein vollständiges Ganzes bilden, leuchtet das ein, sofern man sich den *Ausdruck* vor Augen hält: Da in ihm Lücken geschaffen wurden, ist er erst wieder ›vollständig‹, wenn die leeren Stellen, die mit ›x‹ angedeutet werden, durch Argumentausdrücke aufgefüllt sind. Entsprechend wird man bei Freges nächster Aussage, »denn die Funktion für sich allein ist unvollständig, ergänzungsbedürftig oder ungesättigt zu nennen«[33], ebenfalls an den Ausdruck denken, weil bislang nicht erläutert wurde, wofür er steht, und ob man aus der Unvollständigkeit eines Ausdrucks auf die Unvollständigkeit der mit ihm bezeichneten Entität schließen darf (wenn denn unterstellt wird, als die Bedeutung eines Ausdrucks komme stets nur ein ›Bezeichnetes‹ in Frage). Frege unterscheidet dann aber trotzdem das Argument von seinem Zeichen und entsprechend die Funktion vom Ausdruck der Funktion: Von den beiden Zeichen, in die er den Rechenausdruck zerlegt hat, sagt er, sie seien ungleichartig, da das eine, der Argumentausdruck, für »ein in sich abgeschlossenes Ganzes« stehe, nämlich für eine Zahl, während das, wofür der Funktionsausdruck stehe, kein abgeschlossenes Ganzes sei.[34]

Wir können also vorläufig festhalten: Rechenausdrücke der betrachteten Art bilden eine Einheit, was hier zumindest heißt, daß sie für eine Zahl, ihren ›Wert‹ stehen. Sie bestehen aus Teilausdrücken, die zwei verschiedenen Kategorien angehören. Welcher Kategorie ein Ausdruck angehört, sieht man daran, wofür er steht: für ein abgeschlossenes Ganzes,

32 A.a.O., S. 128 (S. 6)
33 Ibid.
34 A.a.O., S. 128 (S. 7)

z. B. für eine Zahl, oder für etwas, das kein abgeschlossenes Ganzes ist, z. B. für eine Funktion.

Bevor wir zu Sätzen und Begriffen übergehen, halten wir kurz inne, um uns klarzumachen, was wir bis hierhin zum Problem der semantischen Komplexität erfahren haben. Auffallend ist, daß Frege auch hier komplexe Ausdrücke voraussetzt und annimmt, der Leser verstehe sie auf eine nicht weiter problematische Weise, und daß er die Analyse nicht so weit fortführt, wie es die von ihm betrachteten Ausdrücke gestatten, d. h. daß seine ›Zerfällung‹ nicht bis zu den Zeichen ›+‹, ›·‹ etc. fortschreitet. Beide Eigenheiten führen dazu, daß die naheliegend erscheinende Frage, wie man wohl, wenn man Ausdrücke für Zahlen bereits hätte, weitere Ausdrücke verständlich machen könnte, mit denen sich die Zahlausdrücke so verbinden lassen, daß wieder ein Ausdruck für eine Zahl entsteht, von ihm nicht gestellt wird.

Soll aber das Problem gelöst werden, was einem Ausdruck, der sich von einer Namensliste darin unterscheidet, daß er ein Ganzes bildet, den inneren Zusammenhang gibt, so ist die Beobachtung durchaus von Interesse, daß sich z. B. mit den beiden Zahlen 3 und 4 die Operation der Addition ausführen läßt, die so bestimmt ist, daß sie als Ergebnis wiederum eine Zahl hat, ihre Summe, in diesem Fall die Zahl 7. Der Ausdruck ›3+4‹ läßt sich also so lesen, daß er für diese bestimmte Operation mit diesen bestimmten Zahlen steht, und damit indirekt für das Ergebnis, die Zahl 7. Auch bei dieser Betrachtungsweise läßt sich sagen, der Gesamtausdruck bestehe aus Teilausdrücken, die zwei verschiedenen Kategorien angehören: Die Teilausdrücke ›3‹ und ›4‹ stehen für Zahlen, und das Zeichen ›+‹ gehört der Kategorie der Operationszeichen an.

Wir können jetzt zwar auch negativ sagen, das Zeichen ›+‹ stehe nicht für ein abgeschlossenes Ganzes, wenn wir damit meinen, es stehe nicht für eine Zahl. Wir würden aber weniger leicht in Versuchung geraten zu sagen, es stehe für eine gegenstandsähnliche Entität, die aber die besondere, sie von den eigentlichen Gegenständen abhebende Eigenschaft der Ungesättigtheit habe. Schreiben wir nun allein das Zeichen

›+‹ hin, so steht es offenbar insofern nicht einmal für eine *bestimmte*, ›konkrete‹ Operationshandlung, als offen bleibt, womit, mit welchen Zahlen, die Addition ausgeführt werden soll, und damit auch, zu welchem Resultat sie führt. Um diese Offenheit sichtbar zu machen, können wir im Sinne Freges statt ›+‹ auch schreiben ›x+y‹. Jetzt können wir von diesem Ausdruck durchaus sagen, er sei, wie die Platzhalter ›x‹ und ›y‹ zeigen, ›ergänzungsbedürftig‹, aber dies würden wir weder deshalb tun, weil es etwas gibt, wofür er steht, das die Eigenschaft der Ungesättigtheit hätte, noch auch nur deshalb, weil im Sinne der oben erörterten formalen Lesart der »Begriffsschrift« an einem vollständigen Ausdruck auf beliebige Weise zwei Lücken geschaffen worden wären. Vielmehr haben wir im vorliegenden Fall das folgende *inhaltliche* Verständnis von dieser Art der Ergänzungsbedürftigkeit: Vom Operationszeichen ›+‹ kann man insofern sagen, es führe zwei leere Stellen mit sich, als die Operation der Addition nur als eine Handlung erklärt werden kann, die unter Benutzung zweier Ziffern ausgeführt wird. Was das Zeichen ›+‹ bedeutet, kann man nur verständlich machen, indem man erläutert, was es heißt, Zahlen zu addieren. Das Zeichen ›+‹ steht für kein abgeschlossenes Ganzes, es steht auch nicht für eine ungesättigte Entität; es ist als Zeichen ergänzungsbedürftig, insofern die Operation der Addition stets *mit* oder *an* etwas (Zahlen) auszuführen ist. Nach einer solchen Klärung für die Operationszeichen könnte man fragen, ob sie den Begriffswörtern unter diesem Aspekt ähnlich sind.

Frege bleibt uns ein Angebot zu einem inhaltlichen Verständnis der Eigenheit von Funktionsausdrücken an dieser Stelle schuldig. Bei ihm findet sich der Nachklang eines ausdrucksbezogenen Verständnisses, nach dem der Funktionsausdruck der Restausdruck ist, der entsteht, wenn man aus einem sinnvollen Gesamtausdruck einen Teilausdruck entfernt. Die Frage, welcher von den Ausdrücken für dieses Herausnehmen geeignet ist, sieht Frege nicht als beliebig an (das wäre die rein formale Auffassung), sondern er spezifiziert ihn als Gegenstandsnamen. Diese Charakterisierung allein ist aber für unser Verständnis des Restausdrucks und seiner Fähigkeit, mit einem Namen zusammen ein Ganzes zu bilden, nicht ausreichend. Das so verbleibende Moment von Ausdrucksbezogenheit in der Behandlung der Funktionsausdrücke hebt er nicht durch eine Charakterisierung ihres *Gebrauchs* auf, sondern er scheint es durch seine These überwinden zu wollen, Funktionen seien das, wofür Funktionsausdrücke stünden. Eine nähere Charakterisierung dieser Entitäten und ihrer Eigenschaft der Ungesättigtheit, die nicht auf die grafische Gestalt des zugehörigen Ausdrucks bezogen wäre, gibt er uns an dieser Stelle aber nicht.

Diese Unbestimmtheit in der Kennzeichnung dessen, worin die Ungesättigtheit genauer besteht, erlaubt es Frege, seinen nun folgenden Schritt von den Rechenausdrücken, die wie ›$2 \cdot 4^3 + 4$‹ zu einem Rechenresultat, einem Ergebnis führen, zu den *Sätzen*, bei denen dies nicht der Fall ist, klein erscheinen zu lassen, und so seine Hauptthese, Begriffe ließen sich als spezielle Fälle von Funktionen auffassen, vorzubereiten. Frege schreibt:

»Zunächst nehme ich zu den Zeichen +, − usw., die zur Bildung eines Funktionsausdruckes dienen, noch hinzu Zeichen wie =, >, <, so daß ich z. B. von der Funktion $x^2 = 1$ sprechen kann, wo x wie früher das Argument vertritt.«[35]

Da er über den besonderen Charakter der vorher benutzten Operationszeichen ›+‹, ›·‹ etc. nicht gesprochen hatte, erscheint dieser Schritt wenig tiefgreifend; mit den neuen Zeichen scheint man auf ganz ähnliche Weise mathematische Ausdrücke bilden zu können wie mit den alten Zeichen. Was allein auffällt, ist die Tatsache, daß ein Ausdruck des neuen Typs, z. B. ›$x^2 = 1$‹, nach Einsetzung eines Argumentausdrucks nicht mehr zu einem Operationsresultat, einem Rechenergebnis führt und folglich auch nicht mehr (auch nicht in dem vorher benutzten abgeleiteten Sinn) für eine Zahl (und damit für einen Gegenstand) steht. Im Lichte unseres Exkurses würde man sagen, dies liege daran, daß die Zeichen ›=‹, ›>‹ und ›<‹ keine Operationszeichen sind, und man würde zu verstehen suchen, worin sie sich von diesen unterscheiden, und ob sie sich vielleicht aus einem ganz anderen

35 A. a. O., S. 131 (S. 12 f.)

Grund dazu eignen, zusammen mit Zahlzeichen ein komplexes Ganzes zu bilden.

Weil Frege den besonderen Charakter der verschiedenen nicht für Gegenstände stehenden Zeichen nicht erörtert, sondern seine Methode der ›Zerfällung‹ so benutzt, daß er stets komplexe Teilausdrücke gewinnt, deren allein betrachtetes Charakteristikum darin besteht, daß sie eine Leerstelle mit sich führen, stellt er Überlegungen dieser Art nicht an, sondern führt nur eine Terminologie ein, die eine parallele Behandlung der verschiedenen Ausdrucksarten gestattet: Statt zu sagen, eine Gleichung wie z. B. ›1²=1‹ habe die Eigenschaft, wahr zu sein, drückt er diese Tatsache durch die Formulierung aus, der Wert der Funktion ›x²=1‹ für das Argument 1 sei der ›Wahrheitswert des Wahren‹. Und so, wie er vorher sagte, Rechenausdrücke vom Typ ›2·2³+2‹ bedeuten Zahlen, sagt er nun, der Ausdruck ›1²=1‹ bedeute das Wahre. Damit ist aber nichts anderes geschehen, als daß auf der terminologischen Ebene eine Parallele hergestellt wurde.

Unausdrücklich wird noch eine weitere Parallele nahegelegt: Die Tätigkeit, eine Rechenoperation wie die Addition auszuführen und dabei zu einem Resultat zu gelangen, wird einer nicht weiter charakterisierten Operation parallel gesetzt, die man beim Verstehen der einzelnen Zeichen eines Ausdrucks wie ›4²>3‹ ausführt, um als Resultat den Wahrheitswert des Wahren zu erhalten. So scheint man in beiden Fällen von der Bedeutung der Teilausdrücke zur Bedeutung des Gesamtausdrucks zu gelangen: Ähnlich wie man den Rechenausdruck ›2·2³+2‹ Schritt für Schritt ausrechnen kann, um zu dem Resultat 18 als der ›Bedeutung‹ des Gesamtausdrucks zu kommen, scheint man auch beim Ausdruck ›4²>3‹ durch eine Art ›Ausrechnen‹ zu dem Resultat zu gelangen, daß er den Wahrheitswert des Wahren hat. Die Frage, ob diese Parallele treffend ist (und ob sie sich auf nicht-mathematische Ausdrücke, also auf Begriffe, die Frege als Spezialfall der Funktionen erweisen will, ausweiten läßt), werden wir gleich noch erörtern.

Dem naheliegenden Einwand, der sich so ergebende Begriff der Bedeutung eines Satzes als sein Wahrheitswert habe mit unserem üblichen Bedeutungsbegriff nichts zu tun, weil wir normalerweise nicht sagen würden, zwei Sätze wie z. B. ›der Mond ist ein Planet der Erde‹ und ›Cäsar wurde von Brutus ermordet‹ hätten, weil sie beide wahr sind, dieselbe Bedeutung, begegnet Frege mit der Unterscheidung von ›Sinn‹ und ›Bedeutung‹: Was wir sonst die Bedeutung nennen würden, nennt Frege den ›Sinn‹ (im Fall des assertorischen Satzes den ›Gedanken‹), und das, wofür ein Ausdruck steht (im Fall eines Satzes nach der oben referierten Festsetzung also dessen Wahrheitswert) nennt er seine Bedeutung. Daß es sich um eine bloße Festsetzung handelt, den Wahrheitswert eines Satzes seine Bedeutung zu nennen, zeigt sich außerdem daran, daß Freges Argument, mit dem er diesen Schritt zusätzlich zu seinem Interesse zu rechtfertigen sucht, Sätze wie Rechenausdrücke zu behandeln, nicht stichhaltig ist. Frege schreibt:

»Wenn wir sagen ›der Abendstern ist ein Planet, dessen Umlaufzeit kleiner ist als die der Erde‹, so haben wir einen anderen Gedanken ausgedrückt als in dem Satze ›der Morgenstern ist ein Planet, dessen Umlaufzeit kleiner ist als die der Erde‹; denn, wer nicht weiß, daß der Morgenstern der Abendstern ist, könnte den einen für wahr, den andern für falsch halten; und doch muß die Bedeutung beider Sätze dieselbe sein, weil nur die Wörter ›Abendstern‹ und ›Morgenstern‹ mit einander vertauscht sind, welche dieselbe Bedeutung haben, d. h. Eigennamen desselben Himmelskörpers sind.«[36]

Zwar trifft es zu, daß wir sagen könnten, die beiden genannten Sätze hätten dieselbe Bedeutung, sie würden aber zwei verschiedene Gedanken ausdrücken. Der Grund dafür wäre aber darin zu sehen, daß beide Sätze vom selben Gegenstand, wenn er auch jeweils anders gekennzeichnet ist, dasselbe aussagen; es folgt daraus nicht, daß wir schon die Übereinstimmung im Wahrheitswert als hinreichenden Grund für die Bedeutungsgleichheit ansehen, was aber der Fall sein müßte, wenn der Wahrheitswert dasselbe wäre wie die Satzbedeutung. Und die Forderung, daß ein Satz, in dem ein Wort durch ein anderes ausgetauscht wurde, das denselben Gegenstand bezeichnet wie das ursprüngliche Wort, nach

36 A. a. O., S. 132 (S. 14)

diesem Austausch *stets* dasselbe bedeuten müsse wie der ursprüngliche Satz, entspricht eben gerade nicht dem alltäglichen Begriff der Satzbedeutung.

Nachdem Frege den Anwendungsbereich des Wortes ›Funktion‹ auf die beschriebene Weise erweitert hat (und das heißt auch: nachdem er sich in der Verwendung dieses Terminus vom mathematischen Sprachgebrauch entfernt hat), will er nun zeigen, daß die ›Begriffe‹ der Logik eng mit dem verwandt sind, was er ›Funktionen‹ nennt. Daß ihm dieser Nachweis gelingen wird, wird man an dieser Stelle nicht mehr bezweifeln, denn Freges Erweiterung der Bedeutung des Wortes ›Funktion‹ bestand ja gerade darin, es nicht nur auf die Bedeutungen von Teilen von Rechenausdrücken (speziell auf die Bedeutung von Operationszeichen) anzuwenden, sondern auch auf die Bedeutungen von Teilen von (zunächst arithmetischen) Behauptungssätzen. Ist ein (unvollständiger) assertorischer Ausdruck wie ›$x^2=1$‹ aber erst einmal als Funktionsausdruck anerkannt, und wird seine Eigenschaft, bei der Einsetzung von z. B. ›-1‹ für ›x‹ ein wahrer Satz zu werden, als die Tatsache beschrieben, daß der Funktionswert für das Argument -1 das Wahre sei, dann ist es in keiner Weise verwunderlich, daß Frege nun, unter Rückübersetzung der von ihm eingeführten Terminologie, feststellen kann, wir könnten den beschriebenen Sachverhalt

»…so ausdrücken: ›die Zahl -1 hat die Eigenschaft, daß ihr Quadrat 1 ist‹, oder kürzer: ›-1 ist eine Quadratwurzel aus 1‹, oder ›-1 fällt unter den Begriff der Quadratwurzel aus 1‹.«

Frege schließt:

»Wir sehen daraus, wie eng das, was in der Logik Begriff genannt wird, zusammenhängt mit dem, was wir Funktion nennen. Ja, man wird geradezu sagen können: ein Begriff ist eine Funktion, deren Wert immer ein Wahrheitswert ist.«[37]

Treffender wäre es, zu sagen: Wenn man die Anwendung des Ausdrucks ›Funktion‹ so erweitert, daß er auch auf die Bedeutungen von Restausdrücken bezogen werden darf, die

37 A. a. O., S. 133 (S. 15)

aus *Behauptungssätzen* durch Eliminierung eines Gegenstandsnamens entstehen, dann ist er durch genau diesen Schritt so verändert worden, daß er das, was traditionellerweise ›Begriff‹ heißt, mit umfaßt.

Wie steht es also mit dem Verhältnis zwischen Funktion und Begriff? Ist die Ungesättigtheit der Funktion geeignet, ein Licht auf die entsprechende Eigenschaft des Begriffs zu werfen, und ist der Rekurs auf diese Eigenschaft von Funktionen darüber hinaus hilfreich, um uns, zumindest im Bereich der einfachsten Beispiele, verständlich zu machen, wie komplexe sprachliche Bedeutungen möglich sind? Daß Frege nicht den logischen Fall als Spezialfall eines gut bekannten und unkontroversen mathematischen Falles erweist, ist bereits deutlich geworden; sein eigenes Verständnis des Terminus ›Funktion‹ weicht darin von dem seiner Zeitgenossen ab, daß Frege auch Behauptungssätze als zerlegbar in Ausdrücke für Funktionen und Argumente auffaßt. Daß es ihm gelingt, diese Auffassung durch die Einführung spezieller Ausdrucksweisen konsistent zu artikulieren, ist zunächst nur ein Erfolg auf der terminologischen Ebene und noch kein Argument für seine Auffassung. Vielmehr wäre von terminologischen Fragen ganz unabhängig zu erweisen, daß es adäquat ist, Behauptungssätze so aufzufassen. Dazu müßte gezeigt werden, daß die Art, wie sich in einem Behauptungssatz die Teile zu einem Ganzen verbinden, dem vielleicht nur *prima facie* parallelen Phänomen bei einem komplexen Rechenausdruck, dessen erster und paradigmatischer Fall Operationszeichen enthält (und nicht nur Ausdrücke wie ›=‹ oder ›>‹), entspricht. Und dazu wiederum müßte sich erweisen lassen, daß die von Frege herangezogenen Operationsausdrücke (und ihre Beziehung zu den Zahlen) mit den sprachlichen Begriffswörtern (und ihrer Beziehung zu den Gegenständen, die unter Begriffe fallen) etwas Wesentliches gemeinsam haben, so daß jene ›Ungesättigtheit‹, die den Angelpunkt von Freges Auffassung logischer Komplexität bildet, keine Äußerlichkeit betrifft, sondern ein wesentliches Moment im Funktionieren auch der Begriffsausdrücke.

5. Die ›Ungesättigtheit‹ von Begriffswörtern und ihr Verhältnis zu den Gegenstandsnamen

Da wir den besonderen Charakter von Rechenausdrücken hier nicht weiter erörtern wollen, können wir uns unmittelbar der Frage zuwenden, wie Frege mit Bezug auf Begriffswörter seine Idee der Ungesättigtheit in ihrer inhaltlichen, nicht-formalen Bedeutung weiter erläutert, und ob seine Überlegungen uns die semantische Komplexität von Sätzen zunächst des einfachen Typus ›A fällt unter den Begriff F‹ verständlich machen. Eine wichtige Bemerkung dazu, die sich, was in Freges Schriften ungewöhnlich ist, auf den Fall nicht-komplexer Begriffsausdrücke bezieht, findet sich in der im Nachlaß publizierten Abhandlung »Booles rechnende Logik und die Begriffsschrift«. Sie ist kurz nach Freges erstem Buch entstanden, also noch vor jener Reihe von Aufsätzen, in denen er seine Semantik ausgearbeitet und in ein System gebracht hat, das auch architektonische Zwänge hervorbrachte.

Frege erläutert dort die Eigenheit seines Vorgehens auf ganz ähnliche Weise wie in dem Abschnitt, der eingangs aus den »Aufzeichnungen für Ludwig Darmstaedter« zitiert wurde, und er faßt seine Erklärungen mit dem Satz zusammen:

»Statt also das Urteil aus einem Einzeldinge als Subjecte mit einem schon vorher gebildeten Begriffe als Praedicate zusammen zu fügen, lassen wir umgekehrt den beurteilbaren Inhalt zerfallen und gewinnen so den Begriff.«

Bedeutsam für unseren Kontext sind nun die folgenden Sätze, die sich unmittelbar anschließen:

»Allerdings muss der Ausdruck des beurteilbaren Inhaltes, um so zerfallen zu können, schon in sich gegliedert sein. Man kann daraus schliessen, dass mindestens die nicht weiter zerlegbaren Eigenschaften und Beziehungen eigne einfache Bezeichnungen haben müssen. Daraus folgt aber nicht, dass losgelöst von den Dingen die Vorstellungen dieser Eigenschaften und Beziehungen gebildet werden; sondern sie entstehen zugleich mit dem ersten Urteile, durch das sie Dingen zugeschrieben werden. Daher treten ihre Bezeichnungen in der Begriffsschrift nie vereinzelt auf, sondern immer in Verbindungen, welche beurteilbare Inhalte ausdrücken.«[38]

Zunächst sei darauf aufmerksam gemacht, daß Frege hier zu erkennen gibt, daß eine ›Zerfällung‹ eines beurteilbaren Inhaltes eine unmittelbare Beziehung zu seinem sprachlichen Ausdruck hat; die Zerfällung des Inhaltes scheint als eine Zerfällung des Ausdrucks gedacht zu werden, denn Frege geht unmittelbar vom Zerfallenlassen des beurteilbaren Inhalts zu den Eigenschaften seines Ausdrucks über. Dies wird uns später noch beschäftigen. Im Moment kommt es auf seinen Hinweis an, daß der Weg, einen beurteilbaren Inhalt zu zerfällen, nur gangbar ist, wenn er bzw. sein Ausdruck schon als gegliedert aufgefaßt wird. Man kann einen beurteilbaren Inhalt gar nicht als einen solchen auffassen, ohne seinen dabei vor Augen gestellten Ausdruck schon gegliedert zu haben; das Unterscheiden von Teilen, so scheint es, kann dem Auffassen des Inhaltes also nicht folgen, die Teile können daher nicht erst im Prozeß der Zerfällung entstehen. Frege schließt daraus, daß »die nicht weiter zerlegbaren Eigenschaften und Beziehungen eigne einfache Bezeichnungen haben müssen«. Daraus folgt aber (und dies scheint zunächst die Idee der ›Ungesättigtheit‹ zu gefährden), daß es möglich sein muß, diese einfachen Bezeichnungen zu kennen und zu verstehen, um den Ausdruck eines beurteilbaren Inhaltes, in dem sie vorkommen, überhaupt als solchen auffassen zu können.

Heißt dies aber nicht, daß man diese einfachen Bezeichnungen *für sich* kennen muß, so daß sich daraus genau das ergibt, was Frege mit Hilfe der These der ›Ungesättigtheit‹ vermeiden will, nämlich der Zwang, den Ausdruck des beurteilbaren Inhaltes als aus (mindestens zwei) vorher und unabhängig voneinander verstandenen Ausdrücken zusammengesetzt aufzufassen? Und würde das nicht bedeuten, daß wir doch wieder außerstande wären, den Ausdruck eines beurteilbaren Inhaltes von einer bloßen Namensliste zu unterscheiden? Denn was soll es heißen, einen Begriffsausdruck für sich allein genommen zu verstehen, wenn nicht, ihn als Namen von etwas zu verstehen?

38 Frege 1969, S. 18f.

Genau diese Schlußfolgerungen weist Frege nun zurück: Die
›Vorstellungen‹ der Eigenschaften und Beziehungen werden
nicht losgelöst von den Dingen gebildet, deren Eigenschaften
sie sind oder die in den Beziehungen stehen; ihre Ausdrücke,
so darf man folgern, sind also auch keine Namen dieser Vorstellungen, ein Satz ist deshalb keine Namensliste. Wie wird
dann aber die ›Vorstellung‹ einer Eigenschaft oder Beziehung, in Freges Worten: »gebildet«? In einer weniger psychologischen Sprache gesagt: wie wird ein einfacher Be-
griffs- oder Beziehungsausdruck so gelernt, daß er als
»eigene Bezeichnung« verständlich, gleichwohl aber kein
Name ist? Freges Antwort auf seine Frage nach der ›Bildung‹
der ›einfachen Vorstellungen‹ lautet: »Sie entstehen zugleich
mit dem ersten Urteile, durch das sie Dingen zugeschrieben
werden.« Damit nun nicht das gerade erörterte Problem entsteht, daß sich ein nicht als gegliedert erkannter Ausdruck
gar nicht als Urteil auffassen und sich auch nicht zerfällen
läßt, kann man diese Aussage Freges nicht so verstehen, als
wollte er sagen, Urteile würden als ganze erlernt, denn das
wäre gleichbedeutend damit, daß sprachliche Ausdrücke für
Urteile zunächst als ungegliederte erlernt würden, was Frege
als unmöglich ausschließt. Folglich muß man hier einen zeitlich gegliederten Prozeß unterstellen, der, wenn wir ihn
gleich in die Sprache des Lernens statt der Bildung von Vorstellungen übersetzen, auf die folgende Weise als gegliedert
erscheint: Zunächst lernt man Eigennamen, mit denen man
Dinge benennt (ein jeweils »in sich abgeschlossenes Ganzes«), und danach lernt man Begriffswörter, indem man sie
den benannten Dingen zuschreibt, d. h., indem man Urteile
fällt, also Sätze ausspricht oder notiert, die aus Name und
Begriffswort bestehen. Der Ausdruck eines beurteilbaren
Inhaltes wird also nicht aus einem schon vorhandenen Vorrat
von unabhängig voneinander erworbenen Namen und Begriffswörtern zusammengesetzt, sondern man bildet, nachdem man eine Anzahl von Eigennamen für verschiedene
Dinge (verbunden mit den entsprechenden ›Vorstellungen‹)
erworben hat, die ›Vorstellung einer Eigenschaft‹ auf keine
andere Weise, als indem man lernt, einem Ding, das man
schon benennen kann, eine Eigenschaft mit Hilfe eines

sprachlichen Ausdrucks zuzuschreiben oder zuzusprechen, d. h., ein Urteil zu fällen. Dies ist vergleichbar dem arithmetischen Fall: man bildet eine ›Vorstellung von einer Operation‹ auf keine andere Weise, als indem man lernt, mit Zahlen, die man schon benennen kann, die entsprechende Operation auszuführen und so zu einer neuen Zahl zu gelangen.

Nach dieser Interpretation kann also ein Begriffsausdruck überhaupt nur dadurch verständlich gemacht werden, daß gezeigt wird, wie er einen Namen, der auch für sich allein verständlich ist, so zu einem komplexen Ausdruck erweitern kann, daß dieser resultierende Ausdruck nun als ganzer wiederum selbständig verstanden werden kann, als der Ausdruck eines Urteils. Daher erscheint es jetzt aus einer auf den *semantischen Gehalt* bezogenen Perspektive sinnvoll, daß Frege seine Begriffsschrift so konzipiert, daß in ihr Begriffsausdrücke nie vereinzelt auftreten, sondern immer nur als Teile von Ausdrücken für beurteilbare Inhalte. Die ›Ungesättigtheit‹ ist demnach die Eigenschaft des Begriffsausdrucks, daß der ihm zugeordnete Begriff nicht anders gebildet werden kann (d. h. daß der Ausdruck nicht anders gelernt werden kann) denn als Erweiterung und Veränderung eines schon bekannten Inhalts, der durch einen Eigennamen ausgedrückt wird. Die Notationskonvention, statt z. B. eines allein auftretenden Ausdrucks ›rot‹ stets zu schreiben ›x ist rot‹ oder ›rot(x)‹, wäre damit eine grafische Erinnerung an diese auf den Erwerb und den Gebrauch bezogene Eigenschaft, und die Lückenhaftigkeit oder Ergänzungsbedürftigkeit dieses Ausdrucks wäre ein Anzeichen des geschilderten semantisch-pragmatischen Sachverhalts, nicht bloß das Resultat eines rein formal zu begreifenden Prozesses der Ersetzung eines beliebigen Teilausdrucks durch das unbestimmt andeutende Zeichen ›x‹.

In seiner späten Schrift über die Verneinung bringt Frege die im Fall des Negationszeichens recht offensichtliche Tatsache, daß dieser ungesättigte Ausdruck etwas ist, um das ein schon verständlicher Ausdruck erweitert wird, und dessen Rolle nicht unabhängig von einem Begreifen dieses Erweiterungsschrittes verstanden werden kann, durch das fol-

gende Bild zum Ausdruck, das sich speziell auf die Möglichkeit der doppelten Verneinung bezieht:

»Ich vergleiche das Ergänzungsbedürftige mit einer Hülle, die sich wie
ein Rock nicht aus eigner Kraft aufrecht erhalten kann, sondern dazu
eines Umhüllten bedarf. Der Umhüllte kann eine weitere Hülle -z.B.
einen Mantel- anziehen. Die beiden Hüllen vereinigen sich zu einer
Hülle. So ist eine zweifache Auffassung möglich. Man kann sagen, der
schon mit einem Rocke Bekleidete werde nun noch von einer zweiten
Hülle, einem Mantel umgeben, oder er habe eine aus zwei Hüllen -Rock
und Mantel- zusammengesetzte Bekleidung. Diese Auffassungen sind
durchaus gleichberechtigt. Die hinzukommende Hülle vereinigt sich
immer mit der schon vorhandenen zu einer neuen.«[39]

In diesem Bild ist der Gedanke deutlich ausgesprochen, daß
unser Verständnis der semantischen Struktur eines Ausdrucks sich von der Vorstellung seiner sukzessiven Bildung
leiten lassen kann, bei der um einen Kern herum, der sich ›aus
eigener Kraft aufrecht erhalten kann‹, d. h. der selbständig
verwendbar ist, weitere, unselbständige Teile angelagert werden. Dies entspricht genau der eben vorgeschlagenen Interpretation. Frege fügt aber sofort einschränkend hinzu:

»Freilich darf dabei nie vergessen werden, daß wir im Umhüllen und im
Zusammensetzen Vorgänge in der Zeit haben, während das Entsprechende im Gebiete der Gedanken zeitlos ist.«

Damit ist der Gesichtspunkt des schrittweisen Aufbaus von
sprachlichen Ausdrücken und ihrer Erweiterung durch immer neue ›Umhüllungen‹ (d. h. durch immer neue ungesättigte Ausdrücke) wieder stark abgeschwächt. Obwohl Frege
selbst vom ›Bilden‹ einer ›Vorstellung‹ spricht, sind *Gedanken* für ihn selbständige, zeitlose Gebilde, die nicht durch
›Vorgänge in der Zeit‹ erst hervorgebracht werden. Zwar
meint auch er, daß wir von ihnen nur auf dem Weg über die
Sprache Kenntnis erhalten, von der er wohl nicht leugnen
könnte, daß wir sie nur schrittweise erwerben; den damit
gegebenen Gesichtspunkt der zeitlichen Sukzession arbeitet
er aber nicht systematisch aus, sondern er benutzt ihn nur
gelegentlich zur Verdeutlichung eines schwierig darzustellenden Sachverhalts.

39 Frege 1967, S. 377 (S. 157)

Immerhin verfügen wir nun über einen vertieften Ansatz zu einem nicht-formalen Verständnis jener Eigenschaft, die Frege die ›Ungesättigtheit‹ mancher Ausdrücke und ihrer Bedeutungen nennt, und die für ihn der Schlüssel zum Verständnis der Möglichkeit von semantischer Komplexität ist. Ein genaues und im strengen Sinne inhaltliches Verständnis haben wir allerdings bisher nur von der Ungesättigtheit einfachster Begriffswörter, und dies auch nur in dem Maße, in dem die oben gegebene Interpretation sachlich einleuchtend ist, d. h. in dem wir zustimmen können, daß der beschriebene Weg in der Tat die richtige Weise ist, uns den Erwerb der Fähigkeit, Begriffswörter zu verwenden, verständlich zu machen. Das Negationszeichen ist zwar auch ein sehr einleuchtendes Beispiel für die ›Ungesättigtheit‹, diese Tatsache macht aber zugleich klar, daß diese Eigenschaft sehr verschiedenartigen Ausdrücken gemeinsam ist.

Nachdem wir so einen weiteren Schritt zu einer vom mathematischen Fall unabhängigen Charakterisierung der Ungesättigtheit gemacht haben, können wir rückblickend fragen, wie hilfreich der Rekurs auf die mathematische Funktion zum Verständnis des Begriffs aus der nun gewonnenen Perspektive erscheint. Eine gewisse Ähnlichkeit zwischen mathematischen Operationszeichen und ungesättigten wortsprachlichen Ausdrücken zeigt sich daran, daß die oben gegebene allgemeine Charakterisierung sprachlicher Ungesättigtheit auch auf Operationsausdrücke zutrifft: Auch ihre Rolle besteht darin, andere, schon verfügbare Ausdrücke so zu erweitern, daß der resultierende komplexe Ausdruck eine neue Rolle spielt; auch von ihnen läßt sich sagen, nach ihrer Bedeutung müsse im Satzzusammenhang gefragt werden; man kann den Ausdruck ›+‹ nicht verstehen, wenn man nicht schon begriffen hat, was Zahlen sind. Dieser (historisch unexakt gesprochen ›synkategorematische‹) Charakter von Funktions- und speziell von Operationsausdrücken scheint Frege bei seiner Interpretation der Begriffsausdrücke stark inspiriert zu haben.

Zugleich zeigt sich aber, wie wenig damit gesagt ist. Denn inhaltlich gesehen besteht wenig Ähnlichkeit zwischen dem Fall, daß wir über Zahlwörter verfügen und nun z. B. die

Operation des Quadrierens lernen, die uns unter Benutzung der alten Zahl zu einer neuen führt, und dem sprachlichen Fall, in dem wir über Eigennamen verfügen und nun lernen, den benannten Gegenständen Eigenschaften zuzuschreiben, wozu auch gehört, daß wir begreifen, daß diese Zuschreibung wahrheitsgemäß (regelgerecht) oder nicht wahrheitsgemäß erfolgen kann. Denn erstens ist der Weg der ›Anwendung‹ eines Begriffswortes auf einen mit einem Namen genannten Gegenstand keine dem Rechnen vergleichbare Operation; es gibt kein ›Ausrechnen‹, das zu einem Wert führt, es gibt dagegen in den einfachen Fällen ein ›Nachschauen‹, ob der Begriff dem Gegenstand tatsächlich zukommt oder nicht. Ist das Ergebnis positiv, dann ist man nicht zu einem weiteren Gegenstand gelangt, der von derselben Art wäre wie derjenige, dem das Begriffswort zugesprochen wurde. Man ist zur Feststellung der Wahrheit gelangt, nicht aber zu einem Gegenstand ›Wahrheitswert‹, der (wie beim Wert arithmetischer Funktionen) ein Gegenstand auf derselben Ebene wäre, wie es diejenigen Gegenstände sind, deren Namen als Argumentausdrücke auftreten. Ferner ist es in der elementaren Arithmetik so, daß der Bereich der Gegenstände überblickbar ist und jede ordentlich festgelegte Operation für einen Bereich erklärt ist, für den sie auch ein klar bestimmtes Rechenresultat liefert. Beides ist in der Wortsprache nicht der Fall: Was als ›Gegenstand‹ in Frage kommt, ist weit weniger überschaubar als im Fall der systematisch erzeugten Zahlen; und ob ein Begriff auf einen Gegenstand aus einem bestimmten Bereich zutrifft oder nicht, liegt ebenfalls viel weniger fest; es gibt sehr häufig Fälle, die von der jeweils herrschenden sprachlichen Praxis nicht abgedeckt werden. Dem arithmetischen Modellfall noch am ähnlichsten ist im Bereich der Sprache das Sortieren einer gegebenen Anzahl bekannter, klar abgrenzbarer materieller Dinge nach an diesen Gegenständen selbst vorher genau festgelegten Merkmalen.[40] Es gibt also wichtige Punkte, in denen sich mathematische Operationsausdrücke und ihr Verhältnis zu den Zahlen von sprachlichen Begriffsaus-

40 Vgl. Schneider 1990a und unten, Kap. V, Abschnitt 5

drücken und ihrem Verhältnis zu den Gegenständen unterscheiden. Bezogen auf die traditionelle Auffassung, daß auch Begriffswörter Namen sind, kann man in Freges Deutung aber trotzdem einen wichtigen Fortschritt sehen.[41]

Bevor wir auf die weiterführende Frage eingehen können, ob das an Begriffsausdrücken gewonnene Verständnis der Ungesättigtheit auf andere sprachliche Ausdrücke übertragen und zum Grundprinzip für alle Arten semantischer Komplexität erklärt werden kann (und wieviel es dann leistet), müssen wir eine gravierende Komplikation erörtern, die sich für die geschilderte Auffassung von der Ungesättigtheit teils schon im einfachsten Fall, dem des Begriffswortes, ergibt, und teils im Fall der von Frege so genannten ›Begriffe zweiter Stufe‹.

Schon für die einfachsten Begriffswörter besteht ein Problem darin, daß Frege seit seinem Aufsatz »Funktion und Begriff«, wie schon erwähnt wurde, nicht nur von Ausdrücken sagt, sie seien ungesättigt (was wir hier als eine Aussage über einen Aspekt der Art des Erwerbs und entsprechend der Art der Verwendung des betreffenden Zeichens interpretiert haben), sondern auch unterstellt, es gebe etwas, was diese Ausdrücke ›bedeuten‹; dieses Etwas soll ebenfalls die Eigenschaft der Ungesättigtheit haben. So kommt er dazu, von ›dem Begriff‹ als der Bedeutung eines Begriffswortes zu reden, und damit scheinen die Begriffsausdrücke doch wieder analog zu den Namen gesehen zu werden: dem Wort wird ein Gegenstand als seine Bedeutung zugeordnet.

Dieser Konsequenz könnte man entgehen, wenn sich zeigen ließe, daß diese Sprechweise durchgängig als eine bloße *façon de parler* interpretierbar ist; dieser naheliegenden Möglichkeit scheint aber die Tatsache zu widersprechen, daß es im Rahmen der natürlichen Sprache zumindest *prima facie* sinnvolle und darüberhinaus für Freges Logik wichtige ›Aussagen über Begriffe‹ gibt, so daß Begriffe zumindest in dem Sinn Gegenstände zu sein scheinen, daß man über sie sprechen kann. Wenn man gegen diese alltagssprachliche Evidenz die *façon de parler*-Deutung aufrechterhalten wollte,

---

41 Vgl. Angelelli 1975

um Freges zentrale These von der Ungesättigtheit nicht zu gefährden, dann müßte es gelingen, den Sinn solcher Aussagen ›über Begriffe‹ so zu erläutern, daß man sich dabei nicht in Widersprüche bezüglich der Existenz oder Nichtexistenz von Entitäten verwickelt, die mit Ausdrücken wie ›der Begriff ’rot‘‹ (scheinbar) bezeichnet werden. Dies fällt aber unter Freges Voraussetzungen nicht leicht, denn mit der Redeweise von den Begriffen als den Bedeutungen der Begriffswörter scheint er eine Entität postuliert zu haben, die einerseits (nach den nicht-begriffsschriftlichen Ausdrucksmöglichkeiten zu urteilen) Gegenstand genug ist, um Eigenschaften zu haben (z. B. die der Ungesättigtheit, der Erfülltheit etc.) und Teil eines anderen Gegenstandes zu sein (eines Wahrheitswertes), eine Entität die aber andererseits von allen ›Gegenständen‹ in Freges Sinn grundverschieden sein soll, ja, die selbst gerade kein Gegenstand sein darf, wenn sein Grundgedanke zur Erklärung der Möglichkeit von Sätzen, nämlich die These, Begriffswörter seien auf andere Art bedeutungsvoll als Namen, bewahrt werden soll.

Man kann das Problem auch so formulieren: Die Tatsache, daß es sinnvolle Aussagen ›über Begriffe‹ gibt, zwingt uns dazu, verständlich zu machen, wie ein ›Ausdruck für einen Begriff‹ (ein Prädikatausdruck) an die Subjektstelle eines Satzes kommen kann, also an die Stelle für Gegenstandsnamen, wo es doch eine zentrale Aussage des vorgetragenen Verständnisses der ›logischen Grundbeziehung‹ war, daß Begriffe keine Gegenstände sind. Die Untersuchung dieses Problems hat es mit den von Frege so genannten ›Begriffen zweiter Stufe‹ zu tun. Sie stellen uns vor die Frage, ob Frege durch ihre Anerkennung zum Ausdruck bringt, daß es noch eine andere Komplexbildungsweise gibt als die ›logische Grundbeziehung‹, die zugleich noch nicht junktorenlogisch ist, also nicht Sätze miteinander verbindet. Wenn dies der Fall ist, fragt sich weiter, ob sie nach seiner Meinung in der Begriffsschrift auch anders dargestellt werden muß als die logische Grundbeziehung, oder ob er es als legitim betrachtet, dieselbe *Form* ›Gegenstandsname-Begriffsausdruck‹ zum Ausdruck verschiedenartiger inhaltlicher Beziehungen zu benutzen, was wir in den natürlichen Sprachen ja durchaus tun.

6. Entitäten und semantische Rollen

Die Frage, ob es nötig ist, von besonderen, mit widersprüchlichen Eigenschaften behafteten Entitäten zu sprechen, die als ›die Bedeutungen‹ von Begriffsausdrücken anzusehen sind, betrifft zwei Kontexte: denjenigen, wo es darum geht, die semantische Rolle von Begriffsausdrücken F zu erklären, wenn sie in einfachen Sätzen der Form ›x ist F‹ vorkommen, und denjenigen, in dem Ausdrücke der Form ›der Begriff F ist P‹ vorkommen. Wir wenden uns zunächst dem weniger problematischen ersten zu; der zweite Kontext ist Gegenstand des nächsten Abschnitts.

Obwohl Frege nicht mit abschließender Klarheit Stellung bezogen hat, legen doch manche seiner Äußerungen eine Interpretation nahe, nach der man die Wendung ›der Ausdruck F bedeutet einen Begriff‹ als *façon de parler* auffassen kann, die ersetzbar ist durch ›der Ausdruck F ist auf die für Begriffsausdrücke typische Art bedeutungsvoll‹, und die nicht die Folgerung gestattet oder erzwingt, es gebe eine Entität, die in einem vergleichbaren Sinne ›die Bedeutung‹ des Begriffsausdrucks heißen dürfe, wie ein benannter Gegenstand, z. B. eine Person, die Bedeutung (im Sinn des Designats) des zugeordneten Eigennamens genannt werden könnte. Die Möglichkeit einer solchen Interpretation käme dem oben gegebenen Verständnis der ›Ungesättigtheit‹ und damit der semantischen Komplexität entgegen.

Freges Motiv dafür, nicht mehr sprachliche Ausdrücke selbst ›Funktionen‹ zu nennen (und entsprechend ›Begriffe‹), sondern ihre ›Bedeutungen‹, wurde oben bereits erwähnt: Er will auf diese Weise zum Ausdruck bringen, daß es bei seiner Erörterung der Zeichen nicht um die materiellen Eigenschaften oder die Formen (grafischen Gestalten) einzelner Zeichenvorkommnisse (›tokens‹) geht, sondern um das, was traditionell auch ihr ›Inhalt‹ heißt. Dieser Inhalt braucht aber nicht notwendigerweise eine bezeichnete Entität zu sein, er kann auch durch die Rolle gekennzeichnet werden, die das Zeichen spielt, wenn wir es als solches verwenden.[42]

42 Vgl. die Erörterung oben, Abschnitt 4.

Daß sich Frege insbesondere dort, wo er von der Ungesättigtheit der Funktion spricht, am Ausdruck und seiner Rolle orientiert und nicht an einer vorausgesetzten Entität, so daß die Erklärungskraft seiner Überlegungen davon abhinge, ob man seine ›ontologischen Annahmen‹ teilt, belegt nicht nur die referierte Entwicklung seiner Gedanken und die schon zitierte Textstelle aus »Funktion und Begriff«, sondern ausdrücklich auch die folgende Aussage aus den »Ausführungen über Sinn und Bedeutung«:

»Demgemäß ist die Funktion selbst von mir ungesättigt oder ergänzungsbedürftig genannt, weil ihr Name erst durch das Zeichen eines Arguments ergänzt werden muß, um eine abgeschlossene Bedeutung zu erhalten.«[43]

Primär ist demnach die Ergänzungsbedürftigkeit des Ausdrucks, und erst sekundär dazu spricht Frege von ›der Funktion selbst‹ und nennt sie ebenfalls ungesättigt. Allerdings ist die Ergänzungsbedürftigkeit des Ausdrucks eine Eigenschaft, die ihm nur zukommt, insofern er ein Zeichen, nicht insofern er eine Schwärzung auf einem Stück Papier oder ein akustisches Ereignis ist: Ein Funktionsausdruck heißt nur deshalb ergänzungbedürftig, weil er auf bestimmte Weise vervollständigt werden muß, um »eine abgeschlossene Bedeutung zu erhalten«. Es ist dieser notwendige Bezug auf die Bedeutung, d.h. auf den Zeichencharakter, den Frege durch die Wendung ausdrückt, ›die Funktion selbst‹, das, was der Funktionsausdruck bedeute, sei ungesättigt. Wir können paraphrasieren: Das Funktionszeichen, sofern es als Zeichen fungiert, nicht, sofern es als Figur aus Druckerschwärze, als grafische Gestalt oder als Luftschwingung betrachtet wird, ist ungesättigt.

Diese auf den Handlungscharakter des Zeichengebrauchs bezogene Lesart wird durch die folgende Textstelle aus »Gedankengefüge« bestätigt, an der Frege die Ungesättigtheit des Ausdrucks ›und‹ erläutert:

»Als bloßes Ding ist die Gruppe von Buchstaben ›und‹ freilich ebensowenig ungesättigt als irgendein anderes Ding. Im Hinblick auf seine Gebrauchsweise als Zeichen, das einen Sinn ausdrücken soll, kann man

43 Frege 1969, S. 129

es ungesättigt nennen, indem es hier nur in der Stellung zwischen zwei Sätzen den gemeinten Sinn haben kann. Sein Zweck als Zeichen verlangt eine Ergänzung durch einen vorhergehenden und einen nachfolgenden Satz. Eigentlich kommt das Ungesättigtsein im Gebiete des Sinnes vor und wird von da aus auf das Zeichen übertragen.«[44]

Diese Aussage ist deutlich genug: Das Zeichen, sofern man es als Markierung aus Druckerschwärze auf einem bestimmten Stück Papier ansieht, ist nicht ungesättigt, sondern nur, sofern es betrachtet wird »im Hinblick auf seine Gebrauchsweise als Zeichen«. Sekundär kann man dann von einer ›Begriffsschrift‹ verlangen, daß sie diese sich aus der Gebrauchsweise ergebende Ergänzungsbedürftigkeit grafisch sichtbar macht. Wenn Frege dann sagt, das Ungesättigtsein komme im Gebiete des *Sinnes* vor und werde von dort auf das Zeichen übertragen, dann ist dies dann kein Widerspruch zu der oben zitierten Aussage, die Funktion heiße ungesättigt, weil ihr *Ausdruck* ergänzungsbedürftig sei, wenn man die Wendung vom ›Gebiet des Sinnes‹ nicht so versteht, als bezeichne sie einen Bereich besonderer Entitäten ›hinter‹ oder ›über‹ den Zeichen, sondern so, daß Aussagen im ›Gebiet des Sinnes‹ diejenigen Aussagen über Zeichen sind, die diese unter dem Aspekt ihres Gebrauchs als Zeichen betreffen. Die Ungesättigtheit ist dann ein Merkmal des Gebrauchs, und von dort wird sie auf die Begriffsschrift, die die Arten des Gebrauchs grafisch sichtbar machen soll, übertragen.

Für die These, daß es trotz mancher Textstellen, die in eine andere Richtung weisen, diese durch die Art des Gebrauchs bestimmte semantische Rolle ist, die Frege im Zweifelsfall als Kriterium dafür benutzt, ob ein Ausdruck ›einen Begriff bedeutet‹ oder für einen Gegenstand steht, spricht auch die Tatsache, daß er sich, gegen die natürlichsprachliche Intuition gewendet, weigert, von einem Ausdruck des Typs »der Begriff ›Pferd‹« (dessen angemessenes Verständnis noch einer eigenen Überlegung bedarf) zu sagen, er stehe für einen Begriff. Würde sich Frege primär an der Entität orientieren, der ein Ausdruck zuzuordnen ist, so müßte er wohl sagen,

44 Frege 1967, S. 381 (S. 39)

Ausdrücke dieses Typs bedeuteten Begriffe. Diese Deutung weist er aber mit dem Argument zurück, solche Ausdrücke seien nicht prädikativ, nicht ungesättigt, und das spricht dafür, daß nicht die Zuordnung zu einer mit der Eigenschaft der Ungesättigtheit ausgestatteten Entität Freges Kriterium ist, sondern die Rolle, die der betrachtete Ausdruck im Satz spielt. Die Rede von der Ungesättigtheit des Begriffs selbst ist dieser Rolle gegenüber sekundär.[45]

Wir halten also fest, daß es bei Frege zumindest deutliche Anhaltspunkte gibt, die uns gestatten, die Wendung ›einen Begriff bedeuten‹ in manchen Kontexten zu lesen als ›auf die für Begriffsausdrücke charakteristische Weise bedeutungsvoll sein‹, und daß dies im Sinne der oben erörterten Textstelle aus dem Aufsatz »Booles rechnende Logik und die Begriffsschrift« bedeutet, daß der betrachtete Ausdruck einem schon benannten Gegenstand zugeschrieben oder zugesprochen wird in einem Urteil, das wahr oder falsch sein kann.[46] Primär für die Unterscheidung von Begriffsausdruck und Gegenstandsname ist also die semantische Rolle. Zu ihrer Charakterisierung benutzt Frege statt des Wortes ›zuschreiben‹ auch den Ausdruck ›etwas von etwas aussagen‹ und gibt in einem Entwurf zu seinem Aufsatz »Über Begriff und Gegenstand« die Bestimmung:

»Begriff ist, was ausgesagt werden kann. Gegenstand ist, was nicht ausgesagt werden kann, von dem aber etwas ausgesagt werden kann.«[47]

In der späteren Druckfassung derselben Textstelle ersetzt Frege die Wendung ›etwas von etwas aussagen‹ durch eine Ausdrucksweise, die sich der grammatischen Termini ›Prädikat‹ und ›Subjekt‹ bedient:

»Wir können kurz sagen, indem wir ›Prädikat‹ und ›Subjekt‹ im sprachlichen Sinn verstehen: Begriff ist Bedeutung eines Prädikates, Gegenstand ist, was nie die ganze Bedeutung eines Prädikates, wohl aber Bedeutung eines Subjekts sein kann.«[48]

45 Vgl. auch unten, Abschnitte 7 f.   46 Vgl. oben, S. 184 f.
47 ›Über den Begriff der Zahl; 2: Eine kritische Auseinandersetzung mit Kerry‹; Frege 1969, S. 109
48 Ibid.;[= Frege 1967, S. 172 (S. 198)]

Die Eigenschaft der Ungesättigtheit nennt Frege entsprechend beim Begriff dessen ›prädikative Natur‹. Abermals wird also, was ein Begriff ist, durch die Rolle bestimmt, die ein Wort im Satz spielt, nicht durch Rückgriff auf eine vorausgesetzte Entität, für die es steht.

Auffällig ist allerdings, daß Frege sich hier auf grammatische Unterscheidungen beruft, während er in der »Begriffsschrift« noch meinte, auf die Termini ›Subjekt‹ und ›Prädikat‹ zugunsten von ›Argument‹ und ›Funktion‹ verzichten zu können, wie ja überhaupt eines seiner Ziele bei der Erarbeitung einer Begriffsschrift darin besteht, sich von der Grammatik und ihren Unterscheidungen frei zu machen. Wird jetzt der inhaltlich-kategoriale Sinn dieser zuletzt genannten Termini doch durch die grammatischen Ausdrücke bestimmt, so daß von einer Ersetzung der grammatischen Unterscheidung durch die Unterscheidung von Argument und Funktion gar nicht gesprochen werden kann, oder gibt Frege nur eine zusätzliche Erläuterung für den Leser, die an dessen grammatisches Verständnis nur appelliert, um sich leichter verständlich zu machen? Sind die logischen Unterscheidungen primär und können durch grammatische Termini allenfalls erläutert werden, oder sind die grammatischen Unterscheidungen primär, so daß die logischen ihnen nur folgen?

Die zitierte Aussage wäre dann unproblematisch, wenn man sagen könnte, die Wörter ›Subjekt‹ und ›Prädikat‹ dienten Frege hier allein dazu, die semantischen Rollen, die er bereits unabhängig von den grammatischen Eigenschaften der betrachteten natürlichsprachlichen Ausdrücke erklärt hat, nachträglich auf eine an die grammatische Tradition anknüpfende Weise zu bezeichnen. Wenn wir sagen können, es sei Frege gelungen, unabhängig von den Eigenschaften der deutschen Grammatik deutlich zu machen, was es heißt, etwas von einem Gegenstand auszusagen, dann ist damit zugestanden, daß er eine Erklärung seiner *termini technici* ›Argument‹, ›Funktion‹ und ›Begriff‹ gegeben hat, die mehr leistet als nur einen Rückgriff auf unsere grammatische Kompetenz. In diesem Falle könnten wir seine Bestimmung ›Begriff ist Bedeutung eines Prädikates‹ als eine sprachphilosophische Erläuterung des grammatischen Terminus ›Prädikat‹ lesen, nicht des logischen Terminus ›Begriff‹. Sie drückte dann die These aus, daß die grammatische Funktion, die traditionellerweise mit dem Wort ›Prädikat‹ bezeichnet wird, unter Rekurs auf die am Gebrauch erläuterte semantische Rolle des Zuschreibens verständlich gemacht werden kann, wobei dieser Gebrauch etwas sein müßte, das sich ohne Rekurs auf eine bestimmte Grammatik charakterisieren läßt. Das Zuschreiben oder Prädizieren müßte eine Handlung sein, über deren Vorliegen unabhängig von der Grammatik des Mediums entschieden werden könnte, in dem sie erfolgt. Dagegen steht der Verdacht, Frege könnte doch Bestimmungen für die Ausdrücke ›Begriff‹ und ›Gegenstand‹ geben, die sich an der natürlichsprachlichen Form orientieren, ohne daß diese Form streng an einem außergrammatischen Kriterium (dem ›Gebrauch als Zeichen‹, der Strukturiertheit des ›Gedankens‹ selbst oder dgl.) als begriffliche Form ausgewiesen wäre. Solche (logisch zweifelhaft erscheinenden) Bestimmungen würden auf die Aussage hinauslaufen: Gegenstand (Begriff) ist, dessen Ausdruck die natürliche Sprache als Gegenstand (Begriff) behandelt.

Welche Aufgabe hier der (im vorliegenden Fall deutschen) Grammatik zugewiesen wird, die einer Berufungsinstanz oder die eines selbst in ihren Eigenheiten aus logischem Blickwinkel aufklärungsbedürftigen Systems überkommener Unterscheidungen, läßt sich durch die Einbeziehung der Frage klären, wie es in dieser Hinsicht mit Freges Charakterisierung der Gegenstandsnamen steht. Kann man sagen, er habe ihre semantische Rolle unabhängig von grammatischen Fakten gekennzeichnet, so daß seine Erläuterung dieser Rolle als nähere Bestimmung des von ihm gelegentlich benutzten grammatischen Terminus ›Subjekt‹ gelten kann, oder greift Frege umgekehrt auf die Grammatik (auf den Ausdruck ›Subjekt‹) zurück, um zu erklären, was er unter einem Gegenstandsnamen (und also einem Gegenstand) versteht?

Freges Bestimmungen für Gegenstandsnamen, denen wir bisher begegnet sind, lauteten: Sie stehen für diejenigen Dinge, von denen mit einem Begriffsausdruck etwas ausgesagt wird, und: sie haben im Gegensatz zu den Begriffsausdrükken einen abgeschlossenen Sinn. Es schien (wenn wir von den Zahlen und den Wahrheitswerten einmal absehen)[49] zumindest in den einfachsten Fällen keinen Grund zu geben, das Stehen-für-einen-Gegenstand ähnlich wie das Einen-Begriff-Bedeuten so als *façon de parler* aufzufassen, daß die Existenz von Gegenständen in einem sehr gewöhnlichen Sinn dabei nicht unterstellt zu werden braucht. Vielmehr scheinen wir davon ausgehen zu können, daß es die Gegenstände, für die Eigennamen stehen, zumindest im primären Fall in einem unmittelbaren Sinne ›gibt‹, was z. B. heißen kann, daß sie in einem noch nicht verbal gesteuerten sozialen ›Spiel‹ wie ›Suchen-Finden‹ eine Rolle spielen, über die bei den Interaktionspartnern in dem Maße Einigkeit besteht, in dem das Spiel gelingt.[50] Wenn wir dann die semantische Rolle von Gegenstandsnamen beschreiben wollen, müssen wir klären, was es heißt, ein Name ›stehe für‹ einen Gegenstand zunächst dieser als primär unterstellten, ›handfesten‹ (d. h. auf einen verbalen Zugang nicht angewiesenen) Art. Benutzen wir zur Interpretation dieses Ausdrucks Freges Bestimmung, Gegenstandsnamen hätten im Gegensatz zu Begriffsausdrücken einen ›abgeschlossenen Sinn‹, und verstehen diese Aussage so, daß sie zu dem Interpretationsvorschlag paßt, den wir oben für die These von der Ungesättigtheit von Begriffsausdrücken vorgetragen haben, so bedeutet er, daß Gegenstandsnamen für sich allein einen Sinn haben müssen. Dies heißt, daß es für sie charakteristisch ist, daß sie im Gegensatz zu den Begriffsausdrücken nicht als Ergänzungen, als Erweiterungen von anderen Ausdrücken verständlich gemacht werden müssen, sondern daß sie (was den *verbalen* Kontext angeht) selbständig verwendet werden können. Was damit gemeint sein könnte, läßt sich an Fällen klarmachen, in denen wir z. B. Personen oder besonders wichtige Gebrauchsgegenstände handelnd zu unterscheiden lernen, ihnen dann Namen zuordnen und mit Hilfe dieser

49 Es darf aber nicht übersehen werden, daß die Frage nach dem Gegenstandscharakter der Zahlen für Frege von entscheidender Bedeutung war.
50 Vgl. Bruner 1975

Namen z. B. nach ihnen rufen. Der nächste Schritt bestünde dann darin, mit Hilfe von Begriffswörtern über sie zu urteilen. Ohne diese Annahme der selbständigen Verwendbarkeit der Eigennamen würde der oben herausgearbeitete inhaltliche Unterschied zwischen gesättigten und ungesättigten Ausdrücken verlorengehen: nach der rein formalen Lesart ist der Name ›Peter‹ genauso ungesättigt wie der Begriffsausdruck ›läuft‹. Dies muß zumindest für die einfachsten Gegenstandsnamen gelten, unter deren Benutzung die elementaren Begriffswörter eingeführt werden.

Diese Interpretation, nämlich es sei Freges Auffassung, daß ein Gegenstandsname auf die geschilderte Weise auch selbständig auftreten könne, daß er fähig sei, ›sich aus eigner Kraft aufrecht zu erhalten‹, wird innerhalb des von Frege behandelten Bereichs der Sprache dort problematisch, wo es um ›logische Gegenstände‹ geht, von deren Existenz man, anders als bei materiellen ›Dingen‹, nicht unmittelbar auf praktisch-unterscheidende Art Kenntnis haben kann. Für deren Namen meint Frege nicht, sie könnten auch selbständig auftreten, sondern hier gilt sein Kontextprinzip: sie haben nur im Zusammenhang eines Satzes Bedeutung. Damit ist aber auf einem für ihn zentralen Gebiet die hier für den einfachsten Fall vorgeschlagene Bestimmung der semantischen Rolle eines Namens im Satz, nämlich er stehe für den Gegenstand, dem das Begriffswort jeweils zugeschrieben werde, weiter klärungsbedürftig geworden: Wie erlangen wir ein Verständnis dieser Ausdrücke, wenn nicht durch einen unmittelbar praktischen Aufweis der auch ›für sich‹ existenzfähigen Gegenstände, für die sie stehen? Bedeutet das Kontextprinzip, daß in diesem Fall doch auf irgendeine Weise *sprachintern* entschieden wird, was als ›Gegenstand‹ zählt? Und wie lassen sich hier legitime von illegitimen Vergegenständlichungen unterscheiden? Wann darf ein Ausdruck, wenn es darum geht, semantische Strukturen *angemessen* darzustellen, an die Subjektstelle eines Satzes rücken, obwohl er nicht im primären Sinn ›für einen Gegenstand steht‹?

Wenn dieses Für-einen-Gegenstand-Stehen weder durch den Verweis auf ein praktisches Umgehen mit ihm noch durch eine einleuchtende Auskunft über den Weg, auf dem wir von dem Gegenstand Kenntnis erhalten können, erklärt werden könnte, sondern wenn die Erklärung der semantischen Rolle darauf angewiesen wäre, sich auf die grammatische Rolle desjenigen natürlichsprachlichen Ausdrucks zu stützen, den wir vor der begriffsschriftlichen Klärungsbemühung benutzen, dann würde nicht der grammatische, semantisch höchst unbestimmte Terminus ›Subjekt‹ durch einen davon unabhängigen Rekurs auf die Art eines Zeichengebrauchs und einen durch sie bestimmten Begriff des Gegenstandsnamens in seiner Bedeutung näher bestimmt, sondern es würde umgekehrt die Bestimmung des als grammatik-neutral intendierten Ausdrucks ›Gegenstandsname‹ von der grammatischen Charakterisierung ›Bedeutung eines Subjekts‹ abhängig werden: Was immer die erörterte natürliche Sprache an Subjektausdrücken zuläßt, würde die Rede von ›zugehörigen‹ Gegenständen legitimieren. Dadurch wäre aber das Vorhaben, unabhängig von den bestimmten Eigenschaften eines nur heuristisch (und als *Objekt* der Rekonstruktion) benutzten Mediums so von ›reinen‹ semantischen Strukturen zu sprechen, daß der Entwurf einer ›Begriffsschrift‹ ihnen getreu folgen kann, in diesem Punkt gescheitert.

Frege beabsichtigt nun auch hier insofern ein grammatikkritisches Vorgehen, als er zwei Arten von Fällen unterscheidet, nämlich solche, in denen grammatisch korrekt gebildete Subjektausdrücke, denen sich nichts sinnlich oder anders direkt Aufweisbares zuordnen läßt,[51] für ›logische‹, d.h. für ihn akzeptable, wirklich existierende Gegenstände stehen, von anderen Fällen, in denen die grammatische Form uns fälschlich dazu verleitet, einen Gegenstand zu vermuten, wo

---

51 Andererseits zögert Frege nicht, zu erklären (in ›Über Sinn und Bedeutung‹): »Örter, Zeitpunkte, Zeiträume sind, logisch betrachtet, Gegenstände; mithin ist die sprachliche Bezeichnung eines bestimmten Ortes, eines bestimmten Augenblicks oder Zeitraums als Eigenname aufzufassen.« Frege 1967, S. 155 (S. 42). Vgl. die Feststellung Dummetts, Frege folge, was die Bestimmung von ›Gegenstand‹ angehe, ganz dem Nennwert (›face-value‹) der sprachlichen Ausdrücke; Dummett 1981, S. 248

die semantischen Verhältnisse des betreffenden Satzes aber anders, ohne einen Rekurs auf einen entsprechenden Gegenstand, verstanden werden müssen. Von der ersten Art sind nach Freges Auffassung z. B. Ausdrücke für die von ihm so genannten ›Wertverläufe‹; allerdings sind durch B. Russells Mitteilung der nach ihm benannten Antinomie dabei bekanntlich für Frege Probleme aufgetreten, die er nicht mehr befriedigend lösen konnte. Sie sind für sein Programm einer logizistischen Begründung der Arithmetik so tiefgreifend, daß sie ihn sogar zu der Frage veranlaßt haben: »Wodurch sind wir berechtigt, die Zahlen [d. h. die für Freges Programm wichtigsten ›logischen Gegenstände‹, die er unter Benutzung der Wertverläufe definiert; H.J.S.] als Gegenstände anzuerkennen?«[52] Diesen Problembereich werden wir hier nicht behandeln.

Der zweite Fall hingegen ist für die hier erörterte Frage, ob wir Begriffe als besondere Entitäten annehmen müssen (und also in die Gefahr geraten, den Satz doch wieder als Namensliste ansehen zu müssen), oder ob wir Redeweisen wie »der Ausdruck ›F‹ bedeutet einen Begriff« als *façon de parler* für »›F‹ ist auf die für Begriffsausdrücke charakteristische Weise bedeutungsvoll« verstehen dürfen, von unmittelbarem Interesse. Hier haben wir es mit dem oben als zweiten genannten Kontext zu tun, in dem Aussagen der Form ›der Begriff F ist P‹ vorkommen, und es fragt sich, ob sie die erwogene *façon de parler*-Deutung bereits widerlegen.

Frege betrachtet Subjektausdrücke des Typs »der Begriff ›F‹«, wie sie z. B. in Sätzen wie »der Begriff ›F‹ ist nicht leer« vorkommen, als grammatische Fiktionen, die *fälschlich* dazu verleiten, hier einen Gegenstand zu unterstellen, den es nicht gibt. Sie verleiten uns auf die folgende Weise dazu: Diesen Sätzen kann man einen Sinn offenbar nicht absprechen; wenn sie aber sinnvoll sind, beziehen sie sich offenbar auf Begriffe, die mit Subjektausdrücken des Typs »der Begriff ›F‹« benannt werden. Und wenn die Aussage, die sie machen, wahr sein kann, scheint es benennbare Entitäten, die wir als Begriffe klassifizieren, wirklich geben zu müssen, denn wie

52 Frege 1962, Bd. 2, S. 265

soll es Wahrheit geben, wenn nicht dadurch, daß einem *Gegenstand* (der hier der Begriff F ist, von dem die Rede ist) ein *Begriff* (hier der Begriff ›leer‹) zukommt? So müssen wir offenbar einen Gegenstand unterstellen. Wenn dies aber das letzte Wort bliebe, würde es nicht mehr einleuchten, warum es nur eine *façon de parler* sein soll, zu sagen, ein Begriffsausdruck bedeute einen Begriff, so wie ein Gegenstandsname einen Gegenstand bedeutet, denn es ›gibt‹ (nach dem eben vorgetragenen Argument) Begriffe schließlich so gut wie Gegenstände.

Aus diesem Dilemma, daß wir einerseits zur Rettung der ›Ungesättigtheit‹ und zur Abwendung der Ununterscheidbarkeit von Sätzen und Namenslisten keine besonderen, ›Begriffe‹ genannten Entitäten zulassen wollen, andererseits aber die Wahrheitsfähigkeit von ›Aussagen von einem Begriff‹ anerkennen müssen, entsteht die Aufgabe, den Sinn dieser zuletzt genannten Aussagen so zu klären, daß dabei eine Irreführung durch eine nur von der Grammatik vorgespiegelte Entität unterbleibt. Dies kann prinzipiell auf eine der beiden folgenden Weisen geschehen: Entweder es lassen sich grammatische Prozesse (z. B. Umformungen) aufzeigen, die zwar zu Ausdrücken führen, mit denen weiter von Begriffen als Gegenständen geredet wird, die sich aber als harmlos erweisen lassen, weil sich zugleich zeigen läßt, wie man den durch sie nahegelegten Irreführungen entgeht. Die ›Entität‹ bleibt bestehen, verliert aber ihren störenden Charakter. Oder es läßt sich zeigen, daß sich der Sinn der fraglichen ›Aussagen von einem Begriff‹ so klären läßt, daß er auch in sprachlichen (insbesondere: begriffsschriftlichen) Formen ausgedrückt werden kann, die keine problematischen Gegenstandsnamen mehr enthalten: Die Entität verschwindet, und mit ihr die Irreführung. Zugleich hätten wir eine neue Weise des Wahrseins vor uns, die nicht dem Schema des ›Etwas-von-etwas-Sagens‹ [$F(x_1, x_2, \ldots, x_n)$] entspricht. Wenn dies letztere gelänge, wären die begrifflichen, ›rein‹ semantischen Verhältnisse von den grammatischen, die hier in die Irre führen, klar unterschieden, und es wäre eine Abhängigkeit der begrifflich gemeinten Klärungen von den Eigenschaften der deutschen Grammatik vermieden. Der mit diesem zweiten Weg bezeichneten Aufgabe widmet sich Frege in einem eigenen Aufsatz, dem wir uns nun zuwenden. Auf die Chancen des ersten Weges werden wir erst im nächsten Kapitel zurückkommen.

7. *Begriffe als Gegenstände der Rede*

Freges Aufsatz »Über Begriff und Gegenstand« dient dem Zweck, die in seinem Titel genannte und für Freges Deutung der ›logischen Grundbeziehung‹ zentrale Unterscheidung ausführlich zu erläutern. Anlaß dazu war eine Kritik seiner Auffassungen durch B. Kerry, in der dieser behauptete, in dem Satz »der Begriff ›Pferd‹ ist leicht gewinnbar« stünde der Ausdruck »der Begriff ›Pferd‹« für einen Begriff (eben den Begriff ›Pferd‹, von dem die Rede ist), und dieser Begriff sei einer der Gegenstände, die unter den Begriff ›leicht gewinnbar‹ fallen würden. Damit sei gezeigt, so Kerry, daß die Unterscheidung zwischen Begriff und Gegenstand nicht so strikt sei, wie Frege behaupte, sondern daß Begriffe auch Gegenstände sein könnten.

Frege versucht, dieses Problem dadurch zu lösen, daß er als Kriterium zur Unterscheidung von Begriff und Gegenstand streng an der Rolle, die ein Ausdruck im Satz spielt, festhält: Er will von einem Ausdruck nur dann sagen, er ›stehe für einen Begriff‹, wenn er dazu dient, einem Gegenstand eine Eigenschaft zuzuschreiben, d. h., wenn er eine prädikative Rolle spielt, während er von einem Ausdruck, der den Gegenstand nennt, dem eine Eigenschaft zugeschrieben wird (im grammatischen Normalfall: vom Ausdruck mit Subjektfunktion), sagen will, er stehe für einen Gegenstand. Da der Ausdruck »der Begriff ›Pferd‹« im Satz Kerrys nicht dazu dient, einem Gegenstand eine Eigenschaft zuzuschreiben, sagt Frege, er stehe nicht für einen Begriff. Da dieser Ausdruck das Subjekt des Satzes bildet, und da er mit dem bestimmten Artikel und einem Wort im Singular beginnt (›der Begriff‹), liegen die von Frege an anderer Stelle formulierten grammatischen Anzeichen vor, die im Normalfall die Vermutung begründen, daß der betreffende Ausdruck für einen Gegenstand steht.

Aber was wäre mit dieser Feststellung gewonnen? Negativ besagt sie, daß wir die Wortverbindung »der Begriff ›Pferd‹« im Unterschied zum einfachen Ausdruck ›Pferd‹ nicht dazu benutzen, einem Gegenstand eine Eigenschaft zuzuschreiben. Positiv verfügen wir aber lediglich über die Beobachtung, daß der Ausdruck »der Begriff ›Pferd‹« das Subjekt des betrachteten natürlichsprachlichen Satzes ist. Wie können wir nun feststellen, ob es zu diesem Subjektausdruck eine Entität gibt, einen legitimen, z.B. logischen Gegenstand, dessen Name er ist, oder ob der Satz sich auf andere Weise als durch den Aufweis eines solchen Gegenstandes als sinnvoll erweisen läßt? Prinzipiell könnte es ja sein, daß die Semantik von Sätzen dieses Typs anders als nach dem Muster der ›logischen Grundbeziehung‹ verstanden werden muß, oder sogar, daß Sätze dieser Art, entgegen dem ersten Anschein, sinnlos sind. Diese Frage kann nach grammatischen Kriterien allein offenbar nicht entschieden werden, vielmehr brauchen wir jetzt eine Überlegung zum Sinn solcher Sätze. Frege gibt sie uns in den folgenden Worten:

»Man hat bei logischen Untersuchungen nicht selten das Bedürfnis, etwas von einem Begriffe auszusagen und dies auch in die gewöhnliche Form für solche Aussagen zu kleiden, daß nämlich die Aussage Inhalt des grammatischen Prädikats wird. Danach würde man als Bedeutung des grammatischen Subjekts den Begriff erwarten; aber dieser kann wegen seiner prädikativen Natur nicht ohne weiteres so erscheinen, sondern muß erst in einen Gegenstand verwandelt werden, oder, genauer gesprochen, er muß durch einen Gegenstand vertreten werden, den wir mittels der vorgesetzten Worte ›der Begriff‹ bezeichnen, z.B. ›der Begriff 'Mensch' ist nicht leer‹.«[53]

Wir müssen zunächst klären, was es heißt, ›etwas von einem Begriffe auszusagen‹, denn einerseits legt diese Formulierung nahe, daß hier ›etwas von etwas ausgesagt‹ wird, auf der anderen Seite scheint diese Deutung der Redeweise aber der oben vorgeschlagenen Interpretation zu widersprechen, nach der ›einen Begriff bedeuten‹ als *façon de parler* zu verstehen ist, die nicht den Schluß gestattet, es gebe eine dazugehörige Entität, nämlich ›den Begriff‹. Wenn es diese Entität

53 Frege 1967, S. 171 (S. 197)

aber nicht gibt, worüber wird dann in einer ›Aussage von einem Begriff‹ etwas ausgesagt? Oder ist es ein Irrtum, zu meinen, eine wahre Aussage *müsse* stets *von etwas* handeln? Kann eine Aussage der Art, deren Inhalt hier zur Debatte steht, auch wahr oder falsch sein, wenn sie nicht *von* einem ›Etwas‹, dem Begriff, handelt? Die sich vom Deutschen her naheliegende Ausdrucksweise, auf die auch Frege für seine Erörterung angewiesen ist, scheint zu den logischen Verhältnissen in einer Spannung zu stehen.

Frege nennt als Beispiel für eine solche Aussage von einem Begriff den Satz »es gibt mindestens eine Quadratwurzel aus 4«. Hier werde weder von der Zahl 2 noch von der Zahl −2 etwas ausgesagt, sondern von dem Begriff ›Quadratwurzel aus 4‹ werde gesagt, daß er nicht leer sei.[54] Wir geraten hier in das folgende Dilemma: Auf der einen Seite scheint sowohl die natürlichsprachliche Formulierung ›es gibt mindestens eine Quadratwurzel aus 4‹ als auch Freges entsprechender begriffsschriftlicher Ausdruck ›$\neg \bigcirc \top a^2 = 4$‹[55] dafür zu sprechen, daß Aussagen dieses Typs nicht von der Art ›a fällt unter den Begriff F‹ sind. Das würde bedeuten, daß die unpräzise natürlichsprachliche Wendung ›etwas von etwas aussagen‹ im Fall der Aussagen von einem Begriff logisch gesehen etwas anderes heißt als im Fall des Fallens eines Gegenstandes (einer Blume) unter einen Begriff (›rot‹). Und dies wiederum würde heißen, daß wir für die Wendung ›Aussage von einem Begriff‹, ähnlich wie für den Ausdruck ›einen Begriff bedeuten‹, vielleicht eine Interpretation finden könnten, die es nicht erlaubt, auf die Existenz einer als Begriff zu klassifizierenden Entität zu schließen. Wenn wir eine dafür geeignete Notationsweise benutzen, kommen wir dann möglicherweise auch ohne die mit dem Subjektausdruck vollzogene Kennzeichnung irgendeines ›Gegenstandes der Rede‹ aus, der als ›Ersatzgegenstand‹ für die auf diese Weise unzugänglichen Begriffe fungiert, wie Frege es andeutet. Die Folge wäre, daß wir hier eine semantische Beziehung eines neuen Typus hätten, deren besonderer Charakter unabhän-

54 A. a. O., S. 173 (S. 199)
55 In moderner Notation: $\neg \wedge_a \neg(a^2=4)$; lies: ›nicht: für alle a: nicht: $a^2=4$. Vgl. unten, Abschnitt 8.

gig von (oder zusätzlich zu) den Erläuterungen zum Fallen eines Gegenstandes unter einen Begriff zu erklären wäre.

Auf der anderen Seite soll es auch mit ›Aussagen von einem Begriff‹ möglich sein, etwas zu behaupten, und eine solche Behauptung soll wahr oder falsch sein können, so daß wir uns zu fragen haben, ob und wie es möglich ist, etwas zu behaupten, ohne etwas von etwas auszusagen. Zeigt nicht Freges Paraphrase, von dem Begriff ›Quadratwurzel aus 4‹ werde gesagt, daß er nicht leer sei, daß hier sehr wohl ›etwas von etwas ausgesagt‹ wird, oder zumindest, daß der Inhalt, um den es geht, auf die Form des ›etwas über etwas Aussagens‹ gebracht werden kann? Warum, genau, ist es logisch gesehen illegitim, diese Form zu benutzen? Es könnte ja auch möglich sein, die Probleme dadurch zu lösen, daß wir das Verständnis des Wortes ›Gegenstand‹ so ausweiten, daß es auf alle ›Gegenstände der Rede‹ angewendet werden darf, gleichgültig, ob wir von ›Entitäten‹ sprechen können, die den dabei benutzten Ausdrücken auf eine Weise zugeordnet werden können, die der Zuordnung von Personen zu ihren Eigennamen in einem strengen Sinne analog ist. Freges schon erwähnte Bereitschaft, Zeitpunkte und Orte ›logisch‹ als Gegenstände anzusehen, könnte dafür sprechen.

Dort, wo es keine klare Analogie zu den paradigmatischen Fällen des Nennens, etwa zum Nennen von Personen, gibt, ist allerdings zu klären, wie Ausdrücke für diese neuartigen ›Gegenstände der Rede‹ logisch gesehen zu verstehen sind; und Frege möchte darüber hinaus die logisch legitimen von den illegitimen Ausdrucksbildungen unterscheiden. Daß der Inhalt, um den es Frege hier geht, nach den Regeln der deutschen Grammatik auf die Form des ›etwas-über-etwas-Aussagens‹ gebracht werden kann, ist nicht strittig; zu klären ist gleichwohl der Sinn dieser Aussagen, und für Frege darüber hinausgehend die Frage, wie ihre angemessene begriffsschriftliche Formulierung auszusehen hat: Darf sie sich der Form der ›logischen Grundbeziehung‹ bedienen oder nicht?

Wir lassen das Problem, wie Frege den besonderen Charakter der ›Aussagen von einem Begriff‹ genauer bestimmt, noch für einen Moment beiseite; im zitierten Text besteht sein nächster Schritt in der Feststellung, man habe oft das Bedürfnis, diese semantisch offenbar atypischen Aussagen in die gewöhnliche (wir ergänzen: deutsche) Form zu bringen, in der das, was ausgesagt wird, der Inhalt des grammatischen Prädikats ist. Für das genannte Beispiel lautet die Aussage in dieser gewöhnlichen Form: »Der Begriff ›Quadratwurzel aus 4‹ ist nicht leer«. Wenn man jetzt das Etwas-von-einem-Begriff-Aussagen analog versteht zu -z.B.- ›etwas von einer Stadt aussagen‹, würde man, wie Frege feststellt, als Bedeutung des grammatischen Subjekts den Begriff erwarten, d.h. man erwartet als Subjekt einen Ausdruck, der einen Begriff bedeutet. Da ›einen Begriff bedeuten‹ aber soviel heißt wie ›prädikative Funktion im Satz haben‹, entsteht ein Dilemma: Es ist nicht möglich, einen Ausdruck zu bilden, von dem man auf der einen Seite, wegen seiner Prädikativität, im Sinne der unterstellten *façon de parler*-Deutung, sagen könnte, er ›bedeute einen Begriff‹, der aber auf der anderen Seite zugleich in dem zu bildenden Satz, dessen Prädikat ›ist leer‹ lautet, Subjektfunktion haben könnte. Entweder bedeutet ein Ausdruck einen Begriff, dann fungiert er als Prädikat; oder er fungiert als Subjekt, dann kann man von ihm nicht sagen, er ›bedeute einen Begriff‹.

Die ›gewöhnliche Form‹ der deutschen Sprache ist den Aussagen von einem Begriff nach Freges Auffassung also logisch, von ihrem Sinn her gesehen, unangemessen; was geschieht, wenn man sie trotzdem auf diese Form bringt, beschreibt er zunächst durch die Wendung, der Begriff müsse ›durch einen Gegenstand vertreten‹ werden. In einer sehr viel späteren Äußerung zu dieser Frage fügt er aber ausdrücklich hinzu, es gebe diese ›Vertretergegenstände‹ nicht wirklich, und in diesem Sinne kann man sagen, er sehe hier eine grammatische Fiktion am Werke, bei der durch den natürlichsprachlichen Ausdruck die Existenz von Gegenständen fingiert wird, die es logisch-erkenntniskritisch gesehen ›nicht gibt‹.[56] Damit haben wir aber nur eine negative Feststellung: natürlichsprachliche Ausdrücke der Art ›der Begriff F‹ dürfen uns

56 »In der Tat haben wir aber hier gar keinen Gegenstand.« Frege 1969 (›Logik in der Mathematik‹), S. 269

nicht dazu verleiten, Gegenstände zu unterstellen, von denen wir meinen, sie würden durch sie benannt. Wie sind aber Aussagen, in denen Ausdrücke dieses Typs an Subjektstelle auftreten, zu verstehen? Wie ist ihre semantische Gefügtheit, ihr Typus von Komplexität zu begreifen, wenn nicht nach dem Muster der ›logischen Grundbeziehung‹?

Eine präzise Klärung dieser Frage aus der Perspektive Freges darf man sich von ihrer begriffsschriftlichen Behandlung versprechen, denn die Begriffsschrift soll ja den Gedanken ›rein‹ darstellen, die semantischen Verhältnisse also von grammatischen Besonderheiten ungetrübt zur Geltung bringen. Wir fragen also: Sind die ›Aussagen von einem Begriff‹ wirklich von so ganz anderer Art als die Aussagen von einem Gegenstand, und gelingt es Frege, die besondere Weise ihres Aussagens so verständlich zu machen, daß wir begreifen, daß sie trotz ihres ungewöhnlichen Charakters wahr oder falsch sein können?

8. Begriffe zweiter Stufe: der formale Aspekt

Freges Ausgangspunkt ist die Einführung einer Notationsweise für eine Allgemeinheit. Sie hat uns oben schon einmal beiläufig beschäftigt, sie soll hier aber noch einmal kurz rekapituliert werden.[57] Unter Benutzung des sogenannten ›Waagrechten‹, eines Funktionszeichens, das dafür sorgt, daß ein mit ihm gebildeter Ausdruck stets der Name eines Wahrheitswertes ist, legt Frege fest, daß der Ausdruck $\vdash\!\!\!-\!\!\underset{\alpha}{\frown}\!\!-\Phi(\alpha)$‹ den Gedanken ausdrücken soll, daß ›$\Phi(\alpha)$‹ bei beliebiger Ersetzung des unbestimmt andeutenden Buchstabens ›α‹ durch einen Argumentausdruck das Wahre bedeutet. Sein nächster Schritt besteht in der Beobachtung, daß man z. B. die Ausdrücke

(1) ›$\vdash\!\!\!-\!\!\underset{\alpha}{\frown}\!\!-\alpha^2=4$‹ und
(2) ›$\vdash\!\!\!-\!\!\underset{\alpha}{\frown}\!\!-\alpha>0$‹

auffassen kann als gewonnen aus einem Ausdruck

57 Zum Folgenden vgl. Frege 1962, Bd. 1, S. 36 ff.

(3) ⟩⊢Φ(α)⟨,

in dem der Funktionsausdruck ⟩Φ(α)⟨ ersetzt wurde entweder [im Fall (1)] durch ⟩ζ²=4⟨, oder [im Fall (2)] durch ⟩ζ>0⟨. Es scheint also, als könnten wir (3) als einen Ausdruck auffassen, der eine mit ⟩Φ⟨ angedeutete leere Stelle enthält, an der Funktionsausdrücke eingesetzt werden können, und der nach dieser Ersetzung einen Gedanken ausdrückt. Ausdrücke, die eine leere Stelle enthalten, bei deren Ausfüllung sie zum Ausdruck eines Gedankens werden, waren aber auch die Funktionsausdrücke ⟩F(ξ)⟨. Es legt sich deshalb die Frage nahe, ob wir wegen dieser Ähnlichkeit den Ausdruck (3) als ⟩Funktion einer Funktion⟨ bezeichnen können, d. h. als eine Funktion im bisher verstandenen Sinn, deren Besonderheit nur darin besteht, als Argumentausdruck nicht einen Gegenstandsnamen sondern wiederum einen Funktionsausdruck zu haben.

Frege wendet dagegen ein, der Ausdruck ⟩Funktion einer Funktion⟨ sei ungenau, denn als Argument einer Funktion (auf den speziellen Fall der Begriffe bezogen: als Gegenstand, der unter einen Begriff falle) könne niemals selbst wieder eine Funktion (ein Begriff) auftreten. Wo es so erscheine, sei nicht die Funktion (der Begriff) das Argument (der Gegenstand), sondern der Wert der Funktion für ein Argument (und entsprechend: ein Gegenstand, der unter einen Begriff falle). Schreiben wir z. B. ⟩χ(ζ)⟨ für ⟩ζ²⟨ und ⟩Φ(ξ)⟨ für ⟩15+ξ⟨, so haben wir mit ⟩χ(Φ(ξ))⟨ nicht eine Funktion, die als Argument die Funktion ⟩Φ(ξ)⟨ hätte, denn ⟩(15+ξ)²⟨ ist immer noch ein ungesättigter Ausdruck, in dem ein Argument nur unbestimmt angedeutet ist. Erst wenn wir den Ausdruck ⟩15+ξ⟨ so ergänzen, daß er für einen Wert steht, (z. B. zu ⟩15+1⟨), ist der dann entstehende Ausdruck ⟩(15+1)²⟨ gesättigt und steht für einen Wert: den Wert der Funktion ⟩ζ²⟨ für das Argument 16, das seinerseits der Wert der Funktion ⟩15+ξ⟨ für das Argument 1 ist.

Ausdrücke des Typs ⟩χ(Φ(ξ))⟨ sind also nicht Funktionen, die als Argumente Funktionen haben, sondern sie haben als Argumente die üblichen Gegenstände (hier: Zahlen), die aber wiederum als Werte von Funktionen gegeben sein können.

Vor dem Ausdruck ›Funktion einer Funktion‹ ist also zu warnen, weil die üblichen Funktionen als Argumente nur Gegenstände haben können. Das Besondere, um das es bei ›Aussagen von einem Begriff‹ geht, kann also nicht nur an der Art des Arguments liegen. Wir haben es nicht mit einer Tatsache zu tun, die durch die einfache Aussage korrekt beschrieben wäre, hier trete ein Begriff oder eine Funktion als Argument auf.

Anders als im eben betrachteten Fall, dessen Typus als Beispiel für eine ›Funktion einer Funktion‹ zunächst naheliegend erscheint, verhält es sich nun bei den Ausdrücken der eingangs betrachteten Art von der Form ›$\dashv\!\smile\!\vdash \Phi(\alpha)$‹; in ihnen kann man den Funktionsausdruck durch andere Funktionsausdrücke mit einem Argument ersetzen, und zwar sind wirklich nur Funktionsausdrücke hier einsetzbar, nicht Ausdrücke für die Werte der Funktionen für ein Argument, und der jeweils resultierende Ausdruck ist trotzdem ›gesättigt‹, er steht also, anders als ›$\chi(\Phi(\xi))$‹, gelesen z. B. als ›$(15+\xi)^2$‹, für einen Wert. Diese Besonderheit gegenüber dem anderen Fall, in dem Frege Bedenken gegen die Redeweise ›Funktion einer Funktion‹ vorgebracht hatte, veranlaßt ihn, $\dashv\!\smile\!\vdash \alpha^2=4$ und $\dashv\!\smile\!\vdash \alpha>0$ nun in der Tat »als Werte derselben Funktion $\dashv\!\smile\!\vdash \varphi(\alpha)$ für verschiedene Argumente aufzufassen«, und er fügt hinzu: »Diese Argumente sind hier aber selbst wieder Funktionen.«[58] Frege nennt nun die bis dahin betrachteten Funktionen, deren Argumente ausschließlich Gegenstände sind, ›Funktionen erster Stufe‹, während die jetzt betrachteten neuen Funktionen, deren Argumente Funktionen erster Stufe sind, ›Funktionen zweiter Stufe‹ heißen sollen. Entsprechend unterscheidet er Begriffe erster und zweiter Stufe; $\dashv\!\smile\!\vdash \varphi(\alpha)$ ist demnach ein Begriff zweiter Stufe.

Der Gesichtspunkt, an dem Frege sich orientiert, wenn er auch für die Fälle zweiter Stufe die Termini ›Funktion‹ und ›Begriff‹ verwendet, ist einerseits offenbar ein formaler im oben erörterten Sinne.[59] Frege selbst betont, das Verhältnis zwischen einem Begriff zweiter Stufe und einem solchen erster Stufe, deren Ausdrücke zusammen einen wahren Satz

58 Frege 1962, Bd. 1, S. 37   59 Vgl. oben, Abschnitt 3

ergeben, sei ein anderes als das zwischen einem Begriff erster
Stufe und einem Gegenstand, der unter ihn falle. Und sein
eben referiertes Argument dafür, von Begriffen zweiter Stufe
zu sprechen, war ja allein der Hinweis auf die Möglichkeit, in
den beiden Ausdrücken für Wahrheitswerte ›—⊤–α²=4‹ und
›—⊤–α>0‹ einen gemeinsamen unveränderlichen Teil
›—⊤–....(α)‹ zu sehen, an dessen hier leer gelassener Stelle
verschiedene Funktionsausdrücke eingesetzt werden können. Diese Möglichkeit, einen Ausdruck unabhängig von
Erwägungen über seinen begrifflichen Inhalt als bestehend
aus einem gleichbleibenden und einem veränderlichen Teil
aufzufassen, war der Orientierungspunkt für die formale
Lesart von Freges Bestimmung von ›Argument‹ und ›Funktion‹ in der »Begriffsschrift«.

Damit ist freilich die Frage noch unbeantwortet, wie Funktionsausdrücke zweiter Stufe semantisch funktionieren; wir
müssen erst noch verstehen, wie der Ausdruck eines Begriffs
zweiter Stufe, ergänzt um den Ausdruck eines Begriffs erster
Stufe, einen Gesamtausdruck bildet, der wahr oder falsch
sein kann, also einen Satz. Der Hinweis, hier werde ein
Funktionsausdruck durch einen Argumentausdruck gesättigt, hilft allein offensichtlich nicht weiter, weil ›Funktion‹
und ›Argument‹ in diesem neuen Zusammenhang bisher nur
formal bestimmt sind; er hieße nur soviel wie: Es werde ein
Ausdruck, der aus einem abgeschlossenen Ausdruck durch
Entfernen eines Begriffsausdrucks erster Stufe entstanden
ist, durch eine geeignete Einsetzung wieder vervollständigt.
Auf welche Art aber die hier bereits zugrundegelegte neue
Art der Einheit, aus der die Teilausdrücke, ist sie erst einmal
gegeben, durch ›Zerfällung‹ gewonnen werden können, ein
Ganzes bildet, wäre damit nicht erklärt. Insbesondere erfordert es eine eigene Erörterung der semantischen Rolle dieser
Quantoren, damit klar wird, auf welche Weise Ausdrücke,
die keine Eigennamen sind, Begriffsausdrücke zu Sätzen ergänzen können.

Bevor wir uns dieser Frage zuwenden, sei noch auf eine
Konsequenz von Freges Vorgehen hingewiesen: Aus seiner
hier wieder aufgenommenen formalen Betrachtungsweise
und der referierten Einführung des Terminus ›Begriff zwei-

ter Stufe‹ ergibt sich, daß man einen Satz wie z. B. ›Peter läuft‹ auf zwei verschiedene Weisen als aus Teilen zusammengesetzt auffassen kann, nämlich entweder so, daß seine Teile der Eigenname ›Peter‹ und das Begriffswort erster Stufe ›läuft (ζ)‹ sind, oder so, daß sie dieses selbe Begriffswort ›läuft (ζ)‹ und ein Begriffswort zweiter Stufe, ›Φ (Peter)‹ (paraphrasierbar als ›ist eine Eigenschaft von Peter‹ oder ›wird von Peter erfüllt‹) sind. Frege sagt in seinem Aufsatz »Über Begriff und Gegenstand« ausdrücklich (und zwar auf einen *Satz*, nicht auf einen unartikulierten *Inhalt* bezogen):

»Danach darf es nicht wundernehmen, daß derselbe Satz aufgefaßt werden kann als eine Aussage von einem Begriffe und auch als eine Aussage von einem Gegenstande, wenn nur beachtet wird, daß diese Aussagen verschieden sind.«[60]

Diese These gilt offenbar nicht nur für natürlichsprachliche Sätze und deren Beziehung zu den Gedanken, die sie ausdrücken. Frege wiederholt hier nicht die kurz zuvor ausgedrückte Beobachtung, »daß ein Gedanke mannigfach zerlegt werden kann und daß dadurch bald dies, bald jenes als Subjekt und als Prädikat erscheint.« Dies ist ein schon in der »Begriffsschrift« von ihm hervorgehobener Sachverhalt; dort vergleicht er die Sätze ›bei Plataeae siegten die Griechen über die Perser‹ und ›bei Plataeae wurden die Perser von den Griechen besiegt‹ und stellt fest, daß ihm der Unterschied, der hier dadurch zum Ausdruck kommt, daß im ersten Satz der Ausdruck ›die Griechen‹, im zweiten Satz der Ausdruck ›die Perser‹ Subjekt ist, für die Begriffsschrift gleichgültig ist.[61] Es geht also nicht darum, »daß verschiedene Sätze denselben Gedanken ausdrücken können«[62], und daß folglich die Wörter ›Subjekt‹ und ›Prädikat‹ sich nicht auf Teile auf der Ebene des Gedankens beziehen, sondern auf einen bestimmten Wortlaut. Vielmehr konfrontiert uns Freges Lehre von den Begriffen zweiter Stufe mit der Tatsache, daß auch begriffsschriftliche Ausdrücke wie ›F(a)‹, deren Aufgabe es wäre, ›den Gedanken rein darzustellen‹, d. h. so, wie er un-

60 Frege 1967, S. 173 (S. 200)
61 Frege 1964, S. 3
62 ›Über Begriff und Gegenstand‹; Frege 1967, S. 173 (S. 199)

verstellt von den Eigentümlichkeiten einer natürlichen Sprache als aus Teilen zusammengesetzt betrachtet werden muß, auf mehr als eine Weise aufgefaßt werden können.

Wenn aber nicht nur auf der Ebene der mannigfaltigen natürlichsprachlichen Ausdrucksmöglichkeiten Freges Satz gilt »durch den Gedanken selbst ist noch nicht bestimmt, was als Subjekt aufzufassen ist«[63], sondern wenn wir mit demselben Recht feststellen müssen, daß durch die begriffsschriftliche Formulierung eines Gedankens noch nicht bestimmt ist, was als Begriff und was als Gegenstand aufzufassen ist, und zwar nicht nur in dem Sinne, daß wir die vorgegebenen ›Gedankenteile‹ verschieden gruppieren können (wie z. B. in ›Größer-als-4 (2)‹ versus ›Größer-als (4,2)‹), sondern so, daß es zu einer Sache der Auffassung wird, ob z. B. der Sinn des Gegenstandsnamens ›Peter‹ oder der Sinn des Begriffswortes zweiter Stufe ›Φ (Peter)‹ (›von Peter erfüllt werden‹) als Teil des Gedankens, der durch ›läuft (Peter)‹ ausgedrückt wird, anzusehen ist, dann wird die Rede von den ›Gedankenteilen‹ und der ›Zerfällung‹ eines Gedankens in solche Teile auch an dieser Stelle noch einmal fragwürdig. Freges oben im Abschnitt 3 referierte Aussage, die Unterscheidung von Argument und Funktion habe mit dem begrifflichen Inhalt nichts zu tun (werde von diesem insbesondere nicht festgelegt), scheint jetzt doch eine radikalere Lesart zu verlangen, gemäß der sie auch für die Unterscheidung von Gegenstand und Begriff gilt. Die Ebene des begrifflichen Inhalts, die uns darüber Aufschluß geben sollte, wie ein Satz unter dem Gesichtspunkt seiner Bedeutung als zusammengesetzt aufgefaßt werden muß, wird dadurch undeutlich: Gedanken scheinen in sich völlig ungegliederte Gebilde zu sein; nur von sprachlichen Ausdrücken ließe sich dann noch sagen, sie hätten Teile, aber selbst ein begriffsschriftlicher Ausdruck ließe sich nicht nur in seinen Teilen durch das Schaffen leerer Stellen unterschiedlich gruppieren, sondern er könnte auch dann, wenn keiner seiner Teile als veränderlich betrachtet oder durch ein unbestimmt andeutendes Symbol ersetzt werden würde, so verschieden als aus

63 Ibid.

Teilen bestehend aufgefaßt werden, daß das, was bei der einen Auffassung als Teil erscheint, bei einer anderen Auffassung gar nicht vorkäme.

Woran sollen wir uns dann aber bei der Erarbeitung eines Ausdrucksmittels, das die semantischen Verhältnisse unmittelbar wiedergibt, orientieren? Der Unterschied zwischen Logik und Grammatik, zwischen einer ›reinen‹ Semantik und einer notwendigerweise einzelsprachlichen Syntax, scheint nicht mehr scharf bestimmbar zu sein, weil die Kriterien des Logischen verschwimmen: Wenn sogar die Begriffsschrift den Gedanken nicht auf eindeutige Weise so darstellt, wie es seiner eigenen Gliederung aus Teilen entspricht, weil diese Eigengliederung keine *bestimmte* begriffsschriftliche Formulierung festlegt, woran orientiert sie sich dann? Unter Rekurs worauf läßt sich ihr Vorteil gegenüber natürlichsprachlichen Formulierungen und den entsprechenden grammatischen Gliederungen bestimmen? Was wird aus der These, der Schlüssel zum Verständnis der semantischen Komplexität liege in der Ungesättigtheit mancher Gedankenteile? Diese These hatten wir interpretiert als die Aussage, es gehöre bei den ungesättigten Ausdrücken zu ihrem ›Gebrauch als Zeichen‹, daß sie nur als Erweiterungen anderer Ausdrücke verständlich gemacht werden können. Nun hat es aber den Anschein, daß es ›Gedankenteile‹ auch in diesem Sinne gar nicht gibt; es gibt nur Ausdrucksteile; aber selbst mit Bezug auf einen begriffsschriftlich formulierten Satz läßt sich nicht sagen, welches seine ›gesättigten‹ und welches seine ›ungesättigten‹ Teile sind, weil er sich auf mehr als nur auf eine Weise als gegliedert auffassen läßt: Sowohl als bestehend aus Gegenstandsname und Begriffsausdruck erster Stufe als auch als bestehend aus Begriffsausdruck erster Stufe und Begriffsausdruck zweiter Stufe. Die Kriterien dafür, welche Formulierungen ›begriffsschriftlich‹ zu heißen verdienen, sind in Gefahr zu verschwimmen.

Um zu einer Lösung dieser Probleme zu kommen, kehren wir zurück zu der oben nicht genauer erörterten Frage, wie die Möglichkeit, Begriffe zweiter Stufe zu bilden, *inhaltlich* zu verstehen ist. Eine Antwort darauf ergibt sich noch nicht aus der zitierten allgemeinen Bestimmung Freges, denn diese sagt nur, wie wir einen Ausdruck, der einen solchen Begriff schon enthält, so zerlegen können, daß er als eine Komponente sichtbar wird. Eine Antwort muß vielmehr in einer Auskunft dazu bestehen, wie Aussagen, die Begriffe zweiter Stufe enthalten, zu verstehen sind. Frege schreibt:

»Die Beziehung eines Gegenstandes zu einem Begriff erster Stufe, unter den er fällt, ist verschieden von der allerdings ähnlichen eines Begriffs erster Stufe zu einem Begriff zweiter Stufe.«[64]

Wir hatten oben gesehen, daß einer der Aspekte dieser Ähnlichkeit darin besteht, daß auch ein Satz, der die hier aufzuklärende Beziehung zwischen einem Begriff erster Stufe und einem Begriff zweiter Stufe artikuliert, wahrheitsfähig ist, und es liegt von den grammatischen Formen des Deutschen her nahe zu fragen, ob nicht auch in diesem Fall ›etwas von etwas ausgesagt‹ werde. Ein wichtiger Aspekt der Verschiedenheit lag für Frege darin, daß die Begriffe erster Stufe, ›von‹ denen da die Rede sein soll, keine Gegenstände sein können, denn wenn sie es wären, wären die zugehörigen Begriffswörter ihre Namen, und die Sätze wären Namenslisten, was die gesamte bisherige Bemühung um ein Verständnis der semantischen Komplexität zunichte machen würde.

Das Dilemma, vor dem Frege steht, läßt sich also in die Frage kleiden: Wie kann man das, was wir in der natürlichen Sprache ›einen Begriff‹ nennen, zum ›Gegenstand der Betrachtung‹ machen, ohne es damit zugleich in dem Sinne ›zum Gegenstand zu machen‹, daß das Begriffswort, das ihm zugehört, zum Namen wird? Eine Antwort auf diese Frage, die mit unseren bisherigen Interpretationsbemühungen im Einklang steht, ist bei Frege angelegt; sie lautet: Die ›Aussagen von einem Begriff‹ sind Aussagen über Begriffs*ausdrücke*

64 A.a.O., S. 174 (Orig. Pag. S. 201)

unter dem Aspekt ihres ›Gebrauchs als Zeichen‹ (d.h. unter dem Aspekt ihrer Bedeutsamkeit). Sie handeln nicht in dem Sinne von den ›Bedeutungen‹ der Begriffsausdrücke, der unterstellt, diese ›Bedeutungen‹ seien gesonderte, von den Zeichen losgelöste zusätzliche Entitäten, über die gesprochen werde, sondern sie handeln von den Bedeutungen der Zeichen, indem sie von den *Zeichen* handeln, aber unter dem Aspekt ihrer Eigenschaft, bedeutungsvoll zu sein. Dieser Lösungsweg verlangt demnach, daß außer den körperlich-sinnlich erfahrbaren Personen, Gebrauchsgütern etc., den materiellen ›Dingen‹, die oben als erste und paradigmatische Beispiele für mit Namen benennbare Gegenstände angeführt wurden, auch so ›abstrakte‹ Dinge wie ›Zeichen unter dem Aspekt, bedeutungsvoll zu sein‹ auf eine für uns nachvollziehbare Weise als Gegenstände in Freges Sinn betrachtet werden können.

Eine von Frege für typisch erachtete Aussage von einem Begriff ist eine Existenzaussage der Art ›es gibt mindestens eine Quadratwurzel aus 4‹. Deren inhaltliche Deutung ergibt sich aus Freges Verständnis der All-Aussagen, und dies erläutert er in der »Begriffsschrift« wie folgt:

»In dem Ausdrucke eines Urtheils kann man die rechts von ⊢ stehende Verbindung von Zeichen immer als Function eines der darin vorkommenden Zeichen ansehen. Setzt man an die Stelle dieses Argumentes einen deutschen Buchstaben, und giebt man dem Inhaltsstriche eine Höhlung, in der dieser selbe Buchstabe steht, wie in

$$\vdash\!\!\!-\!\!\!\overset{\frown}{\mathfrak{a}}\!\!-\Phi(\mathfrak{a}),$$

so bedeutet dies das Urtheil, dass jene Function eine Thatsache sei, was man auch als ihr Argument ansehen möge.«[65]

Erinnern wir uns, daß die Termini ›Funktion‹ und ›Argument‹ in der »Begriffsschrift« für Ausdrücke stehen, und verstehen wir die wenig präzise Aussage, »dass jene Function eine Thatsache sei, was man auch als ihr Argument ansehen möge«, in Übereinstimmung damit im Sinne von »daß jener Funktionsausdruck, was man auch als Argumentausdruck an der mit ›α‹ markierten Stelle einsetzen möge, mit diesem zusammen den Ausdruck einer Tatsache bildet«, so ist der

65 Frege 1964, S. 19

damit eingeführte Ausdruck einer Allgemeinheit einer, von dem wir sagen können, er handle von Resultaten von Ausdrucksersetzungen unter dem Aspekt ihrer Rolle als Zeichen. Da Frege Existenzaussagen aus Allaussagen gewinnt, überträgt sich diese Deutung auch auf Existenzaussagen: Auch sie sind Aussagen über Resultate von Ausdrucksersetzungen.

Der Satz ›es gibt mindestens eine Quadratwurzel aus 4‹ heißt demnach: Man kann in dem Ausdruck ›x ist eine Quadratwurzel aus 4‹ den Teilausdruck ›x‹ so ersetzen, daß das Resultat ein wahrer Satz ist. Bei dieser Paraphrase wird auf einen als ›Begriff‹ zu klassifizierenden Gegenstand nicht bezuggenommen, sondern nur auf den Ausdruck ›…ist eine Quadratwurzel aus 4‹. Diese Bezugnahme geschieht freilich unter einem inhaltlichen Aspekt, und das heißt nach der oben vorgeschlagenen Interpretation in der Redeweise Freges, daß der Ausdruck betrachtet wird, sofern er ›einen Begriff bedeutet‹. Deshalb können wir diejenige Fassung dieser Aussage, die eine zusätzliche, vom Ausdruck verschiedene Entität zu unterstellen scheint, nämlich die Aussage »der Begriff ›Quadratwurzel aus 4‹ ist nicht leer«, ähnlich wie die Wendung ›einen Begriff bedeuten‹, als *façon de parler* lesen; die Benutzung des Teilausdrucks ›der Begriff‹ wird dann als Zeichen dafür verstanden, daß von dem Ausdruck ›Quadratwurzel aus 4‹ unter dem Aspekt seines Sinnes, seiner Verwendung als Zeichen, gesprochen werden soll. Der genannte Satz wäre dann adäquat durch die Paraphrase wiedergegeben: Man kann in dem Ausdruck ›x ist eine Quadratwurzel aus 4‹, in dem der außer dem ›x‹ vorhandene Ausdrucksteil auf die für Begriffswörter typische Weise bedeutungsvoll ist, das Zeichen ›x‹ so ersetzen, daß das Resultat dieser Ersetzung ein wahrer Satz ist.

Diese Lösung wird beiden Seiten des oben genannten Verhältnisses gerecht, das zwischen Gegenständen und Begriffen erster Stufe einerseits und Begriffen erster Stufe und Begriffen zweiter Stufe andererseits besteht: der Ähnlichkeit in dem Maße, wie Aussagen über Ausdrücke als Fälle des ›Etwas-über-etwas-Sagens‹ angesehen werden dürfen, die wahr oder falsch sein können. In diesem Sinne ›gibt es‹ of-

fensichtlich etwas, von dem die Rede ist, nämlich Ausdrükke, die als Zeichen verwendet werden. Zur Beurteilung der
Verschiedenheit müssen wir uns fragen, ob hier ein ›Begriff
zum Gegenstand gemacht‹ wird, d.h. ob ein Begriffsausdruck als Gegenstandsname fungiert, oder, in grammatischen Termini, ob ein Ausdruck, der Prädikatfunktion hat,
die Rolle eines Subjekts spielt.

Wenn eine ›Aussage von einem Begriff‹ eine Aussage über
einen Begriff*ausdruck* ist, dann muß dieser Ausdruck (dessen Gegenstandsstatus wir für den Moment einmal unterstellen), damit man auf die übliche Weise, unter Benutzung
der üblichen Form, über ihn reden kann, durch einen Namen
oder eine Kennzeichnung benannt werden, der (bzw. die)
Subjekt des Satzes wird. Es ist eine bei uns (nicht zuletzt
dank Frege) geltende Konvention, daß ein solcher ›Name
eines Ausdrucks‹ dadurch gebildet wird, daß ein Ausdrucks-
vorkommnis des intendierten Typus niedergeschrieben und
in Anführungszeichen eingeschlossen wird. Wenn wir also
behaupten, »der Begriff ›Quadratwurzel aus 4‹ ist nicht
leer«, dann gilt der zwischen den einfachen Anführungszeichen stehende Ausdruck mit diesen Zeichen zusammen als
der Name eines Begriffsausdrucks; der Begriffsausdruck gilt
entsprechend als der Gegenstand, der die Bedeutung des
grammatischen Subjekts ist. Eine ›prädikative Natur‹ hat
dann zwar der genannte Begriffsausdruck, über den gesprochen wird, in seiner *Verwendung* in Sätzen wie ›2 ist eine
Quadratwurzel aus 4‹. Eine solche prädikative Natur fehlt
aber seinem ›Namen‹; dieser wird nicht prädikativ verwendet, sondern hat die Funktion, das zu nennen, worüber
gesprochen wird: Der Name eines Begriffsausdrucks ist
selbst nicht prädikativ. Obwohl also ein Subjektausdruck
nicht in dem Sinne ›einen Begriff bedeuten‹ kann, daß damit
gemeint ist, er fungiere als Prädikat des Satzes, dessen Subjektausdruck er ist, kann er unter den genannten Voraussetzungen für einen ›Gegenstand‹ stehen (nämlich für einen
Begriffsausdruck), der die Eigenschaft hat, ›einen Begriff zu
bedeuten‹, d.h. in Sätzen, in denen er *verwendet* wird (im
Unterschied zu: mit Hilfe seines Namens *erwähnt*), als Prädikat zu fungieren.

Wenn man die vorausgesetzte Vergegenständlichung der Ausdrücke vorläufig akzeptiert, läßt sich der Widerspruch auf die geschilderte Weise auflösen: Der Begriffsausdruck bedeutet einen Begriff (d.h. er hat auf die für Begriffsausdrücke typische Weise Bedeutung), aber sein Name bedeutet einen Gegenstand (d.h. er hat auf die für Gegenstandsnamen typische Weise Bedeutung). Die ›Verwandlung‹ eines Begriffs in einen Gegenstand, von der Frege einmal spricht, oder die ›Vertretung‹ des Begriffs durch den Gegenstand besteht also im Übergang vom ursprünglichen Ausdruck, der prädikative Funktion hat, zu seinem ›Namen‹, der als Subjekt fungiert. Freges spätere Aussage, es gebe bei solchen ›Aussagen von einem Begriff‹ gar keine Gegenstände, muß aus dieser Sicht also relativiert werden durch den Zusatz ›abgesehen vom Begriffsausdruck selbst, der dabei wie ein Gegenstand behandelt wird‹. Was es heißt, einen Ausdruck wie einen Gegenstand zu behandeln, bedarf allerdings noch einer eigenen Überlegung.[66]

Diese Auffassung von den Begriffen zweiter Stufe eröffnet eine neue Sicht auf das oben betrachtete Problem, daß sich begriffsschriftliche Sätze der einfachsten Form ›F(a)‹ auf zwei ganz verschiedene Weisen auffassen lassen. Der Anschein der Willkürlichkeit, der dadurch entstand, bildete eine Gefahr für die Zielsetzung, mit Hilfe einer Begriffsschrift die Gedanken ›rein darzustellen‹. Der folgende Reparaturvorschlag behebt diese Gefahr, wenn auch abermals um den Preis, gegen die Intentionen Freges einen diachro-

---

66 Um die Brisanz des Problems vorgreifend anzudeuten: A. Palmer (1988) versteht Freges scharfe Trennung von Begriff und Gegenstand so, daß sie die These enthält: »About concepts there is no question of saying true (or false) things, and therefore our worries about them are not due to a lack of knowledge.« (S. 102) Entsprechend würde es sich bei einem Wissen über ›Ausdrücke unter dem Aspekt ihres Gebrauchs als Zeichen‹ in Palmers Sinn auch nicht um ein wirkliches Wissen handeln (das es nach seiner Meinung offenbar nur von ›Gegenständen‹ geben kann), sondern um ein (mit anderen Sprachteilnehmern geteiltes) *Verständnis*. Dies führt ihn zu der These, die Bemühung um eine Bedeutungstheorie suche nach einer Chimäre (S. xiii). Vgl. dazu unten, Kap. VI.

nischen Aspekt in die Überlegungen zum Aufbau einer Begriffsschrift hineinzubringen.

Wenn wir, um die im letzten Abschnitt hervorgehobene Kontinuität des ›Etwas-über-etwas-Aussagens‹ sichtbar zu machen, statt ›⊤ꙅ⊤Φ(α)‹ versuchsweise schreiben würden ›χ(»Φ(ζ)«)‹ [man beachte die in anderen Kontexten gewiß problematischen Anführungszeichen in der Klammer!], haben wir keinen Anlaß mehr, die allgemeine formale Bestimmung zu geben, einen Begriff zweiter Stufe erhalte man, indem man aus einem Namen für einen Wahrheitswert einen Ausdruck eines Begriffs erster Stufe durch ein unbestimmt andeutendes Symbol ersetze. Vielmehr könnten wir, unter Benutzung einer hier bewußt von Freges Terminologie verschieden gewählten Ausdrucksweise, sagen: Ein ›Metabegriff‹ heiße ein Begriff, unter den sprachliche Ausdrücke fallen, der als Argumente also Namen von Ausdrücken hat. Begriffe zweiter Stufe in Freges Sinn wären dann durch die Einschränkung charakterisierbar (verstanden als notwendige Bedingung, ob sie hinreichend ist, lassen wir hier offen), daß es sich bei ihnen um Begriffe handelt, unter die nicht *irgendwelche* sprachliche Ausdrücke fallen, sondern ausschließlich Begriffsausdrücke.

So gesehen beruht Freges Parallelisierung der Ausdrücke ›⊤ꙅ⊤Φ(α)‹ und ›Φ(Peter)‹ unter dem Aspekt, daß beide z. B. aus Ausdrücken ›⊤ꙅ⊤ schwimmt (α)‹ und ›schwimmt (Peter)‹ durch Ersetzung von ›schwimmt‹ durch das unbestimmt andeutende Symbol ›Φ‹ entstanden gedacht werden können, auf einer äußerlichen Notationseigenschaft. Schreiben wir statt des ersten Ausdrucks im Sinne der oben nur für unseren Kontext *ad hoc* erwogenen Notationsweise ›nicht leer (»Φ(ζ)«)‹, dann haben wir viel weniger Anlaß, diesen Ausdruck als ähnlich mit ›Φ(Peter)‹ zu betrachten, weil die in beiden Fällen mögliche Ersetzung von ›Φ‹ durch ›schwimmt‹ einmal in die doppelten Anführungszeichen hinein erfolgt, und im zweiten Fall nicht.

Aus inhaltlicher Sicht haben wir nicht einmal einen Anlaß, einen Ausdruck wie ›schwimmt (Peter)‹ so zu ›zerfällen‹, daß wir ›Φ(Peter)‹ als Teilausdruck erhalten, vielmehr müssen wir aus dieser Perspektive sagen, daß die *richtige* Zerlegung dieses Satzes allein diejenige ist, die zu den Komponenten ›Peter‹ und ›schwimmt(ζ)‹ führt; nur sie wird der Weise gerecht, wie der Satz aus seinen Teilen, sofern sie Bedeutung haben, gebildet ist. Der Teilausdruck ›Φ(Peter)‹ läßt sich zwar auf der Ebene der Marken, wenn man den ursprünglichen Gesamtausdruck als ›bloßes Ding‹ betrachtet, bilden, ihm entspricht aber nichts auf der Ebene des ›Gebrauchs als Zeichen‹, der Ebene des Sinnes. Wenn man also sagt, ein Ausdruck des Typs ›Φ(Peter)‹ sei ein Begriffsausdruck zweiter Stufe, so scheint das allein unter einer formalen Deutung zuzutreffen, bei der die Begriffe zweiter Stufe keine Sinneinheiten sind. Allerdings läßt sich sagen, man spreche hier von ›Schreibeinheiten‹ und erörtere die Zulässigkeit von Ersetzungen; dies tun zu können, ist, allgemein gesprochen, ein Interesse einer formal aufgefaßten Logik. Ob diese Sicht speziell in diesem Fall sinnvoll ist, lassen wir hier unerörtert.

Wie verhält sich zu dieser Formalismus-Diagnose aber die Tatsache, daß Frege doch auch einen inhaltlichen Aspekt an den Begriffen zweiter Stufe im Auge hat, den er anspricht, wenn er darauf verweist, daß das, was er als den Begriff zweiter Stufe ›Φ(Peter)‹ bezeichnet, durch die natürlich-sprachliche Wendung ›…ist eine Eigenschaft von Peter‹ ausgedrückt werden kann? Haben wir hier nicht einen Begriff, unter den wiederum Begriffe fallen, nämlich im Fall des genannten Beispiels diejenigen Begriffe, unter die Peter fällt? Und können wir nicht tatsächlich jeden Ausdruck der Art ›F(a)‹ analysieren sowohl als ›a fällt unter den Begriff F‹ als auch als ›F ist eine Eigenschaft von a‹ oder ›F wird von a erfüllt‹?

Nach den hier vorgetragenen Überlegungen beruhen diese Argumente auf einer Verwechselung der methodisch ›späteren‹ metasprachlichen mit der objektsprachlichen Ebene, die zu einer Mehrdeutigkeit der Klammernotation ›$\Phi(\zeta)$‹ führt, die von Freges Standpunkt aus nicht erwünscht sein kann. Versteht man Aussagen von einem Begriff so, wie hier vorgeschlagen, dann ergibt sich das folgende Bild: Primär ist die von Frege so genannte ›logische Grundbeziehung‹, in der jeweils ein ›gesättigter‹ und ein ›ungesättigter‹ ›Gegenstand‹

stehen, wobei diese beiden ›Gegenstände‹ aneinander ›haften‹. Stellen wir diese Beziehung mit Hilfe von Klammern dar, wie in dem Ausdruck ›$\Phi(\zeta)$‹, dann dürfen diese Klammern nicht mit den Worten ›fällt unter‹ gelesen werden, denn diese Worte drücken, worauf Frege in »Über Begriff und Gegenstand« selbst hinweist, eine Beziehung aus, ihr ›Sinn‹ ist in doppelter Weise ungesättigt.[67] Wir würden also einen unzulässigen Vorgriff auf eine logisch höhere Stufe machen, bei deren Sinnbestimmung wir in einen unendlichen Regreß kämen.

Stehen Ausdrücke der Art ›$\Phi(\zeta)$‹ und ›$\Psi(\xi,\sigma)$‹ schon zur Verfügung, dann können auch Metabegriffe und -relationen gebildet werden, d. h. solche, unter die sprachliche Ausdrükke, die dabei als Gegenstände behandelt werden, fallen. Handelt es sich dabei um Relationen, dann können entweder beide Argumentstellen eine Ergänzung durch Namen sprachlicher Ausdrücke verlangen (wie z. B. in »›F‹ ergibt mit ›a‹ verkettet einen wahren Satz«), oder eine Argumentstelle muß durch den Namen eines Ausdrucks, die andere durch den Namen eines Gegenstandes ausgefüllt werden, der kein Ausdruck ist. Zu dieser zweiten Gruppe gehören Relationen wie »der Bruder von Fritz heißt ›Peter‹« und »›Mann‹ trifft auf Peter zu«. Aus der hier eingenommenen Perspektive ist es also gleichgültig, ob der sprachliche Ausdruck, dessen Name als Argumentausdruck auftritt, selbst ein Begriffswort oder ein Eigenname ist; in beiden Fällen sprechen wir von Metabegriffen.

Eine solche zweistellige Relation ist insbesondere das Fallen eines Gegenstandes unter einen Begriff; wir notieren sie auf die folgende Weise:

(1) Fallen-unter (Fritz, ›Mann‹); einstellig aufgefaßt als:

(2) Fallen-unter-›Mann‹ (Fritz).

Die Form (2) darf trotz der inhaltlichen Äquivalenz nicht verwechselt werden mit

(3) Mann (Fritz).

Statt (1) kann man auch mit einer in der natürlichen Sprache

<hr/>

67 Frege 1967, S. 177 f. (S. 204 f.)

üblichen Verdinglichung des Begriffswortes zu einer Eigenschaft (in der von R. Carnap so genannten ›materialen Redeweise‹) sagen:

(1a) Ist-Eigenschaft-von (Fritz, Mannsein); oder einstellig:
(2a) Ist-Eigenschaft-von-Fritz (Mannsein).

Der Schritt, der Frege in die oben dargestellten Schwierigkeiten bringt, besteht nun darin, daß er die der Form (2a) entsprechenden Aussagen, z.B. ›ein Mann zu sein ist eine Eigenschaft von Fritz‹, begriffsschriftlich nicht notiert als

(2b) χ(›ξ‹),

wobei ›χ‹ für das nicht mehr verdinglichende Metaprädikat ›...kommt Fritz zu‹ stünde und »›ξ‹« durch Namen von Begriffsausdrücken ersetzt werden könnte, sondern diese Aussagen bereits ausgedrückt findet in Ausdrücken der Form

(2c) Φ(a),

und entsprechend z.B. ›Φ(Fritz)‹ liest als ›eine Eigenschaft von Fritz sein‹. Dadurch macht er sich die hier als ›formal‹ bezeichnete Sehweise wieder zu eigen, die darin besteht, Ausdrücke zu betrachten, sofern in ihnen an beliebigen Stellen Lücken geschaffen wurden, und er nennt entsprechend Teilausdrücke, die für das veränderlich gedachte ›Φ‹ eingesetzt werden können, ›Argumente‹ dieser ›Funktion zweiter Stufe‹; die Stellung innerhalb oder außerhalb der Klammer unterscheidet aber weiterhin kategorial Gegenstandsname und Begriffsausdruck erster Stufe.

Die Folge dieses Schrittes ist, daß die Klammernotation doppeldeutig wird: Neben ihre ursprüngliche Funktion, die ›logische Grundbeziehung‹ unmittelbar und irreduzibel auszudrücken, tritt jetzt ihre Rolle als Metaprädikator. Frege liest also die Klammern in Ausdrücken der Art ›...(___)‹ im Sinne des Metaprädikators ›Fallen unter (___,...)‹, so daß er jetzt einen Ausdruck der Art ›F(___)‹ als ›Fallen unter (___,F)‹ lesen kann, und entsprechend umgekehrt die Konverse ›Eigenschaftsein (a,...)‹[natürlichsprachlich: ›eine Eigenschaft

von a sein‹] ausgedrückt finden kann in Ausdrücken des Typs
›...(a)‹.

Wenn man dieser Diagnose folgt, dann haben wir in der Beziehung zwischen einem Begriff zweiter und einem solchen erster Stufe keine neuartige ›Grundbeziehung‹, die zur ursprünglichen ›logischen Grundbeziehung‹ hinzutritt, sondern dasselbe Fallen eines Gegenstandes unter einen Begriff wie bei den Begriffen erster Stufe. Dies gilt allerdings nur unter der Bedingung, daß auch ein sprachlicher Ausdruck unter dem Aspekt seines Gebrauchs als Zeichen problemlos als ein Gegenstand angesehen werden kann, der unter gewisse Begriffe fällt. Wir haben bei dieser Deutung ferner die Möglichkeit, die Ambivalenz in der Begriffsschrift, die deren Zweck, den Gedanken rein auzudrücken, in Frage stellte, dadurch rückgängig zu machen, daß wir die Doppeldeutigkeit der Klammernotation nicht mehr zulassen und Ausdrücke des Typs ›Φ(a)‹ nicht mehr als Begriffe zweiter Stufe (›eine Eigenschaft von a sein‹) lesen. Dadurch geraten der Ausdruck und der Aspekt seines diachronisch verstandenen Aufbaus in den Blick, im Unterschied zu Freges Vorstellung von den zeitlos für sich existierenden Gedanken. Bei dieser Interpretation würden wir den Terminus ›Begriff zweiter Stufe‹ konsequent inhaltlich verstehen, – eine Lesart, die Freges Absichten insofern entsprechen dürfte, als er stets eine inhaltliche Deutung seiner Notationen gibt, die aber unter seinem ebenfalls bestehenden formalen Interesse, Ersetzungsmöglichkeiten möglichst einfach darzustellen, vielleicht unwillkommen ist. Diesen zweiten Aspekt lassen wir hier unberücksichtigt.

10. Was wird ›zerfällt‹, oder: Woran orientiert sich die Konstruktion der Begriffsschrift?

Wir haben im letzten Abschnitt die Auffassung Freges erörtert, daß ein und derselbe Gedanke nicht nur in den natürlichen Sprachen auf verschiedene Weisen ausgedrückt werden kann, sondern daß es auch im Fall seiner begriffsschriftlichen Formulierung möglich ist, ihn verschieden als aus

Teilen bestehend aufzufassen. Diese Verschiedenheit in den Auffassungsmöglichkeiten ging sogar so weit, daß ein Teilinhalt, der einmal durch einen Gegenstandsnamen ausgedrückt wird, in einer anderen Formulierung desselben Gedankens durch ein Begriffswort zweiter Stufe mitausgedrückt wird. Damit erscheint es aber unklar, was als Kriterium für eine *begriffsschriftliche* Formulierung eines Gedankens zu gelten hat, und dies veranlaßt uns, auf die Frage zurückzukommen, welchen genauen Sinn Freges Kennzeichnung seiner Methode als ›Zerfällung‹ eines beurteilbaren Inhalts oder Gedankens hat. Dies ist auch deshalb angebracht, weil der erörterte Reparaturvorschlag dem Geiste der Überlegungen Freges insofern fremd ist, als er ein weiteres Mal eine diachronische Perspektive an seine Überlegungen heranträgt, die von sukzessive erfolgenden Schritten des Aufbauens eines Mediums spricht statt von fertig vorgegebenen Gedanken.

Anfangs leitete uns die Vorstellung, das Verständnis der semantischen Komplexität eines (logisch nicht zusammengesetzten, assertorischen) Satzes der natürlichen Sprache bestünde im Verständnis der Zusammengesetztheit des in ihm ausgedrückten Gedankens aus Teilen, die durch Begriffswörter und Namen im logischen Sinne korrekt ausgedrückt wären, verbunden mit einem dann noch ergänzend zu erarbeitenden Verständnis der den natürlichen Sprachen eigenen zusätzlichen pragmatischen und sonstigen Elemente, die diese Gedankengliederung überlagern und den begrifflichen Zusammenhang dadurch häufig verbergen. Freges Auffassung, es sei das Ziel der Begriffsschrift, den Gedanken möglichst ›rein‹ wiederzugeben und das Verhältnis der Begriffe so zu zeigen, wie es ist, legte die Vorstellung nahe, daß die Gedanken als Gebilde, die von den Eigenheiten der zu ihrem Ausdruck gewählten Sprache unabhängig sind, für sich selbst auf spezifische Weise gegliedert sind, und daß es die Aufgabe der Begriffsschrift ist, diese Gliederung, anders als es die Grammatiken der natürlichen Sprachen tun, getreu nachzuzeichnen. Die Weise, in der ein begriffsschriftlicher Satz aus Teilen zusammengesetzt ist, würde dann der Zusammensetzung des Gedankens genau entsprechen. Der

Konstrukteur der Begriffsschrift hätte an der Struktur der Gedanken einen Orientierungspunkt für seine Konstruktionsschritte; die Begriffsschrift wäre jene ›reine‹ Semantik, von der Chomsky z. B. erklärt hatte, sie sei zur unmittelbaren Darstellung des strukturellen Bedeutungsmoments im Englischen nicht geeignet, weil jene grammatischen Strukturen zwar eine nicht zu leugnende semantische Relevanz hätten, es aber nicht möglich sei, ihnen eine jeweils *bestimmte* semantische Charakterisierung so zuzuordnen, daß diese Zuordnung für alle Fälle Gültigkeit habe, in denen die betreffende Struktur auftrete.

Nach dieser einfachsten Vorstellung von der Art des Zusammenhangs zwischen einem Gedanken und dem ihn ausdrückenden begriffsschriftlichen Satz müßte man erwarten, daß es zu jedem Gedanken genau *eine* korrekte begriffsschriftliche Formulierung gibt; dies ist aber, wie wir gesehen haben, nach Freges Auffassung nicht der Fall. Folglich ist diese einfache Vorstellung unangemessen, und es stellt sich die Frage, wie wir es zu verstehen haben, daß verschiedene Formulierungen beanspruchen können, einen und denselben Gedanken nicht nur im ganzen korrekt wiederzugeben, wie es auch die mannigfaltigen Ausdrucksmöglichkeiten der natürlichen Sprachen zu tun gestatten, sondern dies trotz ihrer Verschiedenheit jeweils *begriffsschriftlich* zu tun, d.h. so, daß das Verhältnis der Begriffe so gezeigt wird, wie es ist. Auf den ersten Blick scheint hier ein Widerspruch vorzuliegen, und die Frage drängt sich auf, mit welchem Recht eine Formulierung ›begriffsschriftlich‹ heißen darf, wenn die Legitimation dazu nicht in dem Hinweis bestehen kann, sie würde die ›wirkliche‹, von den besonderen Eigenschaften jedes Mediums unabhängige Gliederung eines Gedankens in begriffliche Teile nachzeichnen.

Zwei Weisen bieten sich an, eine diesen Einwänden gerecht werdende Interpretation von Freges Idee der ›Zerfällung‹ eines Gedankens zu versuchen: Erstens könnte es seine Auffassung sein, daß ein Gedanke für sich betrachtet ganz ungegliedert ist, und daß erst die verschiedenen Weisen, diesen Gedanken zu ›fassen‹, ihn begrifflich gliedern. Dann bestünde die Aufgabe darin, deutlich zu machen, welche dieser möglichen Auffassungsweisen ›begrifflich‹ im Sinne der Begriffsschrift zu heißen verdienen, und worin sie sich allesamt von den Auffassungs- und den entsprechenden grammatischen Gliederungsweisen der natürlichen Sprachen unterscheiden. Ferner wäre zu klären, wie man sich über ungegliederte Gedanken verständigen und wie man Gedanken wiedererkennen kann, oder ob die Probleme, die sich damit stellen, nicht Anlaß geben, die Vorstellung von medienfrei existierenden Gedanken ganz aufzugeben und mit der Anerkennung einer notwendigen Vermitteltheit durch ein Medium auch die Gegliedertheit jedes Gedankens anzuerkennen, was dann hieße: die Gegliedertheit jedes *Ausdrucks* eines Gedankens. Wir hatten oben Textstellen erörtert, die in diese Richtung weisen; die nächste Frage wäre dann, welche Gliederungsweise (und damit: welches Medium) aus welchen Gründen ›begrifflich‹ (›begriffsschriftlich‹) heißen soll.

Zweitens könnte Frege meinen, daß verschiedene begriffsschriftliche Fassungen desselben Gedankens doch nicht in dem Sinne voneinander verschieden sind, daß die Weise, wie die eine Fassung einen Gedanken in Teile zerlegt, mit der Zerlegung durch eine andere Fassung gar nichts gemeinsam hätte, sondern daß die Verschiedenheit nur in einer unterschiedlichen Gruppierung und Zusammenfassung derselben kleinsten Gedankenteile besteht. Bildlich gesprochen wäre ein Gedanke nach dieser Auffassung mit einem Netz möglicher Schnittlinien oder ›Sollbruchstellen‹ überzogen, an die sich jede begriffsschriftliche Formulierung insofern halten müßte, als alle durch die verschiedenen möglichen Zerlegungen entstehenden Brüche entlang dieser Linien laufen müßten; nur müßte nicht jede Zerfällung entlang derselben Route verlaufen. Diesem Bild zufolge sind die Unterschiede auch in den begriffsschriftlichen Zerlegungen deshalb möglich, weil nicht jede Zerfällung bis zu einer Zerlegung in die *kleinsten* Gedankenteile vorangetrieben zu werden braucht; nur bei jeweils ›restlosen‹ Zerlegungen käme man bei dieser Lesart stets zum selben Resultat.

Da sich durch Freges spätere Unterscheidung von Sinn und Bedeutung zusätzliche Komplikationen für das Bild der

›Zerfällung‹ ergeben, betrachten wir zunächst seine frühen Äußerungen zur Zerlegung eines ›beurteilbaren Inhaltes‹. In seinem Aufsatz »Booles rechnende Logik und meine Begriffsschrift« erläutert Frege seine Methode der Zerfällung eines beurteilbaren Inhaltes zur Gewinnung von Begriffen an dem folgenden Beispiel:

»Wenn man…in dem beurteilbaren Inhalte

$2^4 = 16$

die 2 durch Anderes ersetzbar denkt, etwa durch (-2) oder auch durch 3, was dadurch angedeutet werden mag, dass an die Stelle der 2 x gesetzt wird:

$x^4 = 16$,

so zerfällt der beurteilbare Inhalt in einen bleibenden und einen veränderlichen Teil. Ersterer für sich betrachtet, aber mit Offenhaltung der Stelle für den Letzteren gibt den Begriff ›4te Wurzel aus 16‹.«[68]

In welcher Weise eine solche ›Zerfällung‹ auf mehr als eine Weise möglich ist, erläutert Frege an der Tatsache, daß man statt der 2 auch die 4 als ersetzbar denken könne (notiert entsprechend als ›$2^x = 16$‹), und so den Begriff ›Logarithmus von 16 bei der Basis 2‹ erhält. Als weiteres Beispiel nennt Frege die Möglichkeit, sowohl die 2 als auch die 16 als ersetzbar zu betrachten (›$x^4 = y$‹) und so »den Begriff einer Relation, nämlich der Beziehung einer Zahl zu ihrer 4ten Potenz« zu erhalten. Denselben beurteilbaren Inhalt hat Frege also auf drei verschiedene Weisen zerlegt und dabei drei verschiedene Begriffe (genauer: zwei Begriffe und eine Relation) erhalten. Müssen wir nun im Sinne der oben zuerst genannten Interpretationsmöglichkeit sagen, diese verschiedenen Zerlegungsweisen und die durch sie gewonnenen verschiedenen Begriffe hätten miteinander nichts gemein, oder können wir (im Sinne der zweiten Interpretation) eine dem beurteilbaren Inhalt selbst zukommende Gliederung erkennen, der alle Zerlegungsweisen trotz ihrer verschiedenen Resultate folgen?

Freges Beispiel ist so angelegt, daß es für die zweite Alternative spricht: Er wählt als Ausgangspunkt eine arithmetische Gleichung, also einen bestimmten Ausdruck für einen beurteilbaren Inhalt, den er im Fortgang der Überlegung nicht durch einen anderen Ausdruck für denselben Inhalt ersetzt, sondern den er als Bezugspunkt konstant hält. Die verschiedenen Zerfällungen bestehen nun darin, unterschiedliche Teile dieses Ausdrucks als ersetzbar zu betrachten und die jeweils nicht als veränderlich gedachten Ausdrucksteile so aufzufassen, daß sie zusammen *einen* Begriff konstituieren. Dies geschieht bei dem betrachteten Beispiel dadurch, daß verschiedene Gegenstandsnamen, die im ursprünglichen Ausdruck auftreten, nämlich im ersten Beispiel (›4te Wurzel aus 16‹) die 4 und die 16, im zweiten Beispiel (›Logarithmus von 16 bei der Basis 2‹) die 2 und die 16, und im dritten Beispiel (›die Beziehung einer Zahl zu ihrer 4ten Potenz‹) die 4 als mit dem Gleichheitszeichen und dem durch die Hochstellung ausgedrückten Potenzierungszeichen zusammen einen Begriff (bzw. eine Relation) bildend aufgefaßt werden. Schreiben wir statt der von Frege gegebenen arithmetischen Formulierung ›$2^4=16$‹ den Ausgangsausdruck wie folgt:

(1) F_0 (2,4,16),

so entsprechen den drei von Frege vorgeführten Zerfällungen die folgenden drei Definitionen (D1)-(D3):

(D1) F_1 (x) $\rightleftharpoons$ F_0 (x,4,16)
(D2) F_2 (x) $\rightleftharpoons$ F_0 (2,x,16)
(D3) F_3 (x,y) $\rightleftharpoons$ F_0 (x,4, y).

Berücksichtigt man nun die Tatsache, daß Freges Ausgangspunkt der bereits gegliederte Ausdruck (1) ist, und bezieht die Begriffsbildungen (D1) – (D3) nicht auf einen vom Ausdruck trennbaren und insofern außersprachlichen Inhalt, sondern auf diesen Ausdruck selbst, so zeigt sich, daß Freges verschiedene ›Zerfällungen‹, soweit sie durch dieses Beispiel erläutert werden, eigentlich Umgruppierungen sind, durch die Gegenstandsnamen mit Hilfe von abkürzenden Definitionen ihrem Sinne nach in Begriffsausdrücke hineingezogen werden. Statt als Weisen der ›Zerfällung‹ eines Inhalts könnte man sie deshalb auch als Arten der ›Zusammenfassung‹ des Inhaltes vorher stärker gegliederter Ausdrücke beschreiben.

Was man als die gleichbleibende, den ›Zerfällungen‹ zugrundeliegende Gliederung des beurteilbaren Inhaltes selbst anzusehen versucht sein könnte, ist unter dieser Perspektive nichts anderes als die Gliederung des Ausgangsausdrucks (1).

Dieses Resultat hat zwei Seiten: Da dasjenige, was Frege ›zerfällt‹, ein sprachlicher Ausdruck ist, bleibt die Frage offen, ob es sinnvoll ist, von einem beurteilbaren Inhalt selbst zu sagen, er habe Teile. Insofern ist es zweifelhaft, ob die programmatische Forderung, die Begriffsschrift solle das Verhältnis der Begriffe so darstellen, wie es ist, als sinnvoll angesehen werden kann. Ein Ausdruck, so hatten wir schon oben gesehen, läßt sich auf unterschiedliche Weisen als in Argument und Funktion gegliedert auffassen; wenn wir also nicht mehr von den ›begrifflichen Teilen‹ eines unabhängig von einem Ausdruck gedachten Inhaltes sprechen können, brauchen wir ein neues Kriterium dafür, welche Gliederung ›begrifflich‹ heißen soll. Aufgrund unserer bisherigen Überlegungen kommen dafür vor allem die Arten in Betracht, auf die Zeichen verwendet werden können, und diese müßten auch den *Aufbau* der begriffsschriftlichen Ausdrücke leiten, wenn deren ›Zerfällung‹ später zu den begrifflichen Teilen führen soll.

Auf der anderen Seite muß man zumindest aus diesem Beispiel noch nicht schließen, die verschiedenen begrifflichen Gliederungen eines und desselben Inhaltes hätten gar nichts miteinander zu tun, so daß deshalb fraglich erscheinen müßte, mit welchem Recht sie alle ›begriffsschriftlich‹ zu heißen verdienen. Vielmehr ist es hier möglich, die durch die Definitionen (D1) – (D3) gegebenen Zerlegungsweisen als in einem klaren Sinne abgeleitet gegenüber der Ausgangsformulierung (1) zu bezeichnen. Falls also der Ausdruck (1) ›begriffsschriftlich‹ heißen darf (nach den noch zu entwickelnden Kriterien), dürfen es die durch (D1) – (D3) ermöglichten Ausdrücke ebenfalls. Daß innerhalb der Begriffsschrift Definitionen aufgestellt werden können, die einen auch anders ausdrückbaren Inhalt in einem ›neuen Gewand‹ erscheinen lassen, widerspricht dem Programm einer Begriffsschrift in keiner Weise, sondern ist für die Aufgabe der

Logik, wie Frege ausdrücklich vermerkt, sogar ganz unumgänglich.[69]

Die an diesem Beispiel gewonnene Interpretation, daß Frege von einer ›Zerfällung‹ so spricht, daß sie sich auf einen (nach anderen Kriterien als begrifflich gegliedert erwiesenen) *Ausdruck* beziehen läßt, erweist sich aber als revisionsbedürftig, wenn man einen Fall heranzieht, den Frege in den »Grundlagen der Arithmetik« erörtert. Dort heißt es:

»Das Urtheil ›die Gerade a ist parallel der Gerade b‹, in Zeichen:

$$a \,/\!/\, b,$$

kann als Gleichung aufgefasst werden. Wenn wir dies thun, erhalten wir den Begriff der Richtung und sagen: ›die Richtung der Gerade a ist gleich der Richtung der Gerade b‹. Wir ersetzen also das Zeichen // durch das allgemeinere =, indem wir den besondern Inhalt des ersteren an a und b vertheilen. Wir zerspalten den Inhalt in anderer als der ursprünglichen Weise und gewinnen dadurch einen neuen Begriff.« ... »Dieser Begriff wird erst durch eine an die Anschauung anknüpfende geistige Thätigkeit gefunden.«[70]

Dieser Fall unterscheidet sich vom eben diskutierten in mehrfacher Hinsicht: Hier haben wir nach der ›Zerspaltung‹ einen Ausdruck, der *mehr* Zeichen enthält als der ursprüngliche; die ›Zerfällung‹ ist hier also keine Umgruppierung von Ausdrücken im oben erläuterten Sinne und erst recht keine definitorische Zusammenfassung oder Abkürzung. Dies bedeutet zweitens, daß als Bezugspunkt der ›Zerfällung‹ hier kein Ausdruck fungiert; es wird nicht das Zeichen ›//‹ in seine Bestandteile ›/‹ und ›/‹ zerlegt. Wenn in diesem Fall also überhaupt zu Recht von ›Zerfällung‹ oder ›Zerspaltung‹ die Rede ist, kann hier nicht ein Zeichen dasjenige sein, was

---

69 Vgl. Freges Aussage in ›Über Begriff und Gegenstand‹: »Wenn man jede Umformung des Ausdrucks verbieten wollte unter dem Vorgeben, daß damit auch der Inhalt verändert werde, so würde die Logik geradezu gelähmt; denn ihre Aufgabe ist nicht wohl lösbar, ohne daß man sich bemüht, den Gedanken in seinen mannigfachen Einkleidungen wiederzuerkennen. Auch jede Definition wäre als falsch zu verwerfen.« Frege 1967, S. 170 (S. 196). Vgl. Frege 1967 (›Der Gedanke‹), S. 348 (S. 64)

70 Frege 1986, S. 72 (S. 74f.)

zerfällt wird, und insofern kann man schon eher als im oben diskutierten Fall meinen, es sei der ›Inhalt‹.

Aber genau darin liegt das Problem: Können wir Frege folgen, wenn er sagt, hier werde ein Inhalt ›zerspalten‹, es werde der besondere Inhalt, den das Zeichen ›//‹ außer der Gleichheit noch habe, an die Komponenten ›a‹ und ›b‹ verteilt? Ein suggestives Bild für diese Auffassung erhält man, wenn man den hier behandelten Übergang durch die Aufeinanderfolge der Zeilen (1) bis (3) darstellt:

(1) a   //   b
(2) a (Richtung = Richtung) b
(3) (a Richtung) = (Richtung b)

In der Zeile (2) scheint die Relation ›parallel‹ zerspalten zu werden in die Relation ›gleich‹ und zwei Komponenten, die beide ›Richtung‹ lauten, und die sich dann in Zeile (3) mit ›a‹ und ›b‹ zu ›die Richtung von a‹ bzw. ›die Richtung von b‹ verbinden. Aber auf welche Weise ist der Begriff der Richtung in der Relation ›parallel‹ enthalten? Worin besteht die »an die Anschauung anknüpfende geistige Thätigkeit«, die aus der anschaulichen Relation ›parallel‹ den Begriff der Richtung gewinnt? Und wie ist der Prozeß zu verstehen, durch den der ›Inhalt‹ dieses neuen Begriffs an die Namen zweier Geraden, an ›a‹ und ›b‹, verteilt wird?

Die am Bild vom Ganzen und seinen Teilen orientierte Redeweise vom ›Zerspalten‹ und ›Zerteilen‹, so suggestiv sie im Lichte der Notation der Zeilen (1) bis (3) erscheint, ist allein offenbar keine befriedigende Antwort auf diese Fragen. Um herauszufinden, ob sich die hier nur sehr intuitiv skizzierte »geistige Thätigkeit« in einem genaueren Sinne verstehen läßt, betrachten wir den Typus des Fregeschen Beispiels in der gegenüber seiner Darstellung umgekehrten Reihenfolge, wobei wir wegen der Unanschaulichkeit des von Frege gewonnenen Begriffs der Richtung, die ihn zu der Überzeugung bringt, dieser Begriff sei nur auf dem Weg über die anschauliche Relation der Parallelität zu gewinnen, einen Fall betrachten, in dem der entsprechende Begriff zwar auch nicht anschaulich, aber jedenfalls ohne Rekurs auf die dazugehörige Relation einführbar ist.

Es bedeute ›R(x,y)‹: ›x ist das Geburtsland der Person y‹; wird ›$\iota_x\ldots$‹ wie üblich gelesen als ›derjenige Gegenstand x, von dem gilt…‹, läßt sich der Satz ›das Geburtsland der Person a ist identisch mit dem Geburtsland der Person b‹ notieren als

(4) $\iota_x(R(x,a)) = \iota_y(R(y,b))$, oder, mit ›$S(\zeta,\xi)$‹ für ›$\zeta=\xi$‹:

(5) $S(\iota_x(R(x,a)), \iota_y(R(y,b)))$.

Wir können nun die Eigennamen ›a‹ und ›b‹ als veränderlich denken und eine neue, sich auf Personen beziehende Relation $T(\zeta,\xi)$ definieren durch:

(D4) $T(\zeta,\xi) \leftrightharpoons S(\iota_x(Rx,\zeta)), \iota_y(R(y,\xi)))$.

Diese Relation wird im Deutschen durch die Wörter ›Landsmann‹ und ›Landsleute‹ zum Ausdruck gebracht.

Mit Hilfe der Definition (D4) wird der Ausdruck der Identität zweier Gegenstände der einen Kategorie (der Länder) umgeformt in einen Ausdruck einer eingeschränkten Gleichheit (›Landsleute sein‹) zweier Gegenstände einer anderen Kategorie (der Personen), die zu den Gegenständen der ersten Kategorie in einer bestimmten Relation stehen (›als Geburtsland haben‹). Auch diesen Übergang kann man suggestiv notieren, nämlich als das Fortschreiten von (6) über (7) zu (8):

(6) (a Geburtsland) = (Geburtsland b)
(7) a (Geburtsland = Geburtsland) b
(8) a   Landsmann   b

Diese Notation gibt aber keinen Anlaß, die Teil/Ganzes-Verhältnisse, die in ihr auf der Ebene der Ausdrücke gelten, auf die begriffliche Ebene zu übertragen und zu sagen, es werde jeweils ein Teil des Inhalts der Begriffe ›a Geburtsland‹ und ›b Geburtsland‹ vom Gesamtinhalt abgespalten und mit der Relation der Identität zu dem neuen Begriffsinhalt der Relation ›Landsmann‹ verschmolzen. Man kann sich zwar so ausdrücken, aber die begrifflichen Verhältnisse, die die Definition (D4) festlegt, werden damit nur bildlich beschrieben, wobei die Anschaulichkeit des Bildes auf den grafischen Verhältnissen in den Ausdrücken (6) bis (8) beruht. Die Redeweise vom Ganzen und seinen Teilen bezieht sich hier also nicht unmittelbar auf einen beurteilbaren Inhalt, sondern auf räumliche Verhältnisse zwischen Zeichen (im Sinne von ›Marken‹). Was als eine Aussage über einen medienlosen ›Gedanken‹ erschien, wird nur plausibel, wenn man dabei sehr spezifische Notationseigenschaften vor Augen hat.

Was bedeutet das nun für Freges Überlegungen zum Begriff der Richtung, bei denen er in der umgekehrten Reihenfolge vorging? Woran orientiert sich die ›Zerfällung‹ der Relation ›parallel‹ in die Bestandteile ›gleich‹ und ›Richtung‹? Nicht vertretbar scheint uns die These, der Orientierungspunkt sei die Gliederung eines sprachunabhängig zu denkenden Inhaltes; tatsächlich bezieht sich die Rede vom Ganzen und seinen Teilen nur auf Ausdrücke. Das betrachtete Beispiel läßt sich dann auf eine von zwei Weisen deuten, in denen beiden der eine Ausdruck dem anderen gegenüber als abgeleitet erscheint: Entweder würde man den Ausdruck ›Richtung‹ analog behandeln zum Ausdruck ›Geburtsland‹ und entsprechend die Relation ›parallel‹ analog zur Relation ›Landsmann‹. In diesem Fall würde bei der ›Zerspaltung‹ nur ein vorher definitorisch zusammengefaßter Ausdruck durch die ›Auflösung‹ der Definition in seine ursprünglichen Ausdrucksbestandteile zerlegt, ganz im Sinne einer Zerlegung von ›$F_2(a)$‹ in ›$F_0(2,a,16)$‹.[71] Der Fall wäre im Prinzip derselbe wie der eingangs zitierte arithmetische, nur wäre die Blickrichtung umgekehrt. Gegen diese Deutung spricht freilich Freges Einwand, die wirklichen Verhältnisse seien so, daß man zunächst auf anschauliche Weise die Relation ›parallel‹ zu gewinnen habe, um erst danach, durch eine »ungewöhnliche Art der Definition« dazu überzugehen, von Richtungen zu sprechen.

Diesem Einwand gerecht wird eine zweite Möglichkeit, den Text zu verstehen, nämlich die Deutung von Freges Ausführungen im Sinne der modernen Abstraktionstheorie.[72] Nach ihr wäre der Ausdruck ›Richtung‹ kein Begriff, der als Komponente durch Zerfällung aus der Relation ›parallel‹ gewonnen wird, sondern ein zusätzliches Zeichen, ein so genannter

71 Vgl. oben, Definition (D2)
72 Vgl. Schneider 1970, Thiel 1985, Angelelli 1984, Prätor (Hrsg.) 1988

›Abstraktor‹, der einen speziellen Gesichtspunkt anzeigt, unter dem in dem Kontext, in dem er auftaucht, die Geraden, um die es geht, betrachtet werden sollen.- Wie man sieht, erlaubt es keine der beiden Deutungen, die Rede vom Ganzen und seinen Teilen direkt auf die Ebene des Inhalts anzuwenden. Was diese Redeweise an Plausibilität hat, gewinnt sie durch die Tatsache, daß die *Zeichen* aus Teilen bestehen. Die ›Zerfällung‹ bezieht sich entsprechend, soweit wir dies bisher beurteilen können, allenfalls auf *Ausdrücke* beurteilbarer Inhalte, nicht auf diese ›Inhalte‹ selbst. Wir sind also wiederum auf das *Medium* der Begriffsschrift verwiesen und damit auf die Frage, welche Medieneigenschaften ein Ausdrucksmittel zu einer Begriffsschrift machen. Eine Orientierung an der Struktur von ›hinter‹ dem Medium liegenden ›Gedanken‹ ist zur Beantwortung dieser Frage nicht möglich.

Dieser Befund wird durch Freges Aufteilung des beurteilbaren Inhalts in die Komponenten ›Sinn‹ und ›Bedeutung‹ nicht verändert. Hatte er zunächst die Vorstellung, die ›Zerfällung‹ würde sich nun sowohl auf den Sinn als auch auf die Bedeutung beziehen lassen, so sah er später, daß dies im Fall der Bedeutung zu absurden Konsequenzen führt: Zwar ist z. B. der Name ›Schweden‹ ein Teil des Ausdrucks ›die Hauptstadt von Schweden‹, aber die Bedeutung dieses Namens, nach Frege also das Land Schweden, ist nicht ein Teil der Bedeutung des längeren Ausdrucks, nämlich Stockholms; die Teil/Ganzes-Verhältnisse sind hier sogar gerade umgekehrt.[73] Entsprechend verhält es sich bei Sätzen: Der Wahrheitswert des Wahren als die Bedeutung des Satzes ›Stockholm ist die Hauptstadt Schwedens‹ ist nicht zusammengesetzt aus der Stadt Stockholm und dem Begriff ›…ist die Hauptstadt Schwedens‹.

Frege weist schon in seinem Aufsatz »Über Sinn und Bedeutung« ausdrücklich darauf hin, daß es strenggenommen nicht legitim ist, das Teil/Ganzes-Verhältnis von einem sprachlichen Ausdruck auf dessen Bedeutung zu übertragen:

73 Frege 1969, S. 275

»Ich habe nämlich das Verhältnis des Ganzen und des Teils vom Satze auf seine Bedeutung übertragen, indem ich die Bedeutung eines Wortes Teil der Bedeutung des Satzes genannt habe, wenn das Wort selbst Teil dieses Satzes ist, eine Redeweise, die freilich anfechtbar ist, weil bei der Bedeutung durch das Ganze und einen Teil der andere nicht bestimmt ist, und weil man bei Körpern das Wort Teil schon in anderem Sinne gebraucht. Es müßte ein eigener Ausdruck hierfür geschaffen werden.«[74]

Kennt man die Gesamtbedeutung eines z. B. zweigliedrigen Satzes (d. h. nach Freges Terminologie, daß man den ›Wahrheitswert‹ des Satzes kennt, also z. B. weiß, daß es sich um einen wahren Satz handelt), und kennt man darüber hinaus die Bedeutung von einem der beiden Satzteile, z. B. die vom Ausdruck ›Stockholm‹, so ist einem dadurch die Bedeutung des zweiten Teilausdrucks nicht notwendigerweise ebenfalls bekannt; durch ihn kann der Stadt Stockholm *irgendein* Begriff zugesprochen werden, unter den sie fällt, man weiß aber nicht, welcher es ist. Hier verhält es sich daher anders als gewöhnlich bei Teil/Ganzes-Verhältnissen, wo die Kenntnis des Ganzen und des einen Teils auch die Kenntnis des anderen Teils einschließt. Freges letzter Satz deutet an, daß er im Fall der Bedeutung ein Verhältnis zu sehen meint, daß dem zwischen Ganzem und Teil ähnlich ist, aber er gibt keine genaue Bestimmung dieses Verhältnisses.

So überzeugend Freges Argumente gegen die Übertragung des Bildes vom Ganzen und seinen Teilen vom Ausdruck auf seine Bedeutung sind, so ist doch der naheliegende Weg, für ein Verständnis des Prozesses der Zerfällung eines Gedankens in seine begrifflichen Teile sich auf die Ebene des Sinnes zu beschränken, deshalb nicht leicht gangbar, weil nach Frege der Begriff die *Bedeutung* eines Begriffswortes ist, nicht sein Sinn. Soll also der Begriff durch ›Zerfällung‹ gewonnen werden, so muß die Bedeutung eines Satzes zerfällt werden, und dies heißt, sein Wahrheitswert. Daß dies nicht einleuchtet, haben wir gesehen; es könnte weiterführen, gegen diese Festlegung auf die Bedeutungsebene zu klären, was es heißt, den *Sinn* eines Ausdrucks zu zerfällen, und ob wir,

74 Frege 1967, S. 150f. (S. 35f.)

wenn dies deutlich geworden ist, von dort her auch verstehen können, auf welche Weise durch die Zerfällung Begriffe gewonnen werden können.

Eine sehr allgemeine Aussage dazu, was Frege unter dem Sinn eines sprachlichen Ausdrucks versteht, finden wir in seinem Buch »Grundgesetze der Arithmetik«. Er sagt dort, der Sinn eines in einem begriffsschriftlichen Satz vorkommenden einfachen oder komplexen Namens (auch Funktions- und Begriffswörter bezeichnet er hier als Namen) sei sein Beitrag zum Ausdruck des im Satz formulierten Gedankens. Der in einem Satz formulierte Gedanke ist nach Freges Auffassung jeweils der Gedanke, daß die Bedingungen, unter denen der Satz ein wahres Urteil ausdrückt, erfüllt sind. Demnach heißt, den Sinn eines bestimmten Wortes, das in einem bestimmten Satz vorkommt, zu kennen, soviel wie den Beitrag zu kennen, den dieses Wort an der Stelle, an der es steht, dazu leistet, daß der Satz ein Ausdruck eines bestimmten Urteils ist, und dies heißt, die semantische Rolle des Wortes im Satz zu kennen.[75]

Der Sinn des Wortes ›Mann‹ in dem begriffsschriftlich zu denkenden Satz ›Mann(Peter)‹ zu kennen, würde z.B. heißen, zu wissen, daß dieses Wort dazu dient, dem mit dem Gegenstandsnamen ›Peter‹ gekennzeichneten Menschen den Begriffsausdruck ›Mann‹ zuzuschreiben; was dieses Zuschreiben im Fall des Begriffsausdrucks ›Mann‹ ist, weiß man dann, wenn man die Bedingungen kennt, unter denen das mit einer solchen Zuschreibung ausgesprochene Urteil wahr ist. Diese Kenntnis erwirbt man nach der oben vorgetragenen Interpretation der Ungesättigtheitsthese dadurch, daß man lernt, Gegenständen, die man zuvor zu benennen gelernt hat, Begriffswörter korrekt zuzusprechen. Entsprechend wäre der Sinn des Wortes ›Peter‹ ebenfalls durch den Beitrag zu kennzeichnen, den es dazu leistet, daß der Satz der Ausdruck eines Urteils ist, und dieser Beitrag besteht in seiner Rolle, den Gegenstand zu nennen, dem der Begriffsausdruck zugeschrieben wird.

Im unmittelbaren Anschluß an diese Erläuterung des Termi-

75 Frege 1962, Bd. 1, S. 51

nus ›Sinn‹ drückt Frege die Meinung aus, mit Bezug auf den Sinn lasse sich ebenso wie mit Bezug auf einen sprachlichen Ausdruck vom Ganzen und seinen Teilen sprechen. Er schreibt:

»Wenn ein Name Theil des Namens eines Wahrheitswerthes ist, so ist der Sinn jenes Namens Theil des Gedankens, den dieser ausdrückt.«[76]

Dem ist zu entnehmen, daß der Prozeß der ›Zerfällung‹ eines Gedankens, den Frege für das Gebiet der Bedeutung als eine unzutreffende Vorstellung bezeichnet hatte, auf dem Gebiet des Sinnes anwendbar sein müßte; es müßte möglich sein, einen Gedanken so in Sinneinheiten zu zerfällen, daß die ›Gedankenteile‹, die dadurch entstehen, jenen begriffsschriftlichen Teilausdrücken entsprechen, deren jeweilige semantische Rollen so zusammenwirken, daß der Gesamtausdruck einen Gedanken ausdrückt.

Zwei Thesen sind in dieser Aussage enthalten: Erstens, daß mit Bezug auf einen schon gegebenen begriffsschriftlichen Ausdruck die Verhältnisse auf dem Gebiet des Sinnes sich als Teil/Ganzes-Verhältnisse beschreiben lassen, und zweitens, daß man dann, wenn man noch keine begriffsschriftliche Formulierung eines Gedankens vor sich hat, zu den begrifflichen (im Unterschied zu den bloß grammatischen) Teilen eines Gedankens dadurch kommen kann, daß man nicht den sprachlichen Ausdruck, sondern den Gedanken selbst ›zerfällt‹.

Zunächst zur ersten These: Gerade Freges oben erörterte Bestimmung, der Sinn eines Namens sei sein Beitrag zum Ausdruck eines Gedankens, macht deutlich, daß die Redeweise vom Ganzen und seinen Teilen auch auf dem Gebiet des Sinnes nicht wörtlich genommen werden darf oder noch stark erläuterungsbedürftig ist. Zwar ›ergibt‹ sich ein Gedanke im Fall der gelingenden Kommunikation für den Hörer u. a. aus den Beiträgen der Wörter und der Art ihres Zusammenwirkens; diese Beiträge sind aber nicht in dem Sinne ›Teile‹ des Gedankens, wie z. B. ein Zahnrad ein Teil

76 Ibid.

einer Maschine ist.[77] Ein Gedanke wird aus diesen Beiträgen nicht dadurch gebildet, daß sie als ›Gedankenteile‹ in eine bestimmte räumliche oder zeitliche Ordnung gebracht werden; weder räumlich noch zeitlich lassen sich Gedanken etwa halbieren; man kann nicht die Hälfte eines Gedankens verstanden haben, allenfalls die Hälfte eines komplexen Ausdrucks. Das ›Organisationsprinzip‹ der Teile muß also anders als räumlich oder zeitlich verstanden werden, und so scheint es, daß auch hier die auf die Bedeutung bezogene Bemerkung Freges angebracht wäre, diese Redeweise sei anfechtbar, »weil man bei Körpern das Wort Teil schon in anderem Sinne gebraucht«. Was sich allein sagen läßt, ist, daß mit der Idee einer Begriffsschrift ein Ausdrucksmittel konzipiert ist, für das gelten soll, daß die Teil/Ganzes-Verhältnisse auf der Ebene der *Zeichen* die semantischen Rollen der Teilausdrücke, d. h. die Art ihrer Beiträge zum Ausdruck des Gedankens, eindeutig sichtbar machen. Es soll also in der Begriffsschrift eine Entsprechung geben zwischen den Teil/Ganzes-Verhältnissen auf der Zeichenebene und den inhaltlichen Verhältnissen zwischen den Teilausdrücken, sofern sie verschiedene Arten von Beiträgen zur Konstitution des Satzsinnes leisten. Dies bedeutet aber noch nicht, daß man auch vom Satzsinn ohne weitere Erläuterungen sagen kann, er bestehe aus Teilen.

Wie steht es nun mit der zweiten These, die die oben zitierte Aussage Freges nahezulegen schien? Wenn ein Gedanke Teile hat, und diese Teile insofern Sinneinheiten sind, als an ihnen die Zusammengesetztheit des Gedankens selbst, ungetrübt von den grammatischen Eigenheiten einer natürlichen Sprache, sichtbar wird, muß dann nicht eine ›Zerfällung‹ des Gedankens in jene Sinneinheiten gerade zu derjenigen Gliederung führen, die die Begriffsschrift widerspiegeln soll?

Wir haben bereits bei der Erörterung von Freges Bemerkungen zum Zusammenhang zwischen den Ausdrücken ›Richtung‹, ›parallel‹ und ›gleich‹ gesehen, daß sich mit der

---

77 Dies gilt auch für das ursprüngliche Vorbild Freges, für die arithmetischen Operationszeichen und die Ziffern.

Vorstellung einer ›Zerfällung‹ eines noch nicht sprachlich formulierten Gedankens, die erst zu Ausdrucksteilen führen soll, ein präziser Sinn nicht leicht verbinden ließ. Frege sprach dort von einer »an die Anschauung anknüpfende(n) geistige(n) Thätigkeit«, bei der durch ›Zerspaltung‹ des Inhaltes eines Zeichens ein neuer Begriff gewonnen würde. Nun haben uns die zuletzt angestellten Überlegungen zu der Einsicht geführt, daß selbst bei Vorliegen eines begriffsschriftlichen Ausdrucks mit Bezug auf dessen Sinn die Redeweise vom Ganzen und seinen Teilen nicht ohne weiteres angemessen ist; um so weniger ist klar, was es heißen soll, einen sprachlich noch nicht oder irreführend formulierten Gedanken ›als Gedanken‹ in seine Teile zu zerlegen. Zugleich ist aber deutlich, daß der Prozeß, um den es hier geht, für Freges Vorhaben von zentraler Bedeutung ist, denn er ist es, der uns zu denjenigen Teilen führen soll, die in der Begriffsschrift sichtbar gemacht werden sollen und deren ›Ineinandergreifen‹ wir erkennen müssen, um die semantische Komplexität eines Satzes zu durchschauen. Es ist dieser Prozeß, der später unter dem Titel der ›logischen Analyse‹ Prominenz erhalten hat.

Um sich Freges Verständnis dieses Analyseprozesses zu nähern, ist es hilfreich, sich in Erinnerung zu rufen, daß er der Meinung ist, es sei trotz der Unabhängigkeit der Gedanken von der menschlichen Denk- und Sprechtätigkeit für uns nicht möglich, mit einem Gedanken anders als auf dem Weg über einen sprachlichen Ausdruck konfrontiert zu sein. In seinem späten Aufsatz »Erkenntnisquellen der Mathematik und der mathematischen Naturwissenschaften« schreibt Frege:

»Die Verbindung eines Gedankens mit einem gewissen Satze ist keine notwendige; dass aber ein uns bewusster Gedanke mit irgendeinem Satze in unserem Bewusstsein verbunden ist, ist für uns Menschen notwendig.«[78]

Und schon in der frühen Schrift »Über die wissenschaftliche Berechtigung einer Begriffsschrift« heißt es:

---

78 Frege 1969, S. 288

»Wir würden uns ohne Zeichen auch schwerlich zum begrifflichen Denken erheben. Indem wir nämlich verschiedenen, aber ähnlichen Dingen dasselbe Zeichen geben, bezeichnen wir eigentlich nicht mehr das einzelne Ding, sondern das ihnen Gemeinsame, den Begriff. Und diesen gewinnen wir erst dadurch, daß wir ihn bezeichnen; denn da er an sich unanschaulich ist, bedarf er eines anschaulichen Vertreters, um uns erscheinen zu können.«[79]

Die Analyse kann sich folglich nur auf sprachlich formulierte Gedanken beziehen; auf andere Weise sind uns Gedanken nicht zugänglich. Abermals sind wir auf das Medium verwiesen, ohne dessen Einbeziehung wir uns Gedanken und ihre Eigenschaften nicht vor Augen stellen können, und abermals stellt sich die Frage, nach welchen Kriterien diejenigen Medieneigenschaften zu bestimmen sind, bei deren Vorliegen wir sagen, es würden die ›begrifflichen‹ Verhältnisse ›rein‹ oder angemessen zum Ausdruck gebracht, das Medium habe also eine ›rein semantische‹ Struktur, die von nur historisch zu erklärenden grammatischen Besonderheiten nicht verzerrt ist.

Wenn wir trotz dieses Medienbezugs sagen, es seien (sprachlich formulierte) *Gedanken*, nicht nur Ausdrücke, die beim Prozeß der ›logischen Analyse‹ eines natürlichsprachlich formulierten Satzes untersucht werden, dann heißt das, daß der Gegenstand der Analyse der jeweilige *Sinn* des Satzes ist, nicht seine grafische oder akustische (d. h. auch: nicht notwendig seine grammatische) Form. Und dies bedeutet nach den Überlegungen, die wir oben zum Begriff des Sinnes vorgetragen haben, daß die Arten der Beiträge der Wörter (präziser: der Sinneinheiten) zum Ausdruck des Gedankens betrachtet werden sollen, oder, nach einer früher erörterten Bestimmung Freges, daß die Sinneinheiten (Wörter) betrachtet werden sollen, *insofern* sie als (Arten von) Zeichen gebraucht werden. Demnach hätte die logische Analyse eines natürlichsprachlichen Satzes erstens zu bestimmen, welches seine Sinneinheiten sind, und sie hätte zweitens ihren Zusammenhang so zu beschreiben (und/oder mit Hilfe einer Begriffsschrift grafisch so darzustellen), daß deutlich wird,

79 Frege 1964, S. 107 f. (S. 49 f.)

welches die jeweiligen Beiträge dieser Einheiten zum Gesamtsinn, zum Gedanken sind.

Diese Beiträge lassen sich unter zwei Aspekten ordnen, einem kategorialen und einem je inhaltlich spezifischen. Frege unterscheidet entsprechend zwei Teile, aus denen, wie er schreibt, »jede ausgebildete Sprache bestehen muß«:

»Man kann nämlich den formalen Teil, der in den Wortsprachen aus Endungen, Prae- und Suffixen und Formwörtern besteht, von dem eigentlich inhaltlichen unterscheiden.«[80]

Vom ersten, vom im gekennzeichneten Sinn ›formalen‹ Teil sagt er auch mit einem bildlichen Ausdruck, er sei der »logische Mörtel, durch den diese [d.h. die inhaltlichen H.J.S.] Bausteine miteinander verbunden werden können.«[81] Die Aufgabe dieses Teils einer Sprache besteht darin, sichtbar zu machen, auf welche Weise die jeweils in einem Satz vorkommenden inhaltlichen Teile sich so aufeinander beziehen, daß ein Sinnganzes, der Ausdruck eines Gedankens, entsteht. Den ›formalen‹ Teil bilden also diejenigen sprachlichen Mittel, mit denen die Art der Komplexbildung angezeigt wird, die die einzelnen Inhalte zu einem neuen Ganzen verbindet. ›Formal‹ ist dieser Teil insofern, als er *Arten* von Verbindungen kennzeichnet, z.B. das Fallen eines Gegenstandes unter einen Begriff, unabhängig davon, was die bestimmten Inhalte der gerade betrachteten Gegenstandsnamen und Begriffswörter sind.[82]

Man kann nun fragen, für welche Zwecke es nötig oder vorteilhaft ist, den so charakterisierten ›formalen‹ Teil einer natürlichen Sprache (d.h. ihre Komplexbildungsmittel mit ihrer ›strukturellen Bedeutung‹) durch ein neues Darstellungsmittel, eben die Begriffsschrift, zu ersetzen, wenn doch

---

80 Frege 1969 (›Booles rechnende Logik und meine Begriffsschrift‹), S. 14

81 Ibid.

82 ›Formal‹ heißt hier also nicht ›auf die vom Inhalt unabhängig erfaßbare Form bezogen‹, sondern ›auf die Ausdrucks*art* bezogen, deren zugehörige Einzelausdrücke sich noch inhaltlich unterscheiden‹. Frege benutzt hier demnach einen ganz anderen Formbegriff als Chomsky.

jede natürliche Sprache in Gestalt der von Frege genannten Endungen, Formwörter etc. den ›logischen Mörtel‹ schon selbst enthält, der den Sprachbenutzer leitet, wenn er zu erkennen sucht, auf welche Weise die einzelnen Wortinhalte zu dem Gedanken beitragen, den der Sprecher ausdrücken will. Wenn der Gedanke nicht als etwas gesehen wird, das ›hinter‹ oder ›über‹ dem als Zeichen verstandenen sprachlichen Ausdruck steht und eine eigene, vom Zeichen unabhängige Zusammengesetztheit aus ›Gedankenteilen‹ aufweist, die von der Zusammensetzung des natürlichsprachlichen Ausdrucks abweichen kann, sondern wenn er zumindest für den Menschen nicht anders als in der Sprache gefaßt werden kann, wenn diese aber bereits Mittel enthält, die die Beziehungen der Teilausdrücke zueinander so deutlich machen, daß wir erkennen, inwiefern wir einen Satz und nicht eine Aneinanderreihung von Wörtern vor uns haben: Warum ist dann für die logische Analyse ein Studium der von Frege ›formal‹ genannten Satzbildungsmittel derjenigen natürlichen Sprache, deren Sätze analysiert werden, nicht ausreichend? Müßte ein Studium der Komplexbildungsmittel der jeweils beherrschten natürlichen Sprache unter dem Aspekt ihres ›Gebrauchs als Zeichen‹, also ein Studium der von Frege so genannten ›formalen‹ Mittel dieser Sprache (der Endungen, Formwörter, etc.) nicht ausreichen, um zu verstehen, wie Sätze *inhaltlich* Ganzheiten bilden?

Freges Antwort auf diese Frage ist bekannt; sie lautet, daß ein solches Studium der grammatischen Mittel einer natürlichen Sprache deshalb nicht ausreicht, weil sie nicht explizit und nicht eindeutig sind. Die grammatischen Formelemente sind den ›begrifflichen Beziehungen‹, die durch die Arten der Zeichenverwendung konstituiert werden, nicht eindeutig zugeordnet,[83] so daß aus den Formelementen allein nicht im strengen Sinn erschlossen werden kann, in welcher Weise sich die Wörter zu größeren Sinneinheiten verbinden: Vieles bleibe in der natürlichen Sprache dem Erraten überlassen und werde in diesem Sinne nicht ›explizit‹ gemacht. Unter

---

83 Vgl. die oben erörterte These Chomskys, den grammatischen Relationen ließen sich keine eindeutigen ›strukturellen Bedeutungen‹ zuordnen. Kap. II, S. 78 ff.

Bezug auf die Wortbildung in der natürlichen Sprache, an die er offenbar dieselben Anforderungen stellt wie an die Satzbildung, schreibt Frege:

»Die Zusammensetzung der Wörter entspricht nur unvollkommen dem Bau der Begriffe. Die Bildung der Wörter ›Berggipfel‹ und ›Baumriese‹ ist gleichartig, obwohl die logische Beziehung der Bestandteile aufeinander verschieden ist. Letztere wird demnach gar nicht ausgedrückt, sondern muss erraten werden.«[84]

Die Begriffsschrift, so können wir folgern, soll ein Ausdrucksmittel sein, das die (von Frege offenbar für endlich und im Prinzip überschaubar gehaltenen) verschiedenen Weisen, wie mehrere Sinnelemente eine Verbindung eingehen können, durch Eigenschaften der Zeichengestalt sichtbar macht. Die erste Verbindungsweise in Freges Beispiel, bei der der Gesamtausdruck denjenigen Teil von dem Gegenstand, dem der erste Ausdruck zukommt, bezeichnet, dem auch der zweite Ausdruck zukommt (›Berggipfel‹ = Gipfel von einem Berg), muß also anders dargestellt werden als die zweite Verbindungsweise, bei der der Gesamtausdruck einem solchen Gegenstand zukommt, auf den der erste Teilausdruck zutrifft, der vergleichbar ist einem Gegenstand, dem der zweite Ausdruck zukommt (›Baumriese‹= Baum wie ein Riese). Eine bloße Aneinanderfügung zweier Wörter trifft hier keine Unterscheidung und soll deshalb für die Begriffsschrift nicht genügen. Eines von Freges Zielen ist also die Explizitheit: Alle Unterschiede in den begrifflichen Beziehungen zwischen Sinnelementen, d.h. alle Unterschiede in den Weisen, wie solche Elemente Einheiten bilden können, sollen durch Unterschiede in den Ausdrucksmitteln äußerlich ablesbar gemacht werden, so daß auf diesem Gebiet nichts mehr dem Erraten überlassen bleibt.

Der hier angesprochene Mangel an Explizitheit in den natürlichen Sprachen macht es verständlich, daß der Eindruck entsteht, die Analyse des Sinnes bezöge sich auf etwas ›hinter‹ oder ›über‹ dem sprachlichen Ausdruck, das man gern ›die Bedeutung‹ oder ›den Gedanken‹ nennt. Dieses ›Etwas‹

84 Frege 1968 (›Booles rechnende Logik und die Begriffsschrift‹), S. 13

ist nach unserem hier erarbeiteten Verständnis der an der grammatischen Form allein nicht ablesbare ›Gebrauch als Zeichen‹, der bestimmt, was man sinnvollerweise in welchen Situationen sagen kann und was nicht. An ihn appelliert Frege, wenn er an einer bereits zitierten Stelle der »Begriffsschrift« z. B. sagt:

> »Was von der Zahl 20 ausgesagt wird, kann nicht in demselben Sinne von ›jede positive ganze Zahl‹, allerdings aber unter Umständen von jeder positiven ganzen Zahl ausgesagt werden.«[85]

Das Ziel der Explizitheit könnte gegenüber dem Zustand der natürlichen Sprachen eine Erweiterung in den ›formalen‹ Ausdrucksmitteln verlangen (etwa zur Kennzeichnung von Begriffen zweiter Stufe), und es ist auch zu erwarten, daß eine Umformung einfacher Ausdrücke in die Begriffsschrift zu komplexeren Ausdrücken führen kann, deren größere ›Umständlichkeit‹ dann das explizit machen würde, was ursprünglich dem Erraten überlassen war. Hier stellt sich u. a. die Frage, ob die Vorstellung sinnvoll ist, man könne bei der Kennzeichnung der ›Gebrauchsweisen von Ausdrücken als Zeichen‹ an ein Ende gelangen und eine *vollständige* Explizitheit erreichen. Auf der anderen Seite ist daran zu erinnern, daß der Schritt von der natürlichen Sprache zur Begriffsschrift neben dieser Erweiterung von Anfang an auch eine Reduktion beinhaltete: In die begriffsschriftliche Formulierung soll nach Freges Auffassung nichts eingehen, was für die Frage nach der Wahrheit und den möglichen Folgerungen irrelevant ist, wie z. B. Bewertungen des Sprechers, die Anrede der angesprochenen Person etc. Ist man also an der semantischen Komplexität natürlicher Sprachen interessiert, dann kann man sich von einer begriffsschriftlichen Übersetzung nur begrenzt Aufschluß erhoffen, solange man nicht diejenigen Aspekte der Sprache, bei denen es nicht um Wahrheit geht, wieder integriert hat.

Die logische Analyse, die für Freges Behandlung des Problems der semantischen Komplexität entscheidende Weise der ›Zerfällung‹ (die ›Zerfällung‹ im inhaltlichen Sinn), besteht nach dieser Interpretation also darin, einen natürlich-

85 Frege 1964, S. 17

sprachlichen Satz in eine Sprachform zu überführen, zu übersetzen, die erstens alle unter dem Aspekt von Wahrheit und Folgerung irrelevanten Charakteristika fortläßt, und die zweitens sämtliche verschiedene Weisen, auf die Sinnelemente Verbindungen eingehen können, in expliziter (und dies heißt dann auch: in eindeutiger) Weise an der Zeichengestalt sichtbar macht. Frege war offenbar der Meinung, daß diese für die Wahrheit relevanten Weisen, Verbindungen einzugehen, die er die ›begrifflichen Beziehungen‹ nannte, in ihrer Anzahl überschaubar sind, daß sie einen systematischen Zusammenhang bilden und, da sie (in seiner bildhaften Redeweise) den Beziehungen zwischen den ›Teilen‹ in den ›Gedanken selbst‹ entsprechen, für alle Sprachen die gleichen sind; die Begriffsschrift sollte also eine universale Sprache der Art sein, wie sie schon Leibniz vorschwebte.[86] Bei unserer Interpretation, die wegen der oben erörterten Probleme zu vermeiden suchte, von den ›Gedanken selbst‹ als unabhängigen Gebilden zu sprechen, heißt die entsprechende These, daß es zumindest dann, wenn man sich auf die Funktion der Sprache, Urteile auszudrücken, beschränkt, überschaubar viele und systematisch zusammenhängende Weisen gibt, in denen mehrere sprachliche Ausdrücke zu einem Komplex zusammentreten können, der, unter dem Aspekt der Verwendung als Zeichen gesehen, eine Einheit bildet. Die Universalitätsthese lautet dann nur noch, daß sich alle wahrheitsfähigen Ausdrücke aller Sprachen (mit dem systematischen Gewinn, daß auf diese Weise ihre eigenen semantischen Strukturen sichtbar werden) in eine so verstandene Begriffsschrift *übersetzen* lassen.

Nun ist nicht zu leugnen, daß Frege erfolgreich war mit seinem Vorhaben, eine Sprache bzw. ein der natürlichen Sprache ähnliches spezialisiertes Ausdrucksmittel zu entwerfen, dessen wahrheitsrelevante Komplexbildungsweisen überschaubar sind und einen systematischen Zusammenhang darstellen. Da die erwogene These, der logisch-begriffliche Charakter von Freges ›Begriffsschrift‹ verdanke sich der korrekten Wiedergabe einer sprachunabhängigen Ord-

86 Vgl. Thiel 1982

nung in den ›Gedanken selbst‹, nicht aufrecht zu erhalten war, kommt als Quelle dieser Systematik und Überschaubarkeit keine bloße Widerspiegelung einer vorgegebenen Struktur in Frage. Diese Quelle muß vielmehr in besonderen Regelungen liegen, in normativen Anforderungen an das zu konstruierende Ausdrucksmittel, deren Erfüllung den begrifflichen im Gegensatz zu einem bloß grammatischen Charakter seiner Struktur ausmachen und damit die Vorzugsstellung der Grammatik der ›Begriffsschrift‹ gegenüber den Grammatiken der natürlichen Sprachen. Wenn wir uns nun diesem systematischen Charakter, der großen Einheitlichkeit und Überschaubarkeit der Begriffsschrift zuwenden, interessiert uns langfristig die Frage, ob die auf Freges Weg gewonnenen Einsichten zur semantischen Komplexität allein die Struktur des von ihm entworfenen künstlichen Mediums betreffen oder auch die Struktur natürlicher Sprachen. Nach Freges eigener Auffassung ist nur ersteres der Fall. Wir könnten dann sagen, er habe *an* diesem speziellen Medium vorgeführt, was es heißt, eine sprachliche oder sprachähnliche Struktur unter semantischem Gesichtspunkt (also nicht nur formal in Chomskys lautkettenbezogenem Sinn) zu beschreiben, und wir könnten die Frage anschließen, was aus dieser Beschreibung zu lernen ist, wenn es darum geht, die Struktur einer natürlichen Sprache unter semantischem Blickwinkel zu beschreiben. Ist eine auf diese Weise semantisch orientierte Beschreibung auch dort möglich, wo die beschriebene Sprache nicht von vornherein nach semantischen Prinzipien planvoll konstruiert wurde?

Eine weitergehende Interpretation der sprachphilosophischen Bedeutung von Freges Arbeit würde behaupten, sie sei nicht nur auf die geschilderte Weise indirekt auf natürliche Sprachen beziehbar (insofern sie als Exempel für eine semantische Beschreibung einer Sprache dienen könne), sondern in einem viel direkteren Sinne. Wenn man nämlich einen natürlichsprachlichen Satz in einen begriffsschriftlichen Ausdruck übersetze, dann zeige dieser begriffsschriftliche Satz nicht nur (trivialerweise) *seine eigene* semantische Struktur, sondern *auch* die semantische Struktur des natürlichsprachlichen Satzes, dessen Übersetzung er sei, denn, so möchte man begründen, der ausgedrückte ›Gedanke‹ sei ja der gleiche, also müsse die ›Bedeutungsstruktur‹, die die begriffsschriftliche Formulierung sichtbar mache, auch die des natürlichsprachlichen Satzes sein. Diese zweite These ist sehr viel weitergehend als die erste: Daß Frege uns ein inhaltliches Verständnis der Strukturen seiner begriffsschriftlichen Ausdrücke vermittelt, heißt noch nicht zwangsläufig, daß er damit auch ›die‹ (›die wahre‹) semantische Struktur all derjenigen natürlichsprachlichen Sätze darstellt, die ihnen durch Übersetzung zugeordnet werden können. Die Frage, welche dieser beiden Beurteilungen der Leistung einer Übersetzung eines natürlichsprachlichen Satzes in seine begriffsschriftliche Entsprechung im Recht ist, soll hier zunächst nur aufgeworfen werden; ihre Beantwortung kann erst im Zuge der Überlegungen unserer späteren Kapitel erfolgen.

11. Die systematische Einheitlichkeit der Begriffsschrift und die Möglichkeit der Kalkülisierung

Wie also kommt der außerordentlich einheitliche und systematische Charakter der ›Begriffsschrift‹ zustande? Eine wesentliche Rolle spielt dabei Freges Orientierung am Vorbild der mathematischen Funktion. Die meisten sprachlichen Ausdrücke teilen nach dieser Auffassung mit den Funktionen eine Grundeigenschaft, der sie die Fähigkeit verdanken, mit anderen sprachlichen Ausdrücken eine Einheit zu bilden: die von Frege so genannte ›Ungesättigtheit‹. Daß er meinte, mit dieser Eigenschaft einen generell anwendbaren Schlüssel zum Verständnis der semantischen Komplexität gefunden zu haben, zeigt u. a. die folgende Passage aus den »Aufzeichnungen für Ludwig Darmstaedter«:

»Im Logischen scheint jede Verbindung von Teilen durch Ergänzung von etwas Ergänzungsbedürftigem zu Stande zu kommen. Aus lauter gesättigten Teilen kann im Logischen kein Ganzes bestehen. Die scharfe Scheidung von Ergänzungsbedürftigem und Gesättigtem ist sehr wichtig. In der Mathematik kennt man das Ergänzungsbedürftige im Grunde schon längst (+, :, $\vee$, sin, =, >). Man spricht hier von Funktionen, fasst jedoch, wie es scheint, das Wesentliche meist nur undeutlich auf.«[87]

Was nun die Einheitlichkeit angeht, so gilt für Freges Begriffsschrift in der Tat, daß sämtliche Ausdrücke, die in ihr gebildet werden können, entweder zur Kategorie der gesättigten Ausdrücke, d.h. der Gegenstandsnamen, gehören oder zur Kategorie der ungesättigten, d.h. der Funktionsausdrücke, die durch Aufnahme der jeweils maximalen Zahl vorgesehener gesättigter Ausdrücke der richtigen Art selbst zu gesättigten Ausdrücken (Gegenstandsnamen) werden (und dann wieder geeignete ungesättigte Ausdrücke ergänzen können, usf.). Auf diese Weise trägt der Schritt der Sättigung ungesättigter Ausdrücke auf verschiedenen Stufen entscheidend zum einheitlichen, geschlossenen Charakter der Begriffsschrift bei; dasselbe gilt für die Deutung dieses Schrittes durch die doppelte Trias der Begriffe Gegenstand – Begriff – (neuer) Gegenstand und Argument – Funktion – Wert.

Was bedeutet das inhaltlich? Wir hatten oben Gründe dafür angeführt, die Eigenschaft der Ungesättigtheit als eine von *Zeichen* anzusehen, nicht von Entitäten, für die sie stehen. Genauer hatten wir, über Freges Intentionen gewiß etwas hinausgehend, interpretiert, ein Zeichen heiße dann ›ungesättigt‹, wenn sein Gebrauch nur als Erweiterung eines schon bekannten Zeichens vermittelt werden könne. Die Begriffsausdrücke waren Beispiele dafür: Nach Frege werden Begriffe zugleich mit dem Fällen von Urteilen ›gebildet‹; dies drücken wir durch die Aussage aus, Begriffsausdrücke würden zugleich mit dem Fällen von Urteilen gelernt, d.h. so, daß ein als verfügbar gedachter Eigenname ›a‹ um ein Begriffswort ›F‹ erweitert und damit das Urteil ›F(a)‹ gefällt wird. Dem entsprach beim arithmetischen Operationszeichen, daß seine Bedeutung nur in Anwendung auf Zahlen vermittelt werden kann, mit denen die jeweilige Operation ausgeführt wurde.

Wir können nun feststellen, daß dieses inhaltliche Verständnis der Ungesättigtheit auch auf die noch nicht behandelten

[87] Frege 1969, S. 274; Vgl. auch die Bemerkungen in ›Gedankengefüge‹: Frege 1967, S. 378 (S. 36f.)

Arten bei Frege erörterter ungesättigter Ausdrücke anwendbar ist, nämlich auf die logischen Junktoren (einschließlich des einstelligen Operators ›nicht‹) und auf Funktionsausdrücke des Typs ›die Hauptstadt von ξ‹. Für die logischen Junktoren läßt sich die Frage, ob auch auf sie das hier erarbeitete Verständnis der Ungesättigtheit zutrifft, positiv beantworten, wenn man es hinreichend allgemein faßt: Die Verwendung dieser Verbindungswörter als Zeichen läßt sich ohne Rekurs auf die Rollen, die die Aussagen, die sie verbinden, für sich spielen, nicht erläutern. Man muß die Verwendung logisch elementarer Aussagen ›a‹ und ›b‹ schon gelernt haben, um verstehen zu können, wie die von Frege wahrheitsfunktional aufgefaßten Aussagen ›¬a‹ und ›a→b‹ und die mit den damit definierbaren anderen Junktoren gebildeten Aussagen zu verwenden sind. Die wahrheitsfunktionalen Junktoren erfüllen also das Kriterium der Ungesättigtheit, so wie wir es verstanden hatten. Andererseits ist aber nicht zu übersehen, daß die Art, *wie* sie vorhandene Ausdrücke ›sättigen‹ von der Art, wie Begriffswörter dies tun, sehr verschieden ist, so daß man auch sagen könnte, die gemeinsame Eigenschaft der Ungesättigtheit sei trotz ihrer inhaltlichen, nicht nur an der Zeichengestalt orientierten Deutung eher oberflächlich. In diese Richtung weist auch die bereits erwähnte Tatsache, daß, was den Dreischritt Argument-Funktion-Wert angeht, die Rede von den ›Wahrheitswerten‹ als denjenigen Gegenständen, deren Namen als Argumente in die leeren Stellen der Ausdrücke für Wahrheitsfunktionen eingesetzt werden und die sich dann auch wieder als Werte ergeben, nicht überzeugt.

Werfen wir der Vollständigkeit wegen einen kurzen Blick auf die Funktionsausdrücke des Typs ›die Hauptstadt von ξ‹, auf Ausdrücke also, die, ergänzt um einen Gegenstandsnamen, wiederum einen Gegenstandsnamen ergeben. Freges Äußerungen zum Aspekt des Zusammenfügens eines Komplexes aus seinen Teilen sind hier noch spärlicher als sonst, trotzdem gestatten seine Aussagen die Feststellung, daß Ausdrücke dieses Typs ebenfalls nicht selbständig gelernt werden können. Zwar läßt sich der Relationsausdruck ›Hauptstadt(ζ,ξ)‹ im Prozeß des Fällens von Urteilen der Art ›x ist die Hauptstadt von y‹ lernen, auch läßt sich nach Frege ein selbständiger Gegenstandsname wie ›Schweden‹ lernen, aber die Rolle als Zeichen, die ein Ausdruck wie ›die Hauptstadt von ξ‹ spielen soll, läßt sich allenfalls so verständlich machen, daß bei Bekanntheit z.B. der Wörter ›Schweden‹ und ›Hauptstadt‹ die Modifikation verständlich gemacht wird, die im Sinn eines Satzes wie ›Schweden hat weniger Einwohner als Tokio‹ durch die Erweiterung von ›Schweden‹ zu ›Schwedens Hauptstadt‹ erfolgt. Ob auf dem damit angedeuteten Weg tatsächlich ein befriedigendes Verständnis dieser Funktionsausdrücke gewonnen werden kann, soll hier nicht weiter erörtert werden, weil Frege sich zum Aspekt der Bildung und des Erwerbs dieser Ausdrücke nicht äußert. Es genügt hier die Feststellung, daß auch mit Bezug auf diesen Typus von Ausdrücken ein inhaltliches Verständnis der Ungesättigtheit möglich ist: Die Ungesättigtheit dieser Funktionsausdrücke besteht nicht allein darin, daß man sich denken kann, sie seien durch Fortlassen eines Gegenstandsnamens entstanden, sondern auch für sie läßt sich sagen, daß sie in ihrem Gebrauch als Zeichen (und das heißt: in ihrem Sinn) nicht selbständig, sondern nur als Erweiterung schon bestehender Ausdrucksmöglichkeiten verständlich gemacht werden können.

Wir können nun leicht sehen, daß sich die beeindruckende Einheitlichkeit in Freges Behandlung der Bedeutungsseite seiner Begriffsschrift auf der untersten Ebene daraus ergibt, daß er das Fallen eines Gegenstandes unter einen Begriff (bzw. das Stehen mehrerer Gegenstände in einer Relation) als *die* semantische Grundbeziehung ansieht, die bei aller noch möglichen Verschiedenheit der Gegenstände und der Begriffe stets dieselbe bleibt. Da Frege darüber hinaus fordert, daß mit einem wohlbestimmten Begriff und einem klar festgelegten Gegenstandsbereich stets auch festgelegt sein muß, welche der möglichen Aussagen der Form $F(x_1, \ldots, x_n)$ wahr und welche falsch sind (eine dritte Möglichkeit oder Unbestimmtheit ist im Interesse der Exaktheit der Sprache, ihrer Explizitheit und Eindeutigkeit, nicht zugelassen), ist mit der Festlegung dieser Form als einziger Weise, wie auf einer junktorenlogisch noch nicht komplexen Stufe Inhalte

formuliert werden können, zugleich der Bereich der sinnvollen Aussagen dieser Stufe vollständig angegeben; Unterschiede zwischen Aussagen können nur noch *Ausfüllungen*
dieser Form betreffen, also ›inhaltliche‹ Unterschiede zwischen den kategorial *einheitlich* behandelten ›Gegenständen‹
und inhaltliche Unterschiede zwischen den ebenfalls einheitlich behandelten Begriffen. Der Bereich des auf der untersten
Ebene Bedeutungsvollen wird damit völlig überschaubar.

Da Frege darüberhinaus die logischen Junktoren als diejenigen Satzverbindungswörter bestimmt, deren Bedeutungen
sich vollständig wahrheitsfunktional bestimmen lassen, wird
auch der Bereich der junktorenlogisch komplexen Aussagen
überschaubar; er kann durch rekursive Ausdrucksbildungs-
regeln lückenlos erfaßt werden. Das Gelingen dieses Schrittes ist unabhängig von der Frage, ob man von den ›Wahrheitswerten‹ wie von Gegenständen sprechen will, auf die
man als ›Werte‹ von ›Funktionen‹ stößt. Diese Sprechweise
vergrößert zwar die Einheitlichkeit im Erscheinungsbild, sie
ist aber inhaltlich nicht ausschlaggebend. Da bei Frege
schließlich nur wertdefinite Aussagen in den Blick kommen,
ändert auch die Einführung der Quantoren nichts an dieser
Überschaubarkeit des Bereichs des Sinnvollen; der All-
Quantor läßt sich stets als Konjunktion einer überschaubaren Menge adjunktiv (mit ›und‹) verbundener Sätze lesen,
der Existenzquantor entsprechend als Menge disjunktiv (mit
›oder‹) verbundener Sätze.

Auf dieser Basis konnte Frege das logische Schließen im Bereich der Prädikatenlogik erstmalig kalkülisieren, d.h. er
konnte die Regeln des logischen Schlußfolgerns als ausschließlich figurenbezogene und in diesem Sinne ›formale‹,
vom Inhalt ganz absehende Umformungsregeln darstellen.
Diese formale Erfassung des zunächst inhaltlich verstandenen logischen Schließens und die Anwendung seines neuen
Ausdrucksmittels auf die Mathematik war das Hauptziel in
der Entwicklung seiner Begriffsschrift. Damit dieses Ziel erreicht werden konnte, mußten diejenigen Regeln, nach denen sinnvolle begriffsschriftliche Ausdrücke gebildet werden können, selbst erst auf rein figurenbezogene, formale

Weise, als Kalkül von Ausdrucksbestimmungen, dargestellt werden. Und auch dies ist Frege für den Bereich, in dem er sich bewegte, gelungen, was aus den oben geschilderten Festlegungen für die verbindlichen Formen aller ›beurteilbarer Inhalte‹ leicht ersichtlich ist.

Der Formalismus von Frege (dies ist mit Blick auf das vorangegangene Kapitel besonders zu betonen) ist aber ein ›sekundärer‹ Formalismus: Er erwächst nicht aus der Entscheidung, bedeutungsvolle Äußerungen schon im ersten Zugriff so zu beschreiben, als ob sie bloße Lautketten wären. Im Gegenteil erörtert Frege zunächst immer inhaltlich gedeutete Ausdrücke, und ihr Inhalt, ihr Gebrauch als Zeichen, ist ein Hauptgegenstand seines Nachdenkens. Wenn er dann einen Kalkül entwickelt, ist dies die nachträgliche formale Fassung eines vorher inhaltlich erörterten Systems von Ausdrücken. Bei ihm finden wir also in dem Sinne eine wirklich ›abstrakte‹ Darstellung des logischen Schließens, daß von den inhaltlichen Überlegungen, die die Konstruktion seiner Begriffsschrift von Anbeginn an leiten, erst am Ende abgesehen werden kann. Es wird von etwas abstrahiert, was ausdrücklich behandelt wurde; die ›abstrakte‹ Darstellung ist nicht wie bei Chomsky das Resultat eines von Anfang an gegebenen Verzichts auf die Behandlung der inhaltlichen Seite der Sprache.

12. Ausblick: Erwartungen an Wittgenstein

Bevor wir uns im nächsten Kapitel den Überlegungen des späten Wittgenstein zuwenden, die ein weit weniger systematisches Bild von der Sprache zeichnen und die den Gedanken Freges in manchen Punkten ausgesprochen kritisch gegenüberstehen, wollen wir noch zweierlei tun: Erstens sollen einige der bei Frege problematisch erscheinenden Thesen, über die wir aber noch kein klares Urteil fällen können, für eine gelegentliche Erörterung im Lichte noch zu erwartender Klärungen gesammelt werden. Und zweitens sollen solche Fragen zusammengestellt werden, deren Offenheit bei Frege sich aus der Tatsache erklären lassen könnte, daß er nicht in erster Linie an der natürlichen Sprache interessiert war, sondern an einem für die Arithmetik (und langfristig auch für andere Wissenschaften) geeigneten speziellen Ausdrucksmittel. Wir werden dann sehen, ob Wittgenstein, der diese Einschränkungen nicht macht, auf diese offenen Fragen Antworten anzubieten hat.

Zunächst zu den problematisch erscheinenden Punkten. Zu ihnen gehört die Frage, ob der einheitliche und systematische Charakter von Freges Begriffsschrift, der sich u. a. aus der Universalität der ›Ungesättigtheit‹ und der (teils allerdings etwas gewaltsamen) Fassung der semantischen Verhältnisse in den Termini ›Funktion‹, ›Argument‹ und ›Wert‹ (im spezielleren Fall: ›Gegenstand‹ und ›Begriff‹) ergibt, tiefe Tatsachen einer ›reinen Semantik‹ sichtbar macht, wie spätere Bedeutungstheoretiker gerne annehmen, oder ob er eher als eine Oberflächenerscheinung zu bewerten ist. Welche Tragweite hat die allgemeine Aussage, in Freges Begriffsschrift würden sämtliche Ausdrücke zur Kategorie entweder der gesättigten Ausdrücke, d.h. der Gegenstandsnamen, oder der ungesättigten, d.h. der Funktionsausdrücke, gehören? Haben wir hier eine sehr grundlegende Eigenschaft vor uns, die auf die semantische Komplexität von Sprachen überhaupt ein Licht wirft, oder handelt es sich nur um ein Resultat von formbezogenen Normierungen für ein zu spezifischen Zwecken entwickeltes Medium?

Die Wichtigkeit der Kategorie der Ungesättigtheit ergab sich bei unserer Lesart daraus, daß sie im Gegensatz zu einer Auffassung,[88] die im Urteilen ein Verketten von Vorstellungen sieht und im Satz entsprechend eine Liste von Vorstellungsnamen, eine Sicht erlaubt, die der besonderen Einheit des Urteils besser gerecht wird, nämlich als einer Einheit, die keine summierend-aggregathafte Verbindung von Teilen ist. Unsere Interpretation der Idee der Ungesättigtheit deutet diese Tatsache so, daß für die Mehrheit der Wörter gilt, daß ihre Rollen beim Gebrauch als Zeichen nur als ursprünglich schon auf andere Wörter bezogen verständlich gemacht werden können. Für die meisten Wortarten ist es nicht möglich, in einem ersten Schritt den Sinn eines ihnen angehörenden

88 Vgl. oben, Abschnitt 2

Wortes zu erklären (erst recht nicht durch einen einfachen Verweis auf ›etwas Bezeichnetes‹), um erst danach zusätzlich noch deutlich zu machen, wie durch eine Verkettung mehrerer Wörter eine größere Sinneinheit entsteht. So verstanden ist das, was Frege durch den Terminus ›Ungesättigtheit‹ zum Ausdruck gebracht hat, eine fundamentale sprachliche Tatsache, und es darf als ein Verdienst angesehen werden, daß er auf sie mit Nachdruck aufmerksam gemacht und sie auf nachvollziehbare Weise gedeutet hat. Daß sich Frege dabei von der Weise, wie mathematische Ausdrücke bedeutungsvoll sind, inspirieren ließ, liegt im Lichte seiner fachlichen Herkunft auf der Hand. Positiv dürfte sich dabei ausgewirkt haben, daß es in der Mathematik offenbar keine erst mühevoll zu überwindende Tradition gab, die die entsprechenden Ausdrücke als Namen interpretierte. Die mathematische Sehweise hat Frege dazu verholfen, einen unter Philosophen vorgekommenen Fehler zu vermeiden.

Gleichwohl ist aber eine Spannung zwischen dieser inhaltlichen Deutung und einem trotzdem noch ›formal‹ zu nennenden Charakter dieser Eigenschaft der Ungesättigtheit zu verzeichnen: Einerseits konnten wir ihr in allen Fällen eine inhaltliche Deutung geben, d. h. eine Deutung, die sich nicht allein auf eine Lückenhaftigkeit des Ausdrucks, sondern primär auf ein Merkmal seines Gebrauchs als Zeichen bezog. Andererseits ist nicht zu übersehen, daß trotz des damit namhaft gemachten verbindenden Aspekts zwischen den Ausdrucksarten auch wesentliche inhaltliche Unterschiede bestehen: *Wie* der jeweils neu hinzutretende Ausdruck den schon vorhandenen modifiziert, ist bei den ungesättigten Ausdrücken der verschiedenen Arten außerordentlich verschieden. Es bleibt also zu klären, ob und in welchem Maße der einheitliche und systematische Charakter der Begriffsschrift ein Schein ist oder, (weniger kritisch formuliert) trotz der auf die Zeichenverwendung bezogenen inhaltlichen Deutbarkeit, eine (in einem noch klärungsbedürftigen Sinn) *formbezogene* Eigenschaft. [89]

89 Auch hier ist wieder an die Beobachtung Chomskys zu erinnern, daß sich die ›strukturelle Bedeutung‹ nicht einheitlich semantisch interpretieren läßt. Vgl oben, S. 78 ff.

Damit hängt der zweite problematische Punkt zusammen, der hier zu nennen ist; er betrifft die Frage, wieweit die Kategorie der Gegenstandsnamen bei Frege inhaltlich gefaßt ist, und wieweit sich die Mitgliedschaft eines Ausdrucks in dieser Kategorie aus einem Schritt ergibt, den man in Anlehnung an die Überlegungen von Boas mit den Worten beschreiben könnte, es werde etwas sprachlich als Gegenstand *behandelt*. Der einfachste Fall der Gegenstandsnamen, der der Eigennamen, mit denen Personen, Schiffe oder Städte benannt werden, erscheint unproblematisch. Das Extrem auf der unplausiblen Seite bilden die ›Wahrheitswerte‹, also diejenigen Gegenstände, die Frege den gesättigten Ausdrücken vom Typus Satz als das zuordnet, was sie bezeichnen. Dieser Schritt ist, wie wir oben gesehen haben, nicht überzeugend und führt eher zu einer Verwischung der Bedeutung des Ausdrucks ›Gegenstand‹ als zu einer folgerichtigen Anwendung oder plausiblen Erweiterung. Zwar stimmt es für die oben erörterten mathematischen Funktions*ausdrücke*, daß sie zusammen mit Gegenstands*ausdrücken* (Ziffern als Ausdrücken für Zahlen) einen Ausdruck bilden können, der wiederum für einen Gegenstand steht (den jeweiligen Wert: eine andere Zahl). Und man kann sagen, die Einheit dieses Ausdrucks stehe in dem Sinne außer Frage, daß er genau diesen *einen* Gegenstand bezeichne. Aber die Übertragung auf den Fall der Sätze, mit denen das Fallen eines Gegenstandes unter einen Begriff ausgedrückt wird, leuchtet nicht ein. Freges Vorstellung, daß Gegenstände mit Funktionen verbunden neue Gegenstände bilden können, die manchmal als der eine Schlüssel zum Verständnis aller von ihm behandelter Arten semantischer Komplexität erscheint, ist wegen der nur terminologisch erzwungenen Gegenständlichkeit der Wahrheitswerte als der einheitlichen Satzbedeutungen nicht überzeugend.

Wenn wir nun diese nur zu Ungereimtheiten führende Verdinglichung der Satzbedeutungen unterlassen, können wir die Tatsache, um die es geht, durch die schlichtere Feststellung ausdrücken, es gebe unter den Ausdrücken solche, die selbständig gebraucht werden können (Gegenstandsnamen des einfachen Typus und Sätze, seien sie logisch einfach oder komplex), und solche, die nur als Erweiterungen selbständig benutzbarer Ausdrücke verständlich gemacht werden können. So betrachtet erscheint aber die Einheitlichkeit der gesättigten Ausdrücke weit weniger groß als dann, wenn man sie als ein Stehen für eine Entität versteht: Obwohl Sätze und einfache Gegenstandsnamen nach dem Verständnis Freges beide als selbständig verwendbar zu klassifizieren sind, ist ihre Rolle im Gebrauch als Zeichen sehr verschieden.

Die Neigung Freges, eher großzügig mit dem Ausdruck ›Gegenstand‹ umzugehen, zeigt sich auch dort, wo er sagt, es müßten auch Zeitpunkte, Orte etc.[90] ›logisch‹ als Gegenstände angesehen werden. Hier scheint er sich sehr stark an grammatischen Kriterien zu orientieren und an der ebenfalls grammatischen Intuition, Wahrheit und Falschheit könne es nur dort geben, wo etwas ›von etwas‹, von einem Gegenstand, ausgesagt werde. Dies stimmt gut zu Passagen, in denen er davon spricht, daß es selbstverständlich auch sinnlich nicht wahrnehmbare Gegenstände gebe, die nach seiner Auffassung logisch offenbar nicht alle eine Sonderbehandlung erfordern, wie sie z. B. für ›Richtungen‹ und die (hier nicht behandelten) Wertverläufe nötig ist.

Bei den ›Aussagen von einem Begriff‹ hatten wir oben eine schwankende Haltung Freges festgestellt: Zunächst hatte er gesagt, es gebe bei Ausdrücken wie »der Begriff ›Pferd‹« einen Gegenstand, von dem die Rede sei, nur sei dieser Gegenstand kein Begriff. Da er aber zugleich ›von einem Begriff‹ etwas aussagen wollte und sich so ausdrückte, als handle es sich hier um eine Art Ersatzgegenstand, der von der Sprache erzwungen werde, konnte man meinen, daß er es in manchen Fällen für zulässig hält, einen Begriffsausdruck so zu transformieren, daß das Transformationsresultat auch in der Begriffsschrift als Gegenstandsname *behandelt* wird. In diese Richtung deutete auch die formale Behandlung der Unterscheidung von Funktion und Argument, d. h. die These, es sei eine Sache der Auffassung, welchen Teilausdruck eines Satzes man als Argument und welchen als Funktion

90 Vgl. oben, Anm. 51

behandle. Wenn man diesen Weg einschlägt, müßte allerdings gezeigt werden, wie der hier unterstellte Transformationsprozeß und der Gebrauch der resultierenden ›gegenstandsfingierenden‹ Ausdrücke verständlich zu machen ist, insbesondere die Möglichkeit, mit ihrer Hilfe etwas zu sagen, was wahr oder falsch sein kann. Der einfache Hinweis auf ein ›Etwas‹, das als Gegenstand *behandelt* wird, ohne doch einer zu sein, kann offensichtlich hier nicht weiterhelfen.

Frege ist dann aber zu der Meinung gekommen, es gebe in diesem Fall gar keine Gegenstände, obwohl die ›normale‹ (und das würde jetzt heißen: begriffsschriftlich eben *nicht* akzeptable) Ausdrucksweise es so erscheinen lasse. Damit stimmt überein, daß in der Begriffsschrift der von ihm als typisches Beispiel für einen Begriff zweiter Stufe verwendete Ausdruck, die universale Quantifizierung, von ihm nicht in die Form ›F(x)‹ gebracht wurde, also nicht in eine Form, bei der ›etwas von etwas ausgesagt‹ wird. Daß Frege hier eine eigene Form für diese Art einer ›Aussage von einem Begriff‹ benutzt, legte die Frage nahe, ob es neben dem Fallen eines Gegenstandes unter einen Begriff (und dem Verhältnis zwischen Begriffen erster und zweiter Stufe) vielleicht noch weitere nicht junktorenlogische Formen wahrheitsfähiger Komplexbildung gibt. Dies wäre sprachphilosophisch auch dann von Belang, wenn Frege gute Gründe dafür hätte, für seine logisch-mathematischen Interessen mit so wenigen Komplexbildungsweisen auszukommen wie möglich.

Von einer definitiven Entscheidung bei Frege läßt sich aber bezüglich dieser Frage nach der ›Gegenständlichkeit der Gegenstände‹ nicht sprechen. Da er das Problem offenlassen mußte, wie Wertverlaufsnamen und Zahlwörter logisch korrekt zu bilden sind, und ob wir dabei berechtigt sind, von den Zahlen als Gegenständen zu sprechen, blieb die Frage unbeantwortet, ob eine Bedeutungserklärung für diese Ausdrücke gefunden werden könne, die es gestatten würde, auch die Wendung ›einen Gegenstand bedeuten‹ in dem Sinne als eine *façon de parler* zu lesen, daß sie etwas über die semantische Rolle eines Ausdrucks *im Satz* sagt, nicht über seinen

Bezug ›nach außen‹, zu einem sprachunabhängigen ›Bezeichneten‹. Unser eigener, an der gängigen Praxis orientierter Vorschlag, ›Zeichen unter dem Aspekt ihrer Verwendung‹ als Gegenstände zu betrachten und ihnen durch die Benutzung von Anführungszeichen Namen zuzuordnen (dies ist zugleich *eine* Möglichkeit, Begriffsausdrücke in solche zu transformieren, die an der Subjektstelle eines Satzes stehen dürfen), – dieser Zug rettete zwar die Anwendbarkeit der ›logischen Grundbeziehung‹ auf die erörterten Fälle und die Deutung der Grundkategorien der Gegenstands- und Begriffsausdrücke als bestimmt durch die Art ihrer Verwendung. Er ging aber deutlich über Frege hinaus und macht das Problem, was alles als Gegenstand betrachtet werden kann, nur noch dringlicher.

Soviel zu einigen problematischen Aspekten, auf die im Zuge späterer Überlegungen zurückgekommen werden soll. Abschließend wollen wir nun die wichtigsten positiven Ergebnisse der Auseinandersetzung mit Frege zusammenfassen. In der Absicht, seine Überlegungen weiterzuführen, wollen wir einige Fragen formulieren, deren Offenheit bei Frege sich daraus ergibt, daß er nicht vordringlich an der natürlichen Sprache interessiert war, sondern an einem für die Arithmetik (und langfristig auch für andere Wissenschaften) geeigneten besonderen Ausdrucksmittel. Speziell geht es darum, Erwartungen zu formulieren, mit denen wir im nächsten Kapitel an die ausdrücklich mit der natürlichen Sprache befaßten Überlegungen Wittgensteins herangehen wollen, um zu sehen, ob sie sich als Ergänzungen zu denjenigen Freges lesen lassen oder eher als Revisionen.

Fragen wir also zunächst nach dem Hauptergebnis, das uns die Auseinandersetzung mit einigen Aspekten von Freges Sprachphilosophie für die Frage nach einer adäquaten Erfassung des *semantischen* Aspekts sprachlicher Komplexität gebracht hat. Wir können feststellen, daß Frege uns zu diesem Thema in der Tat etwas zu sagen hat. Anders als Chomsky betrachtet er die Zusammengesetztheit von Sätzen nicht unter dem Aspekt ihres Bestehens aus Lauten, sondern unter dem Aspekt ihrer Gegliedertheit in Sinneinheiten. Die Beantwortung der Frage, wie mehrere dieser Sinneinheiten ein neues sinnvolles Ganzes bilden können, ist eines seiner zentralen Probleme.

Auf die Frage, wie Einheiten des Sinnes zu identifizieren sind, und wie ihr Zusammentreten zu einem Komplex verstanden werden kann, finden wir bei Frege eine negative und eine positive Antwort. Die negative Antwort lautet: Wir können die Einheiten des Sinnes in vielen Fällen nicht an der grammatischen Gestalt von Sätzen einer natürlichen Sprache ablesen; eine Erläuterung der semantischen Komplexität fällt daher mit einer Erläuterung der grammatischen Komplexität nicht einfach zusammen. Die positive Antwort hat zwei Seiten: Einerseits legt Frege nahe, die Existenz zweier sprachunabhängiger ›Reiche‹, dem der Bedeutungen und dem des Sinnes, als gegeben anzusehen und zu meinen, dort seien Gliederungen von Ganzheiten in Teile schon objektiv vorgegeben, so daß es möglich erscheint, daß eine die semantischen Verhältnisse korrekt darstellende ›Begriffsschrift‹ diese vorsprachlich gegebenen Gliederungen nachzeichnet. Diesen Aspekt seiner Antwort haben wir hier nicht als weiterführend betrachtet. Andererseits zeigt Frege das deutliche Bestreben, von der Vergegenständlichung des Bedeutungsaspekts loszukommen; er spricht vom ›Sinn‹ eines Wortes als seinem Beitrag zum Ausdruck eines Gedankens und erläutert diesen Sinn unter Hinweis auf den Gebrauch eines Wortes als Zeichen. Hier sind Einsichten angedeutet, die oft erst dem späten Wittgenstein zugeschrieben werden.[91] Folgt man ihnen, so müßte sich der Versuch, Arten von Sinnelementen zu identifizieren, an den Arten des Gebrauchs von Ausdrücken orientieren.

Was Frege uns dazu zu sagen hat, haben wir ausführlich behandelt, und wir haben versucht, es möglichst stark zu machen: Eigennamen und Begriffswörter würden in der Begriffsschrift dann nicht deshalb als zwei verschiedene Kategorien auftreten, weil eine Entität namens ›Wahrheitswert‹ sich im einfachsten Fall beim Prozeß der Zerfällung in die

91 Vgl. z.B. Baker/Hacker 1984 und die Rezension Schneider 1987. Dies Buch wirft viele wichtige Fragen auf, bietet aber keine Ansätze zu ihrer Beantwortung, erst recht nicht solche, die, wie indirekt auch immer, eingestehen, von Frege etwas gelernt zu haben.

Elemente Gegenstand und Begriff auflöst, sondern weil diesen Ausdruckskategorien zwei deutlich unterscheidbare Weisen entsprechen, sprachliche Zeichen zu gebrauchen. Eine Begriffsschrift in Freges Sinn wäre demnach eine Sprache mit einer Grammatik, die die Eigenschaft hat, verschiedene Gebrauchsweisen von Zeichen explizit und eindeutig an der Zeichengestalt sichtbar zu machen. Die Grammatiken der natürlichen Sprachen sind dagegen weder explizit (sie überlassen viele Zusammenhänge dem Erraten) noch eindeutig (sie benutzen dieselben grammatischen Formelemente zum Ausdruck verschiedener semantischer Zusammenhänge, d. h. in verschiedenen Gebrauchsweisen). Zweifelhaft könnte es allerdings erscheinen, ob es tatsächlich, auch wenn man sich auf den Bereich wahrheitsfähiger Aussagen beschränkt, nur so wenige Zeichenverwendungsarten gibt, wie Frege sie in der Begriffsschrift benutzt; auf der Ebene unter den junktoren- und quantorenlogischen Komplexbildungen nur das Referieren und das Prädizieren.

Freges Leistung wird nicht durch die Feststellung geschmälert, daß sie auf den Fall des assertorischen Satzes begrenzt ist, auf die ›beurteilbare‹ Seite von Inhalten. Dies war ihm selbst bewußt; sein Entwurf sollte von vornherein nur das für ihn durch den Begriff der Wahrheit definierte Gebiet der Logik umfassen und war nie als Darstellung aller Arten semantischer Komplexität einer natürlichen Sprache gemeint; im Gegenteil betont Frege selbst, daß seine Begriffsschrift für ihn den mit einem Mikroskop vergleichbaren Charakter eines Spezialinstruments habe.[92] So gesehen sind in jedem Fall von den Überlegungen Wittgensteins, die sich auf die Vielfalt sprachlichen Handelns richten, wichtige Ergänzungen zu erwarten. Aber dies ist nur die eine Seite. Es könnte sich darüber hinausgehend auch herausstellen, daß es gar kein sinnvolles Ziel ist, bei der Explizitmachung und Vereindeutigung außerhalb des Bereichs der Mathematik *Vollständigkeit* anzustreben. Dann hätte eine Weiterführung der Überlegungen Freges sich sinnvollerweise nicht das Ziel zu setzen, die z. B. bis in die heutige Sprechakttheorie hinein als

92 Frege 1964, S. XI

grundlegend geltenden Handlungen des Referierens und Prädizierens um zusätzlich namhaft zu machende Arten sprachlichen Handelns zu *ergänzen* (wie es mit dem Signalisieren der ›illokutiven Kraft‹ z. B. schon geschehen ist), sondern sie müßten verständlich machen, warum die Vorstellung, sprachliche Handlungsmöglichkeiten *vollständig* darzustellen, im Bereich der natürlichen Sprache keinen Sinn hat.

Wenn wir im nächsten Kapitel die Spätphilosophie Ludwig Wittgensteins erörtern, werden wir finden, daß es ihm ausdrücklich um die natürlichen Sprachen geht und nicht wie Frege um ein Hilfsmittel, das dazu konstruiert wurde, eine spezielle Arbeit zu leisten, und nur in zweiter Linie geeignet ist, auch gewisse Seiten der natürlichen Sprachen zu erhellen. Viele Fragestellungen, die bei Frege nur angedeutet sind und die wir hier einseitig betont haben, werden dort ausführlich diskutiert: Wittgenstein erörtert sprachliche Elemente auf einer Stufe unterhalb des Urteils. Er läßt sich auch auf eine diachronische Perspektive ein, was Frege nur ansatzweise tat, weil sie ihm als eigentlich illegitim für die Erörterung des ›zeitlosen‹ Bereichs der Gedanken erschien. Wir hatten aber schon oben gesehen, daß es für die Beantwortung der von Frege aufgeworfenen Fragen unumgänglich ist, den Aufbauprozeß eines Satzes aus seinen Teilen zu berücksichtigen. Entsprechend beschäftigt sich Wittgenstein auch mit der Frage des Erwerbs der Kompetenz zur Verwendung von Wörtern. Ferner gibt es bei ihm eine viel ausführlichere Erörterung des Gebrauchs sprachlicher Ausdrücke als Zeichen, und sie erfolgt von Anfang an im Zusammenhang mit nichtsprachlichem Handeln und mit Bezug auf nichtassertorische Sprachbereiche. Wittgenstein hat sich dabei von den systematischen Vorstellungen Freges weiter entfernt, als es nach der hier vorgetragenen Frege-Deutung bisher nötig erscheint. Im Folgenden wird uns besonders die Frage interessieren, ob er dafür sachlich zwingende oder nur aus persönlichen Neigungen und Interessen fließende Gründe gehabt hat.

IV. Das Zusammenspiel der ›Form der Darstellung‹ mit der ›Phantasie‹

Die Kritik an der Konzeption einer ›Begriffsschrift‹ als Sprachphilosophie in den Überlegungen des späten Wittgenstein

1. Erwartungen

Wenn wir uns jetzt der Spätphilosophie Ludwig Wittgensteins zuwenden, ist zunächst ein Hinweis darauf angebracht, daß sich sein Vorgehen und seine Zielsetzung in wesentlichen Punkten von der Orientierung Freges unterscheiden. Auf zwei solche Unterschiede soll gleich zu Anfang aufmerksam gemacht werden: Erstens schränkt Wittgenstein seine Betrachtungen nicht auf diejenigen Seiten der Sprache ein, die für die Wahrheit (den Ausdruck eines ›beurteilbaren Inhalts‹) und für das logische Schließen relevant sind. Er hat weder die Sprache der Wissenschaft noch die Mathematik als spezielles Anwendungsgebiet seiner Überlegungen im Auge, und er verfolgt auch nicht das Ziel, eine ›Begriffsschrift‹ zu entwerfen, die wissenschaftlichen Zwecken besser dienen soll als eine natürliche Sprache. Dies führt dazu, daß er seine Argumente häufig an ›primitiven‹ Sprachformen entwickelt, die er zum Zweck der Verdeutlichung seiner Gedanken eigens erfindet, und die so gebaut sind, daß die Äußerung eines ihnen zugehörigen Satzes oft nicht als das Fällen eines Urteils beschrieben werden kann. Wird z. B. mit der Aufforderung »Platte« ein Gegenstand *bestellt*, dann ist die Frage nach der Wahrheit dieser Äußerung gegenstandslos. Positiv gewendet: Wittgenstein hat von vornherein auch sprachliche Handlungen im Blick, die weder Behauptungen sind noch Teilhandlungen von Behauptungen.
Zweitens: Im Unterschied zu Freges Methode der ›Zerfällung‹ eines notwendigerweise komplexen Ausdrucks für einen beurteilbaren Inhalt wählt Wittgenstein als Ausgangs-

punkt seiner Überlegungen *einfache* Ausdrücke und erörtert erst dann die für die natürlichen Sprachen entscheidende Tatsache, daß es verschiedene Möglichkeiten gibt, die einfachen Ausdrücke durch hinzutretende sprachliche Elemente zu erweitern. In diesem Sinne ist sein Vorgehen in der Spätphilosophie, was die ersten Schritte zur Aufklärung sprachlicher Komplexität anbelangt, ›synthetisch‹ und nicht, wie Freges ›zerfällende‹ Methode, analytisch.[1] Dessen Problem, vermeiden zu müssen, auf dem Weg der Zusammensetzung eines komplexen sprachlichen Ausdrucks aus seinen Teilen zu einer Namensliste statt zu einem Satz zu kommen (was Frege veranlaßt hatte, den Weg des Aufbaus eines Satzes aus Teilen nicht einzuschlagen), hat Wittgenstein aber trotz seines ›synthetischen‹ Ansatzes deshalb nicht, weil er die bei Frege sich erst anbahnende Einsicht, es sei ›der Gebrauch als Zeichen‹, der den Sinn eines Ausdrucks ausmache, konsequent durchführt. Es ist eine der Hauptabsichten des sprachphilosophischen Stranges der »Philosophischen Untersuchungen«, Auffassungen zurückzuweisen, die meinen, die Bedeutsamkeit eines sprachlichen Ausdrucks bestehe stets darin, daß ihm eine Entität zugeordnet sei, z.B dem Namen »Fido« der Hund Fido oder eine Vorstellung von ihm. Sind sprachliche Ausdrücke aber nicht durchweg Namen für Entitäten, sondern primär bedeutungsvoll, insofern sie eine jeweils bestimmte aus einer Anzahl sehr verschiedener möglicher Rollen im Gebrauch der Sprache spielen, dann besteht das Problem nicht, zeigen zu müssen, daß mehrgliedrige sprachliche Äußerungen etwas anderes sind als Listen von Namen derjenigen Entitäten, für die sie vorgeblich stehen. Es wird von Anfang an damit gerechnet, daß es solche Entitäten in vielen Fällen nicht gibt.

Die uns hier interessierende Frage, wie bei dieser Sehweise die Einheit des Satzes zu verstehen ist, ist allerdings mit diesem sehr allgemeinen Hinweis auf ›den Gebrauch‹ noch keineswegs beantwortet. Zwar steht Wittgenstein dank seines neuen Problemhorizonts nicht wie Frege vor der Auf-

---

1 Zum Begriff der Analyse vgl. die kritischen Bemerkungen in Wittgenstein 1953, §§ 60ff. und 90ff.

gabe, den Satz von der Namensliste abzugrenzen, aber auch er muß in der Lage sein, die einheitliche Sprechhandlung, die durch das Aussprechen eines mehrgliedrigen Satzes vollzogen wird, zu unterscheiden von einer Reihung unabhängiger sprachlicher Handlungen, die, wie beim Vorlesen einer Einkaufsliste, in keiner anderen Beziehung stehen als der einer dann ›zufällig‹ zu nennenden zeitlichen Nachbarschaft. Vertauschungen in der Reihenfolge der Eintragungen machen für eine Einkaufsliste normalerweise keinen Unterschied, für Sätze aber sehr wohl, und dieser Tatsache muß auch eine gebrauchsbezogene Auffassung von der Bedeutungsseite der Sprache gerecht werden.

Behält man die beiden genannten Unterschiede im Auge und erinnert sich an die systematischen Ergebnisse des vorangegangenen Kapitels über die Anschauungen Freges, so könnte man, wenn man eine erste Vertrautheit mit Wittgensteins Spätphilosophie schon besitzt, von seinen Überlegungen für die hier verfolgte Fragestellung etwa das Folgende erwarten: Wittgenstein könnte seinen Lesern anhand eines Entwurfs einfachster ›Sprachspiele‹ zeigen, wie einzeln auftretende Wörter verwendet werden, deren Gebrauch zwar aufs engste mit nichtsprachlichen Handlungen verwoben ist, die aber, was ihre sprachliche Umgebung anbelangt, mit der Metapher Freges gesprochen, sich ›aus eigener Kraft aufrecht erhalten‹, d. h. ohne weitere Wörter auftreten können. Man könnte erwarten, daß Wittgenstein dann, weiter im Bilde Freges gesprochen, in einem zweiten Schritt diesen selbständigen, gesättigten Ausdrücken ›Rock und Mantel umwirft‹, daß er also dazu übergeht, Arten von Erweiterungen dieser Sprachspiele zu erörtern, und dies bedeutet: den Gebrauch ›ungesättigter‹ Ausdrücke verschiedener Kategorien verständlich zu machen. Hier würde die Verwendung solcher Wörter erklärt werden, die nicht selbständig (d. h. hier: nicht ohne *sprachlichen* Kontext) auftreten können, sondern nur so, daß sie auf andere, bereits beherrschte und in der betrachteten Gebrauchssituation ebenfalls geäußerte Ausdrücke bezogen sind. An solchen Erweiterungen sollte uns die Möglichkeit semantischer Komplexität verständlich werden, d. h. der Unterschied zwischen einer komplexen Äußerung mit einem

einheitlichen Satzcharakter auf der einen Seite und einer Folge verschiedener nur durch ihre zeitliche Sukzession zusammenhängender Sprechhandlungen auf der anderen.
Solche Erwartungen an Wittgensteins Spätphilosophie finden sich durch die folgende Passage aus dem »Blue Book« bestätigt:

»I shall in the future again and again draw your attention to what I shall call language games. These are ways of using signs simpler than those in which we use the signs of our highly complicated everyday language…If we want to study the problems of truth and falsehood, of the agreement and disagreement of propositions with reality, of the nature of assertion, assumption, and question, we shall with great advantage look at primitive forms of language in which these forms of thinking appear without the confusing background of highly complicated processes of thought. When we look at such simpler forms of language the mental mist which seems to enshroud our ordinary use of language disappears. We see activities, reactions, which are clear-cut and transparent. *On the other hand we recognize in these simple processes forms of language not separated by a break from our more complicated ones. We see that we can build up the complicated forms from the primitive ones by gradually adding new forms.*« (Hervorhebungen von H.J.S.)[2]

Die letzte, hier hervorgehobene Aussage ist für uns von besonderem Interesse: Macht Wittgenstein durchsichtig, daß wir die komplizierteren Formen *unserer* Sprache dadurch erhalten könnten, daß wir die einfachen ›Sprachspiele‹ schrittweise um neue Formen erweitern? Wird dadurch aufgeklärt, was es in einem inhaltlichen Sinne bedeutet, von den ›Formen‹ der Sprache(n) und im Anschluß daran von ihren (inhaltlichen) ›Strukturen‹ zu sprechen? Können wir auf diese Weise zu einer gegenüber Freges Fassung erweiterten ›Begriffsschrift‹ gelangen, bei der die Formen die inhaltlichen Verhältnisse explizit und eindeutig widerspiegeln, oder entdecken wir auf diesem Weg die Hindernisse, die diesem Projekt entgegenstehen?

2 Wittgenstein 1958, S. 17

2. Wie ein Sprachspiel durch die Hinzunahme neuer Wörter erweitert wird

Sehen wir nun, wie Wittgenstein seine Methode, einfache Sprachspiele zu entwerfen und an ihnen grundsätzliche Fragen zu erörtern, in den »Philosophischen Untersuchungen«[3] und in den vorbereitenden Arbeiten dazu anwendet. Sowohl das genannte Werk als auch das »Brown Book«[4] und seine unter dem Titel »Eine Philosophische Betrachtung« publizierte deutsche Umarbeitung[5] lassen schon am Anfang den Eindruck entstehen, daß Wittgenstein an *Arten* von Wörtern interessiert ist, nach unserer oben benutzten Terminologie also an der Verschiedenheit semantischer Rollen. Gegen die traditionellen, am augustinischen Bild der Sprache orientierten Bedeutungsverständnisse wendet er ein, sie neigten dazu, zu übersehen, daß die Wörter der verschiedenen Wortarten auf ganz unterschiedliche Art und Weise Bedeutung haben. Wittgenstein wird uns also gerade zu diesen Unterschieden in den Weisen, bedeutungsvoll zu sein, etwas zu sagen haben, und im Licht von Freges Unterscheidung zwischen ›gesättigten‹ und ›ungesättigten‹ Ausdrücken erwarten wir, daß bei dieser Erläuterung auch deutlich wird, wie er die Einheit des Satzes versteht, die sich aus der ›Zusammenarbeit‹ der Wörter der unterschiedlichen Arten ergeben muß.

Das erste der im »Brown Book« erörterten Sprachspiele ist aus den »Philosophischen Untersuchungen« gut bekannt; in ihm fordert ein Bauarbeiter seinen Gehilfen durch Zurufe wie ›Würfel!‹, ›Säule!‹ etc. auf, ihm Bausteine der gerade benötigten Art zu bringen. Wir erwähnen hier nur beiläufig, daß es, anders als bei Frege, ›Begriffswörter‹ sind, die Wittgenstein in diesem Beispiel als Ausdrücke behandelt, die ›sich aus eigener Kraft aufrecht erhalten‹ können,[6] und gehen gleich dazu über, zu untersuchen, wie er nun die Erweiterungen dieses Sprachspiels versteht. Wie kann ein Einwortsatz des Typs »Platte!« so erweitert werden, daß ein

3 Wittgenstein 1953
4 Wittgenstein 1958
5 In: Wittgenstein 1970
6 Vgl. dazu unten, S. 278 ff.

komplexer Satz entsteht, wobei wir von einem ›komplexen Satz‹ dann sprechen wollen, wenn er eine Sprechhandlung ermöglicht, die frei verschiebbare Teil-Sprechhandlungen enthält, aber nicht adäquat als das nacheinander erfolgende Ausführen von mehreren mit entsprechenden Einwortsätzen vollziehbaren selbständigen Sprechhandlungen charakterisiert wäre?[7]

Wittgenstein beschreibt zunächst das Resultat der von ihm ins Auge gefaßten Erweiterung: Der Gehilfe kennt die Reihe der Wörter von ›eins‹ bis ›zehn‹ auswendig; wenn er die Aufforderung »fünf Platten!« erhält, handelt er wie folgt: »…he goes to where the slabs are kept, says the words from one to five, takes up a slab for each word, and carries them to the builder.«[8] Wenn wir mit Wittgenstein sagen, die Bedeutung sei das, was die Erklärung der Bedeutung erkläre, liegt die Frage nahe, wie dieses Resultat erreicht worden sein könnte. Dazu erhalten wir die Auskunft, die Zahlwörter, die auswendig zu können ein wichtiges Ziel des Lernens dieser Spracherweiterung sei, würden ›demonstrativ‹ gelernt; dies sei einerseits ähnlich wie beim Lernen der Wörter ›Platte‹ etc., andererseits sei es doch auch etwas anders. Den Unterschied erläutert Wittgenstein mit den Worten:

»But now the same word, e.g., ›three‹, will be taught by pointing either to slabs, or to bricks, or to columns, etc. And on the other hand, different numerals will be taught by pointing to groups of stones of the same shape.«[9]

Diese Beschreibung liest sich, als würde der Gehilfe bei seinem Schritt von ›Platte‹ zu ›fünf Platten‹ nicht gleich zweigliedrige Sätze aus einem Zahlwort einerseits und einem Wort aus der Kategorie von ›Platte‹, ›Säule‹ etc. andererseits zu äußern lernen, sondern zunächst Einwortsätze der Art ›zwei‹, ›fünf‹ etc., die geäußert werden, während auf Haufen von Gegenständen gezeigt wird. Damit kontrastiert, daß im späteren Gebrauch auf der Seite des Bauenden, wenn er

7 Zum Thema der ›komplexen *Wörter*‹ im Unterschied zu den komplexen Sätzen s. unten, Kap. V, S. 485 f.
8 Wittgenstein 1958, S. 79
9 Ibid.

Zahlwörter verwendet, offenbar nur zweigliedrige Sätze vorkommen; eine Aufforderung, die in der Äußerung eines einzelnen Zahlwortes wie ›sieben!‹ bestehen würde, ist nicht vorgesehen.

Es scheint also, als würde Wittgenstein hier die Meinung ausdrücken, Zahlwörter könnten für sich allein, ohne weiteren sprachlichen Kontext, demonstrativ gelernt werden; er unterläßt auch jeden Hinweis auf die von Frege vorgeschlagene Deutung, daß sie dazu dienen, eine ›Aussage von einem Begriff‹ zu machen,[10] was in Wittgensteins Kontext u. a. bedeuten würde, daß sie nur in Verbindung mit anderen Wörtern (›Begriffsausdrücken‹) gelernt und gebraucht werden können. Was er allein betont, ist die Tatsache, daß es bei Zahlwörtern darauf ankommt, ihre Reihenfolge auswendig zu lernen. Diese Eigenheit im Lernen komme bei den Wörtern des ersten Sprachspiels, das durch die Zahlwörter erweitert wird, nicht vor, und dies zeige, daß mit den Zahlwörtern ein völlig neuartiges Instrument in die Sprache eingeführt worden sei. Der weitere Hinweis, dieser Unterschied zeige sich daran, daß die demonstrative Geste in den beiden Arten von Fällen verschieden gebraucht werde, wirkt an dieser Stelle nicht klärend, weil die angesprochene Verschiedenheit nicht weiter erläutert wird.

Zwar können wir Wittgensteins These, mit der Erweiterung von Sätzen des Typs ›Platte!‹ zu solchen des Typs ›fünf Platten!‹ sei eine neue Wortart eingeführt worden, auf zunächst nur intuitiver Basis durchaus zustimmen: es scheint eine gegenüber Ausdrücken wie ›Platte‹ etc. ganz neue Rolle zu sein, die von den Zahlwörtern gespielt wird. Wir halten aber fest, daß es aufschlußreich gewesen wäre, wenn Wittgenstein zum Zweck der Aufklärung des Prozesses, den er an der oben zitierten Stelle als »gradually adding new forms« beschrieben hatte, den besonderen Charakter der Zahlwörter, das, was sie zu einer neuen *Art* von Wörtern macht, genauer und ausdrücklicher charakterisiert hätte. Ein solches Merkmal, das aus der Sicht unserer Beschäftigung mit Frege besonders auffällt, ist die Tatsache, daß die Zahlwörter dazu

10 Frege 1986, S. 59 ff. (Orig. Pag. S. 58 ff.)

dienen, andere Wörter vom Typ ›Platte‹ auf eine noch genauer zu klärende Weise zu *ergänzen* oder zu *erweitern*. Daß Wittgenstein eine solche Erläuterung hier offenbar nicht für nötig hält, läßt einen Umstand in den Hintergrund treten, den er auch später, wie wir sehen werden, manchmal vernachlässigt, die Tatsache nämlich, daß die Wörter eines Satzes nicht nur zu den sie einbettenden nichtsprachlichen Handlungen (sei es zu denen des Lehrens, sei es zu denen der Verwendung) in charakteristischen Relationen stehen, sondern auch und vor allem zueinander.

Keine ausführliche Erörterung, aber immerhin eine Andeutung zu diesem Aspekt der Sprache finden wir in der Fassung, die die eben betrachteten Abschnitte in den »Philosophischen Untersuchungen« erhalten haben. Zwar betrachtet Wittgenstein auch dort zwei Handlungszusammenhänge getrennt voneinander, nämlich einerseits das die Wörter einzeln betreffende »hinweisende Lehren« (§ 6)[11] im »Unterricht der Sprache« (§ 7); hier weise der Lehrende auf die Gegenstände hin und lenke dadurch die Aufmerksamkeit des Lernenden auf sie. Von dieser Handlung des Lehrens unterscheidet er auf der anderen Seite die »Praxis des Gebrauchs der Sprache«; in dieser Praxis, so sagt Wittgenstein, »ruft der eine Teil die Wörter, der andere handelt nach ihnen« (§ 7). Aber in dieser späteren Fassung seines Textes betont er zugleich, daß das hinweisende Lehren eines isolierten Wortes (er denkt dabei an Wörter des Typs ›Platte‹) allein noch nicht zu einem Verstehen des Wortes führt, nämlich nicht zu der Fähigkeit, im Sinne der ›Praxis des Gebrauchs der Sprache‹ nach dem Wort zu handeln. Dieses Ziel wird nur durch das hinweisende Lehren »zusammen mit einem bestimmten Unterricht« erreicht; mit »einem anderen Unterricht hätte dasselbe hinweisende Lehren dieser Wörter ein ganz anderes Verständnis bewirkt« (§ 6).

Was folgt daraus für das Erlernen der Zahlwörter? Gibt es dort im Sinne der gerade besprochenen Trennung ein auf einzelne dieser Wörter gerichtetes ›hinweisendes Lehren‹, das von einem ergänzenden Unterricht zur ›Praxis des Ge-

11 Aus dem Teil I von Wittgenstein (1953) zitieren wir im Folgenden nach der Nummer des Paragraphen.

brauchs der Sprache‹ unterscheidbar ist? Insbesondere: Kommen im hinweisenden Lehren auch einfache, nicht zusammengesetzte Äußerungen des Typs ›vier!‹ (bzw., nach der Fassung der »Untersuchungen«, in der Buchstaben als Zahlwörter fungieren, des Typs ›d‹) vor? Oder muß schon im hinweisenden Lehren mitgelehrt werden, daß eine Anzahlangabe, wie Frege sich ausdrückt, eine ›Aussage von einem Begriff‹ macht? Wittgenstein schreibt:

»Wenn das Kind diese Sprache lernt, muß es die Reihe der ›Zahlwörter‹ a,b,c,… auswendiglernen. Und es muß ihren Gebrauch lernen.- Wird in diesem Unterricht auch ein hinweisendes Lehren der Wörter vorkommen?- Nun, es wird z.B. auf Platten gewiesen und gezählt werden: ›a,b,c Platten‹.« (§ 9)

Hier scheint Wittgenstein, im Unterschied zur Fassung im »Brown Book«, nicht mehr der Meinung zu sein, daß die Zahlwörter, wenn sie zum Zählen dienen,[12] beim Lehren allein auftreten; das ›hinweisende Lehren‹ eines einzelnen Zahlwortes und damit die ›Geste‹ haben in dieser Darstellung an Wichtigkeit verloren; statt dessen tritt, wenn auch nicht auf eigens hervorgehobene Weise, die Tatsache in den Blick, daß Zahlwörter sich auch auf andere Wörter beziehen, mit denen zusammen sie in der Äußerung eines mehrgliedrigen Satzes auftreten. Man kann diesen Passus so lesen, als enthalte er die Aussage, es sei schon für das Erlernen, nicht erst für das Verwenden der Zahlwörter charakteristisch, daß sie als Ergänzungen, als Erweiterungen anderer sprachlicher Äußerungen (hier vom Typus ›Platte‹) auftreten. Wenn Wittgenstein an der vorn erörterten Stelle also sagte, das hinweisende Lehren führe nur zusammen mit einem ›bestimmten Unterricht‹, der die ›Praxis des Gebrauchs der Sprache‹ betreffe, zu dem, was wir das Verstehen eines Wortes nennen, so finden wir hier, daß ein über das zu lernende Einzelwort hinausgehender Bezug, nämlich auf ein anderes, schon beherrschtes Wort, bei den Zahlwörtern schon auf der Stufe des ›hinweisenden Lehrens‹ auftritt. Bei ihnen erfolgt schon das hinweisende Lehren unter Einbeziehung anderer Wörter: Es

12 Er fährt an der Stelle fort mit Zahlen für Gruppen von Dingen, deren Anzahl sich mit einem Blick erfassen läßt.

wird nämlich die Handlung des Zählens erlernt, und dazu muß verstanden sein, was gezählt wird, Platten oder Plattensegmente, Bäume oder Baumgruppen.[13]

Im Text folgt auf die oben zitierte Aussage, dasselbe hinweisende Lehren könne je nach Unterricht, der damit verbunden werde, zu ganz verschiedenen Verständnissen eines Wortes führen, das folgende Bild:

> »Indem ich die Stange mit dem Hebel verbinde, setze ich die Bremse instand.‹ Ja, gegeben den ganzen übrigen Mechanismus. Nur mit diesem ist er der Bremshebel; und losgelöst von seiner Unterstützung ist er nicht einmal Hebel, sondern kann alles Mögliche sein, oder nichts.« (§ 6)

Auf die vorgetragene Erörterung der Zahlwörter bezogen heißt das: Zum ›ganzen übrigen Mechanismus‹, ohne den ein Ausdruck wie ›vier‹ (bzw. ›d‹) kein Zahlwort ist, gehört nicht nur, wie im Fall der Wörter des Typs ›Platte‹, ein nichtsprachlicher Handlungszusammenhang (hier die Errichtung eines Hauses), sondern auch ein sprachlicher: Es werden Aufforderungen des Typs ›Platte‹, ›Balken‹ etc. schon beherrscht, die um Ausdrücke der Art ›vier‹, ›fünf‹ etc. (bzw. ›d‹, ›e‹ etc.) erweitert werden. Ohne ein Wort vom Typ ›Platte‹ ist das Zahlwort nicht einmal ein Wort, »sondern kann alles Mögliche sein, oder nichts«. In Freges Ausdrucksweise können wir sagen: Es ist nach Wittgensteins Auffassung charakteristisch für die Zahlwörter, daß sie ›ungesättigt‹ sind.[14]

Wir räumen ein, daß wir den von Frege so sehr betonten Aspekt der Ungesättigtheit als einen Gesichtspunkt zur Unterscheidung von Wortarten in Wittgensteins Texten nur durch eine starke Akzentuierung eher beiläufiger Formulierungen sichtbar machen konnten. In der Erwartung, uns ein genaueres und durch die Texte stärker gestütztes Bild davon machen zu können, wie er den Prozeß des »gradually adding new forms« sieht, wenden wir uns deshalb noch einem an-

---

13 Vgl. Frege 1986, S. 60 (S. 59)

14 Allerdings macht sie das bei Wittgensteins Vorgehen nicht zu Begriffswörtern; es besteht hier zunächst kein Anlaß, zu sagen, sie würden einem Gegenstand zugesprochen.

deren Erweiterungsschritt zu, an dem wir sehen können, wie Wittgenstein das Verhältnis behandelt, das Wörter verschiedener Wortarten in einer komplexen Äußerung zueinander haben: Wir betrachten seine Einführung der Eigennamen. Dieser Erweiterungsschritt ist für uns auch deshalb von Interesse, weil er, anders als die Erweiterung einer imperativisch gedeuteten Begriffswortäußerung um ein Zahlwort, die von Frege so genannte ›logische Grundbeziehung‹ betrifft und daher einen Vergleich zwischen Wittgensteins und Freges Auffassungen nahelegt.

Bezüglich der Frage, wie ein einfaches Sprachspiel des Typus, von dem Wittgenstein ausgeht, um Eigennamen erweitert werden kann, stimmt die spätere deutsche Umarbeitung mit den Aussagen des »Brown Book« überein. Wittgenstein schreibt in der Umarbeitung:

»Führen wir ein weiteres Werkzeug in unsere Sprache ein: Bestimmten Gegenständen, etwa einzelnen bestimmten Steinen, die beim Bau verwendet werden sollen, werden Namen (Eigennamen) gegeben, man zeigt auf den Stein und sagt seinen Namen. Ruft A den Namen aus, so bringt B den Stein, dem er beigelegt wurde.«[15]

Die Frage, worin sich ein Eigenname von den früher gelehrten Begriffsausdrücken des Typs ›Platte‹ unterscheidet, stellt Wittgenstein so, daß er fragt, worin sich das Lehren der Wörter der beiden Arten unterscheidet. Negativ stellt er fest, es sei nicht notwendigerweise die hinweisende Gebärde, auch nicht die Art des Aussprechens des Wortes oder die ›inneren Vorgänge‹ im Sprecher oder Hörer während des Lehrens und Lernens. Positiv formuliert er, was bei beiden Lehrweisen verschieden sei, sei »der Gebrauch, der von diesem Zeigen und Aussprechen im Lehren der Sprache und in der Praxis der Verständigung mit ihr gemacht wird.«[16] Wird aber in der Praxis der Verständigung vom Zeigen ein Gebrauch gemacht? Ist es nicht allenfalls ein indirekter Gebrauch, in dem Sinne, daß in die Praxis der Verständigung die Tatsache eingeht, daß beim Lehren des Wortes auf etwas gezeigt wurde? Und worin genau besteht dieser Unterschied

15 Wittgenstein 1970, S. 120
16 Ibid.

zwischen Begriffswörtern und Eigennamen, sowohl bezüglich des Gebrauchs ›im Lehren‹ als auch bezüglich der Praxis der Verständigung? Ist der oben beschriebene Gebrauch der Eigennamen überhaupt von dem vorher geschilderten Gebrauch der Wörter des Typs ›Platte‹ unterscheidbar; dient das Aussprechen der Wörter nicht in beiden Fällen der Bestellung von Baumaterial?

Offenbar in der Absicht, dem vorher geäußerten Gedanken nachzugehen, es gebe in der Zeigegeste und ihrem Bezug einen Unterschied, fragt sich Wittgenstein, ob es adäquat wäre, zu sagen, daß »man in den verschiedenen Fällen auf verschiedene Arten von Gegenständen weist«, und er vergleicht den Unterschied im Lehrvorgang mit zwei verschiedenen auf ein Stück weißes Papier gerichteten Zeigehandlungen, bei denen der Zeigende einmal die Form und einmal die Farbe meine. Auf den Fall der Unterscheidung von Eigennamen und Begriffswörtern bezogen, müßte man fragen: Kann man einmal auf eine Platte zeigen und sie als Exemplar der Art der Platten meinen, und dann wieder auf sie zeigen und sie als den einen bestimmten Gegenstand, als Individuum meinen? Wittgenstein erklärt zur Unterscheidung des Zeigens auf eine Form vom Zeigen auf eine Farbe:

»Der Unterschied, könnte man sagen, liegt nicht einfach in dem, was beim Zeigen vor sich geht, sondern vielmehr in der Umgebung dieses Zeigens, in dem, was ihm vorhergeht, und in dem, was darauf folgt.«[17]

Was bedeutet das für den Unterschied zwischen Eigenname und Begriffswort? Was ist es, was dem Zeigen hier vorangeht, und was folgt ihm? Gehört zu dem, was Wittgenstein hier vorschwebt, auch die *sprachliche* Umgebung; muß nach seiner Auffassung z. B. einem Eigennamen, wenn ein voll-

---

17 Ibid.; vgl. die Erläuterung zur Wendung ›seine Aufmerksamkeit auf das richten, worauf bei der hinweisenden Erklärung gezeigt wird‹ in Wittgenstein, 1953, § 33: »Wie ein Schachzug nicht allein darin besteht, daß ein Stein so und so auf dem Brett verschoben wird, – aber auch nicht in den Gedanken und Gefühlen des Ziehenden, die den Zug begleiten; sondern in den Umständen, die wir nennen: ›eine Schachpartie spielen‹, ›ein Schachproblem lösen‹, und dergl.«

ständiger Zug im Sprachspiel ausgeführt werden soll, stets ein Begriffswort folgen? Dies könnte man aus der Sicht der Überlegungen von Frege erwarten, wenn man unterstellte, daß Wittgenstein die Eigennamen für ›ungesättigt‹ hält, wofür man eine Unterstützung in seiner gleich noch zu erörternden These sehen könnte, das Benennen sei kein Zug im Sprachspiel, sondern nur eine Vorbereitung für eine Beschreibung. Dem widerspricht aber, was wir oben zur Einführung der Eigennamen von Wittgenstein zitiert haben. Denkt er also ausschließlich an die nichtsprachliche Umgebung der Äußerung eines Eigennamens? Meint er z. B., den Unterschied dadurch fassen zu können, daß er festlegt, daß bei der Annahme, daß ›Rosette‹ der Name eines bestimmten Steins ist, in dem Fall, daß auf einen erfolgreichen Handlungsabschnitt, in dem A bei B diesen Stein bestellt, erhalten und eingebaut hat, eine danach noch einmal erfolgende Bestellung mit Hilfe des Namens ›Rosette‹ den Regeln dieses Sprachspiels widersprechen soll? Wenn es so gemeint ist: Wie könnte man eine solche Regel lehren?

An der betrachteten Stelle äußert sich Wittgenstein zu diesen Fragen nicht, sondern er geht über zu neuen Erweiterungen seines ursprünglichen Sprachspiels. Wir wenden uns deshalb der entsprechenden Stelle in den »Philosophischen Untersuchungen« zu. Die Formulierung, mit der er dort das Bauarbeiter-Sprachspiel um Eigennamen erweitert, lautet:

»Am direktesten ist das Wort ›bezeichnen‹ vielleicht da angewandt, wo das Zeichen auf dem Gegenstand steht, den es bezeichnet. Nimm an, die Werkzeuge, die A beim Bauen benützt, tragen gewisse Zeichen. Zeigt A dem Gehilfen ein solches Zeichen, so bringt dieser das Werkzeug, das mit dem Zeichen versehen ist.- So, und auf mehr oder weniger ähnliche Weise, bezeichnet ein Name ein Ding, und wird ein Name einem Ding gegeben.- Es wird sich oft nützlich erweisen, wenn wir uns beim Philosophieren sagen: Etwas benennen, das ist etwas Ähnliches, wie einem Ding ein Namenstäfelchen anheften.« (§ 15)

Auffällig ist zunächst die Tatsache, daß Wittgenstein hier überhaupt nicht deutlich macht, daß er an Eigennamen denkt; erst der ausdrückliche Hinweis im § 41 klärt den Leser darüber auf. Dem zitierten Abschnitt kann er es deshalb nicht entnehmen, weil Wittgenstein sowohl den Ausdruck ›bezeichnen‹ als auch die Wörter ›Name‹ und ›benennen‹ auch im Zusammenhang mit Ausdrücken des Typs ›Platte‹ verwendet. So heißt es im § 7 mit Bezug auf die erste, unerweiterte Stufe des Bauarbeiter-Sprachspiels »der Lernende benennt die Gegenstände«; im § 13 ist davon die Rede, daß man mit Bezug auf eine Sprache ohne Eigennamen durchaus sagen könne »jedes Wort der Sprache bezeichnet etwas«; im § 28 spricht Wittgenstein nicht nur von Personennamen, sondern auch von »Stoffnamen«, »Zahlnamen« und »Farbnamen«, und im § 37 heißt es, an der einfachsten Form des Bauarbeiter-Sprachspiels, das nur Worte einer einzigen Wortart kennt, könne man sehen, worin die »Beziehung zwischen Namen und Benanntem« bestehe. Auch wenn man berücksichtigt, daß Wittgenstein hier mit einer erst später deutlich sichtbaren Distanz den naiven Sprachgebrauch aufgreift, bleibt doch die Tatsache bestehen, daß er hier zwischen dem Nennen und dem Zusprechen nicht differenziert.

Man könnte den zitierten § 15 also durchaus so verstehen, daß der Sinn, den Wittgenstein hier für das Wort ›bezeichnen‹ im Auge hat, es gestatten soll, sowohl von Begriffswörtern als auch von Eigennamen zu sagen, sie bezeichneten etwas. Von den bis dahin betrachteten Wortarten wären dann allein die Zahlwörter und die Wörter wie ›dorthin‹ von dieser Redeweise ausgeschlossen, weil man mit ihnen weder Bausteine noch Werkzeuge bestellen kann. In den beiden zugelassenen Fällen kann man sich denken, daß jeder Gegenstand, sei es eine Platte, sei es ein einzelnes Werkzeug, mit einem Zeichen, einem ›Namenstäfelchen‹, markiert ist. Dieses kann die Gestalt ›Platte‹ oder die Gestalt ›Rosette‹ haben, worin der Unterschied im Hinblick auf das Sprachspiel besteht, wird im zitierten Paragraphen nicht erläutert. Im Gegenteil zählt das Äußern eines Wortes in beiden Fällen als Bestellung eines Gegenstandes.

An dieser Stelle fehlt auch ein Hinweis auf die Möglichkeit, Eigenname und Begriffswort zu einem komplexen Ausdruck zusammenzustellen, der das zum Ausdruck bringt, was Frege die ›logische Grundbeziehung‹ genannt hatte. Neben der allgemeinen Frage, wie sich, wenn sie allein vorkommen, die Eigennamen von den Begriffswörtern in der Rolle unterscheiden, die sie im bisher erreichten Entwicklungsstadium des von Wittgenstein entworfenen Sprachspiels spielen, inwiefern sie verschiedene ›Instrumente‹ darstellen, bleibt deshalb auch unklar, was ihr Verhältnis zueinander ist, ob sie irgendeinen charakteristischen Bezug zueinander haben, der von dem Verhältnis z. B. zwischen Zahl- und Begriffswörtern verschieden ist. Was allein anklingt, ist die traditionelle Meinung, Eigennamen würden sich von Ausdrücken des Typs ›Platte‹ dadurch unterscheiden, daß sie nur einem einzigen Gegenstand zugeordnet sind:

»Nimm nun an, das Werkzeug mit dem Namen ›N‹ sei zerbrochen. A weiß es nicht und gibt dem B das Zeichen ›N‹. Hat dieses Zeichen nun Bedeutung, oder hat es keine?- Was soll B tun, wenn er dieses Zeichen erhält?- Wir haben darüber nichts vereinbart…Man *könnte* hier sagen: ›N‹ sei bedeutungslos geworden; und dieser Ausdruck würde besagen, daß für das Zeichen ›N‹ in unserem Sprachspiel nun keine Verwendung mehr ist (es sei denn, wir gäben ihm eine neue).« (§ 41)

Was unterscheidet den hier fingierten Fall von einem ähnlichen, bei dem die Bausteine mit dem Etikett ›Platte‹ zerbrochen oder aufgebraucht sind? Auch hier ist nichts vereinbart, auch hier könnte man die (von Wittgenstein im Fortgang des zitierten Paragraphen fingierte) Abmachung treffen, daß als Antwort auf eine solche Aufforderung der Kopf zu schütteln sei. Abermals finden wir also, daß die entscheidenden Merkmale der ›Umgebung‹, der ›Umstände‹, die den Unterschied ausmachen zwischen einem Sprachspiel, in dem ein Begriffswort verwendet wird, und einem solchen, in dem ein Eigenname verwendet wird, nicht herausgearbeitet werden: Ein Unterschied im Zeigen (analog zum Unterschied zwischen einem ›Zeigen auf die Form‹ gegenüber einem ›Zeigen auf die Farbe‹) sollte ja für die gesuchte Unterscheidung nicht als hinreichend gelten, wenn sich beide Weisen des Zeigens nur durch ein als mentaler Begleitvorgang gedachtes ›Meinen‹ unterscheiden. Unsere Erwartungen bleiben in dieser Hinsicht also zunächst enttäuscht.

Wir wollen unsere Erörterung des Schrittes, mit dem ein

vorliegendes einfaches Sprachspiel um Ausdrücke aus der Kategorie der Eigennamen erweitert wird, mit der Betrachtung des oben nur kurz erwähnten Passus aus den »Philosophischen Untersuchungen« abschließen, der auf den ersten Blick etwas über das Zusammenspiel von Eigennamen und Begriffswörtern bei der Bildung eines Satzes auszusagen scheint.[18] Wittgenstein sagt dort, das Benennen sei kein Zug im Sprachspiel, sondern eine Vorbereitung zur Beschreibung, und da er an dieser Stelle auf Freges Diktum verweist, ein Wort habe nur im Satzzusammenhang Bedeutung (auf das so genannte ›Kontextprinzip‹), könnte man versucht sein, anzunehmen, Wittgenstein halte Ausdrücke, die benennen, also insbesondere Eigennamen, in der genauen Umkehrung der Auffassung Freges, für ›ungesättigt‹, während er Begriffsausdrücke, wie das Bauarbeiter-Sprachspiel zeige, für solche hält, die ›sich aus eigener Kraft aufrecht erhalten‹ können. Das Beispiel, das Wittgenstein hier benutzt, wird uns auch später bei der Erörterung seiner Auffassung von sprachlicher Komplexität beschäftigen, auch deshalb lohnt es sich, es ausdrücklich zur Kenntnis zu nehmen.

Der Kontext dieser Überlegungen ist der folgende: Wittgenstein kommt auf die Auffassung zu sprechen, daß Eigennamen eigentlich ›Einfaches‹ bezeichnen sollten, und er entwirft ein Sprachspiel, für das diese These tatsächlich gilt. Es dient dazu, Kombinationen von farbigen Quadraten, die schachbrettförmig angeordnet sind, darzustellen. Die Wörter der Sprache sind ›R‹, ›G‹, ›W‹ und ›S‹ (für die einzig vorkommenden Farben rot, grün, weiß und schwarz). Ein ›Satz‹[19] ist eine Reihe von Wörtern, die die Aufeinanderfolge der Farben zeilenweise von links nach rechts angeben, wobei die Zeilen von oben nach unten durchgegangen werden. Wittgenstein fragt sich nun, was es heiße, wenn man sage, daß man die Elemente, also die einzelnen Felder, nicht be-

18 Wittgenstein 1953, § 49
19 Ein ›Satz‹ unterscheidet sich von einer bloßen Liste in diesem Fall nur dadurch, daß die Reihenfolge der ›Wörter‹ eine Rolle spielt. Ob aber der Grund für die Relevanz der Reihenfolge bei dieser Art ›Sprache‹ derselbe ist wie der Grund dafür bei den natürlichen Sprachen, erscheint fraglich. Vgl. unten, Abschnitt 9.

schreiben, sondern nur benennen könne, und er antwortet: »Das könnte etwa sagen, daß die Beschreibung eines Komplexes, wenn er, in einem Grenzfall, nur aus *einem* Quadrat besteht, einfach der Name des Farbquadrates ist.« (§ 49) Diese Erläuterung zeigt, daß bei einer solchen These der Ausdruck ›beschreiben‹ so verstanden wird, daß nur mit komplexen Ausdrücken, mit den ›Sätzen‹ der fingierten Sprache, ›beschrieben‹ werden kann, während, wenn nur ein einzelnes ›Wort‹ geäußert wird, diese Handlung ein ›Benennen‹ heißen soll. Was jeweils ›Beschreiben‹ und was ›Benennen‹ heißt, orientiert sich hier also daran, ob ein komplexer oder ein einfacher Ausdruck geäußert wird; ›beschreiben‹ kann man bei diesem Sprachgebrauch nur mit komplexen Ausdrücken.

Wittgenstein setzt dieser Ausdrucksweise nun eine andere entgegen: Man könnte auch von einem allein auftretenden Zeichen des Typus ›R‹ einmal sagen, es sei ein Wort, und ein andermal, es sei ein Satz, und was davon man sage, hänge von der Situation ab, in der die Äußerung getan werde: Ist eine Äußerung eine Antwort auf die Aufforderung, einen Komplex von Farbquadraten zu beschreiben, so soll sie ein ›Satz‹ oder eine ›Beschreibung‹ heißen, auch dann, wenn sie nur aus einem einzigen Zeichen (einem ›Wort‹) besteht, wenn der zu beschreibende ›Komplex‹ also ein einziges Quadrat ist. Wird dagegen der Gebrauch eines Zeichens hinweisend gelehrt und dabei das Zeichen ausgesprochen, so sollen diese Äußerungen weder ›Sätze‹ noch ›Beschreibungen‹ heißen, vielmehr soll man hier sagen, man ›benenne‹ die Elemente. Wittgenstein fährt fort:

»…aber darum wäre es hier seltsam zu sagen, das Element könne man *nur* benennen! Benennen und Beschreiben stehen ja nicht auf *einer* Ebene: Das Benennen ist eine Vorbereitung zur Beschreibung. Das Benennen ist noch gar kein Zug im Sprachspiel, – so wenig, wie das Aufstellen einer Schachfigur ein Zug im Schachspiel. Man kann sagen: Mit dem Benennen eines Dings ist noch *nichts* getan. Es *hat* auch keinen Namen, außer im Spiel. Das war es auch, was Frege damit meinte: ein Wort habe nur im Satzzusammenhang Bedeutung.« (§ 49)

Der Unterschied, um den es Wittgenstein hier geht, ist also

abermals der zwischen dem ›Unterricht der Sprache‹, bei dem das Benennen vorkommt und der vorbereitenden Charakter hat, und der ›Praxis des Gebrauchs der Sprache‹, die dasjenige ist, worauf vorbereitet wird. Diese verschiedenen Handlungszusammenhänge oder ›Ebenen‹ werden unzulässigerweise als gleich betrachtet, wenn man sagt, ein Element könne man *nur* benennen, denn diese Aussage hört sich an, als müsse der Versuch, einer Aufforderung zur Beschreibung eines einzelnen Quadrats nachzukommen, mißlingen, was offensichtlich nicht der Fall ist: Die Beschreibung hat in diesem Fall nur die Eigenschaft, aus einem einzigen Zeichen zu bestehen. Daß es Wittgenstein auf diesen Unterschied zwischen den Vorbereitungshandlungen (hier: dem Unterricht) und der Praxis ankommt, auf die vorbereitet wird, macht auch die Analogie zum Schachspiel deutlich: Das Aufstellen der Figuren bereitet ein Spiel vor, ist selbst aber noch kein Zug im Spiel. Ebenso bereitet nach Wittgensteins Auffassung das ›Benennen‹ die ›Praxis des Gebrauchs der Sprache‹ vor, es ist selbst noch kein Zug im Sprachspiel; und ohne einen Bezug auf die Praxis des Sprachspiels ist es nicht einmal sinnvoll, zu sagen, das benannte Ding habe einen Namen.

Wittgensteins Unterscheidung von ›Benennen‹ und ›Beschreiben‹ betrifft also nicht unterschiedliche Rollen, die verschiedene Ausdrücke im Satz haben, etwa so, daß man sagen könnte, Gegenstandsnamen benennen einen Gegenstand, Begriffswörter beschreiben ihn. Seine These, das Benennen sei eine Vorbereitung zum Beschreiben, heißt daher nicht, es sei notwendigerweise nur ein Teil einer Sprechhandlung, denn die These läßt sich ohne inhaltliche Verkürzung auch auf Einwortsätze anwenden. Daß das Benennen kein Zug im Sprachspiel ist, liegt nicht daran, daß es mit Wörtern einer bestimmten Kategorie geschieht, für die diese Ungeeignetheit charakteristisch wäre, vielmehr hat die ganze Überlegung mit der Unterscheidung von Wortarten nichts zu tun. Sie sagt uns folglich auch nichts über die besondere Rolle der Eigennamen im Unterschied zu den Begriffswörtern. Auf ein Beispiel bezogen bedeutet das: Wittgenstein sagt keineswegs, in einem Satz wie ›Peter schwimmt‹ sei das

Nennen der Person Peter eine unselbständige, noch keinen Zug im Sprachspiel darstellende Vorbereitung für die mit der Äußerung des Gesamtsatzes vollzogene Sprechhandlung; die hier erörterte Eigenschaft einer Äußerung, kein Zug im Sprachspiel zu sein, hat folglich mit Freges ›Ungesättigtheit‹ nichts zu tun. Und deshalb drückt der Text, was die Rolle von Begriffswörtern und Eigennamen betrifft, auch nicht die Umkehrung der diesbezüglichen These Freges aus. Dies heißt insbesondere, daß wir hier keine konkurrierende Auffassung der ›logischen Grundbeziehung‹ vor uns haben, des für Frege zentralen Falles von logischer Komplexität. Frege geht es um die Ungleichartigkeit der zum Ausdruck eines Urteils nötigen Satzteile und insofern um die Struktur von Sätzen; Wittgensteins Überlegungen haben mit diesem Fragenkomplex dagegen nichts zu tun.

3. Wortarten

Wir haben bislang an zwei Beispielen, nämlich an den Zahlwörtern und an den Eigennamen, gesehen, auf welche Weise Wittgenstein die schrittweise erfolgende Erweiterung eines Sprachspiels erörtert, das den Sprechern zunächst nur Einwortsätze zu äußern erlaubte. Wir wollen nun der Frage nachgehen, wie er sich in diesem Zusammenhang ausdrücklich, d. h. nicht nur in Gestalt der Vorführung von Beispielen, zur Möglichkeit äußert, Wortarten zu unterscheiden. Oben wurde bereits erwähnt, daß dieses Thema schon am Anfang der »Philosophischen Untersuchungen« angesprochen wird; schon im ersten Paragraphen stellt Wittgenstein kritisch gegen das augustinische Bild von der Sprache fest: »Von einem Unterschied der Wortarten spricht Augustinus nicht«; dieser, so meint er, denke wohl nur an ›Hauptwörter‹ und an ›Namen von Personen‹, »und an die übrigen Wortarten als etwas, was sich finden wird« (§ 1). Was hat Wittgenstein nun selbst zum ›Unterschied der Wortarten‹ zu sagen?

Nachdem er im »Brown Book« die Zahlwörter eingeführt und hervorgehoben hat, daß sie ganz anders gelernt werden als die zuvor beherrschten Wörter vom Typus ›brick‹ etc., fährt er fort:

»And this shows us that by introducing numerals we have introduced an entirely different *kind* of instrument into our language. The difference of kind is much more obvious when we contemplate such a simple example than when we look at our ordinary language with innumerable kinds of words all looking more or less alike when they stand in the dictionary.«[20]

Dem können wir leicht zustimmen; auch wenn es Wittgenstein, wie wir bereits bemerkt haben, unterlassen hat, denjenigen Aspekt des Unterschieds zwischen den beiden Wortarten hervorzuheben, der darin besteht, daß Zahlwörter auf spezifische, mit der Handlung des Zählens zu erlernende Weise mit Wörtern vom Typus ›Platte‹ zusammengehören, ist doch in seiner Darstellung so viel von dem besonderen Charakter der neuen Wörter deutlich geworden, daß es gerechtfertigt erscheint, von der Einführung einer völlig neuen *Art* von Instrument in die Sprache zu sprechen; die Zahlwörter ergänzen oder modifizieren die Begriffswörter und werden schon deshalb anders gebraucht als diese. Und sicher wird dieser Unterschied in der Art deutlicher bei einer Sprache, die nur zwei Wortarten kennt, als bei unserer Alltagssprache, die über ›sehr viele‹ Wortarten verfügt. Wittgenstein benutzt im zitierten Text das Wort »innumerable«, um diese Vielzahl auszudrücken, und wir werden noch prüfen müssen, ob wir einen Grund haben, es anders als mit »zahllose, sehr viele« zu übersetzen. Zunächst lesen wir die ausgedrückte These im Sinne der Aussage, die natürliche Sprache enthalte sehr viele verschiedene Arten von Wörtern, die von Wittgenstein bis dahin betrachtete Sprache hingegen nur genau zwei Arten. Und wenn er hinzufügt, die Unterschiede zwischen den Wortarten seien in seinem übersichtlichen Sprachspiel leichter zu erkennen als in unserer entwickelten Sprache, so zeigt das, daß uns die Betrachtung des einfachen Falles gerade dazu verhelfen soll, die Unterschiede zwischen den Wortarten auch in unserer komplexeren Sprache zu erkennen. Die weiterführende Frage, ob die vielen Wortarten der natürlichen Sprachen ›logisch gesehen‹ sich doch auf sehr wenige reduzieren lassen, die von den

20 Wittgenstein 1958, S. 79

Überlegungen Freges nahegelegt wird, kann uns erst wieder beschäftigen, wenn wir genauer wissen, was bei Wittgenstein unter *Arten* von Wörtern zu verstehen ist.

Diese Interpretation wird bestätigt, wenn Wittgenstein wenig später auf das Problem der Wortarten zurückkommt und sagt, wir könnten ohne Schwierigkeiten eine Ähnlichkeit im Gebrauch (»function«) der Wörter ›eins‹, ›zwei‹, ›drei‹,... einerseits und ›Platte‹, ›Säule‹, ›Ziegel‹,... andererseits feststellen, und so würden wir Wortarten (»parts of speech«) unterscheiden.[21] Es könnte allerdings den Anschein haben, als würde er in den unmittelbar folgenden Abschnitten die gerade referierte Aussage widerrufen. Er spricht nämlich von einer »infinite variety of the functions of words in propositions«, und dies könnte man, da die Funktion ausschlaggebend dafür sein soll, welcher Wortart ein Wort angehört, als Beleg dafür ansehen, daß Wittgenstein doch meint, es gebe ›unzählig‹ viele Wortarten, – eine These, die den herkömmlichen grammatischen Vorstellungen ebenso widerspricht wie unserer an Frege orientierten Bemühung, bei Wittgenstein eine umfassendere Auskunft zu der Frage zu bekommen, was es in der natürlichen Sprache an *Weisen* gibt, Zeichen zu gebrauchen, damit wir so das Zusammenspiel von Wörtern verschiedener Wortarten bei der Bildung der Einheit des Satzes (die ›semantische Struktur‹ von Sätzen) verstehen können.[22] Dieser Bemühung wäre nicht mit der Auskunft gedient, es gebe unendlich viele Wortarten. Hier legt sich bereits die Annahme nahe, daß Wittgenstein den Terminus ›Wortart‹ sehr ungewöhnlich gebraucht.

Wie verhält es sich also mit dem hier sich anbahnenden Widerspruch? Gibt es deutlich unterscheidbare Funktionen, die die Wörter erfüllen können, und daher bei endlich vielen

---

21 A.a.O., S. 83

22 Wenn es im Folgenden um Arten von Funktionen von Wörtern in den von Wittgenstein fingierten Sprachspielen geht, fällt die Suche nach ›Arten‹ in diesem Sinne mit der Suche nach den ›Weisen des Gebrauchs als Zeichen‹ zusammen, die uns im Frege-Kapitel beschäftigte. Die Frage nach dem Unterschied zwischen Logik und Grammatik wird erst später wieder aufgegriffen. Vgl. unten, Kap. V.

Wörtern auch endlich viele, voneinander deutlich unterscheidbare Wortarten? Oder gibt es eine unüberschaubare Mannigfaltigkeit der Funktionen, so daß der Terminus ›Wortart‹ seine im grammatischen Gebrauch üblichen relativ scharfen Grenzen verliert und man von ›unüberschaubar vielen Wortarten‹ sprechen muß?

Wittgensteins Gedankengang gliedert sich wie folgt: Er erwägt zunächst ein Sprachspiel, in dem in einer mehrgliedrigen Äußerung des Typs ›slab column brick‹ ganz ähnlich wie in der oben erörterten Farbquadrat-Sprache die Reihenfolge der Wörter anzeigt, in welcher Reihenfolge die Bauelemente gebracht werden sollen, und er stellt fest, daß die Funktion, die bei einer solchen Sprache die *Reihenfolge* der Wörter erfüllt, in einer anderen Sprache auch von eigens diesem Zweck dienenden Wörtern übernommen werden könnte, z. B. von Ordinalzahlen, so daß wir in ihr Äußerungen des Typs ›Second, column; first, slab; third, brick‹ hätten; und er fährt fort:

»Reflections such as the preceding will show us the infinite variety of the functions of words in propositions, and it is curious to compare what we see in our examples with the simple and rigid rules which logicians give for the construction of propositions.«[23]

Wittgensteins Überlegungen zeigen, so interpretieren wir zunächst, wie groß die Mannigfaltigkeit der Funktionen ist, die Wörter in Sätzen verschiedener Sprachen haben können. Wir können uns eine Sprache vorstellen, in der die Ordinalzahlen die Funktion haben, die Reihenfolge der Handlungen, zu denen aufgefordert wird, anzuzeigen; und aus der Perspektive einer anderen Sprache, in der dieselbe Funktion allein durch die Wortstellung erfüllt wird, kann es merkwürdig und überraschend erscheinen, daß es für diese Aufgabe überhaupt Wörter geben sollte. Erwägt man diese höchst unterschiedlichen und von Sprache zu Sprache variierenden Aufgaben, die die Wörter jeweils erfüllen müssen, so stehen die einfachen und rigiden Regeln, die die Logiker für die Konstruktion von Ausdrücken für ›Gedanken‹ angeben, dazu in einem merkwürdigen Verhältnis.

23 Wittgenstein 1958, S. 83

Wir wollen die Frage vorläufig außer acht lassen, ob die Logiker gute Gründe dafür haben, den Reichtum der Kategorien von Wörtern der natürlichen Sprachen für ihre Zwecke zu beschränken. Vorher ist nämlich zu klären, ob Wittgensteins These den Begriff der Wortart, wie differenziert oder spartanisch man beim Aufbau einer Begriffsschrift oder bei der Beschreibung einer natürlichen Sprache auch vorgehen mag, nicht durch seine Unüberschaubarkeitsthese *ganz* entwertet. Bei dem eben skizzierten Textverständnis braucht das nicht der Fall zu sein. Es bezieht die These von der »infinite variety of the functions of words in propositions« auf eine Perspektive, die eine unbegrenzte Anzahl möglicher (auch erfundener) Sprachen im Auge hat. Die Unüberschaubarkeit in der Vielfalt der Funktionen von Wörtern in Sätzen (»propositions«), von der hier die Rede ist, ergibt sich dann aus der Unüberschaubarkeit denkbarer Sprachen; sie ist vereinbar mit der oben referierten These, in einem Satz z. B. des Typs ›two slabs‹, der einer bestimmten Sprache angehört, gebe es zwei Wörter von genau zwei Wortarten, die wir als deutlich unterscheidbare Arten von Instrumenten erkennen können.

Die deutsche Umarbeitung dieser Textstelle scheint allerdings etwas anderes auszudrücken und legt deshalb eine andere Interpretation auch des englischen Textes nahe, bei der nicht die Verschiedenheiten zwischen mehreren Sprachen im Vordergrund stehen, sondern das Faktum, daß ein und dieselbe Sprache, wie der Vergleich der Funktionen von Wörtern wie ›Platte‹ und ›zwei‹ bereits zeige, höchst unterschiedliche Arten von Instrumenten bereit halte, was die Logiker übersehen hätten. In der deutschen Fassung heißt es:

> »Solche Überlegungen können uns die ungeheure Mannigfaltigkeit der Mittel unserer Sprache ahnen lassen; und es ist interessant, mit dem, was sich uns hier zeigt, zu vergleichen, was Logiker vom Bau aller Sätze gesagt haben.«[24]

Hier ist der Blickwinkel auf eine einzige Sprache eingeschränkt, so daß der Gesichtspunkt der im Prinzip unbe-

24 Wittgenstein 1970, S. 124

grenzt vielfältigen Möglichkeiten, neue Sprachen zu entwerfen, entfällt. Da Wittgenstein hier aber andererseits das Wort »unendlich« nicht mehr benutzt, entsteht auch durch diese Textstelle noch nicht notwendig ein Widerspruch zu der These, es ließen sich unter dem Gesichtspunkt der Ähnlichkeit im Gebrauch problemlos und eindeutig Wortarten mit verschiedenen Funktionen unterscheiden. Daß es in der natürlichen Sprache, insbesondere dann, so wird man vermuten, wenn sie nicht auf den Ausdruck ›beurteilbarer Inhalte‹ beschränkt wird, sehr viel mehr Wortarten gibt als ›die Logiker‹, vor allem Frege, Russell und Wittgenstein selbst als Autor des »Tractatus« erörtert haben, verwundert nicht.

Der Eindruck eines unvermeidbaren Widerspruchs zur These von der klaren Identifizierbarkeit der Wortarten entsteht erst durch den folgenden Satz, der sich im »Brown Book«, ohne einen neuen Absatz zu eröffnen, unmittelbar an das oben zitierte Textstück anschließt:

»If we group words together according to the similarity of their functions, thus distinguishing parts of speech, it is easy to see that many different ways of classification can be adopted.«[25]

Ist also eine eindeutige Klassifizierung der Wörter nach ihren Funktionen doch nicht möglich? Ist die Funktion eines Wortes nicht etwas, was es hat, sondern etwas, was wir so oder so ansehen können?

Wittgenstein sagt hier, wir könnten, wenn wir Wörter unter dem Gesichtspunkt der Ähnlichkeit oder Unähnlichkeit ihrer Funktion zusammenfassen und auf diese Weise Wortarten unterscheiden wollen, auf viele verschiedene Weisen klassifizieren. Diese Aussage kann nicht heißen, daß wir, was das oben diskutierte Sprachspiel angeht, z. B. das Wort ›Platte‹ ebensogut den Zahlwörtern und den Ausdruck ›fünf‹ ebensogut den Begriffswörtern zuschlagen könnten, ansonsten aber die oben als offensichtlich behandelte Einteilung in Zahl- und Begriffswörter bestehen lassen. Wittgenstein sagt nicht, wir könnten bei gegebenem Gesichtspunkt der Klassifikation die Zuordnungen der einzelnen Wörter höchst

25 Wittgenstein 1958, S. 83

unterschiedlich treffen, sondern es seien verschiedene Arten der Klassifikation denkbar.

Nun ist die bloße Tatsache, daß Wörter verschieden klassifiziert werden können, wenn man sie ganz allgemein versteht und auch an Klassifikationen denkt wie die nach der Reihenfolge ihrer Buchstaben im Alphabet, weder interessant noch Wittgensteins Pointe. Nicht selbstverständlich dagegen ist die These, daß auch dann, wenn die Ähnlichkeit der Funktion der Gesichtspunkt ist, unter dem klassifiziert wird, viele verschiedene Klassifikationen möglich sind. Aus ihr folgt, daß die Formulierung ›Ähnlichkeit der Funktion‹ eine noch unzureichende Spezifizierung eines Klassifikationsgesichtspunktes ist, und dies heißt, daß auch mit Bezug auf einen bestimmten, einem genau beschriebenen Sprachspiel angehörenden Satz des einfachen Typs ›vier Platten‹ die Frage, welches, an den Funktionen der Wörter gemessen, die Wortarten seien, von denen Exemplare in diesem Satz vorkommen, noch keine eindeutige Antwort erhalten kann.

Der oben vermutete Widerspruch würde bei dieser Lesart nicht auftreten müssen: Zwar trifft es zu, so könnte Wittgenstein argumentieren, daß wir mit Bezug auf die Ähnlichkeit des Gebrauchs die Wörter ›eins‹, ›zwei‹, ›drei‹ etc. zu einer Wortart zusammenfassen können und die Wörter ›Platte‹, ›Säule‹, ›Ziegel‹ etc. zu einer anderen. Gleichwohl ist diese Zusammenfassung, auch wenn der Gesichtspunkt, den wir noch unspezifisch als den der ›Ähnlichkeit der Funktion‹ bezeichnen, uns in allen Fällen leitet, nur eine von mehreren möglichen Klassifikationsweisen. Und dem Leser, der sich fragt, wie denn die Exemplare dieser beiden so offensichtlich verschiedenen Arten von ›Instrumenten‹ unter Funktionsgesichtspunkten anders als auf die geschilderte Weise gruppiert werden könnten, gibt Wittgenstein zur Erläuterung das folgende Beispiel:

»We could indeed easily imagine a reason for not classing the word ›one‹ together with ›two‹, ›three‹, etc., as follows: ... Consider this variation of our language game 2). [Das ist das um Zahlwörter erweiterte Bauarbeiter-Sprachspiel; H.J.S.] Instead of calling out, ›One slab!‹, ›One cube!‹, etc., A just calls ›Slab!‹, ›Cube!‹, etc., the use of the other numerals being as described in 2). Suppose that a man accustomed to this form… of communication was introduced to the use of the word ›one‹ as described in 2). We can easily imagine that he would refuse to classify ›one‹ with the numerals ›2‹, ›3‹, etc.«[26]

Wittgenstein stellt sich also eine Sprache vor, bei der das Zählen mit ›zwei‹ beginnt. Anzahlangaben werden nur dort gemacht, wo eine Mehrzahl von Dingen vorliegt; sollte in dieser Sprache die *Frage* nach der Anzahl eingeführt werden (›wie viele Platten?‹), so könnte sie in dem Fall, daß nur noch eine Platte verfügbar ist, nicht beantwortet, sondern nur zurückgewiesen werden.

Dieses wohlbestimmte Sprachspiel, von dem wir vermutlich nach wie vor sagen würden, es enthalte, an der Funktion der Wörter im Gebrauch gemessen, genau zwei Wortarten (›2‹, ›3‹ etc. und ›Platte‹, ›Säule‹ etc.), ist der Ausgangspunkt; und nun fingiert Wittgenstein den Fall, daß ein Sprecher dieser Sprache mit der Verwendung des Wortes ›eins‹ so vertraut gemacht wird, wie er es bei der ersten Erweiterung des ursprünglichen Sprachspiels beschrieben hatte. Seine These ist, wir könnten uns leicht vorstellen, daß dieser Sprecher sich weigern würde (in der deutschen Umarbeitung heißt es, daß er es »befremdlich finden« würde[27]), das Wort ›eins‹ der Gruppe der Zahlwörter ›2‹, ›3‹ etc. zuzurechnen.

Es besteht offenbar kein Zweifel darüber, daß das neue Wort nicht zur Gruppe ›Platte‹, ›Säule‹ etc. gehört; erwogen wird allein die Frage, ob es den bisher benutzten Zahlwörtern zugeschlagen werden soll oder nicht, und im negativen Fall müßte man wohl sagen, das Wort gehöre einer eigenen, dritten Wortart an, die der der Zahlwörter vielleicht verwandt ist. Zur Beantwortung der Frage nach der Wortart scheint ein Rekurs auf das, was Wittgenstein noch recht unspezifisch den ›Gebrauch‹ nennt, nicht auszureichen; vom Gebrauch her gesehen wäre es sowohl möglich, zu sagen, eine Anzahlangabe durch ›eins‹ sei ein Zug im Sprachspiel von derselben Art wie eine Anzahlangabe durch ›drei‹ oder ›sieben‹, als

26 Ibid.
27 Wittgenstein 1970, S. 124

auch im gegenteiligen Sinne hervorzuheben, daß eine Zeichenverwendung des Inhalts, daß keine Vielheit (z. B. von Platten) bestellt werde, so daß der Gehilfe nicht in die Lage kommen wird, die vielleicht von ihm nur unsicher beherrschte oder einer privilegierten Gruppe von besonders gewissenhaften Arbeitern vorbehaltene Handlung des Zählens ausführen zu müssen, doch ein Zug ganz anderer Art sei als die Angabe eines bestimmten Wortes in der Zählhandlung, bei dem der Gehilfe mit dem Aufnehmen der Platten aufhören solle. Welche Betrachtungsweise die angemessenere ist, läßt sich durch die nicht weiter spezifizierte Maxime, man solle auf den Gebrauch schauen, nicht entscheiden.

Obwohl Wittgensteins Beispiel so gewählt ist, daß es die spezielle Frage betrifft, welcher Wortart einer schon vorgegebenen Sprache ein neu in sie aufzunehmendes Wort zugeschlagen werden soll, wird an ihm und an den darauf folgenden Bemerkungen deutlich, daß eine Frage des Typus ›gehören die Wörter W_1 und W_2, an ihrer Funktion gemessen, der gleichen Wortart an oder nicht?‹ auch bezüglich zweier Wörter auftreten kann, die beide einer schon beherrschten Sprache angehören. Wittgenstein schreibt in der ›Philosophischen Betrachtung‹:

»Sind Schwarz und Weiß Farben? In manchen Fällen rechnet man sie unter die Farben, in manchen nicht.«

Und verallgemeinernd:

»Wörter lassen sich in *vielen* Beziehungen mit Schachfiguren vergleichen. Denke an die verschiedenen Arten die Schachfiguren zu klassifizieren (zum Beispiel in Offiziere und Bauern).«[28]

Hier fällt auf, daß Wittgenstein die Rede von den ›Arten‹ von Wörtern offenbar so versteht, daß ›die Farbwörter‹ eine Wortart konstituieren können, und daß es sinnvoll ist, sich zu fragen, ob die Wörter ›schwarz‹ und ›weiß‹ ihr angehören. Die traditionelle Grammatik sieht hier nur eine einzige Wortart, die der Adjektiva. Was aber ist die genaue Verwen-

28 Ibid.

dungsweise, die Wittgenstein von dem Ausdruck ›Wortart‹ machen will, wie ist ihr Verhältnis zur Verwendungsweise in der traditionellen Grammatik und wie verhalten sich diese beiden Gebrauchsweisen von ›Wortart‹ zu dem, was im vorangegangenen Kapitel als ›Art der Verwendung von Zeichen‹ erörtert wurde?

Wittgensteins Vergleich der Wörter mit den Schachfiguren legt die Frage nahe, ob die ihm vorschwebenden unterschiedlichen Klassifikationsweisen zu Gruppierungen führen, die zueinander in der Beziehung von Oberbegriff und Unterbegriff stehen: Die Einteilung der Schachfiguren in Offiziere und Bauern ist ebenso wie z. B. die Unterscheidung von Pferden und Türmen an den Funktionen der Spielsteine im Spiel orientiert, nicht etwa an der Größe oder am Material der Figuren. Die Klassifikation einer Figur als Offizier faßt nur eine Reihe verschiedener Funktionen zu einer Gruppe zusammen und unterscheidet sie damit von den einfachen Funktionen der Bauern. Auf das sprachliche Beispiel bezogen heißt das, daß wir uns fragen müssen, ob sich die traditionellen Wortarten wie ›Adjektiv‹ zu Wittgensteins Wortarten der Art ›Farbwort‹ ebenso verhalten wie der Oberbegriff ›Offizier‹ zu den Unterbegriffen ›Pferd‹, ›Turm‹ etc. und ob Wittgensteins These, man könnte auch unter dem Gesichtspunkt der Funktion unterschiedliche Klassifikationen von Wörtern vornehmen, nur in dem Sinn gemeint ist, daß man unterschiedlich *fein* klassifizieren könne.

Betrachten wir dafür zunächst, was Wittgenstein in den »Philosophischen Untersuchungen« zum Problem der Unterscheidung der Wortarten zu sagen hat. Wir finden hier dieselbe Doppelheit wie in den besprochenen Vorarbeiten: Auf der einen Seite betont er die offensichtliche Ungleichartigkeit der verschiedenen Wörter, die in den fingierten Sprachen voneinander ganz verschiedene Rollen spielen, und damit hebt er hervor, daß es leicht möglich ist, begrenzt viele Arten von Wörtern aufzuzählen. Im Zusammenhang mit der Frage, welchen Sinn es habe, von jedem der von ihm eingeführten Wörter zu sagen, es bezeichne etwas, schreibt Wittgenstein:

»Und ebenso kann man sagen, die Zeichen ›a‹, ›b‹, etc. bezeichnen Zahlen; wenn dies etwa das Mißverständnis behebt, ›a‹, ›b‹, ›c‹, spielten in der Sprache die Rolle, die in Wirklichkeit ›Würfel‹, ›Platte‹, ›Säule‹, spielen…Aber dadurch, daß man so die Beschreibungen des Gebrauchs der Wörter einander anähnelt, kann doch dieser Gebrauch nicht ähnlicher werden! Denn, wie wir sehen, ist er ganz und gar ungleichartig.« (§ 10)

Hier untersucht Wittgenstein *Arten* von Wörtern, und er orientiert sich dabei an den Rollen, die die Wörter als Angehörige einer bestimmten Art spielen können; es geht ihm also nicht nur um *einzelne* Wörter. Diese Arten seien, »wie wir sehen«, völlig verschieden; die Unterschiedlichkeit der Wörter und damit ihre Zugehörigkeit zu verschiedenen Arten liegt offenbar auf der Hand. Diese These wird wiederholt am Anfang eines späteren Abschnittes, in dem Wittgenstein selbst den Ausdruck ›Wortart‹ verwendet:

»Wir werden sagen können: in der Sprache (8) [das ist das um Zahlwörter, Demonstrativa und Farbmuster erweiterte Bauarbeiter-Sprachspiel; H.J.S.] haben wir verschiedene *Wortarten*. Denn die Funktion des Wortes ›Platte‹ und des Wortes ›Würfel‹ sind einander ähnlicher, als die von ›Platte‹ und von ›d‹.«

Wiederum ist es also die ›Funktion‹, die Wittgenstein zum Gesichtspunkt der Unterscheidung von Wortarten machen will. Er fährt nun aber andererseits fort:

»Wie wir aber die Worte nach Arten zusammenfassen, wird vom Zweck der Einteilung abhängen, – und von unserer Neigung. Denke an die verschiedenen Gesichtspunkte, nach denen man Werkzeuge in Werkzeugarten einteilen kann. Oder Schachfiguren in Figurenarten.« (§ 17)

Dieser Hinweis ist sehr knapp und provoziert eine Fülle von Fragen: Warum ist die Absicht der Unterscheidung der Funktionen der Wörter, von der vorher unterstellt zu werden schien, sie führe zu einer ganz offensichtlichen Klassifizierung, kein hinreichender ›Zweck der Einteilung‹, und welche Rolle spielt hier die ›Neigung‹? Führen die verschiedenen Gesichtspunkte, nach denen man Werkzeuge und Schachfiguren einteilen kann, wenn es allein Funktionsgesichtspunkte sind, nur zu feineren, differenzierteren Einteilungen oder zu solchen, die sich überschneiden und daher nicht eine einzige Ordnung bilden (z. B. wenn die Gruppe der Sägen von der der Bohrer unterschieden wird, andererseits aber die Gruppe der Metallbearbeitungsinstrumente, die Metallsägen, Metallbohrer etc. umfaßt, von der der Holzbearbeitungsinstrumente, wie Holzsägen, Holzbohrer, etc.)? Und welches Licht werfen diese Vergleiche auf den Bereich der Sprache? Ist die Ordnung dort ebenso herangetragen und frei wählbar, wie es bei den Werkzeugen den Anschein hat, oder muß man sagen, ein Wort habe als Teil der Sprache, der es angehöre, eine Funktion, die nicht eine Sache der Neigung oder des gerade bevorzugten Gesichtspunktes ist?

Die These von der »ungeheure(n) Mannigfaltigkeit der Mittel unserer Sprache«[29] erscheint in den »Philosophischen Untersuchungen« in der folgenden Form:

»Wieviele Arten der Sätze gibt es aber? Etwa Behauptung, Frage und Befehl? – Es gibt *unzählige* verschiedene Arten der Verwendung alles dessen, was wir ›Zeichen‹, ›Worte‹, ›Sätze‹ nennen.«

Es folgt dann eine Liste mit Beispielen für Arten von Sprachspielen, in der u. a. das Befehlen, Beschreiben, Berichten, Theaterspielen, sowie »Bitten, Danken, Fluchen, Grüßen, Beten« auftreten. Und Wittgenstein schließt diesen Paragraphen mit den Worten:

»Es ist interessant, die Mannigfaltigkeit der Werkzeuge der Sprache und ihrer Verwendungsweisen, die Mannigfaltigkeit der Wort- und Satzarten, mit dem zu vergleichen, was Logiker über den Bau der Sprache gesagt haben. (Und auch der Verfasser der *Logisch-Philosophischen Abhandlung*.)« (§ 23)

Hiergegen scheint der Einwand auf der Hand zu liegen, daß die These, es gebe unzählige Arten von ›Werkzeugen der Sprache‹, ihre Plausibilität im zitierten Textabschnitt nur dadurch erhält, daß Wittgenstein in seiner Aufzählung eine Mannigfaltigkeit vorführt, die nicht Wort- und Satzarten im üblichen *grammatischen* oder (wie bei Frege, wenn er vom »Gebrauch als Zeichen« spricht) im *logischen* Sinn betrifft,

29 Ibid.

sondern eine Vielfalt von Arten der Verwendung von Sätzen, die sich ihrer ›äußeren‹ Rolle, ihrem Bezug auf nichtsprachliches Handeln verdankt. Was Wittgenstein sagt, läßt sich nämlich durchaus auch auf Einwortsätze beziehen, so daß ein Unterschied in den semantischen Rollen, die Wörter mit Bezug auf einander im Satz ausfüllen können, nicht gemeint sein kann. Die Unüberschaubarkeit der Verwendungsweisen eines Einwortsatzes ist nämlich kein Argument für die These, das Wort, das ihn bilde, gehöre unüberschaubar vielen Wortarten an. Entgegen der Neigung Wittgensteins, ›Verwendungsweisen‹ und ›Satz-‹ bzw. ›Wortarten‹ als dasselbe zu behandeln, als würde eine Verwendungsweise eines Satzes eine Satzart und die eines Wortes eine Wortart konstituieren, meinen wir in der Tat, daß dies zwei wohl miteinander zusammenhängende, in entwickelten Sprachen aber doch deutlich verschiedene Dinge sind, und daß der grammatische Sinn von ›Wortart‹ (bzw. der logische Sinn, der auf dieser Stufe vom grammatischen noch nicht unterscheidbar ist) für die von Wittgenstein behandelten Fragen auch durchaus relevant ist. Daß die Klassifikationsarten von Wörtern bzw. Sätzen in unterschiedliche *Verwendungsweisen* einerseits und in unterschiedliche *Wortarten/Satzarten* andererseits zwei verschiedene Gesichtspunkte der Einteilung an die Sprache herantragen, ist, wie wir gleich sehen werden, in den Überlegungen, die Wittgenstein im Umkreis der zitierten Textstelle anstellt, immerhin angedeutet.

4. ›Funktion‹ im Sprachspiel und im Satzzusammenhang

Betrachten wir den zuletzt erörterten Text genauer: Wittgenstein fragt sich, wie viele Arten von Sätzen es gibt, und erwägt die traditionelle grammatische Antwort, es gebe Behauptungs- Frage- und Befehlssätze. Dagegen setzt er, über die grammatische Einteilung hinausgehend, den Gesichtspunkt der Arten der *Verwendung* von Sätzen, der beliebig feine Differenzierungen zu erlauben scheint. Unter dieser Perspektive ist es zutreffend, daß ein Behauptungssatz wie z.B. ›sie streben mit ihrem Aufsatz eine große öffentliche

Wirkung an‹ sowohl als Eröffnung einer Diskussion verwendet werden kann (die z.B. mit einer Äußerung von ›jawohl, und ich frage mich, ob ihre Zeitschrift diesem Zweck dienlich ist‹ fortgesetzt werden kann) als auch als Beleidigung (gegen die sich der Gesprächspartner etwa mit dem Satz ›ich verwahre mich gegen den Vorwurf der Eitelkeit; es geht mir allein um die Sache‹ zur Wehr setzen könnte). Und sicher ist Wittgenstein im Recht, wenn er meint, es wäre ein vergeblicher Vorsatz, wenn jemand sämtliche ›Arten der Verwendung‹ von Sätzen in *diesem* Sinne vollständig aufzählen wollte.

Offenbar wird aber die Weise, in der die traditionelle Grammatik von ›Arten von Sätzen‹ spricht, von Wittgensteins Klassifizierung unter dem Gesichtspunkt der Verwendung nicht einfach korrigiert. Der Grammatiker könnte durchaus zustimmen, daß man unter den Äußerungen, die er als solche von Behauptungssätzen beschreiben würde, Diskussionseröffnungen von Beleidigungen unterscheiden kann; er würde auch nicht in Abrede stellen, daß ein Satz wie ›dein Schuh ist offen‹ als Aufforderung, ihn zu schnüren, verstanden werden kann. Er würde wohl allerdings hinzusetzen, es handle sich hier nicht um grammatische Unterscheidungen. Wenn dies richtig ist, haben wir im Zugang der Grammatiker einerseits und Wittgensteins andererseits zwei verschiedene, wenn auch vermutlich nicht ganz beziehungslose Gesichtspunkte der Klassifikation, die nebeneinander bestehen können. Zu klären wäre dann, was das Spezifische der grammatischen Unterscheidung von Satzarten ist, und ob es, wie Frege wollte, hier auch eine logische Unterscheidung gibt, die es erlauben würde, von einer ›logischen Grammatik‹ zu sprechen.

Diese Themenverschiebung im Text von Wittgenstein, eine Verschiebung von der grammatischen zu einer nicht grammatischen Klassifikation sprachlicher Äußerungen, ist im Fall der Sätze leicht zu bemerken. Unauffälliger, aber ebenfalls einer Nachfrage bedürftig ist die Tatsache, daß Wittgenstein im selben Schritt, mit dem er von ›Art von Satz‹ zu ›Art von Verwendung‹ übergeht, zum Thema ›Satz‹ das Thema ›Wort‹ hinzunimmt: Er spricht von den »…Arten der Verwendung alles dessen, was wir ›Zeichen‹, ›Worte‹, ›Sätze‹ nennen«. Ist diese Parallelisierung von Arten der Verwendung eines Satzes und Arten der Verwendung eines Wortes legitim, wenn man nicht nur an Einwortsätze denkt, bei denen beides zusammenfällt? Wenn wir eben von der ›Art der Verwendung‹ eines Ausdrucks sprachen, hatten wir an die Rolle gedacht, die er als vollständiger Zug im Sprachspiel spielt, das in einen Handlungszusammenhang eingepaßt ist (z. B. Diskussionseröffnung, Beleidigung etc.). Kann man in einem parallelen Sinne von der ›Art der Verwendung‹ eines Wortes sprechen, das nur ein Glied eines Satzes ist? Erschien es mit Bezug auf Sätze noch plausibel, Arten der Verwendung von Arten im grammatischen Sinne zu unterscheiden (wobei die Frage noch zu klären ist, was den grammatischen Sinn von ›Satzart‹ ausmacht), so ist es mit Bezug auf die Wörter unklar, was es heißen soll, von ihren ›Arten der Verwendung‹ zu sprechen. Müssen ›Verwendungsarten‹ von Wörtern nicht stets auf die Sätze, in denen sie vorkommen, bezogen bleiben?

Betrachten wir ein Beispiel: Im Paragraphen, der den zuletzt zitierten Textabschnitten unmittelbar vorhergeht, erörtert Wittgenstein die Möglichkeit, daß der Ausdruck ›fünf Platten‹ nicht nur, wie zunächst eingeführt, als Bestellung, sondern auch als Meldung benutzt werden kann. Der Gesamtausdruck ›fünf Platten‹ wird dann anders als ursprünglich verwendet. Dies läßt sich grafisch sichtbar machen durch die Unterscheidung von ›fünf Platten!‹ (Bestellung) und ›⊢ fünf Platten‹ (Meldung). Und da wir uns nicht zutrauen können, die Gesamtheit möglicher Verwendungsweisen in diesem Sinne zu überblicken, kann man von ›unzähligen‹ Arten der Verwendung von Sätzen sprechen. Ist es aber deshalb sinnvoll zu sagen, wir hätten hier auch eine Mannigfaltigkeit von Wortarten vor uns; sollen wir z. B. sagen, die Wörter ›fünf‹ und ›Platte‹ gehörten nicht zwei wohlbestimmten, voneinander unterscheidbaren Wortarten an, sondern jede Modifikation im Gebrauch des Satzes (Bestellen, Melden, Schimpfen, etc.) konstituiere neue Wortarten, so daß das Wort ›fünf‹ (und ebenso das Wort ›Platte‹), weil es in Sätzen vorkommen kann, die auf unüberschaubar viele Weisen verwendet werden können, unüberschaubar vielen Wortarten angehöre? Was würde in einem solchen Fall mit dem Terminus ›Wortart‹ ausgedrückt werden sollen, wenn nicht einfach die Tatsache, daß z. B. das Wort ›fünf‹ mit seiner dem Sprecher wohlbekannten Funktion einmal in einem Aufforderungssatz und einmal in einem Fragesatz vorkommt, so daß es überflüssig und irreführend wäre, nicht nur vom Satz, sondern über ihn hinausgehend auch noch vom Wort zu sagen, es werde auf zwei verschiedene Weisen verwendet?

Schauen wir aber noch einmal auf die Sätze: Bei ihnen erschien die Rede von der Mannigfaltigkeit der Arten ihrer Verwendung plausibel; was wir dagegen noch zu klären haben, ist die Frage, wie sich die in der Grammatik übliche Weise, von ›Satzarten‹ zu reden, zu den Verwendungsweisen verhält. Für diese Frage ist ein Passus aufschlußreich, in dem sich Wittgenstein zu Freges ›Behauptungszeichen‹ (⊢) äußert. Seine These ist, daß die Ansicht, die er Frege zuschreibt, nämlich in einer Behauptung stecke eine ›Annahme‹, die dasjenige sei, was behauptet werde, auf spezifischen, im Deutschen gegebenen Umformungsmöglichkeiten beruhe. Wir könnten nämlich in unserer Sprache »jeden Behauptungssatz in der ... Form schreiben ›es wird behauptet, daß das und das der Fall ist‹«, und Wittgenstein gibt nun zu erwägen:

»Wir könnten sehr gut auch jede Behauptung in der Form einer Frage mit nachgesetzter Bejahung schreiben; etwa ›Regnet es? Ja!‹. Würde das zeigen, daß in jeder Behauptung eine Frage steckt?« (§ 22)

In diesem fingierten Sprachspiel hätten also alle Behauptungen die Form eines Komplexes aus einer ›Frage‹ und einer darauf folgenden positiven Antwort. Das erscheint dann plausibel, wenn wir uns vorstellen, die Entwicklung dieses Sprachspiels (dieser Sprachspielfamilie) habe mit der Handlung des Fragens begonnen, zu der die Handlung des Behauptens später dazugekommen sei. Diese neue Handlung sei dann naheliegenderweise stets unter Benutzung derjenigen schon verfügbaren Äußerungshandlungen vollzogen worden, die ursprünglich allein zum Fragen dienten. Wenn Wittgenstein im zitierten Abschnitt von der »Form einer

Frage« spricht, kann er nun aber nur die enthaltene *grammatische Form* meinen, denn die Funktion des Gesamtausdrucks in der Praxis der Sprache, die Art seiner Verwendung, ist ja die einer Behauptung, nicht die einer Frage, und diese Behauptung enthält auch nicht als illokutive Teilhandlung eine Frage, obwohl der *Ausdruck* einen Teilausdruck enthält, der aufgrund seiner grammatischen Form, die wiederum mit der Entwicklungsgeschichte der betrachteten Sprachspielfamilie zusammenhängt, sinnvollerweise als Frageausdruck bezeichnet werden kann. Wir sehen, daß Wittgenstein nicht den Schluß zieht, es sei wegen der Behauptungsfunktion des Gesamtsatzes sinnlos, mit Bezug auf einen Teil dieses Satzes das Wort ›Frage‹ zu verwenden. Daran daß er es benutzt, zeigt sich vielmehr, daß er selbst mit diesem Wort hier nicht unmittelbar eine Verwendungsweise des Satzes kennzeichnet, sondern die ›grammatische Form‹ eines Teils des Satzes.

Damit stimmt überein, daß Wittgenstein dann mit Bezug auf Freges Zeichen ›⊢‹ schreibt:

»Man hat wohl das Recht, ein Behauptungszeichen zu verwenden im Gegensatz z. B. zu einem Fragezeichen; oder wenn man eine Behauptung unterscheiden will von einer Fiktion, oder einer Annahme.«[30]

Auf das zuletzt erörterte Sprachspiel bezogen heißt das, daß er es durchaus sinnvoll finden würde, neben Äußerungen der eben betrachteten Form ›regnet es? Ja!‹ auch solche der Form ›regnet es? Mal angenommen‹ zu verwenden, bei denen der nachgesetzte Ausdruck ›mal angenommen‹ die Aufgabe hätte, die Annahme von der mit ›ja‹ als erweiterndes Wort zum Ausdruck gebrachten Behauptung zu unterscheiden. Steckt aber deshalb, so fragt Wittgenstein, sowohl in einer Behauptung als auch in einer Annahme eine Frage? Um überhaupt von der Diskrepanz zwischen der *grammatischen Form* der Frage und der *Rolle* in der Praxis der Sprache (Behauptung bzw. Annahme) so sprechen zu können, wie Wittgenstein es tut, muß es offenbar möglich sein zu sagen, daß in den entsprechenden vollständigen Ausdrücken jeweils ein Teilausdruck steckt, der die grammatische Form der

30 Ibid.

Frage hat. Was heißt es aber, zu sagen, der Teilausdruck habe zwar die grammatische Form, sei aber keine Frage? Impliziert ist darin offenbar die Annahme, daß im Sprachspiel der Zug der Frage (hier: ›regnet es?‹) als selbständig möglicher Zug vorgesehen ist. Das Besondere, das die Rede von der (mit der Verwendungsweise nicht zusammenfallenden) ›grammatischen Form‹ ermöglicht, ist dann die Tatsache, daß der Ausdruck ›regnet es?‹ zusammen mit den erweiternden Ausdrücken ›ja‹ und ›mal angenommen‹ dazu benutzt werden kann, zwei neue Sprechhandlungen auszuführen, einmal die des Behauptens und einmal die des Ausdrückens einer Annahme. Diese beiden komplexen Sprechhandlungen haben als ganze Handlungen genommen eine neue Rolle, eine von der Frage verschiedene Verwendung in der Praxis der Sprache, und die Handlung der Frage steckt auch nicht als Teilhandlung in der neuen Handlung. Gleichwohl werden die beiden neuen Handlungen im von Wittgenstein fingierten Sprachspiel unter Benutzung eines Ausdrucks vollzogen, der, wenn er allein auftritt, dazu dient, eine Frage zu stellen, was durch das Fragezeichen markiert bleibt.

Wittgenstein hebt nun die schon kurz genannte Tatsache hervor, daß wir trotz des geschilderten Sachverhalts nicht sagen können, in dem fingierten Sprachspiel würde man etwas behaupten, indem man erst etwas frage und dann eine positive Antwort gebe. Obwohl jeder, der in diesem Sprachspiel etwas behauptet, einen Ausdruck benutzen muß, der für sich allein genommen eine Frage artikulieren würde, wäre es unzutreffend, zu sagen, der Sprecher könne nur etwas behaupten, wenn er zunächst etwas frage. Wittgenstein schreibt im Anschluß an das zuletzt zitierte Textstück:

»Irrig ist es nur, wenn man meint, daß die Behauptung nun aus zwei Akten besteht, dem Erwägen und dem Behaupten (Beilegen des Wahrheitswerts, oder dergl.) und daß wir diese Akte nach dem Zeichen des Satzes vollziehen, ungefähr wie wir nach Noten singen.« (§ 22)[31]

31 Auf die ›Teile eines Gedankens‹ bezogen ist auch Frege der Meinung, die zugehörigen Ausdrucksteile stünden nicht für Teilhandlungen. So sagt er z. B., Ausdrücke von Gedankengefügen würden eine Gefügtheit von Gedanken, nicht von Behauptungshandlungen ausdrücken, »...denn nicht Taten des Urteilens sollen verbunden

Hier haben wir den Grund dafür, daß es mit Bezug auf das betrachtete Sprachspiel sinnvoll und notwendig ist, nicht nur von der Verwendungsweise zu sprechen, sondern auch von der ›grammatischen Satzform‹. Dies wäre überflüssig, wenn die Behauptung eine Aneinanderreihung mehrerer verschiedener selbständiger Akte wäre, nämlich des Aktes der Frage und des Aktes der Bejahung. In diesem Fall würde es reichen, die Handlung der Behauptung durch die Nennung der Einzelakte, aus denen sie dann in der Tat ›bestehen‹ würde, zu kennzeichnen, wobei es zur Charakterisierung der Einzelakte gehören würde, ihre (ihnen auch allein zukommende) ›Funktion in der Praxis der Sprache‹ anzugeben. Die Form einer Äußerung, etwa die Frageform, würde, auch wenn es sich um eine Teiläußerung handelt, in diesem Fall stets die Rolle anzeigen, die die Sprechhandlung spielen soll, und eine komplexe Sprechhandlung wäre nichts anderes als eine Sukzession einfacher Sprechhandlungen, vergleichbar dem ›Singen nach Noten‹, wenn man es hier mit Wittgenstein so eingeschränkt betrachtet, daß es nur auf das Treffen der zur Übung notierten Töne ankommt und die einheitsstiftenden

werden.« Frege 1967, S. 379 (Orig. Pag. S. 38) (›Gedankengefüge‹). Anders beurteilt er komplexe begriffsschriftliche Ausdrücke, insofern sie aus einem Ausdruck eines (möglicherweise komplexen) Gedankens bestehen und einem Teil, der eine Beurteilung des Gedankens ausdrückt. Dort verwendet er die Teil/Ganzes-Metaphorik so, als entsprächen den Teil*ausdrücken* auch Teil*handlungen*: »Es ist also möglich, einen Gedanken auszudrücken, ohne ihn als wahr hinzustellen. In einem Behauptungssatze ist beides so verbunden, daß man die Zerlegbarkeit leicht übersieht…Indem wir eine Satzfrage bilden, haben wir die erste Tat schon vollbracht.« Frege 1967, S. 346 (Orig. pag. S. 62) (›Der Gedanke‹). Was verbunden ist, scheinen hier zwei Handlungen zu sein: die des Ausdrückens (bzw., wie Frege vorher sagt, des ›Fassens‹) eines (möglicherweise komplexen) Gedankens und die des Als-wahr-Hinstellens; und für die erste Handlung benutzt Frege auch das bei Wittgenstein zitierte Wort ›Annahme‹ (Frege 1967, S. 136 (Orig. Pag. S. 21 f.) (›Funktion und Begriff‹)). Wittgenstein leugnet, daß diese Zerlegung unabhängig vom betrachteten Medium stets möglich ist. Zur Problematik dieser Trennung des ›reinen Inhalts‹ vom Akt seiner Behauptung vgl. auch unten, Kap. V.

Gesichtspunkte, die z. B. durch die Ausdrücke ›Melodie‹, ›Thema‹ etc. angezeigt werden, außer Betracht bleiben.[32]

Aber so verhält es sich im Fall der Sprache gerade nicht, vielmehr können wir Elemente eines beherrschten Sprachspiels benutzen, um einen (aus der Perspektive der Spielmöglichkeiten der Elemente) *neuen* Zug zu machen, der die *Laut*seite dieser Elemente in sich aufnimmt, ohne sie als *Züge* zu enthalten. Wittgenstein schreibt in diesem Sinne:

»Das Fregesche Behauptungszeichen betont den *Satzanfang*. Es hat also eine ähnliche Funktion, wie der Schlußpunkt. Es unterscheidet die ganze Periode vom Satz *in* der Periode. Wenn ich Einen sagen höre ›es regnet‹, aber nicht weiß, ob ich den Anfang und den Schluß der Periode gehört habe, so ist dieser Satz für mich noch kein Mittel der Verständigung.« (§ 22)

Wenn ich nur höre ›es regnet‹, aber nicht weiß, ob dies z. B. nur ein Teil eines Nebensatzes der Periode ›ich zweifle daran, ob *es regnet*‹ war, ist, was ich gehört habe, kein ›Mittel der Verständigung‹: Obwohl der Teilsatz die grammatische Form der Behauptung hat, wäre es nicht zutreffend, vom Sprecher zu sagen, er habe mit ihm etwas behauptet. Der Teilsatz ›es regnet‹ geht in den Gesamtsatz so ein, daß sein Behauptungscharakter sich nur noch indirekt bemerkbar macht: Was von ihm bleibt und für das Verständnis der komplexen Sprechhandlung richtig aufgefaßt werden muß, ist die ›grammatische Satzform‹ der Behauptung. Damit ist ein Ansatzpunkt zur Beantwortung der Frage gewonnen, worin sich die Klassifikation von *Sätzen* unter *grammatischem* Gesichtspunkt von ihrer Klassifikation unter dem Gesichts-

---

32 Dem entspricht das an anderer Stelle (Wittgenstein 1953, § 6) verwendete Bild vom »Anschlagen einer Taste auf dem Vorstellungsklavier«. Es sei aber daran erinnert, daß Wittgenstein, anders als es der ›unmusikalische‹ Charakter der Analogie nahelegt, ein sehr enges Verhältnis zur Musik hatte (vgl. Wittgenstein 1977) und Analogien zwischen Musik und Sprache zur Klärung der Einheit des Satzes herangezogen hat. Dazu siehe unten, Abschnitt 9.

punkt ihrer *Verwendung* unterscheidet. Es bleibt allerdings noch genauer zu klären, welche sprachlichen Prozesse es möglich machen, in diesem Sinne von der *Funktion* eines Teilsatzes zu sprechen, da sich diese nicht direkt als Funktion ›in der Praxis der Sprache‹ charakterisieren läßt.

Greifen wir nun die entsprechende Frage auch für die *Wörter* wieder auf: Was macht den Gesichtspunkt aus, der spezifischer als die Frage nach dem ›Gebrauch im Sprachspiel‹ Wörter auf eine Weise nach Wortarten zu klassifizieren gestattet, der dem üblichen grammatischen Sinn (oder einem logischen Sinn, wie er von Frege intendiert war) zumindest nahekommt? Gibt es in Wittgensteins Texten Ansatzpunkte dazu, und wie beurteilt er den damit verbundenen Begriff des Grammatischen (zunächst im Sinn einer unmittelbar an den Verwendungsweisen orientierten logischen Grammatik und dann andererseits im Sinn der Grammatik einer natürlichen Sprache)? Wir betrachten dazu eine Passage, in der Wittgenstein erwägt, von der ›Funktion eines Wortes im Satz‹ zu sprechen. Den Rekurs auf eine solche Funktion hatten wir im Frege-Kapitel unter der Bezeichnung ›semantische Rolle‹ zum Kriterium für die Unterscheidung von Gegenstands- und Begriffsausdrücken gemacht.

Der Ausgangspunkt von Wittgensteins Überlegung ist die Frage: »Was heißt es, daß im Satze ›Die Rose ist rot‹ das ›ist‹ eine andere Bedeutung hat, als in ›zwei mal zwei ist vier‹?« (§ 558) Den naheliegenden Hinweis, wir hätten hier tatsächlich zwei verschiedene Wörter vor uns, die nur gleich klingen, von denen aber unterschiedliche Regeln gelten, weist er sofort zurück: Wir hätten hier nur *ein* Wort. Diese Zurückweisung läßt sich als Gegenfrage verstehen: Wann wollen wir denn sagen, wir hätten ein einziges Wort vor uns, und wann wollen wir von zwei Wörtern sprechen? Der in dem zurückgewiesenen Hinweis enthaltenen Aussage, wir würden dann zwei verschiedene Wörter unterscheiden, wenn unterschiedliche Regeln gelten, setzt Wittgenstein die Einschränkung entgegen:

»Und wenn ich nur auf die grammatischen Regeln achte, so erlauben diese eben die Verwendung des Wortes ›ist‹ in beiderlei Zusammenhängen.«

D.h., man kann sich eine Grammatik vorstellen, deren Regeln den Ausdruck ›ist‹ als ein einziges Wort behandeln, und der es trotzdem gelingt, festzulegen, welche Ausdrücke, die dieses Wort enthalten, korrekt gebildet sind und welche nicht. Der Appell an nicht weiter charakterisierte ›grammatische Regeln‹, deren Aufgabe allein darin besteht, richtige von unrichtig gebildeten Sätzen zu unterscheiden, führt offenbar nicht notwendig schon zu einem Kriterium, mit dessen Hilfe wir den Fall, in dem *zwei* Wörter vorliegen, die gleich klingen, unterscheiden können von einem Fall, in dem nur *ein* Wort mit einer vielfältigen Verwendung vorliegt.

Nach diesen negativen Aussagen zu den Vorschlägen eines fingierten Gesprächspartners erklärt Wittgenstein nun positiv zur Beantwortung seiner Frage:

»Die Regel aber, welche zeigt, daß das Wort ›ist‹ in diesen Sätzen verschiedene Bedeutung hat, ist die, welche erlaubt, im zweiten Satz das Wort ›ist‹ durch das Gleichheitszeichen zu ersetzen, und die diese Ersetzung im ersten Satz verbietet.«

Diese Regel ist offenbar nicht nur an der Richtigkeit eines Ausdrucks orientiert, dessen Bildung sie beschreiben würde; in diesem Sinne ist sie nicht nur eine grammatische Regel. *Sie* ist es aber, die die Bedeutungsverschiedenheit der beiden Vorkommen von ›ist‹ zeigt. Was ist dann aber die Bedeutungsverschiedenheit, von der wir hier ein Symptom kennengelernt haben? Die angesprochene Regel über die unterschiedliche Substituierbarkeit ist offenbar eine Folge der Bedeutungsverschiedenheit, nicht diese selbst. Wenn es das Gleichheitszeichen in der Sprache nicht gäbe, gäbe es auch diese besondere Differenz in der Substituierbarkeit nicht, gleichwohl bestünde aber die angesprochene Bedeutungsverschiedenheit. Worin besteht sie also?

Wittgenstein erwägt nun den folgenden Gedanken, bei dessen Formulierung er das Wort ›Funktion‹ verwendet, das oben zur Bestimmung des Gesichtspunktes benutzt wurde, nach dem Wörter in Arten einzuteilen seien:

»Man möchte etwa von der Funktion des Wortes in *diesem* Satz reden. Als sei der Satz ein Mechanismus, in welchem das Wort eine bestimmte

Funktion habe. Aber worin besteht diese Funktion? Wie tritt sie zu Tage? Denn es ist ja nichts verborgen, wir sehen ja den ganzen Satz! Die Funktion muß sich im Laufe des Kalküls zeigen. ((Bedeutungskörper.))« (§ 559)

In der Tat: Man möchte von der Funktion des Wortes ›ist‹ im Satz ›die Rose ist rot‹ sprechen und sagen, sie sei eine andere als die, die das Wort im Satz ›zwei mal zwei ist vier‹ habe. Aber was meint man dann mit dem Ausdruck ›Funktion‹? Man benutzt hier ein Bild eines Mechanismus, dessen verschiedene Teile bestimmte Funktionen mit Bezug aufeinander haben: ein Keilriemen überträgt die Drehung des einen Rades auf ein anderes etc. Worin aber soll die ›Funktion‹ eines Wortes mit Bezug auf die anderen Wörter bestehen? Wie läßt sich das Bild vom Mechanismus auf den Satz übertragen?

Wittgenstein grenzt zunächst wieder negativ ab: Es sei nichts verborgen, wir sähen den ganzen Satz. Diese These, daß es nicht um etwas Verborgenes gehen könne, drückt auch das in Klammern gesetzte Wort ›Bedeutungskörper‹ aus, das am Ende des Paragraphen steht. Es verweist auf eine andere Fassung des Bildes vom Mechanismus, die Wittgenstein wiederholt verwendet, und die sehr klar in den »Bemerkungen über die Philosophie der Psychologie« formuliert ist. Dort heißt es bezüglich der Vorstellung, es gebe Fälle, in denen man etwas zwar sagen aber nicht meinen könne, ihr liege der folgende Vergleich zugrunde:

»Die Worte im Satz passen zusammen, d.h. man kann die sinnlose Wortfolge hinschreiben; aber die Bedeutung jedes Worts ist ein unsichtbarer *Körper*, und diese Bedeutungskörper passen *nicht* zusammen.«[33]

33 Wittgenstein 1982, S. 16f. – Vgl. die Ausmalung dieses Bildes bei Waismann (1976, S. 340f.). Er sagt, die Auffassung »Nur wenn die Worte ihrem Sinn gemäß zusammengefügt werden, kommt ein Gedanke zustande«, ließe sich »durch folgendes Bild verdeutlichen: Denken wir uns gläserne Körper, etwa Würfel, Prismen und Pyramiden vollkommen unsichtbar im Raum. Nur eine Fläche jedes Prismas, etwa ein Quadrat, und die Grundfläche einer Pyramide sollen gefärbt sein. Wir werden dann im Raum etwa lauter farbige Flächen erblicken. Aber diese ebenen Figuren kann man jetzt nicht

Was Wittgenstein zurückweist, ist also die Vorstellung eines in einem Reich der Bedeutungen bereits vorliegenden Sachverhaltes, der gedacht wird in Analogie zu einem ›Mechanismus‹, der aus unsichtbaren Einzelteilen besteht, so daß wir vom Zusammenpassen und vom Ineinandergreifen dieser Teile sprechen können und entsprechend auch von der Funktion, die einer dieser unsichtbaren Bedeutungskörper für die anderen hat, mit denen zusammen er ein Ganzes bildet. Dem setzt er entgegen: Es ist nichts verborgen, es gibt nicht ›hinter‹ dem Satz noch ein unsichtbares Reich von Bedeutungen,[34] und den Satz sehen wir ganz. Was ist dann aber das Treffende an der Redeweise, ein Wort habe in dem Satz, in dem es vorkommt, eine bestimmte Funktion, und an dieser bemesse sich auch die Wohlgeformtheit des Satzes? Positiv sagt Wittgenstein zunächst nur: »Die Funktion muß sich im Laufe des Kalküls zeigen.« Diese Aussage lassen wir zunächst auf sich beruhen; wir kommen auf sie zurück, wenn wir einen Textabschnitt erörtern, der etwas mehr dazu sagt, was hier mit dem Wort ›Kalkül‹ zum Ausdruck gebracht werden soll.

Wittgenstein läßt es bei dieser Andeutung einer Antwort nicht bewenden, sondern er greift seine Frage erneut auf: Warum sage er, das Wort ›ist‹ werde in zwei verschiedenen Bedeutungen gebraucht, und nicht, seine Bedeutung sei sein (vielfältiger) Gebrauch? Als Antwort erwägt er:

»Man möchte sagen, diese beiden Arten des Gebrauchs geben nicht *eine* Bedeutung; die Personalunion durch das gleiche Wort sei ein unwesentlicher Zufall.« (§ 561)

mehr beliebig aneinanderreihen, denn die Körper, die unsichtbar dahinter stehen, verhindern das. Das Gesetz, das die möglichen Fügungen der Flächen bestimmt, ist verkörpert in jenen unsichtbaren Gebilden.« Zur Stellung von Waismanns Buch zu den Gedanken Wittgensteins vgl. das Nachwort der Herausgeber.

34 Vgl. auch: »Die strengen und klaren Regeln des logischen Satzbaues erscheinen uns als etwas im Hintergrund, – im Medium des Verstehens versteckt. Ich sehe sie schon jetzt (wenn auch durch ein Medium hindurch), da ich ja das Zeichen verstehe, etwas mit ihm meine.« Wittgenstein 1953, § 102. Was man zu sehen meint, heißt hier der ›Bedeutungskörper‹.

Hier sind wir wieder beim Problem der Wortarten. Früher hatte Wittgenstein erörtert, ob verschieden klingende Wörter wie ›eins‹, ›zwei‹ etc. von ihrer Funktion her gesehen ähnliche Instrumente der Sprache sind, so daß sie trotz ihres verschiedenen Klanges als *einer* Wortart zugehörig betrachtet werden sollten. Es hatte sich gezeigt, daß die Untersuchung der ›Funktion im Sprachspiel‹ zu unspezifisch ist und daher kein Kriterium zu formulieren gestattet, nach dem sich Wortarten (im grammatischen oder gar im logischen Sinn, im Gegensatz zu unspezifisch abgegrenzten ›Arten von Wörtern‹) unterscheiden lassen. Im jetzt betrachteten Fall hat Wittgenstein, vom Klang her gesehen, ein einziges Wort vorliegen und möchte doch sagen, es werde, unter dem Gesichtspunkt der Funktion, auf zwei ganz verschiedene Arten gebraucht. Was aber konstituiert eine ›*Art* des Gebrauchs‹, warum wollen wir hier nicht von einem einzigen, wenn auch vielfältigen Gebrauch sprechen, so wie wir oben gesagt haben, ein Behauptungssatz könne sowohl zur Eröffnung einer Diskussion als auch als Beleidigung gebraucht werden? In welchem Sinne liegen im Fall des Wortes ›ist‹ zwei verschiedene Funktionen vor, so daß der Gleichklang als ein unwesentlicher Zufall angesehen werden kann? In Anknüpfung an das Bild von den unsichtbaren Bedeutungskörpern fragt Wittgenstein:

»Aber wie kann ich entscheiden, welches ein wesentlicher und welches ein unwesentlicher, zufälliger Zug der Notation ist? Liegt denn eine Realität hinter der Notation, nach der sich ihre Grammatik richtet?« (§ 562)

Aufgrund der schon im Frege-Kapitel angestellten Überlegungen werden wir die letzte Frage verneinen: Eine Realität ›hinter‹ oder ›über‹ der Sprache im Sinne einer sprachunabhängigen Gedankenwelt oder eines unsichtbaren Mechanismus des Meinens, der so aus Teilen zusammengesetzt ist, daß die Möglichkeit der Verbindung der Teile die Zulässigkeit der Verbindung der Wörter bestimmen würde, gibt es nicht. Daher läßt sich die einer ›Begriffsschrift‹ angemessene Struktur nicht an etwas Vorgegebenem ablesen; wir müssen selbst

Gesichtspunkte haben, die es erlauben, Normen aufzustellen, deren Befolgung zu einem (unter einem gegebenen Gesichtspunkt) ›angemessenen‹ Medium führt. Woran orientieren wir uns also, wenn wir schon mit Bezug auf die natürliche Sprache wesentliche Züge der Notation (wesentliche Eigenschaften der Grammatik der Sprache) von unwesentlichen Zügen, z.B. von Notationszufällen, unterscheiden? Wollen wir nicht sagen, daß in dem Ausdruck ›zwei Platten‹ der Teilausdruck ›zwei‹ wesentlich vorkommt, während sein Vorkommen (falls wir überhaupt so sprechen wollen) in ›Zweig‹ ein ›zufälliger Zug der Notation‹ ist? Um hier einer Antwort näherzukommen, zieht Wittgenstein das Schachspiel als Analogie heran: Wollen wir, wenn wir der Meinung sind, die Bedeutung eines Spielsteins sei seine Rolle im Spiel, es zur Rolle des Schachkönigs rechnen, daß er zum Auslosen benutzt wird, welcher Spieler Weiß erhält? Und er antwortet:

»Ich bin also geneigt, auch im Spiel zwischen wesentlichen und unwesentlichen Regeln zu unterscheiden. Das Spiel, möchte man sagen, hat nicht nur Regeln, sondern auch einen *Witz*.« (§ 564)

Der Begriff der ›Rolle im Spiel‹, der nicht weiter spezifizierten ›Regel‹, die sagt, was als richtig zählt, ist Wittgenstein in diesem Kontext offenbar zu weit; es gehört in diesem weiten Sinn zu den orthografisch-phonetischen ›Regeln‹ des Deutschen, daß der Anfang des Wortes ›Zweig‹ gleich auszusprechen und zu schreiben ist wie das Wort ›zwei‹, aber sicher ist dies keine Regel der deutschen Grammatik. Was unterscheidet nun die ›bloße Regel‹ (oder gar die Feststellung einer Regelmäßigkeit) von einer ›Regel mit Witz‹? Wittgenstein setzt zu einer Antwort an:

»Wozu das gleiche Wort? Wir machen ja im Kalkül keinen Gebrauch von dieser Gleichheit! – Warum für beide Zwecke die gleichen Spielsteine? -«

Aber sofort wendet er ein:

»Aber was heißt es hier ›von der Gleichheit Gebrauch machen‹? Ist es denn nicht ein Gebrauch, wenn wir eben das gleiche Wort gebrauchen?«

Neben den Ausdrücken ›Rolle im Spiel‹ und ›Regel‹ gerät hier auch das Wort ›Gebrauch‹ in den Verdacht, als Hilfsmittel zur Beantwortung der aufgeworfenen Fragen zu vage zu sein. Denn freilich: Wenn wir den Schachkönig zum Auslosen verwenden, ist das ein Gebrauch, den wir von der Figur machen, aber offenbar einer, der nicht zur Bestimmung der Bedeutung des Königs im Schachspiel gehören soll.

Nun hatte Wittgenstein eine Einschränkung des Begriffs ›Gebrauch‹ schon angedeutet; er hatte gesagt, wir machen *im Kalkül* keinen Gebrauch von der Gleichheit. Und im nächsten Paragraphen findet sich eine für unsere Fragestellung sehr wichtige Erläuterung dazu:

»Hier scheint es nun, als hätte der Gebrauch des gleichen Worts, des gleichen Steins, einen *Zweck* – wenn die Gleichheit nicht zufällig, unwesentlich, ist. Und als sei der Zweck, daß man den Stein wiedererkennen, und wissen könne, wie man zu spielen hat. – Ist da von einer physischen, oder einer logischen Möglichkeit die Rede? Wenn das Letztere, so gehört eben die Gleichheit der Steine zum Spiel.« (§ 566)

Seine These ist also, wir hätten im Gleichklang zweier Wortvorkommnisse dann einen nicht zufälligen, nicht unwesentlichen Zug, wenn dieser Gleichklang einen Zweck hat. Für das Schachbeispiel heißt das: Daß man einen *König* zum Auslosen der Farbe der Spieler benutzt, ist für das Weiterspielen unerheblich. Hier gibt es kein Wiedererkennen der bestimmten Figur an einer anderen Stelle; ein Bauer könnte ebenfalls dazu dienen. Wo aber von der Gleichheit ein ›Gebrauch im Kalkül‹ gemacht werde, da sei es der Zweck des Gebrauchs desselben Wortes, daß man das Wort wiedererkennen und wissen könne, wie man das Sprachspiel zu spielen habe. Wenn dieses ›Können‹ im Sinne einer logischen Möglichkeit gemeint sei, gehöre die Gleichheit zum Spiel, sei also kein zufälliger, unwesentlicher Zug. Ihre Erwähnung gehört also zu den Spielregeln; sie betrifft eine Seite des ›Gebrauchs‹, deren Verständnis für das Verständnis des Spiels konstitutiv ist. Ihre Erwähnung, so vermuten wir, gehört zur Grammatik.

Auf das oben benutzte Beispiel bezogen, heißt das: Anders als im Fall des partiellen Gleichklangs von ›zwei‹ und ›Zweig‹

hat die lautliche Teilübereinstimmung bei ›zwei‹ und ›zwei-undfünfzig‹ einen Zweck, den Zweck nämlich, daß man das Wort ›zwei‹ in ›zweiundfünfzig‹ wiedererkennen und wissen kann, ›wie man zu spielen hat‹, welche Rolle die so gebildete Ziffer im Sprachspiel spielt, ob sie z. B. die korrekte Antwort auf die Frage ›wieviel ist vier mal dreizehn?‹ ist oder nicht.[35] Und gewiß ist dieses Wiedererkennen- und Spielen-Können nicht im Sinne eines physischen Könnens, in dessen Bereich etwa Fragen der Lautstärke einer Äußerung oder der Les-barkeit einer Inschrift gehören, gemeint, sondern im Sinne einer logischen Möglichkeit. Das das zum Ausdruck ›zweiund-fünfzig‹ gehörende Sprachspiel zu beherrschen, *heißt* u. a., zu wissen, daß dieser Ausdruck das schon vorher bekannte Wort ›zwei‹ enthält, und zu verstehen, wie die Rolle des komplexen Ausdrucks mit der des enthaltenen Ausdrucks zusammenhängt. Bei der *Bildung* des komplexen Ausdrucks machen wir einen Gebrauch vom Ausdruck ›zwei‹, und beim *Verstehen* des komplexen Ausdrucks machen wir einen Ge-brauch vom Gleichklang zwischen dem ursprünglich außer-halb dieses Komplexes vorkommenden Ausdruck ›zwei‹ und der ersten Silbe des komplexen Ausdrucks.

Was ist also die ›Funktion‹ eines Teilausdrucks in einem komplexen Ausdruck, die Funktion eines Wortes in dem Satz, dessen Teil es ist? Nach den vorangegangenen Erörte-rungen können wir sagen, die Funktion sei der jeweilige Gebrauch, den wir von einem Ausdruck bei der Bildung eines komplexen Ausdrucks machen, und zwar der Ge-brauch, insofern er die Weise betrifft, wie der Teilausdruck zusammen mit den anderen Teilausdrücken eine Einheit bil-det. Die Funktion ist so die *Art* des Beitrags der Wortbe-deutung für die Satzbedeutung. Das Wort ›ist‹ hat in den Sätzen ›die Rose ist rot‹ und ›zwei mal zwei ist vier‹ eine jeweils andere Funktion in dem Sinne, daß der Sprecher mit diesem Wort und mit den Teilausdrücken ›die Rose‹ und ›rot‹ auf der einen Seite und ›zwei mal zwei‹ und ›vier‹ auf der anderen Seite auf eine jeweils verschiedene Weise eine Ein-

---

35 Wir haben hier den Sonderfall einer durchgängig systematischen Wortbildung; vgl. unten, Kap. V, S. 485 f.

heit bildet. Oder anders herum: Das Verständnis des Wortes
›ist‹, das zum Satz ›die Rose ist rot‹ gehört, geht nicht ein in
das Verständnis, ist nicht logische Voraussetzung zum Verständnis des Satzes ›zwei mal zwei ist vier‹, und umgekehrt.
Von diesem (systematisch gesehen nur ›zufälligen‹) Gleichklang wird ›im Kalkül‹, d. h. hier, bei unserer Bestimmung
der Bedeutung des komplexeren Ausdrucks auf der Basis
unserer Kenntnis der modifizierenden Rollen der Teilausdrücke, kein Gebrauch gemacht.[36]

Was Wittgenstein unter dem Titel der ›Funktion des Wortes
im Satz‹ diskutiert, betrifft also dasselbe Charakteristikum
der Sprache, das wir oben als Anlaß für die Rede von der
›grammatischen Satzform‹ festgestellt haben, nämlich die
Tatsache, daß wir bei der Benutzung komplexer sprachlicher
Ausdrücke die in sie eingehenden einfachen Ausdrücke so
benutzen, daß wir vom (durch den Gleichklang ermöglichten) Wiedererkennen des einfacheren Ausdrucks im komplexen ›einen Gebrauch machen‹. Zugleich ist dieser Gebrauch
so (und dies bringt das Wort ›Funktion‹ zum Ausdruck), daß
die Teilausdrücke nicht einzeln ihre unabhängig voneinander
verständlichen Rollen spielen (die Äußerung eines komplexen Ausdrucks ist nicht von der Art des Singens nach
Noten), sondern so, daß die Handlung, die in der Äußerung
des Komplexes besteht, diejenigen selbständigen Handlungen, die den Teilausdrücken gegebenenfalls zugeordnet werden können, nicht als selbständige Teile in einem nur durch
die Aufeinanderfolge erzeugten Zusammenhang enthält.

Diese Möglichkeit des Gebrauchs eines Ausdrucks als Teilausdruck eines komplexen Ausdrucks und die dabei zu
vermeidenden Mißverständnisse erörtert Wittgenstein auch
noch an einer anderen Stelle. Dort heißt es:

36 Diese ganz aus der ›synchronischen‹ Perspektive getroffene Feststellung wird später modifiziert. Vgl. unten, Abschnitt 7. Wenn Wittgenstein hier das Wort ›Kalkül‹ benutzt, verbindet er damit nicht die
Behauptung, die Bestimmung der Satzbedeutung aus den Satzteilen
und ihrer Zusammensetzungsweise erfolge *schematisch*; die Gründe
dafür werden in den nächsten Kapiteln noch ausführlich erörtert.

»Man hat vielleicht das Gefühl, daß man sich im Satz ›Ich erwarte, daß er kommt‹ der Worte ›er kommt‹ in anderer Bedeutung bedient, als in der Behauptung ›er kommt‹. Aber wäre es so, wie könnte ich davon reden, daß meine Erwartung in Erfüllung gegangen ist? Wollte ich die beiden Wörter ›er‹ und ›kommt‹ erklären, etwa durch hinweisende Erklärungen, so würden die gleichen Erklärungen dieser Wörter für beide Sätze gelten.« (§ 444)

Die Zweifel, die Wittgenstein nun gegen diese Aussagen vorbringt, zeigen, daß ihn die Vorstellung, der Komplexität eines Satzes müsse die Komplexität eines ›Abgebildeten‹, z.B. eines Vorgangs, entsprechen, noch stark beschäftigt:

»Nun könnte man aber fragen: Wie schaut das aus, wenn er kommt? – Es geht die Tür auf, jemand tritt herein, etc. – Wie schaut das aus, wenn ich erwarte, daß er kommt? – Ich gehe im Zimmer auf und ab, sehe zuweilen auf die Uhr, etc. – Aber der eine Vorgang hat ja mit dem andern nicht die geringste Ähnlichkeit! Wie kann man dann dieselben Worte zu ihrer Beschreibung gebrauchen? – Aber nun sage ich vielleicht beim auf und ab Gehen: ›Ich erwarte, daß er hereinkommt‹. – Nun ist eine Ähnlichkeit vorhanden. Aber welcher Art ist sie?!« (§ 444)

Und seine Antwort lautet: »In der Sprache berühren sich Erwartung und Erfüllung.« (445) Hier ist deutlich ausgesprochen, daß die einzelnen Wörter, aus denen die komplexen Ausdrücke gebildet sind, für beide Fälle gleich erklärt werden; wir haben keinen zufälligen Gleichklang, sondern wir machen in dem Satz ›ich erwarte, daß er kommt‹ einen Gebrauch vom Gleichklang der beiden letzten Worte dieses Satzes mit den Worten, die wir als ›er‹ und ›kommt‹ in anderen Zusammenhängen gelernt haben.

Nun wäre es falsch, zu meinen, mit dem Satz ›ich erwarte, daß er kommt‹ würden wir eine Situation beschreiben, die, da der Satz als Teilausdruck ›er kommt‹ enthält, als ›Komponente‹ eine ›Teilsituation‹ enthalten muß, die mit ›er kommt‹ korrekt beschrieben wäre. Hier betont Wittgenstein nicht den vorher hervorgehobenen Aspekt, daß die mit ›ich erwarte, daß er kommt‹ vollzogene Sprechhandlung nicht als Teilhandlung die Behauptung ›er kommt‹ enthält, sondern er betrachtet die Seite des ›nichtsprachlichen Korrelats‹, der

›Situation‹, von der wir versucht sind zu sagen, der Satz bilde sie ab. Und er stellt fest, daß selbst in Fällen, in denen man sagen kann, ein längerer Satz sei eine Beschreibung einer Situation, aus dieser Aussage nicht folgt, daß ein enthaltener Teilsatz die Beschreibung einer ›Teilsituation‹ ist. Insofern ist die hier erörterte und für die natürliche Sprache charakteristische Möglichkeit zur Bildung eines komplexen Satzes sehr verschieden von der Komplexität der ›Farbquadrat-Sprache‹, jenem von Wittgenstein erfundenen Sprachspiel, das wir im Zusammenhang mit den Eigennamen erörtert haben, bei dem beliebige Teile eines ›Satzes‹ den Teilen einer aus farbigen Quadraten zusammengesetzten Fläche genau entsprechen.[37] Diese Art der Komplexität ist noch sehr nahe am Fall der Einkaufsliste; in ihrem Fall muß eine Farbanordnung, deren Beschreibung den Komplex ›RG‹ enthält, an einer Stelle einen Quadratkomplex enthalten, der aus zwei ›benachbarten‹ Quadraten besteht, von denen das linke rot und das rechte (bzw. das erste der nächsten Zeile) grün ist. Die natürliche Sprache und ihre Art der Bildung eines komplexen Ausdrucks aus einfachen Ausdrücken funktioniert aber nicht so; eine Situation, auf die die Beschreibung ›ich erwarte, daß er kommt‹ zutrifft, enthält nicht notwendig als ›Teil‹ eine Situation, auf die die Beschreibung ›er kommt‹ zutrifft.

Eine Andeutung zu diesem Problem gibt Wittgenstein auch schon im »Brown Book«, wo er vom Systemcharakter der Sprache spricht.[38] Er fragt sich dort, unter welchen Umständen wir sagen würden, daß jemand die Aufforderung ›bring me a brick!‹ als einen Satz meint, der aus vier Wörtern besteht, und wann wir sagen würden, er meine ihn als einen Einwortsatz, wie die einfache Aufforderung ›brick!‹. Er neigt zu der Antwort, wir würden dann sagen, der Sprecher meine diesen Satz als einen aus vier Worten, wenn er ihn im Kontrast zu anderen Sätzen der Sprache gebrauche, die (teils oder ausschließlich) dieselben Wörter enthalten; als Beispiel nennt er ›take these two bricks away!‹. Besonderen Wert legt Wittgenstein nun auf die negative Feststellung, daß solche

37 Vgl. oben, S. 278 ff.
38 Wittgenstein 1958, S. 78

Kontraste dem Sprecher während seiner Äußerung nicht geistig gegenwärtig zu sein brauchen; vielmehr reiche es aus, wenn diese Kontraste im ›System‹ der Sprache existieren, die der Sprecher benutze.[39]

Das bedeutet, daß dasselbe Wort ›brick‹ in den beiden genannten Sätzen so vorkommt, daß man sagen kann, der Sprecher benutze jeweils, unter einem eingeschränkten Gesichtspunkt betrachtet, *dieselbe* Teilhandlung in seinen Äußerungen, nämlich das Aussprechen des als Bedeutungseinheit erlernten Wortes ›brick‹. Dies geschieht aber offenbar so, daß die resultierende komplexe Handlung nicht in einer zeitlichen Aneinanderreihung der uneingeschränkt betrachteten, ursprünglich z. T. als selbständige gelernten Teilhandlungen besteht. In beiden genannten Sätzen kommt das Wort ›brick‹ vor, und zwar als Wort, das man ›wiedererkennen‹ soll, nicht als ein zufällig gleich klingender Teil. Aber trotz dieses Vorkommens enthält der zweite Satz nicht den ursprünglich einmal selbständig gelernten auffordernden Einwortsatz ›brick‹.

Wie ist dann aber die Komplexbildung unserer Sprache zu verstehen, wenn weder die eben in Erinnerung gebrachte ›Sprache‹ zur Beschreibung der Verteilung von Quadraten noch der von Wittgenstein erörterte Typus des Singens nach Noten treffende Analogien sind? Wie geschieht das ›Berühren‹ (z. B. von Erwartungsausdruck und Erfüllungsausdruck), von dem er spricht? Wenige Paragraphen später, an einer Stelle, an der er sich gegen diejenige Fassung des Bildes von den ›Bedeutungskörpern‹ wendet, die meint, »daß die Benützung des Satzes darin besteht, daß man sich bei jedem Wort etwas vorstelle«, finden wir als Andeutung einer posi-

---

39 Das ›System‹ entspricht dem ›bestimmten Spiel‹, auf das bezogen die Frage nach Aktiv oder Passiv allein sinnvoll ist, wenn Wittgenstein sagt: »*Außerhalb* eines bestimmten Spiels zu fragen ›Ist dieser Gegenstand zusammengesetzt?‹, das ist ähnlich dem, was einmal ein Junge tat, der angeben sollte, ob die Zeitwörter in gewissen Satzbeispielen in der aktiven, oder in der passiven Form gebraucht seien, und der sich nun darüber den Kopf zerbrach, ob z. B. das Zeitwort ›schlafen‹ etwas Aktives, oder etwas Passives bedeute.« Wittgenstein 1953 § 47

tiven Auskunft den Satz: »Man bedenkt nicht, daß man mit den Worten *rechnet*, operiert, sie mit der Zeit in dies oder jenes Bild überführt.« (§ 449) Wie geschieht dieses ›Rechnen‹, ›Operieren‹, ›in ein Bild Überführen‹ mit Worten? Was wir an Beispielen bisher kennengelernt haben, war von der folgenden Art: Wir benutzen den Ausdruck ›er kommt‹ bei der Bildung des komplexen Ausdrucks ›ich erwarte, daß er kommt‹; wir benutzen (in dem von Wittgenstein fingierten Sprachspiel) den Ausdruck ›regnet es?‹ bei der Bildung des komplexen Ausdrucks ›regnet es? Ja!‹; wir benutzen den Ausdruck ›Platte‹ bei der Bildung des komplexen Ausdrucks ›fünf Platte(n)‹; wir benutzen den als Bestellung eingeführten Ausdruck ›Platte!‹ als Beschreibung ›⊢Platte‹ – nach welchen Regeln geschieht dies ›Operieren‹, dies ›Rechnen‹? Gibt es hier nicht *Arten* von ›Operationen‹, und hat nicht die Grammatik etwas zu diesen ›Rechnungsarten‹ zu sagen? In welchem Sinne lassen sie sich mit einem Kalkül vergleichen und wie ist das ›Überführen in ein Bild‹ genauer zu denken? – Bei Wittgenstein finden wir auffallend wenige Antworten auf diese Fragen, obwohl er selbst sie aufwirft, wie die zuletzt erörterten Textstellen zeigen. Seine Zurückhaltung mag z. T. daran liegen, daß er keine Lösungen anzubieten hat, aber es gibt bei ihm auch ein systematisches Motiv, das vor allem deshalb für unsere Fragestellung sehr bedeutsam ist, weil es die bisher noch leicht möglich erscheinende Verbindung seiner Gedanken mit denjenigen Freges fraglich erscheinen läßt. Diesem Motiv werden wir uns nun zuwenden.

5. Satzklang I: Nach Noten singen

Es ist auffallend und einer Erklärung bedürftig, daß Wittgenstein in den »Philosophischen Untersuchungen« von der Grammatik wiederholt auf eine Weise spricht, die aus der Perspektive unserer Überlegungen im letzten Abschnitt als überraschende und *prima facie* ungerechtfertigte Abwertung erscheint. Gehen diese Überlegungen nämlich nicht fehl, dann ist das, was wir unter den Bezeichnungen ›grammatische Satzform‹ und ›Funktion eines Wortes im Satz‹ so weit gekennzeichnet haben, wie es in Wittgensteins Äußerungen hervortritt, ein Sachverhalt, der für das Verständnis semantischer Komplexität grundlegend ist: Wenn wir z. B. verstanden haben, auf welche Weise ein Sprecher, der im Rahmen des oben erörterten Sprachspiels äußert ›regnet es? Ja!‹, die Ausdrucksformen des Fragesatzes und der Bejahung benutzt, um mit ihnen einen neuen Zug, den der Behauptung, auszuführen, dessen besonderer Charakter in seiner *Einheit* besteht, durch die er sich von einer bloß durch den Zeitverlauf zusammengehaltenen Aufeinanderfolge isolierbarer Sprechhandlungen grundlegend unterscheidet, dann scheinen wir uns zumindest an dieser Stelle, auch wenn sie sich als recht spezieller Fall erweisen sollte, durchsichtig gemacht zu haben, in welchem Sinne die Handlung, einen Satz als Zug im Sprachspiel zu äußern, ›mehr‹ sein kann als die zeitliche Abfolge der Äußerungshandlungen, die zu seinen Wörtern gehören, oder, aus der Blickrichtung Freges gesehen, worin ein *Satz* sich unterscheidet von einer *Namensliste*. Was dabei an ›grammatischen‹ Überlegungen bisher ins Spiel kam, deckte sich durchaus mit dem, das wir im Frege-Kapitel ›begriffliche‹ oder ›logische‹ Erörterungen auf einer Stufe vor der junktorenlogischen Komplexität genannt hatten.

Es erschiene daher dringend, genauer zu untersuchen, welcher Sinn sich mit Bezeichnungen wie ›Funktion eines Ausdrucks im Satzzusammenhang‹, ›grammatische Form‹ und ›Wortart‹ (im grammatischen Sinne) verbinden läßt; der Bereich des hier noch sehr vorläufig gekennzeichneten ›Grammatischen‹ sollte in den Vordergrund des Interesses rücken. Dagegen steht nun die Abwertung dieser grammatischen Seite der Sprache bei Wittgenstein (und, wie wir später sehen werden, ein ganz neuer Gebrauch des Ausdrucks ›Grammatik‹). So fragt er sich z. B., wie er (im »Tractatus«) habe darauf verfallen können, den Satz ›es verhält sich so und so‹ als Darstellung der allgemeinen Form des Satzes anzusehen, und er antwortet: »Es ist vor allem *selbst* ein Satz, ein deutscher Satz, denn es hat Subjekt und Prädikat.« (§ 134). Seinen Gebrauch des Ausdrucks ›deutscher Satz‹ erläutert er durch die überraschende und irritierende Feststellung, die gerade referierte Überlegung würde illustrieren, »daß *ein* Merkmal unseres Satzbegriffes der *Satzklang* ist.« (Ibid.) Heißt das, daß Wittgenstein die grammatische Klassifikation durch die Ausdrücke ›Subjekt‹ und ›Prädikat‹ für allein am Klang orientiert hält? Aus der im letzten Abschnitt erarbeiteten Perspektive würden wir meinen, diese Termini würden etwas über die Funktion der mit ihnen charakterisierten Teilausdrücke im Satzzusammenhang sagen, also über die Art und Weise, wie diese Teilausdrücke ein komplexes Ganzes bilden. Dies wäre weit mehr als eine Aussage über den Klang der Teile des entsprechenden Satzes, und zwar auch dann, wenn man mit Frege der Meinung ist, daß die natürlichen Sprachen in ihren grammatischen Regelungen weder explizit noch eindeutig sind. Die traditionellen Ausdrücke zur Kennzeichnung der ›semantischen Rollen‹ wären dann zwar sehr unvollkommen, sie beträfen aber Merkmale von Sätzen, die nicht nur eine Sache des Gehörs sind. Immerhin schränkt Wittgenstein seine These ein, wenn er die Orientierung am Klang als nur *ein* Merkmal unseres Satzbegriffs bezeichnet; aber eine Klärung ist hier dringend erforderlich.

Die These, es sei der Klang, nach dem wir beurteilen würden, welcher Teilausdruck eines Satzes das Subjekt und welcher das Prädikat ist, wiederholt Wittgenstein wenig später auf etwas abgewandelte und zugleich sehr deutliche Weise. Mit dem Blick auf eine übliche Form des Schulunterrichts fragt er:

»Wie ist es denn, wenn wir das Subjekt im Satz bestimmen lernen durch die Frage ›Wer oder was...?‹ – Hier gibt es doch ein ›Passen‹ des Subjekts zu dieser Frage; denn wie erführen wir sonst durch die Frage, was das Subjekt ist?« (§ 137)

Die Zusammengehörigkeit, von der strittig ist, ob sie nur eine des Klanges ist oder einen wesentlichen Zusammenhang von involvierten Teilhandlungen anzeigt, ist hier nicht unmittelbar die zwischen Subjekt und Prädikat, sondern zwischen der auf die Feststellung des Subjekts gerichteten Frage ›wer oder was...?‹ und einem beliebigen damit festgestellten Subjektausdruck. Überträgt man diese Frage auf das oben erörterte Sprachspiel, in dem alle Behauptungen in der Form

›regnet es? Ja!‹ erscheinen, dann entspricht ihr eine Frage der Art ›was, d.h. welche Frage, wird bejaht?‹. Mit ihr kann derjenige Satzteil festgestellt werden, der im komplexen Ausdruck die grammatische Form der Frage hat. Und wir würden durchaus sagen, der Teilausdruck ›regnet es?‹ *passe* zu der Frage ›was wird bejaht?‹, weil ein Verständnis der Sprechhandlungen des Fragens und des Bejahens, speziell ein Verständnis des Umstandes, daß es Fragen sind, die bejaht werden können, in diesem Sprachspiel konstitutiv ist für die Sprechhandlung des Behauptens. Die Frage ›was wird bejaht?‹ bezieht sich auf dieses inhaltliche Verständnis von der Art der Komplexität der Behauptungshandlung, und sie dient als Mittel zur Feststellung der grammatischen Komponenten.

Die Antwort, die Wittgenstein selbst auf seine Frage gibt, drückt das Gegenteil der eben skizzierten Auffassung aus; auf die erwogene These, das Subjekt müsse doch zur Frage ›wer oder was …?‹ passen, denn wie sonst würden wir durch sie erfahren können, was das Subjekt sei, folgt seine Aussage:

»Wir erfahren es in ähnlicher Weise, wie wir erfahren, welcher Buchstabe im Alphabet nach dem ›K‹ kommt, indem wir uns das Alphabet bis zum ›K‹ hersagen. Inwiefern paßt nun das ›L‹ zu jener Buchstabenreihe?« (§ 137)

Wittgenstein vertritt hier offenbar die These, es sei allein eine Gewöhnung unseres Gehörs, die uns den Eindruck vermittle, die Frage ›wer oder was…‹ passe zu den Subjektausdrükken der Sätze, auf die bezogen wir sie stellen. Schließlich gibt es zwischen den Buchstaben ›K‹ und ›L‹ keine inhaltliche Beziehung; es ist eine allenfalls historisch erklärbare Tatsache, daß es üblich ist, die Buchstaben des Alphabets in einer festen und gerade in dieser Reihenfolge aufzuzählen; die Aufzählung bildet keine Sinneinheit wie ein aus mehreren Wörtern bestehender Satz.

Überträgt man diese These auf die ursprüngliche Frage nach dem Verhältnis nicht zwischen der Frage ›wer oder was…?‹ und den Subjektausdrücken, sondern zwischen Subjekt und Prädikat, so würde sie lauten: Derjenige Begriff von ›Satz‹, der sich an den Regeln der deutschen Grammatik orientiert, die von einem Satz verlangen, er müsse aus Subjekt und Prädikat bestehen, sei ein am Klang orientierter. Die Subjekt und Prädikat fordernden Regeln der Grammatik würden also keine inhaltliche Forderung nach einem bestimmten Zusammenhang zwischen Teilausdrücken stellen, sondern sie würden nur ein uns durch Gewöhnung vertrautes Klangmuster verlangen, dessen Rolle als Standard, ganz wie bei der Reihenfolge der Buchstaben im Alphabet, allenfalls historisch erklärbar ist. Besteht aber tatsächlich kein inhaltlicher, sondern nur ein akustisch-gewohnheitsmäßiger Zusammenhang zwischen den Satzteilen, dann ist das Aussprechen eines komplexen Satzes, ähnlich wie das Hersagen des Alphabets, eine Handlungsreihung des Typus, den Wittgenstein mit dem Beispiel des Singens nach Noten charakterisiert hatte. Unsere Vorstellung vom Satz als einem Ganzen, das mehr ist als die durch die zeitliche Sukzession gegebene ›Summe‹ seiner Teile, wäre eine Illusion, hinter der nichts anderes stehen würde als die Vertrautheit eines bestimmten Klanges, ganz parallel zu unserer Gewöhnung an die Buchstabenfolge A, B, C,... im Unterschied zur Unvertrautheit des Klanges z.B. der Folge C, A, B,...

Diese Schlußfolgerungen zeigen, daß das hier entwickelte strenge Verständnis der These vom rein klangorientierten Charakter der einzelsprachlichen (hier der deutschen) Grammatik nicht die ganze Wahrheit sein kann und möglicherweise auch nicht das ausdrückt, was Wittgenstein sagen wollte, der ja auch nur davon sprach, der Klang sei *ein* Merkmal unseres Satzbegriffes. Wir stehen also vor der Aufgabe, nach einem Verständnis des Grammatischen zu suchen, das es einerseits gestattet, Sätze als echte Einheiten aufzufassen, d.h. nicht nur als Handlungsaggregate vom Typus des Singens nach Noten, das es aber andererseits auch erlaubt, die Intentionen besser zu verstehen, die hinter Wittgensteins These stehen, der Satzbegriff der Grammatik sei auch am Klang orientiert. Nur so können wir hoffen, ihnen im Fall, daß sie überzeugen, bei der Zeichnung unseres systematischen Bildes gerecht zu werden.

6. Projektion als Abbildung?

Um uns diese Intention verständlich zu machen, greifen wir auf Aufzeichnungen Wittgensteins zurück, die aus einer etwas früheren Zeit stammen als die bisher herangezogenen Vorarbeiten zu den »Philosophischen Untersuchungen«, auf die »Philosophischen Bemerkungen«[40] und die »Philosophische Grammatik«.[41] Er vergleicht dort die grammatische Form von Sätzen, speziell das Subjekt-Prädikat-Schema, mit dem Resultat einer Projektion von Figuren von einer ersten Ebene (I) auf eine zweite Ebene (II). Er verweist darauf, daß man bei einer solchen Projektionsaufgabe verschieden vorgehen könne: Ein möglicher Weg wäre, sich einmal für eine bestimmte Projektionsmethode, etwa für die rechtwinklige Projektion, zu entscheiden und nach dieser Methode die Projektion aller Figuren durchzuführen. In diesem Fall ist ein Betrachter des Resultats der Projektion in der Lage, aus der Gestalt der Figuren auf der Zielebene II auf zumindest einen Aspekt der Gestalt der Figuren auf der Ausgangsebene I zu schließen: Im einfachsten Fall erscheint ein Rechteck in I auch als Rechteck in II, ein Kreis als Kreis, etc.
Anders lägen die Dinge, wenn derjenige, der die Projektion durchführt, von vornherein die Absicht hätte, die Figuren, die auf der Ebene I verschiedengestaltig sind, durch die Wahl mehrerer, von Fall zu Fall unterschiedlich zu wählender Projektionsmethoden auf der Ebene II als gleichgestaltig, z.B. sämtlich als Kreise, erscheinen zu lassen. Statt der *einen* Projektionsmethode und der sich daraus ergebenden *verschiedenen* Gestalten hätten wir in diesem Fall *verschiedene* Projektionsmethoden und als Resultat Figuren von stets *derselben* Gestalt. Im Anschluß an diese Überlegungen schreibt Wittgenstein:

»Um dann die Kreise in II als Bilder der Figuren in I zu deuten, werde ich zu jedem Kreis die Projektionsmethode angeben müssen; die bloße Tatsache aber, daß sich eine Figur in I als ein Kreis in II darstellt, sagt nun allein noch nichts über die Gestalt der abgebildeten Figur. Daß das Bild

40 Wittgenstein 1964
41 Wittgenstein 1969

in II ein Kreis ist, ist ja die festgesetzte Norm unserer Abbildung. – Dasselbe geschieht nun, wenn wir die Wirklichkeit nach der Subjekt-Prädikat Norm in unserer Sprache abbilden. Das Subjekt-Prädikat Schema dient als Projektion unzähliger verschiedener logischer Formen.«[42]

Den beiden letzten Sätzen, die Wittgensteins Bild zum Thema der grammatischen Form in Beziehung setzen, entspricht in der zeitlich vorhergehenden Fassung in den »Philosophischen Bemerkungen« die folgende, etwas längere Passage:

»So geht es mit der Wirklichkeit, wenn wir sie in Subjekt-Prädikatsätze abbilden. Daß wir Subjekt-Prädikatsätze gebrauchen, ist nur eine Angelegenheit unserer Zeichengebung. Die Subjekt-Prädikatsform ist an sich noch keine logische Form und sie ist Ausdrucksmittel unzähliger grundverschiedener logischer Formen, wie die Kreise auf der Ebene II.«[43]

Betrachten wir diese Texte mit dem Interesse, eine Antwort auf die Frage zu erhalten, warum Wittgenstein das Grammatische geringschätzt, warum er es als eine Sache des ›Klanges‹ abtun will, so könnten wir sie in seiner Aussage sehen wollen, die Subjekt-Prädikat-Form verstecke in ihrer Einheitlichkeit wichtige Unterschiede, die Wittgenstein durch sein Bild einerseits als solche im Bereich der abgebildeten ›Wirklichkeit‹ anspricht und andererseits als solche der ›logischen Formen‹, wobei die Frage, was unter beidem zu verstehen ist und wie er sich den Zusammenhang denkt, noch unbeantwortet ist.[44] Deutlich ist nur, daß unter der Forderung, die Wirklichkeit getreu abzubilden, und unter der Forderung, daß die Grammatik die logischen Formen wiedergeben solle, die traditionell so genannte Grammatik der natürlichen Sprache als inadäquat erscheint: Sie ist verfälschend, weil sie relevante Unterschiede verwischt oder ganz verschwinden läßt. Wenn Wittgenstein dann sagt, die Subjekt-Prädikat-Form sei ›noch‹ keine logische Form, dann

42 A.a.O., S. 205
43 Wittgenstein 1964, S. 119
44 Dies entspräche der Aussage Freges, die Grammatik der natürlichen Sprache sei nicht explizit und ihre Formen daher mehrdeutig.

legt dieses Wort die Deutung nahe, er halte es (wie Frege) für eine vom Logiker zu leistende Aufgabe, die verschiedenen logischen Formen bzw. Formen der Wirklichkeit, deren Unterschiede durch die Wahl unserer natürlichsprachlichen ›Projektionsmethoden‹, unserer Art der Zeichengebung, zum Verschwinden gebracht werden, so daß an ihrer Stelle auf der Ebene II stets nur eine einzige grammatische Form erscheint (oder eine vergleichsweise geringe Anzahl von ihnen), in ihrer wirklichen Gestalt und Vielfalt sichtbar zu machen. Wittgenstein würde also, ganz im Geiste Freges, für das plädieren, was in seinem Bild eine ›orthogonale Projektion‹ wäre, d. h. für eine Ersetzung der traditionellen, mit der Unterscheidung von Subjekt und Prädikat arbeitenden Grammatik durch eine andere, ›begriffsschriftliche‹, die den logischen Formen folgt. Dies würde seine Geringschätzung der traditionellen natürlichsprachlichen Grammatik erklären.

Ein solches Plädoyer wäre allerdings nur sinnvoll, wenn sein Autor nicht ›das Grammatische‹ überhaupt diskreditieren wollte. Vielmehr müßte er uns dazu verhelfen, zu verstehen, worin der Unterschied besteht zwischen einer Sprache, die die logischen Formen richtig wiedergibt, und einer, die sie verfälscht, z. B. indem sie relevante Unterschiede dem Erraten überläßt und die Formen auf diese Weise reduziert. Müssen wir uns das, was im Bild von der Projektion die Figuren auf der Ebene I sind, als eine schon ohne die Sprache geformte Wirklichkeit denken, damit wir sagen können, was es heißt, sie formgetreu (›orthogonal‹, in eine ›logische Sprache‹) abzubilden? Oder genügt es, wenn wir sagen können, welche von einer unterstellten ›Struktur der Wirklichkeit‹ unabhängig formulierbaren Eigenschaften eine Sprache haben müßte, damit wir von ihr sagen würden, sie drücke die logischen Formen getreu aus? Was wären die ›logischen‹ Formen in diesem vorbildlosen Sinne? Die These, die Subjekt-Prädikat-Form sei ›noch‹ keine logische Form, erscheint also bei dieser Interpretation nur sinnvoll, wenn der Verwirklichung des umschriebenen Ziels (einer ›orthogonalen Projektion‹ bzw. einer anders erfolgenden Auszeichnung einer Form) keine prinzipiellen Hindernisse im Wege stehen.

Auch wenn von einer unabhängig existierenden ›Form der Wirklichkeit‹ nicht gesprochen werden kann, müßte Wittgenstein daher erklären können, wie sich eine Form im Prozeß der sprachlichen Artikulation erstens überhaupt konstituieren kann (so daß das Grammatische nicht nur eine Sache des Gehörs ist), und zweitens, wie sie sich so konstituieren kann, daß sie in einem angebbaren Sinne entweder *logisch richtig*, adäquat ist, dann zeigt die Sprache die logische Form, oder *logisch falsch*, inadäquat, wie nach Wittgenstein im Fall der Subjekt-Prädikat-Form, die ›noch‹ keine logische Form ist. Bei dieser Interpretation, bei der wir nicht mit der Möglichkeit rechnen, die logische Form durch einen Bezug auf die ›Form der Wirklichkeit‹ auszeichnen zu können, ist zwar das Bild von den beiden Ebenen nicht mehr stimmig, wir müßten Wittgenstein aber nicht mit der Verteidigung der schon im letzten Kapitel als fragwürdig erachteten (und von ihm selbst immer wieder kritisierten) These belasten, eine sprachunabhängige Struktur der Welt sei uns unverfälscht zugänglich.[45]

Für unsere zunächst erwogene Interpretation der These von der einen logischen Form, die die Subjekt-Prädikat-Form ›noch‹ nicht sei, ergibt sich nun aber eine Schwierigkeit aus der Tatsache, daß sie im Widerspruch steht zu der im zitierten Text ebenfalls enthaltenen Aussage, es gebe »unzählige grundverschiedene logische Formen«. Denn eine Grammatik, auch eine ›logische Grammatik‹, kann immer nur endlich viele Formen haben; wie kann sie also die wie auch immer ausgezeichneten logischen Formen getreu artikulieren, wenn es davon unzählige gibt?

Die These von den unzählig vielen logischen Formen erinnert an Wittgensteins oben erörterte Ansicht, es gebe unüberschaubar viele Wortarten, und beide Aussagen hängen, wie wir sehen werden, auch inhaltlich zusammen. Die Behauptung von den unzählig vielen Wortarten hatte uns oben zu der Folgerung veranlaßt, Wittgenstein könne den Ausdruck ›Wortart‹ nicht im üblichen grammatischen Sinne

---

45 Vgl. seine oben zitierten Äußerungen zu den ›Bedeutungskörpern‹; oben, S. 303 ff.

meinen. Entsprechend müssen wir hier damit rechnen, daß das Wort ›Form‹ im Ausdruck ›logische Form‹ nicht in einem Sinn gemeint ist, der dem der grammatischen Form entspricht, – und zwar ganz unabhängig davon, ob es sich um eine natürlichsprachliche oder um eine logische Grammatik handelt. Weicht Wittgensteins Formbegriff aber tatsächlich so weit vom üblichen Begriff ab, dann würden sich in seiner Konzeption nicht eine logische und eine traditionelle Grammatik gegenüberstehen, entsprechend auch nicht eine logische und eine grammatische Form, und es könnte nicht Wittgensteins Absicht sein, in einer so definierten Lage für die logische Seite Partei zu ergreifen. Vielmehr würde die These von den unzählig vielen verschiedenen logischen Formen den Formbegriff, der Grammatik und Logik gemeinsam ist, kritisieren und durch einen anderen Begriff der Form zu ersetzen suchen.[46] Wittgenstein müßte dann Gründe dafür haben, die Fragen, die Philosophen wie Frege und Russell durch den Schritt von der traditionellen zu einer logischen Grammatik beantworten wollten, soweit er sie überhaupt aufgreift, auf eine andere Weise zu behandeln.

Wir finden also, was Wittgensteins eigene Meinung angeht, in den beiden zuletzt zitierten Textabschnitten zwei verschiedene Tendenzen angedeutet: Die Rede von den unzähligen logischen Formen scheint nahezulegen, man müsse die Idee der ›logischen Form‹ ganz aufgeben oder völlig umdeuten, während das Bild von den Projektionsmöglichkeiten den Gedanken nahelegt, es gebe ›in der Wirklichkeit‹ etwas, wonach eine logische Grammatik sich richten könne. Gegen diese zweite Lesart spricht, daß sie als Interpretation der Spätphilosophie Wittgensteins insofern wenig plausibel erscheint, als er sich immer wieder gegen die Vorstellung wendet, es gebe etwas, wonach die Grammatik sich richten könne. Dagegen führt die erste Lesart das Problem mit sich, wie wir denn noch *irgendeinen* Formbegriff beibehalten

---

46 Dies entspricht seinem abweichenden Gebrauch von ›Grammatik‹ und seinem Gebrauch der Kalkülanalogie bei der Beschreibung der Arbeitsweisen der Sprache; der ›Gebrauch im Kalkül‹ schließt auch nichtschematische Schritte ein.

können, der zumindest zur Beschreibung dessen geeignet ist, was im Bild als das *Ergebnis* der ›Projektion‹ erscheint; was ist eine Form, wenn es unendlich viele Formen gibt?

Um zu verstehen, was hinter der diagnostizierten Widersprüchlichkeit steht, und um Wittgensteins Parteinahme für die eine oder andere Seite richtig beurteilen zu können, ist es hilfreich, den weiteren Kontext heranzuziehen, in dem das erörterte Bild von den Projektionsmethoden steht. An der entsprechenden Stelle der »Philosophischen Bemerkungen« behandelt Wittgenstein Zweifel, die er mit Bezug auf Russells logische Normierungsvorschläge hat, und er betrachtet dabei den Satz ›ich sehe einen Kreis auf rotem Grund‹. Er unterstellt, daß Russell diesen Satz als Existenzsatz auffassen würde (›Es gibt etwas, das ein Kreis ist und das auf rotem Grund ist‹) und diesen Existenzsatz wiederum als Verneinung eines generellen Satzes (›Nicht für alles gilt, daß nicht der Fall ist, daß es ein Kreis und auf rotem Grund ist‹). Wittgenstein meint nun, sein Beispielsatz sei einer, dessen Allgemeinheit darin besteht, daß er Möglichkeiten offenläßt (z.B. die Farbe und die Größe des Kreises), und er fragt kritisch, was diese Art der Allgemeinheit mit einer ›Gesamtheit von Gegenständen‹ zu tun habe, auf die sich ein Sprecher, der Russells Ausdrucksweise benutzt, bezieht. Wittgenstein plädiert aufgrund dieses Beispiels dafür, verschiedene Arten von Allgemeinheit zu unterscheiden; er konfrontiert also eine Differenziertheit in den Ausdrucksmöglichkeiten der natürlichen Sprache mit einer Undifferenziertheit der normierten logischen Sprache Russells und legt dem Leser nahe, dies als ein Argument aufzufassen, das die Adäquatheit von Russells Normierung in Frage stellt.

Im nächsten Schritt erwägt Wittgenstein einen möglichen Einwand gegen diese Kritik. Dieser würde lauten, daß sein Differenzierungsbedürfnis zu Unrecht an der Undifferenziertheit der *Form* von Russells Logik-Sprache ansetze, denn es sei auch für die natürliche Sprache (und also wohl für Sprachen überhaupt) charakteristisch, mit wenigen Formen höchst Unterschiedliches ausdrücken zu können. So könne das Deutsche »alles mit Hilfe von Substantiven, Adjektiven

und Verben ausdrücken«.[47] Diesem selbst vorgetragenen
Einwand setzt er nun aber entgegen:

»...so müssen wir sagen, daß es dann jedenfalls nötig ist, zwischen ganz
verschiedenen Arten von Substantiven etc. zu unterscheiden...«[48]

Auf das Beispiel zurückbezogen hieße das: Selbst wenn wir
uns für Russells Darstellungsweise entscheiden würden, weil
wir sie trotz ihrer wenigen Formen als für unsere besonderen
praktischen Zwecke ausdrucksstark genug ansehen, müßten
wir anerkennen, daß durch ein und dieselbe russellsche Ausdrucksweise ganz verschiedene Arten der Allgemeinheit
dargestellt werden. Es gibt demnach Bedeutungsunterschiede, die nicht auf inhaltliche Unterschiede zwischen einzelnen
Wörtern reduzierbar sind, die aber gleichwohl durch die
Formen der russellschen Sprache nicht ausgedrückt werden
(obwohl sie als Unterschiede in den ›beurteilbaren Inhalten‹,
nicht etwa in der intendierten illokutiven Rolle, prinzipiell in
ihren Bereich gehören).
Wozu ist es aber nach Wittgensteins Meinung ›nötig‹, verschiedene Arten z. B. von Substantiven zu unterscheiden,
und meint er mit ›unterscheiden‹ nur, man solle diese Unterschiede sehen und z. B. beim Argumentieren berücksichtigen, oder meint er, man solle diese Wort-Arten äußerlich,
an ihren Formen, kenntlich machen? Sein primäres Ziel ist
offenbar, auf Differenzierungen in den Gebrauchsmöglich-
keiten eines Ausdrucks oder einer Ausdrucksweise hinzuweisen, Differenzierungen der Art, wie er sie vorher mit
Bezug auf Russells Notation erläutert hatte. Als Beispiel
hatte er die Möglichkeit genannt, einen Ausdruck für eine
Allgemeinheit entweder mit Bezug auf eine Gesamtheit zu
gebrauchen oder ohne einen solchen Bezug. Angenommen
nun, wir hätten über die von ihm aufgewiesenen Unterschiede einen Konsens erreicht, – wäre Wittgenstein nun
bereit, einfach Arten des Gebrauchs eines Ausdrucks zu unterscheiden, oder verlangt er eine Änderung der Grammatik,
wenn er fordert, man müsse ›Arten von Substantiven‹ etc.
differenzieren?

47 Wittgenstein 1964, S. 118
48 Ibid.

Zur Begründung der These, eine Differenzierung sei *nötig*, führt er zunächst an:

»...da verschiedene grammatische Regeln von ihnen gelten. Dies zeigt sich darin, daß es nicht erlaubt ist, sie füreinander einzusetzen.«

Wittgenstein betrachtet also die Zulässigkeit von Substitutionen als ein Kriterium dafür, ob zwei Wörter ›grammatisch‹ (in seinem unüblichen Sinn) gesehen, der gleichen Wortart angehören. Er erläutert das wenig später an einem Beispiel: Man könne zwar sagen ›miß nach, ob das ein Kreis ist oder eine Ellipse‹, nicht aber ›miß nach, ob das ein Kreis ist oder ein Hut‹. Also, so möchte er folgern, gelten von den Wörtern ›Hut‹ und ›Ellipse‹ verschiedene grammatische Regeln. Folglich gelte,

»daß ihr substantivischer Charakter nur eine Äußerlichkeit war und daß wir es wirklich mit ganz verschiedenen Wortgattungen zu tun haben.«[49]

Wenn wir bereit wären, Wittgensteins hier zum Ausdruck gebrachtem Verständnis des Terminus ›Wortgattung‹ zu folgen, müßten wir auch sagen, daß die Wörter ›Blume‹ und ›Rose‹ verschiedenen Wortgattungen angehören, denn man kann zwar sagen ›sieh nach, ob das eine Tulpe oder eine Rose ist‹, nicht aber ›sieh nach, ob das eine Tulpe oder eine Blume ist‹. Und Wittgenstein sagt verallgemeinernd:

»Die Wortgattung wird erst durch *alle* grammatischen Regeln bestimmt, die von einem Wort gelten, und so betrachtet, hat unsere Sprache eine Unmenge verschiedener Wortarten.«[50]

Es folgt dann ein Hinweis, daß ›einen Namen geben‹ jeweils etwas anderes heiße, je nachdem, ob wir einem Körper, seiner Farbe, seiner Gestalt etc. einen Namen geben, und daran schließt sich das oben erläuterte Bild von den Projektionsmethoden an, das die Undifferenziertheit der Subjekt-Prädikat-Form der natürlichen Sprache mit den unzähligen grundverschiedenen logischen Formen konfrontiert. Wittgenstein stellt dann die These auf, Freges Unterscheidung zwischen Begriff und Gegenstand sei nichts anderes als die

49 A.a.O., S. 118   50 Ibid.

Unterscheidung zwischen Prädikat und Subjekt.[51] Dieser Unterscheidung wiederum will er keine inhaltliche Sonderstellung einräumen; er schreibt:

»Begriff und Gegenstand, das ist bei Russell und Frege eigentlich Eigenschaft und Ding; und zwar denke ich hier an einen räumlichen Körper und seine Farbe.«[52]

Und wenig später:

»Wenn ein Tisch braun angestrichen ist, so ist es leicht, sich das Holz als den Träger der Eigenschaft Braun zu denken und man kann sich das vorstellen, was gleichbleibt, wenn die Farbe wechselt.«[53]

Demnach wäre die Universalität der Subjekt-Prädikat- (bzw. Gegenstand-Begriff-) Form nur das Resultat der Durchsetzung einer Form, die zunächst zum Ausdruck eines *bestimmten* Inhaltes (oder einer bestimmten Art von Inhalten) diente, für *alle* oder möglichst viele Inhalte. Und so schließt sich der Kreis zum Anfang des hier besprochenen Absatzes: Wittgensteins These, wir hätten noch keine logische Form vor uns, bezieht sich sowohl auf die Subjekt-Prädikat-Form der natürlichen Sprache als auch auf die Normierungen der ›logischen Grammatik‹ von Frege und Russell: Beide ›Grammatiken‹ lassen in ihren Formen nicht das erkennen, was Wittgenstein die ›logische Form‹ des erörterten Ausdrucks nennt. Diese behandelt er an der erörterten Stelle so, als sei sie durch Regeln charakterisierbar; und diese Regeln nennt er, mit einer unüblichen Terminologie, ›grammatische‹ Regeln. Dem entspricht sein unüblicher Gebrauch des Terminus ›Wortgattung‹.
Als einen ersten Schritt zur Aufklärung der oben festgestellten Mehrdeutigkeit des Bildes von den Projektionsmethoden, speziell der Mehrdeutigkeit bezüglich Wittgensteins Zielsetzung (-will er Russells Normierung verbessern oder den Begriff der logischen Form revidieren bzw. *ad absurdum* führen?-) können wir feststellen, daß er erwartungsgemäß nicht versucht, als Maßstab für die Kritik an der Undifferenziertheit grammatisch-logischer Formen eine bereits

---

51 A.a.O., S. 119; Wittgenstein 1969, S. 205
52 A.a.O., S. 202   53 A.a.O., s. 205

sprachunabhängig strukturierte oder geformte ›Wirklichkeit‹ heranzuziehen. Vielmehr verweist er auf eine Differenziertheit im *Gebrauch* von Ausdrücken. Er bezeichnet alle (von ihm hier als vorliegend oder feststellbar unterstellten) Regeln, die solche Gebrauchsunterschiede betreffen, in auffälliger Abweichung von der üblichen Terminologie, als ›grammatische‹ Regeln, und er legt fest, daß sie zur Charakterisierung dessen gehören, was er ›logische Form‹ nennt. Die Schemata ›Subjekt-Prädikat‹ und ›Gegenstand-Begriff‹ drücken nicht in dem Sinne ›noch‹ keine logische Form aus, daß sie, um dies tun zu können, durch eine Mehrzahl anderer Schemata ersetzt werden müßten, sondern sie drücken ›noch‹ keine logischen Formen aus, weil sie die Resultate der gebrauchsdifferenzierenden Regeln nicht zum Ausdruck bringen, nicht sichtbar machen: sie sind für sich genommen als Ausdruck ›logischer Formen‹ (in Wittgensteins sehr speziellem Sinn) also *unvollständig*.

An welche Arten der Differenzierung Wittgenstein hier denkt, wird in der Fassung, die der oben besprochene Abschnitt im Anhang zur »Philosophischen Grammatik« erhalten hat, deutlicher, und zugleich wird klar, daß er nicht dafür plädiert, die *Notationsweise* Russells oder Freges so weit zu differenzieren, daß die angesprochene ›Unvollständigkeit‹ damit behoben wäre. Der Kontext ist hier ebenfalls das Verhältnis zwischen der Subjekt-Prädikat-Form und Freges Unterscheidung zwischen Gegenstand und Begriff, und das Thema der Erörterung ist die Frage, was ein Gegenstandsname sei. Wittgenstein meint, ein Name ›N‹ könne einem Ding durch eine hinweisende Erklärung gegeben werden, und diese Erklärung könne aufgefaßt werden »…als eine Regel zur Ersetzung der auf den Gegenstand hinweisenden Geste durch das Wort ›N‹«.[54] Das würde heißen, so argumentiert er weiter, daß die typischen Anwendungsfälle von Namen solche seien, in denen statt des Namens auch die Geste verwendet werden könnte, dies sei aber bei unserer Weise des Gebrauchs von Namen offenbar nicht der Fall. Wittgenstein fährt fort:

54 A. a. O., S. 202

»Wenn nämlich N aus dem Zimmer geht und später ein Mann ins Zimmer tritt, so hat – wie wir den Namen ›N‹ gebrauchen – die Frage Sinn, ob dieser Mann N ist, ob dieser Mann derselbe ist, der vorher das Zimmer verlassen hat. Und der Satz ›N ist wieder ins Zimmer getreten‹ hat nur Sinn, wenn ich die Frage entscheiden kann. Und es wird einen anderen Sinn haben, je nachdem, was das Kriterium dafür ist, daß dies der Gegenstand ist, den ich früher ›N‹ genannt habe. Je nach der Art dieses Kriteriums werden also für das Zeichen ›N‹ andere Regeln gelten, es wird in anderem Sinne des Wortes ein ›Name‹ sein. Und so kommt es, daß das Wort ›Name‹ und das ihm entsprechende ›Gegenstand‹ die Überschrift einer Unzahl verschiedener Regelverzeichnisse ist.«[55]

Wittgenstein würde also sagen, daß die Charakterisierung eines Ausdrucks durch seine Zuordnung zur Wortart der Namen genauso in einer Äußerlichkeit steckenbleibt wie eine Charakterisierung mit Hilfe des Ausdrucks ›Substantiv‹. Hier wie im oben zitierten Fall meint er, es sei nötig, *Arten* (von Namen, von Substantiven) zu unterscheiden, »da verschiedene grammatische Regeln von ihnen gelten«. Hatte er im Falle der Substantiva die Nichtsubstituierbarkeit als Indiz dafür genannt, daß verschiedene Regeln vorliegen, so führt er im eben zitierten Text genauer aus, an was er denkt, wenn er hier von Regeln spricht.

Da ist zunächst die Regel zur Ersetzung einer hinweisenden Geste durch einen Ausdruck ›N‹. Die Bedeutung dieses Ausdrucks zu kennen, heiße, über jene Regel zu verfügen. Da wir Namen aber auch in Abwesenheit der benannten Gegenstände gebrauchen, gehöre zur Kenntnis der Bedeutung des Ausdrucks ›N‹ auch die Kenntnis des Kriteriums, nach dem wir beurteilen, ob ein vorliegender Gegenstand N ist oder nicht. Insofern es hier unterschiedliche Arten von Kriterien gibt (Wittgenstein führt als Beispiel Kriterien an, nach denen wir bestimmen könnten, welcher von zwei zusammenfließenden Flüssen derselbe ist wie der resultierende Fluß), würden von den verschiedenen Namen unterschiedliche Arten von Regeln gelten, deren Kenntnis zu dem gehöre, was wir die Kenntnis der Bedeutung der jeweiligen Arten von Namen nennen; der *Arten*, wohlbemerkt, also z.B. der Flußnamen, der Personennamen, etc., nicht die

55 A.a.O., S. 202f.

Kenntnis der Bedeutung eines einzelnen Namens wie ›Donau‹. Und insofern unterschiedliche Arten von Regeln gelten, handle es sich um unterschiedliche Arten von Wörtern.

Dieser Unterscheidung von Arten von Wörtern, über die ›Wortarten‹ der Schulgrammatik hinaus, können wir durchaus folgen; ob aber die Klassifizierung eines Wortes als ›Name‹ deshalb als ›Äußerlichkeit‹ bezeichnet zu werden verdient (etwa als ›Sache des Gehörs‹), muß hier noch offenbleiben. Dem steht die Vermutung entgegen, daß diese Klassifizierung, so ›grob‹ und so wenig erschöpfend für die Charakterisierung der Rolle eines Wortes in einer Sprechhandlung sie auch sein mag, doch entscheidend sein könnte für die Rolle, die ein so klassifiziertes Wort in Sätzen spielen kann, mit Bezug auf die anderen Wörter des Satzes, dem es angehört.

Diese Erörterung der Namen gibt einen wichtigen Aufschluß für das Problem der Mehrdeutigkeit des Bildes von den verschiedenen Möglichkeiten der Projektion. Wenn Wittgenstein nämlich davon spricht, daß wir festen räumlichen Gegenständen Namen geben würden, deren Verwendung auf bestimmten Identitätskriterien beruhe, die bei der Möglichkeit der gegenseitigen Durchdringung versagen würden (z.B. beim Zusammenfließen zweier Flüsse), und wenn er dann von der Möglichkeit spricht, »...daß ich nun ein ganz neues Kriterium der Identität einführe...«,[56] dann ist damit ein aktiver Schritt bezeichnet, der frei gewählt wird: Es können verschiedene Kriterien dafür festgesetzt werden, welchen Namen der aus einem Zusammenfluß entstehende Fluß führen soll. Das Kriterium kann z.B., wie Wittgenstein vorschlägt, die Richtung sein, aber auch, davon abweichend, die Wassermenge. Die Regeln, die die verschiedenen Arten von Namen konstituieren (Personennamen, Flußnamen etc.), sind also nicht durch ›die Wirklichkeit‹ festgelegt; es hätte hier keinen Sinn zu sagen, diejenige Unterscheidung von Wortarten sei eine logische, deren Regeln sich (im Sinne einer orthogonalen Projektion) an der Wirklichkeit orientie-

56 A.a.O., S. 203

ren. Am Verhalten der Flüsse können wir nicht ablesen, welche grammatischen Regeln von Flußnamen gelten sollen; auch sonst fällt es schwer, hier ein Kriterium zur Feststellung des ›begrifflich Geforderten‹ namhaft zu machen. Vielmehr müssen wir selbst, wenn wir Flüssen auf eine ähnliche Art, wie wir es bei Personen tun, Namen geben wollen, wenn unsere gewohnten Identitätskriterien dabei aber nicht brauchbar sind, in einem *voranschreitenden* projektiven Schritt neue Kriterien festlegen.

Trifft diese Darstellung Wittgensteins Sicht der Verhältnisse zur Zeit der Abfassung des Anhangs zur »Philosophischen Grammatik«, und sind wir berechtigt, seine Überlegungen zur Unterscheidung der Wortarten auf die Komplexbildungsformen wie die Subjekt-Prädikat-Form zu übertragen, dann können wir die oben noch für möglich gehaltene Deutung des Bildes von den Projektionsmethoden als unzutreffend beiseite lassen. Wittgensteins Aussage, die Subjekt-Prädikat-Form sei *noch* keine logische Form, darf dann nicht als Ausdruck der Meinung gelesen werden, es könne eine ›logische Grammatik‹ geben, die ›die Wirklichkeit‹ (oder die ›Gedanken‹) formgetreu im Sinne einer orthogonalen Projektion abbilden würde. Die Verfälschung, die Nivellierung, die in der Sprache durch die durchgehende Verwendung z. B. der Subjekt-Prädikat-Form stattfindet, läßt sich nicht, wie im Fall der verschiedenen, aber sämtlich zu Kreisen projizierten Figuren, durch die Befolgung einer Aufforderung vermeiden, die derjenigen zu einer orthogonalen Projektion entsprechen würde. Im Fall der projizierten Figuren kennen wir die wirklichen Formen auf der Ebene I, und wir haben die Wahl, sie formgetreu-differenzierend oder formverändert-vereinheitlichend zu projizieren. Und genau diese Wahl haben wir bei der Sprache offenbar nicht. Die ›logische Form‹, von der Wittgenstein spricht, scheint darüber hinaus als Form im üblichen grammatischen oder logischen Sinne nicht darstellbar zu sein. Die genannten Beispiele reichen aus für die Vermutung, daß die Konsequenzen der ›Gesamtheit der Regeln‹, um deren Berücksichtigung es ihm geht, nicht so eingefangen werden können, daß sie sich an den Formen von Ausdrücken ablesen lassen.

Wir müssen also nach einem neuen Verständnis des Bildes von der Projektion Ausschau halten; und in der Tat legt es das Beispiel der Flußnamen nahe, in einem ganz anderen als dem oben erwogenen Sinn von einer ›Projektion‹ zu sprechen. Nicht eine auf vielfältige Weise und von uns unabhängig bereits geformte Wirklichkeit wird unter Verlust bestehender Unterschiede so auf die Ebene der Sprache projiziert, daß dort stets dieselben wenigen Sprachformen erscheinen, sondern eine bestehende Ausdrucksform (z.B. die Wortart der zunächst vielleicht nur für Personen gebrauchten Namen) wird in einem neuen Anwendungskontext, z.B. beim Kartographieren von Flüssen, auf neue Gegenstände ›projiziert‹. Der Ausgangspunkt einer Projektion in diesem Sinne ist also nicht eine in sich schon strukturierte und nun sprachlich zu artikulierende Wirklichkeit; die Gleichförmigkeit der grammatischen Formen ist nicht das Resultat einer Reduktion einer für sich existierenden, verfügbaren Vielfalt auf wenige sprachliche Formen. Vielmehr ist der Ausgangspunkt der Projektion die für einen bestimmten, notwendigerweise zunächst spezifischen sprachlichen Handlungsbereich schon entwickelte Form, die dann in einem freien, aus den jeweils bis dahin verfügbaren Handlungsmöglichkeiten (›Regeln‹) der Sprache nicht voraussehbaren Schritt der Spontaneität, der Phantasie, auf andere Bereiche des Handelns übertragen wird, wobei ein äußerer oder innerer Handlungsdruck durchaus eine Rolle spielen kann. Das Erkennen der ›logischen Form‹ in *Wittgensteins* Sinn besteht dann aus zwei Komponenten: aus dem Erkennen der grammatischen Form in der traditionellen Bedeutung dieser Bezeichnung einerseits (sie spiegelt die ursprünglichen und bis dahin verfügbar gewordenen Handlungsmöglichkeiten wider) und aus dem Erkennen des Vorliegens und des besonderen Sinnes der Projektion andererseits. Die Projektionsstrahlen haben ihre Richtung um einhundertachtzig Grad gedreht: sie gehen nicht mehr von ›der Wirklichkeit‹ zur Sprache (deren Struktur im orthogonalen Fall der Struktur dieser ›Wirklichkeit‹ entspricht), sondern von der Sprache (von einem *spezifischen* Sprachspiel) zu bisher nicht zur Sprache gekommenen Bereichen der ›Wirklichkeit‹.

Daß dies die Auffassung ist, auf die Wittgenstein im Verlauf des in den nachgelassenen Schriften dokumentierten Klärungsprozesses zusteuert, zeigt sich bereits deutlich in einer Passage des »Brown Book«. Schon die Tatsache, daß er dort das Wort ›Metapher‹ benutzt, spricht für die Auffassung, daß die Richtung der Projektion die von der bekannten sprachlichen Form (z. B. der Möglichkeit der Einführung von Namen für Personen) zum neuen Anwendungsbereich (Namengebung für Flüsse bei Modifikation der Identitätskriterien) ist: Eine verfügbare Ausdrucksweise wird auf eine neue Art von Fällen *übertragen*; ein neues Problem sehen und lösen wir im Licht und mit Hilfe einer alten sprachlichen Form.[57] Wittgenstein schreibt:

»There are…various reasons which incline us to look at the fact of something being possible, someone being able to do something, etc., as the fact that he or it is in a particular state. Roughly speaking, this comes to saying that ›A is in the state of being able to do something‹ is the form of representation we are most strongly tempted to adopt; or, as one could also put it, we are strongly inclined to use the metaphor of something being in a particular state for saying that something can behave in a particular way.«[58]

Die Tatsache, daß jemand fähig ist, etwas zu tun, z. B. Englisch zu sprechen, artikulieren wir sprachlich nicht nur mit Hilfe des Wortes ›können‹, sondern auch als die Tatsache, daß die Person in einem bestimmten Zustand ist: sie ist ›in der Lage‹ oder ›imstande‹, Englisch zu sprechen. Daß wir diese Tatsache so artikulieren, liegt nicht daran, daß wir ein an ihr vorhandenes Merkmal auswählen oder hervorheben, sondern ist allein eine Sache unserer Darstellungsform: Wir übertragen den Ausdruck ›Zustand‹ oder ›Lage‹ von einem Fall, in dem wir das, was er bezeichnet, im Einzelnen beschreiben können (z. B. die räumliche Lage, die die Einzel-

---

57 Vgl. die sehr brauchbare Definition von Soskice (1985, S. 15): »Metaphor is that figure of speech whereby we speak about one thing in terms which are seen to be suggestive of another.«

58 Wittgenstein 1958, S. 117

teile einer Maschine im ruhenden Zustand zueinander haben, oder die körperliche Lage eines Menschen, die bedingt, daß ein bestimmter Gegenstand in seiner Reichweite ist), auf einen Fall, in dem wir von einer ›Lage‹ oder einem ›Zustand‹ in einem wörtlichen Sinne gar nichts wissen. Wenn wir sagen, jemand sei ›in der Lage, Englisch zu sprechen‹, beziehen wir uns nicht auf die Lage gewisser Teile seines Gehirns zueinander, sondern wir benutzen einen ursprünglich in einen anderen Kontext gehörenden Ausdruck in einem neuen Sinn; und indem wir das tun, sehen und artikulieren wir das, was wir zum Ausdruck bringen, auf eine bestimmte Weise, in einem bestimmten Bild: wir sehen unsere Erfahrungen mit den gelingenden Handlungen eines Menschen im Bild eines Zustandes dieser Person. Wittgenstein spricht hier von einer Metapher: Ein Ausdruck, der sonst A artikuliert (die räumliche Lage von körperlichen Teilen), wird benutzt, um B zu artikulieren (etwas tun können). Im vorliegenden Fall kann B auf zwei Weisen zur Sprache gebracht werden, mit dem Wort ›können‹ und mit der Wendung ›in der Lage sein‹.

Noch wichtiger für Wittgensteins Gedankengang sind diejenigen Fälle, in denen B in der betrachteten Sprache nicht anders artikuliert werden kann als durch einen Ausdruck, der sonst A artikuliert hatte, und in diesen Fällen will er nicht sagen, man gebrauche einen Ausdruck in ›übertragener‹ Bedeutung, weil der Zielpunkt dieser ›Übertragung‹ gar nicht anders angegeben werden kann als mit Hilfe des neu verwendeten Ausdrucks. Wittgenstein spricht hier von ›sekundärer‹ statt von ›übertragener‹ Bedeutung,[59] und als ein etwas abseitiges aber sehr deutliches Beispiel führt er an:

»Gegeben die beiden Begriffe ›fett‹ und ›mager‹, würdest du eher geneigt sein, zu sagen, Mittwoch sei fett und Dienstag mager, oder das Umgekehrte? (Ich neige entschieden zum ersteren.) Haben nun hier ›fett‹ und ›mager‹ eine andere, als ihre gewöhnliche Bedeutung? – Sie haben eine andere Verwendung. – Hätte ich also eigentlich andere Wörter gebrauchen sollen? Doch gewiß nicht. – Ich will *diese* Wörter (mit den mir geläufigen Bedeutungen) *hier* gebrauchen.«[60]

59 Wittgenstein 1953, II, S. 216; vgl. den Hinweis bei Schulte 1989
60 Wittgenstein 1953, II, S. 216

Wichtig ist hier, daß er den von ihm selbst erwogenen Einwand, man sollte in einem solchen Fall andere Wörter gebrauchen, zurückweist. Dieser hätte nur dann eine Berechtigung, wenn die anderen Wörter die ›wirklichen semantischen Verhältnisse‹ angeben würden, und dies ist bei Fällen von ›sekundärer Bedeutung‹, in denen andere Ausdrucksweisen nicht schon in Gebrauch sind, so daß die Übertragung hier nichts Zusätzliches, z.B. Ausschmückendes an sich hat, gerade nicht der Fall.[61]

Das kommt auch deutlich in den folgenden Sätzen zum Ausdruck, in denen es um eine weniger ausgefallene Artikulationsmöglichkeit geht:

»Wie ist es aber mit so einem Ausdruck: ›Als du es sagtest, verstand ich es in meinem Herzen‹? Dabei deutet man auf's Herz. Und *meint* man diese Gebärde etwa nicht?! Freilich meint man sie. Oder ist man sich bewußt, *nur* ein Bild zu gebrauchen? Gewiß nicht. – Es ist nicht ein Bild unserer Wahl, nicht ein Gleichnis, und doch ein bildlicher Ausdruck.«[62]

Ein Gleichnis im Sinne eines *gewählten* Bildes ist ein Vergleich; es dient z.B. der Veranschaulichung, der Ausschmückung, oder sonst einem sekundären Zweck. Bei einem Vergleich lassen sich die beiden miteinander verglichenen Gegenstände unabhängig voneinander charakterisieren, und der Vergleich sagt etwas über ihre Ähnlichkeit oder Unähnlichkeit. Für eine Projektion, durch die eine sekundäre Bedeutung konstituiert wird, ist es dagegen typisch, daß sie eine Artikulationsmöglichkeit allererst schafft: Der ›bildliche Ausdruck‹ wird dazu benutzt, einen Bereich sprachlichen Handelns zu erschließen, der ohne ihn, ohne den Schritt der Projektion, nicht zur Verfügung stünde. Sehr knapp wird das von Wittgenstein im folgenden Passus zum Ausdruck gebracht:

»Denk, wir drückten die Absicht eines Menschen immer so aus, indem wir sagen: ›Er sagte gleichsam zu sich selbst 'Ich will…'‹ – Das ist das Bild. Und nun will ich wissen: Wie verwendet man den Ausdruck ›etwas

61 Vgl. hierzu auch die richtungweisenden Ausführungen von Goodman 1976, Kap. II
62 Wittgenstein 1953, II, S. 178

gleichsam zu sich selbst sagen‹? Denn er bedeutet nicht: etwas zu sich
selbst sagen.« (§ 658)

Die Frage nach der ›logischen Form‹ des Ausdrucks ›etwas
gleichsam zu sich selbst sagen‹ wird nicht durch die Angabe
eines Ausdrucks beantwortet, der unter Verzicht auf ein Bild
die ›eigentlichen‹ semantischen Verhältnisse im Sinne einer
›orthogonalen Projektion‹ korrekt widerspiegelt. Man kann
sich auch schwer vorstellen, was es heißen könnte, hier nach
anderen Kriterien als dem der korrekten Projektion vorliegender Verhältnisse zu bestimmen, welches eine logisch oder
begrifflich ›angemessene‹ Form wäre. Vielmehr wird das,
was in den oben zitierten Vorarbeiten die ›logische Form‹
hieß, angegeben, indem der Übertragungsschritt nachvollziehbar gemacht wird, und dies geschieht, indem gesagt oder
vorgeführt wird, wie man den bildhaften Ausdruck verwendet.
Es ist nur folgerichtig, daß Wittgenstein der Auffassung ist,
eine ›Form der Darstellung‹ könne nicht falsch sein, obwohl
wir oft dazu neigen, aus ihr die falschen Konsequenzen zu
ziehen, z. B. im Anschluß an sie falsche Fragen zu stellen.
Wittgenstein stellt sich vor, jemand könne an dem Teilausdruck ›ich habe‹ in der Aussage ›ich habe jetzt die und die
Vorstellung‹ Anstoß nehmen, weil neben dem Vorgestellten
nichts da sei, was diesem ›Haben‹ entsprechen würde. Er
schreibt:

»Du meinst: das ›Ich habe‹ ist wie ein ›Jetzt Achtung!‹ Du bist geneigt,
zu sagen, es sollte eigentlich anders ausgedrückt werden. Etwa einfach,
indem man mit der Hand ein Zeichen gibt und dann beschreibt.«

Und dann setzt er dagegen:

»Wenn man, wie hier, mit den Ausdrücken unserer gewöhnlichen Sprache (die doch ihre Schuldigkeit tun) nicht einverstanden ist, so sitzt uns
ein Bild im Kopf, das mit dem der gewöhnlichen Ausdrucksweise strei-
tet. Während wir versucht sind, zu sagen, unsre Ausdrucksweise beschreibe die Tatsachen nicht so, wie sie wirklich sind. Als ob (z. B.) der
Satz ›Er hat Schmerzen‹ noch auf andre Weise falsch sein könnte, als
dadurch, daß dieser Mensch *nicht* Schmerzen hat. Als sage die Ausdrucksform etwas Falsches, auch wenn der Satz, zur Not, etwas Richtiges behauptet.« (§ 402)

Derjenige, der den von Wittgenstein fingierten Einwand gegen die Ausdrucksweise ›ich habe jetzt die und die Vorstellung‹ vorbringt, und meint, man solle das anders ausdrücken, hat, wie Wittgenstein meint, ein anderes, konkurrierendes Bild im Kopf. Er würde etwa sagen, eine Vorstellung oder Schmerzen zu haben, sei doch nicht so, wie Goldzähne zu haben; eine Vorstellung sei nicht wie ein Ding, das man berühren könne, eher sei sie wie ein vorbeiziehendes immaterielles Gemälde, so daß es angemessener wäre, ihr Auftauchen mit einem Handzeichen oder einem Ausdruck wie ›jetzt Achtung!‹ zu signalisieren und sie dann zu beschreiben.

Nun würde Wittgenstein wohl nicht leugnen, daß wir Vorstellungen und Zahnschmerzen in einem anderen Sinne ›haben‹ als Goldzähne. Er verweist aber gegen einen solchen Einwand auf die Tatsache, daß Ausdrücke des Typs ›ich habe Zahnschmerzen‹ ihre Schuldigkeit tun: Sie zu verstehen, heißt auch, diesen Unterschied, d. h. den dazugehörigen Projektionsschritt, zu verstehen. Und abermals erscheint es wenig aussichtsreich, nach einem Ausdruck zu suchen, der nicht nur ›seine Schuldigkeit tut‹, sondern in einem klaren Sinn begrifflich angemessener wäre. Es ist deshalb ein Fehler, eine Ausdrucksweise so anzugreifen, als wäre sie eine Behauptung. Das heißt umgekehrt, daß auch das alternativ vorgeschlagene Bild, eine Vorstellung zu haben, sei so, als sähe man ein Gemälde an sich vorüberziehen, nicht den Charakter einer Behauptung hat, gegen die das Bild vom ›Haben‹ verteidigt werden müßte. Deutlich schreibt Wittgenstein:

»Die einen greifen die normale Ausdrucksform an, so als griffen sie eine Behauptung an; die andern verteidigen sie, als konstatierten sie Tatsachen, die jeder vernünftige Mensch anerkennt.« (§ 402)

Manchmal wendet sich Wittgenstein auch selbst gegen bestimmte Bilder, und man könnte daraus schließen wollen, er halte sie schon als Darstellungsformen für unkorrekt. So heißt es im Zusammenhang mit der Frage, ob beim Erinnern ein innerer Vorgang stattfinde:

»Der Eindruck, als wollten wir etwas leugnen, rührt daher, daß wir uns gegen das Bild vom ›innern Vorgang‹ wenden. Was wir leugnen, ist, daß das Bild vom innern Vorgang uns die richtige Idee von der Verwendung des Wortes ›erinnern‹ gibt. Ja wir sagen, daß dieses Bild mit seinen Ramifikationen uns verhindert, die Verwendung des Wortes zu sehen, wie sie ist.« (§ 305)

Zwar wendet sich Wittgenstein hier gegen ein Bild, aber nur insofern, als wir dazu neigen, aus dem Bild einen falschen Schluß zu ziehen, nämlich zu meinen, wir würden uns hier sprachlich auf ›innere Vorgänge‹ so beziehen, wie wir uns auf äußere Vorgänge beziehen können, nur seien die inneren Vorgänge weniger gut erforscht als die äußeren. Wir würden uns damit über die von philosophischen und wissenschaftlichen Spekulationen unbelastete Verwendung der Ausdrücke ›sich erinnern‹ und ›der geistige Vorgang des Erinnerns‹ täuschen: beide sagen nämlich dasselbe, nur drückt die eine Ausdrucksweise es im Bild eines Vorgangs aus und schickt uns damit (insbesondere wenn wir Philosophie oder Psychologie treiben und dabei nicht aufpassen) auf die vergebliche Suche nach der besonderen, schwer durchschaubaren Natur dieser ›inneren Vorgänge‹. Dieser Fehler wird besonders durch die Meinung begünstigt, Wörter bezögen sich stets auf Gegenstände (die sie entweder nennen oder klassifizieren), und was allein noch aufzuklären sei, seien die besonderen Eigenschaften der weniger leicht zugänglichen von ihnen. Wittgenstein empfiehlt dagegen:

»Das Paradox verschwindet nur dann, wenn wir radikal mit der Idee brechen, die Sprache funktioniere immer auf *eine* Weise, diene immer dem gleichen Zweck: Gedanken zu übertragen – seien diese nun Gedanken über Häuser, Schmerzen, Gut und Böse, oder was immer.« (§ 304)

Das Paradox, daß Wittgenstein einerseits nicht leugnen will, »daß ein geistiger Vorgang da ist« (§ 306), andererseits aber genau dies zu leugnen scheint, wenn er sagt, der Ausdruck ›geistiger Vorgang‹ beziehe sich nicht so auf etwas, wie sich der Ausdruck ›körperlicher Vorgang‹ z. B. auf das Abheilen einer Wunde beziehen kann, verschwindet nur, wenn wir aus der Tatsache, daß das Sprachspiel, das das Bild vom inneren

Vorgang verwendet, sinnvoll ist, nicht schließen, es gebe da einen »noch unverstandenen Prozeß im noch unerforschten Medium« (§ 308), von dem wir bisher nur wissen, daß er jedenfalls ein ›Vorgang‹ ist. Diesen falschen Schluß können wir nach Wittgenstein dann vermeiden, wenn wir im Auge behalten, wie wir die Rede von den inneren Vorgängen verwenden:

> »Warum soll ich denn leugnen, daß ein geistiger Vorgang da ist?! Nur heißt ›Es hat jetzt in mir der geistige Vorgang der Erinnerung an…stattgefunden‹ nichts andres als: ›Ich habe mich jetzt an…erinnert‹. Den geistigen Vorgang leugnen, hieße, das Erinnern leugnen; leugnen, daß irgend jemand sich je an etwas erinnert.« (§ 306)

Und wenn man hier zu einem besseren Verständnis kommen will, muß man Fragen nach der Verwendung einer Ausdrucksweise stellen, nicht Fragen nach einer zugrundeliegenden, ›eigentlichen‹ gedanklichen Struktur (die bei einer ›orthogonalen Projektion‹ sichtbar werden würde), und auch nicht Fragen nach erst noch zu erforschenden Tatsachen über die besondere Natur eines schwer zugänglichen Gegenstandsbereichs. Mit Bezug auf den Ausdruck ›eine Meinung haben‹ schreibt Wittgenstein:

> »Fragen, welche tiefer dringen, sind: Was sehen wir, in besondern Fällen, als Kriterium dafür an, daß Einer die und die Meinung hat? Wann sagen wir: er sei damals zu dieser Meinung gekommen? Wann: er habe seine Meinung geändert? U.s.w. Das Bild, welches die Antworten auf diese Fragen uns geben, zeigt, *was* hier grammatisch als *Zustand* behandelt wird.« (§ 573)

Dieser Passus zeigt abermals den konstitutiven Charakter der Projektion, denn wir können auf die zuletzt von Wittgenstein aufgeworfene Frage, was es denn ist, was die Grammatik als Zustand behandelt, nicht eine Antwort der Form geben ›in Wirklichkeit ist der Gegenstand, von dem wir reden, ein…, aber die deutsche Grammatik behandelt ihn als einen Zustand‹.[63] Die Art der Darstellung läßt sich nicht durch eine ›richtige‹ Darstellung, eine ›orthogonale Projek-

---

63 Vgl. die oben, in Kap. III, Abschnitte 6ff. vorgetragenen Überlegungen zu Freges Problemen bei der Behandlung von Begriffen als Gegenständen der Rede.

tion‹ ersetzen. Ist eine Redeweise noch aufklärungsbedürftig, so kann diese Aufklärung nur in einer Explikation ihres Gebrauchs bestehen. Es kann zum Vergleich auch noch ein anderes, uns fremd erscheinendes, vielleicht erfundenes, im Gebrauch aber als äquivalent gedachtes Sprachspiel herangezogen werden, aber auch dies wird nicht beanspruchen können, die in einem sprachunabhängigen Sinn ›wahren gedanklichen Verhältnisse‹ zu offenbaren. Ausdrücklich sagt Wittgenstein an einer anderen Stelle:

»Sieh auf das Sprachspiel als das *Primäre*! Und auf die Gefühle, etc. als auf eine Betrachtungsweise, eine Deutung, des Sprachspiels!« (§ 656)

Das heißt: Die Entitäten (Gefühle, etc.) werden *als solche* erst vom Sprachspiel konstituiert; als Entitäten sind sie ›grammatische Fiktionen‹ (§ 307). Dies erlaubt aber nicht die Aussage, es gebe ›eigentlich‹ gar keine Gefühle, denn das Sprachspiel hat für diejenigen, die es spielen können, einen ›Witz‹ (§ 564), eine ›Wichtigkeit‹,[64] es ist kein ›bloßes Spiel‹ und weist in diesem Sinne über sich selbst hinaus. Daß er diese (aus seiner Perspektive selbstverständliche) Tatsache nicht leugnet, führt Wittgenstein gegen den Verdacht ins Feld, er wäre ein Nominalist.[65] Worum es uns aber beim Vollzug derjenigen sprachlichen Handlungen geht, die jene grammatischen Fiktionen machen, findet man auf keine andere Weise heraus, als dadurch, daß man sich anschaut, in welchen Handlungskontexten, bezogen auf welche Bedürfnisse, Nöte und Begeisterungen sie vollzogen werden. In diesem Sinne sagt Wittgenstein, das Sprachspiel (und dies ist ja stets die Einheit von sprachlicher und nichtsprachlicher Handlung) sei das Primäre.
Wenn wir eine neue Verwendung einer alten Ausdrucksform lernen wollen, d.h. eine Projektion der Art nachvollziehen, wie sie durch den Übergang von ›er sagte zu sich selbst‹ zu ›er sagte gleichsam zu sich selbst‹ exemplifiziert wird, müssen wir unsere Phantasie in Anspruch nehmen. In einem schon

---

64 Nachlaß, Ms. 129, S. 193; zit. nach Baker/Hacker 1980, S. 586
65 Ibid.

zitierten[66] Passus in den »Philosophischen Untersuchungen«, in dem er sich gegen die Vorstellung wendet, daß die verständnisvolle Benutzung eines Satzes darin besteht, daß man sich bei jedem Wort etwas vorstellt, schreibt Wittgenstein:

»Man bedenkt nicht, daß man mit den Worten *rechnet*, operiert, sie mit der Zeit in dies oder jenes Bild überführt.« (§ 449)

Hier sind ›Rechnungen‹ (wir haben wohl an Übergänge zu denken wie den oben erörterten von ›!fünf Platten‹ zu ›⊢ fünf Platten‹[67]) in einem Atemzug genannt mit der Überführung einer bestehenden Ausdrucksweise in eine neue, manchmal bildhafte Verwendung (er sagte zu sich selbst – er sagte gleichsam zu sich selbst). Obwohl er die erste Art des Übergangs, wie wir gesehen haben, eher vernachlässigt, sind doch beide Arten nach Wittgensteins Auffassung charakteristisch für die natürliche Sprache. Und den Übergang des zweiten Typs, den wir als ›Projektion‹ kennengelernt haben, und dessen besonderer Charakter darin besteht, eine *sprachliche*, mit Wörtern arbeitende Operation zu sein, die in vielen Fällen zugleich ein Überführen in ein *Bild* ist, sieht er in diesem Doppelcharakter als kennzeichnend an für die Phantasie. In den Bemerkungen über Frazers ›Golden Bough‹ heißt es:

»Wenn man es für selbstverständlich hält, daß sich der Mensch an seiner Phantasie vergnügt, so bedenke man, daß diese Phantasie nicht wie ein gemaltes Bild oder ein plastisches Modell ist, sondern ein kompliziertes Gebilde aus heterogenen Bestandteilen: Wörtern und Bildern. Man wird dann das Operieren mit Schrift- und Lautzeichen nicht mehr in Gegensatz stellen zu dem Operieren mit ›Vorstellungsbildern‹ der Ereignisse.«[68]

Nach der hier von Wittgenstein ausgedrückten Auffassung ist die Fähigkeit zur Phantasie nicht primär als die Begabung zu denken, sich inneren Bildern hinzugeben, die sich als ein unkontrolliertes Wogen einstellen, sondern sie ist eng mit der Sprache, mit dem Umgehen mit Wörtern verknüpft und

66 Vgl. oben, S. 313 f.   67 Vgl. oben, S. 296 f.
68 Wittgenstein 1989b, S. 36

ist insofern auch eine Handlungsfähigkeit. Ziehen wir den vorher zitierten Passus (§ 449) zur Interpretation dieses Abschnittes heran, so können wir vorläufig sagen, die ›Operationen‹ der Phantasie umfassen ein Spektrum, in dem auf der einen Seite sehr einfache, kaum als solche bemerkte Übergänge stehen, die dem Rechnen ähnlich sind und die wir als das bloße Befolgen einer Regel anzusehen geneigt sind, von der wir uns vorstellen, sie sei wie ein im voraus in die unbegrenzte Zukunft gelegtes Gleis. Hier wäre als ein Beispiel der schon mehrfach erörterte Übergang von einem Ausdruck der Form ›!fünf Platten‹ zu einem der Form ›⊢fünf Platten‹ oder ›!fünf Platten dorthin‹ zu nennen, wenn wir unterstellen, der *Typus*, die ›Regel‹ dieser Übergänge sei an Beispielen bereits erlernt und nun werde das erlernte Muster vom Sprecher auf neue, aber ›gleichartige‹ Fälle ausgedehnt.[69] Diese Schritte haben am ehesten Ähnlichkeit mit den Operationen in einem Kalkül; sie lassen sich schematisch darstellen.[70]

Auf der entgegengesetzten Seite des Kontinuums haben wir dann Projektionsschritte wie den von ›er sagte zu sich selbst‹ zu ›er sagte gleichsam zu sich selbst‹ oder den von ›ich verstand es‹ zu ›ich verstand es in meinem Herzen‹. Hier bildet ein Ausgangsausdruck, der auch selbst eine Komplexität aufweisen kann, deren Witz durch Projektionsschritte verstanden werden mußte, den Startpunkt, von dem aus ein neuer Projektionsschritt in einer freien, nicht aus den faktisch vorgekommenen Lehrbeispielen zu entnehmenden Weise sowohl vom Sprecher erfunden als auch vom Hörer nachvollzogen werden muß. Dieser Projektionsschritt ist nicht schematischer Art. Die so gekennzeichnete Art der Ineinanderschachtelung von Rechen- und Projektionsschritten, von

---

69 Daß auch dieser so sicher erscheinende Fall nur die Sicherheit des wiederholten Gelingens einer Handlung hat, hat die neuere Diskussion über Wittgensteins Aussagen zum Regelbefolgen in Erinnerung gebracht, die hier nicht fortgeführt zu werden braucht. Derselbe Sachverhalt kann in unserem Kontext durch die These ausgedrückt werden: Auch die erprobteste Regelanwendung fordert immer wieder einen Schritt der Phantasie.

70 Vgl. unten, Kap. VI

Kalkül und Phantasie, wäre nach den hier erörterten Überlegungen von Wittgenstein ein charakteristisches Merkmal der natürlichen Sprachen: Das Einverständnis, das Gelingen im Handeln, erfordert in jedem Einzelschritt Übertragungsfähigkeit, ›Phantasie‹; es ermöglicht dann aber den Aufbau komplexer Handlungen, deren Muster auf neue Fälle schematisch angewendet werden können; es werden nach Regeln Strukturen erzeugt (›Kalkül‹). Sind sie vorhanden und beherrscht, laden sie zu Übertragungen, Projektionen, ›Mißbräuchen‹ ein, d. h. zu neuen, nicht schematisch erreichbaren Schritten. Diese wiederum können differenzierend mit neuen Formen ausgedrückt werden, die dann neue schematische Schritte erlauben, usf.

Angenommen nun, das von Wittgenstein gezeichnete Bild von der natürlichen Sprache träfe zu: Die Tatsache, daß Ausdrucksformen im Verlauf der Sprachentwicklung immer und immer wieder auf neue Weisen gebraucht werden, die über die jeweils vorhergehenden hinausweisen, ist der typische Grund für die ›Undifferenziertheit‹ der Grammatik (im traditionellen Sinn). Darüber hinaus ist nach dieser Auffassung der *konstitutive* Fall, d. h. derjenige, in dem der neue Gebrauch durch schon vorhandene ›wörtliche‹ Formulierungen nicht ersetzbar ist, für natürliche Sprachen sowohl charakteristisch als auch quantitativ gesehen der durchaus überwiegende und in diesem Sinne der ›normale‹ Fall. Könnte man dann darin nicht (trotz Wittgensteins gegenteiliger Meinung) eine *Unzulänglichkeit* der natürlichen Sprache sehen? Sollte es nicht möglich sein, sie durch die Konstruktion einer Begriffsschrift wenigstens in dem Sinne zu beheben, daß dabei zwar die natürliche Sprache unverändert bleibt, aber das neue, begriffsschriftliche Medium von dieser Unvollkommenheit befreit ist? Die Inadäquatheit, so würde man sagen, bestünde darin, daß *eine* Form für *verschiedene* Anwendungsfälle benutzt wird, und zu ihrer Behebung könnte man fordern, daß jede neue Art der Anwendung einer Ausdrucksform in ihrer Andersartigkeit äußerlich, durch eine Modifikation der ›Form‹ sichtbar gemacht werden muß. Wäre die Verwirklichung dieser Forderung nicht eine Fortsetzung der Gedanken Wittgensteins (dem es darum geht, die Vielfalt der Ausdrucksmöglichkeiten zu berücksichtigen) im Geiste Freges (der die Sprache explizit und eindeutig machen will)?

Obwohl wir die Erörterung der Chancen und der philosophischen Relevanz eines solchen Projekts ausführlich erst im nächsten Kapitel in Angriff nehmen wollen, kann doch hier schon das folgende Bedenken genannt werden: Wenn man dieses Programm verwirklichen wollte, würde dies bedeuten, auf die Verständigungshilfe zu verzichten, die im Benutzen *eines* Ausdrucks oder *einer* Ausdrucksform für verschiedene, aber von den Sprechern und Hörern offenbar als analog angesehene Fälle besteht. Wenn man jede durch Projektion gewonnene neue Artikulationsmöglichkeit, wenn sie verstanden ist, in einem sofort folgenden weiteren Schritt durch ein neues Wort, eine neue Wortart oder eine neue grammatische Konstruktion ersetzen (und dadurch in ihrem spezifischen, vom ›mißbrauchten‹ Ausdruck nicht differenzierend eingefangenen Charakter kenntlich machen) wollte, könnte die Folge davon eine ungeheure Vermehrung der Ausdrucksmittel sein und damit eine Unübersichtlichkeit von einem Ausmaß, das den Zweck der Sprache ähnlich gefährden würde wie der von John Locke im ›Essay‹ vorgestellte Schritt, jedes Einzelding mit einem eigenen, nur ihm allein zukommenden Namen zu bezeichnen.[71]

Wir werden auf die Chancen eines solchen Projektes wie gesagt zurückkommen; für Wittgenstein gilt jedenfalls, daß er Russell gegenüber keine neue Notation für die von ihm erörterte Art der Allgemeinheit vorschlägt; auch unterläßt er es z. B., Variablen eines eigenen Typs für Flußnamen einzuführen. Es geht ihm im Spätwerk bekanntlich überhaupt nicht um eine Reform oder Reglementierung der Sprache, sondern darum, die *wirklichen* Arbeitsweisen der natürlichen Sprachen zu verstehen. Nun haben aber die bisherigen Überlegungen schon gezeigt, daß die Gesamtheit dessen, was Wittgenstein in den zitierten Texten etwas irreführend die ›logische Form‹ und später einfach ›die Grammatik‹ nennt, im Fall der natürlichen Sprache, solange sie noch ›le-

71 Locke 1975, III, § 1 ff.

bendig‹ ist (d.h. solange nicht ein zu einem bestimmten Zeitpunkt gegebener Sprachzustand ›eingefroren‹ werden soll), nicht durch grammatische Formen dargestellt werden kann, und zwar weder durch solche einer traditionell formulierten, noch durch solche einer logischen Grammatik, sondern allenfalls durch grammatische Formen *zusammen* mit einer Fülle zusätzlicher, auf den Gebrauch bezogener Erläuterungen.

Diese ›Grammatik‹ in Wittgensteins abweichendem Sinn, d.h. das Zusammenspielen von Form und stets sich verändernder, sich ausdehnender Verwendungsweise, von Kalkül und Phantasie, ist nicht verborgen, deshalb kann er sagen:

»Die Philosophie stellt eben alles bloß hin, und erklärt und folgert nichts. – Da alles offen daliegt, ist auch nichts zu erklären. Denn, was etwa verborgen ist, interessiert uns nicht.« (§ 126)

Was uns allein fehlt, ist nach Wittgensteins Meinung eine Übersicht über das Arbeiten unserer Sprache. Diese Übersicht können wir nach seiner Auffassung gewinnen, wenn wir durch eine geeignete Zusammenstellung von Beispielen auf etwas aufmerksam werden, das offen zutage liegt und uns in einem praktischen Sinne längst vertraut ist. Theoretisch ist uns die Einsicht in die Arbeitsweise unserer Sprache allzuoft allerdings nicht vertraut; sie ist durch überkommene Bilder und Vormeinungen verstellt. Deshalb kommt der Philosophie in ihrem scheinbar so konservativen ›bloßen Hinstellen‹ gegen diesen Anschein eine entschieden kritische Rolle zu, denn sie muß ja die Fälle, in denen die Sprache ›ordentlich arbeitet‹, von den Fällen des in die Irre führenden ›Feierns‹[72] zu unterscheiden lehren. Dieser manchmal übersehene kritische Impuls Wittgensteins kommt z.B. deutlich zum Ausdruck, wenn er schreibt:

»Wenn ich einen philosophischen Fehler rektifiziere und sage, man hat sich das immer so vorgestellt, aber so ist es nicht, so zeige ich immer auf eine Analogie…, nach der man sich gerichtet hat, und, dass diese Analogie nicht *stimmt*.«[73]

72 Wittgenstein 1953, § 38   73 Wittgenstein 1989 a, S. 179

8. Satzklang II: Oberflächengrammatik

Wir können nun auf die Frage zurückkommen, wie Wittgensteins oben referierte These zu verstehen ist, das Grammatische sei auch eine Sache des Klanges. Er wiederholt sie in den »Philosophischen Untersuchungen« in der folgenden Form:

»Man könnte im Gebrauch eines Worts eine ›Oberflächengrammatik‹ von einer ›Tiefengrammatik‹ unterscheiden. Das, was sich uns am Gebrauch eines Worts unmittelbar einprägt, ist seine Verwendungsweise im *Satzbau*, der Teil seines Gebrauches – könnte man sagen – den man mit dem Ohr erfassen kann. – Und nun vergleiche die Tiefengrammatik, des Wortes ›meinen‹ etwa, mit dem, was seine Oberflächengrammatik uns würde vermuten lassen. Kein Wunder, wenn man es schwer findet, sich auszukennen.« (§ 664)

Wittgenstein unterscheidet hier zwei Bereiche in dem, was er den ›Gebrauch‹ eines Wortes nennt: die Verwendungsweise im Satzbau, die er die ›Oberflächengrammatik‹ des Wortes nennt, von einem darüber hinausgehenden Gebrauch im nicht nur sprachlichen Handeln, dessen Regeln er als die der ›Tiefengrammatik‹ bezeichnet, und die das konstituieren, was er in den Vorarbeiten zu den »Philosophischen Untersuchungen« noch die ›logische Form‹ genannt hatte.

Was uns die Oberflächengrammatik des Wortes ›meinen‹ würde vermuten lassen, deutet er durch rhetorische Fragen an: Wenn ich zutreffenderweise sage ›ich erinnere mich, *ihn* gemeint zu haben‹ (z. B. als ich mit der Hand winkte), so legt diese Ausdrucksweise nahe, ich würde mich an eine Tätigkeit, einen Vorgang oder einen Zustand erinnern, so daß Fragen wie die nach dem Beginn oder dem Verlauf sinnvoll wären (§ 661). Auf die Auffassung, hier werde von einer Tätigkeit, einem Vorgang oder einem Zustand berichtet, verfallen wir deshalb, weil ›meinen‹ ein Verb ist, so daß seine Verwendungsweise im Satzbau, die wir mit dem Ohr erfassen, die gleiche ist wie z.B die des Wortes ›waschen‹ im Satz ›ich erinnere mich, ihn gewaschen zu haben‹. Der verbale Ausdruck ist eine ›Form der Darstellung‹ im oben erörterten

Sinn, und wenn wir den Übertragungscharakter nicht sehen, die Projektion, die bei diesem Gebrauch der Form vollzogen wird, werden wir uns vom ›Bild‹ der Tätigkeit in die Irre führen lassen.

Im Fall des Waschens können wir in der Tat fragen: Wann fing diese Handlung an, wie verlief sie, etc., was im Fall des Meinens sinnlos ist. Diese Sinnlosigkeit bleibt unsichtbar, wenn wir allein die Verwendung des Wortes ›meinen‹ im *Satzbau* betrachten, allein seine Eigenschaft, ein Verb zu sein und daher bestimmte syntaktische Verbindungen eingehen zu können. Sie tritt erst hervor, wenn wir auf die Verwendung eines komplexen Ausdrucks wie ›ich meine ihn‹ im *Handeln*, im Sprachspiel, achten. Wenn wir diesen Gebrauch des Ausdrucks im Handeln hinzunehmen, also eine Kenntnis der Verwendung, die der Sprecher zusätzlich zu seiner Kenntnis der Regeln der Grammatik haben muß, damit man von ihm sagen kann, er kenne die Bedeutung des Ausdrucks ›meinen‹, dann betrachten wir denjenigen Teil des Gebrauchs, den Wittgenstein die ›Tiefengrammatik‹ nennt. Wer sie richtig sieht, durchschaut den Schritt der ›Projektion‹; er erkennt, wie die ›Form der Darstellung‹ dazu beiträgt, daß wir das, was hier artikuliert wird, auf bestimmte Weise sehen (in unserem Fall: als Handlung). Daß er dies durchschaut, macht ihn fähig, falsche Fragen zu vermeiden, die, von der Form der Darstellung irregeleitet, z. B. nach der genaueren Natur des mit dem Wort ›meinen‹ scheinbar bezeichneten inneren Vorgangs fragen.

Wie verhält sich nun diese ›Tiefengrammatik‹, die Wittgenstein oft einfach nur ›Grammatik‹ nennt, zu dem, was wir normalerweise als Grammatik bezeichnen, und speziell zur Satzbildungslehre oder Syntax? Wie ist Wittgensteins schon oben referierte Charakterisierung zu bewerten, diese traditionelle Grammatik sei etwas, was man mit dem Ohr erfassen könne? Trifft die von uns erwogene Lesart zu, daß nach seiner Auffassung die klangliche Zusammengehörigkeit der Glieder eines Satzes wie beim Alphabet nur eine Sache der Gewöhnung ist, daß ihr also kein ›innerer‹ Zusammenhang der Satzteile entspricht, so daß das Äußern eines aus mehreren Wörtern bestehenden Satzes als Folge isolierbarer

Akte beschrieben werden muß, so wie das Absingen wahllos zusammengestellter Töne nach Noten?

Wenn für die Differenz zwischen Oberflächen- und Tiefengrammatik tatsächlich ein Projektionsschritt verantwortlich ist, der eine alte Form (z. B. ›er sagte zu sich selbst‹, ›er hat Goldzähne‹, ›er hat ihn gewaschen‹) für einen neuen Zweck benutzt (›er sagte gleichsam zu sich selbst‹, ›er hat Zahnschmerzen‹, ›er hat ihn gemeint‹), dann muß es in allen solchen Fällen eine alte Form geben, die übertragen wird. Auch wenn sie auf verschiedene Weisen benutzt wird, muß der Hörer sie als eine ihm vertraute Form erkennen. Die Sätze ›das Kind hat die Katze gewaschen‹ und ›die Katze hat das Kind gewaschen‹ müssen sich für ihn noch anders unterscheiden als die Buchstabenfolgen ›A,B,C‹ und ›A,C,B‹. Die traditionelle Grammatik kann die Form, die den Gleichklang zwischen ›ich habe ihn gemeint‹ und ›ich habe ihn gewaschen‹ ausmacht, beschreiben; sie spricht dazu u. a. von Subjekt und Prädikat, von einem Akkusativ-Objekt, etc. Wenn es sich wie hier (und in den weitaus überwiegenden Fällen von Satzäußerungen) nicht um idiomatische, in ihrem Aufbau nicht (oder nicht mehr) durchschaute Redewendungen handelt, muß der Sprecher diese grammatischen Formen erkennen und ihre Funktion verstehen. Unser Verständnis des ›primären‹ Gebrauchs von ›er sagte zu sich selbst‹ geht ein in das Verständnis des (durch das Wort ›gleichsam‹ signalisierten) sekundären Gebrauchs.

Das Verständnis der grammatischen Form im traditionellen Sinne (deren Erfassen in der Tat mit Hilfe des Klanges geschieht, ohne deshalb nur ein Wiedererkennen eines Klangmusters zu *sein*[74]) ist ein Verständnis der Funktion der

---

74 Vgl. die Auffassung R. Carnaps (1934, S. 1 f.), die (satzerzeugenden) ›Formregeln‹ auch der natürlichen Sprachen seien ›formal‹ in dem Sinne, daß sie auf die Bedeutung der Zeichen nicht Bezug nähmen. Er schreibt: »Daß z. B. die Wortreihe ›Piroten karulieren elatisch‹ ein Satz ist, kann, wenn eine geeignete Regel aufgestellt ist, festgestellt werden, sofern nur bekannt ist, daß ›Piroten‹ ein Substantivum (im Plural), ›karulieren‹ ein Verbum (in der 3. Pers. Plur. Ind.) und ›ela-

Wörter im Satz, d.h. der Art und Weise, wie sie in paradigmatischen, inhaltlich verstandenen Fällen ein komplexes Ganzes bilden. Ein Verständnis dieser ›Funktionen im Satz‹ ist eine notwendige, häufig aber keine hinreichende Bedingung für ein Verständnis der mit dem Satz vollzogenen Sprechhandlung. Das Erkennen dieser Funktion im Satz ist aber eine Voraussetzung für das Nachvollziehen der Projektion und damit für das richtige Verständnis der Sprechhandlung. Auf Wörter bezogen erkennt Wittgenstein das dort an, wo er von ›primärer‹ und ›sekundärer‹ Bedeutung spricht und sagt »Nur der, für den das Wort jene Bedeutung hat, verwendet es in dieser.«[75] Daß es ein paralleles Phänomen auch bei Satzformen, bei Arten von Komplexbildungen gibt, wird von ihm weniger beachtet.

Was uns oben als Mißachtung des Grammatischen, als Geringschätzung desjenigen Bereichs des Gebrauchs erschien, der den Satzbau betrifft, können wir nach den vorangegangenen Erörterungen jetzt zwar einerseits als eine Warnung verstehen, wir sollten nicht meinen, man könne aus einer Gleichheit der grammatischen Funktionen zweier Wörter in

tisch‹ ein Adverbium ist…« (S. 2). In dem Urteil, es handle sich um einen Satz, wird auf die lexikalische Bedeutung der Phantasiewörter zwar nicht Bezug genommen, wohl aber auf die Bedeutung der grammatischen Zeichen, mit deren Hilfe der Hörer die Zuordnungen ›Substantiv‹, ›Verb‹ etc. trifft. Es darf nicht übersehen werden, daß diese Zeichen für den Sprecher der natürlichen Sprache eine *Bedeutung* haben. Die traditionelle Redeweise von der ›Formenlehre‹ einer Grammatik meint keine Formen in einem vom Inhalt ganz losgelösten Sinn. Das Erkennen der Formen ist für den Sprecher stets mit einer Kenntnis der Bedeutungen paradigmatischer Mitglieder der jeweiligen Formenklasse verbunden. (Dies wird im weiteren Verlauf unserer Untersuchungen noch deutlich werden.) Damit ist andererseits nicht geleugnet, daß es *nach* der Konstruktion einer ›Sprache‹ eines geeigneten Typus möglich ist, sie ›rein formal‹ zu *betrachten*, wie wir es bei Frege gesehen haben. Dies bedeutet: Wir erfassen eine Geräuschfolge ›mit dem Ohr‹ nur dann *als Satz*, wenn wir die ›geeigneten Regeln‹, von denen Carnap spricht, und die Formklassenzuordnungen *inhaltsbezogen verstehen*.

75 Wittgenstein 1953, II, S. 216

den Sätzen, in denen sie vorkommen, aus der gemeinsamen grammatischen Satzform, auf eine Ähnlichkeit der mit den Sätzen vorgeblich beschriebenen Sachverhalte oder auf eine Ähnlichkeit einer unmittelbar den Wörtern zuzusprechenden ›Funktion im Sprachspiel‹ schließen. ›Das Brot des Bäckers‹, ›der Arm des Bäckers‹, ›der Schmerz des Bäckers‹ und ›der Tod des Bäckers‹ – alle diese Ausdrücke klingen zwar ähnlich, die Form des Genitivs und der im Genitiv stehende Teilausdruck sind ihnen gemeinsam, aber das bedeutet nicht, daß die artikulierten Zugehörigkeiten im Falle des Brotes, des Arms, des Schmerzes und des Todes in einem von der Grammatik unabhängigen Sinne von derselben Art sind. Wenn man vor diesem Mißverständnis warnen will, kann man (übertreibend) sagen, wer bei der grammatischen Gemeinsamkeit stehenbleibe, verweile auf der Ebene des Klanges.

Das Wort ›Klang‹ und die von Wittgenstein benutzte Analogie zum Alphabet darf andererseits aber nicht so verstanden werden, als handle es sich bei unserer Vertrautheit mit den Formen der Grammatik um eine bloße Gewöhnung an eine bestimmte Reihenfolge von Elementen, die von der Sache her beliebig vertauschbar sind und keine ›innere‹ Ordnung haben. Das Brot des Bäckers ist etwas anderes als der Bäcker des Brotes; ein Salatblatt ist noch kein Blattsalat. Ausgeführt muß Wittgensteins Vergleich also lauten: So, wie wir an den Klang unserer traditionellen Weise, das Alphabet herzusagen, gewöhnt sind, so sind wir auch an die Ausdrucksformen unserer Sprache gewöhnt, z.B. an die Subjekt-Prädikat-Form. Sie sind uns als in unserer Lerngeschichte ursprünglich mit bestimmten inhaltlichen Beziehungen verknüpfte Komplexbildungsformen vertraut, und wir benutzen sie seither als Ausgangspunkte für zahllose, immer neue Projektionen, in den verschiedensten Bereichen sprachlichen Handelns, so daß uns ihr projektiver Charakter in vielen oder gar den meisten Fällen nicht mehr deutlich ist. Diese grammatischen Formen lösen sich dadurch von den verschiedenen inhaltlichen Bestimmtheiten so weit, daß sie in unserer Wahrnehmung einen ›quasi-formalen‹, nämlich viele *bestimmte* Inhalte übergreifenden Charakter bekommen.[76] Das ›Gefühl‹ des Zusammenpassens von Subjekt und Prädikat beruht nicht auf einem stets gleichbleibenden Zusammenpassen z. B. von Ding und Eigenschaft in einem sprachunabhängigen Sinne, und nicht auf einem Zusammenpassen von ›Bedeutungskörpern‹. Es beruht auf unserer Vertrautheit mit dem Medium unserer Sprache. Dabei handelt es sich aber um eine Vertrautheit mit ihren Komplexbildungsformen, und daher nicht nur um eine Gewöhnung an eine Klangfolge in der Sukzession isolierbarer, zusammenhangloser Teile, sondern auch um eine Vertrautheit mit dem Sinn ›primärer‹ Arten der Wortverkettung und mit der sinnstiftenden, jeweils Neuland erschließenden Funktion von zahllosen Projektionen der unterschiedlichsten Arten.

9. Komplexität

Nachdem wir im letzten Abschnitt das Motiv für Wittgensteins Tendenz zur Mißachtung des im traditionellen Sinne Grammatischen ein Stück weit haben aufklären können, nämlich als das Bestreben, vor einer Überschätzung der inhaltlichen Aussagekraft grammatischer (und dies heißt, wie die Erörterung der Kritik an Russells Fassung der Allgemeinheit zeigte: auch logischer) Strukturen zu warnen, insbesondere vor dem Irrtum, gleiche grammatische Formen ließen auf gleiche inhaltliche Zusammengehörigkeitsweisen schließen, wollen wir nun noch Äußerungen Wittgensteins erörtern, die sich direkt mit dem Problem sprachlicher Komplexität befassen.

Zunächst läßt sich festhalten, daß er denjenigen Bereich des Gebrauchs, ›den man mit dem Ohr erfassen kann‹, zwar anerkennt, ihn aber im Vergleich mit dem ihn ergänzenden Bereich der ›Tiefengrammatik‹, der die Kenntnisse des ›Gebrauchs in der Praxis der Sprache‹ umfaßt, kaum erörtert. Am wenigsten behandelt er Fragen, die unmittelbar die

---

76 Vgl. die oben zitierte Bemerkung Freges über den ›logischen Mörtel‹ im Vergleich zu den eigentlich inhaltlichen Bestandteilen eines Satzes; oben, Kap. III S. 243

Grammatik des Deutschen oder Englischen betreffen; am ehesten kommt ihm das Grammatische dort in den Blick, wo es die von ihm selbst entworfenen Sprachspiele betrifft. Hier ist auch der systematische Ort für eine sprachphilosophische Behandlung dieses Gegenstandes, die ja nicht daran interessiert ist, ein Sprachlehrbuch zu verfassen, die uns vielmehr u. a. die Ausbildung grammatischer Strukturen, die Möglichkeit komplexer sprachlicher Ganzheiten, *exemplarisch* verstehen lehren sollte. Dies aber verlangen wir in der Tat von ihr, denn der Wert solcher Erörterungen von Sprachspielen, wie Wittgenstein sie uns vorführt, kann nur darin bestehen, daß sie ein Licht auf *unsere* Sprache werfen. Dies ist aber nur dann der Fall, wenn die größtenteils erfundenen Sprachspiele von unserer Sprache tatsächlich nicht, wie Wittgenstein sagt, durch eine Kluft getrennt sind,[77] und dies heißt insbesondere, daß sie die Eigenschaft der Strukturiertheit, der Komplexität, mit ihr teilen müssen. Eine an Wittgenstein orientierte Sprachauffassung, die diese Eigenschaft nicht erfaßt, kann nicht beanspruchen, ein adäquates Bild *unserer* Sprache zu vermitteln.

Halten wir zunächst zwei negative Einsichten über die inhaltliche Komplexität der Sprache fest, die sich aus der Beschäftigung mit Wittgenstein gewinnen ließen; sie lauten, thesenartig zusammengefaßt: (1) Es gibt kein besonderes Reich des Sinnes zwischen der ›Wirklichkeit‹ und der Sprache, nach dem die Grammatik sich richten könnte. (2) Der Gebrauch eines komplexen Satzes ist in einem anderen Sinne eine komplexe Handlung als das ›Singen nach Noten‹. Die erste These hatten wir oben u. a. dort behandelt, wo wir im Zusammenhang mit der Rede von der Funktion eines Ausdrucks im Satz Wittgensteins kritischen Gebrauch des Bildes von den ›Bedeutungskörpern‹ erwähnten: Es gibt nicht neben oder über dem Satz ein Reich unsichtbarer ›Körper‹, deren Zusammenpassen oder Nichtzusammenpassen darüber entscheidet, ob der Satz, dem sie zugehören, sinnvoll ist oder nicht. Dem entspricht die bereits bei Frege sich anbahnende Einsicht, daß man im Bereich des Sinnes nicht vom

77 Vgl. das Zitat oben, S. 267

Ganzen und seinen Teilen sprechen könne, und daß die Rede vom Sinn, genau besehen, den Gebrauch eines Ausdrucks als Zeichen betreffe. Die Teil/Ganzes-Beziehung, so hatten wir oben festgestellt, gilt dann, wenn sie gilt, nur auf der Ebene der Ausdrücke.

Wittgenstein ist in der Ablehnung eines eigenen Bereichs der Gedanken als einer Vermittlungsinstanz zwischen ›Welt‹ und Sprache entschiedener als Frege, der sich eher zögernd zu dieser Ansicht durchringt. Ausdrücklich kritisiert Wittgenstein die »Tendenz, ein reines Mittelwesen anzunehmen zwischen dem Satz*zeichen* und den Tatsachen« (§ 94); wenn es aber dieses ›reine Mittelwesen‹ nicht gibt, kann man sich auch nicht vornehmen, »das Satzzeichen selber reinigen, sublimieren, zu wollen« (Ibid.), wenn damit gemeint ist, es solle jenes Mittelwesen unverfälscht widerspiegeln. Schon in der »Philosophischen Grammatik« fragt Wittgenstein rhetorisch:

»Ist es, quasi, eine Verunreinigung des Sinnes, daß wir ihn in einer bestimmten Sprache, mit ihren Zufälligkeiten, ausdrücken, und nicht gleichsam körperlos und rein?«[78]

Und er setzt dagegen: »Der Gedanke kann nur etwas ganz hausbackenes, *gewöhnliches* sein.« Dies verweist uns auf das Satzzeichen in seiner ›unreinen‹, von Zufälligkeiten mitbestimmten Form und auf die Weisen, wie wir dieses jeweils bestimmte Satzzeichen gebrauchen. Was Wittgenstein in den »Philosophischen Untersuchungen« von der Tätigkeit des Ableitens sagt, hätte er wohl auch auf das Fällen eines Urteils übertragen können: Er hätte dazu geneigt, so schreibt er, jeden speziellen Fall des Ableitens als eine spezielle *Einkleidung* zu sehen;

»...diese mußte ihm abgestreift werden, wenn wir das Wesen des Ableitens erkennen wollten. Nun streiften wir ihm die besonderen Hüllen ab; aber da verschwand das Ableiten selbst.- Um die eigentliche Artischocke zu finden, hatten wir sie ihrer Blätter entkleidet.« (§ 164)

Wieder sind wir auf die sprachliche Handlung in ihrer speziellen Gestalt, in ihrem speziellen Medium verwiesen, nicht

78 Wittgenstein 1969, S. 108

auf etwas ›hinter‹ dieser Gestalt, das durch sie ›eingekleidet‹ oder von ihr ›realisiert‹ würde. Diese Antwort gilt, wenn sie richtig ist, auch für die Frage nach der Komplexität; auch sie muß sich ohne Rekurs auf ein ›reines Mittelwesen‹ als Komplexität der jeweils bestimmten *Zeichen* verstehen lassen, gesehen allerdings nicht als akustische Gestalten oder grafische Figuren, sondern als Träger sinnvoller Handlungen.

Die zweite negative Einsicht, die wir hier festhalten wollen, ist die, daß die Äußerung eines komplexen Satzes nicht die Ausführung einer Reihe einzelner, isolierter Handlungen ist, etwa erst das Erwägen, dann das Behaupten eines Gedankens, und daß entsprechend das verständnisvolle Hören oder Lesen eines Satzes auch nicht in einer Folge innerer Akte des Meinens oder Denkens besteht, die der Hörer oder Leser vollzieht, indem er sich nach dem Satzzeichen ähnlich wie nach musikalischen Noten richtet. Obwohl z. B. das Satzzeichen ›er kommt nicht‹, als Figur betrachtet, das Zeichen ›er kommt‹ als Teil enthält, enthält die Handlung, enthält der Zug im Sprachspiel, der mit dem Satz ›er kommt nicht‹ vollzogen wird, nicht den Zug, der mit ›er kommt‹ vollzogen wird. Wer ›er kommt nicht‹ behauptet, vollzieht nicht zwei Handlungen, deren eine die Behauptung von ›er kommt‹ wäre.[79] Die Komplexität auf der Ebene der Züge im Sprachspiel läßt sich deshalb nicht aggregathaft begreifen als Komplexität einer ›Summe‹ von isolierbaren Teil-Zügen, die durch nichts anderes zusammengehalten werden als allein durch ihre zeitliche Abfolge.

Noch im »Brown Book« versucht Wittgenstein, den Begriff des komplexen Zeichens an Beispielen zu klären, bei denen der Zusammenhang der Glieder einer Äußerung aggregathaften Charakter hat. Ein Satz erscheint dort als eine Folge einzelner, auch isoliert vollziehbarer Sprechakte, so daß das Lesen eines Satzes nicht nur unter phonetischem Aspekt, sondern auch auf der Ebene der ›Züge im Sprachspiel‹ wie ein ›Singen nach Noten‹ erscheint. Er beschreibt dort ein Sprachspiel, bei dem eine Person A einer anderen Person B

---

79 Vgl. Wittgenstein 1953, § 447

Zeichen gibt, die aus Punkten und Strichen bestehen; nach diesen Zeichen führt B Tanzfiguren aus, indem sie, wenn ein Strich gegeben wurde, einen Schritt macht, und wenn ein Punkt gegeben wurde, einen Sprung. Wittgenstein nennt ein Zeichen, das einer Tanzfigur zugeordnet ist, einen ›Satz‹ und einen einzelnen Punkt oder Strich ein ›Wort‹.[80] In welchem Sinne ist nun ein ›Satz‹ dieses Sprachspiels komplex; was unterscheidet ihn von einer beliebigen Aneinanderreihung von Wörtern? Ließe sich dasselbe Spiel nicht so beschreiben (und das ginge auch beim Farbquadrat-Sprachspiel in den »Philosophischen Untersuchungen«), daß es Sätze und damit Komplexität in dem uns hier interessierenden Sinne gar nicht enthalten würde?

In der Tat läßt sich dieses Sprachspiel ganz analog zum Singen nach Noten auffassen (in der ›unmusikalischen‹, nur zu Übungszwecken erfolgenden Version, die schon mehrfach angesprochen wurde): Jedem einfachen Zeichen der Person A ist eine Handlung der Person B zugeordnet; B folgt den Zeichen Schritt für Schritt. Sowohl das Zeichengeben als auch das Handeln nach Zeichen ist aggregathaft: Das Ganze ist nichts anderes als die Sukzession der Teile, und jedem Teilzeichen entspricht eine Teilhandlung.

Was dieser Deutung allein widerspricht, ist die Tatsache, daß die Punkte und Striche typischerweise in Verbindungen auftreten, die von der zeichengebenden und von der tanzenden Person jeweils als Einheiten aufgefaßt werden; was Wittgenstein *ein* Zeichen nennt, ist stets oder häufig zusammengesetzt. Diese Zusammenfassung einzelner ›Bestandteile‹ zu einem einzigen Zeichen kann aber offenbar nicht allein in der Tatsache begründet sein, daß zwischen manchen Bestandteilen ein größerer zeitlicher Abstand liegt als zwischen anderen. Der Grund dafür, von Zeichenbestandteilen zu sprechen, von denen erst mehrere ein Zeichen ausmachen, muß vielmehr darin liegen, daß das, was die Person B ausführt, als eine größere Einheit (oder eine Aufeinanderfolge von solchen Einheiten) aufgefaßt wird, wobei die Einheit eine Tanz*figur* heißt. Ursprünglich einheitsstiftend ist also unsere

80 Wittgenstein 1958, S. 99

Auffassung von einer Tanzfigur, und nur im Lichte ihrer schon vorgängig wahrgenommenen Einheit ist es allenfalls gerechtfertigt, mit Bezug auf eine solche Figur von ihren Bestandteilen als den Bestandteilen *eines* Zeichens (der Figur) zu sprechen statt von einer Folge von Einzelzeichen, deren Anzahl die Summe aller aufgetretenen Striche und Punkte ist. Die Frage aber, was eine Folge von Tanzschritten zu einer Figur macht (oder, was Wittgenstein auch beschäftigt, eine Folge von Tönen zu einer musikalischen Phrase), beantwortet er nicht, und es erscheint sehr fraglich, ob sie leichter zu beantworten ist als die Frage, was eine Folge von Wörtern zu einem Satz macht.

Wittgenstein fragt sich dann, was es heißt, die Person B folge den Zeichen, lasse sich von ihren Bestandteilen bei der Ausführung ihrer Schritte leiten, und er kommt zu dem Schluß, daß einer Auskunft der Art, dieses Geleitetwerden zeige sich daran, daß B beliebige Zeichen korrekt befolgen *könne*, das Bild eines Mechanismus zugrundeliege, der auf eine bestimmte Art und Weise gebaut sei. Er erläutert dann, welche Arten von Mechanismen unserem Reden vom Können als Bild zugrundeliegen und macht bei dieser Gelegenheit eine weitere Bemerkung zur Unterscheidung von komplexen Zeichen (Sätzen) und einfachen Zeichen (Wörtern).

Ein typischer Mechanismus, der illustriere, was wir mit der Wendung ›durch Zeichen geleitet werden‹ meinen, sei das mechanische Klavier, das Pianola: Hier werden die ›Handlungen‹ der Hämmer geleitet vom Muster der Löcher in der Papierrolle. Wittgenstein schreibt dann:

»…we might call patterns of such perforations *complex signs* or *sentences*, opposing their function in a pianola to the function which similar devices have in mechanisms of a different type, e.g., the combination of notches and teeth which form a key bit. The bolt of a lock is caused to slide by this particular combination, but we should not say that the movement of the bolt was guided by the way in which we combined teeth and notches, i.e., we should not say that the bolt moved *according* to the pattern of the key bit.«[81]

Was Wittgenstein hier als Kriterium zur Unterscheidung von

81 A.a.O., S. 118

komplexen und einfachen Zeichen anführt, ist die Frage, ob dem aus Teilen bestehenden Zeichen eine analog aus Teilen bestehende Handlung zugeordnet werden kann, oder ob man zwar, wie der Fall des Schlüsselbartes verdeutlichen soll, am Zeichen Teile unterscheiden kann, diesen aber keine einzelnen Handlungen (Bewegungen) zugeordnet sind, so daß die Eigenschaft des Zeichens, Teile zu haben, auf der Handlungsebene keine Entsprechung hat.

Worauf Wittgenstein hier sein Augenmerk richtet, ist die Unterscheidung von solchen Teilen eines Zeichens, die Teilzeichen sind, von anders gearteten Teilen, die sich zwar aus irgendeiner Perspektive am Zeichen unterscheiden lassen (z.B. der Querstrich beim Buchstaben ›T‹), die aber keine (Teil-) Zeichen sind. Zeichen, die aus Teilen im zuletzt genannten Sinn bestehen, nicht aber aus solchen im ersten Sinn, nennt Wittgenstein nicht komplex. Solche nichtkomplexen Zeichen sind für ihn z. B. die Wörter; sie bestehen aus Teilen (den einzelnen Lauten bzw. den Buchstaben), nicht aber, auf der Ebene der ›Züge im Sprachspiel‹, aus Teilzeichen.[82] Eine Äußerung von ›Platte‹ kann zur Handlung des Plattebringens auffordern, diese besteht aber nicht so aus Teilhandlungen, wie das Wort (in seiner geschriebenen Form) aus den Buchstaben ›P‹, ›l‹, ›a‹, ... etc. besteht. Wittgenstein schreibt:

»We could say that the notches and teeth forming a key bit are not comparable to the words making up a sentence but to the letters making up a word, and that the pattern of the key bit in this sense did not correspond to a complex sign, to a sentence, but to a word.«[83]

Auch wenn die Abgrenzung ›nach unten‹, die Grenzziehung, wie man kurz sagen könnte, zwischen einem Teilzeichen und einem Zeichenteil, plausibel erscheint, ist doch die Frage, was die Einheit des komplexen Zeichens ausmacht, wodurch es sich von einer Folge einfacher Zeichen unterscheidet, durch die von Wittgenstein herangezogenen Ver-

---

82 Hier ist nur an Wittgensteins primitive Sprachspiele gedacht; an den Wörtern *unserer* Sprache kann man Teile wie Stamm, Präfix, etc. unterscheiden.

83 A.a.O., S. 119

gleiche noch nicht befriedigend beantwortet: Was sind die Kriterien dafür, welche Teilzeichenfolge jeweils ein ›Muster‹, einen ›Satz‹, ein komplexes Zeichen bildet, – die grafischen Gestalten auf der Papierrolle des Pianolas, die Pausen zwischen den Tönen oder das Urteil eines Zuhörers, der musikalische Phrasen unterscheidet? Was leitet ein solches Urteil? Wittgenstein macht deutlich, daß man von komplexen Zeichen nicht sprechen sollte, wenn das Zeichen nicht Teile enthält, die ebenfalls Zeichen sind; ihr Vorliegen ist also eine notwendige Bedingung für das Vorliegen eines komplexen Zeichens. Aber erstens liegt ein Teilzeichen nicht nur dann vor, wenn – was das Beispiel nahelegt – ihm auch eine Teilhandlung entspricht, und zweitens ist die Bedingung nicht hinreichend, weil sie nicht gestattet, die Zeichenfolge (wir erinnern an den Fall der Einkaufsliste) vom komplexen Zeichen zu unterscheiden. Die betrachteten Beispiele ließen keinen Grund erkennen, von Sätzen statt von Wortfolgen zu sprechen; das Komplexitätsverständnis bleibt auf dem Niveau vom ›Singen nach Noten‹.

Diese Neigung, sich bei der Unterscheidung von Wörtern und Sätzen, von einfachen und komplexen Zeichen, am sehr speziellen und durchaus atypischen Fall des Handlungsaggregats zu orientieren, finden wir in den »Philosophischen Untersuchungen« nur noch dort, wo Wittgenstein ein Gegenbeispiel zu unserer Sprache erörtert, die schon erwähnte Farbquadratsprache. Eine positive Bemerkung zum Komplexitätsproblem finden wir an einer anderen Stelle. Dort erörtert er die Frage, wann wir sagen würden, jemand meine eine Aufforderung wie ›bring mir eine Platte‹ als *ein* langes Wort, und wann, er meine sie als einen komplexen Satz aus vier Wörtern, und diese Frage läßt sich nicht mit Rekurs auf eine der Wortfolge entsprechende Sukzession von Teilhandlungen beantworten. Wittgenstein schlägt vor:

»Ich glaube, wir werden geneigt sein, zu sagen: Wir meinen den Satz als einen von *vier* Wörtern, wenn wir ihn im Gegensatz zu andern Sätzen gebrauchen, wie ›*Reich* mir eine Platte zu‹, ›Bring *ihm* eine Platte‹, ›Bring *zwei* Platten‹, etc.; also im Gegensatz zu Sätzen, welche die Wörter unseres Befehls in andern Verbindungen enthalten.« (§ 20)

Den anderen sprachlichen Verbindungen, auf die Wittgenstein hier verweist, entsprechen nicht mehr, wie im Tanz-Beispiel des »Brown Book«, auf der Handlungsebene dieselben Handlungen in anderer Reihenfolge, sondern andere Handlungen: ob der einen oder anderen Person eine Platte gebracht wird, ist nicht eine Frage der Reihenfolge von Teilhandlungen.

Im Paragraphen nach dem zitierten Text entfernt sich Wittgenstein noch weiter von seinem ursprünglichen Modell der Komplexität, indem er auf die Möglichkeit verweist, Ausdrücke, die dieselben Wörter enthalten, als Züge ganz verschiedener Art zu verwenden, z. B. als Aufforderungen einerseits und Meldungen andererseits. Das zum Aufforderungsausdruck ›Platte‹ hinzukommende Meldungs- oder Behauptungszeichen ›⊢‹ zeigt z. B. keine zusätzliche Teilhandlung an, die zusammen mit dem Plattebringen auszuführen ist; das komplexe Zeichen verdankt seine Komplexität nicht einer ›komplexen Handlung‹,[84] zu der es auffordert oder die es ›abbildet‹, sondern es ist als Zeichen komplex, weil die Sprechhandlung komplex ist, deren Ausdruck es ist. Komplex ist sie insofern, als derjenige, der sie ausführt, von der vorher erlernten Handlungsmöglichkeit, ›Platte‹ als Zug im Aufforderungssprachspiel zu äußern, Gebrauch macht. Er benutzt das zusätzliche Zeichen ›⊢‹ im Gegensatz entweder zum unerweiterten Zeichen ›Platte‹, oder, um den Unterschied hervorzuheben, zum dann dem einfachen ›Platte‹ hinzugefügten Aufforderungszeichen ›!‹, ohne daß den Einzelzeichen eine Folge von Akten entsprechen würde, die nach dem Zeichen des Satzes ausgeführt würden. Solche Akte gibt es hier weder im Sinne eines ›inneren Meinens‹ (Erwägen – Behaupten) noch, wie in den früheren Fällen, im Sinne eines ›äußeren‹ Handelns (Tanzschritt – Tanzsprung, bzw. die Aufforderungen dazu).

Darin liegt der Fortschritt in der Behandlung des Komplexitätsproblems vom »Brown Book« zu den »Philosophischen Untersuchungen«. Auf Wittgensteins schon zitierte Kurzformel gebracht: ›In der Sprache‹ berühren sich Erwar-

84 Vgl. Kambartel 1979 und (kritisch dazu) Schneider 1983

tung und Erfüllung, Aufforderung und Behauptung, Frage und Antwort, – nicht auf der Seite einer parallel zur Sprache ablaufenden Folge von inneren oder äußeren Handlungen. Wie dieses ›Berühren‹ allerdings genauer zu verstehen ist, wie wir mit Wörtern ›operieren‹, wie es geschieht, daß wir durch stufenweises Hinzufügen neuer Formen Komplexe bilden, in denen wir jeweils ein Wort im Gegensatz zu anderen gebrauchen, kurz: wie die formbezogenen, mit dem ›Wiedererkennen‹ rechnenden Arbeitsweisen der Sprache genauer funktionieren, dazu sagt uns Wittgenstein wenig Allgemeines; er beschränkt sich auf Beispiele, die allerdings, *als* Beispiele, über sich hinausweisen.

So überzeugend die Distanzierung von dem Ziel erscheint, mit einem formenerzeugenden, schematisch handhabbaren Kalkül ›den Gedanken rein darzustellen‹, die ›eigentliche‹ semantische ›Tiefenstruktur‹ eines Satzes als etwas sichtbar zu machen, das sich erst durch eine Analyse herausarbeiten läßt, weil es sich unter der Oberfläche der uns bekannten Sätze verbirgt, ist doch die Frage zu stellen, ob Wittgensteins exemplarische Darstellungen ausreichen, um den systematischen Zusammenhang in der Vielfalt der Komplexitätsformen einer natürlichen Sprache und den Prozeß ihres schrittweisen Aufbaus so weit sichtbar zu machen, daß verständlich wird, wie wir in der Lage sind, den Sinn unbegrenzt vieler neuer Sätze korrekt aufzufassen. Zwar finden wir in den »Philosophischen Untersuchungen« die verschiedensten Weisen der Komplexbildung erörtert, aber nicht in der bei Frege vorgefundenen Form eines stufenweisen, systematischen Aufbaus, der mit Bezug auf den Gegenstand *seiner* Bemühungen das Vertrauen erzeugt, wer diesen Aufbau verstanden habe, würde damit das Ganze der ›Begriffsschrift‹ überblicken können. Wir finden bei Wittgenstein verschiedene Formen und Strukturen auf inhaltliche Weise behandelt, aber kein ›System‹ der inhaltlichen Seite der Sprache. Was wir bei ihm gefunden haben, scheint als Material für eine einfache *Erweiterung* der Begriffsschrift daher nicht geeignet zu sein.

Wir hatten am Anfang dieses Kapitels Wittgensteins Vorsatz aus dem »Brown Book« zitiert, den Abstand zwischen den von ihm entworfenen Sprachspielen und unserer voll ausgebildeten Sprache dadurch als überbrückbar zu erweisen, daß er uns die Möglichkeit der Entwicklung der komplexeren Formen aus einfachen beispielhaft plausibel macht. Ist dies in den »Philosophischen Untersuchungen« geschehen, soweit es möglich ist? Oder hat Wittgenstein seinen Vorsatz aufgegeben? Falls dies letztere der Fall ist: aus welchen Gründen? Sind diese Gründe oder die von der Sache gesetzten Grenzen einer weitergehenden ›Theorie der Bedeutung‹ aus unserer Auseinandersetzung mit seinen Überlegungen schon hinreichend deutlich und überzeugend zu erkennen, so daß sie nur noch einmal ausdrücklich zusammengestellt werden müßten? Im »Big Typescript« schreibt Wittgenstein:

»Wenn ich bestimmte einfache Sprachspiele beschreibe, so geschieht es nicht, um mit ihnen nach und nach die Vorgänge der ausgebildeten Sprache – oder des Denkens – aufzubauen, was nur zu Ungerechtigkeiten führt (Nicod und Russell), – sondern ich stelle die Spiele als solche hin, und lasse sie ihre aufklärende Wirkung auf die besonderen Probleme ausstrahlen.«[85]

Wie weit diese ›aufklärende Wirkung‹ reicht und ob nicht auch bei einer Vermeidung von ›Ungerechtigkeiten‹ (wie der Bevorzugung einer einzigen Form der Allgemeinheit bei Russell) ein *systematischeres* Bild von den semantischen Strukturen einer natürlichen Sprache zu zeichnen möglich ist, wird uns im nächsten Kapitel beschäftigen, in dem wir der Frage nachgehen wollen, ob sich die Ansätze Freges und Wittgensteins integrieren lassen.

---

85 Zitiert nach R. Rhees, Vorwort zu Wittgenstein 1958, S. viii.- Jean George Pierre Nicod (1893-1924): Ein Schüler Russells, der durch wichtige Arbeiten zur Logik (vgl. Nicod 1920), Wahrscheinlichkeitstheorie und Geometrie hervorgetreten ist.

v. Die Prinzipien sprachlichen Handelns
Lassen sich Wittgensteins Überlegungen in eine an Frege orientierte systematische Bedeutungstheorie integrieren?

1. Die Umrisse eines Integrationsprojekts

Unsere Untersuchungen verfolgen das systematische Ziel, die für natürliche Sprachen charakteristische *Strukturiertheit* auf *inhaltliche* Weise zu verstehen, und dies heißt nach den bisher angestellten Überlegungen, sie auf das sprachliche Handeln zu beziehen. Um einen dafür adäquaten, nicht-formalistischen Strukturbegriff zu gewinnen, hatten wir uns an den Überlegungen Freges orientiert, und wir befinden uns darin in Übereinstimmung mit zeitgenössischen Autoren wie D. Davidson[1] und M. Dummett,[2] wenn sie (jeder auf seine Weise) versuchen, die Konturen einer ›Theorie der Bedeutung‹ für natürliche Sprachen zu zeichnen.

Die im letzten Kapitel erörterten Ansichten Wittgensteins, insbesondere seine provokante These, Freges Schema von Gegenstand und Begriff, von diesem selbst die ›logische Grundbeziehung‹ genannt, sei letztlich nichts anderes als die Ausdrucksform für ein bestimmtes inhaltliches Verhältnis (›der Tisch und seine Farbe‹),[3] das dieser für seine Begriffsschrift aus externen, wohl von seinen mathematischen Interessen bestimmten Gründen zur Norm der Darstellung erhoben habe und von dem man, wie impliziert zu sein scheint, keinen Aufschluß über irgendeine wesentliche Eigenschaft natürlicher Sprachen erwarten darf, scheint nun aber die vorgesehene Rolle der Begriffsschrift für unser Verständnis der Bedeutungsseite einer natürlichen Sprache zu gefährden.

Die erwähnte Tatsache, daß die Idee der Herausarbeitung der ›logischen Form‹ eines natürlichsprachlichen Ausdrucks auch in modernen (und dies bedeutet: in Kenntnis der Spät-

1 Davidson 1980, 1984   2 Dummett 1975, 1976
3 S. oben, Kap. IV, S. 326f.

schriften Wittgensteins abgefaßten) Überlegungen zur Gestalt einer Bedeutungstheorie noch immer eine entscheidende Rolle spielt und daß die Bestimmung dessen, was diese ›logische Form‹ sei, auch heute noch mit Bezug auf die Logik Freges erfolgt (und sei es in Gestalt einer pragmatischen Umdeutung, wie in der Sprechakttheorie, oder einer ausdrucksstärkeren Weiterentwicklung), diese weiterbestehende Prominenz der Grundgedanken Freges läßt es geraten erscheinen, den auf die ›logische Form‹ bezogenen Thesen Wittgensteins zunächst noch mit Mißtrauen zu begegnen. Wenn nämlich eine genauere Prüfung die Unhaltbarkeit dieser Thesen ergeben würde, dann könnten wir für das angestrebte inhaltliche Verständnis von Sprachstrukturen weiterhin auf Frege zurückgreifen, und es wäre angesichts der unbestreitbar wertvollen *anderen* Einsichten Wittgensteins, die nicht die Rolle der Logik betreffen, ein durchaus sinnvolles Ziel, eine Integration der Ansätze von Frege und Wittgenstein ins Auge zu fassen. Wir hätten in diesem Fall zu fragen, ob sich das von Frege ausgearbeitete Verständnis der *Struktur* einer Begriffsschrift (oder eine geeignete Weiterentwicklung dieses Verständnisses) nicht doch auf die natürliche Sprache anwenden läßt, und ob es im positiven Fall möglich ist, dieses Verständnis mit Wittgensteins Beobachtungen zur *Handlungsseite* der natürlichen Sprache zu verbinden.

Hinter einem solchen Integrationsprojekt steht der Eindruck, daß bei Frege wichtige, vielleicht unersetzliche Einsichten über dasjenige Gebiet festgehalten sind, über das Wittgenstein so auffällig wenig zu sagen hat, dessen Erörterung aber für eine Sprachphilosophie unerläßlich ist: über die Strukturen von Sprachen. Allerdings bezieht Frege seine Überlegungen auf ein künstliches Medium, das von der natürlichen Sprache, wie er selbst sagt, so verschieden ist wie ein Mikroskop vom Auge,[4] und er neigt dazu (auch dies ist ein Hindernis für die Integration), dessen Angemessenheit an einem vom sprachlichen Handeln zunächst unabhängig gedachten Bereich des ›Sinnes‹ oder der ›Gedanken‹ zu orientieren. Er macht aber bereits Schritte dazu, den ›Ge-

4 Frege 1964, S. XI

brauch als Zeichen‹ als das anzusehen, wovon Aussagen über den Sinn von Ausdrücken letztlich handeln. Damit kommen seine Ansichten denen Wittgensteins entgegen, und dies ist ein Grund, zu prüfen, ob die genannten Eigenheiten von Freges Vorgehen für eine Verbindung beider Ansätze wirklich unüberwindliche Hindernisse darstellen oder nicht. Denn auf der Seite Wittgensteins finden wir Beobachtungen über den Handlungscharakter der natürlichen Sprache und über einzelne ihrer Arbeitsweisen, an denen auch eine sich auf Frege berufende Bedeutungstheorie, die von der natürlichen Sprache handeln will, nicht vorbeigehen darf; sie bliebe sonst, in Freges Bild gesprochen, eine ›Mikroskoptheorie‹, die uns über das Auge, das ja unser Thema darstellt, wenig zu sagen hätte.

Um deutlich zu machen, was hier zur Debatte steht, ist der Hinweis dienlich, daß es in den Ausgangspunkten von Wittgenstein und Frege große Gemeinsamkeiten gibt, die diese Autoren aber ganz unterschiedlich deuten. Beiden gemeinsam ist die Beobachtung einer Differenz zwischen der inhaltlichen und der grammatischen Zusammengehörigkeit von Ausdrücken in den Sätzen der natürlichen Sprache. Frege spricht davon, daß nicht überall grammatische Formen die inhaltlichen Verhältnisse explizit machen (manches bleibe dem Erraten überlassen), und daß dort, wo eine grammatische Form eine inhaltliche Beziehung anzeige, dies nicht eindeutig geschehe: verschiedene inhaltliche Beziehungen würden durch dieselbe grammatische Form ausgedrückt. Die Tatsache, daß wir dies bemerken, bedeutet für Frege, daß uns eine ›hinter‹ oder ›über‹ der Sprache liegende Welt der ›Gedanken‹ zugänglich ist, deren Form mit der jeweiligen natürlichsprachlichen Form nicht zusammenfällt. Auf dieses Erfassen der Gedanken und ihrer, wie es scheint, sehr weitgehend medien-unabhängigen ›Form‹ stützen wir uns nach dieser Auffassung z. B. dann, wenn wir die logische Korrektheit einer natürlichsprachlich formulierten Schlußfolgerung überprüfen. Die genannten Diskrepanzen werden gemäß dieser Vorstellung als solche erst sichtbar, wenn wir den sprachlichen Ausdruck mit den Verhältnissen im Bereich des ›Gemeinten‹ vergleichen; wenn wir *nur* den Ausdruck hätten, ließe sich von einer Diskrepanz zu etwas anderem gar nicht sprechen. Daraus ergibt sich, daß Frege das Projekt für die Konstruktion eines Ausdrucksmittels ins Auge fassen kann, das jene Gedankenwelt unverfälscht und vollständig widerspiegelt. Da wir sie kennen, sollten wir sie auch so ausdrücken können, wie sie ist. Wenn wir dann über ein solches ›korrektes‹ Medium verfügen, können wir die natürlichsprachlichen Ausdrücke, bei denen wir jene Inexplizitheit und Mehrdeutigkeit festgestellt haben, in dieses besondere Ausdrucksmittel übersetzen, und diese Übersetzungen sind dann von den genannten Mängeln frei. Wenn es darüber hinaus zutrifft, daß wir im Verstehen uns schon immer ›inexplizit‹ an dem orientieren, was so sichtbar, ›explizit‹ gemacht werden soll, leuchtet es ein, daß eine solche ›Begriffsschrift‹ eine hervorragende Rolle auch für unser Verständnis der Bedeutungsseite der natürlichen Sprachen sollte spielen können, insbesondere für die Frage, welche inhaltlichen Verhältnisse zwischen den Teilausdrücken eines komplexen Satzes bestehen, im Unterschied zu den ›bloß grammatischen‹ Verhältnissen.

Wittgenstein sieht diesen Unterschied zwischen inhaltlicher und grammatischer Zusammengehörigkeit ebenfalls, er deutet ihn aber ganz anders als Frege: Die Tatsache, daß wir hier eine Verschiedenheit bemerken, verweist für ihn nicht darauf, daß uns ein der Sprache gegenüberzustellender Bereich der ›Gedanken‹ zugänglich ist, der die wahre inhaltliche Ordnung des jeweils Gemeinten zeigt, und mit dem wir die lückenhafte und mehrdeutige grammatische Ordnung vergleichen. Er betrachtet die Sprache nicht unter der Perspektive einer vorgestellten richtigen Struktur, die Frege ganz selbstverständlich als etwas unterstellt, das wir kennen müssen, um von ihr aus das ›Falsche‹ an der Grammatik überhaupt zu bemerken. Vielmehr ist Wittgensteins Ausgangspunkt eine bestimmte, einem konkreten kommunikativen Zweck dienende Komplexbildungsweise oder ›Form‹, die in einem zweiten, die Differenz erzeugenden Schritt dazu benutzt wird, einem neuen Zweck zu dienen. Die Differenz entsteht also nach dieser Auffassung durch die Anwendung einer alten Form in einer neuen Funktion. Wer die neue

Funktion versteht, erfährt in diesem Verstehen auf der einen Seite ihren kommunikativen Erfolg, er sieht aber zugleich, daß dieser Erfolg sich nicht einer quasi mechanischen Verlängerung ihrer bisherigen Funktion verdankt, nicht einer ›objektiven Richtigkeit‹ in der Anwendung auf einen zwar neuen, aber in dieselbe ›objektive‹ Kategorie der Komplexbildung gehörenden Fall, sondern der Tatsache, daß er als Hörer eine ›Projektion‹ nachvollzieht, eine Übertragung der alten Form auf ein neues Gebiet sprachlichen Handelns. Die Spannung ist also ähnlich wie bei der Metapher eine, die zwischen dem Verstehen eines alten und eines neuen Sinnes besteht. Die alte Form vermittelt den neuen Sinn, ohne ihm doch nach im voraus festliegenden Kriterien angemessen zu sein.[5]

Nun hatte Frege aber nicht nur gemeint, solche projektiven ›Sprünge‹, die der Hörer nach der Meinung Wittgensteins für ein Verständnis semantischer Komplexität nachvollziehen muß, ließen sich im Bereich der ihn interessierenden Sprache für die Arithmetik (und dann für die Wissenschaften überhaupt) vermeiden, er hatte nicht nur unterstellt, wenigstens für die auf wahrheitsfähige Ausdrücke eingegrenzte Begriffsschrift könne gelten, daß eine Komplexbildungsweise stets nur *eine* Art inhaltlicher Zusammengehörigkeit zum Ausdruck bringe, sondern er war auch davon ausgegangen, daß es im Reiche der ›Gedanken‹, d. h. überall dort, wo es um Wahrheit geht, auf der Stufe unterhalb der logischen Junktoren und Quantoren nur eine einzige Komplexbildungsweise gibt, das Fallen eines Gegenstandes unter einen Begriff (bzw. das Stehen mehrerer Gegenstände in einer Relation). Das schloß bei ihm die Überzeugung nicht aus, daß wir aus der Perspektive der Logik mit sehr unterschiedlichen Gegenständen (wie z. B. mit Orten, Zeitpunkten, Zeiträumen und Begriffsumfängen[6]) zu rechnen haben, und daß die Begriffe verschiedenen Stufen angehören können.

Diese Einzigartigkeit fällt nun bei Wittgenstein fort. Da er

5 Vgl. Ricœur 1986, 1978 und Goodman 1976, der davon spricht, man könne eine Metapher als einen »calculated category-mistake« betrachten (S. 73)
6 Vgl. oben, Kapitel III, S. 201, Anm. 51

das ›Reich der Gedanken‹ für eine Fiktion hält, hat er keinen Anlaß, ›hinter‹ der Vielfalt an der ›Oberfläche‹ der Sprache stets dieselbe Komplexbildungsweise am Werke zu sehen. Wie z. B. seine Erörterung des Ausdrucks ›fünf Platten hierher!‹ zeigte,[7] rechnet er mit mehreren verschiedenen Weisen, auf die ein zweiter Ausdruck zu einem ersten hinzutreten und mit ihm eine Einheit bilden kann, die, wenn sie in assertorischer Rolle auftritt, auch wahrheitsfähig ist (›hier sind fünf Platten‹). Jede Beschränkung auf eine einzige Weise ist aus dieser Sicht rechtfertigungsbedürftig. Aus der Perspektive der oben erörterten Projektionsthese steht sie in dem Verdacht, eine spezifische, zunächst an konkreten Inhalten orientierte Komplexbildungsweise zur einzig zulässigen ›Form der Darstellung‹ zu machen, sie als kanonische Form auf alle möglichen Inhalte zu projizieren. Ein solches vereinheitlichendes Vorgehen findet nach dieser Deutung also nicht etwas vor, es deckt keine tiefere Realität auf, sondern es erzwingt (in manchen Kontexten durchaus mit guten Gründen) eine Form. So kann auch Freges Unterscheidung von Begriff und Gegenstand nach Wittgensteins Auffassung sachlich gesehen keinerlei Sonderstellung beanspruchen, solange das, was aufgeklärt werden soll, die Funktionsweise der *natürlichen* Sprache ist, und nicht die Frage zur Debatte steht, ob zu einem eingeschränkten Zweck ein Medium konstruiert werden soll, das, wie ein Mikroskop, besondere Anforderungen zu erfüllen hat. *Freges* Zielsetzung war aber in der Tat die Entwicklung eines besonderen Mediums, nicht einer Bedeutungstheorie für natürliche Sprachen.

Wie schon erwähnt, ist Wittgenstein der Meinung, im Schema des ›etwas über etwas Sagens‹ werde ein bestimmtes inhaltliches Verhältnis, eines wie es z. B. zwischen dem Ausdruck für einen Tisch und dem Ausdruck für seine Farbe bestehe, zum Muster genommen, zur festgelegten ›Form der Darstellung‹, der sich alles, was in Freges Begriffsschrift überhaupt auf der untersten Stufe gesagt werden kann, fügen müsse. Die Allgemeinheit dieser einen Komplexbildungs-

7 Vgl. oben, Kap. IV, Abschnitte 2 und 3

weise ist aus seiner Sicht nicht eine Entdeckung im Bereich dessen, was die Gedankenteile und Gedanken ›in Wirklichkeit‹, unabhängig von allen Fragen des sprachlichen Ausdrucks, zusammenhält, sondern das Resultat einer Entscheidung des Autors Frege, gestützt auf die Tradition der Logik und diese zugleich weiterführend, eine bestimmte Form der Darstellung obligatorisch zu machen. Wittgenstein leugnet nicht, daß eine solche Entscheidung möglich und eine solche Weise der Darstellung durchführbar und für gewisse Zwekke, die er selbst nicht genauer erörtert, möglicherweise von Nutzen ist.[8] Für seine eigenen philosophischen Zwecke hält er sie offenbar für nutzlos.

Diese grundverschiedenen Deutungen derselben Phänomene müssen wir im Auge behalten, wenn wir nun trotzdem die Chancen des Projektes erkunden wollen, Freges Behandlung der Strukturseite der Begriffsschrift mit Wittgensteins Sicht der Handlungsseite der Sprache zu verbinden. Es gibt mehrere Gründe, bei einem solchen Integrationsvorhaben von Freges Ansatz auszugehen und von dort aus den Versuch zu machen, Gedanken von Wittgenstein zu integrieren. Einen gewichtigen Grund für diese Vorgehensweise finden wir bei M. Dummett.[9] Er ist der Überzeugung, sie bilde den einzig gangbaren Weg zu einer umfassenden Behandlung der Bedeutungsseite der Sprache, weil es einzig Freges Entwurf sei, der uns die Chance eröffne, eine *systematische* Theorie der Bedeutung aufzubauen. Eine notwendige Bedingung dafür, eine Bedeutungstheorie ›systematisch‹ zu nennen, sieht Dummett darin, daß sie in der Lage ist, uns begreiflich zu machen, daß wir vorher nie gehörte Sätze verstehen können. Ohne die Entwürfe Freges aber hätten wir nicht die geringste Vorstellung davon, wie ein solches Projekt angegangen werden könnte: Wir wären zu der absurden Annahme gezwungen, daß wir die Sätze unserer Sprache einzeln und als Ganze lernen; deutlicher gesagt: wir hätten dann *keine* Bedeutungstheorie. Was Dummett an Freges Entwurf unter diesem Gesichtspunkt für unentbehrlich hält, ist die Trennung eines

8 Wittgenstein 1953, § 132
9 Dummett 1977, 1981 b

allgemein und rekursiv charakterisierbaren ›Inhalts‹ oder ›Sinns‹ einer sprachlichen Äußerung von dem, was man im sozialen Kontext mit der Ausführung der Äußerungshandlung tun oder bewirken kann. Dummett meint nun, Wittgenstein leugne die Möglichkeit einer solchen Trennung; wenn er im Recht sei, erscheine folglich eine systematische Bedeutungstheorie nach unserem jetzigen Wissensstand unmöglich. Das Problem der Abtrennbarkeit einer Sinn-Ebene muß also gelöst sein, bevor das Integrationsvorhaben ernsthaft in Angriff genommen werden kann. Es wird uns im nächsten Abschnitt ausführlich beschäftigen.

Allgemeinere Gesichtspunkte sprechen ebenfalls dafür, den Integrationsversuch nicht bei Wittgenstein, sondern bei Frege zu beginnen. Wittgensteins Spätphilosophie steht in dem Ruf, unübersichtlich und theorieskeptisch zu sein; schon deshalb liegt es nahe, denjenigen Entwurf als Ausgangspunkt zu wählen, der im Hinblick auf eine umfassende Systematisierung des Gegenstandsbereichs ehrgeiziger und vielversprechender ist, auch wenn dieser Gegenstandsbereich für Frege selbst nicht die natürliche Sprache war. Wir hätten zu prüfen, ob die wesentlichen Teile von Freges Systematik, wo erforderlich, auch durch partielle Veränderungen oder Uminterpretationen (wie z. B. einer sprechhandlungstheoretischen Deutung von Freges Unterscheidung zwischen Gegenstand und Begriff), bewahrt werden können, und ob die erörterten Überlegungen Wittgensteins dann als bereichernde Ergänzungen interpretierbar sind, die entweder die von Frege ausdrücklich ausgeklammerten Bereiche betreffen (nicht wahrheitsrelevante Ausdrücke; situationsabhängige Ausdrücke) oder marginale Sonderfälle. Wittgensteins Überlegungen würden so Berücksichtigung finden, ohne den systematischen und umfassenden Charakter des Bildes, das uns vorschwebt, zu gefährden. Die nichtintegrierbaren Teile stünden dann im Verdacht, nur ›Oberflächenphänomene‹ zu betreffen.

Die Chancen für eine solcherart inklusive Sicht, die von Frege aus ein umfassendes Bild zu zeichnen versucht, scheinen auf den ersten Blick keineswegs schlecht zu stehen. So läßt sich die im zweiten Kapitel schon kurz betrachtete

Sprechhandlungstheorie von Searle,[10] die ja zeitlich später als die einschlägigen Gedanken Wittgensteins und nicht ohne ihre Kenntnis entwickelt wurde,[11] als ein Versuch lesen, eine so orientierte Integration zu vollziehen. Sie steht in vielen Punkten zwar in einem direkten Gegensatz auch zu denjenigen Argumentationen Wittgensteins, die uns in den Erörterungen des vorigen Kapitels überzeugend erschienen, da sie aber sowohl die Tradition der Logik als auch starke Sprecherintuitionen hinter sich hat, werden wir uns im Folgenden ausdrücklich mit ihr auseinandersetzen. Erst wenn ganz durchsichtig geworden ist, worauf ihre intuitive Anziehung zurückzuführen ist, können wir versuchen, sie kritisch zu bewerten.

Die Eignung der Theorie Searles für das geschilderte Integrationsvorhaben könnte man wie folgt plausibel machen: Wenn man die Hauptdifferenz der beiden klassischen Autoren darin sieht, daß Frege unter bewußter Ausklammerung vieler Eigenschaften der natürlichen Sprachen fast ausschließlich den Bereich der Wahrheit und die Sprache der Wissenschaften zum Gegenstand seiner Untersuchungen gewählt hat (den Bereich der möglichen ›beurteilbaren Inhalte‹), während Wittgenstein primär die Vielfalt vor allem der nicht direkt wahrheitsbezogenen Verwendungsweisen der Ausdrücke der natürlichen Sprache im Auge hatte, ist es nicht von vornherein unsinnig, Freges Orientierung am Wahrheitsbegriff als eine ausschließlich *thematische* Eingrenzung zu sehen, die auf den *Umfang* seiner Untersuchungen bezogen ist, nicht auf ihren systematischen Kern. Deshalb könnte man versuchen, die erwähnte Grenzziehung Freges (der an der natürlichen Sprache wenig und, wenn überhaupt, dann überwiegend unter dem Aspekt der Abgrenzung von der Begriffsschrift interessiert war) aufzuheben durch eine Einbeziehung von Wittgensteins Einsichten über die nicht (oder nicht unmittelbar) wahrheitsbezogenen Gebrauchsweisen der natürlichen Sprache. Aus dieser Sicht

10 S. oben, Kap. II, Abschnitt 8ff.
11 Searle selbst versteht seine Sprechhandlungstheorie als eine Systematisierung der Gedanken Wittgensteins; vgl. seine Aussagen in dem Interviewband von Magee (1988, S. 342f.).

erscheint es naheliegend, Searles Behandlung der ›propositionalen‹ Seite der Sprache (in den Sprechhandlungsbegriffen ›Referieren‹ und ›Prädizieren‹) als eine handlungsbezogene, pragmatische Umdeutung von Freges Grundkategorien (›Gegenstand‹ und ›Begriff‹) zu verstehen. Man würde dann davon ausgehen, daß Freges Weise, die Inhalte von Äußerungen zu behandeln, der äußeren Form nach übernommen werden kann und, um der natürlichen Sprache gerecht zu werden, nur anders gedeutet und durch eine Betrachtung des Gebrauchs, der sogenannten ›illokutiven Rollen‹ von Äußerungen (Frage, Befehl, Versprechen, etc.) ergänzt werden müsse, worüber wiederum bei Wittgenstein viel zu lernen sei. Searles Vorgehen hätte damit den Vorteil, die von Dummett geforderte Trennung des ›inhaltlichen‹ vom ›sozialen‹ Aspekt der Sprache durchzuführen. Searle behandelt die Inhalte auf Freges Weise und ergänzt seine Darstellung der Inhalte durch eine zusätzliche Behandlung der Handlungsseite der Sprache. Dieser Zusatz erscheint teils als Ergänzung von Freges begriffsschriftlicher Form durch einen weiteren Ausdruck (den sogenannten »illocutionary force indicator«, mit dem die Rolle der Sprechhandlung signalisiert wird), teils als Interpretation der Grundkategorien Freges, die im Wesentlichen erhalten bleiben, als Ausdrucksformen sprachlicher Handlungen (Referieren und Prädizieren).[12]

Searles Ansatz läßt sich also als ein Versuch lesen, einen, was die ›Inhalte‹ angeht, an Frege orientierten Theorierahmen um den Gebrauchsaspekt der Sprache, den Aspekt sprachlichen Handelns, zu erweitern, so daß man in der Gesamtgestalt dieser Theorie einen globalen Eindruck des möglichen Resultats eines von Frege ausgehenden Integrationsversuchs vor Augen hat. Diese trotz seiner Handlungsorientiertheit

---

12 Eine bloße Übernahme der traditionell geprägten ›Standardform‹ findet sich auch in der ›Universalpragmatik‹ von Habermas (vgl. Schneider 1982 a). Dies ist aus unserer Perspektive ein Mangel (s. unten); auf der anderen Seite ist wohl der Einschätzung Wellmers (1989) zuzustimmen, Habermas sei »...an jenen Details eines logisch-semantischen Aufbaus assertorischer Sätze kaum interessiert..., die im Zentrum der Theorien des frühen Wittgenstein, Dummetts oder auch Davidsons stehen.« (S. 343)

bestehende Wahlverwandtschaft zu Frege erscheint weniger überraschend, wenn man sich klar macht, daß das Vorgehen Searles trotz seines ins Auge fallenden Bezugs zur Sprachverwendung, in dem man die Verarbeitung von Gedanken Wittgensteins sehen kann, in der auf Aristoteles zurückgehenden Tradition der ›formalen‹ Logik steht, zu der auch Frege gehört. Für sie ist ein Vorgehen kennzeichnend, bei dem zur Darstellung der zunächst und primär im Medium der Alltagssprache vollzogenen Handlungen des logischen Folgerns eigene Zeichen so eingeführt werden, daß man mit ihnen die Folgerungsschritte unter Absehung von ihrem besonderen Inhalt so protokollieren kann, daß sie als nach überschaubaren Mustern verlaufende schematische Operationen mit diesen neu eingeführten Zeichen erscheinen. Auf parallele Weise, aber in Erweiterung dieses Ansatzes, hat Searle schematische Ausdrücke notiert, die er als ›Standardformen‹ zur Darstellung von Arten beliebiger Sprechakte verstanden wissen will, unter Einschluß solcher, die nicht primär wahrheitsbezogen sind: Searle benutzt den Ausdruck ›F(RP)‹ zur Darstellung der ›Standardform‹ der von ihm erörterten Sprechakte, wobei der Ausdruck ›F‹ den Platz für einen ›illocutionary force indicator‹ anzeigt, also im Einzelfall eines der Symbole ›⊢‹ (für Behauptungen), ›!‹ (für Aufforderungen), ›?‹ (für Ja-nein-Fragen), etc. Der Buchstabe ›R‹ zeigt die Stelle an, an der ein referierender Ausdruck (z.B. ein Eigenname) steht, der Buchstabe ›P‹ die Stelle eines Ausdrucks, mit dem eine Prädikation vollzogen wird, so daß die Schreibweise ›RP‹ Freges ›F(x)‹ entspricht. Die so darstellbaren Standardformen gehören nach Searles Deutung selbst nicht einer bestimmten Sprache an, sondern mit ihnen werden auf eine über-einzelsprachliche Weise, bei der nur Kategorien von (Teil-) Sprechakten notiert werden, die kommunikativ notwendigen und hinreichenden Teilakte dargestellt, die für den Vollzug der behandelten Sprechakte stets ausgeführt werden müssen, durch welche Formen auch immer ihre ›Realisierungen‹ in einem bestimmten Medium (in einer bestimmten natürlichen Sprache) ›konventionell‹ geregelt sein mögen. Auf diese Weise sind Searles Formen handlungsorientiert (was dem Denken Wittgensteins entgegenzukommen scheint) und doch dem Anspruch nach, wie die Logik Freges es sein sollte, von den ›Oberflächenerscheinungen‹ der natürlichen Sprachen mit ihren je bestimmten Grammatiken unabhängig.

Wie man sieht, ist es für diese Standardformen charakteristisch, daß sie aus zwei Ausdrucksteilen bestehen, einem Teil für den ›propositionalen Gehalt‹ der dargestellten Äußerung und einem Teil für seine ›illokutive Rolle‹, wobei der Teilausdruck für den Gehalt einen im Sinne Freges verstandenen ›beurteilbaren Inhalt‹, eine ›Proposition‹ zum Ausdruck bringt, während der Teilausdruck für die illokutive Rolle oder ›Kraft‹ den Gebrauch (als Frage, als Aufforderung, etc.) bestimmt, der von diesem Inhalt typischerweise zu machen ist. Da Searle sich in seiner Fassung des ›propositionalen Gehalts‹ ganz an der Tradition Freges und ihrer Unterscheidung von Gegenstand und Begriff orientiert, lassen sich seine Formen als pragmatisch interpretierte ›begriffsschriftliche‹ Fassungen natürlichsprachlicher Sätze deuten, die gegenüber Freges bewußt auf den Aspekt der Wahrheit eingeschränkter Fassung um einen Teilausdruck erweitert wurden, der ihren kommunikativen Gebrauch regelt. Das Resultat von Freges Bemühung, die Struktur von Gedanken, von ›beurteilbaren Inhalten‹, möglichst ›rein‹ darzustellen, bliebe so erhalten; auch bei Searle haben wir Sätze vor uns, die auf eine standardisierte, ihrem Anspruch nach über-einzelsprachliche Form gebracht wurden und zum Ausdruck beliebiger Inhalte geeignet sind. Diese Sätze unterscheiden sich von den begriffsschriftlichen Sätzen Freges hauptsächlich darin, daß sie um eine zusätzliche Komponente, die etwas über den von Wittgenstein hervorgehobenen Aspekt des Gebrauchs des Ausdrucks signalisiert, ergänzt wurden.

Ein solches Vorgehen erscheint aus der Sicht der hier erörterten Integrationsbemühung nicht nur ökonomisch, weil es in der Behandlung derjenigen ›Komponenten‹ einer natürlichsprachlichen Äußerung, die vom propositionalen Teil der Standardform wiedergegeben werden soll, von den schon ausgearbeiteten Überlegungen Freges und der logischen Tradition Gebrauch machen kann. Darüberhinaus stellt ein

Verfahren, das in der Behandlung semantischer Komplexität auf Frege aufbaut, indem es den propositionalen Aspekt vom illokutiven trennt, nach dem schon erwähnten Urteil Dummetts auch den einzigen im Moment sichtbaren Weg zu einer *systematischen* Bedeutungstheorie dar. Als das für diese Systematik entscheidende Merkmal von Freges Verfahren sieht Dummett die Unterscheidung zwischen der *illokutiven Rolle* einer Äußerung eines bestimmten Typs und ihrem *Sinn* an. Nur wenn sich der Sinn (mit Searle gesprochen: der propositionale Gehalt) vom Gebrauch abtrennen und auf Freges Weise rekursiv behandeln läßt, hätten wir eine Vorstellung davon, wie eine systematische Bedeutungstheorie aussehen könnte. Da Dummett meint, Wittgenstein leugne diese Sinnebene, wäre nach seiner Einschätzung eine systematische Bedeutungstheorie außer Sichtweite, wenn dieser mit seiner Leugnung recht hätte. Wollen wir also die Chancen einer Bedeutungstheorie erkunden, die um der Systematik willen an Frege orientiert und zugleich mit den Vortellungen Wittgensteins vereinbar ist, so müssen wir feststellen, ob die Sinnebene bei Wittgenstein tatsächlich in Abrede gestellt wird, ob die dafür vorgebrachten Argumente überzeugen und ob etwas an die Stelle tritt, das für eine Systematik die Rolle von Freges ›Sinn‹ übernehmen kann.

So naheliegend und vielversprechend dieser Ansatz demnach erscheint, wollen wir doch kurz daran erinnern, daß wir bei Wittgenstein Thesen gefunden hatten, die sich auf wahrheitsfähige komplexe Ausdrücke beziehen und Freges Gedanken direkt zuwiderlaufen. Diese Thesen müßten bei einer Ausarbeitung dieses Integrationsmodells entweder widerlegt werden, oder es müßte gezeigt werden, daß sie entweder Oberflächenphänomene oder Randerscheinungen und Sonderfälle betreffen, so daß es sinnvoll bleibt, einen ›Kernbereich‹ der natürlichen Sprachen auf die fregische Weise zu behandeln und diese Sonderfälle für eine spätere Spezialuntersuchung zunächst abzutrennen. Hier wollen wir an die beiden zentralen Aussagen Wittgensteins, mit denen er Frege widerspricht, vorläufig nur erinnern. Dies ist erstens die These, es gebe sprachphilosophisch keine Rechtfertigung zur Auszeichnung genau *einer* ›Grundbeziehung‹ für die

Darstellung aller wahrheitsfähigen Inhalte, und zweitens die These, es sei typisch für das Arbeiten der natürlichen Sprache, daß ein und dieselbe Fügungsweise *verschiedene* Bedeutungen habe. Wir lassen diese Aussagen vorläufig auf sich beruhen und wenden uns nun dem grundsätzlichen Hindernis zu, das Dummett für das Projekt sieht, Freges und Wittgensteins Sprachauffassungen zu verbinden.

2. Ein grundsätzlicher Einwand Dummetts: Leugnet Wittgenstein Freges Ebene des ›Sinns‹ eines Ausdrucks?

Was also verlangt Dummett von einer ›systematischen‹ Bedeutungstheorie, und welches Verständnis von Freges Sinn-Ebene führt ihn zu dem Resultat, daß ihre Leugnung durch Wittgenstein, wenn sie zu Recht geschähe, die Unmöglichkeit einer systematischen Bedeutungstheorie erweisen würde? In erster Annäherung können wir negativ sagen, ein Verständnis der Bedeutungsseite der Sprache ist für Dummett dann nicht ›systematisch‹, wenn es die Tatsache, daß wir einen Satz verstehen, damit erklärt, daß wir diesen selben Satz bereits irgendwann einmal als ganzen (zu verwenden) gelernt haben. Eine systematische Bedeutungstheorie muß also mindestens in der Lage sein, unser Verständnis eines Satzes darauf zurückzuführen, daß wir die in ihm enthaltenen Wörter und die Art ihres Zusammengefügtseins erkennen, so daß wir die Bedeutung des Satzes, den wir vielleicht vorher noch nie gehört haben, auf der Basis dieser Kenntnis gewinnen können. Das ›Systematische‹ sind die damit unterstellten allgemeinen Regeln oder Prinzipien, nach denen sich die Bedeutung eines beliebigen Satzes aus der Bedeutung seiner Teile und der (Bedeutung der) Art ihrer Zusammenfügung erschließen läßt. Als Alternative zu einem solchen systematischen Verständnis der Bedeutungsseite der Sprache sieht Dummett nur die Annahme, wir würden die Sätze unserer Sprache einzeln und als ungegliederte Ganzheiten lernen; die Bedeutung eines Satzes, den wir so nicht gelernt hätten, könnten wir dann höchstens erraten, nicht aber mit

Hilfe unserer Kenntnis der Bedeutung seiner Teile und ihrer Fügungsweisen erschließen. Diese Annahme scheint auf eine sehr offensichtliche Weise absurd zu sein, folglich sollte es möglich sein, eine im erörterten Sinne ›systematische‹ Bedeutungstheorie für natürliche Sprachen (oder vorsichtiger: ein systematisches Verständnis ihrer Bedeutungsseite) zu entwickeln.

Nun haben wir in diesem ersten Anlauf von der ›Bedeutung‹ noch in einem ungenauen, am vorwissenschaftlichen Gebrauch orientierten Sinne gesprochen. Um nachzuvollziehen, wie Dummett zu Freges ›Sinn‹ als Kennzeichnung derjenigen Ebene kommt, die für ein systematisches Verständnis der Komplexität entscheidend ist, können wir, von einer vorgestellten konkreten Gebrauchssituation ausgehend, schrittweise dasjenige ausgrenzen, was mit ›Bedeutung‹, wenn davon gesprochen wird, sie werde systematisch erschlossen, *nicht* gemeint ist. Nicht gemeint sein kann die Bedeutung im Sinne der kommunikativen Bedeutsamkeit einer bestimmten konkreten *Äußerung* eines Satzes (›token‹), bezogen auf die konkreten Kommunikationspartner, ihre gemeinsame Geschichte und ihre aktuelle Situation. Solche ›Äußerungsbedeutungen‹ (›utterance meanings‹[13]) variieren normalerweise sehr stark; so kann z.B. eine bestimmte Äußerung des Satzes ›du siehst N. ähnlich‹ ein Kompliment sein, eine andere Äußerung desselben Satzes aber eine versuchte Kränkung oder die Formulierung eines Verdachts über verheimlichte Abstammungsverhältnisse, etc., etc. Die Bedeutung in diesem Sinne nennt Dummett den ›Witz‹ (»the point«) einer Äußerung,[14] und wollte man den Hinweis Wittgensteins, auf der Suche nach der Bedeutung sei es oft lohnend, auf den Gebrauch zu schauen, so verstehen, daß er sich auf den Gebrauch im Sinne dieses ›Witzes‹ bezieht, dann kann diese Ebene der Bedeutung offenbar nicht mit derjenigen zusammenfallen, auf der das Erschließen einer Satzbedeutung aus den Bedeutungen und Fügungsweisen der Teile erfolgt, denn der Witz einer Äußerung läßt sich allein daraus gerade nicht erschließen.

13 Grice 1968   14 Dummett 1979, S. 124

Einen weiteren, ebenfalls einschränkenden Schritt in Richtung auf den ›Sinn‹ tut Dummett, wenn er (an Frege, nicht an Searle anknüpfend) darauf besteht, man solle die Frage, was für eine illokutive Rolle die Äußerung eines für sich betrachteten Satzes eines bestimmten Typs normalerweise spiele, nicht zusammenfallen lassen mit der Frage nach der Bedeutung der Sätze dieses Typs. Auch hier gehe eine nötige Differenzierung verloren, wenn wir die Maxime ›Bedeutung ist Gebrauch‹ so verstehen wollten, daß mit dem Ausdruck ›Gebrauch‹ die illokutive Rolle gemeint ist, die den Sätzen des betrachteten Typus im Normalfall zugeordnet ist. Die Differenzierung, die verlorenzugehen droht, ist die zwischen dem illokutiven Gebrauch und dem ›Sinn‹, und Dummetts Grund, sich dagegen zu wenden, ist seine Überzeugung, daß es diese Sinnebene ist, auf der allein wir bislang in der Lage sind, semantische Komplexität zu behandeln.

Was spricht dagegen, die Komplexität auf der Ebene der illokutiven Rollen zu behandeln und die Maxime ›Bedeutung ist Gebrauch‹ so zu deuten, daß sie sagt: Die Bedeutung eines Satztyps ist der dem Typ zugeordnete illokutive Gebrauch; und die Bedeutung eines Wortes (als Typ) ist der Beitrag, den es dazu leisten kann, daß der Satztyp, in dem es auftritt, zu jenem illokutiven Gebrauch geeignet ist? Dummett nennt zwei Fakten, die in seinen Augen gegen eine solche Bindung des Begriffs der Bedeutung an die illokutive Rolle des jeweiligen vollständigen Satzes sprechen und deshalb die Rede von einer weiteren Ebene, der des ›Sinnes‹, nötig machen: die Existenz logisch komplexer Sätze und die Existenz inhaltlicher und syntaktischer Verwandtschaftsverhältnisse zwischen Sätzen mit verschiedenen illokutiven Rollen.

Zwei Sätzen, die den logisch komplexen Schemata ›wenn A, so B‹ und ›A oder B‹ entsprechen, wird man ihrer Form nach (da sie z. B. keine Fragezeichen enthalten) beiden die illokutive Rolle einer Behauptung zuordnen; wer einen dieser Sätze äußert, wird, soweit dies an der Satzform ablesbar ist und nicht an besonderen Umständen der Äußerungssituation, damit eine Behauptung zum Ausdruck bringen, deren spezieller Inhalt die Bedeutung des komplexen Satzes ist. Die Bedeutungen der beiden komplexen Sätze können daher durch ihren jeweiligen Gebrauch gekennzeichnet werden; illokutive Rolle und Bedeutung sind hier nicht getrennt: Die Bedeutung des Satzes ist jeweils sein Gebrauch. Für eine systematische Bedeutungstheorie muß sich nun die Bedeutung eines komplexen Satzes aus der Bedeutung und der Art der Zusammensetzung der Teile ergeben. Setzen wir Bedeutung mit illokutivem Gebrauch gleich, müßte auch für die Teilsätze ›A‹ und ›B‹ gelten, daß ihre Bedeutung, die zur Bedeutung des jeweiligen komplexen Satzes etwas beiträgt, ebenfalls ihr illokutiver Gebrauch ist, soweit er ihrer Form zugeordnet werden kann. Betrachtet man aber einen von ihnen allein und versucht, ihm in diesem Sinne einen Gebrauch zuzuordnen, so wird man ihn aufgrund seiner durch die Form signalisierten Rolle als eine Behauptung bezeichnen müssen. Wenn nun keine andere Weise, den Teilsätzen eine Bedeutung zuzuordnen, zur Verfügung steht als diejenige der Zuordnung eines an der Form ablesbaren, ihnen isoliert zukommenden Gebrauchs, müßte man jetzt sagen, die Sprechhandlung desjenigen, der einen der komplexen Sätze geäußert hat, bestehe aus zwei Behauptungen, nämlich den Teilhandlungen der Behauptung von ›A‹ und der Behauptung von ›B‹, und diese beiden Teilhandlungen seien auf zwei unterschiedliche, noch aufzuklärende Weisen miteinander verbunden, die durch die logischen Junktoren angezeigt würden. Dies ist nun aber bei den genannten Sätzen nicht der Fall; wer ›wenn A so B‹ behauptet, hat damit nicht auch die Teilhandlung der Behauptung von ›A‹ vollzogen, und wer ›A oder B‹ behauptet, hat nicht zwei Teilbehauptungen, ›A‹ und ›B‹, aufgestellt. Dieser Sachverhalt läßt sich auch durch die Aussage beschreiben, es werde der der Form zugeordnete *Gebrauch* der Teilsätze *als Behauptungen*, ihr illokutiver Charakter, bei logisch komplexen Sätzen bei der Verwendung fast aller Junktoren suspendiert; eine logisch komplexe Behauptung ist nur im Fall des Junktors ›und‹ eine Verkettung mehrerer Behauptungen.

Wenn nun auf systematische Weise die Bedeutung eines komplexen Satzes aus den Bedeutungen seiner Teile erschlossen werden, so muß dabei nicht nur den einzelnen (hier nicht dargestellten) Wörtern, sondern auch den Teilsätzen eine Bedeutung zugeordnet werden, die als Komponente, als zu berücksichtigende Information, in den Prozeß der Erschließung der Gesamtbedeutung eingehen kann. Diese Bedeutung kann aber in den genannten Fällen, wie oben gezeigt, nicht ihr Gebrauch *als Behauptung* sein; die Bedeutung der Teilsätze geht nicht so in den komplexen Satz ein, daß er einen Komplex aus mehreren Behauptungen bildet (wie im Falle des logische Junktors ›und‹).[15] Will man also beschreiben, welchen Beitrag die Bedeutung der Teilsätze bei der Konstituierung der Bedeutung des ganzen Satzes leisten, so muß man von ihrer Bedeutung auf eine Weise sprechen können, die absieht von der illokutiven Rolle, die der Satz seiner Form nach signalisiert und die er auch spielt (die die Weise seines Gebrauchs ausmacht), wenn er allein auftritt (und wenn man von den besonderen Verwendungsumständen, also vom ›Witz‹ seiner Äußerung, absieht). Es ist diese Art, über Bedeutungen zu sprechen, für die Dummett den Begriff des ›Sinnes‹ benutzt.

Dem entspricht die intuitive Überlegung, man könne die Bedeutung eines Teilsatzes oder sogar eines Satzteils in einem eingeschränkten Sinn ›verstanden‹ haben (etwa von ›A‹ in ›A oder B‹ oder von ›schwitzt‹ in ›Hippokrates schwitzt‹), ohne den übrigen Teil des Satzes gehört zu haben, also auch ohne die illokutive Rolle des komplexen Satzes angeben zu können. Der fragliche Teilsatz ist dann noch kein »Mittel der Verständigung«,[16] trotzdem kann man aber sagen, man habe ihn verstanden. Dieses Verstehen eines ›Inhaltes‹ oder ›Sinnes‹ scheint sich also von allen Erwägungen, die den Gebrauch des gehörten Satzes zum Vollzug eines bestimmten Sprechaktes betreffen, abtrennen zu lassen. Dieser intuitiven Vorstellung von der Bedeutung eines Teilsatzes entspricht auch die Tatsache, daß wir sagen, in zwei logisch komplexen Sätzen ›A und B‹ und ›wenn A so C‹ habe der hier als gleichlautend unterstellte Teilsatz ›A‹ dieselbe Bedeutung, obwohl ›A‹ im ersten der komplexen Sätze behauptet wird, im zwei-

15 Vgl. Freges Bemerkung zu den ›Taten des Urteilens‹ und Wittgensteins Erörterung einer komplexen Handlung nach dem Muster des ›Singens nach Noten‹ (oben, Kap. IV, Anm. 31).
16 Wittgenstein 1953, § 22. Vgl. oben, Kap. IV, S. 301

ten aber nicht. Ohne diese Unterstellung könnte die Möglichkeit nicht verständlich gemacht werden, aus den beiden Sätzen logisch auf C zu schließen.

Sein zweites Argument für die Abtrennung einer eigenen Sinn-Ebene vom ›Gebrauch‹ eines Satzes im Sinne seiner illokutiven Rolle gewinnt Dummett unter Verweis auf die Tatsache, daß es Sätze verschiedener illokutiver Rollen gibt, die dieselben Wörter enthalten, und deren syntaktische Fügungsweisen zueinander, wie er sich behutsamerweise ausdrückt,[17] in einem systematischen Verhältnis stehen. Betrachtet man das Satzpaar ›ich befehle dir, die Katze zu füttern‹ und ›ich verbiete dir, die Katze zu füttern‹, so entspricht es unserem naiven Verständnis von ›Bedeutung‹, zu sagen, die in beiden Sätzen auftretende Wendung ›die Katze zu füttern‹ hätte eine bestimmte, in beiden Sätzen gleiche Bedeutung, obwohl die illokutiven Rollen der beiden ganzen Sätze verschieden sind. Diese Gleichheit ist mehr als ein irrelevanter oder nur die Wörter betreffender Gleichklang; er betrifft auch die inhaltliche Gefügtheit der Wörter. Die Gleichheit ist aber weniger als die Gleichheit einer illokutiven Rolle (die es hier gar nicht gibt); sie ist nach Dummett die Gleichheit des *Sinnes* des komplexen Teilausdrucks (hier: ›die Katze zu füttern‹), der sich so abermals als von der illokutiven Rolle des ganzen Satzes unabhängig zu erweisen scheint.

Was ist nun dieser fregische ›Sinn‹ nach Dummetts Verständnis, der weniger ist als der situationsbezogene kommunikative ›Witz‹ (›point‹) einer konkreten vollständigen Äußerung, aber auch weniger als der ›Gebrauch‹ eines Satz-Typs im Sinne der ihm in einem unterstellten Regelfall zugeordneten illokutiven Rolle? Über Frege hinausgehend (aber in Übereinstimmung mit dessen oben zitierten Andeutungen, über den Sinn eines Ausdrucks zu reden, heiße, über seinen

17 Dummett 1976, S. 73. – Diese Ausage ist vorsichtiger und genauer als diejenige Searles, wenn er, ohne auf die syntaktischen Eigenschaften des gewählten Ausdrucksmittels Bezug zu nehmen, sagt, wenn zwei Sprechhandlungen dieselbe Referenz- und dieselbe Prädikationshandlung enthielten, drückten sie dieselbe Proposition aus. (Searle 1969, S. 29) Vgl. Schneider 1979 und unten, S. 416ff.

»Gebrauch als Zeichen« zu sprechen, und ebenfalls in Übereinstimmung mit der pragmatischen Grundorientierung Wittgensteins), verlangt Dummett von der Angabe des Sinnes eines Ausdrucks nicht den Verweis auf eine Entität in einem besonderen ontologischen Bereich, sondern die Charakterisierung derjenigen sprachlichen Handlungsfähigkeit, die ein Sprecher haben muß, dem wir die Kenntnis des Sinnes zuschreiben. Dies ist für Dummett die Fähigkeit, einen Gedanken zum Ausdruck zu bringen, die sich aus den Teilfähigkeiten ergibt, einerseits einen Gegenstand mit Hilfe eines Namens oder einer Kennzeichnung zu nennen und andererseits dem so herausgehobenen Gegenstand mit Hilfe eines ›ungesättigten‹ Begriffsausdrucks einen Begriff zuzuordnen, von dem erwogen wird, ob der Gegenstand unter ihn falle. Zusammen drücken die sprachlichen Ausdrücke also den Gedanken aus, jener Gegenstand falle unter diesen Begriff, – auch wenn der Gedanke nur ins Auge gefaßt und nicht als wahr beurteilt wird, weil sein Ausdruck als Teil in den Ausdruck eines komplexen Gedankens eingeht oder ein Teil eines komplexen Ausdrucks ist, der als ganzer eine andere als eine behauptende Rolle hat.

Bei diesem Verständnis ist die Sinnebene stets mit der Frage nach der Wahrheit verknüpfbar; hier wird die Rede vom ›Inhalt‹ beliebiger Sätze so verstanden, daß dort, wo sich von einem Inhalt sprechen läßt, stets zur Debatte steht, ob ein Gegenstand unter einen Begriff fällt; und diese Frage erscheint als verschieden sowohl von der Frage, welche illokutive Rolle der ausgedrückte Inhalt in bestimmten Satztypen normalerweise spielt, als auch erst recht von der Frage, welchen ›Witz‹ eine konkrete, situierte Äußerung eines Satzes eines bestimmten Typs hat. Die inhaltliche Komplexität eines Satzes wird bei diesem Verständnis also stets nach demselben Schema erklärt und verstanden, und auch der Bezug der verschiedenen illokutiven Rollen zu den verschiedenen Inhalten wird als eine in dem Sinne ›systematische‹ Beziehung angenommen, daß ein bestimmtes Rollensignal, etwa das der Frage, beliebige Inhalte stets auf parallele Weise aufnimmt und zu einer illokutiven Gesamtbedeutung verbindet. Ist die sprachliche Komplexbildung auf diese Weise inhaltlich und nach einheitlichen Prinzipien gedeutet, dann wird plausibel, wie der Hörer den Sinn eines erstmalig gehörten Satzes aus dem Sinn der Teile erschließen kann. Zu diesem Erschließen gehört, wie bereits erörtert, insbesondere die richtige Auffassung des Sinnes der Teilgedanken, die nur formuliert, erwogen, nicht aber behauptet werden. Daß es dieses bloße Erwägen gibt und z. B. die Möglichkeit, einen Gedanken zu formulieren, der einen Sachverhalt ausdrückt, der erst hergestellt werden soll, dessen Bestehen folglich gerade nicht behauptet wird, ist für Dummett der Grund, von einer Ebene des Inhalts oder ›Sinnes‹ auf einer vor-illokutiven Ebene zu sprechen.

Man kann allerdings leicht sehen, daß diese Weise, über den Sinn zu sprechen, von der Reflexion auf illokutive Rollen nicht *völlig* frei ist und auch nicht zu sein braucht. Will man nicht die Möglichkeit des bloßen Ausdrückens eines Gedankens in einem Prozeß postulieren, der keine Handlung ist, sondern ein Geschehnis vom Typus einer passiven Widerspiegelung, zu deren Begriff es nicht gehört, sinnvoll auf andere Personen und andere Handlungen bezogen zu sein, so ist es einleuchtend, sich vorzustellen, illokutive Rollen, die zunächst mit jedem ›Zug im Sprachspiel‹ verbunden sind, könnten unter gewissen Umständen suspendiert werden, aber so, daß die dadurch ermöglichte Sprechhandlung wiederum ein sinnvoller Zug in einer Aktivität ist, die auf andere Handlungen und Personen bezogen ist, wie z. B. die Aufforderung, zu einem formulierten Gedanken als einer positiven oder negativen Möglichkeit zu handeln Stellung zu beziehen. Wer auf diese Weise einen Inhalt zum Ausdruck bringt, würde seiner Äußerung keine bestimmte illokutive Rolle zuordnen, insofern aber der Ausdruck eines Gedankens eine sinnvolle *Handlung* sein soll, muß auch in diesem Fall ein ›Zug im Sprachspiel‹ vorliegen, ein Kontext, der den Handlungscharakter ausmacht und die Äußerung von einem bloßen Geschehnis (wie der Spiegelung des Sonnenuntergangs in den Augen des Sprechers) unterscheidet.

Dummett verknüpft die Möglichkeit, eine solche Ebene des Sinns von den Ebenen der illokutiven Rolle und des ›Witzes‹ einer Äußerung zu unterscheiden, mit der Möglichkeit, in

einem sehr allgemeinen Sinn von der Sprechhandlung einer
»assertion« zu sprechen, der Handlung, einen ausgedrückten
›beurteilbaren Inhalt‹ als wahr zu behaupten. Dies ist plausibel, wenn man voraussetzt, daß wahrheitsfähige Inhalte im
einfachsten Fall stets in der Form auftreten, daß auf einen
Gegenstand referiert wird, von dem dann etwas prädiziert
wird; ›einen Gedanken fassen‹ (und also ›einen Sinn ausdrücken‹) ist so mit der Behauptung der Wahrheit dieses
Gedankens zwar nicht identisch, aber aufs engste verbunden. Aus der Sicht einer sprechhandlungstheoretischen Interpretation der Logik Freges muß man sagen: Die Handlungen des Referierens und des (behauptenden) Prädizierens
machen erst verständlich, was es heißt, einen Gedanken bloß
zu fassen; sie ermöglichen erst die Rede von einer illokutiv
neutralen Ebene des Sinnes. Dummetts These lautet nun:
Wenn es nicht möglich ist, in einem allgemeinen, die ganze
Sprache durchziehenden Sinn von der Behauptung (›assertion‹) eines Inhaltes zu sprechen und die Frage, was mit
diesem Inhalt auf der Stufe des Gebrauchs (der illokutiven
Rolle und des ›Witzes‹) angefangen wird, davon deutlich zu
trennen, dann haben wir im Augenblick keinerlei Anhaltspunkte dafür, wie eine systematische Bedeutungstheorie
möglich sein könnte. In Wittgensteins Leugnung der ›Mitteilung‹ sieht Dummett eine Leugnung dieses allgemeinen
Begriffs einer Behauptung und daher die Leugnung der
Möglichkeit einer systematischen Bedeutungstheorie.

3. Wittgenstein über die ›Mitteilung‹

Diese Leugnung einer allgemeinen Sprechhandlung der
›Mitteilung eines Inhaltes‹ findet sich nach Dummetts Interpretation bei Wittgenstein an mehreren Stellen in den »Philosophischen Untersuchungen«;[18] zentral ist für ihn der
§ 363, auf dessen Kontext wir zunächst kurz eingehen wollen. Wittgenstein behandelt die Weise, wie wir ›über Emp-
findungen reden‹, insbesondere die von der Sprache nahege-

18 Dummett nennt §§ 22f., 304, 317 und 363; Dummett 1981 b,
S. 40 f.

legte Vorstellung, eine Empfindung sei etwas, was jemand
›hat‹ oder nicht ›hat‹. Diese Vorstellung nennt er ein ›Bild‹,
und er betont, daß es ein Irrtum wäre zu meinen, mit diesem
Bild wisse man, ›worum es sich handelt‹, oder kenne man,
mit Frege gesprochen, den ›Gegenstand‹, von dem die Rede
sein soll, so daß man dann nur noch feststellen müsse, ob die
betreffende Person das, worüber gesprochen werde, nun
wirklich habe oder nicht, ob der Gegenstand unter einen
bestimmten Begriff falle (§ 353). Es ist für unsere Zwecke
nicht nötig, zu untersuchen, ob Wittgensteins Verständnis
auf den Gesamtbereich unserer ›Empfindungssprache‹ zutrifft; dies scheint eher unplausibel. Es genügt hier, wenn es
Fälle gibt, für die wir seine Sicht akzeptieren müssen.

Er wirft dann einen Blick auf die Wendung ›im Innern zu sich
selbst sprechen‹ und betont, daß wir sie nicht lernen, indem
uns gesagt wird, ›was da vorgeht‹: Wie im Fall der Empfindung wird nicht auf einen Gegenstand, auf eine Tätigkeit
oder auf einen Prozeß gezeigt, ›um den es sich handelt‹ und
über den, als einen uns nunmehr bekannten Gegenstand, wir
dann sprechen. Die Inadäquatheit der Vorstellung des ›Zeigens auf etwas‹ rührt dabei nach Wittgensteins Meinung
nicht daher, daß uns beim Erlernen der Sprache dieser Gegenstand oder Prozeß von der Person, von der wir die
Sprache lernen, wegen seiner Unzugänglichkeit für ›Außen-
stehende‹ nicht vorgezeigt werden kann. Es ist nach Wittgensteins Auffassung nicht so, daß wir uns die richtige
hinweisende Erklärung für den Ausdruck selbst geben könnten, wenn wir den hier fingierten Sprachlehrer korrekt verstehen, da das Wort ja auf einen uns ›privat‹ zugänglichen
Prozeß verweist. Vielmehr ist Wittgenstein zufolge eine Beschreibung solcher sprachlicher Handlungen, die sie als Fälle
von einem ›über-etwas-Reden‹ deutet, irreführend, weil die
grammatischen Formen, auf die diese Beschreibung sich
stützt, in den betrachteten Fällen projektiv verwendet werden, in dem Sinne, den wir im letzten Kapitel herausgearbeitet haben.

Wenn wir eine Geschichte z. B. mit den Worten beginnen ›als
ich bemerkt hatte, daß mir die Verkäuferin zu viel Wechsel-
geld herausgegeben hatte, *sagte ich mir innerlich*, »sie wird es

bei der Abrechnung aus dem eigenen Beutel bezahlen müssen«, dann ist dieser Bericht nicht eine Mitteilung über ein inneres Selbstgespräch, die vergleichbar wäre der Information über einen inneren Prozeß, die wir z. B. mit der Erzählung eines Traumes geben.[19] Es wird nicht wirklich über eine innere Handlung oder ein inneres Widerfahrnis gesprochen; es ist nicht sinnvoll, zu fragen, ob sie tatsächlich so ausgeführt wurde, in diesen Worten, ob sich der Berichtende bezüglich eines Details vielleicht falsch erinnert (benutzte er, als er zu sich sprach, wirklich das Wort ›Beutel‹ und nicht ›Portemonnaie‹?), etc. Sondern der Sprecher erläutert seinem Hörer gegenüber in einem neuen, in die Zukunft weisenden Sprachspiel, wie er das, was er getan hat, verstanden haben möchte, und dies tut er, indem er das *Bild* des Selbstgesprächs benutzt: Statt z. B. zu sagen ›um eine Erläuterung meiner damaligen Handlung gebeten, antworte ich *jetzt* mit der Rückfrage an meinen Gesprächspartner, wer denn wohl für den entstandenen Schaden hätte aufkommen müssen‹, benutzt er das Bild eines bereits damals abgelaufenen ›inneren‹ Monologs. Er drückt damit aus, daß er sich auch damals so verstanden hat, wie er es mit seiner Rückfrage, d. h. mit seiner Fortsetzung der Interaktion, anzeigt. Dies ›sich-Verstehen‹ ist aber, entgegen dem vom sprachlichen Ausdruck vermittelten äußeren Anschein, nach Wittgenstein im hier unterstellten Fall nicht mit einer inneren Handlung, einem verborgenen Vorgang, Prozeß oder Gegenstand verbunden, ›über‹ den gesprochen wird, wenn der Sprecher sein Selbstverständnis zu erkennen gibt.

Auf solche Fälle bezogen, ist Wittgensteins Argumentation durchaus plausibel, und mit vielen anderen Empfindungsausdrücken verhält es sich ähnlich. Auch ein Satz wie ›ich habe seine Antwort als Ausweichmanöver (als ungerecht, als verletzend) empfunden‹ bezieht sich nicht auf die Empfindung als einen inneren Zustand oder Gegenstand, sondern er formuliert eine mit dem eben erörterten Fall vergleichbare Form einer Situationsdeutung. Wir sind im alltäglichen Umgang in der Lage, solche Ausdrucksweisen richtig zu gebrau-

---

19 Damit wird nicht ausgeschlossen, daß es *neben* solchen Fällen auch andere gibt, in denen jemand *wirklich* ›mit sich selbst spricht‹.

chen; wir gehen nach Wittgensteins Auffassung aber in die Irre, wenn wir, unter Mißachtung des Projektionsschrittes, aus der Tatsache, daß es eine sinnvolle Verwendung für sie gibt, schließen, hier werde über den ›inneren Gegenstand Empfindung‹ auf ähnliche Weise gesprochen, wie man über den ›inneren Gegenstand des Traums‹ sprechen kann, oder es werde über die innere Handlung ›zu sich selbst sprechen‹ so geredet wie über eine äußere Handlung des Typus ›sich selbst die Haare schneiden‹. Wenn wir Freges Terminologie hier außer acht lassen und uns nur am alltäglichen Sprachgebrauch orientieren, erscheint es in keiner Weise unpassend, zu sagen, ein solcher Irrtum würde den ›Sinn‹ oder den ›Inhalt‹ der betrachteten Ausdrücke betreffen, und zwar den Sinn des Satz-Typs, nicht die Vielfalt im Bereich des ›Witzes‹ einzelner situierter Äußerungen (›tokens‹) dieses Satzes.

In diesem Kontext tritt nun der für Dummetts Argumentation wichtigste Paragraph 363 auf, der wegen der Folgen, die sich aus seiner Deutung ergeben, hier ganz zitiert sei:

»›Wenn ich mir etwas vorstelle, so *geschieht* doch wohl etwas!‹ Nun, es geschieht etwas – und wozu mache ich dann einen Lärm? Wohl dazu, was geschieht, mitzuteilen.- Aber wie teilt man denn überhaupt etwas mit? Wann sagt man, etwas werde mitgeteilt?- Was ist das Sprachspiel des Mitteilens?

Ich möchte sagen: du siehst es für viel zu selbstverständlich an, daß man einem etwas mitteilen kann. Das heißt: Wir sind so sehr an die Mitteilung durch Sprechen, im Gespräch, gewöhnt, daß es uns scheint, als läge der ganze Witz der Mitteilung darin, daß ein andrer den Sinn meiner Worte -etwas Seelisches- auffaßt, sozusagen in seinen Geist aufnimmt. Wenn er dann auch noch etwas damit anfängt, so gehört das nicht mehr zum unmittelbaren Zweck der Sprache.

Man möchte sagen ›Die Mitteilung bewirkt, daß er *weiß*, daß ich Schmerzen habe; sie bewirkt dies geistige Phänomen; alles Andere ist der Mitteilung unwesentlich.‹ Was dieses merkwürdige Phänomen des Wissens ist – damit läßt man sich Zeit. Seelische Vorgänge sind eben merkwürdig. (Es ist, als sagte man: ›Die Uhr zeigt uns die Zeit an. *Was* die Zeit ist, ist noch nicht entschieden. Und *wozu* man die Zeit abliest – das gehört nicht hierher.‹)«

Der hier am Anfang diskutierte Ausdruck ›ich stelle mir vor‹ legt wie die oben erörterten Wendungen ›im Innern zu sich selbst sprechen‹ und ›etwas als etwas empfinden‹ die Deutung nahe, er bezeichne eine Handlung, einen Vorgang oder einen Prozeß (»...so geschieht doch wohl etwas...«), und auch hier hält Wittgenstein diese Deutung für falsch. Wer zu jemandem sagt ›stell dir vor, wir wären jetzt auf den Kanarischen Inseln!‹ fordert ihn nicht zu einer inneren Handlung auf; entsprechend ist auch ein Bericht über eine Vorstellung keine Mitteilung darüber, daß ein innerer Vorgang stattgefunden hat oder eine innere Handlung vollzogen wurde. Wittgenstein leugnet also, daß wir uns mit einem Satz der Art ›ich hatte mir den Rheinfall viel größer vorgestellt‹ auf einen Gegenstand, auf einen im Prinzip datierbaren und in seinen Einzelheiten beschreibbaren ›inneren Vorgang‹ beziehen, über dessen Auftreten in einer unbestimmt gelassenen Vergangenheit wir mit dem Satz eine Mitteilung machen, den wir nennen und von dem wir sagen, er falle unter einen bestimmten Begriff.

Den von Dummett für seine Interpretation besonders hervorgehobenen mittleren Abschnitt des zitierten Paragraphen können wir unter Berücksichtigung des geschilderten Kontextes nun so verstehen: Wittgenstein möchte gewiß nicht leugnen, daß unter den sprachlichen Handlungen *auch* Mitteilungen vorkommen, aber er kritisiert die Vorstellung als unangemessen, daß die Sprache dort, wo ein Subjektausdruck und ein Prädikatausdruck in einem assertorischen Zusammenhang auftreten, stets auf *ein und dieselbe* Weise funktioniere, nämlich so, daß *mitgeteilt* werde, d.h. daß der Gedanke formuliert (der Inhalt ausgedrückt) werde, der mit dem Subjektausdruck benannte Gegenstand falle unter den mit dem Prädikatausdruck formulierten Begriff, und daß man daher stets sagen könne, die noch verbleibenden Unterschiede beträfen (wenn wir an einen nicht-komplexen Satz im grammatischen Modus der Assertion denken) erstens die Verschiedenartigkeit der Gegenstände, über die etwas zum Ausdruck gebracht werde; beträfen zweitens den Inhalt dessen, was über sie mitgeteilt werde; beträfen (auf zwei ganz anderen Ebenen, die von der des Sinnes abtrennbar sind) drittens eine der Äußerung ihrer Form nach typischerweise zukommende illokutive Rolle, sowie schließlich viertens den besonderen ›Witz‹ gerade dieser Äußerung in dieser Situation.

Wenn Wittgenstein nun kritisch sich gegen die naheliegende Auffassung wendet, »…daß es uns scheint, als läge der ganze Witz der Mitteilung darin, daß ein anderer den Sinn meiner Worte…auffaßt«, interpretiert Dummett ihn so, als wolle er sagen, daß es einen Aspekt, der sich als ein ›Auffassen des Sinnes‹ beschreiben läßt, im vorliegenden Fall *gar nicht* gebe. Deuten wir das ›Auffassen des Sinnes‹ als ›Wissen, um welchen Gegenstand es sich handelt und wie er mit einem Begriff charakterisiert wird‹, dann ist das auch der Fall. Liest man den Abschnitt aber so, daß das zweite Wort in »der *ganze* Witz« betont und zum nachfolgenden Satz in Beziehung gesetzt wird, der die Wendung enthält »…wenn er dann auch noch etwas damit [nämlich mit dem ›Sinn meiner Worte‹; H.J.S.] anfängt«, kann man diese Stelle auch so deuten: Zwar müssen wir den Sinn der einzelnen Worte auffassen (dazu müssen wir einige Fälle ihres Gebrauchs kennen) und wir müssen diese Worte auch der Absicht des Sprechers gemäß aufeinander beziehen (dazu müssen wir einige Fälle des Gebrauchs der vorliegenden Komplexbildungsweise kennen). Aber einen Fehler würden wir machen, wenn wir dieses Auffassen des Sinnes der Worte und ihrer Beziehungen zueinander in den hier erörterten Fällen dem grammatischen ersten Anschein folgend so betrachten würden, als bestehe es aus dem richtigen Verständnis davon, was der sprachunabhängig verfügbare Gegenstand ist, über den eine Mitteilung gemacht wird, und außerdem dem Verständnis dessen, was über diesen Gegenstand mitgeteilt oder zum Ausdruck gebracht werde. Unser grammatisches Verständnis führt uns folglich in den hier zum Problem erhobenen Fällen zwar so weit, daß wir sagen können, welches der *grammatische* ›Gegenstand der Aussage‹ ist und was (im *grammatischen* Sinne) über ihn ausgesagt werde. Dies grammatische Verständnis führt allein aber noch nicht dazu, daß wir sagen können, wir hätten den ausgedrückten (mitgeteilten) Gedanken verstanden. Sätze der Art ›ich hatte mir den Rheinfall viel größer vorgestellt‹ dienen, wie ausgeführt, nach Wittgensteins Auffassung *nicht* dazu, über einen vergangenen inneren Vorgang eine Mitteilung zu machen. Sie sollen nicht bewirken, daß der Hörer jetzt etwas über einen solchen Vorgang weiß, was er vorher nicht wußte (auch nicht in einem ersten Schritt, von dem später noch ein besonderer, der illokutiven Rolle oder dem situationsspezifischen ›Witz‹ entsprechender Gebrauch gemacht wird). In diesem Sinne sollen sie den Hörer nicht damit bekannt machen, daß ein bestimmter Gegenstand unter einen bestimmten Begriff fällt, obwohl die sprachliche Form dies nahelegt und eine parallele Aussage in einem nur grammatischen Verständnis von ›Gegenstand‹ und ›Begriff‹ wahr ist.

Daß Wittgenstein gleichzeitig die Frage anspricht, ob das Auffassen des Sinnes und das Wissen selbst ›geistige Phänomene‹ sind, und was das heißt, kompliziert seinen Gedankengang. Für unseren Kontext ist daran allein seine Absicht von Interesse, die Universalität einer abtrennbaren Handlung des reinen Ausdrückens (und parallel dazu: des reinen Auffassens) eines Inhaltes zu leugnen. Nur wenn es solche stets gleichbleibenden Handlungen immer geben würde, wäre die Frage, welchen kommunikativen Sinn der Ausdruck eines Inhalts habe, stets abtrennbar von der Frage, um welchen Inhalt es sich handle. Wittgenstein verweist dagegen auf die Möglichkeit, daß ein Hörer einen Satz grammatisch richtig versteht, daß dies Verständnis aber noch nicht heißt, daß er auch einen ausgedrückten Gedanken, eine formulierte Mitteilung, erfaßt hat.

Da Wittgenstein im vorliegenden Fall die Trennung einer Handlung des Auffassens des Sinnes einer Äußerung, des bloßen Verstehens einer Mitteilung (eines Inhaltes), von einer zweiten Handlung, die darin besteht, ›etwas mit dem Mitgeteilten anzufangen‹, gerade für verfehlt erklärt, ist der im Text folgende Hinweis auf das etwas-damit-Anfangen nicht so zu deuten, daß er auf einen eigenen Schritt verweist, der erst nach dem Verstehen des Sinnes vollzogen würde. Wohl aber kann dieser Hinweis als ein Fingerzeig gelesen werden, der darauf deutet, auf welche Weise man nach dem ›Sinn‹ der Äußerung zu suchen hätte (als *type*, nicht als *token* betrachtet), wenn man Wittgensteins Meinung folgt, daß ihre Deutung als eine Mitteilung über einen geistigen

Vorgang verfehlt ist. Hier werden wir z. B. auf das verwiesen, was oben die ›Artikulation eines Situationsverständnisses‹ hieß: Man muß sehen, was man mit einer Äußerung z. B. des Typus ›ich hatte mir den Rheinfall viel größer vorgestellt‹ *anfangen kann*, um den Sinn des geäußerten Satzes richtig aufzufassen.

Hat man eine solche Deutung für die Gesamtäußerung, dann kann man sich die Frage vorlegen, auf welche Weise in unser Verständnis der Äußerung ein Verständnis ihrer Teile und ihrer Gefügtheit eingeht, und welche Rolle dabei das Verständnis der Form des ›etwas-über-etwas-Sagens‹ auch in den Fällen spielt, die Wittgenstein erörtert. Diese Frage nach dem Verständnis der Teile war für Dummett der Kontext, in dem er meinte, auf die Ebene des Verstehens eines fregischen, illokutiv neutralen Sinnes nicht verzichten zu können. Die Streitfrage war also, ob der Blick auf das, was wir mit einer Äußerung anfangen können, stets als ein *zweiter* Schritt im Verstehen aufgefaßt werden kann, dem ein erster, vor-illokutiver Schritt vorhergegangen sein muß. Dummett ist dieser Auffassung, und für ihn ist dieser erste Schritt ein Verständnis des Sinnes, d. h. ein Verständnis des ausgedrückten (›mitgeteilten‹) Gedankens. Es ist aber die Möglichkeit einer solchen Trennung des Sinnes von einer weiter gefaßten Perspektive des Gebrauchs, die Wittgenstein für die erörterten Fälle gerade leugnet.

Da nun andererseits auch Wittgenstein kaum bestreiten kann, daß wir als Voraussetzung für ein richtiges Verstehen des ›Zuges im Sprachspiel‹ die Wörter und ihre Beziehungen zueinander verstehen müssen (auch wenn uns dies allein noch nicht bis zu einem Verständnis führt, das als ›die richtige Auffassung eines mitgeteilten Inhaltes‹ beschrieben werden kann), können wir die Frage aufwerfen, ob es in dieser Lage tatsächlich (wie Dummett meint, Wittgenstein lesen zu müssen) nur die Alternative zwischen einem Festhalten am fregischen ›Sinn‹ einerseits und seiner Preisgabe zugunsten eines ›Gebrauchs‹ gibt, der einen undifferenzierten Bereich umfaßt, der eher in Richtung ›Witz‹ weist und wegen seiner Unabsehbarkeit für das Komplexitätsproblem nichts austrägt. Eine dritte Möglichkeit könnte nämlich darin bestehen, eine zusätzliche Trennungslinie zu ziehen, die sowohl der Opposition Wittgensteins gegen das stets gleichbleibende ›Mitteilen‹ gerecht wird als auch der Argumentation Dummetts für eine Ebene, die (in vielleicht beschränktem Umfang), für das Komplexitätsproblem die Rolle von Freges ›Sinn‹ spielen kann.

Aufgrund der Überlegungen, die wir im vorangegangenen Kapitel zum Begriff der Projektion angestellt haben, liegt die folgende Deutung der Zusammenhänge nahe: Wenn man der Meinung ist, in den hier von Wittgenstein zum Problem erhobenen Fällen sei eine Ausdrucksform (›etwas über etwas mitteilen‹, ›von einem Gegenstand sagen, unter welchen Begriff er falle‹, ›über einen Gegenstand ein Urteil fällen‹) auf einen Anwendungsbereich *projiziert* worden, für den die in ihr steckende Zusammengehörigkeitsaussage nicht wörtlich genommen werden darf, enthält der dabei benutzte Begriff der Projektion die Teilbehauptung, daß ein Hörer die fragliche Ausdrucksform als ihm bekannt erkennen muß, damit er den Projektionsschritt vom alten zum neuen Anwendungsgebiet nachvollziehen kann. An einem oben erörterten einfachen Beispiel erläutert, heißt das: Wer ›er sagte gleichsam zu sich selbst‹ richtig verstehen will und nicht zufällig gerade diesen Ausdruck als ganze, idiomatische Wendung gelernt hat, muß zunächst einen Ausdruck wie z. B. ›er sagte zu sich selbst über…‹ grammatisch korrekt auffassen können und darf ihn mit einem Ausdruck wie ›er sagte über sich selbst zu…‹ nicht verwechseln. Es ist aber zugleich deutlich, daß er damit noch nicht das erfaßt haben müßte, was wir unterminologisch den ›Sinn‹ oder den ›Inhalt‹ des um das Wort ›gleichsam‹ erweiterten Ausdrucks nennen, und zwar auch dann nicht, wenn ihm das Wort ›gleichsam‹ aus anderen Kontexten geläufig ist. Es könnte sein, daß er selbst in dem Fall, daß er alle Wortbedeutungen und die grammatische Zusammengehörigkeit der Wörter richtig erfaßt hat, nicht in der Lage ist, ein einziges Beispiel für eine richtige Verwendung anzugeben oder zu fingieren. Deshalb könnte er niemandem den Sinn des Ausdrucks erklären und könnte ihn selbst nicht verwenden. Das erlaubt die Feststellung, in der gewöhnlichen, alltagssprachlichen Bedeutung des Wortes

›Sinn‹ kenne er den Sinn des fraglichen Ausdrucks nicht.

Wenn dies sich aber aus Wittgensteins Beobachtungen über den Vorgang der Projektion ergibt, können wir auch an dem von ihm erörterten Fall zwei Ebenen des Verstehens unterscheiden und damit zusätzlich zu den von Dummett aufgewiesenen Alternativen (Freges Sinn oder keine systematische Bedeutungstheorie) eine dritte Möglichkeit eröffnen. Auf der ersten Ebene des Verstehens geht es darum, daß der Hörer die einzelnen Wörter kennen und ihre grammatischen Beziehungen im Satz richtig sehen muß. Das bedeutet sowohl für die Wörter als auch für die grammatischen Formen, daß er für sie alle wenigstens *einige* Verwendungsweisen kennt. Dies kann man zum Ausdruck bringen durch die Aussage, es gehe für den Hörer darum, den ›Sinn der Worte‹ und ihren semantischen, d.h. ›sinnbezogenen‹ Zusammenhang richtig aufzufassen. Dazu gehört es, daß er erkennt, daß z.B. der Satz ›ich hatte mir den Rheinfall viel größer vorgestellt‹ grammatisch gleich gebaut ist wie ein (hier als beherrscht unterstellter) Satz der Art ›ich hatte mir die Kravatte viel fester gebunden‹. Es geht hier also um das Erkennen bzw. praktische Beherrschen der Unterscheidung von Subjekt, Prädikat, Objekt etc. Dies ist die erste Ebene, die in manchen Fällen auch die einzige ist.

Nun gibt es aber eine Fülle von Sätzen, bei denen dieses Verstehen auf der ersten Ebene nur eine notwendige und nicht auch schon eine hinreichende Bedingung für ein Verstehen des fraglichen Satzes ist, wenn damit die Fähigkeit gemeint ist, wenigstens eine Situation einer möglichen ›Verwendung‹ angeben zu können. Auf der hier notwendig werdenden zweiten Stufe geht es darum zu sehen, daß die ›Form der Darstellung‹ von einem Bereich sprachlichen Handelns auf einen anderen übertragen wurde, mit der Folge, daß nun die Form des Ausdrucks keine oder keine eindeutigen Rückschlüsse mehr darauf erlaubt, was für eine Art von Handlung mit dem Satz, dessen Form sie ist, ausgeführt werden kann. Diese Aussage bezieht sich auf die Ebene der ›types‹, nicht der ›tokens‹; es ist also nicht die Tatsache gemeint, daß man im konkreten Fall, in dem eine bestimmte Äußerung (›*token*‹) in einem Kontext gemacht wird, ihren kommunikativen, kontextbezogenen ›Witz‹ dem sprachlichen Wortlaut allein nicht entnehmen kann. Daß dies nicht möglich ist, ist trivial und gilt für alle Sätze. Ebenfalls nicht gemeint ist die Unzugänglichkeit der illokutiven Handlung auf dieser Ebene. Sondern was hier für denjenigen, der den Projektionsschritt nicht nachvollziehen kann, unzugänglich ist, ist der *gesamte* Bereich der Verwendungsmöglichkeiten des in Frage stehenden Satzes. Dies heißt insbesondere, daß es in diesem Fall auch nicht möglich ist, von einer Handlung zu sprechen, die man als ›Mitteilung eines Inhaltes‹ bezeichnen könnte, und die ein Hörer bereits dann richtig identifiziert hätte, wenn er ein korrektes grammatisches Verständnis des fraglichen Satzes hat. Wer den Projektionsschritt nicht kennt, kann nicht einmal sagen, der Satz bringe einen auf der Basis des grammatischen Verständnisses für ihn identifizierbaren Gedanken zum Ausdruck.

Diese bei Wittgenstein zumindest angedeutete Unterscheidung von zwei Ebenen, die mit der Weise, wie Dummett eine Trennungslinie zwischen Inhalt und Gebrauch zieht, nicht zusammenfällt, läßt sich auch an zwei Weisen erläutern, auf die man davon sprechen kann, jemand habe eine unvollständige Kenntnis des Sinnes eines Satzes (›*type*‹). Nehmen wir an, jemand kenne den Ausdruck ›Maultasche‹ nicht; wir können dann sagen, sein Verständnis des Satzes ›N. aß zu Mittag eine Maultasche‹ sei unvollständig; er kennt die übrigen Wörter und ihre Beziehungen zueinander (und zum ihm unbekannten Wort), und er hat in diesem Fall Recht mit der Annahme, daß der Satz mit dem ihm unbekannten Ausdruck ähnlich zu verwenden ist wie der Satz ›N. aß zu Mittag eine Bratwurst‹. Das schließt ein, daß er die korrekte Aussage machen kann, daß der fragliche Satz als Mitteilung verwendet werden kann (nicht muß); als Mitteilung darüber, was jemand am Mittag gegessen hat. Anders ist es aber beim Wort ›vorstellen‹; wer es nicht kennt und, von der grammatischen Form ausgehend, meint, der Sinn des Ausdrucks ›sich etwas vorstellen‹ sei ähnlich wie der des Ausdrucks ›sich etwas (z. B. eine Kravatte) binden‹, nur daß das Verb eben eine andere, ihm ohne die Hilfe eines Wörterbuchs gerade nicht erschließbare Tätigkeit bezeichne, der irrt sich auf die Weise, auf die Wittgenstein aufmerksam machen will. Er hat von der Art des Sinnes von ›sich etwas vorstellen‹ nicht ein unvollständiges Verständnis, dem nur die genauen Charakteristika der fraglichen Handlung fehlen, sondern er hat, wenn man das Wort ›Sinn‹ nicht gegenüber dem alltäglichen Verständnis einschränkt oder spezialisiert, noch *gar keine* Vorstellung vom Sinn dieses komplexen Ausdrucks. Sein Unverständnis betrifft nicht ein sekundäres Phänomen, nicht die verschiedenen Weisen des Gebrauchs eines Ausdrucks, die auch bei bekanntem Sinn noch zu unterscheiden sind, sondern ihm fehlt die Möglichkeit, überhaupt irgendeine mögliche Verwendungssituation der Art nach anzugeben.

Wittgensteins Überlegungen beziehen sich also nicht auf den einfachen Fall, daß ein bestimmter Satz, der geeignet ist, eine Mitteilung auszudrücken, *auch*, und zwar sekundär, dazu verwendet werden kann, z.B. eine Aufforderung auszudrücken. So kann der Satz ›das Licht ist noch angeschaltet‹ in einem entsprechenden Kontext dazu dienen, zum Löschen des Lichts aufzufordern. Hier ist es aber so, daß es einen vollen, illokutiven Behauptungssinn (die ›Mitteilung‹) gibt, den man zuerst verstehen kann und muß, um dann in einem zweiten Schritt, bei dem Versuch, die Pointe, den Witz der Äußerung richtig zu deuten (warum sagt er mir das?), zu der Meinung zu kommen, die Äußerung solle, im Gegensatz zu dem, was sie von ihrer Form her signalisiert, die illokutive Rolle einer Aufforderung oder Bitte spielen. Im Unterschied dazu sind Wittgensteins Fälle von der Art, daß es zu ihnen trotz ihrer grammatischen Form, die das nahelegt, keine primäre Lesart gibt, nach der sie Behauptungssätze (›Mitteilungen‹) im illokutiven Sinne sind, die aussagen, daß der mit dem Subjektausdruck benannte Gegenstand unter den mit dem Prädikatausdruck genannten Begriff fällt. In ›er sagte gleichsam zu sich selbst‹ signalisiert schon das Wort ›gleichsam‹, daß nicht über ein Selbstgespräch berichtet wird; in ›ich empfinde seine Antwort als ungerecht‹ gibt nicht erst die Kenntnis des besonderen Kontextes einer konkreten Äußerung darüber Aufschluß, daß (ausnahmsweise) nicht von einem inneren Vorgang die Rede ist, von dem aber im Prinzip in einem anderen Kontext die Rede sein könnte. Es gibt bei diesen Sätzen also keinen primären illokutiven Gebrauch, von dem sich ein sekundärer, übertragener Gebrauch unter speziellen Kontextbedingungen, die wie im Fall der Ironie eine Uminterpretation nötig machen, unterscheiden ließe. Daher gibt es auch keine illokutiv neutrale Ebene eines für sich voll verständlichen Sinnes oder Inhaltes, der erst sekundär, im speziellen Gebrauch, eine Abwandlung erfahren würde. Folglich verschwimmt hier in der Tat, wie Dummett sagt,[20] die Grenze zwischen Sinn (›sense‹) und illokutiver Rolle (›force‹), und zwar deshalb, weil ohne eine Antwort auf die Frage, was für einen Typus von Sprechhandlung man mit dem Aussprechen eines solchen Satzes vollziehen kann (was für eine in einem sehr weiten Sinne ›illokutive‹ Rolle er spielen kann), über den Sinn dieses Satzes nicht einmal so gesprochen werden kann, daß man feststellt, was für einen Gedanken er ausdrückt.

Eine solche allgemeine, die ganze Sprache durchziehende Sinnebene, die, mit Bezug auf beliebige konkrete Sprechakte, neutral ist, möchte Dummett für alle nach syntaktischen Kriterien assertorischen satzförmigen Äußerungen in Anspruch nehmen können. Genau sie fehlt aber in den von Wittgenstein diskutierten Fällen, wenn man sich, wie wir es oben getan haben, an einem alltagssprachlichen, nicht für die Ansprüche einer Bedeutungstheorie veränderten Verständnis des Wortes ›Sinn‹ orientiert. So würde man alltagssprachlich z.B nicht sagen wollen, jemand habe den Sinn einer Äußerung des Typs ›ich sagte mir, sie würde darunter zu leiden haben‹ verstanden, wenn er die Wörter und die Satzkonstruktion richtig aufgefaßt hätte, aber nicht wüßte, daß man Sätze dieses Typs nicht (nur) als Mitteilungen über vergangene Selbstgespräche benutzt. Das, was man alltäglich ›Sinn‹ nennt, läßt sich folglich aus dem Sinn der Wörter und der grammatischen Form hier nicht ablesen. Für eine Projektion im gekennzeichneten Sinne ist es also charakteristisch, daß

20 Dummett 1979, S. 127 f.

ihre korrekte Auffassung durch den Hörer nicht erfolgt, *nachdem* er dem fraglichen Satz einen *Sinn* schon zugeordnet hat, sondern das richtige Verständnis des Projektionsschrittes ist ein notwendiger Bestandteil des Verständnisses des Sinnes. Ohne ein Verständnis der Projektion gibt es kein Verständnis der sprachlichen Handlung; es wäre nicht möglich, zu sagen: ›Jedenfalls habe ich verstanden, was er mir mitgeteilt hat, welchen Inhalt er ausgedrückt hat, wenn mir auch unklar geblieben ist, wozu er gerade jetzt gerade mir gegenüber das gesagt hat, was er gesagt hat‹. Dies unterscheidet den Fall der Projektion von einem anderen schon erörterten Verstehensschritt, der im Fall einer Äußerung wie ›das Licht ist noch eingeschaltet‹ vom Verstehen des grammatisch signalisierten Beschreibungssinns zum Verstehen der mit der Äußerung tatsächlich gemeinten Aufforderungshandlung führt. Um diesen Fall auch terminologisch von der Projektion abzugrenzen, soll er hier eine ›Übertragung‹ heißen.

Nun hatten wir aber oben hervorgehoben, daß die Kenntnis der Wörter und die richtige Auffassung der grammatischen Konstruktion eine Vorbedingung für den Vollzug des Projektionsschrittes ist. Dies spricht dafür, mit den zwei Ebenen des Verstehens auch eine zusätzliche Unterscheidung im Bereich des ›Sinnes‹ einer Äußerung einzuführen. Man könnte, abweichend vom eben erörterten alltäglichen Verständnis, Freges Wort ›Sinn‹ dazu verwenden, um diesen engeren Bereich des Erfassens der grammatischen Konstruktion (zusammen mit dem Sinn der einzelnen Wörter) zu kennzeichnen. Um die erörterte Unterscheidung terminologisch hervorzuheben, wollen wir hier aber deutlicher von einem ›grammatischen Sinn‹ sprechen und festlegen, jemand habe eine Äußerung auf der Ebene dieses ›grammatischen Sinnes‹ dann verstanden, wenn er den Sinn der Äußerungteile und die Art, wie sie im Satz *grammatisch* zusammengehören, verstanden habe. Diese Differenzierung erlaubt es, auch dort von einem (nun beschränkten) Sinnverständnis zu sprechen, wo der betreffende Satz von der von Wittgenstein erörterten Art ist: Es besteht so die Möglichkeit, daß wir von jemandem sagen können, er habe diesen ›grammatischen Sinn‹ eines

Satzes verstanden, könne aber keine Verwendungssituation für ihn fingieren. Nach der Einführung dieser zusätzlichen Unterscheidung können wir nun feststellen, daß Wittgenstein die Ebene dieses von uns so genannten ›grammatischen Sinnes‹ *nicht* leugnet. Was er in Abrede stellt, ist die Angemessenheit der Vorstellung, die grammatische Sinnebene sei zumindest bei Subjekt-Prädikat-Sätzen stets in einem illokutiven Sinn (d.h. einem solchen, der nicht nur von *grammatischen* Teilhandlungen spricht) als ein ›etwas-über-etwas-Mitteilen‹ deutbar, als ein Nennen des Gegenstandes, über den gesprochen wird, und der Aussage, er falle unter einen bestimmten Begriff.

Begründet hatte Wittgenstein diese These mit dem Hinweis auf den Vorgang der Projektion, bei dem eine aus einem bestimmten Kontext stammende Komplexbildungsweise (grammatische Form) auf einen neuen Kontext, auf den bezogen sie einen ›uneigentlichen‹ Charakter hat, projiziert wird. Wenn man an diesem Sachverhalt das Gleichbleiben der Form der Komplexbildung hervorheben will, kann man ihn auch so beschreiben: In den Fällen eines projektiven Gebrauchs z.B. der Form des ›etwas-über-etwas-Sagens‹, wird aus dieser Form eine ›Oberflächenform‹, die ›mit dem Ohr‹ erfaßt wird, ohne daß allein dadurch auch schon die ›Tiefengrammatik‹, die die Verwendungsweise mit umschließt, erkannt wäre. So ist es verständlich, daß man den Bedeutungsaspekt der Form aus dem Auge verlieren kann; je vielfältiger die Projektionsmöglichkeiten sind, desto weniger ›inhaltlich‹ (und in diesem Sinne: desto ›formaler‹) wirken die Komplexbildungsmittel.[21] Bei der Erörterung der Auffassungen Chomskys hatten wir gesehen, daß er in seinen Überlegungen zur ›strukturellen Bedeutung‹ zwar einen Zusammenhang zwischen syntaktischen Strukturen und Bedeutungsverhältnissen wie ›Täter-Tätigkeit‹ nicht in Abrede stellte; da er diesen Zusammenhang aber nicht als eine klare Zuordnung von *einer* Bedeutung zu *einer* Struktur darstellen

21 Vgl. Freges Aussagen über den »formalen Teil« einer Sprache, den »logischen Mörtel« (oben, Kap. III S. 243) und die zitierten Bemerkungen Carnaps zu seinem Phantasiesatz über die ›Piroten‹ (Kap. IV, Anm. 74).

konnte, hatte er sich zu einer Ausklammerung der Bedeutung entschlossen.[22] Die Tatsache, daß ihm diese Zuordnung
nicht gelungen ist, können wir jetzt erklären: Sie scheitert an
der semantischen Vielfalt, die durch die Projektionen entsteht; diese führen dazu, daß *ein* Komplexbildungsmittel
(*eine* Struktur) *viele* ›strukturelle Bedeutungen‹ hat.

Nun gibt es Kontexte, z. B. grammatische Erläuterungen (im
traditionellen, nicht an Wittgensteins abweichendem Gebrauch dieses Wortes orientierten Sinn), in denen es nötig ist,
Aussagen auf der Ebene dieser ›Oberflächenform‹ zu machen, zu deren Formulierung man z. B. von ›Satzgegenstän-
den‹ oder ›Subjekten‹ spricht. Ein Ausdruck ›über‹ eine
frühere Absicht signalisiert durch seine äußere Gestalt, daß
ein Gegenstand unter einen Begriff subsumiert wird. Wenn
man allein diese Gestalt im Auge hat, kann man die Art, in
der das Verhältnis der Teile der Äußerung zueinander aufzufassen ist, durchaus mit Worten beschreiben wie ›er sprach
über seine damalige Absicht und sagte von ihr dies und jenes
aus‹. Da es (außer bei idiomatischen Wendungen) zum Verstehen komplexer sprachlicher Ausdrücke stets gehört, daß
der Hörer die Zusammengehörigkeit der Teile eines Satzes
richtig auffaßt, sind die eben benutzten Wörter, in ihrem auf
die Oberflächengrammatik bezogenen Sinn, keineswegs
falsch oder überflüssig, und dies sagt auch unser Sprachgefühl, das darauf bestehen möchte, daß doch in der Tat ›über‹
etwas gesprochen worden sei.[23] Das hat seine eingeschränkte, nämlich ›oberflächengrammatische‹ Richtigkeit. Nur
muß für ein vollständiges Verständnis des fraglichen Satzes
nun das (›tiefengrammatische‹) Wissen hinzukommen, daß
der jetzt in seinen Teilen und ihrer Ordnung grammatisch
und lexikalisch richtig verstandene Ausdruck als ganzer
nicht einmal auf einer ersten Stufe so gedeutet werden darf,
als würde der Sprecher im *illokutiven* Sinn zunächst einen
Gegenstand nennen (wenn auch einen schwer zugänglichen
und daher etwas rätselhaften), um dann über ihn zu urteilen
oder etwas über ihn mitzuteilen. Denn diese Deutung würde

22 Vgl. oben, Kap. II, S. 78 f.
23 Vgl. Freges Ringen mit den Aussagen ›über‹ Begriffe; oben, Kap. III,
   Abschnitte 6 ff.

den Projektionsschritt, den ›uneigentlichen‹ Charakter im Gebrauch der Komplexbildungsweise übersehen oder unterschlagen; sie bliebe auf der Ebene des ›grammatischen Sinnes‹. Es sind die philosophischen Fehler, die ein Verstoß gegen diese Einsicht mit sich bringt, vor denen Wittgenstein immer wieder warnt.

Es sei noch einmal eigens hervorgehoben, daß nach diesem Verständnis der ›grammatische Sinn‹ keineswegs etwas ›bloß Formales‹ ist, das sich seiner besonderen Eigenschaften wegen nicht anders als durch eine lautbezogene Strukturbeschreibung kennzeichnen ließe, die von allen inhaltlichen Aspekten absieht. Vielmehr kennt der Hörer, der den grammatischen Sinn einer Äußerung richtig auffaßt, stets mindestens einen Ausdruck derselben Form, für den er den vollen Verwendungssinn beherrscht. Dies sollte eine Beschreibung des grammatischen Sinnes berücksichtigen. Worum es hier genau geht, wird an den Beispielen im nächsten Abschnitt noch deutlicher werden.

4. ›Grammatischer Sinn‹ und ›Syntaktische Metapher‹: Eine Reparatur auf der Basis von Wittgensteins Sprachspiel-Ansatz

Wenn man die Diagnose Wittgensteins und den oben eingeführten Begriff des ›grammatischen Sinnes‹ akzeptiert, ist es aus der Perspektive der Zielsetzung, die Voraussetzungen für eine systematische Bedeutungstheorie für natürliche Sprachen aufzuklären, naheliegend, in einem nächsten Schritt zu klären, ob der eingeschränkte Begriff des ›grammatischen Sinnes‹ das leisten kann, was in Dummetts Konzeption auf der Ebene des fregischen Sinnes geleistet werden sollte und was für eine systematische Bedeutungstheorie unentbehrlich erschien. Man müßte dann in der Fähigkeit, den grammatischen Sinn eines Satzes richtig aufzufassen, die Kompetenz sehen dürfen, die den Hörer in die Lage versetzt, die Bedeutung nie gehörter Sätze aus der Bedeutung ihrer Teile und der Art ihrer Zusammensetzung zu erschließen, dies allerdings nur in einem nun eingeschränkten Sinn, bei dem der Verstehende nicht notwendig immer bis zu einer richtigen Auffassung der sprachlichen Handlung, des ›Zuges im Sprachspiel‹ vordringen kann (wobei es abermals um die *Art* des Zuges geht, den ›*type*‹, nicht um die kontextabhängigen Besonderheiten einer konkreten Äußerung). Zu prüfen ist, ob diese Erklärung der Unbegrenztheit der Sprachkompetenz ausreicht, um dem Einwand zu entgehen, bei einem Verzicht auf den fregischen Sinn müsse man die absurde Annahme machen, die Sätze einer Sprache würden als ganze und einzeln, wie idiomatische Ausdrücke, zu verwenden gelernt. Wenn dieser Kritikpunkt durch den Begriff des ›grammatischen Sinns‹ ausgeräumt wäre, erschiene es unnötig, darüber hinausgehend eine Sinnebene anzunehmen, die sowohl (wegen ihrer Rolle für ein Verständnis semantischer Komplexität) die ganze Sprache durchzieht, als auch (damit auf ihr der ›Inhalt‹ komplexer Sätze und nicht nur ihre Oberflächen-Syntax, im Extremfall nur die Regelmäßigkeiten in der Distribution lautlicher Elemente, erörtert werden kann) auf der illokutiven Ebene der ›Mitteilung‹ angesiedelt ist.

Um diese Frage nach der Leistung des Begriffs des ›grammatischen Sinnes‹ zu beantworten, wollen wir eine rudimentäre, auf die sehr einfachen Sprachspiele Wittgensteins beschränkte Skizze davon geben, wie nach dem eben erarbeiteten Verständnis eine systematische Behandlung der Bedeutungsseite einer Sprache auszusehen hätte, wenn man den Sachverhalt der Projektion anerkennt und die Forderung aufgibt, die Formen der Komplexbildung dürften stets nur eine einzige Bedeutung haben und müßten den Hörer immer bis zur korrekten Auffassung eines vom Sprecher ausgedrückten ›Gedankens‹ führen. Wir werden dabei den Begriff des ›illokutiv neutralen‹ Sinnes so fassen, daß er nicht (was manche Formulierungen Dummetts nahelegen[24]) als eine

24 Z.B. die Unterstellung, im Training eines Marsbewohners ließe sich der Erwerb der Referenz- und Sinntheorie trennen von der »practical ability to speak the language«; Dummett 1976, S. 129f. – Eindeutig im Sinne eines untrennbaren Zusammengehörens der Kenntnis des Sinnes eines Satzes mit der Fähigkeit, sprachliche Handlungen mit ihm auszuführen, sind aber Formulierungen wie: »What a speaker knows, in knowing the language, is how to use the language to say

vor-illokutive Stufe erscheint (weil dann, wie oben angedeutet, der Handlungscharakter der Sprechhandlung, ihn auszudrücken, fraglich wird), sondern als das Resultat des Suspendierens einer als ursprünglich stets vorhanden anzusetzenden illokutiven Bedeutung. Wir werden sehen, ob unser ›grammatischer‹ Sinn trotz seiner Beschränktheit die Rolle dieses illokutiv neutralen, bei Dummett an Frege orientierten Sinnes spielen kann. Wir gehen also zunächst von einer einzigen Komplexbildungsweise aus und prüfen, wie von der Kenntnis der Bedeutung eines Ausdrucks gesprochen werden kann, wenn die Komplexbildung wegen der Projektion nicht mehr inhaltlich eindeutig ist und den Hörer nicht mehr verläßlich bis zum ›Gedanken‹ führt. Auf den zweiten zentralen Einwand Wittgensteins, es gebe keine sprachphilosophische Begründung dafür, die Universalität oder Einzigkeit des Gegenstand-Begriff Schemas als sämtlichen möglichen konstativen Sprechhandlungen zugrundeliegend zu behaupten, werden wir später zu sprechen kommen.

Wir benutzen den methodischen Ansatz Wittgensteins und stellen uns vor, es würden auf die Weise, wie er sie am Anfang der »Philosophischen Untersuchungen« beschreibt, elementare sprachliche Handlungen gelernt, und dies Lernen erfolge stufenweise, bis Äußerungen möglich sind, die das Referenz-Prädikations-Schema verwirklichen, das dann später auf neue Anwendungsfälle projiziert wird. Wir können dazu mit Wittgenstein eine Lerngeschichte fingieren, in der die Handlung des Äußerns von Ausdrücken wie ›Platte‹, ›Würfel‹, etc. auf einer ersten Stufe ausschließlich die illokutive Rolle der Aufforderung hat, um erst danach, in einem eigenen Übertragungsschritt, in der bis dahin unbekannten Rolle der Meldung oder Behauptung (§ 21) benutzt zu werden. Zunächst steht also das Bauarbeiter-Sprachspiel in seiner einfachsten Form zur Verfügung, in der nur Aufforderungen vorkommen. ›Die Bedeutung eines Wortes zu kennen‹ heißt auf dieser Stufe, den *einen* sozial etablierten Handlungszusammenhang des Bauens praktisch zu beherr-

things, i.e. to effect linguistic acts of various kinds«. A.a.O., S. 72

schen, in dem die Handlung, das Wort zu äußern, eine wohlbestimmte Rolle spielt: die der Aufforderung. Das Erlernen von Bedeutungen geht nach diesem Modell stets konkret vor sich, d. h. es ist bezogen auf den einen bestimmten Handlungszusammenhang, in dem das Äußern des sprachlichen Ausdrucks eine sinnvolle Teilhandlung darstellt, die in das Heranschaffen, Bauen etc. eingegliedert ist. Dies ist für jede individuelle Lerngeschichte zunächst nur *ein* Handlungszusammenhang, wenn auch möglicherweise nicht für alle Mitglieder der Sprachgemeinschaft stets derselbe. In diesem Sinne ist für jeden Sprecher die Bedeutung sprachlicher Ausdrücke im ersten Schritt immer ›konkret‹, und dies heißt, sie ist auf der (im weitesten Sinne) illokutiven Ebene angesiedelt, was hier, vor der gleich zu erörternden Ausdifferenzierung heißen soll, auf der Ebene der ›Züge im Sprachspiel‹.

Aber schon im Stadium der Einwortsätze können bei einem Sprachspiel der von Wittgenstein fingierten Art ›Übertragungen‹ auftreten, worunter hier, wie oben festgelegt, Veränderungen der illokutiven Rolle verstanden werden sollen. Er selbst nennt die Möglichkeit, Äußerungen wie ›Platte‹, die anfangs nur als Aufforderungen vorkamen, dann auch als ›Meldungen‹ zu gebrauchen; wir können uns auch vorstellen, die Äußerung könnte als Frage danach gebraucht werden, ob ein Materialstück dieser Art gebracht werden soll, etc. Diese mehrfache Verwendbarkeit des lautlich unveränderten Einwortsatzes, d. h. die Vielfalt der Handlungskontexte, in denen eine Äußerung desselben Typs sinnvoll ist, und die interne Verwandtschaft zwischen diesen Kontexten (die Beschreibung z. B. ist korrekt, wenn die beschriebene Situation durch die Befolgung der gleichklingenden Aufforderung hergestellt worden sein könnte), diese beiden Umstände zusammen erlauben es, auf der erreichten Stufe einer Vielheit von illokutiven Akten nun ›abstrakt‹ zu sagen, das Wort ›Platte‹ *stehe für* die Platten, das Wort ›Balken‹ *stehe für* die Balken, etc., gleichgültig, ob es als Frage, als Aufforderung oder als Beschreibung verwendet werde. Ist mit dieser abstrakten Beschreibung auch eine Handlung gegeben, die wir als die Wiedergabe eines ›reinen Inhalts‹ charakterisieren könnten? Haben wir hier das bloße Artikulieren eines Sinnes?

Wenn wir die Tatsache, daß jemand die Bedeutung eines dieser Wörter kennt, dadurch ausdrücken, daß wir z. B. sagen, er wisse, daß das Wort ›Platte‹ für die Platten stehe, heißt dies nach dem hier erarbeiteten Verständnis nichts anderes als: Er beherrscht mindestens einen Handlungzusammenhang (im Normalfall aber mehrere), in dem die Äußerung dieses Wortes eine Rolle spielt. Da es mehrere dieser Handlungszusammenhänge gibt, in denen die jeweiligen Äußerungen verschiedene Rollen spielen, die aber auf die geschilderte Weise miteinander verwandt sind, kann man von den besonderen Rollen absehen und sagen, der Sprecher wisse, ›wofür das Wort stehe‹. Der durch eine solche Ausdrucksweise erzeugte Anschein aber, es gebe eine von den konkreten Sprachspielen unabhängige oder ihnen sogar vorhergehende abstrakte Zeichenrelation, die mit dem Ausdruck »»P‹ steht für die Ps« bezeichnet wird, ist nach der hier gegebenen Interpretation der Verhältnisse eine Täuschung. Diese schon vor der Projektion entstehende Möglichkeit, von einer ›abstrakten‹, nicht-illokutiven Sinnebene zu sprechen, entsteht durch Suspendierung der Frage nach der illokutiven Bedeutung von Äußerungshandlungen; sie geht dieser nicht vorher und es ist nicht so, daß erst sie alle illokutive Bedeutung ermöglicht. Dies gilt für den *Beginn* der Sprache und die Frage, ob der illokutive oder ein vor-illokutiver Sinn primär ist. Primär in diesem Sinne ist der illokutive Sinn. Beherrscht man aber eine Sprache bereits so weit, daß man z. B. Definitionen formulieren kann, dann ist es selbstverständlich möglich, durch eine ›abstrakte‹ Sinnbestimmung, die keine illokutive Handlung nennt, ein Wort neu in die Sprache einzuführen, dessen illokutive Bedeutsamkeit sich aus der bereits beherrschten Sprache ergibt.

Stellen wir uns nun vor, diese Sprache aus Einwortsätzen mit verschiedenen illokutiven Rollen sei so erweitert worden, daß Kennzeichnungen zur Verfügung stehen wie ›diese Platte‹, und daß diese Kennzeichnungen, verbunden mit einer Zeigegeste und einer positiven oder negativen Kopula (›ist‹, ›ist nicht‹), die Rolle spielen, eine Beschreibung eindeutiger zu machen, wie z.B. in ›diese Platte ist (ist nicht) unbrauchbar‹. Wittgensteins vorn zitierten Überlegungen folgend, können wir uns dann auch eine weitere Übertragung vorstellen, bei der ein *komplexer* Ausdruck der Form ›dies P ist Q‹ seine illokutive Rolle wechselt, nämlich nicht mehr als Beschreibung, sondern als Frage verwendet wird. Wir fingieren ferner, daß die verschiedenen Rollen nun auch lautlich oder grafisch angezeigt werden auf eine Weise, die Searles Notation eines ›illocutionary force indicator‹ entspricht, und wir wollen darüber hinaus annehmen, daß die Markierung einer illokutiven Rolle obligatorisch ist, d.h. daß eine Äußerung als falsch gebildet gilt, wenn sie keine solche Rollenmarkierung enthält. Das fingierte Sprachspiel verfügt also über Züge der Form ›⊢ diese Platte ist unbrauchbar‹ (Behauptung) und ›? diese Platte ist unbrauchbar‹ (Frage).

Wir können nun fragen, in welchem Sinne es zutrifft, daß ein Sprecher dieser Sprache die Bedeutung der komplexen Ausdrücke aus der Bedeutung der Teilausdrücke erschließt, und was es heißt, ihm die Kenntnis der Bedeutungen der Teilausdrücke zuzuschreiben. Dabei interessiert uns insbesondere, in welchem Sinne man von der ›Bedeutung‹ auch der Teilausdrücke, nicht nur der illokutiv sinnvollen ganzen Äußerungen, sprechen kann. Diese Frage betrifft sowohl die einzelnen Wörter als auch komplexe Teilausdrücke wie den illokutiv nicht bezeichneten, bloß den ›Inhalt‹ formulierenden Teilausdruck der Form ›dieses P ist Q‹ (der, weil wir die Kennzeichnung der illokutiven Rolle obligatorisch gemacht haben, hier laut Voraussetzung unvollständig ist und keine Behauptung ausdrückt).

Die erste Frage, die das Erschließen der Satzbedeutung aus den Bedeutungen seiner Teile betrifft, erhält für das fingierte Sprachspiel ihre Antwort durch einen Blick auf den Lernprozeß. Die fortschreitende Bereicherung des einfachen Sprachspiels um neue Äußerungsmöglichkeiten wurde so angelegt, daß die jeweils reicheren Formen nicht nur neue Elemente in die Sprache einführen (wie z.B. den Ausdruck ›dies‹), sondern auch die sprachlichen Handlungsmöglichkeiten der darunterliegenden Stufen benutzen, deren Kenntnis unter den Sprechern und Hörern bei der Einführung des jeweils neuen Schrittes vorausgesetzt wird (>diese *Platte*<). So liegt z.B. die unmittelbare Verständlichkeit des Übertragungsschrittes von der Aufforderung >!Platte< zur Beschreibung >⊢Platte< einerseits am pragmatischen Nutzen der Handlung des Beschreibens, an der Möglichkeit, die neue Handlung unmittelbar als sinnvoll zu erfahren, andererseits aber daran, daß derjenige, der den neuen Schritt lernt, das Aufforderungsspiel, das zum Ausdruck >!Platte< gehört, bereits beherrscht und die im Aufforderungsspiel nötige >Unterscheidungsfähigkeit< und seine Fähigkeit, das passende Wort auszusprechen, bei der Teilnahme am Beschreibungsspiel einsetzt oder >benutzt<. Das Erlernen der neuen Schritte ruht also im geschilderten Sinne auf der Beherrschung der alten Sprachspiele auf, weil es nicht nur ein neues Element einführt, sondern weil im Erlernen der neuen Schritte die von den beherrschten Sprachspielen her verfügbaren Handlungen benutzt werden, im Normalfall nicht als illokutive Teilhandlungen, aber als Teilhandlungen im phonetischen Sinn, wobei der Gleichklang eine inhaltliche Verwandtschaft anzeigt. Im hier zunächst erörterten vor-projektiven Fall, in dem es um einen Satz geht, der dem Hörer zwar neu ist, dessen Elemente ihm aber, was ihre Rolle im Handeln angeht, sämtlich im hier geforderten Sinn bekannt sind, besteht das Verstehen des Hörers (parallel zum geschilderten Lernprozeß) in der Fähigkeit, dem ursprünglich allein stehenden sowie jedem ergänzenden >Element< (Wort oder Fügungsweise) einen Handlungszusammenhang zuzuordnen (d.h. praktisch vorzuführen), in dem eine dies Element (gegebenenfalls nur als Teil) benutzende Äußerung sinnvoll ist. Er kann so auf dem Weg über eine Rekapitulation der beim Lernen vollzogenen Schritte einen Handlungskontext aufbauen, in dem die Gesamtäußerung eine sinnvolle Handlung ist. Dabei geht es nur um Handlungen der Art, die er ausdrücklich erlernt hat, auch wenn er im Lernprozeß mit anderen Objekten (z.B. mit der Beschreibung von Balken statt Platten) zu tun hatte.

Die Antwort auf die zweite Frage ergibt sich nun zwanglos aus diesen Bestimmungen. Wir hatten gefragt, was es heißt, einem Sprecher die Kenntnis der Bedeutung eines Teilausdrucks zuzuschreiben, wo doch diese Kenntnis nicht die einer illokutiven Rolle sein kann, weil Teilausdrücke (Wörter, Satzteile) solche Rollen nicht haben. Unter dem Gesichtspunkt der Abtrennbarkeit des ›Sinnes‹ oder ›Inhaltes‹ einer Äußerung von ihrer illokutiven Rolle interessierte uns dabei insbesondere der Fall, in dem der Teilausdruck ein illokutiv unbezeichneter, also ein unvollständiger und ›neutraler‹ Ausdruck der Form ›dies P ist Q‹ ist. Nach den oben gegebenen Erläuterungen lautet die Antwort, daß wir mit der Zuschreibung einer solchen Kenntnis zum Ausdruck bringen, daß der Sprecher oder Hörer für jeden der Teilausdrücke und für die auftretenden Komplexbildungsweisen jeweils einzeln mindestens einen Handlungszusammenhang kennt, in dem es sinnvoll ist, den Teilausdruck zu äußern. Dies heißt bereits auf der hier angenommenen geringen Komplexitätsstufe, daß der Sprecher den fraglichen Teilausdruck, von ihm frei ergänzt um geeignete andere Ausdrücke (z. B. um Anzeigewörter für die illokutive Kraft), in einem ›Zug im Sprachspiel‹, einer illokutiven Sprechhandlung seiner Wahl, verwenden kann. Das Verstehen illokutiv unselbständiger Teile ist demnach die Fähigkeit, sie zu illokutiv sinnvollen Äußerungen zu ergänzen.

Diese Bestimmungen führen zu zwei Folgerungen: erstens ist es nicht nötig, einen schattenhaften, vor-illokutiven Sprech- und Verstehensakt zu postulieren, der im bloßen Erwägen, Vor-Augen-Stellen oder Ausdrücken eines ›reinen‹ Inhalts bestehen würde. Ein ›reines‹ Auffassen des Sinnes eines Ausdrucks, ein Verstehen, das unabhängig von der Kenntnis *irgendeiner* illokutiven Verwendung ist (allein oder als Teilausdruck), das gedacht wird als jeder solchen Verwendung vorhergehend und sie ermöglichend, erscheint aus dieser Perspektive, wie im oben erörterten Fall der Einwortsätze, als eine unnötige Fiktion. Nach dem hier entwickelten Verständnis sind es stets konkrete Verwendungsweisen von Fügungen und von einzelnen Wörtern, die der Sprecher einer Sprache kennen muß und die seine Kenntnis der Bedeutung der Wörter und der Fügungsweisen ausmachen. Je mehr Verwendungsweisen es sind, d. h. je entwikkelter die Sprache ist, desto eher gerät ihr konkreter Charakter in den Hintergrund, zumal dann, wenn die Sprachkompetenz so groß ist, daß es möglich wird, Sprache durch Sprache zu erklären.

Nun ist es so, daß bei den bisher betrachteten sehr einfachen Sprachspielen, bei denen das im Anschluß an Wittgenstein ›Projektion‹ genannte Verfahren noch nicht auftrat (d. h. wo es nicht vorkam, daß eine für *einen* Handlungszusammenhang eingeführte Fügungsweise in einem *zweiten*, vom ersten sehr verschiedenen Zusammenhang so verwendet wird, daß sich ihre Bedeutung verändert), die Kenntnis der Wörter und der Fügungsweisen bei einem grammatisch zulässigen und illokutiv sinnvollen Ausdruck stets dazu führt, daß der Hörer für jeden beliebigen vorgebrachten besonderen Ausdruck, nicht nur für einen strukturell gleich aufgebauten, einen illokutiven Sinn, eine Verwendung als Handlung, kennt. In unserem extrem einfachen Sprachspiel wird z. B. eine Äußerung wie ›⊢ dieser Balken ist unbrauchbar‹ auch in seiner illokutiven Bedeutung von jedem verstanden werden, der die Äußerung ›diese Platte ist unbrauchbar‹ und das Wort ›Balken‹ versteht, auch wenn diese besondere Zusammenstellung dem Hörer bisher zufällig nicht begegnet ist. Dies hatten wir oben als das ›Erschließen‹ der Satzbedeutung aus der Bedeutung der Teile und der Fügungsweisen erörtert, bei dem es keinen ›Rest‹ gab: es führte bis zu einer Handlung.

Genau dieses Erschließen der Bedeutung einer Sprechhandlung *als Handlung* ist aber nicht mehr möglich in Fällen, wo Formen projiziert werden. Auf der Ebene der ›Mehrwortsätze‹ ergibt sich durch Projektion sofort die Möglichkeit, daß jemand auch mit Bezug auf vollständige, als illokutive Akte intendierte und bezeichnete Äußerungen nur den ›grammatischen Sinn‹ eines Satzes versteht, ohne angeben zu können, welche Handlung der Sprecher mit der Äußerung vollzogen hat. Es gibt dann nämlich die Möglichkeit, daß Ausdrücke gebildet werden, mit Bezug auf die ein bestimmter Sprecher im oben erklärten Sinn die Bedeutung jedes einzelnen Wortes und aller auftretenden Fügungsweisen kennt (d. h. mit mindestens je einer Verwendungsweise vertraut ist), aber diese beiden Fähigkeiten ihn noch nicht in die Lage versetzen, auch nur *einen* Kontext anzugeben, in dem die Verwendung dieses Ausdrucks eine sinnvolle Sprechhandlung wäre. Das Verständnis des Anzeigeausdrucks für die illokutive Kraft leistet hier allein nicht die erforderliche Hilfe.

Unter Rückgriff auf das von Wittgenstein zu Erläuterungszwecken fingierte extrem einfache Sprachspiel, das wir schon eben benutzt haben, läßt sich der Vorgang an dem folgenden Beispiel verdeutlichen. Nehmen wir mit Wittgenstein an, in der Weiterentwicklung dieses Sprachspiels seien in der von ihm beschriebenen Weise Zahlwörter ›a‹, ›b‹, ›c‹, … zum Abzählen von Stücken von Baumaterial und zur (auffordernden oder beschreibenden) Verwendung von Ausdrücken der Form ›! c Platten‹ oder ›⊢ b Würfel‹ eingeführt worden. Ein sehr einfaches Beispiel für eine Projektion im geschilderten Sinne wäre die Einführung von Ausdrücken der Form ›diese Platten sind c‹, bei denen die Zahlwörter, anders als bisher üblich, an einer Stelle auftreten, an der bislang nur Wörter wie ›unbrauchbar‹ standen. Die Fügungsweise ›x ist P‹ muß jetzt anders gedeutet werden als früher; eine alte Ausdrucksform wurde zur Etablierung eines neuen Handlungszusammenhangs benutzt, in dem Ergebnisse von Zählhandlungen so mitgeteilt werden, als ob es sich dabei um ›Eigenschaften von Dingen‹ handeln würde.

Obwohl es wahrscheinlich ist, daß ein Hörer, der erstmalig mit einem solchen Ausdruck konfrontiert ist, seinen Verwendungssinn errät, ist es klar, daß er ihn aus der bisherigen Sprachpraxis nicht in einem strengen Sinne *ableiten* kann. Anders als im oben betrachteten Fall der Anwendung einer vorliegenden Handlungskompetenz auf ein neues Handlungsobjekt (von ›dies P ist Q‹ zu ›dies R ist Q‹), wird hier vom Hörer ein ›Sprung‹ verlangt, ein Erraten der Bedeutung, ein Spielenlassen seiner zugleich situations- und sprachbezogenen Phantasie. Es kann sein, daß er hier nicht erfolgreich ist, daß er den illokutiven Sinn des nach den bisherigen Maßstäben unzulässigen, falsch gebildeten Ausdrucks nicht errät, obwohl er die Bedeutungen der Fügungsweisen und der Teilausdrücke sämtlich kennt, so daß wir in einem eingeschränk-

ten Sinn durchaus zu sagen geneigt sind, er kenne die Bedeutung der Äußerung. Und dies ist nach der oben gegebenen Bestimmung auch zulässig: Unsere zweite Folgerung
aus dieser Bestimmung ist, daß wir im selben Sinne, wie wir
von der ›Kenntnis der Bedeutung eines Teilausdrucks‹ unabhängig von der Kenntnis einer (hier inexistenten) illokutiven
Rolle sprechen konnten, nun auch in diesem Fall sagen können, der Hörer kenne den ›grammatischen Sinn‹ des ihm
illokutiv unverständlichen Ausdrucks, da er in der Lage sei,
alle Elemente und alle Komplexbildungsweisen, wenn er sie
herausnehmen und nach eigener Wahl ergänzen darf, in sinnvollen Zügen in Sprachspielen zu verwenden.
Die sprachliche Möglichkeit der Projektion und damit das
beschränkte Verstehen bloß des grammatischen Sinnes auch
eines vollständigen *Satzes* verdankt sich, allgemein betrachtet, der Tatsache, daß es bei einer auch nur ansatzweise
komplexen Sprache möglich ist, Sätze zu bilden, über deren
Verwendungssinn mit der bis dahin jeweils gültigen Sprech-
handlungspraxis nichts festgelegt ist. Darauf sind je nach den
besonderen Umständen des Falles verschiedene Antworten
möglich. Es kann sein, daß der Adressat einer solchen Äußerung mit Kopfschütteln, mit Unverständnis, also mit einer
Zurückweisung der Äußerung reagiert; die Sprechhandlung
ist für ihn im gegebenen Kontext sinnlos. Aber es sind in
geeigneten Fällen auch schöpferische Umgangsweisen mit
diesen ›herrenlosen‹, von der bisherigen Praxis ungedeckten
Sätzen möglich, bei denen von ihnen ein neuer, sinnvoller
Gebrauch gemacht wird, der dann in die etablierte Sprech-
handlungspraxis eingeht. Um dies für den Fall der Projektion noch deutlicher zu sehen, ist der Hinweis nützlich, daß
zu diesen zunächst ›mißbräuchlichen‹[25] Äußerungen auch
diejenigen gehören, mit denen der oben erwähnte Schritt der
Übertragung einer Äußerung von einem illokutiven Gebrauch auf einen anderen (z. B. von der Aufforderung zum
›Bericht‹) erstmalig vollzogen wird. Unsere fiktive Genese
kann so dargestellt werden, daß am Anfang eine Äußerung
stand, zu der der ›richtige‹ nichtsprachliche Kontext fehlte

25 Schneider 1980

(›Platte‹ außerhalb des Hausbau-Zusammenhanges). Diese Äußerung konnte als (im Licht der bisherigen Praxis) sinnlos angesehen werden; der mögliche pragmatische Wert dieser auf den ersten Blick sinnlosen Sprechhandlung könnte sich aber auch so aufdrängen, daß der Witz dieses ›Mißbrauchs‹ der etablierten Konventionen sich den Handlungspartnern leicht erschlossen hat, so daß aus dem ›Mißbrauch‹ ein neuer regulärer Gebrauch wird: der des Beschreibens oder Berichtens.

Zu diesem Bereich gehört auch das Phänomen der Metapher,[26] wenn man es in seiner einfachsten Form zugrundelegt, bei der nicht eine Fügungsweise, sondern ein ›lexikalisches‹ Wort so verwendet wird, wie es der bis dahin üblichen Sprachpraxis nicht entspricht. Für das fingierte einfache Sprachspiel kann man etwa an den Fall denken, daß jemand den Prädikator ›unbrauchbar‹, der bisher ausschließlich auf Baumaterial angewandt wurde, in einer beschreibenden Sprechhandlung derjenigen Person zuspricht, die ihm die Aufforderungen zuruft. Es fällt nicht schwer, sich den Moment der Fremdheit, das plötzliche Verstehen des ›Witzes‹ und das Gelächter vorzustellen, das einer solchen ›mißbräuchlichen‹ Äußerung folgen könnte. Schon auf der Ebene einfachster Sprachspiele lassen sich also drei verschiedene, aber verwandte positive Weisen unterscheiden, mit der Möglichkeit umzugehen, daß man Sätze bilden kann, über die die jeweils etablierte Sprachpraxis nichts festlegt: Die Übertragung (Verwendung einer alten Äußerung in einem neuen illokutiven Sinn; z. B. ›es zieht‹ als Aufforderung), die Projektion, oder, wie wir auch sagen wollen, ›syntaktische Metapher‹[27] (Verwendung einer alten Komplexbildungs-

---

26 Vgl. die oben (Kap. IV, Anm. 57) zitierte Definition von Soskice und die in Anm. 5 dieses Kapitels genannte Literatur, die einen winzigen Ausschnitt aus der Publikationsflut darstellt.

27 Schneider 1990 b. G. Gabriel hat mich dankenswerterweise darauf hingewiesen, daß der Ausdruck ›syntactical metaphor‹ bereits von Stenius (1960, S. 212ff.) gebraucht wird, um den logischen Status von sinnvollen Aussagen wie ›red is not an object‹ (und Freges »der Begriff ›Pferd‹ ist kein Begriff«, vgl. oben, III, 7-9) zu kennzeichnen, deren Bedeutung sich unter der Annahme, es sei allein der

weise in einem neuen Sinn; z. B. ›diese Platten sind drei‹) und die (traditionell so genannte, nun in Abgrenzung als ›lexikalisch‹ zu bezeichnende) Metapher.

Wenn wir uns nun rückblickend die Frage vorlegen, ob die Anerkennung der Projektion (der syntaktischen Metapher) und der anderen genannten Fälle von positiv gewendetem Mißbrauch als häufige Verfahren der natürlichen Sprachen bedeutet, daß unser Verständnis der Bedeutungsseite der Sprache in einem nicht zu vertretenden Ausmaß unsystematisch geworden sei, so ist sie aufgrund der oben angestellten Überlegungen zu verneinen. Wir sind durch diesen Schritt nicht zu der Folgerung gezwungen, wir würden die Bedeutungen der Sätze unserer Sprache einzeln, Satz für Satz, lernen. Es ist zwar so, daß sich oft nur vom grammatischen Sinn, nicht vom illokutiven Handlungssinn eines Satzes sagen läßt, der Hörer könne ihn aufgrund seiner Kenntnis der Wortbedeutungen und der Fügungsweisen einer gegebenen Äußerung erschließen. Daher haben wir ein von Dummett ins Auge gefaßtes Ziel nicht erreicht; ihm ging es darum, einen einheitlichen Sinnbegriff so zu bestimmen,

»... that, once we know both the category to which a sentence belongs [d. h. den Sprechhandlungstypus im Sinne von Frage, Befehl, etc. H.J.S.] and the sense which it carries, then we have an essential grasp of the significance of an utterance of the sentence«.[28]

abbildende Charakter einer Sprache, der sie sinnvoll mache, nicht verstehen läßt. Allgemein charakterisiert Stenius solche Sätze durch die Aussage: »Its sense does not have the form suggested by its logical syntax, but nevertheless this syntax seems to be the best syntax we can give it.« (212) Dies heißt aus der hier erarbeiteten Sicht, die gemeinte Zusammengehörigkeit ist nicht die, die vom ursprünglichen Gebrauch der Form her signalisiert wird, aber wir haben kein sprachliches Mittel, um die ›richtige‹ Form anzugeben; ja, es hat gar keinen Sinn, von ›der richtigen Form‹ zu sprechen. Unsere Untersuchungen können als Beitrag zum Vorhaben von Stenius gelesen werden, die nicht abbildende Seite von Sprachen genauer zu charakterisieren; sie zeigen u. a., wie ubiquitär das Phänomen ist, das aus der Perspektive von Stenius' Tractatus-Interpretation als Sonderfall erscheint.

28 Dummett 1977, S. 318 (= Dummett 1978, S. 450)

Gerade dies ist dort, wo wir nur über den ›grammatischen Sinn‹ verfügen, nicht möglich; die ›Signifikanz‹ der Äußerung kann dem Hörer unzugänglich geblieben sein. Es ist nach den oben angestellten Überlegungen nicht der Fall,

> »that there is some uniform means of deriving all the other features of the use of any sentence from this one feature [d.h. vom Sinn, H.J.S.] so that knowledge of that one feature of a sentence is the only specific piece of knowledge about it that we need to know its meaning«[29].

Eine solche Ableitung in einem strengen Sinn erscheint nach den von Wittgenstein vorgetragenen Argumenten unmöglich; es wird stets Lücken geben, die wir mit unserer Phantasie zu schließen haben. Trotzdem gibt es auch bei diesen Sätzen die Ebene des ›grammatischen Sinnes‹, auf der die Art der Komplexität des Satzes unter Bezug auf ihm bekannte Satzmuster vom Hörer korrekt aufgefaßt werden muß. Dieses Erkennen der Muster und damit der Zusammengehörigkeitssignale hat schematische Aspekte, die sich mit einem ›Rechnen‹ vergleichen lassen; man denke an Flexionsendungen und die durch sie ausgedrückte Zuordnung z.B. von Substantiv und Adjektiv. Daß wir mit dem Erwerb einer Sprache dieses ›Rechnen‹ erwerben, erspart es uns, ihre Sätze einzeln und als ganze zu lernen. Nur führt es oft nicht zur vollen Bedeutung des fraglichen Satzes, und deshalb ist, über das Rechnen hinaus, der Gebrauch der Phantasie nötig. Daß man auch bei ihrem Gebrauch von *Verfahren* sprechen kann, wenn auch nicht von schematischen Verfahren, werden wir im Folgenden noch sehen.

5. Ist der ›grammatische Sinn‹ ein Oberflächenphänomen? Searles Sprechakttheorie als Ansatz zu einer Pragmatisierung der Begriffsschrift

Wir konnten also feststellen, daß Wittgensteins Argumente gegen eine universale Sinnebene, die in inhaltlich stets gleich interpretierbaren Formen der Komplexbildung aufgebaut

29 Dummett 1976, S. 75

ist, keine absurden, eine systematische Bedeutungstheorie völlig ausschließenden Konsequenzen haben. Ein entscheidendes Hindernis für eine Theorie, die die (freilich abgeschwächte) Systematik Freges mit der Vielfalt der von Wittgenstein aufgewiesenen Arbeitsweisen der natürlichen Sprache verbindet, ist damit aus dem Weg geräumt. Können wir also daran gehen, eine integrierte Bedeutungstheorie zu entwerfen, die die Systematik Freges mit der Handlungsbezogenheit Wittgensteins verbindet, etwa so, wie es in der Theorie der Sprechhandlungen, was die ersten Schritte angeht, von Searle vorgeführt wurde?

Ein Sprechhandlungstheoretiker wird nun aber einwenden, wir hätten uns in den Überlegungen der letzten Absätze unnötig weit auf Wittgensteins Terrain begeben und uns vom Projekt einer integrierten Theorie searleschen Zuschnitts im gleichen Maße entfernt. Es sei uns zwar gelungen, zu zeigen, daß eine im weiteren Sinne systematische Behandlung der Bedeutungsseite der Sprache durchaus möglich sei. Damit ist die Drohung beseitigt, wir müßten annehmen, die Sätze einer Sprache würden in ihrem Gebrauch einzeln erlernt. Mit der Einführung des Begriffes eines ›grammatischen Sinnes‹ haben wir uns aber aus der Sicht der Sprechakttheorie auf eine unnötige Erörterung von Oberflächenformen eingelassen, wo wir statt dessen die Tiefenstruktur der mit den Beispielsätzen ausführbaren komplexen Akte hätten ansehen sollen. Direkt auf Searles Theorie bezogen, heißt das: Wenn unser Rettungsversuch der Systematik die Konsequenz hätte, daß es nur *grammatische* Klassifikationen im Sinne unseres ›grammatischen Sinnes‹ sind, für die die Buchstaben in Searles ›Standardformen‹ des Typus ›F(RP)‹ stehen,[30] dann steht der Wert dieser logisch, über-einzelsprachlich gemeinten Formen und damit eine zentrale intendierte Eigenschaft der Searlschen Theorie zur Debatte.

Unsere Erörterung von Wittgensteins Einwänden gegen einen allgemeinen Sinnbegriff erfolgte aus dieser Sicht auf der falschen Ebene. Was herauszuarbeiten wäre, so würde der Einwand lauten, seien nicht unbestrittene Oberflächenphä-

30 Vgl. oben, S. 371 f.

nomene wie das der (lexikalischen oder semantischen) Metapher, sondern die allgemeinen Strukturen von Sprechhandlungen überhaupt, gleichgültig, in welchem Medium (mit welchen Oberflächeneigenschaften) sie ausgeführt würden. Die von Wittgenstein erörterten projektiv formulierten Inhalte wären dann nicht einfach so stehenzulassen, sondern es bestünde die Aufgabe, sie in ihre ›eigentliche‹, traditionell so genannte ›logische‹ Form zu übersetzen, was aus der Sicht der Sprechakttheorie heißen würde, sie in diejenige Form zu bringen, die die Struktur der notwendigerweise mit ihnen zu vollziehenden komplexen Handlungen sichtbar macht. Sei diese Form erst explizit gemacht, dann seien die damit gewonnenen Kategorien der ›Standardform‹ von der Ebene des bloß grammatischen Sinnes unabhängig, und die Möglichkeit metaphorischen Redens sei ein nicht geleugnetes, aber in eine spätere Behandlung zu verweisendes Kapitel.

Nun hat die von der Sprechakttheorie vertretene Auffassung, das Inhaltliche an der Sprache, der ›propositionale Gehalt‹ einer Äußerung, dasjenige, was ins Auge gefaßt werden müsse, wenn es auf Wahrheit ankomme, lasse sich in wenigen Grundformen des Urteilens fassen (oder gar in einer einzigen), nicht nur die Autorität einer langen Tradition hinter sich, sondern sie scheint auch eine Intuition des kompetenten Sprechers des Deutschen und verwandter Sprachen korrekt wiederzugeben. Diese läßt sich formulieren in der These, wo immer es um Wahrheit gehe, müsse, gleichgültig wie ›poetisch‹ die ursprüngliche Formulierung daherkomme, doch angegeben werden können, *worüber* etwas ausgesagt werde, und *was* darüber gesagt werde; wo dies nicht angebbar sei, könne eine Behauptung, eine Sprechhandlung mit Wahrheitsanspruch, nicht vorliegen. Behauptet jemand z. B. ›der Vogel singt schön‹, und widerspricht dieser Behauptung ein anderer, so wird man diese Uneinigkeit mühelos und selbstverständlich beschreiben als einen Fall, in dem beide Partner einig sind, um welchen *Gegenstand* es ihnen geht (um den Gesang des Vogels), aber uneinig darüber, ob diesem Gegenstand ein bestimmter Begriffsausdruck zugesprochen oder abgesprochen werden solle. Diese Beschreibung der Differenz ist verträglich mit der Zustimmung zu der These, der natürlichsprachliche Ausdruck, mit dem die strittige Behauptung formuliert worden sei, müsse möglicherweise erst umgeformt werden, wenn verlangt wird, daß ihr Ausdruck Teilausdrücke dergestalt enthält, daß die Handlungen der Gegenstandsnennung einerseits und der Begriffszuschreibung oder ›Prädikation‹ andererseits durch zwei jeweils klar abgrenzbare (möglicherweise komplexe) Teilausdrücke vollzogen werden. Soll das Prinzip gelten, daß für *eine* Handlung stets auch nur *ein* Ausdruck steht, so muß die natürlichsprachliche Formulierung oft erst in einen anderen Ausdruck umgeformt werden. So taucht im genannten Beispielsatz, wie er ursprünglich formuliert wurde, der referierende Ausdruck ›der Gesang des Vogels‹ nicht auf; trotzdem, so die Sprecherintuition, sei es klar, daß über ihn etwas behauptet wurde. Gibt es nicht in der Tat die Möglichkeit, diejenigen allgemeinen Strukturen von Sprechhandlungen zu beschreiben, die sie notwendigerweise als die Handlungen, die sie sein sollen, haben müssen, und dabei ausdrücklich zuzugestehen, daß die verschiedenen ›Realisierungen‹ dieser Handlungen, die lautlichen oder grafischen Gebilde, je nach dem benutzten Medium, ganz andere Strukturen aufweisen?

Ein Sprechhandlungstheoretiker wird sicher der Behauptung zustimmen, daß in der natürlichen Sprache Komplexbildungsweisen von einem Bereich auf einen anderen projiziert werden; gerade deshalb sei es aber interessant, so wird er sagen, ein Ausdrucksmittel zu entwerfen, bei dem dies nicht der Fall sei. So wird, um ein weiteres und in dieser Tradition geläufiges Beispiel zu benutzen, die Form ›Täter + Verb‹ (›Peter schläft‹) auch in der Formulierung ›Rübezahl existiert‹ benutzt, obwohl das hier intendierte inhaltliche Verhältnis offenbar ein anderes ist als im ersten Fall. Geht es nun darum, die Komplexität der Sprache unter dem Aspekt der Bedeutung zu charakterisieren, dann muß diese Verschiedenheit zum Ausdruck gebracht werden, und das bedeutet zunächst nichts anderes, als daß erstens der *Referenzakt* charakterisiert wird (worüber wird etwas behauptet?) und zweitens der *Prädikationsakt* (was wird darüber behauptet?). Dabei kann es vorkommen (und so ist es in der Tat beim zweiten der genannten Sätze), daß der ursprüngliche sprachliche Ausdruck umgeformt werden muß, um die inhaltlichen Zusammengehörigkeitsverhältnisse äußerlich sichtbar zu machen. Diese Umformung zeigt, daß gar kein Satz von der einfachen Form ›Referenz-Prädikation‹ vorliegt, wenn ›Rübezahl‹ der referierende Ausdruck bleiben soll. Weil die Umformung (z. B. in ›es gibt ein x, so daß x den Namen »Rübezahl« trägt‹) dies aufdeckt, ist sie keine Übersetzung in eine willkürlich zur Norm erhobene Form, sondern sie zeigt, wenn sie richtig vollzogen wurde, die Struktur dessen, was der Sprecher auch ohne explizite Kenntnis logischer Notationen oder Searlescher Standardformen schon immer gemeint hat; sie legt den Charakter der von ihm intendierten sprachlichen Handlungen offen, macht ihn äußerlich sichtbar, in dem Maße, wie sie das, was vom Sinn der Handlung her gesehen Teilhandlungen sind, durch Teil-*Ausdrücke* erkennbar macht. Die Auszeichnung dieser ›Form der Darstellung‹ ergibt sich also, falls sie auf diese Art möglich ist, pragmatisch, aus der Art der vom Sprecher vollzogenen Handlungen, so wie er selbst sie intendiert, und insofern ist einem wichtigen Gedanken Wittgensteins Rechnung getragen. Die für diesen so zweifelhafte Hinterwelt der ›Bedeutungskörper‹, ein sprachunabhängiges ›Reich der Gedanken‹, braucht in Searles pragmatisierter Fassung der Begriffsschrift folglich zur Rechtfertigung der Standardform ›Referenzausdruck + Prädikationsausdruck‹ nicht angenommen zu werden. Was Searle für seine These braucht, scheint allein die Fähigkeit der Sprachbenutzer zu sein, trotz der unterschiedlichen äußeren Formen der Äußerungshandlungen jene damit vollzogenen, als stets gleichartig unterstellten Teil-Sprechakte der Referenz und der Prädikation zu erkennen, eine Fähigkeit, die nicht geheimnisvoller erscheint als die Kompetenz, in so verschiedenen Äußerungen wie z. B. ›jawohl‹, ›wird erledigt‹ und ›einverstanden‹ Akte der Zustimmung zu erkennen.

Wir wollen also versuchen, die Behandlung des ›propositionalen Gehalts‹ in Searles Sprechakttheorie als eine pragmatisch aktualisierte Fassung von Freges ›beurteilbarem Inhalt‹

zu deuten. Die intuitive Überzeugungskraft der sich bei einer solchen Deutung ergebenden Thesen haben wir soeben und in den einführenden Abschnitten dieses Kapitels versucht sichtbar zu machen. Sie stammt, wie wir noch sehen werden, aus uns sehr vertrauten Ausdrucksmöglichkeiten unserer eigenen Sprache und scheint sich auch gegen die Argumentationen Wittgensteins immer wieder durchsetzen zu wollen; immer wieder erscheint es auf triviale Weise offensichtlich, daß es einen wahrheitsfähigen Ausdruck nur dort geben kann, wo es auch etwas gibt, *worüber etwas ausgesagt* werde.[31] Wir werden nun kritisch zu prüfen haben, ob dieser positive Eindruck einer genaueren Untersuchung standhält. Dazu wollen wir zunächst fragen, in welchem Sinne die Sprechhandlungstheorie Strukturen von *Handlungen* sichtbar macht. Speziell interessiert uns die Frage, ob die Teilhandlungen, um deren Zusammenfügung zu komlexen Handlungen es in der Sprechakttheorie geht, solche sind, die (wie es bei den illokutiven Handlungen des Befehlens oder Grüßens der Fall zu sein scheint) unabhängig von den Eigenschaften der zur ihrer Ausführung benutzten Sprache charakterisiert werden können, oder ob es sich hier um solche handelt, zu deren Kennzeichnung es gehört, daß auf grammatische Klassifikationen der benutzten Sprache Bezug genommen wird. Ein Fall dieser zweiten Art liegt z. B. dann vor, wenn eine Teilsprechhandlung charakterisiert wird als ›er hat das direkte Objekt des Verbs genannt‹. Spricht man dagegen vom ›Referieren‹ und ›Prädizieren‹, scheint eine solche Abhängigkeit nicht zu bestehen. Wenn aber die betrachteten Handlungen in ihrem Sprechhandlungscharakter abhängig sind von besonderen Medieneigenschaften, die bei einer anderen Sprache anders sein können, dann ist damit das Bild vom Aufdecken einer allgemeinen Handlungsstruktur ›hinter‹ oder ›unter‹ der syntaktischen (›Oberflächen-‹) Struktur der gerade betrachteten Sprache als unzutreffend erwiesen.

Wir hatten im dritten Kapitel festgestellt, daß Frege dort, wo es um Wahrheit geht, stets zwei Kategorien von Ausdrücken

---

31 Wieder ist an Freges Erörterung der Aussagen über Begriffe zu erinnern; cf. oben, Kap. III, Abschnitte 6ff.

meinte aufweisen zu können, die sich im Gebiet des Sinnes grundlegend voneinander unterscheiden: Gegenstandsnamen und Begriffsausdrücke. In Übereinstimmung mit einer sehr späten Äußerung Freges, vom Sinn von Ausdrücken zu reden heiße, von ihnen zu reden, sofern sie einen ›Gebrauch als Zeichen‹ haben, hatten wir seine Neigung, ein besonderes Reich des ›Sinnes‹ oder der (nicht-psychologisch gemeinten) ›Gedanken‹ anzunehmen, schon oben zugunsten einer handlungsbezogenen Deutung seiner Unterscheidung vernachlässigt, deren genauere Ausformulierung wir nun im Sinne der Sprechakttheorie Searles versuchen wollen. Das Referieren übernimmt bei dieser Deutung die Seite der Gegenstandsnamen, das Prädizieren die der Begriffsausdrücke. Searle ist also, parallel zur Auffassung Freges, der Meinung, daß dort, wo es um Wahrheit geht, um einen ›propositionalen Gehalt‹, im paradigmatischen Standardfall stets zwei Arten von Sprechhandlungen vollzogen werden müssen, die Handlung des Referierens und die Handlung des Prädizierens. Dabei versteht er die Wörter ›Referieren‹ und ›Prädizieren‹ so, daß damit Tätigkeiten bezeichnet werden, die unabhängig von der Frage charakterisierbar sind, unter Benutzung welchen Mediums, d. h. welcher natürlichen Sprache oder welchen anderen Zeichensystems, sie ausgeführt wurden. Eine der grundlegenden Annahmen der Searlschen Theorie ist die, daß sich eine Ebene von Sprechhandlungsregeln, von ›Spielregeln‹ sprachlichen Handelns überhaupt, unterscheiden und in der Behandlung abtrennen läßt von der Ebene jener einzelsprachlichen Festlegungen, die sagen, mit welchen besonderen Mitteln eine bestimmte natürliche Sprache die Ausführung jener allgemein charakterisierbaren Handlungen ermöglicht.

Searle bedient sich hier eines suggestiven Vergleichs mit dem Schachspiel:[32] Können wir ›die Regeln des Schachs‹ nicht unabhängig von Fragen charakterisieren, die die genaue Gestalt der Figuren betreffen oder die Größe und das Material des Spielbrettes, das Größenverhältnis der Figuren zueinander oder sogar die Frage, ob überhaupt materielle Dinge

32 Searle 1969, S. 39

bewegt werden oder nur Kombinationen von Ausdrücken ausgetauscht werden, Ausdrücken für Figuren wie ›Bauer‹, etc., zusammen mit Zahlen und Buchstaben, die die Bewegung auf dem Brett charakterisieren? Und da dies für das Schachspiel möglich ist, warum sollte es für natürliche Sprachen nicht möglich sein, wo man doch in verschiedenen Sprachen dieselbe Behauptung aufstellen kann, dieselbe Frage stellen, etc.? Zeigt nicht die Übersetzbarkeit der verschiedensprachlichen Ausdrücke ineinander, daß ihnen dieselben ›Spielregeln‹ zugrundeliegen müssen, auch wenn die Ausführungen der ›Züge im Sprachspiel‹ je nach Realisierungsmittel anders klingen und grafisch anders aussehen? Auf der Ebene der ganzen illokutiven Akte scheint dies für viele Fälle plausibel; gilt es aber auch für die für unser Komplexitätsproblem entscheidenden Teilakte, insbesondere für die von Searle erörterten Akte der Referenz und der Prädikation? Wir entwerfen zunächst ein Sprachspiel, für das diese Frage zu bejahen ist; wir werden dann untersuchen, ob daraus allgemeine Schlüsse zu ziehen sind, oder ob wir besondere Eigenheiten eines speziellen Falles vor uns haben, die es nicht gestatten, auf grundlegende Strukturen von Sprachen überhaupt zu schließen.

Stellen wir uns vor, es sollten lauter verschiedene Modellschiffe in einem Lagerhaus nach Typen geordnet, in Regale eingeräumt und dabei, zusammen mit ihrem Aufbewahrungsort, in einer Liste notiert werden. Wir nehmen an, es seien Eigennamen im üblichen Sinne verfügbar, und diese stünden wie üblich auf den Schiffen geschrieben. Ferner seien Prädikatoren im Gebrauch, mit denen sich die vorhandenen Schiffe so in Klassen einteilen lassen, daß keine zweifelhaften Fälle auftreten. Unser Sprachspiel soll nun darin bestehen, daß einer der Arbeiter aus dem vorhandenen Bestand zunächst ein einzelnes Stück herausnimmt, es durch den Zuruf eines ersten Ausdrucks, des am Schiff angebrachten Namens, für seinen Kollegen, der die Liste führt, ›heraushebt‹, und dem so herausgehobenen Gegenstand dann mit einem zweiten Ausdruck einen Schiffstyp zuspricht, wobei er selbst es in das für diesen Typ vorgesehene Regal stellt, der Kollege aber sowohl die Äußerungen des ersten kontrolliert, als auch den ganzen, komplexen Ausdruck in einer Liste einträgt. Eine in diesem Kontext auftretende Äußerung der Form ›Seelöwe Motorschiff‹ (nach Searle: ›(RP)‹) kann dann verstanden werden als zusammengesetzt aus dem Referenzausdruck ›Seelöwe‹ und dem Prädikator ›Motorschiff‹, und man kann diese Äußerung so auffassen, daß mit ihr ein Geltungsanspruch erhoben wird, der nicht ungerechtfertigt sein darf, wenn die beiden Arbeiter nicht später für ihre Schludrigkeit getadelt werden möchten.

So, wie der zurufende Arbeiter in unserem Sprachspiel körperlich ein einzelnes Modellschiff aus dem Vorrat ›heraushebt‹, es in die Hand nimmt, es vorzeigt, so hebt er, wenn wir voraussetzen, daß keine zwei Schiffe gleich heißen, auch sprachlich mit dem ersten Ausdruck ›Seelöwe‹ ein bestimmtes Schiff heraus. Und so, wie er körperlich dies Schiff in ein bestimmtes, einem Typus zugeordnetes Regal stellt und die Schiffe auf diese Weise sortiert, so klassifiziert oder sortiert er es sprachlich durch das Zusprechen des prädikativen Ausdrucks ›Motorschiff‹. Die beiden nichtsprachlichen Handlungen des Heraushebens einerseits und des Sortierens andererseits sind zwar aufeinander bezogen und erhalten ihren Sinn im *Zusammenhang* des Handelns. Gleichwohl sind beide Handlungen in dem Sinne selbständig, daß sie klar voneinander unterscheidbar und für denjenigen, dem diese Art von Handlungszusammenhang vertraut ist, auch isoliert identifizierbar sind. Ein kundiger Beobachter, der nur einen Abschnitt des komplexen Handlungsablaufs beobachtet, kann sehen, ob der Arbeiter einen Gegenstand nur herausnimmt und dem Kollegen vorzeigt, oder ob er ihn in ein Regal bringt. Die Komplexität der Handlung kommt hier durch das Ausführen einer Folge von einzelnen Handlungen zustande, die einen auch isoliert erkennbaren klaren Charakter haben.

Um den Thesen Searles entgegenzukommen, unterstellen wir für unser Beispiel, daß die sprachliche Referenzhandlung für die Teilnehmer am Sprachspiel schon durch die Kategorie des verwendeten sprachlichen Zeichens kenntlich ist (daß also die Eigennamen kontextlos als solche erkannt werden); dasselbe soll für die Prädikation gelten. In diesem Fall haben wir bei den sprachlichen Handlungen dieselbe Situation wie bei den nichtsprachlichen Handlungen: Sie sind aufeinander bezogen und erhalten ihren Sinn durch den größeren Handlungszusammenhang, gleichwohl kann derjenige, der Handlungszusammenhänge dieser Art kennt, auch einer isoliert beobachteten Teilhandlung ihre Funktion richtig zuordnen: Sie ist entweder eine Handlung des Referierens oder des Prädizierens, und sie ist auch für sich allein betrachtet als die eine oder die andere zu identifizieren.

Wir können für unser konstruiertes Sprachspiel auch klar sagen, was es heißen würde, dasselbe Spiel in einer anderen ›Realisierung‹, unter Benutzung eines anderen Mediums zu spielen. Einen solchen Fall hätten wir z. B. dann vor uns, wenn die ›Realisierungskonventionen‹ es verlangen würden, die Namen der Schiffe rückwärts zu lesen und statt des Schiffstyps die Nummer des zugehörigen Regals zu nennen. Es wäre auch dann angemessen zu sagen, der Arbeiter habe ein Schiff erst ›herausgehoben‹ und es dann klassifiziert, eingeordnet. Wie im Fall des Schachspiels ist es gleichgültig, mit Ausdrücken welchen Klanges die Schiffe benannt oder klassifiziert werden. Wie bei den verschiedenen ›Realisierungen‹ desselben (wie Searle sagen möchte: allen Realisierungen ›zugrundliegenden‹) Schachspiels läßt sich hier jeder Zug abstrakt so charakterisieren, daß die abstrakte Charakterisierung für zwei von der Funktion her äquivalente, aber in verschiedenen Medien ausgeführte Folgen von Spielzügen dieselbe ist. Das heißt für zwei Schachpartien, daß ihren Protokollen entnommen werden kann, daß dieselben Züge in derselben Reihenfolge ausgeführt wurden (es wurde z. B. ein berühmtes Spiel nachgespielt), und es heißt für unser Sprachspiel, daß gleich viele äquivalente Züge derselben Gattung in derselben Ordnung nacheinander ausgeführt wurden: Wo in der einen Liste ›Ida Kanu‹ steht, steht in der anderen Liste ›Adi 5‹ (wenn die Kanus in das Regal Nummer 5 gehören). Sind zwei komplexe Züge im hier fingierten Sprachspiel trotz der zwei unterschiedlichen ›Medien‹ miteinander äquivalent, dann sind auch stets alle notwendigen Teilhandlungen äquivalent.

Haben wir in dem konstruierten Beispiel des Schiffe-Sortierens nun einen Sonderfall vor uns, oder läßt sich allgemein sagen, sprachliche Komplexität sei von der daran aufgezeigten Art? Vor dem Hintergrund unserer Erörterungen im Wittgenstein-Kapitel muß uns schon die Tatsache mißtrauisch machen, daß der Vollzug eines komplexen Sprechaktes bei Searle erscheint wie das dort als Modell gerade zurückgewiesene ›Singen nach Noten‹: der Sprecher signalisiert in einem ersten Schritt die illokutive Rolle, die seine Äußerung spielen soll (das haben wir zur Vereinfachung oben fortgelassen), er vollzieht dann die Handlung des Referierens oder ›Vorzeigens‹ eines Gegenstandes, und schließlich die Handlung des Klassifizierens oder sprachlichen Unterscheidens, des sprachlichen ›Ablegens‹ in einem ›Regal‹. Daß diese Folge für sich klar bestimmter Einzelhandlungen an der so genannten ›Oberflächenstruktur‹ einer natürlichen Sprache nicht immer festzustellen ist, ist selbstverständlich auch Searles Meinung. Er behauptet aber, daß, würde man die Funktionen untersuchen, die die Äußerungsteile des geäußerten natürlichsprachlichen Satzes unter dem Gesichtspunkt der vollzogenen Sprechakte haben müssen, das Resultat lauten würde, daß unter der Oberfläche, d.h. mit den wechselnden und oft irreführenden Mitteln der Oberflächenregeln oder Realisierungsvorschriften, doch Sprechhandlungen jener Struktur ausgeführt würden, die er als die ›Standardform‹ angegeben hat.

Um diese These zu erschüttern, wollen wir zunächst zeigen, daß auch innerhalb des von Searle abgesteckten engen Rahmens neben die Notwendigkeit, den Sinn einer einzelnen, isoliert identifizierbaren Handlung zu verstehen, für den Hörer die Aufgabe tritt, den ›grammatischen Sinn‹ einer Teilhandlung zu verstehen. Der Begriff der Prädikation, auf den sich unsere These zunächst bezieht,[33] bekommt dadurch eine von der Grammatik abhängige Bedeutung: Eine Handlung heißt dann nicht mehr ausschließlich deshalb eine Prädikationshandlung, weil sie, allein betrachtet, einen bestimmten Charakter (in unserer Illustration: ein Schiff in ein Regal stellen) hat, sondern in machen Fällen deshalb, weil sie der-

33 Vgl. Schneider 1979

jenige Teil einer komplexen Handlung ist, der ursprünglich, bevor sie in diesen Komplex einging, einen solchen selbständigen Charakter hatte, den sie aber, indem sie Teil des Komplexes wird, verliert. Die spezifische, prinzipiell auch anders denkbare Weise der Komplexbildung, die ›Grammatik‹, bestimmt hier also den Sprechhandlungscharakter der Teilhandlung, und nicht umgekehrt bestimmt der von der Grammatik unabhängig bestimmbare Handlungscharakter (›Hervorheben‹ versus ›Einstellen‹) die grammatisch-logische Klassifikation (Referenzausdruck versus Prädikationsausdruck). Da die Teilhandlung durch das Eingehen in eine komplexe Handlung nur noch auf der Ebene des oben so genannten ›grammatischen Sinnes‹ als Teilhandlung bestimmbar ist, ist diese Bestimmung nicht mehr ohne die Kenntnis ihrer sprachlichen Umgebung möglich.

Deshalb ist es hier anders als bei den meisten Zügen des Schachspiels: Dort setzt sich eine Partie (eine komplexe Handlung) aus isoliert identifizierbaren Zügen zusammen; das Vorrücken des Turms um drei Felder ist stets ein Vorrücken des Turms um drei Felder gemäß einer Regel, die dies gestattet, gleichgültig, welcher Zug vorher ausgeführt wurde. Dies ist nun bei einer auf Searles Weise etwas komplexer gemachten Form des oben beschriebenen Sprachspiels nicht mehr der Fall: Die Teilhandlung ›Prädikation‹ ist nur noch *manchmal* ein ›Einsortieren in ein Regal‹; in anderer sprachlicher Umgebung ist sie etwas anderes. Sie gleichwohl ›Prädikation‹ zu *nennen*, ist zwar sinnvoll; es heißt dann aber, sie *grammatisch* von anderen Handlungen zu unterscheiden; ihre ›Rolle im Satz‹ fällt mit ihrer ›Rolle im Sprachspiel‹ nicht mehr zusammen.

Um dies zu zeigen, ist es nur nötig, parallel zum Vorgehen Searles für unser Sortier-Sprachspiel zu fingieren, daß Äußerungen des Typs ›Seelöwe Motorschiff‹ nicht nur feststellend, sondern auch fragend verwendet werden dürfen; und wie bei Searle sollen zur Unterscheidung der illokutiven Rollen die vorangestellten Zeichen ›⊢‹ und ›?‹ benutzt werden. Wir können die Arten der dann möglichen Sprechhandlungen nun genauso notieren, wie er es tut, als ›F(RP)‹.

Searle selbst stellt sich die Frage, in welchem Sinne das Prädizieren als eine eigenständige Handlung mit einer spezifischen Sprechhandlungsfunktion angesehen werden könne, und er kommt damit in die folgende Schwierigkeit: Auf der einen Seite möchte er die Prädikation im Sinne der Grundidee der Sprechhandlungstheorie als Handlung auf der Ebene der möglichen ›Züge im Sprachspiel‹ charakterisieren können, und zwar (da er Sprachphilosophie betreibt, nicht Linguistik) unabhängig davon, welches Medium zur Ausführung dieser Art von Zug benutzt wird. Die oben gegebene Charakterisierung einer Handlung als ein Sortieren, dessen körperliches Korrelat das Ablegen in einem Regal sein kann, erfüllt diese Bedingung. Dieser spezifische und zugleich medienunabhängige Charakter verschwindet aber mit der Zulassung der Handlung der Frage (und bei Searle der Aufforderung und noch weiterer Sprechakte, die wir hier zur Vereinfachung außer acht lassen): Wenn auch die Teilhandlung des Äußerns desjenigen Wortes, das in ›?(RP)‹ schematisch mit ›P‹ angedeutet ist, eine Prädikation heißen soll, dann ist sie nicht mehr die Handlung des Sortierens, des Ablegens in einem ›sprachlichen Regal‹. Wer fragt, zögert gerade mit dem Sortieren, er legt gerade nicht ab (ebenso der Auffordernde; er behauptet gerade nicht, sonst brauchte er nicht aufzufordern). Searle drückt diesen Sachverhalt dadurch aus, daß er sagt, die Handlung der Prädikation sei kein illokutiver Akt, sie trage nur zum ›Inhalt‹ der (ganzen, illokutiven) Sprechhandlung etwas bei und lege selbst keine Funktion eindeutig fest.[34] Auf der anderen Seite möchte er aber einen stets gleichbleibenden Charakter der Prädikation als medienunabhängiger Handlung bewahren, wenn er sagt, mit jeder Prädikation werde die Frage des Wahrseins eines Begriffsausdrucks von einem Gegenstand aufgeworfen, wenn auch die Weise dieses Aufwerfens verschieden sein könne: Fragend, behauptend, auffordernd, etc. Er möchte die Prädikationshandlung offenbar nicht auf der Ebene des Klanges angesiedelt wissen.

Der Kern des Problems, das Searle hier unklar und für ihn

34 Searle 1969, S. 124f.

selbst offenbar nicht ganz befriedigend[35] ausdrückt, scheint vor dem Hintergrund der oben geführten Diskussion der folgende Sachverhalt zu sein: Mit der Zulassung des Übertragungsschrittes von ›⊢ (RP)‹ zu ›?(RP)‹ verändert sich der Charakter der Teilhandlung der Prädikation, wenn man sie unter der Perspektive einer Handlung betrachtet, die über ihre phonetische oder grafische Beschreibbarkeit hinausweist auf ihre Rolle mit Bezug auf andere Handlungen. Die Hinzufügung des Fragezeichens suspendiert nämlich den ursprünglich assertorischen Charakter der durch ›P‹ dargestellten Handlung; wer ›P‹ als Teil einer Frage äußert, ›sortiert‹ gerade noch nicht im Sinne des zuerst verfügbaren Sprachspiels. Unsere Neigung, sofort einzuwenden, daß er es in gewissem Sinne doch tue, was man ausdrücken könne als ›er sortiert versuchsweise‹, zeigt, daß die Beibehaltung des äußeren, klanglichen (oder hier grafischen) Charakters sowohl der Teilhandlung ›P‹ als auch der Komplexbildungsweise ›RP‹ einen guten Sinn hat, der allerdings präzise benannt werden muß, um die auch bei Searle intuitiv gelassenen Verhältnisse wirklich aufzuklären. Die ›Suspendierung‹ bedeutet zwar nicht, daß der neue Handlungscharakter dem alten zusammenhanglos gegenüberstehen würde; wir könnten nicht, da es um eine *neue* Handlung geht, *genausogut* auch ein ganz anderes Symbol verwenden. Vielmehr ist die neue sprachliche Handlung auf die alte bezogen. Insofern sie nach der Rechtmäßigkeit einer ›Sortierhandlung‹ fragt, ist sie bei der hier fingierten Entwicklung des Sprachspiels zu dieser sekundär, sie knüpft an die vorher beherrschte Handlung an, und deshalb können wir die Zeichen, die zum Vollzug der alten Handlung benutzt wurden, eingehen lassen als Teilzeichen in den Ausdruck der zweiten Handlung. Es gehört zum Verstehen der Frage, daß der Hörer die Prädikationshandlung, deren Rechtmäßigkeit er beurteilen soll, verstanden haben muß, da er sonst nicht weiß, *wozu* er Stellung beziehen soll. Insofern sind die Verhältnisse dieselben, die wir oben bei der Einführung des Terminus ›grammatischer Sinn‹ erörtert haben: Der Hörer muß den grammatischen Sinn des

---

35 A. a. O., S. 124 und Anm. 1

Teilausdrucks nach dem Fragezeichen verstehen (d.h. hier: den suspendierten Behauptungssinn), um die Frage verstehen zu können. Dem grammatische Sinn von ›P‹ in ›?(RP)‹ entspricht aber keine Teilhandlung auf der illokutiven Ebene. Der Buchstabe ›P‹ dient nicht zur schematischen Andeutung des Vollzugs einer selbständigen Sprechhandlung; die durch ihn dargestellte Äußerungshandlung trägt, wie Searle sich ausdrückt, nur zum ›Inhalt‹ etwas bei; sie ist eine Handlung auf der Ebene des ›grammatischen Sinns‹.

Wenn dies aber der Fall ist, läßt sich die Handlung der Prädikation nicht allein von ihrer ›Funktion im Sprachspiel‹ her bestimmen, wenn damit eine Rolle gemeint ist, die man einer Teilhandlung unabhängig von ihrer sprachlichen Umgebung muß ansehen können. Es ist vielmehr nötig, über die ›Funktion im Satz‹ dieser Teilhandlung zu sprechen. Diese Satzfunktion muß zwar im weiteren Sinne auch als eine ›Funktion im Sprachspiel‹ angesehen werden (denn es gehört ja zum Sprachspiel, daß komplexe Sätze geäußert werden), die Notwendigkeit eines Bezuges auf die ›Rolle im Satz‹ zur Bestimmung des Charakters der Teilhandlung wirft aber die Frage auf, ob diese Bestimmung, wie Searle es möchte, noch so erfolgen kann, daß sie von den spezifischen Eigenschaften des gewählten Mediums unabhängig ist. Wir haben gerade an Searles eigener Behandlung der nicht-assertorischen Sprechakte gesehen, daß diese Unabhängigkeit vom Medium der ›Realisierung‹ nicht dadurch erreichbar ist, daß auf ein Medium überhaupt nicht bezuggenommen wird; über die Rolle eines Ausdrucks in einem Satz läßt sich nur unter Bezug auf das Medium sprechen, in dem der Satz formuliert ist. Wenn also die Regeln des von Searle unterstellten, allen Einzelsprachen zugrundeliegenden ›Sprachspiels überhaupt‹ nicht ohne die Nennung von Eigenschaften von Formulierungen angegeben werden können, die sich notwendigerweise eines bestimmten Mediums bedienen, dann kann der beanspruchte medien-unspezifische Charakter der Sprechhandlungstheorie nur dadurch erwiesen werden, daß für die vorgeschlagenen Standardformen gezeigt wird, daß alle ihre für die Sprechhandlungstheorie relevanten Eigenschaften universal sind; daß sie zwar z.T. medienbezogene Eigenschaften sind, aber solche, die auch jedes andere Medium, das dieselben Handlungen ermöglicht, aufweisen muß. Die Standardform müßte als die *einzige* angemessene Form zur Niederschreibung von Sprechhandlungsstrukturen erwiesen werden; Alternativen dürften nur strukturgleiche Notationsvarianten sein.

Noch einmal anders gesagt: Da wir gezeigt haben, daß schon innerhalb des von Searle abgesteckten Rahmens die Komplexität komplexer sprachlicher Handlungen nicht nach dem Muster des Singens nach Noten erfaßt werden kann, daß man also nicht sagen kann, es würden in den verschiedenen Sprachen stets die gleichen Handlungen in der gleichen Ordnung vollzogen (wenn auch mit anderen Mitteln), da man vielmehr sagen muß, daß die Teilhandlungen sich gegenseitig modifizieren (die eine Teilhandlung suspendiert z. B. den Handlungscharakter der anderen, um ihn für ihre Zwecke zu ›benutzen‹), da also die Teil-Ganzes-Verhältnisse auf der Ebene der Äußerungen (und der grafischen Zeichen) solche auf der Ebene der Handlungen nicht einfach widerspiegeln (wie beim Schachspiel), kann die Behauptung einer trotzdem vorliegenden ›Medienunabhängigkeit‹ nur noch heißen, es liege ein *ausgezeichnetes* Medium vor, das zwar nicht von den wesentlichen Eigenschaften von Medien überhaupt unabhängig ist (das hat nicht einmal Frege für seine Begriffsschrift beansprucht), wohl aber von spezifischen Eigenheiten, die von Medium zu Medium wechseln, ohne am zugrundeliegenden ›Spiel‹ etwas zu ändern.

Läßt sich also zeigen, daß die von Searle gewählte Standardform zur Darstellung von Sprechakten dadurch einen besonderen Status gegenüber anderen Strukturzuschreibungen hat, daß sie alternativenlos ist, daß sich andere Notationsweisen als gleichwertige Varianten derselben Handlungsstruktur erweisen müssen? Es könnte ja sein (und Searles Argumentationsweise legt dies durchaus nahe), daß es in einer Art ›Logik‹ sprachlichen Handelns selber begründet liegt, daß es einen internen Zusammenhang z. B. zwischen den Handlungen des Behauptens und des Fragens gibt, so daß sich etwa sagen ließe, die Handlung des Fragens läßt sich prinzipiell nicht verständlich machen, wenn man sie nicht als das Einholen einer Stellungnahme zu einer Behauptung sieht. Es wäre dann dieser notwendige interne Zusammenhang zwischen diesen beiden illokutiven Handlungen, der für das Eingehen der zur Behauptung benutzten Aussprech-Handlungen in die Handlung des Äußerns einer Frage verantwortlich ist, und folglich wäre das Phänomen der Suspendierung eines vorherigen Sinnes und damit die Entstehung dieser spezifischen Form eines bloß grammatischen Sinnes von Äußerungsteilen eine Konsequenz einer Handlungslogik, die zwar nicht von Ausdrucksmedien überhaupt unabhängig ist, wohl aber von allen spezifischen Eigenschaften jedes bestimmten Ausdrucksmediums. Es ginge dann in der Sprechhandlungstheorie allein um Merkmale, die allen Realisierungsmedien gemeinsam sein müssen.

Aber bereits die von Wittgenstein skizzierte Möglichkeit einer einer Sprache, in der alle Behauptungen als Frage mit darauffolgender Bejahung ausgedrückt werden, spricht dagegen, daß eine solche über-einzelsprachliche Sprechhandlungslogik als Auszeichnungsgrund für die Searlesche Standardform verfügbar ist. Können wir uns nicht vorstellen, so hatte Wittgenstein argumentiert, daß in einer Sprachgemeinschaft (ähnlich wie bei den Bauenden die Aufforderung) die *Frage* das primäre Sprachspiel ist? Man könnte sich z. B. denken, daß im Anschluß an natürliche, nichtsprachliche Körperreaktionen (auf kaltes oder heißes Wasser, auf wohl- oder schlecht schmeckende Nahrungsmittel) eine Lautäußerung vom Charakter einer vorwegnehmenden Imitation solcher Reaktionen als Frage benutzt wird, deren praktischer Sinn darin besteht, daß er dem Fragenden zu entscheiden hilft, ob er ebenfalls die Handlung ausführen will, bei der er den anderen beobachtet. Da es hier nicht um Sprachentstehungstheorien geht, reicht es, daß diese Möglichkeit nicht logisch ausgeschlossen ist, wie es z. B. die Fiktion wäre, der erste Schritt in einer entworfenen Entwicklungsgeschichte einer Sprache habe im Erlernen der logischen Junktoren bestanden.

Ist eine solche Möglichkeit ›handlungslogisch‹ aber nicht ausgeschlossen, dann kann in der Tat ein späterer Entwicklungsschritt in der Sprache so angesetzt werden, daß, umgekehrt wie in der von Wittgenstein fingierten Entwicklung der Bauarbeitersprache, ein Übertragungsschritt von den Fragen zu den Behauptungen gemacht wird, der sich in der Notation darin zeigt, daß, wenn jemand eine Behauptung ausdrücken will, er stets den Ausdruck einer Frage notiert, ergänzt um eine von ihm selbst hinzugefügte Antwort. Wir hätten in dieser Sprache also Fragen der Art ›gut?‹, ›kalt?‹, und deren lautliche oder schriftliche Seite würde eingehen in die sich einem Übertragungsschritt verdankenden Handlungen der Behauptung, die die Form hätten ›gut? Ja!‹, ›kalt? Nein!‹. Mit Bezug auf dieses Sprachspiel können wir sagen, der Zug des Behauptens ›enthalte‹ als unselbständigen, nur zum ›Inhalt‹ etwas beitragenden Teilzug den der Frage, und es ist deutlich, daß dies eine Feststellung ist, die die Ebene des vom Medium abhängigen ›grammatischen Sinnes‹ betrifft; es ist damit nicht gesagt (und es ist auch nicht der Fall), daß derjenige, der etwas behauptet, in einem illokutiven Sinne (als ›Zug im Sprachspiel‹) dabei stets auch etwas fragt. Genau dies war Wittgensteins Pointe.

Wenn wir uns nun dem engen Rahmen von Searle fügen und uns vorstellen, wir würden dies zuletzt erörterte, von der Frage ausgehende Sprachspiel um die Handlung der Referenz erweitern, wenn wir ferner unterstellen, es enthalte genau dieselben Eigennamen und Begriffsausdrücke wie das oben betrachtete Sprachspiel des Schiffesortierens, und wenn wir schließlich unsere Betrachtung auf die Handlung dieses Sortierens beschränken, dann ist leicht zu sehen, daß beide Sprachspiele von ihrer Funktion her gesehen äquivalent sind: Jeder vollständige Zug, der in einem Sprachspiel möglich ist, ist auch im anderen möglich, und umgekehrt. Jeder Ausdruck des einen Sprachspiels, sofern er für einen ›Zug im Sprachspiel‹ steht, läßt sich in einen Ausdruck des anderen Sprachspiels übersetzen. Wäre aber deshalb die Aussage schon begründet, es handle sich hier eigentlich um dasselbe Spiel? Können wir davon sprechen, daß wir zwei Notationsvarianten *desselben* Spiels vor uns haben?

Was sollte mit einer solchen Aussage gesagt werden? Die Übersetzbarkeit, die funktionale Äquivalenz der *vollständigen* Züge, ist für die hier erörterten einfachen Fälle unbestritten, und wenn der Ausdruck ›dasselbe Spiel‹ nur dies bedeuten soll, besteht kein Streitpunkt. Dies ist aber nicht die Ebene, auf der sich sprachliche Strukturen verständlich machen lassen; auf ihr müssen Teilhandlungen verglichen werden, und diese stimmen in den beiden Sprachspielen *nicht* überein. Wie aber, wenn ein Mitglied der einen hier fingierten Sprachgemeinschaft zu einem Mitglied der anderen sagt: Das Spiel, das du spielst, ist *eigentlich* das folgende (und dann gibt er die Regeln für die Teilsprechakte in *seiner* Variante an); dies ist *das Spiel*, dies sind die deiner Aktivität *zugrundeliegenden* Regeln, und wie du sie realisierst (und wie man sie sonst noch realisieren könnte), kann hier außer Betracht bleiben. Wird nun nicht jeder der beiden seine Regeln als die ›eigentlichen‹ Spielregeln bezeichnen und in denen des anderen eine Abweichung, eine den Kern weniger klar zeigende Variante sehen? Da die Äquivalenz der vollständigen Ausdrücke unbestritten ist, geht es nur um die Frage, ob sich eine Weise, Teilsprechakte zu vollziehen, vor der anderen Weise auszeichnen läßt. So könnte ein Anhänger derjenigen Variante, die wie Searle von Behauptungen ausgeht, sagen wollen: Auch das Fragen ist doch eigentlich ein Klassifizieren, ein Sortieren. Wenn wir fragen, tun wir doch nichts anderes, als die Rechtmäßigkeit einer Sortierhandlung zur Debatte zu stellen. Deshalb ist die Benutzung einer Satzform wie ›Möve Segelboot? Ja!‹ zwar möglich, aber unnötig kompliziert; ihre tiefere Struktur ist eigentlich: Ich stelle mir die *Behauptung* vor, das Schiff mit dem Namen ›Möve‹ sei ein Segelboot; stelle diese Behauptung versuchsweise in *Frage* und nehme dann positiv dazu Stellung und *behaupte*, sie sei korrekt. Es ist von der ›Logik‹ der beteiligten Handlungen her einfacher, sofort mit der Behauptung, die ja ohnehin vorgestellt wird, zu beginnen und entsprechend gleich zu notieren ›⊢Möve Segelboot‹.

Diese Ausformulierung des Einwandes zeigt aber, daß hier nichts anderes passiert, als daß die der einen Notation entsprechende Lerngeschichte der anderen unterschoben wird, mit der Unterstellung, sie müßte auch ihr auf der Ebene ›innerer‹ Handlungen zugrundeliegen. Was als die Logik der inneren Handlungen erscheint, ist bei diesem Typus sprachbezogener ›innerer Handlungen‹ aber nichts anderes als die grammatische Struktur der Ausdrücke des eigenen Mediums. Von der Priorität der Behauptung zu sprechen, die vorgestellt werden müsse, um in Frage gestellt werden zu können, heißt, der grammatischen Satzform des Teilausdrucks ›RP‹ in ›RP ? Ja!‹ jenen illokutiven (nämlich assertorischen) Sinn zu unterstellen, den der gleich aussehende Ausdruck in der eigenen Lerngeschichte hatte und den er in ›suspendierter‹ Form für den Sprecher dieser Sprache immer noch hat. Das ›Eigentliche‹ ist, soweit es bisher in den Blick kam, nur das Eigene, nicht etwas ›hinter‹ oder ›unter‹ der eigenen *und* der fremden ›bloßen Realisierung‹.

Eine ganz andere Art der Argumentation für die Auszeichnung einer bestimmten ›Form der Darstellung‹ bestünde in dem Hinweis, sie sei (unter diesen oder jenen Gesichtspunkten, für diesen oder jenen Zweck) *praktisch*, ökonomisch, besonders tauglich, etc. So könnte man gegen die Notation ›RP ? Ja!‹ einwenden, es sei *unübersichtlich*, wenn ein Ausdruck mehrere Anzeigewörter für illokutive Rollen enthalte. Diese Möglichkeit einer zweckbezogenen Auszeichnung eines bestimmten Mediums, einer bestimmten Form der Darstellung, werden wir erörtern, wenn wir uns fragen werden, wie denn die große intuitive Überzeugungskraft zu erkären ist, die die von Searle und der Tradition der ›logischen Analyse‹ benutzte Metapher einer ›zugrundeliegenden‹, ›eigentlichen‹ Form hat. Hier soll der Hinweis genügen, daß die Auszeichnung einer Notation zu einem bestimmten Zweck etwas anderes ist als die von Verwendungszwecken unabhängige Behauptung, eine vorgeschlagene Strukturzuschreibung sei dadurch ausgezeichnet, daß sie die Tiefenstruktur oberflächlich nicht klar sichtbarer Teilhandlungen offenbare, die auf ›inexplizite‹ Weise (›im Denken‹) mit Notwendigkeit gleichwohl ausgeführt werden müßten, damit die Sprechhandlung gelingen könne.

Es sei daran erinnert, daß wir in unserer bisherigen Kritik den Vorstellungen Searles insofern weit entgegengekommen sind, als wir unsere Betrachtungen ganz auf das Sprachspiel des ›Sortierens‹ beschränkt haben, auf ein Sprachspiel also, bei dem die Rede vom ›Herausheben‹ und vom ›Charakterisieren‹ im assertorischen Fall einen unmittelbar einleuchtenden, ›körperlichen‹ Sinn hat. Wir haben also Fälle von Projektionen, von syntaktischen Metaphern, in denen diese selbe Form zur Erschließung neuer sprachlicher Handlungsmöglichkeiten benutzt wird und aus diesem Grunde einen in einem radikaleren Sinne ›bloß grammatischen‹ Charakter bekommt, noch gar nicht gegen Searle ins Feld geführt. In einem ersten Schritt der kritischen Prüfung haben wir uns vielmehr darauf beschränkt zu zeigen, daß schon die Übertragung in nicht-assertorische Verwendungsweisen zur Notwendigkeit der Rede von der ›Rolle einer Teilhandlung im Satz‹ führt, ein Schritt, durch den der Ausdruck ›Prädikation‹ eine medien-abhängige Bedeutung bekommt.

Um uns der Frage, ob und in welchem Sinne sich Searles Standardform auszeichnen läßt, noch aus einer anderen Perspektive zu nähern, wollen wir ihm jetzt weniger weit entgegenkommen und uns sprachlichen Handlungsmöglichkeiten zuwenden, die über das ›Herausheben und im Regal ablegen‹ hinausgehen und sich daher der an diesem Beispiel gewonnenen Form nicht so einfach fügen. Searle selbst ist sich bewußt, bezüglich der Behandlung des Referierens von nur wenigen einfachen Fällen auszugehen, und er nennt die referierenden Ausdrücke »the weather«, »the way we live now« und »the reason why I like beans«[36] als Problemfälle, denen er vorläufig bewußt aus dem Weg gehe. Wenn er dann zur Charakterisierung dessen, was bei der Referenzhandlung ›herausgehoben‹ werde, vier Oberbegriffe nennt (object, entity, particular, individual) und vier Unterbegriffe (thing, process, event, action),[37] dann deutet auch dies eher auf eine Unklarheit als auf eine durchschaute, nach klaren Kriterien gegliederte Fülle. Aus der Perspektive unserer Untersuchungen legt sich bei dieser Vagheit und Beliebigkeit sofort der Verdacht nahe, ähnlich wie im Fall der Prädikation sei auch die Kennzeichnung einer Teilsprechhandlung als eine des Referierens eine Kennzeichnung auf der *grammatischen*, medienabhängigen Ebene und nicht bezogen auf das hinter allen Realisierungsformen liegende ›Sprachspiel an sich‹.

36 Searle 1969, S. 72   37 A. a. O., S. 26f.

Wenn wir damit aber im Recht sind, müßte die harmlos und bloß methodologisch klingende Aussage Searles, es sei sinnvoll, zunächst die paradigmatischen Fälle, das »Variationszentrum« der Referenz zu behandeln und sich erst dann, auf dieser Grundlage, den »borderline cases« zuzuwenden,[38] mit Vorsicht betrachtet werden: Geht es (harmlos und methodologisch motiviert) darum, den klaren, d. h. gut beherrschten, einfachen, durchsichtigen Fall einer Handlung zu studieren, um einen unklaren Grenzfall, der aber prinzipiell von derselben Art ist, besser durchschauen zu können, oder verwischt diese Art der Unterscheidung von Zentrums- und Grenzfällen, daß es sich um einen Unterschied auf einer ganz anderen Ebene handelt, im folgenden Sinne: Wenn es so wäre, daß ein Ausdruck wie ›Individuum‹ oder ›Entität‹ auf die *grammatische* Ebene gehört und durch Rekurs auf eine ›Rolle im Satz‹, nicht auf eine ›ontologische Klasse‹ oder eine für sich, d. h. medienunspezifisch erläuterbare Handlung bestimmt werden muß, dann wäre die Schlußfolgerung, auf die der Gedanke von den ›klaren Fällen‹ zusteuert, eine ganz andere als die von Searle nahegelegte. Der Weg zum Verständnis der Handlung der Referenz würde nicht so laufen, daß wir in einem ersten Schritt sagen könnten: was das Referieren sei, wüßten wir vom paradigmatischen Standardfall des Herausheben eines Modellschiffes; diesem Wissen könnten wir in einem zweiten Schritt die Bemerkung anfügen, es sei zusätzlich so, daß es eben leider auch Dinge gebe, die schwieriger zugänglich seien als Modellschiffe, z. B. das Wetter, Lebensweisen und Gründe (oder auch die von Wittgenstein zum Problem erhobene Art von ›inneren Vorgängen‹ oder Freges Begriffe erster Stufe, wenn wir mit solchen zweiter Stufe über sie reden). Vielmehr würden sich die Zentrums- von den Grenzfällen ganz anders unterscheiden: Die Handlung des Referierens zu verstehen, hieße bei dieser Sichtweise, daß wir bemerken, daß die Form der Darstellung, die im Handlungszusammenhang des Umgangs mit ›mittelgroßen trockenen Gütern‹[39] wie Modellschiffen ihren

---

38 A. a. O., S. 28
39 Diese polemische Formulierung benutzt Taylor in einer Bemerkung über Quines Fabel vom behavioristisch orientierten Linguisten beim

einleuchtenden Ort hat, in einem *Projektionsschritt* auf andere sprachliche Handlungsmöglichkeiten übertragen wird (›syntaktische Metapher‹), wo mit Gütern oder ›Dingen‹, auch mit Dingen einer besonders unzugänglichen Art, gar nicht hantiert wird. Dieser Projektionsschritt hat aber zur Folge, daß es uns nun so scheint, als gebe es neben Dingen von der Art der Modellschiffe auch noch viele andere Dinge von rätselhafterer Natur. Die Herkunft dieses Scheins wäre die Tatsache, daß ja von ›etwas‹ die Rede ist (unsere Sätze haben Subjekte, Ausdrücke an der Stelle, wo früher die Eigennamen der Schiffe standen), und diese offenbar ›benannten‹ Dingen werden von anderen unterschieden, sie werden klassifiziert.[40]

Ein Beispiel, das sich leicht an elementare Sprachspiele der von Wittgenstein erörterten Art (wozu auch das Schiffesortieren gehört) anschließen läßt, könnte etwa dort auftreten, wo schon gezählt werden kann, und wo die Teilnehmer des Sprachspiels zählbare Dinge gerecht teilen können. Dort könnte im Kontext von Beobachtungen über gelingende und nicht gelingende Verteilhandlungen die Äußerung ›sieben ist ungerade‹ auftreten und verstanden werden. Damit würde ein bekanntes, aber aus der Sicht der bisherigen Sprachpraxis dort ›nicht hingehörendes‹ Wort (›sieben‹) an einer Stelle im Satz auftreten, die sonst den Namen vorbehalten sind, und es *könnte* sein, daß dieser Umstand *nicht* die Frage provoziert, von welcher Art die damit ›postulierten‹ neuen Gegenstände seien.

fremden Volksstamm: »Now this may work for the domain of middle size dry goods...« (Taylor 1980, S. 310; = Taylor 1985, S. 275). Dem setzt er entgegen: »But when we come to our emotions, aspirations, goals, our social relations and practices, this cannot be.« (Ibid.)

40 Vgl. die von K. Prätor aufgeworfene Frage, »...ob die in der Logik bevorzugte Elementarsatzform sich nicht mehr der aristotelischen Tradition eines zweigliedrigen Satzmodells und der Geeignetheit dieses Modells für die Anwendung eines mathematischen Funktionsbegriffs verdankt als methodischer Rekonstruktion aus alltäglichen und wissenschaftlichen Redesituationen.« Prätor 1982, S. 429 f. Es folgt dann ein Vorschlag, terminologisch ›Objekte sprachlicher Referenz‹ von ›Individuen‹ zu unterscheiden (S. 435).

Ein anderer Fall sprachlichen Handelns, der dem Herausheben und Sortieren ›mittelgroßer trockener Güter‹ unähnlich ist, ist z. B. der der Benutzung von Adverbien wie ›langsam‹ in ›Jones bestrich seinen Toast *langsam* mit Butter‹. Aus der Perspektive Wittgensteins, der die stufenweisen Erweiterungsmöglichkeiten einfacher Sprachspiele betrachtet, ohne auf eine bestimmte ›Form der Darstellung‹ als die Form aller möglichen Inhalte festgelegt zu sein, ist die Hinzufügung eines Wortes wie ›langsam‹ zu Ausdrücken wie ›Jones läuft‹ oder ›Jones buttert den Toast‹ ein praktisch zugänglicher, leicht vermittelbarer Erweiterungsschritt von ähnlich problemlosem Charakter, wie es z. B. die Erweiterung des ursprünglichen Bauarbeiter-Sprachspiels um Zahlwörter war. So wie der Erwerb der Zahlwörter die Mitglieder der Sprachgemeinschaft befähigt, Platten zu zählen und bestimmte Anzahlen von Platten zu bestellen und zu bringen, so befähigt der Erwerb von Adverbien wie ›langsam‹ oder ›schnell‹ die Sprecher und Hörer z. B. dazu, Aufforderungen wie ›laufe schnell‹ oder ›komm langsam‹ zu befolgen und zu geben. Daß sie diese Fähigkeit haben, heißt auch, daß sie beurteilen können, ob eine solche Aufforderung befolgt wurde oder nicht, und folglich, wenn wir den oben erörterten Übertragungsschritt als beherrscht unterstellen, daß sie einen der entsprechenden Aufforderung zugeordneten assertorischen Satz der Art ›Peter läuft schnell‹ ähnlich als wahr oder falsch beurteilen können wie einen Satz der Art ›(hier liegen) fünf Platten‹. Daß der erste Satz ebenso wie der zweite auf mehr als eine Weise falsch sein kann (Peter läuft gar nicht, oder er läuft nicht schnell; hier liegen gar keine Platten, oder hier liegen nicht fünf Platten), ergibt sich unmittelbar aus dem Verständnis der Rolle dieser Wörter und schafft aus der Perspektive einer Betrachtung, der es auf die Möglichkeiten der Entwicklung komplexer Sprachspiele ankommt, ohne auf eine bestimmte ›Form der Darstellung‹ festgelegt zu sein, kein Problem. Ein Postulieren von ›Gegenständen‹, die ›sortiert‹ werden, ist in beiden Fällen unnötig.

Nun hat Searle eine sprechhandlungstheoretische Interpretation solcher Adverbien auch in den Jahren nach Erscheinen seines ersten Entwurfes nicht vorgelegt, wie überhaupt auffällt, daß die Vorstellung, es müsse nun auch Sprechakte geben wie ›adverbiell bestimmen‹, ›das direkte Objekt nennen‹, etc. auf eine Weise abwegig erscheint, wie das für die Handlungen des Referierens und des Prädizierens nicht gilt. Dies könnte man als ein Indiz dafür werten wollen, daß die Sprechakttheorie bisher nur einen winzigen Ausschnitt der Sprache behandeln könne und daher eines weiteres Ausbaus bedürftig sei. Es wäre aber wohl eher im Sinne ihres Urhebers, wenn man diese Tatsache als Ausdruck seiner Überzeugung deuten würde, daß Freges Logik ausreicht, um die ›eigentlichen‹ Formen des propositionalen Teils allen sprachlichen Handeln darzustellen.

Da wir die Sprechhandlungstheorie hier als eine pragmatische Untermauerung traditioneller logischer Unterscheidungen zu lesen versuchen, wollen wir nun unabhängig von der Meinung Searles in dieser Frage dazu übergehen zu betrachten, wie ein entschieden an der Logik orientierter Sprachphilosoph die ›logische Form‹ von Sätzen behandelt hat, die Adverbien der genannten Art enthalten und sich daher dem Sortier- oder ›Aschenputtel‹-Paradigma nicht ohne weiteres fügen.[41] Wir werden daran sehen, daß hier in der Tat die gewählte ›Form der Darstellung‹ den Handlungscharakter bestimmt, und nicht umgekehrt; d. h. die gewählte ›Grammatik‹ legt fest, was ein Referenzakt ist und was für Gegenstände es ›gibt‹, und es wird nicht umgekehrt erst die (sprachform-unabhängige) Handlung der Referenz erklärt, die es dann ermöglicht, sich auch ungewohnten Gegenständen und in *diesem* Sinne ihren ›Grenzfällen‹ zuzuwenden. Die Grenzfälle verdanken ihren Sonderstatus einem sprachlichen Projektionsschritt, nicht einer ihnen sprachunabhängig zukommenden Eigenschaft wie etwa der, dem Erkennen schwerer zugänglich zu sein. Wenn man diese Auskunft auf die Sprechhandlungstheorie zurückbezieht, bekommt (wie vorher der Begriff der Prädikation) auch die Bezeichnung einer sprachlichen Handlung als ›Referenzakt‹ einen grammatischen, auf das gewählte Medium bezogenen Sinn.

41 Vgl. Schneider 1990 a

6. Die ›logische Form‹ von Handlungssätzen und das ›Referieren‹ auf ›Ereignisse‹ bei D. Davidson

Donald Davidson hat in einem bekannten Aufsatz[42] einen Vorschlag gemacht, wie man Sätzen, die Adverbien der Art ›langsam‹, ›willentlich‹, etc. enthalten, eine ›logische Form‹ zuordnen könne. Uns interessieren hier nicht die Vor- und Nachteile dieses Vorschlags im Vergleich mit anderen ›Adverbientheorien‹, sondern wir wollen diesen Aufsatz und den Fall dieser Wörter zum Anlaß nehmen, Davidsons Kriterien dafür zu erörtern, was unter der ›logischen Form‹ eines natürlichsprachlichen Satzes zu verstehen ist.[43] Diese Kriterien waren in seiner ursprünglichen Abhandlung weitgehend implizit geblieben; er hatte die Vertrautheit seiner Leser mit der logischen Tradition und offenbar auch eine Gemeinsamkeit in der Einschätzung dessen vorausgesetzt, was man z. B. in den üblichen Logikkursen tut, wenn man einem Ausdruck der natürlichen Sprache einen Ausdruck des Prädikatenkalküls erster Stufe (der Quantorenlogik) zuordnet. Auf eine Nachfrage von James Cargile eingehend, hat Davidson sich später ausdrücklich zu dieser Frage geäußert.[44]

Den Ausgangspunkt seiner Überlegungen bilden die beiden zusammengehörenden Sätze (1) und (2), die er auch wie einen einzigen Satz (3) behandelt:

(1) ›Jones did it slowly, deliberately, in the bathroom, with a knife, at midnight.‹

(2) ›What he did was butter a piece of toast.‹

(3) ›Jones buttered a piece of toast slowly, deliberately, in the bathroom, with a knife, at midnight.‹

Davidson knüpft zunächst an unser alltägliches Verständnis des Wortes ›it‹ im Satz (1) an und sagt, es scheine sich auf eine Entität zu beziehen, vermutlich auf eine Handlung, und

---

42 »The Logical Form of Action Sentences«; in: Davidson 1980, S. 105-122

43 Eine kritische Erörterung der reichhaltigen Literatur zum Begriff des Ereignisses (›event‹) bietet Bennett (1988).

44 Davidson 1980, S. 137ff.

diese Entität werde dann auf verschiedene Weisen charakterisiert. Mit diesem Schritt sind das Referieren und das Charakterisieren (das mit unserem ›Prädizieren‹ zusammenfällt) als sprachliche Tätigkeiten herausgestellt, nach denen zu fragen sich dort, wo etwas behauptet wird, offenbar sofort nahelegt oder aufzwingt. Die Auszeichnung gerade dieser sprachlichen Tätigkeiten befindet sich in Übereinstimmung sowohl mit der im Englischen (und im Deutschen) gegebenen Möglichkeit, sich mit dem Wort ›it‹ (bzw. ›sie‹), wie man sich ausdrückt, ›auf eine Handlung zu beziehen‹, als auch mit der oben im Zusammenhang der Searle-Diskussion genannten Sprecherintuition, daß dort, wo es um Wahrheit gehe, notwendigerweise *von etwas* gesprochen werde, was (auf wahre oder falsche Weise) *charakterisiert* werde, oder gleichbedeutend: über das etwas ausgesagt, von dem etwas prädiziert werde.

Übergangslos heißt es nun bei Davidson, daß jemandem, der nach der logischen Form des aus (1) und (2) gebildeten Satzes (3) gefragt würde, die Antwort in den Sinn kommen könnte (und nun wechseln wir der Einfachheit halber zur deutschen Fassung der Sätze): ›Es gibt eine Handlung x, so daß Jones x langsam getan hat, und Jones x willentlich getan hat, und Jones…‹. Folge man dieser Antwort, ergebe sich die Frage, welcher Referenzausdruck (›singular term‹) hier für x eingesetzt werden könne. Zwar könnten wir den Satz ›Jones butterte einen Toast‹ bilden, wenn wir ihn aber einsetzen, und damit (mit etwas Ungenauigkeit) ein Ergebnis der Art ›Jones butterte den Toast langsam und Jones butterte den Toast willentlich, und Jones…‹ bekommen, haben wir damit erstens noch immer keinen normalen Referenzausdruck, denn ein Satz wird normalerweise nicht als Referenzausdruck aufgefaßt, der etwas bezeichnet, dem man Prädikatoren wie ›willentlich‹ zuschreiben kann; selbst bei Frege, der Sätze als Namen auffaßt, könnte sich ›willentlich‹ nicht auf den benannten Gegenstand, den Wahrheitswert, beziehen. Zweitens drückt die vorgeschlagene Formulierung (anders als der ursprüngliche Satz) nicht aus, daß es um genau *eine* Handlung geht, die auf mehr als eine Weise charakterisiert wird, und nicht um eine ganze Reihe von Handlungen. Beide

Sachverhalte wertet Davidson als Indizien dafür, daß wir die logische Form des ursprünglichen Satzes noch nicht gefunden hätten.

Was versteht Davidson nun aber unter der ›logischen Form‹ eines Satzes; warum können die beiden genannten Sachverhalte für ihn Indizien dafür sein, daß wir die logische Form noch nicht korrekt angegeben haben? Das Fehlen eines ordentlichen Referenzausdrucks, eines ›singular term‹, der denjenigen einzelnen Gegenstand im Sinne Searles ›heraushebt‹, der mit den adverbiellen Ausdrücken charakterisiert (von dem etwas prädiziert) wird, kann offenbar nur dann ein Indiz für das Verfehlen der logischen Form sein, wenn das Referieren als notwendige Bedingung für das Formulieren eines propositionalen Gehaltes angesehen werden muß, d. h. für das Äußern eines Satzes, auch eines Teilsatzes oder Satzteils, mit Bezug auf den die Wahrheitsfrage gestellt werden kann. Referierende Ausdrücke treten in dem Satz zwar auf (›Jones‹, ›der Toast‹), aber sie treten nicht so auf, daß sich jedem Teil-Wahrheitsanspruch des Satzes genau ein solcher Ausdruck zuordnen läßt: ein Referenzausdruck, der dasjenige nennt, das die Adverbien auf eine vergleichbare Weise charakterisieren, wie der Ausdruck ›hellwach‹ in ›der hellwache Jones butterte…‹ die Person Jones charakterisieren würde, fehlt. Von der erwogenen Paraphrase kann man dann deshalb nicht sagen, sie zeige eine logische Form, weil sie keinen Referenzausdruck enthält, der denjenigen Gegenstand heraushebt, dem die Charakterisierungen ›langsam‹, ›willentlich‹, etc. gelten, und derselbe Grund spricht auch dagegen, in der Form des Satzes (3) selbst schon eine logische (statt nur eine grammatische) Form zu sehen. Im Sinne unserer Searle-Interpretation, mit der Davidsons Auffassung aber nicht zusammenfallen muß, könnten wir als implizites Argument vermuten: Obwohl der jeweilige Sprecher auf der Ebene der unausdrücklich bleibenden Sprechhandlungen auf einen geeigneten Gegenstand referieren muß und es verborgenerweise auch tut (denn er erhebt ja mit den genannten Charakterisierungen Wahrheitsansprüche), enthält der von ihm benutzte natürlichsprachliche Satz an seiner grammatischen ›Oberfläche‹ doch keinen besonderen, abgrenzbaren

Ausdruck, der diese und nur diese Funktion hätte. Wenn man der Auffassung ist, daß der Satz ›Jones butterte einen Toast‹ kein Eigenname ist, gilt dies auch für die vorgeschlagene Paraphrase. Dies entspricht der positiven Aussage: Die Form eines Satzes ist nur dann eine (die) ›logische Form‹, wenn sie sämtliche zur Erhebung der verschiedenen Wahrheitsansprüche notwendigen Teilakte durch Teilausdrücke kenntlich macht. Das zweite Indiz, daß aus der versuchten ›logischen‹ Umformulierung nicht erkennbar ist, daß es um einen einzigen Gegenstand geht, der charakterisiert werden soll, ist ebenfalls ein Anzeichen des Fehlschlagens der intendierten Referenzhandlung, denn es ist aufgrund der Bedeutung des ursprünglichen Satzes ja verlangt, daß genau *ein* Gegenstand ›herausgehoben‹ wird, was mit der ins Auge gefaßten Paraphrase nicht gelingt. Daher hat die Paraphrase nicht einmal dieselbe Bedeutung wie der Ausgangssatz, was von der zugeordneten logischen Form aber verlangt ist.

An einer späteren Stelle spricht Davidson über das Zögern von Austin, den Ausdruck ›was ich getan habe‹ als einen referierenden Ausdruck zu behandeln, und er kommentiert: »...yet the grammar of his sentence requires a singular term«. Von dieser Feststellung, daß die Grammatik einen Referenzausdruck für Handlungen erfordere, geht er dann unmittelbar zu der Schlußfolgerung über, »that our common talk and reasoning about actions is most naturally analysed by supposing that there are such entities«.[45] Was heißt es, aus der Tatsache, daß die Grammatik in einem bestimmten Zusammenhang einen Referenzausdruck erfordert, zu schließen, daß solche Redeweisen am besten dadurch ›analysiert‹ werden, daß wir ›vermuten‹, es gebe entsprechend zugeordnete Entitäten (nämlich Handlungen)? Wie ist der Prozeß der ›Analyse‹ zu denken, und was soll es heißen, wir würden vermuten oder unterstellen, es gebe da Entitäten? In welchem Sinne rechnen wir mit ihrer Existenz?

Wir hatten oben davon gesprochen, es seien Fälle denkbar, in denen allein eine bestimmte ›Form der Darstellung‹ die Anwesenheit eines Ausdrucks erzwingt, dessen ›Rolle im Satz‹

---

45 Davidson 1980, S. 109

richtig beschrieben ist durch die Angabe, er nehme die Stelle ein, die im Sprachspiel des Schiffe-Sortierens von den Namen der Schiffe belegt wurde (›sieben ist ungerade‹, ›das Wetter ist schön‹).[46] Wir hatten dabei keinen Anlaß, von einer ›Annahme‹ bezüglich der Existenz gewisser Entitäten zu sprechen; vielmehr hatten wir hier von einem Bereich des ›Referierens im grammatischen Sinn‹ gesprochen, der dadurch entsteht, daß in einem nachvollziehbaren Erweiterungs- und/oder Transformationsschritt eines gegebenen Sprachspiels ein Ausdruck an die Subjektstelle des Satzes gestellt wird und dort eine verständliche Rolle hat, *ohne* daß er vorher einer Entität als der zu ihr gehörende Name zugeordnet wurde. Meint Davidson nun, daß eine bestimmte Form der Darstellung (die zu entwickeln er die Tätigkeit des ›Analysierens‹ nennt) einen Referenzausdruck *grammatisch* fordert, im eben geschilderten Sinn des ›Referierens im grammatischen Sinne‹? Was ist dann das Besondere, das Wertvolle an gerade dieser Form der Darstellung, und in welchem Sinne kann sie eine ›Analyse‹ (im Gegensatz zu einer Übersetzung) des natürlichsprachlichen Satzes heißen? Was ist das Verhältnis zwischen dem natürlichsprachlichen Satz und dem Resultat einer solchen Analyse, einem Ausdruck, der die zugeordnete ›logische Form‹ zeigt? Oder meint er, daß es vernünftig sei, in einem ähnlichen Sinne zu vermuten, es gebe entsprechende Entitäten, wie wir im Fall von bloßen Indizien für nicht direkt beobachtete Himmelskörper darauf schließen, daß es sie gibt? Dieselbe Frage stellt sich dann auch mit Bezug auf Davidsons eigenen Vorschlag, Handlungsverben zu behandeln, als würden sie eine ›unsichtbare‹ Variablenstelle für Namen von Ereignissen (›events‹) mit sich führen, die er als Entitäten einzuführen vorschlägt, *über die* unbegrenzt viele Prädikationen gemacht werden können.[47]

Davidson charakterisiert sein Programm und den Hintergrund seiner Untersuchung im ursprünglichen Aufsatz nur mit wenigen Worten: Es gehe ihm darum, die »logische oder grammatische« Rolle der Teile oder Wörter der von ihm

46 Oben, S. 432 ff.

47 Davidson 1980, S. 118 ff.

behandelten Handlungssätze so zu beschreiben, daß diese Beschreibung verträglich ist mit den Enthaltenseinsrelationen (›entailment relations‹) zwischen solchen Sätzen, und ebenfalls mit unserem Wissen über die Rolle, die diese selben Teile oder Wörter in anderen als Handlungssätzen spielen. Wenn man z. B. das Enthaltensein von ›Peter liebt Paula‹ in ›Peter und Fritz lieben Paula‹ deutlich machen will, kann man dies tun, indem man den letzten Satz durch die Konjunktion von *zwei* Sätzen paraphrasiert (›Peter liebt Paula und Fritz liebt Paula‹) und erläutert, daß der komplexe Satz, dessen Teilsätze mit ›und‹ verbunden sind, genau dann wahr ist, wenn beide Teilsätze wahr sind. Dieser Aufweis von Enthaltenseinsrelationen sei, so Davidson, für ihn dasselbe wie der Aufweis, auf welche Weise die Bedeutungen der behandelten Sätze von ihrer Struktur abhängen. An späterer Stelle nennt er dieses Interesse eines an einer »intuitively acceptable and constructive theory of meaning«.[48] Diese Bedeutungstheorie charakterisiert er genauer als »a Tarski-type truth definition«, mit deren Hilfe es möglich ist, anzugeben, wie die Bedeutungen (die er hier gleichsetzt mit den Wahrheitsbedingungen) der Sätze von ihrer Struktur (und der Bedeutung ihrer Teile) abhängen.[49] Man sieht aus diesen Andeutungen, wie voraussetzungsvoll der Begriff der logischen Form ist, auch wenn die Fragestellungen der ersten Absätze jedem Absolventen eines Logikkurses in einem praktischen Sinne, der auf die Fähigkeit bezogen ist, verschiedenartige Ausdrücke ineinander umzuformen, sehr vertraut sind.

In der erwähnten Antwort auf Cargile erläutert Davidson seinen Begriff der logischen Form dann genauer. Der erste Schritt dazu ist eine Gegenüberstellung der logischen Form auf der einen Seite und auf der anderen derjenigen Form eines Satzes, die wir ihm durch ›oberflächliche Analogie‹ oder mit Hilfe der ›traditionellen Grammatik‹ zuordnen; wie Wittgenstein sieht er darin etwas, das wir mit dem Ohr erfassen.[50] Nicht ohne Ironie appelliert er an das verbreitete Bild von der ›soliden Tiefe‹ unter dem bequemen Charme der ›Oberfläche‹; aber seine spätere genauere Bestimmung

48 A. a. O., S. 109   49 A. a. O., S. 119   50 A. a. O., S. 137

stellt dieses Bild, wie wir gleich sehen werden, wieder in Frage. Die erste wichtige Charakterisierung lautet dann: Das Ziehen von Schlüssen wird vereinfacht und ›mechanisiert‹, wenn wir die (natürlichsprachlichen) Sätze, aus denen wir Schlüsse ziehen wollen, in eine standardisierte Notation umschreiben (›rewrite‹). Auf den in seinem ursprünglichen Aufsatz erörterten Fall bezogen heißt das: gewisse semantische Relationen, speziell Enthaltenseinsverhältnisse, können bequem dargestellt werden, wenn wir die Sätze, die in diesen Relationen stehen, umschreiben in solche, die sich (im Sinne der Referenz) auf Ereignisse beziehen.

Auf die Frage Cargiles, warum das Gelingen eines solchen Umschreibens (angenommen, es lasse sich im großen Maßstab durchführen) die Aussage gestatten solle, daß auch die *Ausgangssätze*, nicht nur die Resultate des Umschreibens, die Form der umgeschriebenen Sätze hätten, antwortet Davidson wie folgt: Ihm gehe es bei der Angabe der logischen Form eines Satzes um die Angabe seines logischen Ortes in einer Gesamtheit von Sätzen. Dies heißt: der fragliche Satz soll auf eine Weise beschrieben werden, die ausdrücklich festlegt (›explicitly determines‹), welche Sätze er enthält und von welchen Sätzen er enthalten wird. Die Bestimmung des ›logischen Ortes‹ eines Satzes müsse relativ zu einer bestimmten deduktiven Theorie erfolgen; damit werde die logische Form selber relativ zu einer bestimmten Theorie. Auch wenn diese Theorie so etwas Vertrautes wie die Standard-Prädikatenlogik erster Stufe sei, müsse diese Relativität (und hier kommt er Cargile entgegen) strenggenommen natürlich kenntlich gemacht werden. Ein Satz habe nicht ›an sich‹ eine logische Form, sondern nur relativ zu einer bestimmten Theorie.

Diese Bestimmungen werfen die folgenden Fragen auf: In welchem Sinne handelt es sich bei den Ausdrücken der Quantorenlogik, die bestimmten Sätzen der natürlichen Sprache zugeordnet werden, um *Beschreibungen* dieser Sätze? Was ist mit der Bestimmung des ›logischen Ortes‹ eines natürlichsprachlichen Satzes gemeint: die Charakterisierung seines logischen Verhältnisses zu anderen natürlichsprachlichen Sätzen (und wie sollte diese erfolgen?) oder die Bestimmung des ihm zugeordneten quantorenlogischen Ausdrucks zu anderen quantorenlogischen Ausdrücken? Stehen wir hier vor einer Alternative, oder kann man sagen, daß *mit* dieser auf quantorenlogische Ausdrücke bezogenen Ortsbestimmung zugleich (›indirekt‹) das Verhältnis der ursprünglichen natürlichsprachlichen Sätze zueinander charakterisiert ist? Läßt sich der Begriff der ›Beschreibung‹ so bestimmen, daß diese Frage bejaht werden kann? Was heißt in den zitierten Angaben ›deduktive Theorie‹, und in welchem Sinne kann man (falls überhaupt) sagen, die Quantorenlogik sei, zusammen mit Tarskis Wahrheitsdefinition, nicht nur eine ›formale Theorie‹ im Sinne eines axiomatisch-deduktiven Satzsystems, sondern eine (wie Davidson an anderer Stelle[51] sagt) *empirische* Theorie, die *von* Verhältnissen in der natürlichen Sprache handelt und diese richtig oder falsch wiedergibt?

Die Eignung der Sprache der Quantorenlogik als Bezugspunkt (dessen ›Theorie‹-Status noch zu klären ist) rechtfertigt Davidson mit dem Hinweis, daß wir für ihre Schlußregeln wissen, daß sie wahrheitsbewahrend und daher geeignet sind, Enthaltenseinsrelationen duchsichtig zu machen. Folgt aus einem gegebenen (logiksprachlichen) Satz nach den Deduktionsregeln der Quantorenlogik ein zweiter, so *wissen* wir folglich, daß im Fall, daß der erste wahr ist, auch der zweite wahr ist. In diesem Sinne ist der zweite Satz im ersten ›enthalten‹. Entsprechende, wenn auch formal so nicht erkennbare Relationen des Enthaltenseins unterstellt Davidson auch für Sätze der natürlichen Sprache; sie deutlich, ›explizit‹ zu machen, ist ein erklärtes Ziel der Bemühung, ihnen eine logische Form zuzuordnen. Darüberhinaus können wir mit Hilfe der Quantorenlogik die aufzuklärenden Enthaltenseinsrelationen als solche darstellen, die sich aus den Arten von Rollen ergeben, die die Wörter in den Sätzen haben, in denen sie vorkommen. Diese Arten von Rollen sind in der Quantorenlogik überschaubar viele, und sie sind so festgelegt, daß sich die Bedeutung eines Satzes dieser Logik-Sprache eindeutig und zwingend aus den Bedeutungen

51 Davidson 1984, S. 24

seiner Teile (den Wortbedeutungen) und den semantischen Rollen, die die Wörter im fraglichen Satz spielen, ergibt.[52] Die Bedeutung eines Wortes der Sprache der Quantorenlogik anzugeben heißt also, die Rolle anzugeben, die das Wort dabei spielt, daß der Satz, in dem es vorkommt, einen bestimmten Wahrheitswert hat.

Ferner gilt nun für die Sprache der Quantorenlogik, daß die Arten von Rollen, die ihre Ausdrücke unter diesem Gesichtspunkt spielen können, durch ihre *Formen* kenntlich gemacht werden, und deshalb können die Formen die Enthaltenseinsrelationen unmittelbar sichtbar machen. In diesem Sinne sind die Enthaltenseinsrelationen im Fall der Quantorenlogik ›ausdrücklich bestimmt‹; wir haben hier eine äußerliche Sichtbarkeit zunächst ›innerer‹, nämlich die Fähigkeit zu sprachlichem Handeln betreffender, Verhältnisse. Es ist genau diese ›Veräußerlichung‹, die die ›Mechanisierung‹, nämlich die allein an der grafischen Form orientierte ›automatische‹ Ausführung des Schließens möglich macht. Davidson kann dann die folgende Bestimmung geben:

»By my lights we have given the logical form of a sentence when we have given the truth conditions of the sentence in the context of a theory of truth that applies to the language as a whole. Such a theory must identify some finite stock of truth-relevant elements, and explicitly account for the truth-conditions of each sentence by how these elements feature in it; so to give the logical form of a sentence is to describe it as composed of the elements the theory isolates.«[53]

Hier stellen sich die folgenden Fragen: In welchem Sinne kann sich die auf die Quantorenlogik bezogene Wahrheitstheorie Tarskis zugleich auf eine natürliche Sprache ›als ganze‹ beziehen? Wenn die Sprache der Quantorenlogik selbst das Thema ist, dann hat die Redeweise von der ›ganzen Sprache‹ einen klaren Sinn. Überträgt sich dieser Sinn aber schon dadurch auf die natürliche Sprache, daß es gelingt, viele ihrer Ausdrücke in solche der Quantorenlogik zu übersetzen? Die Antwort scheint von der schon oben aufgewor-

52 Vgl. oben, Kap. III, Abschnitt 11
53 Davidson 1980, S. 143

fenen Frage abzuhängen, in welchem Sinne die Quantorenlogik eine *Beschreibung* der natürlichen Sprache heißen darf. Auf den zuletzt zitierten Absatz bezogen, fragt sich speziell, was es heißt daß die Theorie ›Elemente‹ isoliert, so daß sie einen natürlichsprachlichen Satz als zusammengesetzt aus diesen Elementen *beschreiben* kann. Findet sie diese Elemente vor? Haben wir hier einen Abstraktionsvorgang vor uns? Heißt ›einen natürlichsprachlichen Satz *als* quantorenlogischen Ausdruck beschreiben‹ eine eingeschränkte, partielle Beschreibung zu geben, die vorfindliche ›Elemente‹ von ihm festhält (und andere fortläßt), oder heißt es, ihn zunächst zu übersetzen und dann die Elemente der Übersetzung zu betrachten? Provokativ formuliert: Wenn man nicht sagen möchte, eine Übersetzung eines deutschen Satzes ins Chinesische sei eine *Beschreibung* des deutschen Satzes: Wo ist der Unterschied, der im Fall der Übersetzung in die Quantorenlogik die Aussage gestatten würde, hier liege aber eine Beschreibung vor?

Ausdrücklich fügt Davidson hinzu, es gehe ihm nicht um eine Reglementierung oder Verbesserung der natürlichen Sprache; er möchte nicht eine Theorie über eine Sprache machen, die er erst konstruiert. Sein Ziel ist eine systematische Behandlung der Wahrheitsbedingungen natürlichsprachlicher, in seinem Fall englischer Sätze. Die Quantorenlogik spielt dabei, zusammen mit der Wahrheitsdefinition Tarskis, die Rolle einer Theorie, in deren Licht die Empirie behandelt, sichtbar gemacht wird. Eine solche Wahrheitstheorie bestimme erst Begriffe wie ›Bedeutung‹, ›Übersetzung‹ und ›logische Form‹ und setze sie nicht voraus.[54] Außerhalb einer Theorie habe der Begriff der logischen Form keine klare Anwendung.[55] An anderer Stelle heißt es bündig: »To know the logical form of a sentence is to know, in the context of a comprehensive theory, the semantic roles of the signi-

---

[54] A.a.O., S. 144. Das Wort ›Theorie‹ meint hier also nicht nur einen axiomatisch-deduktiven Zusammenhang von Sätzen, sondern auch einen empirischen Bezug zu etwas ›Gegebenem‹. Darin besteht einer der Unterschiede zum rekonstruktiv-verstehenden Zugang Dummetts; vgl. unten, Kap. VI, Abschnitt 2.

[55] A.a.O., S. 145

ficant features of the sentence.«[56] Der Rekurs auf eine Theorie scheint hier den vertrauten Status eines Bezuges auf ein Begriffssystem zu haben, das eine empirische Fragestellung allererst ermöglicht; erst im Lichte einer Theorie könne man empirische Fragestellungen, die sich auf theoretisch beleuchtete oder allererst sichtbar gemachte Eigenschaften (›features‹) beziehen, entwickeln. Ist diese Sicht des Verhältnisses zwischen der Quantorenlogik, ergänzt um Tarskis Wahrheitsdefinition, und einer natürlichen Sprache überzeugend?

Um die hier aufgeworfenen Fragen zu beantworten, wollen wir in einem ersten Schritt klären, wie der Prozeß zu verstehen ist, bei dem einem natürlichsprachlichen Satz ein Ausdruck der Quantorenlogik zugeordnet wird. Es erscheint naheliegend, ihn als eine *Übersetzung* zu beschreiben, und zwar entweder als eine Übersetzung in eine andere Sprache (›die Sprache der Quantorenlogik‹) oder in einen Teilbereich derselben Sprache. Im zweiten Fall wollen wir der Deutlichkeit halber von einer ›Umformung‹ statt von einer Übersetzung sprechen. Da die Zuordnung der logischen Form nach den oben erörterten Ausführungen zweifellos einen theoretisch gewichtigeren Status haben soll als die Zuordnung z. B. der ›chinesischen Form‹, müssen wir fragen, welche besonderen Eigenschaften die Sprache haben muß, in die übersetzt wird, bzw., im zweiten Fall, welche Eigenschaften das Sprachfragment haben muß, in das ein gegebener Ausdruck des ›Normalbereichs‹ der natürlichen Sprache umgeformt wird, damit die Umformung das leisten kann, was sie soll. Diese Sprache bzw. dieser Sprachbereich muß Besonderheiten aufweisen, die die Aussage gestatten, der übersetzte Ausdruck mache an dem ursprünglichen Ausdruck etwas sichtbar, das vorher an ihm zwar vorhanden aber nicht sichtbar gewesen sei.

Davidson spricht sich für die zweite dieser Varianten aus; er ist der Meinung, daß die Quantorenlogik nicht eine Sprache für sich ist, sondern ein Fragment, ein Teilbereich des Englischen. Dem entspricht sein erörtertes Vorgehen, zunächst

56 A. a. O., S. 146

darauf hinzuweisen, daß es schon im Englischen, nicht erst in der Quantorenlogik, die Möglichkeit gibt, den Satz ›John buttered the toast slowly‹ so umzuformen, daß das charakterisierende Wort ‹slowly› als ein prädikativer Ausdruck erscheint, der einem Gegenstand, nämlich der Handlung, auf die der Sprecher sich mit dem Wort ›it‹ beziehen kann, zugesprochen wird. Die übliche logische Notation mit Hilfe von Symbolen, schematischen Buchstaben, etc. erscheint dann als ein zweiter Schritt, der über die Zugehörigkeit der Quantorenlogik zum Englischen nicht täuschen darf. Nach dem, was wir von den Komplexbildungsweisen der Logik wissen, können wir dies verallgemeinern und sagen: Einem Ausdruck seine ›logische Form‹ zuzuordnen heißt nach Davidson, ihn mit Hilfe desjenigen Teilbereichs des Englischen auszudrücken, der zum Ausdruck eines propositionalen Gehalts, zum Erheben eines Wahrheitsanspruchs, ausschließlich die Sprachform ›Referenzausdruck (bzw. -Ausdrücke) + Prädikationsausdruck‹ verwendet[57] (bzw. eine junktoren-, quantoren- oder modallogische Zusammensetzung solcher Ausdrücke). Die im Zusammenhang mit unserer Searle-Diskussion erwogene Rechtfertigung der Sonderstellung dieser Ausdrucksformen als Darstellung von Teilhandlungen, die aus einer über-einzelsprachlichen Perspektive *notwendig* sind, taucht bei Davidson nicht auf. Aufgrund der Ergebnisse der oben durchgeführten Diskussion muß sie auch als gescheitert angesehen werden: Die Referenz-Prädikation-Form mag viele Vorteile haben, sie liegt aber nicht allen Sprachen, unabhängig von ihren spezifischen Grammatiken, zugrunde.

Wie ist es dann aber zu verstehen, daß die Formen eines besonderen Teilbereichs einer Sprache auf die Formen des übrigen, des ›Normal-‹ oder ›Restbereichs‹, ein Licht werfen können? In welchem Sinne kann *eine* Sprachform nicht nur selbst eine semantische Struktur haben und diese genau dadurch auch ›aufzeigen‹, sondern darüber hinaus die semantische Struktur eines Satzes sichtbar machen, der anders gebildet ist, sich anderer Formen bedient? In welchem Sinne

---

57 In der an Frege orientierten Form: $F(x_1, x_2, \ldots, x_n)$

kann man von den Sätzen einer Sprachform sagen, sie seien eine ›Beschreibung‹ von Sätzen einer anderen Sprachform, wenn diese angeblich beschreibenden Sätze nicht selbst ausdrücklich Sprachformen zu ihrem Gegenstand haben, d. h. ausdrücklich etwas über Sprachformen aussagen? Und schließlich: Wie ist es möglich, daß ein bestimmter Bereich der Sprache ein wichtiger Teil einer Theorie sein kann, die von derjenigen Sprache handelt, von dem er selbst ein Teilbereich ist? Uns scheint, daß die verbreitete Grundvorstellung, die leitende Metapher hinter diesen Aussagen, das Bild vom ›Enthaltensein‹ eines ›propositionalen Gehaltes‹ B in einem Satz A ist, dem man dieses Enthaltensein aber ›äußerlich‹ nicht ansieht. Wittgenstein hat für eine verwandte Vorstellung das Bild von den ›Bedeutungskörpern‹ geprägt. Ohne Davidson zu unterstellen, er teile diese bildhafte Vorstellung und sei von ihr geleitet, wollen wir das Bild doch in einem ersten Schritt dazu benutzen, seine Aussagen plausibel erscheinen zu lassen. Erst in einem zweiten Schritt werden wir dann die Frage stellen, ob sich der sachliche Gehalt des Bildes auch dann noch bewahren läßt, wenn man das Bild in wichtigen Punkten für irreführend hält.

Nach dem Bild von den Bedeutungskörpern[58] gehört zu einem Aussagesatz A stets ein propositionaler Inhalt, seine Bedeutung, die wie ein unsichtbarer Körper zu denken ist, der andere, ebenfalls unsichtbare Bedeutungskörper in sich enthalten kann. Diesem Enthaltensein eines Körpers in einem anderen entspricht nur im Ausnahmefall (etwa bei einem Satz der Form ›A und B‹) auch ein Enthaltensein auf der Ebene der grafischen oder akustischen Gestalten der zugehörigen Sätze. Angenommen nun, es gebe eine Sprachform, zu deren Eigenheiten es gehörte, die Verhältnisse im zugehörigen Bedeutungskörper stets vollständig sichtbar zu machen, nämlich als buchstäbliche Enthalteinsverhältnisse auf der Ebene der grafischen Zeichen, und angenommen ferner, es wäre möglich, beliebige Aussagen einer natürlichen Sprache in äquivalente Ausdrücke dieser Sprachform zu übersetzen. In diesem Fall könnte man sagen, die

58 Vgl. oben, Kap. IV, S. 304 f.

Umformung eines gegebenen Satzes in einen Ausdruck dieser Sprachform zeige etwas an seiner semantischen Struktur (nämlich an der Zusammengesetztheit seines Bedeutungskörpers), das seine ursprüngliche grafische Form nicht sichtbar gemacht habe. Die Frage danach, wie es möglich sei, daß ein Satz der einen Sprachform über die semantische Struktur eines Satzes einer anderen Sprachform etwas aufzeige, wäre damit beantwortet: Die ›logische‹ Sprachform macht das sichtbar oder ›explizit‹, was vorher unsichtbar (›implizit‹) nur den ›Bedeutungskörper‹ charakterisiert hatte. Ferner könnten wir dann auch verstehen, daß die Sprachform mit dieser Eigenschaft eine besondere Rolle spielen kann in einer ›Theorie‹ über die anderen Formen der Sprache: Es gehört zu den typischen Aufgaben von Theorien, Phänomene auf einer sichtbaren Ebene (wenn jemand die Behauptung A akzeptiert, wird er auch die Behauptung B akzeptieren) durch Aufweis nicht so leicht sichtbarer, eventuell nur postulierter Zusammenhänge auf einer anderen, verborgenen, (›tieferen‹) Ebene zu erklären. Die Verhältnisse in den unsichtbaren Bedeutungskörpern könnten so die Folgerungshandlungen von Sprechern *erklären*. Schließlich sagt man von den Sätzen einer Theorie auch, daß sie ihre Gegenstände *beschreiben*, und zwar auch dann, wenn sie ihnen unsichtbare Eigenschaften zuschreiben, vorausgesetzt diese Zuschreibung führt im Zusammenhang der Theorie zu befriedigenden Erklärungen.

Versuchen wir nun, das Bild von den Bedeutungskörpern hinter uns zu lassen und zu beurteilen, welcher sachliche Gehalt ohne diese Veranschaulichung übrig bleibt. Wir können jetzt nicht mehr sagen, die Sprachform der Quantorenlogik decke etwas auf, das auf verborgene Weise auch schon in oder hinter den natürlichsprachlichen Ausdrücken vorhanden war. Es gibt keine Bedeutungsverhältnisse *hinter* den Ausdrücken der Sprache, sondern nur noch solche *zwischen* ihnen. Der bildhafte Ausdruck, der Satz ›John buttert den Toast langsam‹ *enthalte* die Aussage, daß es etwas gebe, das langsam ist, bedeutet dann entsprechend, daß ein Sprecher, der den einen Satz behauptet, nach dem Urteil der Sprachgemeinschaft auch dem anderen zustimmen muß. Warum dies der Fall ist, woher dieser ›Zwang‹ zur Zustimmung kommt, läßt sich aus der Perspektive der an Wittgenstein orientierten Sprachspiel-Denkweise an einer möglichen Lerngeschichte zeigen: Diese würde die semantische Rolle des Wortes ›langsam‹ durch die Aussage kennzeichnen, es sei als eine Erweiterung von Sätzen wie ›John lief‹ oder ›John butterte den Toast‹ zu verstehen, und es gehöre zu seiner adäquaten Erklärung, deutlich zu machen, daß auch die nicht erweiterte Aussage korrekt ist, wenn die erweiterte es ist; nur wenn Jones buttert, kann er langsam buttern; wenn er also langsam buttert, buttert er. Daraus folgt, daß derjenige, der die erweiterte Fassung behauptet, auch der unerweiterten zustimmen muß. Ähnlich wie im Fall der Erweiterung von ›dies sind Äpfel‹ zu ›dies sind fünf Äpfel‹, wäre es hier falsch, zu sagen, ein solcher Erweiterungsschritt sei, wenn das Resultat wahrheitsfähig sein soll, nur so möglich, daß erst ein *Gegenstand genannt* werde, von dem dann etwas mit dem Wort ›fünf‹ *prädiziert* werde. Entsprechend wäre es falsch zu sagen, ›in‹ einer Aussage wie ›hier sind fünf Äpfel‹ stecke ›eigentlich‹, implizit, die Aussage ›die Anzahl dieser Äpfel ist fünf‹. Wenn man ohne die Fiktion eines Reiches unsichtbarer Bedeutungskörper auskommen will, muß man also sagen, daß in einem direkten Sinne eine quantorenlogische Formulierung nur ihre eigene semantische Struktur aufzeigt, und nicht damit zugleich auch die semantische Struktur derjenigen Ausdrücke, die mit ihr gleichbedeutend sind. Daß es auch schon im Bereich der natürlichen Sprache möglich ist, Sätze wie ›die Anzahl dieser Äpfel ist fünf‹ zu bilden, kann allein kein Grund sein, diese Form durch die Aussage auszuzeichnen, sie offenbare, was verborgen auch im Satz ›hier sind fünf Äpfel‹ stecke.

Was wird dann aber aus dem sachlichen Gehalt der Aussagen Davidsons, den uns das Bild von den Bedeutungskörpern plausibel machen sollte? Wenn es nicht wahr ist, daß die eine bevorzugte Weise der Darstellung (die logische Form) etwas im natürlichsprachlichen Ausdruck Verborgenes sichtbar macht, dann zeigt sie nicht etwas auf, was an oder in der ursprünglichen Gestalt des Satzes ›unanalysiert‹ schon vorhanden war. Deshalb können wir nicht sagen, die quantorenlogische Fassung eines natürlichsprachlichen Satzes *beschreibe* ihn, auch nicht, sie sei eine ›abstrakte‹, auf nur wenige Merkmale (›features‹) eingeschränkte Beschreibung. Ihr Verhältnis zum Satz ist vielmehr das einer Umformulierung: Der (mit gewissen Einschränkungen) ›gleiche Inhalt‹ wird in einer anderen sprachlichen Form ausgedrückt. Daraus folgt nun aber, daß sich der Theoriestatus der Quantorenlogik (in Verbindung mit Tarskis Wahrheitsdefinition) nicht einem auf verborgene Merkmale bezogenen Beschreibungsverhältnis verdanken kann. Man kann nur sagen: Die Quantorenlogik ist zusammen mit der Wahrheitsdefinition ein deduktives System von Sätzen und nur in diesem Sinne nach einem weithin üblichen Sprachgebrauch eine ›Theorie‹. Es ist aber nicht möglich, sie deshalb eine Theorie *über* die natürliche Sprache zu nennen, weil sie von deren verborgenen Merkmalen handelt und sie sichtbar macht. Wenn sie als eine Bedeutungstheorie für die natürliche Sprache soll angesehen werden können, dann muß das andere Gründe haben.

Schaut man sich Davidsons ironische Distanz zum Bild von den verborgenen Tiefen der Sprache noch einmal an und bewertet sie als äquivalent zu einer Distanzierung vom Bild der Bedeutungskörper, zieht man ferner einige andere Bemerkungen darüber, was eine Bedeutungstheorie leisten soll, im Lichte dieser Nüchternheit hinzu, so ergibt sich ein viel einfacheres Bild von dem, was Davidson seiner eigenen Meinung nach unternimmt. Als Ausgangspunkt kann die Feststellung dienen, daß es plausibel ist, Tarskis Wahrheitsdefinition eine ›Bedeutungstheorie‹ für die Quantorenlogik zu nennen, weil sie jedem mit einem Kalkül in rein syntaktischen (d. h. hier: schematischen, ›formalen‹) Schritten herstellbaren Ausdruck eine Bedeutung zuordnet und dies auf eine Weise tut, die den semantischen Stellenwert jedes herstellbaren Ausdrucks genau bestimmt. In dem Maße, wie wir Aussagen der natürlichen Sprache in solche der Quantorenlogik umformen können, verstehen wir den semantischen Stellenwert zwar nicht unmittelbar der Sätze der natürlichen Sprache in ihren Beziehungen zu anderen natürlichsprachlichen Sätzen, wohl aber den Stellenwert der Umformungen in der Gesamtheit aller übrigen Ausdrücke der Quantorenlogik, speziell auch derer, die wir als Umformungen anderer natürlichsprachlicher Sätze gewonnen haben. Wenn wir von der ›logischen Form‹ eines natürlichsprachlichen Ausdrucks sprechen, meinen wir nach dieser nüchternen Interpretation Davidsons nichts anderes als das Resultat seiner Umformung in die beschränkten, aber eine besondere Übersicht garantierenden Ausdrucksmittel der Quantorenlogik. Wir meinen nichts *an* dem Ausdruck, nichts *hinter* oder *über* ihm; wir decken nichts auf, sondern wir reden über einen *anderen* Ausdruck, der mit ihm, unter gewissen Einschränkungen, bedeutungsgleich ist.

Der Ort, an dem nach dieser Interpretation von Davidson die Verhältnisse geklärt sind, ist dann allein das Idiom der Quantorenlogik. Die Aussage, nun hätten wir uns über die semantischen Verhältnisse eines natürlichsprachlichen Satzes (oder über das semantische Verhältnis zwischen zwei solchen Sätzen) etwas klar gemacht, heißt folglich: Es ist uns gelungen, ein (relatives) Äquivalent mit den Ausdrucksmitteln der Quantorenlogik zu formulieren, und die Semantik dieses Ausdrucksmittels überblicken wir. Das Systematisieren, von dem Davidson als einem wichtigen Merkmal einer Bedeutungstheorie spricht, die Aufklärung der semantischen Verhältnisse eines einzelnen Satzes im Rahmen einer Betrachtung aller übrigen Sätze der Sprache, findet also allein im Medium der Quantorenlogik und nur bezogen auf ihre Ausdrücke statt; die Semantik der natürlichen Sprache, ihre Arbeitsweisen (z.B. die Weise, auf die in ihr die Sätze ›Jones butterte‹ und ›Jones butterte langsam‹ zusammenhängen) bleiben so gesehen dunkel. Nur mittelbar, im Prozeß des Vergleichens, erhalten wir eine Einsicht, wenn wir sagen können: der bedeutungsgleiche Kalkül-Satz S', den wir dem usprünglich betrachteten natürlichsprachlichen Satz S zugeordnet haben, hat im Ausdruckssystem der Quantorenlogik diesen und jenen (durch die ›Theorie‹ angegebenen) Stellenwert, bzw. der Kalkülsatz S_1', der zum natürlichsprachlichen Satz S_1 gehört, ›enthält‹ den Kalkülsatz S_2', der zum natürlichsprachlichen Satz S_2 gehört. Für diese Fälle werden wir verlangen, daß diese Enthaltenseinsverhältnisse zwischen den Kalkülsätzen dann und nur dann gegeben sind, wenn für die zugeordneten Sätze der natürlichen Sprache gilt, daß nach unserem intuitiven Verständnis kein kompetenter Sprecher den Satz S_1 behaupten, den Satz S_2 aber bestreiten darf. Wenn wir sagen, wir würden die logische Form gewisser natürlichsprachlicher Sätze nicht kennen, ist allein gemeint, daß wir auch über eine solche indirekte Aufklärung in diesem Fall nicht verfügen, weil wir diese Sätze noch nicht umformulieren können in solche der Quantorenlogik. Die Bedeutungstheorie in Davidsons Sinn beleuchtet daher eigentlich nicht die Dunkelheiten der natürlichen Sprachen, sondern sie erlaubt es, manche ihrer Sätze umzuformen und die Verhältnisse zwischen den Umformungsresultaten klarzumachen. Es sind dann diese Resultate der Umformungen, von denen man sagen kann, sie seien klar und überschaubar. Was im Bild von den Bedeutungskörpern als ein Explizitmachen erschien, als Aufdecken eines verborgenen Eigenen, ist so gesehen ein *Verändern* des Gegenstandes. Das Unveränderte, der natürlichsprachliche Satz, bleibt davon unmittelbar unbetroffen. Nur insofern man mit dem Ausgangssatz und der quantorenlogischen Umformung dieselben oder einander zuzuordnende Handlungen vollziehen (z. B. logische Folgerungen anstellen) kann, fällt *mittelbar* ein speziell diese Handlungen aufklärendes Licht auch auf den natürlichsprachlichen Satz. Und diese mittelbare Aufklärung kann in gewissen Kontexten freilich von großer Bedeutung sein.[59]

Die Verhältnisse sind hier, was die primäre Zugangsweise betrifft, zunächst anders als in der Naturwissenschaft, wo es in vielen Kontexten witzlos wäre, in einem kritischen Sinne zu sagen, eine vorgeschlagene z. B. physikalische Theorie handle gar nicht von den wirklichen Dingen, auf die sie angewendet werde, sondern von den theoretischen Entitäten,

---

59 Vgl. die autobiografische Aussage Carnaps über seine Arbeitsweise um 1919, nachdem er die ›Principia Mathematica‹ von Russell und Whitehead studiert hatte: »When I considered a concept or a proposition occurring in a scientific or philosophical discussion, I thought that I understood it clearly only if I felt that I could express it, if I wanted to, in symbolic language.« Carnap 1963, S. 11

die sie postuliere. Im Fall der Naturwissenschaft ist die Theorie wesentlich ein Instrument, das sich nicht anders als im Erfolg der manipulativen Einflußnahme bewährt und in diesem Sinne auch dann von den Gegenständen handelt, auf die der Wissenschaftler im Labor Einfluß nimmt, wenn er, zu diesem Zweck, auf einem im Lichte des Manipulationsinteresses als notwendig und erfolgreich nachweisbaren Umweg, von unbeobachtbaren Gegeständen spricht, die nur den Status von ›Konstrukten‹ der Theorie haben. Dies liegt hier daran, daß die Frage, ob die Theorie ihren Gegenständen gerecht wird, nach keinem anderen externen Kriterium beurteilt werden kann als dem im Labor erzielten Manipulationserfolg: ein ›Selbstverständnis‹ der Gegenstände der Naturwissenschaften ist uns, zumindest im paradigmatischen Fall der Physik, nicht zugänglich.

Anders ist es, was den primären Zugang angeht, im Fall der Sprache. Gibt man die Vorstellung von den ›Bedeutungskörpern‹, die die Sprecher z. B. beim Folgern im Geiste manipulieren, ohne es selbst zu wissen, als vorwissenschaftliche, aus der Philosophiegeschichte stammende Metapher aus den geschilderten Gründen als irreführend auf und versteht eine Bedeutungstheorie als eine auf ein Verstehen gerichtete Aufklärung über unsere eigenen sprachlichen Handlungsfähigkeiten, dann verschwindet der Anschein einer Parallele zu naturwissenschaftlichen Fragestellungen. Wir können nicht im selben Sinne sagen, durch den Bezug der Theorie auf Konstrukte bezögen wir uns auf verborgene Charakteristika der Sprache, wenn, wie im zweiten Kapitel erörtert, unter ›Sprache‹ nicht schon primär ein Bereich bloßer Vorgänge verstanden werden soll, zu denen wir keinen unmittelbaren Zugang haben, sondern eine Handlungskompetenz. Wir können nur sagen: durch den Vergleich zweier Medien (einer Logiksprache mit einer natürlichen Sprache), die wir als Medien unserer eigenen Handlungen *verstehen* müssen, machen wir uns etwas über manche Aspekte der Arbeitsweise des weniger übersichtlichen von ihnen klar.

Damit ist freilich nicht die absurde Behauptung verbunden, es sei auch in einem zweiten, zum Handlungsverständnis sekundären Schritt unmöglich, gewisse Bereiche oder

Aspekte des menschlichen Handelns zum Gegenstand naturwissenschaftlicher Untersuchungen zu machen (und hier spricht man dann terminologisch klarer vom ›Verhalten‹ statt vom ›Handeln‹ und rechnet auch die körperlichen Abläufe dazu). Die Frage ist nur, auf der Basis welcher Vorklärungen das am angemessensten und aussichtsreichsten geschieht. Bezüglich dieser Frage muß es genügen, an eine Folgerung aus dem zweiten Kapitel zu erinnern: Wir hatten zu zeigen versucht, daß es im Fall der Sprache methodisch geboten ist, mit einer dem Selbstverständnis des Handelnden angemessenen Kompetenzbeschreibung zu *beginnen*, um (im Licht einer solchen Beschreibung) erst dann, in einer ›Abwärtsbewegung‹, einen Zugang zu den beteiligten (dem Handlungsbewußtsein entzogenen) Prozessen zu finden. Die unvermittelte empirische Untersuchung der Prozesse auf der Basis nicht eigens kritisch erörterter Analogien läuft demgegenüber Gefahr, das Verdikt Wittgensteins, mit dem er sich die »Verwirrung und Öde der Psychologie« erklärt, für die auf das Gehirn bezogene Forschung zu bestätigen: »Es bestehen nämlich, in der Psychologie, experimentelle Methoden *und Begriffsverwirrung.*«[60]

7. Die Konkurrenz von ›klassischer‹ und ›konstruktiver‹ Elementarsatzlehre: ›Zerstörung von Folgerungsbeziehungen‹ versus ›Diktat einer einzigen Form der Darstellung‹

Wir haben versucht zu zeigen, daß es sich bei der Herausarbeitung der ›logischen Form‹ eines Satzes nicht um die Aufdeckung von ›tiefen‹ Eigenschaften des einen Mediums oder Ausdrucksbereichs durch ein anderes Medium (einen anderen Ausdrucksbereich) handelt, sondern um die Umformung eines Ausgangsausdrucks in einen Ausdruck eines neuen Mediums bzw. eines speziellen Ausdrucksbereichs desselben Mediums, derselben Sprache. Das Resultat ist folglich ein Nebeneinander von mehreren Ausdrucksformen, deren Verschiedenheit und deren relativer Wert nur an

---

60 Wittgenstein 1953, II, S. 232; vgl. Schneider 1989

den Zielen verständlich gemacht werden kann, denen sie dienen. Um dies noch von einer anderen Seite zu beleuchten, wenden wir uns einer Kritik zu, die Rainer Hegselmann an der ›konstruktiven Theorie des Elementarsatzes‹ geübt hat.[61] Hegselmann übernimmt die Sicht der sogenannten ›klassischen‹ Elementarsatzlehre, die auch als diejenige Davidsons unterstellt werden darf und die er zu Recht als ›Standardauffassung‹ bezeichnet, da sie für so selbstverständlich gehalten wird, daß sie in den Lehrbüchern der Logik fast niemals eigens erläutert wird. Im Gegensatz zum Vorgehen dieser Lehrbücher formuliert er selbst aber ausdrücklich Argumente zur Verteidigung dieser Standardauffassung, und diese Argumente lassen deutlich erkennen, welches die Ziele sind, die zur Auszeichnung einer bestimmten Umformulierung eines Satzes als der ihm zugehörigen ›logischen Form‹ führen. Unter der ›konstruktiven Elementarsatzlehre‹ versteht er diejenige logisch-propädeutische Lehre ›vom Begriff‹ (d. h. von den vor-junktorenlogischen Komplexbildungsweisen einer für die Zwecke der Wissenschaft konstruierten Kunstsprache), die zuerst von Paul Lorenzen entwickelt wurde,[62] und deren hervorstechendster Zug eine Mehrheit sowohl von Kopulae (statt des einen Gegenstands- und Begriffswort verbindenden ›ist‹) als auch von *Arten* von Prädikatoren (den deutschen Wortarten vergleichbar) ist. Wir werden die Eigenheiten dieser auch als ›Orthosprache‹ bezeichneten Kunstsprache im nächsten Abschnitt noch genauer erörtern, wenn wir die Frage untersuchen werden, ob man von ihr sagen kann, sie stelle die semantischen Strukturen natürlicher Sprachen dar, oder sie sei ein besonders auszuzeichnendes Vergleichsmedium. Hier geht es zunächst um diejenigen Aussagen Hegselmanns, mit denen er die traditionelle Bemühung um die ›logische Form‹ eines Satzes charakterisiert.

Die klassische Lehre, so Hegselmann, denkt sich den Elementarsatz als »aus n-stelligen Prädikaten durch Einsetzen von Werten für alle Gegenstandsvariablen« entstanden. Damit ist das formale Resultat des fregischen Verständnisses

61 Hegselmann 1979   62 Lorenzen 1973

der ›logischen Grundbeziehung‹, nämlich die Form ›F(x₁,x₂,...,xₙ)‹, als ›klassischer‹ Ausgangspunkt festgelegt, und die Frage, ob Freges Deutung einfacher sprachlicher Handlungen mit Hilfe des Funktionsbegriffs und seine ›Entdeckung‹ der Mehrstelligkeit von Funktionen wirklich als Schritte der ›Präzisierung‹ und ›Erweiterung‹ älterer sprachphilosophischer Auffassungen bezeichnet zu werden verdienen, wie Hegselmann es tut, wird von ihm nicht genauer erörtert. Daß er damit eine Reihe inhaltlicher Fragen übergeht, ist im behandelten Kontext aber nicht unbedingt ein Mangel, weil der Autor sofort hinzufügt, heute werde der Begriff des Elementarsatzes »für normierte künstliche Sprachen formuliert«,[63] und es ist offenbar dieser etablierte Begriff des Elementarsatzes, den er zugrundelegen will, ohne weiter nach der Berechtigung dieser überkommenen Sehweise zu fragen.

Ein weiteres Problem deutet sich an, wenn wir am Anfang seines Aufsatzes die Bestimmung lesen, elementar heiße ein Satz, der nicht weiter zerlegt werden könne, ohne daß das Resultat aufhöre, ein Satz zu sein. Nach dieser Bestimmung sind viele der von ihm diskutierten Beispiele für (konstruktiv so verstandene) Elementarsätze insofern gerade *nicht* elementar, als ihre Zerlegung zu Teilen führt, von denen zumindest *der eine* sehr wohl ein Satz ist. Wenn man z. B. ›Fido ist ein brauner Hund‹ zerlegt in ›Fido ist ein Hund‹ und ›braun‹, wie es die von ihm kritisierte konstruktive Elementarsatzlehre tut,[64] dann ist der erste der beiden Ausdrücke ein Satz, folglich ist der Ausgangssatz nicht elementar im Sinne der eingangs gegebenen Bestimmung, die Zerlegung führe zu Teilen, die selber keine Sätze sind. Daß er in der von Hegselmann erörterten Literatur gleichwohl als Elementarsatz bezeichnet wird, ist folglich ein Zeichen dafür, daß bereits der Sinn, in dem von der ›Elementarität‹ eines Satzes gesprochen wird, strittig und also klärungsbedürftig ist. Vorfragen dieser Art klammert Hegselmann aber aus. Es ist ein bestimmtes, auf normierte Sprachen eines besonderen Typus bezogenes ›klassisches‹ Verständnis von ›elementar‹, das er

63 Hegselmann 1979, S. 90
64 Vgl. unten, S. 462 und Abschnitte 8 und 9

zugrundelegt und das er mit der nicht-klassischen Fassung mit Bezug auf die jeweiligen Folgen für die Interessen der Logik vergleicht. Dabei wird etwas von den Zielen sichtbar, um die es bei der Zuordnung der ›logischen Form‹ stets geht, wenn auch oft auf weniger explizite Weise als in den Ausführungen von Hegselmann. Es ist diese Explizitheit, die eine Auseinandersetzung mit seinen Überlegungen für unseren Kontext besonders interessant macht.

Nach der bereits zitierten, an Frege anknüpfenden Bestimmung, ein Elementarsatz entstehe aus einem n-stelligen Prädikat durch Einsetzen von Werten für alle Gegenstandsvariablen, kann die allgemeine Form des Elementarsatzes durch die beiden folgenden Schemata angegeben werden. Dabei benutzt die erste Fassung keine Kopula, sondern bedient sich der an Frege orientierten Schreibweise; die zweite Fassung benutzt eine Kopula, um der konstruktiven Logik entgegenzukommen, die Wert darauf legt, das Absprechen eines Prädikators vom Verneinen eines Satzes unterscheiden zu können:

$$F(x_1, x_2, \ldots, x_n)$$
$$(x_1, x_2, \ldots, x_n)\varepsilon F$$

Hegselmann kann dann die klassische Elementarsatzlehre durch die folgenden drei Bedingungen bestimmen:

»a) Ein Elementarsatz ist *junktoren-, quantoren- und modaloperatorenfrei.*

b) In einen Elementarsatz kann *ein und nur ein Prädikat* eingehen.

c) Die *Kopula* ist *prinzipiell verzichtbar.*«[65]

Da über die Bedingung (a) Einigkeit besteht, läßt sich als gemeinsam anerkannte *notwendige* Bedingung für das Vorliegen eines Elementarsatzes feststellen, daß er in dem Sinne nicht *logisch* zusammengesetzt sein darf, daß seine Formulierung keine Junktoren, Quantoren oder Modaloperatoren enthalten darf. Das Wort ›elementar‹ in ›Elementarsatz‹ heißt dann: der Satz darf nicht die genannten *logischen* Komplexbildungsmittel enthalten; er darf zwar komplex sein, diese

65 Ibid.

Komplexität muß sich aber anderen Mitteln verdanken. Die Bezeichnung ›elementar‹ in ›Elementarsatz‹ heißt demnach der Bedingung gemäß, über deren *notwendigen* Charakter Einigkeit besteht, daß der fragliche Satz in einem engen Sinn von Logik, der nur die Frage des Vorkommens von Junktoren, Quantoren und Modaloperatoren betrifft, ›logisch gesehen elementar‹ ist. Über andere, nicht oder in einem weiten Sinn ›logische‹ Komplexbildungsweisen ist mit dieser notwendigen Bedingung noch nichts festgelegt.

Nach der zitierten allgemeinen Charakterisierung von Hegselmann läßt sich die klassische Lehre nun dadurch bestimmen, daß sie zusätzlich die Forderung aufstellt, daß die allein zulässige Weise, auf die ein Ausdruck vor-logisch komplex sein darf, die Komplexität von n-stelligen Prädikaten ist. Anders gesagt: es ist für die aufzubauende Sprache der Logik nach klassischem Verständnis obligatorisch, daß als weitere Komplexbildungsweisen über die Bildung eines n-stelligen Prädikators hinaus nur logische zugelassen sind, nämlich solche, die Junktoren, Quantoren und Modaloperatoren benutzen. Daraus ergibt sich die zweite Bedingung: Eine Erweiterung eines einfachen (und zugleich logisch elementaren) Satzes um einen zusätzlichen Ausdruck (etwa um einen Ausdruck, der einem Adverb oder einem Zahlwort der natürlichen Sprache entspricht) ist unzulässig, es sei denn, sie erfolge durch einen Schritt, der zugleich logische Komplexität schafft, und dies heißt, sie erfolgt, indem dem ursprünglichen Satz ein weiterer *Satz* hinzugefügt wird. Andere zulässige Weisen der Komplexbildung, z. B. die Schaffung einer Variablenstelle mit Bindung durch einen Quantor oder die Hinzufügung eines Modaloperators, führen, anders als z. B. Adverbien, kein zusätzliches ›Prädikat‹ (im weiten Sinne Hegselmanns) ein. Die dritte Bedingung, daß man auf die Kopula muß prinzipiell verzichten können, wird von Hegselmann nicht ausführlich erörtert; sie läuft darauf hinaus, daß es nach der klassischen Auffassung nur *eine* Art geben darf, auf die Namen (oder Nominatoren allgemein) und Prädikatausdrücke eine Einheit bilden können, nämlich das Fallen eines Gegenstandes (bei Relationen mehrerer geordneter Gegenstände) unter einen Begriff (bzw. ihr Stehen in einer Relation), denn nur dann kann man stets dieselbe Kopula oder, als bloße Notationsvariante, Klammern benutzen. Im letzten Fall wird auf die Kopula verzichtet.

Wir haben hier also deutlich ausgesprochene Normen für ein logisches Ausdrucksmittel, die aus einer sprachphilosophischen Perspektive wie derjenigen des späten Wittgenstein eng und rechtfertigungsbedürftig erscheinen. In der Tat formuliert Hegselmann dann auch die Ziele, die durch eine Orientierung an diesen Normen erreicht werden sollen und die die Aufstellung derartig begrenzender Normen überhaupt erst verständlich machen. Statt also (wie Frege) die Formen in einer nicht psychologisch verstandenen Welt der Gedanken aufsuchen und möglichst ›rein‹ darstellen zu wollen, statt (wie Searle) über die notwendigen und daher universalen Teilakte von Sprechhandlungen nachzudenken, statt (wie Davidson) Rahmenbedingungen für eine Bedeutungstheorie zu formulieren, die das Arbeiten der natürlicher Sprachen indirekt erhellen soll, gibt Hegselmann in einem instrumentellen Sinne die Ziele an, die der ›klassische‹ Logiker mit der Aufstellung von Anforderungen an die ›logischen Formen‹ seiner künstlichen Sprache verfolgt, und an diesen Zielen mißt er die Tauglichkeit der von ihm kritisierten Elementarsatzlehre.

Der Logik, sagt Hegselmann, liege die »Annahme zugrunde, daß der Wahrheitswert bzw. die Verteidigbarkeit eines komplexen Satzes abhängt vom Wahrheitswert bzw. der Verteidigbarkeit bestimmter Teilsätze.«[66] Es gehe um eine »explizite Formulierung dessen, was er [der Proponent einer These; H.J.S.] im einzelnen verteidigen zu können glaubt«.[67] Daß die Rede von ›komplexen‹ Sätzen für ihn ohne weiteres den Übergang zur Rede von ›Teilsätzen‹ gestattet, legt bereits die Deutung nahe, daß nach Hegselmanns Auffassung eine Formulierung offenbar dann ›explizit‹ heißen soll, wenn alle Teil-Wahrheitsansprüche so weit wie möglich durch Teilsätze ausgedrückt werden, denn wenn andere Komplexbildungsweisen zulässig sind, hängt der Wahrheitswert des komplexen Satzes nicht am Wahrheitswert (gar nicht vor-

66 A.a.O., S. 100   67 Ibid.

handener) Teil-*Sätze*, sondern an der Legitimität bestimmter anderer Erweiterungsschritte, die einem Ausgangssatz gerade nicht einen weiteren Satz, mit einem logischen Junktor verbunden, hinzufügen. Was hier als ›Annahme‹ formuliert ist, die der Logik zugrunde liegen soll, kann deshalb zutreffender als *Norm* ausgedrückt werden: Das geschilderte Verständnis der Logik *fordert* ein Ausdrucksmittel, das alle Teil-Wahrheitsansprüche als Teil-*Sätze* erscheinen läßt. Welches sind nun die Ziele, denen die an dieser Norm orientierte Logik dient?

Hegselmann kann leicht zeigen, daß es z.B. nicht möglich ist, aus der von ihm kritisierten konstruktiven Umformulierung des Satzes ›Fido ist ein brauner Hund‹, nämlich aus ›Nεsq‹,[68] die triviale Folgerung ›Fido ist ein Hund‹ (Nεq) auf *formale* Weise zu ziehen. Im Gegensatz zur üblichen Umformulierung dieses Satzes durch die Konjuktion ›Hund(Fido)∧braun(Fido)‹, aus der nach den auch formal formulierbaren Regeln für das Konjunktionszeichen ›∧‹ jeder der beiden Teilsätze gefolgert werden darf, ist eine solche formale Folgerung von ›Nεq‹ aus ›Nεsq‹ nicht möglich. Er selbst nennt diesen Sachverhalt eine »Zerstörung logischer Folgerungsbeziehungen«[69] durch die konstruktive Elementarsatzlehre. Wenn man es aber als zulässig ansieht, auch von natürlichsprachlichen Sätzen zu sagen, sie stünden in logischen Beziehungen zueinander (so daß Logikkalküle das Ziel haben, diese auch ohne sie in den natürlichen Sprachen vorhandenen logischen Beziehungen zu rekonstruieren), dann kann man nicht sagen, die logische Beziehung zwischen zwei Sätzen werde durch die Wahl einer nicht-klassischen Umformung *zerstört*. Was offenbar gemeint ist, ist die Aussage: Wenn man diejenige Umformung natürlichsprachlicher Sätze in Standardformen benutzt, die gemäß der von Heg-

---

68 Hier steht ›N‹ für einen Eigennamen, ›ε‹ ist die ›Seinskopula‹ und wird ›ist‹ gelesen, ›s‹ steht für einen ›Ding-Apprädikator‹ (das Adjektiv ›braun‹) und ›q‹ für einen ›Dingprädikator‹ (›Hund‹). Eine genauere Erörterung der Schritte zur Einführung dieses ›Ortho-Sprachspiels‹ und seines sprachphilosophischen Stellenwerts erfolgt unten, in den Abschnitten 8 und 9.

69 A.a.O., S. 101

selmann kritisierten ›konstruktiven Elementarsatzlehre‹ verfährt, dann haben die den Sätzen dabei zugeordneten Formen (im Unterschied zu den von der klassischen Lehre zugeordneten Formen) nicht die Eigenschaft, daß das Äquivalent für den zweiten der beiden Sätze (›Fido ist ein Hund‹) aus dem für den ersten Satz (›Fido ist ein brauner Hund‹) mit Hilfe *formaler*, nur auf die Zeichengestalten bezogener Schlußverfahren ableitbar ist. Nur wenn man ›Logik‹ und entsprechend ›logische Folgerungsbeziehung‹ durch formale Ableitbarkeit in einem Kalkül *definiert*, kann man sagen, eine Notation zerstöre diese Ableitbarkeit; und dies ist es wohl auch, was Hegselmann meint.

Unsere nur leicht modifizierte Beschreibung des von ihm diagnostizierten Sachverhalts macht es leichter, das Ziel kenntlich zu machen, dem Hegselmanns Überlegungen, in Übereinstimmung mit der klassischen Lehre, dienen. Dieses Ziel besteht darin, natürlichsprachliche Sätze so umzuformen, daß möglichst viele (im Idealfall alle) vom kompetenten Sprecher als Folgerungsverhältnisse bezeichneten Relationen zwischen natürlichsprachlichen Sätzen als formale Ableitbarkeitsverhältnisse zwischen den zugehörigen logiksprachlichen Formulierungen erscheinen. Diese logiksprachlichen Fassungen heißen dann die ›logischen Formen‹ der natürlichsprachlichen Sätze.

Wenn über diese Zielvorgabe Einigkeit besteht, läßt sich die konstruktive Elementarsatzlehre in der Tat auf die Weise kritisieren, die Hegselmann vorgeführt hat: sie läßt viele logischen Enthaltenseinsverhältnisse *formal* unsichtbar. Was bedeutet dies aber im Kontext nicht einer logischen, sondern einer *sprachphilosophischen* Klärungsbemühung? Gibt es überzeugende Gründe für die Annahme, daß die Entwicklung eines Mediums mit der Eigenschaft, Folgerungsverhältnisse an der Form sichtbar zu machen, sprachphilosophischen Zwecken besonders dienlich ist? Daß die Entwicklung eines solchen Mediums genau das ist, was die formale Logik sich zur Aufgabe gemacht hat, soll hier nicht bestritten werden; daraus folgt aber noch nicht (und es ist im Gang unserer bisherigen Überlegungen auch nicht aus anderen Gründen einleuchtend geworden), daß die Sprachphilosophie, der es um ein Verständnis der Arbeitsweisen der natürlichen Sprachen geht, ein besonderes Interesse an der Entwicklung eines solchen Mediums haben sollte. Wir haben in den vorangegangenen Abschnitten die verschiedenen Ausprägungen des Anspruchs, eine unter der Oberfläche der natürlichen Sprachen liegende ›Tiefe‹ aufzudecken, nicht überzeugend gefunden. Wir haben ferner die Frage erörtert, ob Freges Weise der Erklärung der Tatsache, daß wir beliebig viele nie gehörte Sätze verstehen können, die einzig mögliche ist und uns zwingt, auch für ein Verständnis der natürlichen Sprachen nur eine einzige, stets gleichbleibende Weise des Zustandekommens des Sinnes eines Satzes zugrundezulegen, die Weise nämlich, auf die in Freges Logik der Sinn eines Satzes sich aus dem Sinn seiner Teile und der Weise ihrer Zusammensetzung ergibt. Der Begriff des ›grammatischen Sinnes‹ hatte uns gestattet, dies zu verneinen. Es bleibt nun noch die Frage zu beantworten, ob und warum ein Medium, das Folgerungsverhältnisse formal sichtbar macht, den Anspruch erheben kann, ein privilegiertes *Vergleichsobjekt* zu sein, auf das zu schauen für die Aufdeckung der Arbeitsweisen der natürlichen Sprachen besonders wertvoll wäre.

Wer dies verteidigen wollte, könnte etwa sagen, das Medium der formalen Logik sei besonders durchsichtig, und dort, wo es dieselben Leistungen erbringe wie ein bestimmter Bereich einer natürlichen Sprache, müsse man doch annehmen, es sei zur Aufklärung der Arbeitsweise der natürlichen Sprache förderlich, ihre Ausdrücke mit den äquivalenten, aber durchsichtigeren Ausdrücken des logischen Mediums zu vergleichen.[70] Daß die erhellende Wirkung eines solchen Vergleichs sich nicht aus der Notwendigkeit ergeben kann, daß gleichen sprachlichen Leistungen auf der Ebene der ›Züge im Sprachspiel‹ stets gleiche Teil-Leistungen auf der Ebene der ›Satzteile‹ zugrundeliegen müssen, hatten wir bei der Erörterung der Ansichten Searles schon gesehen. Die aufkärende Wirkung der Logik kann also nur im Ausnahmefall im Sichtbarmachen von Teilhandlungen bestehen, die beiden Medien notwendigerweise gemeinsam sind. Eine an-

70 Vgl. die oben in Anm. 59 zitierte Aussage Carnaps.

dere Möglichkeit, ihre besondere Duchsichtigkeit zu kennzeichnen, läge in der These, in der Sprache der Logik fiele, anders als im Fall der natürlichen Sprachen, die semantische mit der syntaktischen Struktur zusammen. Wenn also ein natürlichsprachlicher Ausdruck, was häufig der Fall sei, eine syntaktische Struktur aufweise, die den semantischen Verhältnissen nicht entspreche, müßte eine Betrachtung des gleichbedeutenden logiksprachlichen Ausdrucks die durch die ›Oberflächensyntax‹ verstellte semantische Struktur des natürlichsprachlichen Satzes unverstellt und folglich korrekt wiedergeben.

Hier ist aber Vorsicht geboten: Unsere Erörterungen haben gezeigt, daß es nicht möglich ist, medienunabhängig von ›semantischen Strukturen überhaupt‹ zu sprechen, weder von möglichst unverfälscht darzustellenden ›Gedanken‹ oder unsichtbaren ›Bedeutungskörpern‹, noch von Strukturen, die sich aus einer medien-unspezifischen und in diesem Sinne ›reinen‹ Sprechhandlungslogik ergeben. Die Aussage, in der Sprache der Logik gebe es eine Übereinstimmung zwischen der syntaktischen und der semantischen Strukturiertheit ihrer Sätze, kann deshalb nicht heißen, dieses Medium zeige die ›semantische Struktur an sich‹, sie zeige das, was (im Sinne der Vorstellungen des *frühen* Wittgenstein oder im Sinne von Searles über-einzelsprachlich aufgefaßten ›notwendigen und hinreichenden Bedingungen‹ zur Ausführung von Sprechakten) allen Sprachen gemeinsam sein muß, damit sie diejenigen Funktionen erfüllen können, die uns allererst veranlassen, etwas eine Sprache zu nennen. Was einzig gemeint sein kann, ist folglich eine ›interne‹ Übereinstimmung: Die These, daß es in der Sprache der Logik das Auseinanderfallen zwischen semantischer und syntaktischer Struktur nicht gebe, kann bei Sprachen, die der natürlichen Sprache so ähnlich sind, daß die im Laufe unserer Untersuchungen erörterten Beispiele für sie relevant sind,[71] nur eine Aussage über die internen Verhältnisse in dieser Sprache sein, nicht über ihr Verhältnis zu etwas außerhalb ihrer selbst. Wir haben also zu klären, worin diese interne Eigen-

71 ›Sprachen‹, die nur aus Einwortsätzen bestehen, und andere Signalisierungssysteme gehören ersichtlich nicht dazu.

schaft besteht, damit wir dann abermals die Frage stellen können, ob und warum ein Vergleich gerade mit diesem Medium (insofern es gerade diese Eigenschaft hat) für die Sprachphilosophie eine besondere Bedeutung hat.

Betrachten wir unter diesem Gesichtspunkt zunächst die Junktorenlogik. Ihr geht es darum, die ›logische‹ Rolle von Satzverbindungswörtern wie ›und‹, ›oder‹ etc., sichtbar zu machen, und diese logische Rolle ist als ihre Funktion bestimmt, Sätze so zu verbinden, daß die Wahrheit des jeweils mit ihrer Hilfe gebildeten komplexen Satzes ausschließlich von der Wahrheit der Teilsätze abhängt; es ist dieser junktorenlogische Kontext, aus dem die oben zitierte ›Annahme‹ Hegselmanns stammt, aber nicht als Hypothese über die Sprache, sondern als Bestimmung, was unter einem *logischen* Junktor zu verstehen sei. In der ›künstlichen Sprache‹ der Logik haben dann diese Junktoren keine andere Funktion als die, die Art dieser Abhängigkeit auszudrücken. Gemessen an den Funktionen der entsprechenden Wörter in der natürlichen Sprache, ist dies eine Einschränkung, eine Spezialisierung: Die Junktoren haben in der Sprache der Logik eine Rolle, die spezifischer ist als die Rolle derjenigen Wörter in der natürlichen Sprache, an denen sich der Logiker in einem ersten Schritt orientiert hatte. Diese Einschränkung ist zugleich ein Schritt zur Präzisierung: Derjenige Aspekt, der vom Logiker allein betrachtet wird, wird zugleich auf eine Weise übersichtlich gemacht und festgelegt, der, wie die Methode der Wahrheitstafeln am sinnfälligsten macht, buchstäblich ein ›Ausrechnen‹ des Wahrheitswertes eines komplexen Satzes aus den Wahrheitswerten der ihn konstituierenden Teilsätze erlaubt. Wenn es also unser Interesse ist, die durch die Wahrheitsfunktionalität definierte logische Rolle der Satzverbindungswörter der natürlichen Sprache aufzuklären (eine Funktion, die sie neben anderen Funktionen *auch* erfüllen können), dann ist ein Vergleich mit einer auf die geschilderte Weise gebauten künstlichen Sprache ohne Zweifel erhellend, weil die künstliche Sprache zu keinem anderen Zweck entwickelt wurde als dem, genau diese logische Seite (und nur sie) so klar wie möglich sichtbar zu machen.

Es ist ein Aspekt der hier möglichen Klarheit, daß die junktorenlogisch komplexen sinnvollen Aussagen der künstlichen Sprache, läßt man die Struktur der hier in ihrer Zusammensetzung nicht interessierenden Teilaussagen außer Betracht, sehr leicht systematisch aufgezählt werden können, und daß es möglich ist, sich bei dieser Aufzählung allein an der ›Form‹ der Aussagen zu orientieren, d. h. an der allein durch das Vorkommen der logischen Junktoren (der ›Konstanten‹) bestimmten Zusammengesetztheit, ohne Berücksichtigung des Inhaltes oder der Weise der Bildung der von ihnen verbundenen Aussagen, die daher durch Buchstaben bloß angedeutet zu werden brauchen. Nennt man nun diejenigen Regeln, die die zulässigen Verkettungen von solchen nicht genauer betrachteten ›Primaussagen‹ durch logische Junktoren auf formorientierte Weise festlegen, die ›Syntax‹ der künstlichen Sprache, und beschränkt man die Frage nach ihrer Bedeutungsseite, ihrer Semantik, auf die Frage nach der Abhängigkeit des Wahrheitswertes einer junktorenlogisch komplexen Aussage vom Wahrheitswert ihrer Primaussagen, dann ergibt sich ein ›Zusammenfallen von syntaktischer und semantischer Struktur‹ im folgenden Sinne: Für jeden komplexen Satz, der nach den Regeln der Syntax gebildet wurde, gibt es genau eine festliegende Weise, auf die die Wahrheit dieses Satzes unter Rückgriff auf die Wahrheit seiner Teilsätze bestimmt werden kann. Die Syntax gestattet es nicht, Symbolketten herzustellen, für die keine klare und eindeutige Wahrheitswertzuordnung festgelegt ist. Und umgekehrt sind alle denkbaren Fälle der allein betrachteten Art semantischer Komplexität von den Regeln der Syntax abgedeckt. Speziell geht es der Logik dann um die systematische, im Idealfall kalkülmäßige Erfassung derjenigen Übergänge von Sätzen auf Sätze, die allein aufgrund der Form dieser Sätze wahrheitsbewahrend sind.

Die Quantorenlogik in ihrer auf Frege zurückgehenden Form läßt sich nun verstehen als der Versuch, die logische Seite der natürlichsprachlichen Wörter von der Art ›alle‹ und ›einige‹, deren Erörterung schon seit der Syllogistik des Aristoteles zur Logik gehört, in das Rahmenwerk der wahrheitsfunktional gedeuteten Junktorenlogik zu integrieren.

Dies bedeutet hier, daß die Wahrheit der quantorenlogisch komplexen Aussagen allein von der Wahrheit ihrer ›Instanzen‹ abhängt. Damit das so gesetzte Ziel erreicht werden kann, ist es erforderlich, ›syntaktische‹ Regeln zur Bildung von Ausdrücken so anzugeben, daß jeder syntaktisch bildbare Ausdruck in seinem Wahrheitswert klar bestimmbar ist, und daß umgekehrt alle im gegebenen Rahmen denkbaren Inhalte durch Ausdrücke dargestellt werden können, die durch eine Befolgung der syntaktischen Regeln erzeugt werden können. Da hier im nicht wahrheitsdefiniten Fall das ›Ausrechnen‹ durch die Methode der Wahrheitstafeln nicht zur Verfügung steht, entsteht das zusätzliche Problem, daß auf andere Weise gesagt werden muß, was es heißt, ein Ausdruck sei in seinem Wahrheitswert bestimmbar, und ein Satz folge aus einem anderen allein aufgrund der Form; dies braucht uns für unseren Kontext aber nicht zu beschäftigen.

Um ein solches in der Form stets gleichbleibendes Verhältnis zwischen einem quantifizierten Satz und seinen ›Instanzen‹ zur Verfügung zu haben, d.h. um eine formale Behandlung der logischen Seite auch der Wörter von der Art ›alle‹ und ›einige‹ zu ermöglichen, hat Frege ein einziges Paradigma sprachlichen Handelns zugrundegelegt, als ›logische Grundbeziehung‹ bezeichnet und es damit mit einem bis heute prominenten Platz ausgezeichnet, nämlich dasjenige, das wir oben als das Sprachspiel des Sortierens (›Aschenputtel-Paradigma‹) bezeichnet hatten. Angeregt durch mathematische Ausdrucksmöglichkeiten und seine Zielsetzung, diese zu verbessern, hat er als Modell dieses Sortierens den Fall genommen, daß ein Funktionsausdruck durch Einsetzung eines Argumentausdrucks (bzw. mehrerer Argumentausdrücke) zu einem Wert führt. Das Einsetzen des Argumentausdrucks ist im (von Frege so gedeuteten) Spezialfall des Begriffs das Einsetzen eines Gegenstandsnamens in einen ungesättigten Ausdruck; dies ist das ›Herausheben‹ des Gegenstandes. Das ›Sortieren‹ kommt dadurch zustande, daß der Funktions- (bzw. Begriffs-) Ausdruck diesem Gegenstand einen Wert zuordnet, im Fall des Begriffs nur einen der beiden Werte ›wahr‹ und ›falsch‹. Auf diese Weise werden die benannten Gegenstände sortiert in solche, denen der Begriff zukommt, und solche, denen er nicht zukommt. Für einen wohlbestimmten Begriff muß für alle vorkommenden Gegenstände nach Freges Auffassung hier eine klare Festlegung getroffen sein; es darf nicht offen sein, ob ein Gegenstand unter einen Begriff fällt; und Fälle, bei denen man schon das Aufwerfen der Frage als sinnlos ansehen könnte, behandelt Frege als Fälle von Falschheit.

Dieses Vorgehen hat in vielen Kontexten der Verwendung von ›alle‹ und ›einige‹ einen guten Sinn, und Freges Schritt, diese beiden Wörter nicht als Bestandteile von Nominatoren für besondere ›allgemeine Gegenstände‹, sondern als Ausdrücke mit einer völlig anderen Rolle zu behandeln, war logikgeschichtlich von größter Bedeutung. Es ist die damit gekennzeichnete Besonderheit der Rolle dieser Wörter, die durch einen Vergleich der natürlichsprachlichen Mittel mit dem Medium von Freges Begriffsschrift klar hervortritt; genau darin liegt in ihrem Fall der Wert des Vergleichs.

Problematisch wird es, wenn man das quantorenlogische Interesse an einer adäquaten Behandlung gewisser Verwendungen der Wörter ›alle‹ und ›einige‹ vergißt und nun behauptet oder voraussetzt (als eine sprachphilosophische These über die Form logisch nicht komplexer Sätze), daß alles wahrheitsbezogene sprachliche Handeln im einfachen Fall notwendigerweise ein Referieren auf Gegenstände (›Herausheben‹) und ein darauf folgendes Prädizieren (›Sortieren‹, ›Unterscheiden‹) ist. Eine solche These läßt sich, wie wir gesehen haben, nur verteidigen, wenn man die zur Erfüllung dieses Schemas nötigen Gegenstände ›postuliert‹, was nach unseren oben vorgetragenen Überlegungen nur eine verschleierte Weise des Optierens für eine bestimmte Sprachform ist, die man aus oft nicht genannten (aber z. B. bei Hegselmann explizit gemachten) Gründen obligatorisch machen will. Was wie eine ›Annahme‹ über die Sprache oder ›die Welt‹ aussieht, ist, ganz im Sinne der im letzten Kapitel erörterten Thesen Wittgensteins, eine Norm für die Form der Darstellung.

Was folgt daraus für die These vom ›Zusammenfallen‹ von syntaktischer und semantischer Struktur? *Wenn* die genannte Sprachform als die einzige Weise, auf die logisch relevante einfache Inhalte vorkommen dürfen, zugrundegelegt wird, dann *kann* eine Diskrepanz zwischen der ›oberflächlichen‹ syntaktischen Form eines Satzes und den inhaltlichen Verhältnissen, die er ausdrücken soll, im Medium der Sprache der Logik in der Tat nicht auftreten: Syntaktische und semantische Formen sind dann parallel. Dies verdankt sich aber nicht der besonderen Eigenschaft der Logik, zu ›an sich‹ existierenden semantischen Verhältnissen einen privilegierten Zugang zu haben und diese korrekt widerzuspiegeln, sondern diese Parallelität ist das Resultat einer Vorentscheidung über die Formen möglicher Inhalte. Da auf der metasprachlichen semantischen Ebene, d.h. in denjenigen Erörterungen, die zu einem Verständnis des logischen Mediums hinführen, von vornherein festliegt, daß ›inhaltliche Verhältnisse‹ stets nur solche zwischen den sortierten ›Gegenständen‹, die sprachlich ›herausgehoben‹ werden, und den Eigenschaften sein können, die durch die sortierenden Handlungen, mit Hilfe eines charakterisierenden Wortes, zugesprochen werden, ist ein Inhalt, der der zugrundegelegten syntaktischen Form für logisch elementare Sätze (ein ein- oder mehrstelliger Prädikator, dessen Argumentstellen mit geeigneten Nominatoren ausgefüllt wurden) nicht entspricht, gar nicht denkbar. Da als Norm dafür, was überhaupt unter dem Ausdruck eines Inhaltes verstanden werden kann, allein das Gegenstand-Begriff Schema (allgemeiner: das Argument-Funktion-Wert Schema) zur Verfügung steht, liegt es von Anfang an fest, daß z.B. ein Zahlwort wie ›fünf‹ in ›dies sind fünf Äpfel‹, oder ein Adverb wie ›schnell‹ in ›Jones butterte seinen Toast schnell‹, wenn es eine kognitive, zum ›propositionalen Gehalt‹ etwas beitragende Rolle spielen soll, *etwas nennt* oder *etwas von etwas prädiziert*. Wenn es einen sachlichen Gehalt hat, so möchte die traditionelle Auffassung sagen, dann *muß* dieses Wort dem Sprecher dazu dienen, ›etwas‹ zu sortieren, auch wenn die grammatische Gestalt des Satzes dieses ›Etwas‹ nicht ohne ›Analyse‹ (richtiger wäre: ohne eine Umformung) erkennen läßt. Die Nicht-Erkennbarkeit der Sortierhandlung auf der natürlichsprachlichen Ebene wird nicht als Indiz dafür gedeutet, daß eine *andere* Art sprachlichen Handelns vorliegt, sondern als Symptom einer Abweichung der grammatischen ›Oberflächensyntax‹ von den ›tieferen‹, von der Logik erfaßten semantischen Verhältnissen.

Was bedeutet dies für die Eignung der Sprachform der Quantorenlogik als Vergleichsmedium zur Aufhellung der bedeutungsbezogenen Strukturen der natürlichen Sprache? Wo es um die Rollen geht, die Wörter wie ›alle‹, ›jeder‹, ›manche‹, ›einige‹ etc. spielen können, kann ein solcher Vergleich zweifellos von größtem Nutzen sein, insbesondere dann, wenn ihre Rolle bei der Satzbildung zu falschen Analogien Anlaß gegeben hat und die Tatsache, daß sie an der Subjektstelle eines Satzes stehen können, zu einer Suche nach ›allgemeinen Subjekten‹ geführt hat. Die Quantorenlogik arbeitet zumindest *eine* wichtige Funktion solcher Wörter mit großer Klarheit heraus, indem sie ein Medium entwirft, in dem die entsprechenden Kunstausdrücke diese und nur diese Funktion haben. Daß es in der natürlichen Sprache auch andere Weisen gibt, über einen oder mehrere nur begrenzt bestimmte (nicht mit einem Nominator benannte) Gegenstände zu sprechen, ist mit der Anerkennung des Nutzens eines solchen Vergleichs keineswegs ausgeschlossen;[72] im Gegenteil läßt gerade die genaue Festlegung der Gebrauchsweise von Ausdrücken in einem neu entworfenen Medium die Besonderheiten der vertrauten Ausdrücke in einem helleren Licht erscheinen. Geht es nun aber nicht um diejenigen Wörter, mit denen wir eine Allgemeinheit ausdrücken, sondern um ganz andere Ausdrucksmöglichkeiten wie im Fall der Zahlen und der Adverbien, die nur deshalb in die ›logische Form‹ der Quantorenlogik gebracht werden, weil es beabsichtigt ist, Äquivalente für die Ausdrücke, deren Teil sie sind, in einem Medium zu haben, das speziell für den Ausdruck von Allgemeinheit (und für das formale Sichtbarmachen von Enthaltenseinsverhältnissen) geeignet ist, dann ist ein besonderer Nutzen für ein besseres Verständnis *dieser*

---

72 Vgl. oben, Kap. IV, S. 324 f., die Bemerkungen Wittgensteins zu Russells Darstellung der Allgemeinheit. Für eine weit ausführlichere Erörterung des Stellenwerts der Logik vgl. Stekeler-Weithofer 1986.

Wörter nicht mehr ohne weiteres gegeben. Ist ein Vergleichsmedium zur Erhellung der Funktion von Wörtern *einer* Kategorie besonders geeignet (hier Wörtern wie ›einige‹ und ›alle‹), dann folgt daraus auch dann nicht, daß es zur Erhellung der Funktion von Wörtern einer *anderen* Kategorie (etwa bestimmter Adverbien) besonders geeignet ist, wenn es gelingt, Ausdrücke in diesem Medium zu bilden, die Teilausdrücke dergestalt enthalten (Prädikatoren über ›events‹), daß die Gesamtausdrücke des Vergleichsmediums den Gesamtausdrücken im ersten Medium äquivalent sind. Wenn man diesen Sachverhalt mißachtet, verhält man sich wie der Betrunkene, der seinen Hausschlüssel nicht dort sucht, wo er ihn verloren hat, sondern dort, wo das Licht besser ist.

8. Die ›Orthosprache‹ P. Lorenzens als Kandidatin für ein wirklich privilegiertes Vergleichsmedium

Es hat sich also gezeigt, daß auch die Feststellung, in der Sprache der Quantorenlogik würden Semantik und Syntax zusammenfallen, nicht dazu hinreicht, ihr als ganzer, d. h., indem man sie als ein Muster einer durchschauten Sprache zu sehen versucht, eine privilegierte Rolle bei der Aufklärung der Arbeitsweisen der natürlichen Sprachen zuzusprechen. Wohl kann die Sprache der Quantorenlogik, den von Wittgenstein erfundenen Sprachspielen vergleichbar, punktuell, auf bestimmte Ausdrücke oder Ausdrucksbereiche bezogen, als erhellendes Vergleichsobjekt dienen, und es wäre absurd, die eminent aufklärende Wirkung zu leugnen, die z. B. Freges Darstellung der Allgemeinheit für unser Verständnis bestimmter Weisen des logischen Schließens gehabt hat. Auf der anderen Seite hat es sich aber gezeigt, daß es eine Illusion wäre, zu meinen, die Quantorenlogik, als eine völlständige Sprache betrachtet, sei geeignet, auf das Ganze einer natürlichen Sprache und ihrer Arbeitsweisen ein besonderes Licht zu werfen.

Heißt das nun, daß wir ein Vergleichsmedium mit der besonderen Eigenschaft eines ›sachgerechten‹ Zusammenfallens von semantischer und syntaktischer Struktur, d. h. einer Übereinstimmung dieser Bereiche, die nicht durch eine Begrenzung auf eine einzige ›Form der Darstellung‹ erzwungen ist, nicht nur in der Quantorenlogik *noch* nicht haben, sondern daß wir ein solches privilegiertes Vergleichsmedium darüber hinaus auch nicht konstruieren können? Hatte nicht selbst Wittgenstein, trotz seiner kritischen Bemerkungen gegenüber Russell und Frege, gesagt, seine Sprachspiele seien von unserer Sprache nicht durch eine Kluft getrennt, und es sei möglich, von ihnen aus durch ›stufenweises Hinzufügen neuer Formen‹ zu unserer Sprache zu gelangen? Und muß es dann nicht denkbar erscheinen, dieses Hinzufügen so zu vollziehen, daß keine Kluft zwischen Semantik und Syntax entsteht? Denn gilt nicht für die einfachsten, am Anfang stehenden Sprachspiele, daß bei ihnen Syntax und Semantik noch nicht auseinanderfallen? Wenn dies aber so ist, müßte es dann nicht möglich sein, von solchen einfachen Sprachspielen ausgehend eine Re-Konstruktion der Leistungen unserer natürlichen Sprache durch die Konstruktion eines Mediums zu erarbeiten, das (anders als die Quantorenlogik) den Arbeitsweisen der natürlichen Sprachen einerseits hinreichend ähnlich ist, um auf sie ein Licht zu werfen, das von unserer Sprache andererseits aber dort abweicht, wo ihre syntaktischen Formen uns bezüglich der semantischen Zusammengehörigkeit von Ausdrücken irreführen? Und wäre nicht zu erwarten, daß eine auf diese Weise rekonstruierte Sprache, deren syntaktische Formen die semantischen Verhältnisse der Sätze, in denen sie vorkommen, direkt und eindeutig zum Ausdruck brächten, uns über die parallelen Sätze *unserer* Sprache wichtige Aufschlüsse geben würde?

Nicht jede Rekonstruktion muß ja eine ›logische‹ im Sinne der Quantorenlogik sein. Die vorangegangenen Überlegungen hatten im Gegenteil gezeigt, daß die Logik Ausdrucksformen erzwingt, die für ihre Zwecke, für das ›mechanische‹, an den Formen orientierte Schließen, brauchbar und notwendig, als Mittel zur Aufklärung der Funktionsweisen der natürlichen Sprache jedoch nur unter sehr speziellen Fragestellungen geeignet sind. Damit ist aber noch nicht erwiesen, daß ein anders orientierter Rekonstruktionsweg, der die Arbeitsweisen der natürlichen Sprachen im Auge behält, nicht möglich ist. Warum sollte es nicht gelingen, ein Medium zu konstruieren, mit dessen Hilfe wir alles, was wir meinen, ›richtig‹, ›vollständig‹ und ›wörtlich‹ sagen könnten? Und müßte, wenn wir ein solches geeignetes Medium hätten, der Unterschied zwischen semantischer und syntaktischer Struktur bei ihm dann nicht verschwunden sein?

Stellen wir uns vor, wir hätten Paare von Ausdrücken vor uns, von denen man sagen kann, sie seien auf der ›oberflächlichen‹, syntaktischen Ebene analog, die ausgedrückten inhaltlichen Verhältnisse seien aber verschieden, und in diesem Sinne seien sie Beispiele dafür, wie uns die Syntax der natürlichen Sprache semantisch in die Irre führen könne. Wenn es uns nun darum geht, Semantik und Syntax zur Deckung zu bringen, dann konnte sich die *klassische* Vorstellung dies nur dadurch verwirklicht denken, daß sie den beiden fraglichen Ausdrücken ihre logischen Formen zuordnete. Die Verschiedenheit dieser Formen sollte dann zeigen, daß zwei verschiedene inhaltliche Verhältnisse vorliegen, da vorausgesetzt wurde, daß die Logik die ›gedanklichen‹ (also die semantischen) Verhältnisse ›rein‹ zum Ausdruck bringt. Nach unseren oben vorgetragenen Überlegungen dagegen führt der Versuch, für die verschiedenen Inhalte quantorenlogische Fassungen zu finden, auch wo er gelingt, nicht unbedingt schon zu einer Aufklärung der semantischen Verhältnisse; so ist die ›Postulierung‹ geeigneter Entitäten zur Erfüllung des Gegenstand-Begriff-Schemas noch keine Aufklärung über inhaltliche Verhältnisse. Eine solche Aufklärung wäre erst gegeben, wenn die sprachlichen Arbeitsweisen, die die vergegenständlichende Umformulierung ermöglichen, ebenfalls erörtert wären, gegebenenfalls zusammen mit dem spezifischen Gebrauch des fraglichen Ausdrucks.

Aber können wir nicht trotz dieses Resultats die programmatische Forderung stellen, die ja bei aller syntaktischen Gleichförmigkeit als im Gebrauch der Sprache *erkennbar* unterstellten Funktionsunterschiede sollten in einem erst noch zu entwickelnden Vergleichsmedium, das gerade nicht die Begrenztheit und Uniformität der Quantorenlogik ha-

ben müsse, stets sichtbar gemacht werden?[73] Wir erkennen ja
die Tatsache, daß z. B. der Ausdruck ›angeblich‹ in ›ein an-
geblicher Lord‹ das Wort ›Lord‹ anders modifiziert als das
Wort ›reich‹ in ›ein reicher Lord‹. Es müßte nach dieser Vorstellung also möglich sein, eine Sprache schrittweise zu
konstruieren, bei der Syntax und Semantik übereinstimmen,
und zwar nicht wegen einer von vornherein festgelegten Beschränkung des semantisch Zulässigen z. B. auf das Sortieren
(die dann, als ›grammatische Fiktion‹, die ›Postulierung‹ der
nötigen ›Gegenstände‹ nach sich zieht), sondern deshalb,
weil jeder strukturell-semantische Unterschied, jeder neuartige komplexbildende Schritt, durch die Wahl einer neuen
Form sichtbar gemacht wird. Insofern die Schemata, mit
denen wir die Möglichkeiten, Sätze zu bilden, darstellen
können, sich an den Formen orientieren, werden damit die
semantischen Unterschiede ›syntaktisch‹ sichtbar.
In seinen »Grundlagen der Arithmetik« gibt Frege den folgenden Hinweis:

»Der Ausdruck ›vier edle Rosse‹ erweckt den Schein, als ob ›vier‹ den
Begriff ›edles Ross‹ ebenso wie ›edel‹ den Begriff ›Ross‹ näher bestimme.
Jedoch ist nur ›edel‹ ein solches Merkmal; durch das Wort ›vier‹ sagen
wir etwas von einem Begriffe aus.«[74]

Die Tatsache, daß wir dem grammatischen Schein zum Trotz
in der Lage sind, den gemeinten Unterschied zu erkennen
und aus einem Satz wie ›Im Stall stehen vier edle Rosse‹ zwar
zu folgern ›Jedes der Rosse im Stall ist edel‹, nicht aber ›jedes
der Rosse im Stall ist vier‹, lädt die Deutung ein, daß der
Ausdruck ›edel‹ zwar dazu diene, Rosse zu sortieren, der
Ausdruck ›vier‹ aber, da er nicht jedem Ross auch einzeln
zukomme, etwas anderes sortieren müsse, von etwas anderem eine Aussage machen müsse. Frege selbst hatte die
Deutung vorgeschlagen, daß es sich hier um eine ›Aussage
von einem Begriff‹ handle, nämlich um die Aussage, daß dem
Begriff ›Ross, das in diesem Stall steht‹ die Anzahl vier zukomme; der nächste philosophische Schritt wäre dann die
Aufklärung der Frage, was es heißt, einem Begriff diese Ei-

73 Vgl. oben, Kap. IV, S. 343 f.
74 Frege 1986, S. 64 (Orig. Pag. S. 64)

genschaft zuzuschreiben, und ob diese Zuschreibung, wenn ihr ›Gegenstand‹ ein Begriff ist, gleich zu verstehen ist wie die ›logische Grundbeziehung‹. Schon Frege hatte aber den Schritt gemacht, hier *keine* Gleichheit zu diagnostizieren. Er hat mit seinen Bemühungen um den genauen Status der ›Begriffe zweiter Stufe‹ das Sortier-Paradigma insofern verlassen; – trotz der zitierten Wendung »durch das Wort ›vier‹ *sagen* wir *etwas von* einem Begriffe *aus*«, mit der er der Ausdrucksweise der natürlichen Sprache entgegenkommt.

Wenn wir hier weitergehen und das Gegenstand-Begriff Schema nicht als die einzige Form betrachten, die für den Ausdruck ›beurteilbarer Inhalte‹ in Frage kommt, können wir auch die folgende Schlußfolgerung aus der aufgewiesenen Diskrepanz ziehen: Gibt man die Vorentscheidung auf, daß die Formulierung eines jeden nicht junktoren- oder quantorenlogisch komplexen ›propositionalen Gehalts‹ als Ausdruck einer Sortierhandlung dargestellt werden muß, dann zeigt das Beispiel zwar, daß das Wort ›vier‹ für den Ausdruck ›Roß‹ eine andere Rolle spielt als das Wort ›edel‹; es zwingt uns aber nichts zu der Annahme, daß es *dieselbe* oder eine ähnliche Rolle wie ›rot‹ für einen *anderen Gegenstand* spielen muß oder daß es selbst einen Gegenstand benennt, zu dem ein Begriff wie ›Roß in diesem Stall‹ in einer bestimmten Beziehung steht, die die ›Aussage von einem Begriff‹ ausdrückt;[75] es ist dann auch noch mit ganz anderen Formen inhaltlicher Zusammengehörigkeit zu rechnen. Wie können wir aber den genannten Funktionsunterschied direkt sichtbar machen, ohne ihn auf ein bereits festliegendes Schema zu bringen? Wie stehen die Erfolgsaussichten für den Plan, ein im Unterschied zur Quantorenlogik *wirklich* privilegiertes Vergleichsmedium zu konstruieren, nämlich eine Sprache so aufzubauen, daß alle semantischen Rollenunterschiede als Formunterschiede sichtbar werden?

Eine Teilantwort auf diese Frage ergibt sich bereits aus den bisherigen Argumentationen. Wenn wir unsere Betrachtung auf solche Sprachspiele einschränken würden, bei denen sich

---

75 Für eine genauere Erörterung der hier nur ungenau in Erinnerung gerufenen Fragen s. oben, Kap. III, Abschnitte 7-9

die vorkommenden semantischen Rollen allein als ›Rollen im Sprachspiel‹ aus den Arten der Handlungen ergeben, die mit der jeweiligen Äußerung *in Isolation* ausgeführt werden können, ist es denkbar, daß sich die Einteilung der sprachlichen Ausdrücke in Wortarten direkt an diesen Handlungsarten orientieren kann, und die so bestimmten Wortarten könnten dann an den Formen der Ausdrücke kenntlich gemacht werden. Wir hätten in diesem Fall eine Übereinstimmung zwischen der jeweiligen ›Rolle in der Sprechhandlung‹ und der ›sprachlichen Form‹ (Wortart). Dies klingt nach einer positiven Antwort; negativ fällt aber entscheidend ins Gewicht, daß eine so aufgebaute Sprache keine Syntax in unserem Sinne hätte, weil die Verkettung sprachlicher Handlungen hier von der Art des oben erörterten ›Singens nach Noten‹ wäre. Wenn wir für einen Moment unterstellen, wir hätten die Sprache des Schiffesortierens so eingeführt, daß das Äußern eines Namens und das Äußern eines klassifizierenden Ausdrucks auch je einzeln als sinnvolle Handlungen (Aufforderung zum Bringen vs. Aufforderung zum Einordnen) vorkommen können, dann wäre dies Sprachspiel von der gerade betrachteten Art: die ›Rollen‹ der Wörter wären unabhängig davon bestimmt, was ihr Bezug *zueinander* ist. Hier würde sich dann allerdings die Frage stellen, nach welchen Gesichtspunkten Handlungen sprachunabhängig in Arten zu gruppieren sind. Dieses Problem können wir hier aber auf sich beruhen lassen, weil wir auf diesem Weg, was oben bereits klargeworden ist, ohnehin ein Verständnis *unserer* Sprache nicht erreichen können. Sie zu verstehen erfordert eine Erörterung der ›Rollen im Satz‹; wir wollen auf ein inhaltsbezogenes Verständnis der *Syntax* hinaus, nicht auf isolierbare, nur auf einzelne *Wörter* bezogene ›Rollen in der Sprechhandlung‹. Es genügt daher, mit Wittgenstein festzustellen, bezüglich der ›Rolle in der Sprechhandlung‹ seien vielerlei Gesichtspunkte der Einteilung denkbar.[76] Das ins Auge gefaßte Projekt verlangt also, daß wir diejenigen Rollen betrachten, die Ausdrücke *im Satz*, mit Bezug auf andere Ausdrücke, haben können, und das Vorhaben be-

76 Vgl. oben, Kap. IV, S. 288 f.

stünde darin, eine Sprache aufzubauen, bei der jede neue Funktion, jede *neue* ›Rolle im Satz‹ durch eine neue grammatische Form (und in diesem Sinne syntaktisch, nämlich für die den Satzaufbau leitenden Regeln zugänglich) kenntlich gemacht wird. Dies sollte das Resultat haben, daß die Kenntnis der grammatisch-syntaktischen Form eines Satzes stets das richtige Verständnis der inhaltlichen Verhältnisse seiner Teile garantiert, und daher Syntax und Semantik, anders als in den natürlichen Sprachen (und aus anderen Gründen als in der Quantorenlogik), zusammenfallen. Dieses Projekt enthält zwei Teilannahmen: Erstens unterstellt es, daß es möglich sei, im diachronischen Prozeß der Rekonstruktion eine neue Funktion stets durch eine neue Form kenntlich zu machen; es soll nicht dieselbe Form für verschiedene Funktionen benutzt werden. Damit dies möglich ist, muß über das Vorliegen oder Nichtvorliegen einer neuen Funktion so entschieden werden können, daß die Sprachrekonstruktion sich daran orientieren kann; es muß etwas geben, wonach die Grammatik sich richten kann. Und zweitens wird angenommmen, daß dadurch in jedem Stadium des Aufbaus, wenn man den jeweils erreichten Sprachzustand als ein synchrones System von Handlungsmöglichkeiten betrachtet, zwei formgleiche Sätze stets auch semantisch gesehen gleich aufgebaut sind, d. h. semantische Verhältnisse derselben Art zum Ausdruck bringen. Die Annahme, daß dies zweite der Fall sein wird, und die damit verbundene Unterstellung, daß sich über die Gleichartigkeit oder Ungleichartigkeit der semantischen Verhältnisse so entscheiden läßt, daß sich die Sprachkonstruktion danach richten kann, bildet das Motiv für die Orientierung des Aufbaus an der genannten Maxime.

Man kann in den Überlegungen, die P. Lorenzen zur Konstruktion ›semantisch normierter Orthosprachen‹ angestellt hat, und in den Vorschlägen, die er gemeinsam mit O. Schwemmer zum syntaktischen Aufbau einer solchen Sprache entwickelt hat,[77] einen Versuch sehen, ein Medium zu konstruieren, in dem Syntax und Semantik im geschilder-

77 Lorenzen 1973; Lorenzen und Schwemmer 1975

ten Sinne kongruent sind. Dies wird durch die kritische Anknüpfung der Autoren an die Tradition der ›logischen Analyse‹ ebenso nahegelegt wie durch den Terminus ›Orthosprache‹, der mit seiner Anspielung auf die Orthografie den Vorsatz zu signalisieren scheint, es nunmehr ›richtig‹ zu machen. Schon in den ersten Entwürfen wird auch ausdrücklich der Anspruch erhoben, ein Medium zu konstruieren, das als Maßstab für eine Kritik natürlicher Sprachen geeignet ist,[78] und man wird angesichts der anderen genannten Umstände nicht meinen, es solle sich dabei nur um einen kritischen Vergleich von Fall zu Fall handeln; schließlich soll eine komplette Wissenschaftssprache aufgebaut werden, die von den Wissenschaftlern im Prinzip (und praktisch speziell dann, wenn wissenschaftstheoretische Streitfälle zu entscheiden sind) auch benutzt werden könnte.

Wir werden andererseits sehen, daß eine semantische Vorbildlichkeit im Sinne der eben erörterten Kongruenzvorstellung auch auf dem von Lorenzen und Schwemmer eingeschlagenen Weg nicht zu verwirklichen ist, und die Tatsache, daß dies nicht schwer zu erkennen ist, spricht gegen die gerade erwogene Interpretation, diese Kongruenz sei ihr Ziel gewesen. Da sich aber die Chancen des von uns als Gedankenexperiment formulierten Projektes und die Gründe für sein Scheitern an den Konstruktionsvorschlägen für die ›Orthosprache‹ besonders gut erörtern lassen, und da es sich aus systematischen Gründen lohnt, die Gründe für die Erfolglosigkeit eines solchen Vorhabens genauer anzusehen, können wir die Interpretationsfrage, ob ihre ›Richtigkeit‹ von den Autoren auch im Sinne einer Übereinstimmung von Syntax und Semantik gemeint war, unerörtert lassen und uns gleich der Beurteilung des Projektes unter unseren eigenen Gesichtspunkten zuwenden.[79]

Die Verfasser führen eine schrittweise vorgehende Kon-

---

78 Lorenzen 1973, S.232, 238
79 Lorenzen hat inzwischen klargestellt, daß er die erwogene sprachphilosophische Absicht *nicht* verfolgt habe, sondern nur die instrumentelle Zielsetzung, ein *hinreichend klares* Verständigungsmittel für einen konstruktiven Aufbau der Wissenschaften zur Verfügung zu haben. (Mündliche Mitteilung; Oktober 1989)

struktion einer nicht auf die klassischen Formen der Quantorenlogik beschränkten Wissenschaftssprache vor, die wie Wittgensteins Sprachspiele am Ausgangspunkt und während des ganzen Aufbaus in nichtsprachliches Handeln integriert ist. Diese stets mitlaufende Handlungsbezogenheit führt dazu, daß die grammatischen Formen der konstruierten Sprache stets *inhaltlich*, als sinnvolle Erweiterungsschritte oder Modifikationen der jeweils einfacheren sprachlichen Handlungsmöglichkeiten, an die sie anknüpfen, eingeführt werden, und nicht als bloß formale Konstruktionen, deren Sinn sich erst auf einer späteren Stufe ergibt. In diesem Sinne wird also nicht eine nur formal verstandene Syntax aufgebaut, die erst später um eine Semantik ergänzt wird, vielmehr sind Syntax und Semantik von Anfang an miteinander verwoben. Ob man allerdings auch sagen kann, die Syntax *folge* der Semantik, wird sich noch erweisen müssen. Wir werden die ersten Schritte des Aufbaus dieses sehr einfachen Systems sprachlicher Handlungen hier so weit verfolgen, wie es einer Erörterung unserer Frage dient; sie lautete: Ist der Vorsatz sinnvoll, eine Sprache aufzubauen, deren Syntax ihren semantischen Verhältnissen genau entspricht?

Der Aufbau beginnt[80] mit sogenannten ›afinalen Aufforderungen‹. Darunter sind solche zu vertehen, die sich, wie z. B. ›wirf!‹,[81] nicht auf die Herstellung eines Zielzustandes beziehen, sondern die direkt zu einer Handlung auffordern. Sie sollen als Einwortsätze eingeführt sein, deren Rolle zunächst ausschließlich durch ihre Aufforderungsfunktion bestimmt ist. Dieser Sachverhalt wird in unserer entwickelten Sprache durch die Wendung ausgedrückt, das Wort (und damit der Einwortsatz) ›stehe für eine Handlung‹, nämlich für diejenige Handlung, zu der mit seiner Äußerung aufgefordert werden kann. Was dies heißt, kann sich auf der hier fingierten Stufe nur an der Praxis des Aufforderns zeigen: das ›Stehen für eine Handlung‹ kann hier noch nichts anderes heißen, als daß die Praxis des Aufforderns und des daran orientierten Handelns gelingt. Wir nehmen für unser

80 Lorenzen und Schwemmer 1975, S. 29 ff.
81 Die deutsche Imperativform ist dabei zu vernachlässigen; sie dient hier nur als Merkhilfe.

Sprachspiel an, daß bereits eine Reihe solcher sogenannter ›Tatprädikatoren‹ zur Verfügung steht, deren Gleichartigkeit allein darin besteht, daß sie sich alle zur Handlung des Aufforderns eignen. Sie werden später eine ›Wortart‹ bilden; diese Aussage hat aber, solange es nur Wörter einer einzigen Art gibt, noch keinen grammatikbezogenen Sinn.

Der nächste Schritt ist die Einführung des Negators ›nicht‹; ihn zu äußern ist nicht eine unabhängig mögliche zweite Handlung mit einer eigenen, von anderen sprachlichen Handlungen unabhängigen Rolle im Handlungszusammenhang, vielmehr hat die Äußerung von ›nicht‹ von Anfang an eine ›Rolle im Satz‹: sie modifiziert eine Aufforderung so, daß die ›Rolle im Sprachspiel‹ des komplexen Ausdrucks die Aufforderung zur Unterlassung der Handlung ist, zu der mit dem Tatprädikator aufgefordert werden kann. Die ›Rolle im Sprachspiel‹, die der Negator hat, verdankt er dieser ›Rolle im Satz‹, daß er nämlich stets (Tat-) Prädikatoren ergänzt; er hat sie nicht unabhängig von ihr.

Dieses erste modifizierende sprachliche Element, der Negator ›nicht‹, soll dabei von vornherein so verstanden werden, daß er nicht nur mit einem *bestimmten* Tatprädikator, etwa nur mit dem Prädikator ›wirf‹ verbunden werden kann, sondern er soll mit jedem beliebigen Tatprädikator so zusammengestellt werden können, daß die Rolle der jeweils resultierenden komplexen Sprechhandlung analog zu den explizit aufgetretenen Einführungsfällen zu verstehen ist; der Negator ist auf der hier betrachteten Stufe des Aufbaus stets ein Mittel, anzuzeigen, daß zur *Unterlassung* derjenigen Handlung aufgefordert wird, deren Ausdruck ihm folgt; und dieser Ausdruck kann ein beliebiger (Tat-) Prädikator sein. Es wird deshalb mit der Einführung dieser Komplexbildungsweise eine Vielheit komplexer Sätze ermöglicht, die in ihrem Umfang nicht durch eine ausdrückliche Aufzählung festgelegt ist. Man kann die Funktion des Negators an bestimmten Beispielen von Tatprädikatoren lernen und dann eine Äußerung dieses modifizierenden Wortes selbständig auf andere Fälle übertragen, in denen es bereits verfügbare oder später erst einzuführende Tatprädikatoren auf analoge Weise modifiziert. Dabei beruht das pragmatische Gelingen der konkreten Anwendungen und damit der Sinn dieser *Art* einer Erweiterung darauf, daß die Bedeutung des jeweiligen komplexen Satzes (und damit die Bedeutung der eingeführten Komplexbildungsweise) in den zunächst und unmittelbar handlungsrelevanten Fällen von den Mitgliedern der Sprachgemeinschaft als analog zu den ausdrücklich erlernten Fällen behandelt wird, wobei der Bereich dessen, was als analog gilt, offen ist. Diese Offenheit, die Möglichkeit, nicht nur ausdrücklich gelernte Sätze zu äußern, sondern nach einem einmal gelernten Muster, einem Paradigma, auch neue, den gelernten Sätzen ›entsprechende‹ Sätze zu bilden, ist eine zentrale Eigenschaft der Kompetenz, eine natürliche Sprache zu sprechen. Daß wir die Sätze einer natürlichen Sprache nicht einzeln oder in explizit aufgezählten, abgeschlossenen Gruppen erlernen, hatte schon Dummett als ein wichtiges Merkmal der natürlichen Sprachen hervorgehoben, und als wir oben seine Einwände gegen Wittgenstein erörterten, hatten wir keinen Anlaß, ihm hierin zu widersprechen.[82]

Nach diesem zweiten Schritt ist es bereits sinnvoll, zu sagen, das Sprachspiel enthalte Wörter zweier Wortarten, nämlich erstens die Tatprädikatoren (besser, da eine Differenz zu anderen Prädikatoren noch nicht vorliegt: die Prädikatoren), und zweitens, als einziges Exemplar der anderen Wortart, den Negator. Die dargestellten Einführungen haben bestimmte sprachliche Handlungen (von denen wir im Moment nur diejenigen betrachten, die vollständige Züge im Sprachspiel sind) *ermöglicht*. Sie haben dies so getan, daß wir nicht nur von den sprachlichen Einzelhandlungen (d. h. bestimmten positiven oder negativen Aufforderungen), sondern auch von *Arten* sprachlicher Handlungen sprechen können. Wenn wir damit auf grammatische Unterscheidungen zielen, können wir die Frage, welche Handlungen wir zu einer Art rechnen, nicht durch eine ausschließliche Betrachtung ihrer Rolle im zugehörigen nichtsprachlichen Handeln entscheiden (hier sind wie gesagt »vielerlei Einteilungen« möglich, z. B. die in willkommene und unangenehme Auf-

82 Vgl. oben, Abschnitte 2 und 3

forderungen etc. etc.), sondern in der grammatischen Einteilung in Arten geht es um eine Klassifikation, die sich an
den sprachlichen Formen orientiert, wobei das Auftreten der
Formen allerdings an die Rolle der sprachlichen Handlung
im übersprachlichen Kontext gebunden bleibt. Auf der erreichten Stufe ist es sinnvoll, *einfache* von *komplexen* sprachlichen Handlungen und *Teilhandlungen* von *vollständigen
Sprechhandlungen* zu unterscheiden, und wir können die
folgende *allgemeine* Charakterisierung der bisher ermöglichten Handlungen geben: Die einfachen unter ihnen waren
stets Äußerungen eines (Tat-) Prädikators, die komplexen
waren ausschließlich Prädikator-Äußerungen, denen ein
Negator vorherging, der nur als unselbständige Teilhandlung
vorkam. Schreiben wir den Buchstaben ›p‹ als Platzhalter für
einen beliebigen Tatprädikator und das logische Zeichen
›¬‹ als Abkürzung für den Negator, dann können wir sagen,
daß alle einfachen Äußerungen des Sprachspiels von der
Form ›p‹, alle komplexen von der *Form* ›¬p‹ sind.
Damit sind diejenigen Äußerungen allgemein charakterisiert, die als sinnvolle und vollständige, in einen nichtsprachlichen Kontext eingebettete Handlungen eingeführt wurden.
Auf der Ebene des bloßen Aussprechens, der ›phonetischen
Akte‹, wurden durch diese Einführung aber noch andere
Handlungen ›ermöglicht‹, für die wir im bisher abgesteckten
Rahmen keinen Verwendungssinn haben, und bei denen es
fraglich erscheint, ob es für sie je einen solchen geben wird.
Dazu gehören z. B. diejenigen Handlungen, die sich schematisch durch die Zeichenfolgen ›¬¬‹, ›p₁ p₂‹, ›p¬‹ und ›¬‹
darstellen lassen, um nur diejenigen zu nennen, die aus nicht
mehr als zwei Teilhandlungen bestehen. Wir werfen hier
nicht die Frage auf, ob und warum sie ausdrücklich ausgeschlossen werden sollten, sondern beschränken uns, an Wittgenstein anknüpfend, auf die sicher korrekte Aussage, über
sie sei nichts vereinbart worden.
Der nächste Rekonstruktionsschritt bei Lorenzen und
Schwemmer ist abermals eine Modifikation einer schon vorliegenden Handlungsmöglichkeit, und zwar soll diesmal an
einen schon beherrschten (Tat-) Prädikator ein neuer Ausdruck angehängt werden, der die Handlung, zu der aufge-

fordert wird, in dem Sinne spezifiziert oder genauer festlegt, daß sie nur dann als im Sinne der neuen, modifizierten Aufforderung richtig ausgeführt gilt, wenn (wie wir uns ausdrücken) ihr ›Objekt‹ von einer bestimmten Art ist. Die Ausdrücke dieser neuen Art werden ›Dingprädikatoren‹ genannt und ihr Platz wird schematisch durch den Buchstaben ›q‹ in den Verkettungen ›pq‹ und ›¬pq‹ angedeutet. Im Deutschen würde das Wort ›Stein‹ in ›wirf einen Stein‹ einem solchen Dingprädikator entsprechen. Es soll ferner mit Bezug auf komplexe Ausdrücke der Form ›pq‹ oder ›¬pq‹, bei denen die Wahl des schematischen Zeichens ›q‹ für die Wortart der Dingprädikatoren zugleich das besondere inhaltliche Verhältnis zwischen ›p‹ und ›q‹ ausdrückt, das bei der Einführung des gerade besprochenen Erweiterungsschrittes gelehrt wurde, gesagt werden, der Teilausdruck ›q‹ sei ›Objekt‹ des Teilausdrucks ›p‹. Damit ist ein erster Schritt zu einer späteren Unterscheidung der *Satzteile* gemacht. Er ist aber hier noch überflüssig, weil in diesem frühen Entwicklungsstadium des Sprachspiels die Unterscheidung der Wörter nach Wortarten noch ausreicht, um alle relevanten Differenzierungen zu treffen.

Lorenzen und Schwemmer scheinen an ein Vorgehen zu denken, bei dem die ›Dingprädikatoren‹ zunächst unabhängig von ihrer Spezialisierungsfunktion, die sie für die Tatprädikatoren haben, eingeführt und ihnen erst später, in einem sekundären Schritt, angehängt werden; die Autoren geben aber nicht an, wie ein unabhängiger Gebrauch eines einzelnen Dingprädikators aussehen würde. Ein solcher ließe sich zwar leicht fingieren (und hier würde sich zeigen, daß *mehrere* Konstruktionswege für Orthosprachen möglich sind, was die Autoren auch ausdrücklich erklären),[83] da im Text aber das nachträgliche Zusammentreten von Ausdrücken aus zwei zunächst getrennten, jeweils in sich sinn-

---

83 So heißt es bei Lorenzen und Schwemmer 1975, man könne auch mit ›Beschreibungswendungen‹ statt mit Aufforderungen beginnen (S. 35). Vgl. auch die allgemeinen Bemerkungen von den »hinreichend viele(n) Formen«, mit denen man für die gesetzten wissenschaftstheoretischen Zwecke »tatsächlich auskommt« (S. 56).

vollen Handlungskontexten nicht eigens thematisiert ist, behandeln wir die Erweiterung um Dingprädikatoren hier als eine stets einen Tatprädikator *ergänzende* Einführung neuer Wörter.

Wollen wir uns nun abermals auf *allgemeine* Weise, an den *Formen* der Ausdrücke orientiert, vor Augen stellen, welche Arten sprachlicher Handlungen bisher ermöglicht wurden, so können wir, wie es scheint, die oben angeführte Liste (p, ¬p) erweitern um die Einträge ›pq‹ und ›¬pq‹. Hier besteht aber noch eine Unklarheit, die sich aus unserer Interpretation der Einführung der Dingprädikatoren ergibt. Wir haben sie so beschrieben, daß jeder solche Einführungsschritt als Modifikation eines jeweils bestimmten Tatprädikators durch einen gleichfalls bestimmten, gerade neu eingeführten Dingprädikator erscheint: Das Steinewerfen ist ein Spezialfall des Werfens, das Balkenheben ein Spezialfall des Hebens, etc. Damit ist noch nicht klargemacht, ob das durch ›q‹ schematisch angezeigte Element nur als ein modifizierendes Anhängsel zu einem oder mehreren jeweils *bestimmten* Tatprädikatoren anzusehen ist (mit dem Resultat, daß wir als Ergebnis ein komplexes *Wort* vor uns hätten) oder als ein freies Element, das, ähnlich wie der Negator, mit *beliebigen* Tatprädikatoren eine Verbindung eingehen kann. Im Text von Lorenzen und Schwemmer ist offenbar letzteres intendiert, was angesichts der erklärten Zielsetzung der Autoren, die Rolle des deutschen Akkusativ-Objekts zu rekonstruieren, auch sinnvoll ist. Dies heißt für unsere Frage nach der allgemeinen Charakterisierung der bisher möglichen sprachlichen Handlungen, daß wir die Aufnahme der Formen ›pq‹ und ›¬pq‹ in die allgemeine Charakterisierung der Form möglicher Sprechhandlungen so verstehen müssen, daß sie zum Ausdruck bringt, zu unserem Sprachspiel würden nunmehr Ausdrücke gehören, die aus der Aneinanderfügung von *irgendeinem* Ausdruck von der Kategorie der Tatprädikatoren und *irgendeinem* Ausdruck von der Kategorie der Dingprädikatoren (und gegebenenfalls einem vorangestellten Negator) entstanden sind, unabhängig von der Frage, ob bei der ursprünglichen, ersten Einführung des gerade für eine bestimmte Komplexbildung gewählten Dingprädikators genau der Tatprädikator modifiziert wurde, dem wir den Dingprädikator jetzt anhängen wollen. Wenn wir diese freie Kombinierbarkeit nicht zulassen würden, dann könnte ein Dingprädikator nur mit gewissen, genau angegebenen Tatprädikatoren zusammen auftreten. Dann wäre aber ein Komplex aus Tat- und Dingprädikator ein ›komlexer Prädikator‹ und nicht ein Satz. Es wäre in diesem Falle nämlich nur ein mnemotechnisches Hilfsmittel, daß derselbe Dingprädikator als ein Zeichen, das eine Spezialisierung des Tatprädikators, dem er angefügt wurde, anzeigt, mit verschiedenen Tatprädikatoren verbunden werden darf, eine Analogie in der Beziehung der Ausdrucksteile zueinander müßte damit so wenig verbunden sein wie im Fall der Wortverbindungen ›Ruderboot‹ einerseits und ›Ruderclub‹ andererseits. Wir hätten in diesem Fall, wenn keine freie Kombinierbarkeit vorgesehen ist, eine abgeschlossene, festliegende Menge komplexer Prädikatoren vor uns, also eine abgeschlossene Menge von *Wörtern*, nicht eine offene Menge von *Sätzen*. Diese komplexen Wörter würden einzeln erlernt; es würde nicht ein offenes Schema der Komplexbildung gelernt. Da es uns hier aber um ein Verständnis von Sätzen geht, soll das Sprachspiel die freie Kombinierbarkeit der Elemente innerhalb der durch die Formen gesetzten Grenzen erlauben.

Wir skizzieren hier noch einige weitere Schritte des Aufbaus bei Lorenzen und Schwemmer, um genug Material vor uns zu haben für die Erörterung der Frage, ob und in welchem Sinne bei diesem Sprachspiel von einem ›Zusammenfallen von Syntax und Semantik‹ gesprochen werden kann. Noch im Kontext des Aufforderns werden Eigennamen eingeführt, die zwei verschiedenen Zwecken dienen sollen: Mit ihnen soll man den Adressaten einer Aufforderung kenntlich machen können (dies scheint der Hauptzweck zu sein), und mit ihnen soll man »aus den mit Prädikatoren gleichgesetzten Handlungen oder Dingen eine Handlung oder ein Ding herausgreifen« können.[84] Die Autoren unterstellen, die Teilnehmer des Sprachspiels hätten bisher schon Personen mit

84 Lorenzen und Schwemmer 1975, S. 33

Dingprädikatoren unterscheiden (klassifizieren) können, womit wohl gemeint ist, sie hätten schon vor der Einführung von Eigennamen Sätze der Art ›frisiere Kind‹ (vs. ›frisiere Großmutter‹) äußern können, in denen Menschen durch Dingprädikatoren als Objekte von Handlungen unterschieden werden. Wenn das so ist, läßt sich die Beschreibung der neuen, mit den Eigennamen eingeführten sprachliche Handlungsmöglichkeit als ein ›Herausgreifen‹ so verstehen, daß jetzt zu einer Handlung aufgefordert werden kann, die als ihr ›Objekt‹ eine bestimmte Person hat: Zusätzlich zu ›frisiere Kind‹ kann nun ›frisiere Oskar‹ (schematisch: ›pN‹, wobei der Buchstabe ›N‹ für einen beliebigen Eigennamen steht) gebildet werden. Der Eigenname ist hier ein Wort, das ein anderes Wort (einen Dingprädikator) ersetzt.

Die andere Funktion der Eigennamen ist in der hier zugrundegelegten Darstellung die Nennung des Adressaten einer Aufforderung. Dabei treten die Eigennamen, wie der Negator und die Dingprädikatoren, als Erweiterungen bestehender Ausdrucksmöglichkeiten auf; sie scheinen eine ganz eigene Wortart zu bilden, die nicht ein Wort einer anderen Art ersetzt: Ein Satz der Form ›pq‹ (›wirf Stein‹) wird durch einen davor gesetzten Eigennamen zu einem Satz der Form ›Npq‹ (›Peter wirf Stein‹), und er wird damit auf ähnliche Weise um ein zusätzliches Glied erweitert wie vorher der Satz ›wirf‹ durch ›nicht‹ oder durch ›Stein‹.

Der oben zitierte Hinweis der Autoren, die Eigennamen dienten dazu, aus den mit Prädikatoren gleichgesetzten Handlungen oder Dingen eine Handlung oder ein Ding ›herauszugreifen‹, bekommt dann einen zusätzlichen Sinn: Das Anreden des Adressaten einer Aufforderung, das auch unabhängig von einer Klassifizierung von Personen als besondere Art von Dingen möglich ist, ist eine andere Handlung als die ›Spezialisierung‹ eines Dingprädikators zu einem Namen. Wenn allerdings dieser Weg über die Dingprädikatoren schon gegangen worden ist, lassen sich die so gewonnenen Eigennamen, die zunächst dem ›Herausgreifen‹ eines bestimmten ›Dinges‹ als dem Objekt der Handlung dienten, dann auf eine *neue* Weise, nämlich als Anrede, gebrauchen. Soll dies dann nachträglich auch ein ›Herausgreifen‹ heißen, hätten wir als Resultat zwei verschiedene, aber miteinander verträgliche Bestimmungen dessen, was es heißt, ein Ding (einschließlich einer Person) ›herauszugreifen‹.

Unklar, nämlich mit keinem pragmatischen Sinn versehen, bleibt an dieser Stelle allerdings die Aussage, es könne mit einem Eigennamen auch ›eine Handlung herausgegriffen‹ werden. Ist daran gedacht, Eigennamen für bestimmte Aktualisierungen einer Handlung einzuführen (›dein gestriges Lachen über mein Stolpern‹)? Wie könnte das geschehen? Was sollte der pragmatische Sinn der mit einem Namen für eine Handlung vollzogenen Aufforderung ›N‹ sein (denn allein zum Auffordern können bisher die Tatprädikatoren benutzt werden)? Oder soll eine konkrete Handlungsrealisierung als ›Objekt‹ einer anderen Handlung auftreten? (›Erinnere dich an dein gestriges Lachen!‹?) Wir übergehen diese Fragen hier; wir verzichten also auf das, was die Autoren ein ›Herausgreifen von Handlungen‹ nennen, und betrachten noch einige zusätzliche Erweiterungsschritte.

Parallel zum Vorgehen Wittgensteins in den ›Philosophischen Untersuchungen‹ gehen die Autoren von der Handlungsmöglichkeit des Aufforderns über zum ›Bericht‹ über die Ausführung der zu einer Aufforderung gehörenden Handlung. Dabei scheinen sie die Nennung des Adressaten der Aufforderung (das heißt für das Berichten: die Nennung des ›Täters‹, des ›Subjekts‹ der Handlung) obligatorisch machen zu wollen, denn der Teilausdruck, der zum Signalisieren des Berichtens (im Gegensatz zum Auffordern) benutzt wird (in Searles Terminologie: der ›illocutionary force indicator‹), der griechische Buchstabe ›π‹, wird als ›Bindewort‹ bezeichnet, genauer als (Tat-) *Kopula*‹, und als einfachste Form einer berichtenden Aussage wird das Schema ›Nπp‹ angegeben.

Wir haben jetzt also deskriptive Sätze der Form ›Nπp‹ zur Verfügung, und wenn wir auch noch, als mögliche Ersetzungen an den Stellen, an denen bisher Eigennamen stehen, Kennzeichnungsausdrücke der Art ›dieser Mensch‹, ›dieses Boot‹, etc. (schematisch ›ιq‹) einführen, können wir z.B. den Satz bilden ›dieser Mensch bettelt‹ (ιqπp). Wie steht es aber mit ›dieser Hund bettelt‹? Es ist zweifellos möglich, den Tatprädikator ›betteln‹ so einzuführen, daß dabei zum Betteln aufgefordert wird; folglich ist auch der beschriebene Übergang zur berichtenden Sprachverwendung möglich: Ein bestimmter Mensch hat die Aufforderung zum Betteln befolgt. Als ein erweiternder Schritt, der aber noch als sehr nahe an den ursprünglichen Intentionen liegend aufgefaßt werden kann, ist dann die Übertragung[85] anzusehen zu einer Gebrauchsweise des Satzes, dessen Besonderheit *wir* mit Hilfe der Paraphrase ausdrücken können ›dieser Mensch handelt, *als ob* er zum Betteln aufgefordert wurde (und ob er aufgefordert wurde oder nicht, soll hier nicht untersucht werden)‹. Der beschreibende Sprachgebrauch löst sich hier schon ein Stück weit von der ursprünglichen Einführungssituation: Zwar wurde die Wortart der Tatprädikatoren durch Aufforderungen *eingeführt*, zwar war der erste Anlaß, deskriptive Sprache zu verwenden, der Bericht über die Ausführung einer Handlung, zu der aufgefordert wurde, aber nun kann der Bericht sinnvoll auch auf Verwendungssituationen übertragen werden, in denen die Frage, ob tatsächlich eine Aufforderung vorherging, als gleichgültig angesehen wird.

Vor diesem Hintergrund erscheint es nun naheliegend, den oben betrachteten Satz ›dieser Hund bettelt‹ selbst dann zuzulassen, wenn erwiesen wäre, daß es unmöglich ist, Hunde zum Betteln abzurichten, und es folglich auch nicht möglich wäre, sie dazu in einem noch so weiten Sinne ›aufzufordern‹. Die Orthosprache behandelt hier etwas sprachlich als eine ›Tat‹ (durch die Verwendung der ›Tatkopula‹ ›π‹), das nach dem ursprünglichen Kriterium (läßt sich dazu auffordern?) keine Tat ist. Die Autoren sprechen hier, etwas mißverständlich, von einer »Ermessensfrage«, sie verzichten aber ausdrücklich auf eine Erörterung darüber, Argumente welcher Art hier zu berücksichtigen wären, und was das Vorliegen dieses Ermessensspielraums selbst bei einer

---

85 Das Wort ist hier unterminologisch gemeint, also nicht in Entgegensetzung zu den Fällen von (syntaktischen oder lexikalischen) Metaphern. Vgl, oben, S. 410

konstruierten, auf ›Richtigkeit‹ zielenden Sprache über sprachliche Arbeitsweisen zeigt.[86] Sie orientieren sich erklärtermaßen am Deutschen und sprechen deshalb von Taten oder Handlungen auch bei Tieren. Nach unserer Deutung liegt hier ein Fall von Projektion, eine syntaktische Metapher, vor: Ein Komplexbildungsmittel, die Tatkopula ›π‹, wird auf einen neuen Fall, für den sie nicht vorgesehen ist, angewendet und verstanden. Hier von einer Metapher zu sprechen schließt nicht aus, daß die Wahl des gleichen (aus der ursprünglichen Perspektive unangemessenen) Ausdrucks in bestimmten Kontexten aufgrund spezieller, zweckbezogener Kriterien als praktisch, dem Zweck angemessen, etc. begründet werden kann, womit die ursprünglichen Kriterien zur Bestimmung von Ausdruckskategorien verändert würden. In einem anderen Kontext kann es dagegen begründet sein, eine *neues* Ausdrucksmittel einzuführen. Was *nicht* möglich erscheint, ist eine kontextlos zu nur *einem* Ergebnis führende Orientierung an ›der Sache selbst‹; und dies ist wohl gemeint, wenn die Autoren, obwohl es ihnen auf die ›Richtigkeit‹ der konstruierten Sprache ankommt, von ›Ermessen‹ sprechen.

Anders entscheiden sie sich bei den ›Geschehnissen‹; die Wörter, mit denen man (analog zum Bericht über ausgeführte Aufforderungen oder über Handlungen, die getan werden, als ob dazu aufgefordert worden wäre) über ein Geschehnis berichtet, bekommen eine eigene Bezeichnung (›Geschehnisprädikatoren‹) und sie werden damit von den Tatprädikatoren abgegrenzt. Andererseits wird für ihre formale Darstellung aber kein eigener Buchstabe eingeführt; für sie steht wie für Tatprädikatoren der Buchstabe ›p‹. Ihre Besonderheit wird formal nur durch die Einführung einer eigenen Kopula (die Geschehniskopula ›κ‹) zum Ausdruck gebracht und kann sich auf diese Weise an der *Form* der orthosprachlichen Sätze zeigen. Da aber zugleich die Handlungen nachträglich als Sonderfälle der Geschehnisse interpretiert werden und festgelegt wird, daß statt ›π‹ auch immer ›κ‹ stehen darf, wird die Unterscheidung zwischen Hand-

86 Lorenzen und Schwemmer 1975, S. 37f.

lung und Geschehnis fakultativ und damit die Benutzung nur eines schematischen Buchstabens (›p‹) für Tat- *und* Geschehnisprädikatoren im nachhinein verständlich. Behandeln wir im Deutschen sowohl die ›Handlung‹ eines Hundes wie die eines Menschen (›der Hund bellt‹ wie ›der Postbote klingelt‹) als auch ein Geschehnis am Leibe des Menschen wie eine Handlung in diesem weiten Sinne (›das Herz schlägt‹ wie ›der Hund bellt‹), so kann im hier erörterten Sprachspiel das Schlagen des Herzens als Geschehnis vom Schlagen als Handlung (›Peter schlägt seinen Hund‹, ›die Katze schlägt nach der Maus‹) formal getrennt werden: ›ιHerzϰSchlagen‹ steht ›ιHundπbellen‹ gegenüber.

Zwei zusätzliche Erweiterungsschritte wollen wir noch betrachten, bevor wir auf die Frage zurückkommen, ob wir hier eine Sprache vor uns haben, bei der Syntax und Semantik übereinstimmen. Der erste besteht in der Einführung von Wörtern, die mit Bezug auf das Deutsche als Adjektive und Adverbien klassifiziert werden würden. Sie werden hier als zwei eigene Wortgruppen aufgefaßt, mit deren Hilfe Geschehnisse (einschließlich Handlungen) oder Dinge feiner unterschieden werden können. So soll z. B. ein Satz wie ›ιTierπSchrei‹ (›dieses Tier schreit‹) mit dem neu zu lernenden ›Geschehnis-Apprädikator‹ ›laut‹ erweitert werden zu ›ιTierπ laut Schrei‹ (›dieses Tier schreit laut‹). Das Adverb ›laut‹ wird hier also unmittelbar als Erweiterung von ›schreit‹ gelernt, ohne daß ein ›Subjekt‹, ein ›Gegenstand‹ vorliegt, *von dem* prädiziert wird, er sei laut. Der Schritt zu den Adjektiven wird entsprechend aufgefaßt als die Erweiterung eines Satzes wie ›Peterπ Wirf Stein‹ (›Peter wirft den Stein‹) zu ›Peterπ Wirf weiß Stein‹ (Peter wirft den weißen Stein). Für die Adverbien des genannten Typus (Geschehnis-Apprädikatoren) soll der schematische Buchstabe ›r‹ verwendet werden, für die Adjektiva (Ding-Apprädikatoren) der Buchstabe ›s‹. Wir haben jetzt also Sätze der Formen ›Nπrp‹ und ›Nπpsq‹. Es wird obligatorisch gemacht, daß die Apprädikatoren nur als Ergänzungen zu einem anderen Prädikator auftreten dürfen; ein Satz der Form ›Nϰs‹ (›Peter ist am weiß[werden]‹; ›Peter erbleicht‹) ist also auf dieser Stufe nicht vorgesehen.

Als letzten der hier beispielhalber vorgestellten Erweiterungsschritte wollen wir die Einführung des Dativs (›Gebefalls‹) kurz schildern; mit ihm tritt bei den Tatprädikatoren, die wir oben schon durch einen Ausdruck für das (›direkte‹) ›Objekt der Handlung‹ erweitert hatten (›wirf‹ wurde z.B. erweitert zu ›wirf Ball‹), ein weiteres (›indirektes‹) Objekt hinzu. Die Konstrukteure der Orthosprache rechnen auch hier damit, daß zu einem beherrschten Satz (›wirf Ball‹) einfach ein Wort hinzutreten kann, in diesem Fall ein schon bekanntes Wort, etwa der Eigenname ›Oskar‹, und daß der pragmatische Witz, der Handlungssinn dieser Art Erweiterung in der Handlungssituation auf praktische Weise, durch Zustimmung oder Ablehnung, durch Vormachen etc. klargemacht werden kann. Der Satz ›wirf Ball‹ wird also durch einen Namen erweitert, wenn es darauf ankommt, *zu wem* der fragliche Ball geworfen werden soll; wir hätten in einem ersten Schritt also einen Satz der Art ›wirf Ball Oskar‹, in dem wir einen Tatprädikator haben, dem zwei weitere Ausdrücke, nämlich ein Dingprädikator und ein Eigenname, angehängt wurden. Wir können in diesem Fall sagen, daß die Art, wie der Ausdruck ›Ball‹ den Tatprädikator ›Wirf‹ spezialisiert, eine andere ist als die Art, in der der Eigenname ›Oskar‹ das tut; mit den Ausdrucksmitteln *unserer* Grammatik können wir diesen Unterschied beschreiben als den Sachverhalt, daß das Wort ›Ball‹ ein Akkusativobjekt, das Wort ›Oskar‹ ein Dativobjekt zu ›wirf‹ ist. Die Autoren führen dann, wieder in ausdrücklicher Orientierung an der deutschen Grammatik, für die Orthosprache die Regelung ein, daß die Tatsache, daß ein Wort, das einen Tatprädikator analog zu ›Oskar‹ in ›wirf Ball Oskar‹ modifizieren soll, durch ein rechts oben an den Eigennamen (bzw. den Prädikator) angeschriebenes besonderes Zeichen ausgedrückt werden soll, hier die römische Ziffer ›III‹ (weil der Dativ in einem dritten Erweiterungsschritt eingeführt wurde). Das Akkusativ-Objekt ist daran zu erkennen, daß es kein eigenes derartiges Zeichen mit sich führt. Als Form des Satzes ›wirf Ball Oskar‹ hätten wir also zu notieren ›pqN^{III}‹. Unterstellen wir, daß die Teilnehmer am Sprachspiel den Tatprädikator ›jemanden jemandem vorstellen‹ schon beherrschen, können

wir jetzt den Unterschied von ›Oskar stellt Fritz dem Paul
vor‹ und ›Oskar stellt Paul dem Fritz vor‹ durch Weglassen
bzw. Hinzufügen der römischen Ziffer III ausdrücken, was
uns von der Wortstellung unabhängig macht. Der erste Satz
hat als ein mögliches orthosprachliches Äquivalent ›Oskarπ
vorstellen Fritz Paul[III]‹, der zweite, wenn wir die Wortstellung gleich lassen, das Äquivalent ›Oskarπvorstellen Fritz[III]
Paul‹.

9. Stimmen in der Orthosprache Semantik und Syntax überein? ›Wörtliche Bedeutung‹ und das ›Prinzip der Ausdrückbarkeit‹

Wir brechen die Darstellung hier ab; im Text von Lorenzen
und Schwemmer schließen sich noch zusätzliche Schritte an,
und wir haben auch einige Erweiterungen weggelassen, die
sich dort zwischen den von uns erörterten Stufen finden. Da
es uns aber nicht darum geht, die Orthosprache zu verfeinern
oder weiter auszubauen, sondern allein darum, ihren sprachphilosophischen Status zu beurteilen, setzen wir das Referat
nicht fort, sondern wenden uns der Frage zu, ob man sagen
kann, in ihr würden Syntax und Semantik zusammenfallen.
Dies soll man dann von einer Sprache sagen können, wenn
alle ihre syntaktisch korrekt gebildeten Sätze auch eine Bedeutung haben und wenn alle Unterschiede in den Arten der
Zusammengehörigkeit der Teile an den syntaktischen Formen erkennbar sind.
Die referierte Geschichte der stufenweisen Erweiterungen
könnte ein solches Zusammenfallen erwarten lassen: Jeder
Schritt, der Satzbildungsmöglichkeiten schafft oder vergrößert, ist inhaltlich begründet worden, und zwar durch seine
Orientierung an der Rolle, welche die durch ihn ermöglichten komplexen Sprechhandlungen mit Bezug auf ihnen zugeordnete nichtsprachliche Handlungen spielen können.
Jede syntaktische Erweiterung hat vom Moment ihrer Einführung an deshalb eine bestimmte semantische Funktion;
die Syntax der aufgebauten Sprache ist gegenüber ihrer Semantik nicht selbständig, sie ist nicht nach bedeutungsfrem-

den Prinzipien aufgebaut worden, so daß die Semantik ihr nicht erst nach ihrem Abschluß hinzugefügt werden müßte, und es wurde auch nicht eine einzige semantische Beziehung von vornherein für alle Inhalte obligatorisch gemacht. Da alle Komplexbildungsweisen somit inhaltlich bestimmt und weit ausdifferenziert sind, könnte man erwarten, daß eine Diskrepanz zwischen diesen inhaltlich bestimmten syntaktischen Arten der Zusammengehörigkeit einerseits und der von den Sprachbenutzern jeweils intendierten semantischen Zusammengehörigkeit andererseits nicht auftritt. Entgegen dieser Erwartung zeigt sich aber, wie wir gleich sehen werden, schon an dem kleinen hier referierten Fragment der Orthosprache, daß auch bei ihr Semantik und Syntax keineswegs zusammenfallen.

Daß im Gegenteil ein ›Auseinanderfallen‹ von Syntax und Semantik auch in der Orthosprache auftritt, liegt daran, daß die referierten syntaktischen Regelungen den Sprechern *mehr* offenlassen als die Bildung nur solcher Sätze, deren Äußerungen wir unter semantischem Gesichtspunkt als ›intendierte Fortsetzungen‹ der in der Lernsituation benutzten Paradigmen bezeichnen würden, d. h. als Sprechhandlungen, die aufgrund der bereits praktizierten Handlungsweisen der Sprachgemeinschaft klar erkennbare Verwendungen haben: Sie läßt nämlich *beliebige* Ausfüllungen der von der Syntax her zugelassenen Satz-Schemata zu, vorausgesetzt nur, daß die dabei verwendeten Wörter der richtigen, durch die Art des jeweiligen schematischen Buchstabens kenntlich gemachten Wortart angehören. Dies führt z. B. dazu, daß die Syntax der Orthosprache, wenn die beteiligten Wörter bekannt sind, auch Sätze erlaubt wie ›bringe Wind‹, ›stehe Platte‹, ›laufe Ball‹ oder ›iß dem Hund den Schornstein‹. Diese Sätze können wir zunächst einmal als ›semantisch auffällig‹ einstufen, und es zeigt sich rasch, daß sie auf die eine oder andere Art Belege für das Auseinanderfallen von Semantik und Syntax darstellen: Entweder sie haben trotz ihrer syntaktischen Wohlgeformtheit keine Bedeutung; oder, wenn sie doch eine Bedeutung haben, dann ist die Art und Weise, wie in ihnen die Zusammenfügung der Wörter zu einem Satz eine komplexe Bedeutung bildet, eine andere als in den paradigmatischen Einführungsfällen, die die Komplexbildungsmittel in die Sprache hineinbrachten.

Wie schon angedeutet, kann man die Auffälligkeit dieser Sätze durch die Aussage kennzeichnen, ihnen könnten, im Unterschied zu den oben so genannten ›intendierten Fortsetzungen‹ innerhalb des ›Normalbereichs‹, d.h. aus der Sicht des bis dahin fingierten Sprachunterrichts und der Handlungsweisen, mit denen er bislang verbunden war, nicht unmittelbar Verwendungssituationen zugeordnet werden. Dieses ›unmittelbare Zuordnen‹ gelingt im Normalbereich im einfachsten Fall deshalb, weil es bereits zum vorsprachlichen Verständnis z.B. der Tätigkeit der gemeinschaftlichen Errichtung eines Hauses gehört, daß dabei ›dieselbe Handlung‹ mit ›verschiedenen Objekten‹ ausgeführt wird: Nicht nur Platten, sondern auch andere ›Objekte‹ werden *gebracht*, und sie werden nicht nur gebracht, sondern auch *angereicht, fortgestellt, eingebaut*, etc. Im Normalbereich kann ein Übergang zu neuen, d.h. hier, zu nicht ausdrücklich gelehrten sprachlichen Handlungen zur Abstimmung dieser Tätigkeiten sowohl an die paradigmatisch vorgeführten sprachlichen Handlungen als auch an das gemeinsame vorsprachliche Verständnis der bekannten praktischen Schritte in der komplexen Tätigkeit des Bauens eines Hauses anknüpfen, und er ist daher sinnvoll und problemlos möglich. Der sprachlichen Tatsache einer ›freien‹ Ausfüllbarkeit eines ausdrücklich gelehrten Satzmusters entspricht in diesem Bereich die nichtsprachliche Möglichkeit, ›dieselbe Handlung‹ mit verschiedenen Gegenständen auszuführen, sie zugunsten verschiedener Personen zu tun, etc. So scheint sich die Komplexität der ›Sachen selbst‹, nämlich der *praktischen* Unterscheidungen und Gleichsetzungen im Ausführen der nichtsprachlichen Handlungen, wenn erst einmal ein sprachlicher Anfang gemacht ist, problemlos in die Komplexität der sprachlichen Handlungen hinein fortzusetzen und sich dann in ihnen widerzuspiegeln. Wegen des klar umrissenen nichtsprachlichen Handlungskontextes hat die Aussage, der Sprecher würde bei seinen frei gewählten Erweiterungen *analog* zur paradigmatischen Einführungssituation fortfahren, einen klaren, pragmatisch festgelegten Sinn: Die nichtsprachliche Praxis ist die Instanz, die über das Vorliegen oder Nichtvorliegen einer Analogie entscheidet.

Die genannten problematischen Sätze dagegen haben als gemeinsames Merkmal, daß sie in die wohlbekannten Aktivitäten, in deren Kontext das Sprachspiel der ›Orthosprache‹ vermittelt wurde, nicht eingeordnet werden können, so daß man auf den ersten Blick vielleicht sagen möchte, es ließen sich für sie keine Verwendungskontexte angeben, sie seien also sinnlos. Die radikalste Zurückweisung, die sie erfahren könnten, würde behaupten, daß sie ›etwas Unmögliches‹ ausdrücken: Einen Wind könne man nicht bringen, das Stehen und das Laufen seien Handlungen, die, im Gegensatz zum Werfen, nicht mit einem Objekt vollzogen würden, Schornsteine könne man nicht essen und das Wort ›essen‹ könne (anders als z. B. ›geben‹) kein indirektes Objekt haben. Die Syntax der Sprache erlaubt hier Zusammenstellungen, so möchte dieser Einwand sagen, denen ›in der Welt‹ nichts entsprechen kann, und dies führt zu syntaktisch korrekt gebildeten Sätzen ohne Bedeutung, was bei einer Sprache, in der Semantik und Syntax zusammenfallen, nicht vorkommen darf.

Wie verhält sich dazu aber der folgende Einwand: Wer Durchzug mache, bringe doch Wind, und dieses habe der Autor der ungewohnten Aufforderungshandlung vielleicht auch intendiert. Wer als Objekt seines Stehens eine Platte habe, stehe wohl auf der Platte, belaste sie durch sein Stehen und ›mache‹ also etwas mit ihr als dem Gegenstand seiner Handlung, vielleicht bewahre er sie vor dem Wegrutschen; wer als Objekt seines Laufens einen Ball habe, z. B. einen Wasserball im Wind, laufe ihm wohl hinterher, wolle ihn durch Laufen erreichen (›erlaufe den Ball‹). Schließlich sei ›jemandem etwas essen‹ doch gewiß die Handlung, es an seiner statt zu essen (wie ›jemandem etwas wegessen‹); und warum soll das Pfefferkuchenhaus keinen Schornstein haben? Etwas im strengen Sinne Unmögliches, so scheint es nun, wird nicht ausgesagt; diese Erklärung der semantischen Auffälligkeit geht offenbar zu weit. Eher würde man jetzt sagen wollen, es wird etwas ausgesagt, was in der bisherigen Sprachpraxis noch nicht erschlossen war, in der gegebenen

Ausprägung der betreffenden Handlungswelt nicht existierte. Das Neue ist nicht schlechterdings unmöglich, es befindet sich nur außerhalb des Bereichs der ursprünglich ›intendierten Fortsetzungen‹.

In diesem Fall bestünde die Auffälligkeit der genannten Sätze in einem Widerspruch: Auf der einen Seite stünde die Tatsache, daß ihre syntaktischen Formen bestimmte Arten von ›Antworthandlungen‹ (sprachlicher oder nichtsprachlicher Art) erwarten lassen, nämlich solche, die dem Kontext entsprechen, in dem diese Formen ursprünglich eingeführt wurden; dem stünde aber die andere Tatsache gegenüber, daß hier tatsächlich als Antworten andere Handlungen erwartet werden, die vom Kommunikationspartner zwar erraten werden können, aber keinem schon üblich gewordenen Handlungszusammenhang entsprechen, insbesondere nicht demjenigen, in dem die benutzte syntaktische Form ursprünglich eingeführt (und dies heißt auch: mit Bedeutung versehen) wurde.[87]

Diese Beschreibung macht unser Urteil, es liege eine *Diskrepanz* vor, für die betrachteten Beispiele ein Stück weit verständlich, und wenn sie auch noch keine Aufklärung darüber schafft, in welchem Sinne dabei von einer ›semantischen Struktur‹ der auffälligen Ausdrücke gesprochen werden

---

87 Vgl. die Bemühung Y. Bar-Hillels (1963), gegen G. Ryles (1932)Neigung, den Begriff des Kategorienfehlers unter Rekurs auf eine außersprachliche Wirklichkeit zu bestimmen, mit Carnap von einer ›transposed mode of speech‹ zu sprechen, den Begriff der Transposition dabei aber an einem unterstellten bislang üblichen Sprachgebrauch und den daraus stammenden spezifischen Erwartungen eines Hörers zu bestimmen. Aus unseren Überlegungen ergibt sich die These: Es gibt in einer entwickelten Sprache wegen ihres vielfältigen Gebrauchs derselben Formen *nur noch* transponierte Redeweisen. Der Rekurs auf eine ›standard usage‹ ist nur im Kontext einer Geschichte möglich, die eine Entwicklung fingiert, um daran Arten sprachlicher Verfahren aufzuklären.- Auf den genannten Aufsatz Ryles verweist auch Stenius (1960, S. 212) bei seinem Vorschlag, von ›syntactical metaphors‹ zu sprechen; vgl. oben, Anm. 27. Bar-Hillel tut dann einen entscheidenden weiteren Schritt, indem er sich auf den *bislang eingespielten* Gebrauch bezieht, nicht auf die ›wirkliche Form‹ des Gedankens.

darf, so gibt sie doch eine Erklärung dafür, wie es trotz der semantischen Orientierung der syntaxeinführenden Schritte zur festgestellten Diskrepanz kommen konnte. Das Auftreten solcher Diskrepanzen läßt sich nämlich als eine Konsequenz der oben bereits erwähnten Tatsache sehen, daß die orthosprachlichen Arten der Komplexbildung, wie es mit einer Syntax intendiert ist, zu komplexen *Sätzen*, nicht zu komplexen *Wörtern* führen. Der Unterschied läßt sich wie folgt rekapitulieren: Wenn die Autoren jeden der erörterten Erweiterungsschritte so konzipiert hätten, daß er allein denjenigen einzelnen Ausdruck, den er in der ursprünglichen Lernsituation für die betreffende Komplexbildung erweitert hatte, spezialisieren würde, dann könnten wir dieses Vorgehen beschreiben als die Einführung zusammengesetzter *Wörter*. Das Wort ›Steinewerfen‹ wäre in diesem Fall auf ähnliche Weise ein Wort für eine Spezies des Werfens wie der Ausdruck ›Sonnenblume‹ eine Spezies unter den Blumen bezeichnet; es würde eine spezielle Handlung bezeichnen, wie es das Wort ›Übersehen‹ tut, und das Begreifen der Rolle des Komplexes ›Steinewerfen‹ würde ebensowenig eine freie Fortsetzung (zu ›Steineklopfen‹, ›Steinetragen‹, etc.) legitimieren, wie das richtige Verstehen von ›Übersehen‹ (als ›nicht sehen‹) ein ›Übergrüßen‹ oder ›Überantworten‹ (als ›nicht grüßen‹, ›nicht antworten‹) legitimiert. Daß es zum ›Übersehen‹ im Deutschen auch das in der Tat analog gebildete ›Überhören‹ gibt, ist eine Ausnahme von der Art, die die Regeln bestätigt: Gerade der partielle Charakter in der Systematik der Wortbildung zeigt den Unterschied zur Syntax, zu der die freie, uneingeschränkte Kombinierbarkeit konstitutiv gehört.

Wenn sich auf diese Weise komplexe *Wörter* von komplexen *Sätzen* unterscheiden lassen, dann heißt das, daß bei einer nur den vorliegenden Einzelausdruck spezialisierenden Vorgehensweise eine *syntaktische* Struktur gar nicht ausgebildet wird. Wenn man daher mit Recht sagen kann, diese Art der Komplexbildung führe *nicht* zu der an der Orthosprache diagnostizierten Kluft zwischen Semantik und Syntax, dann liegt das nicht an deren Übereinstimmung, sondern am Fehlen zumindest des einen Gliedes der Relation, am Fehlen einer Syntax.[88] Wo es keine Syntax gibt, kann sie zur Semantik weder in Spannung stehen, noch mit ihr übereinstimmen. Ob man in diesem Fall überhaupt noch von einer Semantik reden will, kann dabei offen bleiben. In den referierten Erweiterungsschritten der Orthosprache, dem ›schrittweisen Hinzufügen neuer Formen‹, wurde die Komplexbildung aber nicht als wortbildend verstanden, sondern als satzbildend in dem Sinne, daß mit jedem neuen Komplexbildungsschritt Paradigmen vorgeführt wurden, an denen orientiert der Sprachschüler selbständig neue Komplexe derselben syntaktischen Form bilden sollte. Nur dieser Zusammenhang legitimierte die nicht beliebige, sondern grammatikbezogene Rede von den Wortarten und die schematische Darstellung von Sätzen mit Hilfe von Buchstaben, die zur Ersetzung durch ein beliebiges Wort einer bestimmten Art auffordern.

Allgemein läßt sich sagen: Wenn man als ›Syntax‹ die Charakterisierung der Gesamtheit der Formen der zu einem jeweiligen Entwicklungsstand des Sprachspiels ermöglichten Sätze bezeichnet und von einem Ausdruck sagt, er sei *syntaktisch wohlgebildet*, entweder wenn seine Form eine Instanz hat, die bereits ausdrücklich in einer Einführungssituation vorkam, oder wenn eine solche Instanz (und also auch er selbst) mit Hilfe rekursiver Regeln aus vorgekommenen Ausdrücken aufgebaut werden kann, dann schließt die Syntax für ein Sprachspiel der hier erörterten Art die Bildung von Sätzen nicht aus, deren Teile und Gefügtheitsweisen zwar allesamt *einzeln* aus Einführungshandlungen bekannt und daher mit einer Verwendungsweise verbunden sind, die auch nach dem formalen Muster der bei der Einführung benutzten Paradigmata gebildet sind (weshalb sie ›syntaktisch wohlgebildet‹ und ›Sätze‹ heißen dürfen, im Unterschied zu den oben genannten Ketten wie ›⊣⊣‹ und ›$p_1 p_2$‹), über deren Verwendbarkeit damit aber gleichwohl noch keine Festlegung getroffen ist. Obwohl also jeder Erweiterungsschritt des Sprachspiels, jedes neue Wort und jede Art der Kom-

88 Dadurch wird der Fall in der Tat ähnlich zu dem von Locke fingierten, daß jeder neue Gegenstand einen neuen Namen enthält; vgl. den Hinweis oben, Kap. IV, S. 344

plexbildung als sinnvoller, unmittelbar handlungsleitender Schritt ›inhaltlich‹ eingeführt wurde, ist damit noch nicht für jede Instanz der so eingeführten Formen eine Verwendung festgelegt. Aus diesem Grunde führt die Überwindung des formalen Syntaxverständnisses nicht schon zu einer Syntax, die nur Sätze zu bilden gestattet, für die im voraus eine Verwendung schon festliegt. Sie führt auch zu Sätzen, die einen anderen Gebrauch von den zulässigen Komplexbildungsmitteln (und im Fall der traditionell so genannnten Metaphern von den lexikalischen Einheiten) machen, als er in den paradigmatischen Einführungssituationen intendiert war.

Es ist für die Syntax konstitutiv, daß sie eine freie Beweglichkeit der Wörter zuläßt, von denen nur gefordert ist, daß sie der richtigen Wortart angehören, und dadurch werden viele komplexe Ausdrücke ermöglicht, die in keiner Einführungssituation vorkamen. Zu jedem *selbständigen* Wort kann der Sprecher, der seine Bedeutung kennt, mindestens eine vergangene Verwendungssituation angeben (und oft herstellen oder aufsuchen), in der es eine ihm wohlbekannte Rolle spielte; im eingeschränktesten Fall ist das die Lernsituation (die, z.B. bei Definitionen, auch eine allein durch einen *sprachlichen* Kontext bestimmte Situation sein kann). Die stets *unselbständigen* Komplexbildungssignale dagegen (die syntaktischen Formen als Träger dessen, was Chomsky ›structural meaning‹ genannt hatte[89]) haben zwar immer auch bekannte sinnvolle Instanzen (auch hier im Zweifelsfall die Einführungssituationen), sie ermöglichen auf der anderen Seite aber eine große Zahl inhaltlicher Füllungen, für die nichts festgelegt ist. Damit schaffen sie ein reiches Angebot bloß potentiellen Sinns, eine Fülle semantisch ›freier‹ Sätze, die in neuen Situationen syntaktisch verfügbar, aber semantisch unbesetzt sind; über sie wurde »nichts vereinbart«.[90] Es wird daher viele Situationen geben, in denen sich die Äußerung eines solchen Satzes für einen phantasievollen und/oder unter Handlungsdruck stehenden Sprecher als sinnvolle Sprechhandlung anbietet, und in denen der pragmatische

89 Vgl. oben, Kap. II, S. 79   90 Vgl. Wittgenstein 1953, § 41

Witz der entsprechenden Äußerung von einem geistig beweglichen und kooperierenden Hörer leicht zu ›erraten‹ ist. Es kann dann dieser neue Gebrauch, wenn er im Einzelfall erfolgreich ist, d. h. verstanden wird, von der Sprachgemeinschaft angenommen und weitergegeben (und möglicherweise syntaktisch markiert) werden. So wird der ›syntaktische Vorrat‹ zum Motor für die Bedeutungserweiterung der Komplexbildungssignale (der syntaktischen Formen), er wird zur Quelle für die Ausbildung dessen, was wir oben ›syntaktische Metaphern‹ genannt haben.

Nachdem wir so eine Einsicht in die Gründe für das Entstehen einer Diskrepanz zwischen Semantik und Syntax gewonnen haben, können wir die Frage wieder aufgreifen, ob es ein sinnvolles Ziel ist, eine Orthosprache so aufzubauen, daß diese Diskrepanz von vornherein vermieden wird. Um das zu erreichen, müßten Regelungen eingeführt werden können, die die Bildung von Sätzen verhindern, über deren Verwendung nichts vereinbart wurde, so daß weder bedeutungslose Sätze auftreten noch solche, deren Verwendung, was die Komplexbildungsweise betrifft, vom ursprünglichen Paradigma abweicht. Falls diese Frage negativ zu beantworten ist, wäre zu fragen, ob sich die weniger weitgehende Zielsetzung verwirklichen läßt, ein Zusammenfallen von Semantik und Syntax wenigstens *ex post* herzustellen, in einer rückwärts gewandten Reform der (Ortho-) Sprache, auch wenn anerkannt werden müßte, daß im Prozeß ihrer Entwicklung Stadien unvermeidlich sind, die die erörterten Diskrepanzen zeigen.

Aus den bisher vorgetragenen Überlegungen ergibt sich bereits, daß der Vorsatz, das Auseinanderfallen von Semantik und Syntax schon beim Aufbau einer Orthosprache zu vermeiden, nur um den Preis zu verwirklichen ist, daß man sich auf eine ›Sprache‹ (besser: auf eine quasi-sprachliche Signalisierungsweise) beschränkt, die entweder keine Syntax besitzt oder auf einen völlig überblickbaren und bei der Spracheinführung vollständig weiterzugebenden Handlungszusammenhang beschränkt ist, den die Mitglieder der Sprachgemeinschaft in keiner Weise modifizieren, erweitern oder auf neue Weise zur Sprache bringen dürfen.

Der erste Fall, der einer syntaxlosen ›Sprache‹, liegt dann vor, wenn entweder für jeden neuen Zweck ein neues Zeichen eingeführt wird, so daß es gar keine wirklich komplexen Sprechhandlungen gibt, sondern nur *Folgen* einfacher Handlungen (ein ›Singen nach Noten‹), oder, wie bereits geschildert, wenn die Komplexbildungsweisen nur zu komplexen *Wörtern* führen, nicht zu komplexen Sätzen. Eine syntaxlose Sprache ist als Vergleichsobjekt für *unsere* Sprache aber weitgehend uninteressant. Der zweite Fall, daß zwar eine Syntax, eine offene Variabilität in den Möglichkeiten der Ausfüllung eines Satzschemas, eingeführt wird, daß aber der Bereich sprachlichen Handelns von vornherein so beschränkt ist, daß jede der bestehenden Praxis gegenüber abweichende Verwendung eines Komplexbildungsmittels ausgeschlossen wird, ist ebenfalls in zwei Varianten denkbar, je nachdem, ob sich das alternativenlose Festschreiben, das ›Einfrieren‹ der sprachlichen Handlungsmöglichkeiten, einer Beschränkung im *nichtsprachlichen* oder im *sprachlichen* Bereich verdankt.

In der ersten Variante wäre die Verwendung der Sprache auf einen genau fixierten nichtsprachlichen Handlungsbereich beschränkt. Einen solchen Fall hätten wir z. B. dort vor uns, wo ausschließlich Häuser eines bestimmten Typs gebaut würden, mit stets denselben vorgefertigten Teilen und den bewährten Handgriffen, die auf alle vorkommenden Teile anwendbar sind. Die dabei verwendete ›Sprache‹ diente allein zur Koordination dieser stets gleichbleibenden Tätigkeiten, die nur in äußerlichen Merkmalen wie ihrer Häufigkeit und Reihenfolge variieren könnten. Dabei müßten die Wörter der Sprache so eingeführt sein, daß alle syntaktisch zulässigen Komplexe sinnvolle sprachliche Züge sind. Ein anderes Beispiel für einen völlig begrenzten sprachlichen Handlungsbereich ist die Erteilung von Auskünften über die Telefonnummern von Fernsprechteilnehmern mit Hilfe eines Verzeichnisses. Daß die Konstruktion solcher ›Sprachen‹ mit derart beschränkten Reichweiten, die sich auf nichts anderes beziehen können als die zu *einem* Zeitpunkt etablierten Handlungszusammenhänge in ihren völlig vorhersehbaren, im voraus geregelten Aspekten, kein interessantes Vergleichsmedium hergibt, wenn es darum geht, wichtige Eigenschaften *unserer* Sprache aufzuklären, dürfte auf der Hand liegen.

Die zweite Variante, d.h. ein Fall, in dem eine echte, mit der Variabilität von Teilausdrücken arbeitende Syntax vorliegt, die aber trotzdem auf einen völlig übersichtlichen Bereich beschränkt ist, dessen lückenlose Überblickbarkeit sich diesmal aus einer *sprachinternen* Beschränkung ergibt, hatten wir in der wahrheitsfunktional verstandenen Junktorenlogik vor uns. Um dies aus der inzwischen gewonnenen Perspektive noch einmal deutlich zu machen, fingieren wir, wie es in diesem Kontext üblich ist, daß die sogenannten ›Primformeln‹, d.h. diejenigen Sätze, die durch die logischen Junktoren verknüpft werden sollen, für uns nicht komplex sind; wir behandeln sie, als könnten wir ihnen einen Wahrheitswert unmittelbar zuschreiben, ohne auf eine Zusammengesetztheit dieser Sätze achten zu müssen. Wenn wir unsere Perspektive so einschränken, sind die einzigen verbleibenden Komplexbildungsmittel der junktorenlogischen Sprache, ihre einzigen ›satzbildenden‹ Zeichen, die wahrheitsfunktional verstandenen logischen Junktoren. Sie regeln in Wirklichkeit zwar nicht die erstmalige *Bildung* komplexer Sätze, sondern sie *verbinden* nur fertige Sätze zu neuen, komplexen Sätzen. Wenn wir davon aber bewußt absehen und auf die Struktur der ›Primformeln‹ nicht eingehen, können wir sagen, die ›Syntax‹ der betrachteten Sprache sei die Lehre von den *Verknüpfungen* logisch einfacher Sätze (›Primformeln‹).

Was nun das ›Zusammenfallen von Semantik und Syntax‹ angeht, läßt sich feststellen, daß wir einerseits eine offene Variabilität in der Ausfüllung der syntaktischen Schemata haben: Auf der Grundlage einer nicht beschränkten Menge von wahrheitsdefiniten Primformeln läßt sich eine unbegrenzte Menge beliebig komplexer Sätze bilden, die den (rekursiv zu charakterisierenden) Satzschemata genügen. Wir haben hier also, im Gegensatz zu den Fällen des letzten Abschnitts, eine echte Syntax. Andererseits können wir feststellen, daß die hier unterstellte wahrheitsfunktionale Bedeutungsfestlegung für die logischen Junktoren dazu führt, daß wir trotzdem eine klare Abgrenzung des Bereichs des sinnvollerweise Sagbaren erhalten; es läßt sich so einrichten, daß alle syntaktisch korrekten Formeln eine Bedeutung haben und alle (unter unserem eingeschränkten Gesichtspunkt) logisch relevanten Bedeutungsunterschiede an den Formen der Sätze erkennbar sind. Dies bedeutet, daß Syntax und Semantik zusammenfallen.

Mit der Junktorenlogik ist also eine Kunstsprache konstruiert worden, die die Handlungsmöglichkeiten desjenigen, der sich ihrer bedient, ebenfalls eng begrenzt. Diese Begrenzung ist aber von anderer Art, als es die Begrenzung der oben erörterten Signalsysteme war, der ›Sprachen‹ für den ›monotonen Häuserbau‹ und für die (eingeschränkte) Fernsprechauskunft: Die Begrenztheit der Junktorenlogik ist sprachintern, sie verdankt sich nicht einer Beschränkung des nichtsprachlichen Anwendungsbereichs, sondern sie erfolgt durch eine Bedeutungsfestlegung für die Komplexbildungsmittel, d. h. die logischen Junktoren (alle anderen hatten wir vorläufig außer Betracht gelassen). Diese Komplexbildungsmittel sind als logische dadurch *definiert*, daß die Wahrheit des mit ihrer Hilfe jeweils gebildeten komplexen Satzes *ausschließlich* von der Wahrheit der Teilsätze abhängt. Das Gesamtgebiet der so bildbaren Komplexe kann man bekanntlich völlig überschaubar machen, z. B. mit Hilfe der Wahrheitstafel-Methode; die Komplexe bilden einen systematischen Zusammenhang. Da schließlich die natürlichen Sprachen *auch* dazu benutzt werden, Folgerungen zu ziehen aus Satzmengen, deren Beziehungen zueinander sich junktorenlogisch verstehen lassen, ist es von vornherein weit sinnvoller, solche auf logische Zusammenhänge eingeschränkte Sprachen zu konstruieren und zu untersuchen als Signalsysteme, wie wir sie für den ›monotonen Häuserbau‹ fingiert haben.

Darüber darf aber die Tatsache nicht aus dem Auge verloren werden, daß die Komplexität der natürlichen Sprache größtenteils nicht junktorenlogischer Art ist, und dieser Tatsache muß eine Orthosprache gerecht werden, wenn sie uns dazu verhelfen soll, mehr an der natürlichen Sprache zu verstehen als nur ihre junktorenlogisch darstellbare Seite. Es legt sich daher nahe, noch einmal einen Blick auf die schon oben erörterte Quantorenlogik zu werfen und noch einmal zu betrachten, welchen Einschränkungen sich das Maß an Zusammenfallen von Semantik und Syntax verdankt, das sie im wahrheitsdefiniten Bereich immerhin zeigt, und die Frage zu untersuchen, ob es ohne gravierende Abstriche möglich und sinnvoll wäre, den Aufbau der Orthosprache nach ihrem Vorbild zu modifizieren, damit auch in ihr eine bessere Übereinstimmung von Semantik und Syntax herrscht.

Wie ist also aus sprachphilosophischer Perspektive der Schritt einzuschätzen, mit dem die Fiktion von der Einfachheit der Primformeln aufgegeben wird zugunsten der für die Quantorenlogik konstitutiven Norm, diese Primformeln zeigten ausschließlich eine schematisch durch ›$F(x_1,...,x_n)$‹ zu erfassende interne Struktur, die der üblichen Bindung der Variablen durch Quantoren zugänglich ist? Die Antwort lautet: Die Anbindung der bislang als sprachintern behandelten junktorenlogischen Handlungsmöglichkeiten an ›die Welt‹, das der Absicht nach den Verhältnissen in der natürlichen Sprache entgegenkommende Sichtbarmachen und Deuten der Tatsache, daß die Primformeln wahr oder falsch sein können, erfolgt, wenn man so vorgeht, durch die Hereinnahme einer einzigen (über das wiederum auf *Sprache* bezogene sprachliche Handeln hinausweisenden) menschlichen Aktivität: der des Sortierens.

Wir hatten oben gesagt, ein von vornherein gewährleistetes Zusammenfallen von Semantik und Syntax ließe sich für die Orthosprache nur erreichen, wenn diese auf einen völlig überblickbaren und beim Lehren der Sprache unverändert und vollständig weiterzugebenden Handlungszusammenhang beschränkt wäre, den die Mitglieder der Sprachgemeinschaft in keiner Weise modifizieren, erweitern oder auf neue Art zur Sprache bringen dürfen. Diese Festgelegtheit des Handlungszusammenhangs wurde dabei als eine Eigenschaft aufgefaßt, die er sprachunabhängig hat. Ist nun auch das Sortieren ein solcher festliegender Handlungszusammenhang? Falls diese Frage zu bejahen ist: Warum führt die für die Quantorenlogik charakteristische Beschränkung auf ihn nicht, wie die ›Sprache des monotonen Häuserbaus‹, zu einem Ausdrucksmittel, das in seiner Anwendung so extrem beschränkt ist, daß es für einen Vergleich mit einer natürlichen Sprache von vornherein nicht interessieren kann? Denn man kann die Sprache der Quantorenlogik intern gesehen zwar monoton und einförmig finden, man kann aber nicht sagen, sie könne nur einen winzigen Gegenstandsbereich behandeln.

Die Überlegungen, die wir oben bei der Erörterung der Kritik Hegselmanns an den orthosprachlichen Elementarsatzformen angestellt hatten, weisen bereits auf eine Antwort auf diese Fragen: Das ›Sortieren‹ in seiner Rolle als diejenige Handlung, die im Sprachspiel der Quantorenlogik als ›Verbindung von Sprache und Welt‹ fungiert, d. h. als die Stelle, an der über den ›Sitz im Leben‹ der vorher nur als sinnvoll *unterstellten* Primformeln entschieden wird, ist gar keine Aktivität, die ihren *spezifischen* Charakter einer sprachunabhängig charakterisierbaren Funktion verdankt. Was alle einzelnen Ausübungen oder Realisierungen (›tokens‹) dieser Handlung zu Fällen des Sortierens macht, ist, wie wir schon im Wittgenstein-Kapitel gesehen haben, die ›Form der Darstellung‹ und nicht ein unabhängig davon stets gleichbleibendes Handlungsmerkmal. Nur mit Bezug auf die Formen des Mediums lassen sich die verschiedenen Aktualisierungen als gleichartig betrachten; die ›Form der Darstellung‹, das vom Medium diktierte ›Gewand‹ all dieser Handlungen ist extrem einheitlich; die mit dieser Form vollzogenen Handlungen sind aber trotzdem äußerst vielfältig, wenn man sie unter dem Gesichtspunkt ihrer Funktionen im nichtsprachlichen Kontext betrachtet. Was überhaupt ›zur Sprache kommt‹, kommt in der Form des Sortierens zur Sprache: als Gegenstand, über den gesprochen wird, und als Begriff, unter den ein Gegenstand fällt (bzw. als Relation, in der Gegenstände stehen). Anders als beim ›monotonen Häuserbau‹ sind also nicht wirklich die Handlungsweisen beschränkt, mit denen eine Sprache es zu tun haben kann (daher ist die Sprache der Quantorenlogik nicht von einer von vornherein prohibitiven Enge), sondern die Form der Darstellung ist so beschränkt, daß alle Inhalte stets nur in einer einzigen Form zur Sprache kommen können. Wenn man nun nur diese eine Form zuläßt und es darüber hinaus (aus der Blickrichtung der natürlichen Sprache gesehen: verharmlosend) als eine vernünftige und naheliegende Forderung allein an das Lexikon der konstruierten Sprache betrachtet, wenn verlangt wird, daß alle Namen genau bestimmte Designata haben und alle Begriffe scharf begrenzt sind, dann ist jede Aussage der Form $F(x_1, \ldots, x_n)$ sinnvoll; schon bei Frege gelten Aussagen, die sogenannte ›Kategorienfehler‹ machen, bei denen einem Gegenstand ein Prädikat zugesprochen wird, das für Gegenstände dieser Art nicht definiert ist, als einfach falsch.

Es bestätigt sich also die schon oben gestellte Diagnose, daß dieser Weg, eine Übereinstimmung zwischen Semantik und Syntax zu erreichen, nämlich von vornherein eine einzige Form festzulegen, in der sämtliche Inhalte, die zur Sprache kommen sollen, erscheinen müssen, den an der natürlichen Sprache orientierten Zielsetzungen der Konstruktion einer Orthosprache nicht entspricht. Wir kämen so nicht zu einer Verbesserung der Orthosprache, zu einer genaueren Darstellung der ›wirklichen‹ semantischen Verhältnisse in ihrer Vielfalt, sondern zur Aufhebung ihres differenzierenden, den semantischen Unterschieden gerecht werdenden Charakters: Der Gesamtbereich sprachlichen Handelns würde durch die Zulassung nur einer ›Form der Darstellung‹ extrem vereinheitlicht; erkennbare und in der ursprünglichen Fassung durch Formen dargestellte semantische Unterschiede würden formal unsichtbar werden.

Wir kommen damit zu dem Resultat, daß ein Auseinanderfallen von Syntax und Semantik im Prozeß des *Aufbaus* einer Orthosprache unvermeidlich ist, wenn sie den folgenden vier Bedingungen genügen soll: (1) Sie soll komplexe Ausdrücke zu bilden gestatten; (2) die Komplexität dieser Ausdrücke soll eine syntaktische sein, d. h. sie soll die freie Ersetzbarkeit der lexikalischen Elemente erlauben und nicht nur die unveränderliche Zusammengesetztheit komplexer Wörter; (3) die Anwendung der Sprache soll nicht auf einen festen außersprachlichen Handlungsbereich ›eingefroren‹ werden; und (4) es sollen andere Komplexbildungsweisen zugelassen werden als nur die junktorenlogische und das Schema des Fallens eines Gegenstandes unter einen Begriff.

Man kann nun die Frage stellen, ob es nicht wenigstens möglich ist, *hinterher*, nachdem diese Mustersprache ein Stück weit entwickelt ist, an ihr Veränderungen dergestalt vorzunehmen, daß sie die im Verlauf ihres Aufbaus entstandenen Diskrepanzen zwischen Semantik und Syntax nicht mehr aufweist. Die bisherige Argumentation reicht bereits dafür aus, auch diese Frage zu verneinen: Dieser Möglichkeit steht die Tatsache entgegen, daß es für die Orthosprache (und für die natürlichen Sprachen) charakteristisch ist, daß ihre syntaktischen Formen offen sind, was ihre Ausfüllung und damit auch ihre Deutbarkeit betrifft. Daraus ergibt sich eine für sie spezifische Art der Nichtüberschaubarkeit des Bereichs des Sinnvollen, die nicht nur (wie im Fall einer ›realistischen‹ Deutung der Quantorenlogik) darin besteht, daß unüberschaubar vielen Gegenständen Begriffe aus einer stets vermehrbaren Anzahl zugesprochen werden können, wobei unterstellt wird, was Gegenstände und Begriffe seien, ließe sich ein für allemal klären, und diese grundsätzliche Klärung könne von speziellen Problemen der Erkennbarkeit weniger leicht zugänglicher Gegenstände (z. B. ›seelischer Ereignisse‹) nicht mehr erschüttert werden. Wir sehen vielmehr, daß die Überschaubarkeit der grammatischen Formen den Bereich des Sinnvollen noch keineswegs überschaubar macht; die Formen sind nur das Gerüst, das immer neue sinnvolle Handlungen ermöglicht, die als sinnvoll zu erfassen immer wieder mehr verlangt als nur die Kenntnis des jeweils etablierten Gebrauchs der Formen. Der Gebrauch der Phantasie muß zum Durchschauen des Kalküls auf immer wieder neue Weisen hinzukommen.

Dies Resultat wäre wohl leichter zu akzeptieren, wenn es gelänge, den genauen Ort des Fehlers eines Sprechers einer entwickelten Sprache aufzudecken, der aufgrund seines Sprachgefühls wie folgt argumentiert: Es müsse doch in Fällen, in denen eine Diskrepanz zwischen einer bestimmten neuen Verwendung eines komplexen Satzes und der paradigmatischen Einführungssituation der benutzten Komplexbildungsweise festgestellt werden könne, stets möglich sein, zumindest nachträglich, wenn die ›grenzüberschreitende‹, projizierende, metaphorische Erschließungsarbeit geleistet sei, die aufs ›Erraten‹, aufs Begreifen des ›Witzes‹ konkreter kommunikativer Handlungen angewiesen ist, die wirklichen, die vom Sprecher durch die eigentlich unangemessene Form hindurch intendierten semantischen Verhältnisse auszudrücken. Was man erkannt und verstanden habe, könne man auch artikulieren, oder, mit Searles ›Prinzip der Ausdrückbarkeit‹ gesagt, für jede Bedeutung x, die man ›meinen‹ könne, lasse sich auch ein Ausdruck bilden, der diese Bedeutung direkt und wörtlich ausdrücke.[91] Wenn dies aber so sei, müsse die generelle Verwirklichung dieses Umformungsvorsatzes in allen möglichen Anwendungsfällen zu einem Medium führen, in dem Semantik und Syntax übereinstimmen: Sind erst einmal alle Diskrepanzen beseitigt und ist der Vielfalt der semantischen Verhältnisse Rechnung getragen, dann bestehe keine Notwendigkeit mehr, Ausdrücke zu benutzen, deren Formen ihren Inhalten nicht angemessen seien. Zwar könne der *Aufbau* einer Sprache möglicherweise ohne Spannungen zwischen Semantik und Syntax nicht auskommen; dies sei aber eine Sache der Entwicklungsgeschichte der Sprache, die für synchronisch orientierte systematische Fragestellungen keine Rolle spiele. Habe man sich ein hinreichend differenziertes Ausdrucksmittel erst einmal erschlossen, dann könne man auch alles überhaupt Sagbare wörtlich sagen.

Welches sind die Fakten, aus denen diese am Sprachgefühl orientierte Aussage ihre scheinbare Plausibilität bezieht? Bis zu welchem Punkt ist sie im Recht, und wo wird der fehlerhafte Schritt gemacht? Richtig ist, daß es in jeder entwickelten natürlichen Sprache immer wieder gelingt, einen Satz, der nicht verstanden wurde, auf eine Weise zu erläutern, die dem Verständnis hilfreich ist. Diese Erläuterungen können verschiedenster Art sein; kündigt jemand an, er komme ›mit dem Pferd‹, so kann er erklärend hinzufügen ›im Anhänger‹; wird das Angebot, man könne Salat oder Nachtisch haben, mißverstanden, so kann die Wiederholung des Satzes, er-

91 Searle 1969, S. 19 ff.

gänzt um ein ›entweder‹, Klarheit schaffen, etc., etc. Allgemein läßt sich sagen, der Sprecher einer entwickelten Sprache traue sich zu, in jeder konkreten Situation seine Äußerung so zu erläutern, daß der Hörer, vorausgesetzt, er beherrscht die benutzte Sprache, sie schließlich verstehen werde.

Problematisch wird es, wenn diese hier nicht in Zweifel gezogene auf je konkrete Verständigungssituationen bezogene Erläuterungsfähigkeit so dargestellt wird, als sei sie nur unter der Annahme verständlich zu machen, es existiere ein x, nämlich die vom Sprecher von Anfang an intendierte (ihm innerlich ›vorschwebende‹) ›Bedeutung‹ seiner Äußerung, die erst durch die nachgelieferte Erläuterung (oder durch mehrere solcher Erläuterungen) ›wörtlich‹, im Idealfall haargenau so, wie sie ihm von Anfang an vorgeschwebt habe, zur Sprache komme. Und unzutreffend ist nach den hier angestellten Überlegungen die Vorstellung, daß man, wenn solche Erläuterungen stets gegeben würden, zu einem Punkt käme, an dem sich sagen ließe, nun seien *alle* Diskrepanzen beseitigt, nicht nur die faktisch in der auch von Zufällen bestimmten Verständigungsgeschichte aufgetretenen Mißverständnisse seien im Rückblick, in einem Prozeß der Kommentierung und Umformung vergangener Äußerungen, behoben worden, sondern es sei von vornherein der Gesamtbereich des auch in Zukunft sinnvollerweise Mein- und Sagbaren ein für allemal erschlossen und eindeutigen Ausdrucksmitteln zugeordnet worden.

Denn man muß fragen, ob es legitim ist, zu sagen, es ›gebe‹ die vom Sprecher intendierte Bedeutung neben und zusätzlich zu seiner Äußerung, wenn er einen abweichenden Gebrauch von sprachlichen Mitteln macht, z. B. eine *neue*, nicht nur *schmückende* Metapher benutzt und nicht weiß, ob er vom Hörer verstanden werden wird. Der Hörer erkennt im Fall des Gelingens den neuen Sinn ›durch die alte Form hindurch‹, die alte Form ist das ›Medium‹ seines Verständnisses, aber im Gegensatz zu dem, was diese Ausdrücke nahelegen, heißt dies nicht, daß ihm innerlich ein geistiger Gegenstand mit einer anderen, der ›eigentlichen‹ Form gegenwärtig wäre, die es in der lautlich faßbaren Sprache ›noch‹ nicht gibt; und auch beim Sprecher ist dies nicht der Fall, obwohl wir nach einer Erläuterung sagen können, die vielleicht erst daraufhin vom Hörer erfaßte Bedeutung habe er von Anfang an ›gemeint‹.[92] ›Den Sinn zu erkennen‹ braucht zunächst nichts anderes zu heißen, als aufgrund einer Äußerung so zu handeln, daß der Sprecher seine Intention erfüllt findet, – bis auf weiteres, denn daß sich später die Fortsetzungen der in einem gemeinsamen Verständnis begonnenen Handlungen auseinanderbewegen, ist niemals auszuschließen. Weder ist der metaphorische Ausdruck, vom Sprecher her gesehen, das Resultat einer Übersetzung aus einer bereits vollkommenen inneren ›Sprache der Bedeutungen‹ in eine (zur Zeit noch) ausdrucksärmere äußere Sprache, noch ist das korrekte Verstehen oder Erfassen der Bedeutung, vom Hörer her gesehen, eine Übersetzung in umgekehrter Richtung, vom ärmeren Ausdruck in ein reicheres Medium, das die Bedeutung innerlich vollständiger sichtbar machen würde. Daß der Sprecher mit seiner ungewohnten Äußerung etwas meint, heißt nicht, daß es ein satzförmiges, unsichtbares Etwas gibt, ein komplexes Gebilde aus ätherischen ›Bedeutungskörpern‹, auf das er die innere Aktivität des Meinens richtet und das ein differenzierteres Medium in seiner wirklichen, ›endgültig richtigen‹ Gestalt direkt sichtbar machen könnte, so daß der Sprecher, würde er über dies Medium verfügen, in der Lage wäre, dasjenige, was er bei Benutzung des unvollkommenen Mediums nur ›meinen‹ kann, auch ausdrücklich zu sagen, auch ›wörtlich‹ auszudrücken. Insofern zeichnet Searles ›Prinzip der Ausdrückbarkeit‹ ein grundfalsches Bild.

Aber trotzdem kann man davon sprechen, daß eine Erläuterung die Äußerungsbedeutung (›utterer's meaning‹) ›explizit‹ gemacht habe, in folgendem Sinne: Wir können sagen, daß es schon vor der Erläuterung beim Sprecher eine Fortsetzungsabsicht gab, im Sinne einer Situationsdeutung, die wir ihm auch dann zuschreiben dürfen, wenn wir nicht unterstellen, sie müsse sprachlich vorformuliert und innerlich

---

92 Vgl. die oben (Kap. II, Anm. 110) zitierte Bemerkung von Dummett zum interpretativen Charakter solcher Zuschreibungen; vgl. auch Ricœur 1978 und Schneider (Annahmen) und (Objectivism).

vorhanden sein als ein unsichtbarer, im Geiste existierender Bedeutungskörper. Das Situationsverständnis und die Erwartungen hinsichtlich des Weiterspielens, die der Sprecher hatte, können dann z. B. durch Erläuterungen, die der Hörer anbietet, getroffen werden oder nicht, d. h. die Handlungspartner können den Fortgang ihrer Interaktion so gestalten, daß beide damit zufrieden sind, oder sie können dies auf Anhieb (und im schlimmsten Fall trotz weiterer Erläuterungsversuche dauerhaft) nicht. Erläuterungen ›explizieren‹, indem sie Handlungsweisen gegenseitig verständlich machen, das gemeinsame Handeln weiterführen; sie tun es nicht notwendigerweise so, daß sie etwas vorher, in einem schriftlichen Handlungsplan (einem ›Strategiepapier‹) oder nur ›im Geiste‹ Vorhandenes aufdecken oder veröffentlichen.

Dieser Charakter der erläuternden Kommentare, die Sprecher und Hörer zu ihren Äußerungen abgeben, zeigt sich u. a. daran, daß Erläuterungen im Normalfall keine Übersetzungen sind, sondern Ergänzungen, Paraphrasen (Umformungen oder Teilumformungen in derselben Sprache), kontrastierende Ausdrücke, etc. Ihre ›semantische Angemessenheit‹ ist nichts anderes als der praktische Erfolg bei der Klärungsarbeit. Er ist oft nur lokal und situationsbezogen, nämlich überall dort, wo wir es nicht mit normierten Handlungskontexten, z. B. mit naturwissenschaftlichen Argumenten innerhalb eines (im gegebenen Kontext) unbezweifelten Paradigmas zu tun haben. Daß gerade eine bestimmte vom Hörer angebotene Erläuterung die besondere Intention des Sprechers in der gegebenen Situation trifft, ist keine *kontextunabhängige* Eigenschaft zweier *Sätze*; nicht alle Äußerungen derselben Gestalt werden durch dieselbe Erläuterung verständlich. Wenn es im konkreten Fall gelingt, ein Mißverständnis einer Äußerung durch eine Erläuterung dieser Art auszuräumen, haben wir zwei Verwendungen aus einer im voraus nicht abschätzbaren Menge unterschieden und sichtbar gemacht; wir haben nicht *die* zwei Bedeutungen, die der ursprüngliche Satz schon immer ›implizit‹ hatte, ›explizit‹ gemacht.

Es gibt allerdings auch viele Fälle, in denen Erläuterungen über die einzelne Situation hinausweisen, so daß man zu

Recht sagen kann: Wer in solchen Fällen eine Diskrepanz zwischen Semantik und Syntax erkenne, sehe nicht nur etwas Neues, das vom Gewohnten abweicht, sondern er erkenne auch, daß die Abweichung von einer bestimmten *Art* ist; es ist eine Abweichung, von der ihm schon andere Fälle begegnet sind. Wenn auf diese Weise mehrere auf gleiche Art abweichende Verwendungen einer Ausdrucksweise vorliegen, dann kann das zum Anlaß genommen werden, sie anhand paradigmatischer Fälle mit Hilfe eigener Ausdrücke zu unterscheiden (›Genitivus obiectivus‹ vs. ›Genitivus possessivus‹) und sie vielleicht sogar formal zu markieren (auf das Sprachspiel der Orthosprache bezogen, kann das etwa mit Hilfe von Indexzeichen, die an das Kasusmorphem ›III‹ angehängt werden, geschehen, wenn es darum geht, verschiedene Dative zu unterscheiden). Ist ein solcher Schritt vollzogen und ist die eingeführte Differenzierung zum Teil der geltenden Grammatik geworden, dann kann der ursprünglich abweichende Ausdruck durch einen ersetzt werden, der von diesen neuen Mitteln Gebrauch macht, und in diesem Sinne kann man nun sagen, daß der erste in den zweiten übersetzt wird. Es gibt also Fälle, in denen eine (aus späterer Sicht) *implizite* Bedeutung durch eine *Übersetzung* explizit gemacht wird; und die Rolle des Übersetzungsmediums kann in *manchen*, aber nicht in allen Fällen von der Sprache der Quantorenlogik gespielt werden.

Wie wir diesen Fall aber bislang geschildert haben, ist bei seiner Beurteilung im Auge zu behalten, daß es sich dabei um eine Übersetzung handelt, die insofern innerhalb desselben Mediums bleibt, als diejenigen Eigenschaften (u.a. die semantische Offenheit im Sinne freier Einsetzungen in die syntaktischen Schemata), die zum Auseinanderfallen von Semantik und Syntax geführt haben, auch durch die erörterten Differenzierungen nicht verändert werden. Da es für die Differenzierungen keine ›objektive‹, der Sprache von außen vorgegebene Grenze gibt, bei deren Erreichen man sagen könnte, nun seien keine weiteren Unterscheidungen innerhalb dessen, was einer meinen könne, mehr möglich, wäre die simple Forderung, man müsse ›sämtliche‹ möglichen Differenzierungen in die verbesserte Fassung der Orthosprache aufnehmen, sinnlos. Sie könnte nur heißen, daß alle *bis zum Zeitpunkt dieser fingierten Sprachreform* aufgetretenen Differenzierungen berücksichtigt werden sollen. Diese Berücksichtigung allein führt aber nicht zu einem Medium, von dem man sagen könnte, es würde nunmehr den gesamten Bereich dessen abdecken, was man meinen könne. Für eine solche Abschließung sind, wie unsere Erörterungen zur Quantorenlogik gezeigt haben, weitergehende Forderungen an die Sprache bzw. an die Weise, wie Inhalte überhaupt zur Sprache kommen dürfen, zu stellen. Solange nicht der Grundcharakter der Sprache auf eine der oben genannten drei Weisen (keine syntaktische Komplexität, Einfrieren der Anwendungsmöglichkeiten oder Begrenzung der zugelassenen ›Formen der Darstellung‹) verändert wird, werden auch bei dieser differenzierten Sprache Semantik und Syntax immer wieder auseinanderfallen. Dies ist ein Aspekt dessen, was man mit der Rede von der ›Lebendigkeit‹ einer Sprache zum Ausdruck bringt.

Wenn wir der Herkunft der gegen die Unüberschaubarkeitsthese sich richtenden Intuitionen nachgehen, kommen wir also immer wieder auf die Möglichkeit zurück, Paraphrasen und Umformulierungen zu einer gegebenen Äußerung zu geben, und speziell auch auf die lange Tradition der Logik, deren Ziel die Formulierung von Paraphrasen ist, durch die überschaubar viele Schlußweisen schematisch dargestellt werden. In der Vertrautheit mit dieser schon in der Alltagskommunikation angelegten Umformungskompetenz, in der Fertigkeit, natürlichsprachlich formulierte Sätze in für ihre Zwecke geeignete Ausdrücke zu übersetzen, und in der Faszination durch ihre (relative) Abschließbarkeit dürften die Quellen des falschen Bildes von den Bedeutungskörpern als den Objekten eines schon vor dem Sprechen innerlich stattfindenden Meinens liegen. Unsere Fähigkeit, erfolgreich Paraphrasen zu formulieren, und unsere Vertrautheit mit der Logik läßt uns denken, da sei etwas ›Gemeintes‹ schon fertig ›hinter‹ der Sprache, und etwas zu behaupten *müsse* immer heißen ›etwas von etwas zu sagen‹, etwas Vorhandenes zu sortieren. Und hinter dem Anschein des bevorrechtigten Charakters gerade dieser Form der Darstellung steht die

Möglichkeit *unserer* Sprache, beliebige Teil-Wahrheitsansprüche durch Umformung nominalisiert zum Ausdruck zu bringen, d. h. so, daß grammatisch ein *Gegenstand* auftritt, auf den ein Prädikat zutrifft oder nicht. Daß dies in vielen Fällen durchaus klärend wirken kann, sollte uns aber nicht zu dem die Formen überbewertenden Irrtum führen, zu meinen, »…die Sprache funktioniere immer auf *eine* Weise, diene immer dem gleichen Zweck: Gedanken zu übertragen – seien diese nun Gedanken über Häuser, Schmerzen, Gut und Böse, oder was immer.«[93]

93 Wittgenstein 1953, I, § 304

VI. Schluß: Eine ›Theorie‹ der Bedeutung?

1. Rückblick

Wir wollen abschließend die oben offengelassene Frage erörtern, in welchem Sinne es eine ›Theorie‹ der Bedeutung geben kann. Dazu sollen zunächst einige Punkte noch einmal aufgegriffen werden, die im Prozeß der Ausarbeitung des Gedankengangs zwar angesprochen und ein Stück weit erörtert wurden, bei denen es sich aber anbietet, das dort jeweils im ersten Anlauf gezeichnete Bild noch einmal hervorzunehmen, um es aus der Sicht der inzwischen zurückgelegten Wegstrecken zu vervollständigen und schärfer zu konturieren. Was sich so ergibt, soll dann in einem nächsten Abschnitt zu einigen Überlegungen in Beziehung gesetzt werden, die M. Dummett zum Thema der Bedeutungstheorie angestellt hat. Und schließlich soll noch kurz auf Erörterungen eingegangen werden, die sich als philosophischlinguistische Ansätze zu einer ›Theorie der Phantasie‹ lesen lassen. Dabei wird es uns in allen Fällen nicht darum gehen, einen fest umrissenen Theoriebegriff zugrundezulegen und mit einem solchen Maßstab ausgerüstet zu einem Verdikt zu kommen, das die Möglichkeit einer Bedeutungstheorie entweder bejaht oder verneint, vielmehr soll rekapituliert werden, welche *Arten* von Überlegungen anzustellen sind, um auf dem Felde sprachlicher Bedeutung zu einem befriedigenden Verstehen unserer Handlungsmöglichkeiten zu kommen.

Kehren wir zunächst an den Ausgangspunkt zurück, an dem es um die Sprachfähigkeit ging. Wenn wir zur Kennzeichnung der Aufgabe einer Theorie der Sprachkompetenz die Formel vom ›Explizitmachen eines impliziten Wissens‹ benutzen, dann können wir als eines der wichtigsten Ergebnisse der Auseinandersetzung mit der Theorie von Chomsky festhalten, daß diese Zielformulierung heute auf zwei grundverschiedene Weisen verstanden wird, die entsprechend zu zwei sehr unterschiedlichen und gegenwärtig noch kaum aufeinander beziehbaren Forschungsprogrammen führen:

Chomsky verstand das von dieser Formel benannte Vorhaben so, daß sein Ziel die Erstellung einer empirischen Theorie über Gehirnvorgänge und -zustände ist. Ein ›implizites Wissen‹ von einem Gegenstandsbereich zu haben, heißt bei dieser Lesart, in einem bestimmten zerebralen Zustand zu sein, was auch bedeutet, über ein in bestimmter Weise strukturiertes Gehirn zu verfügen. Unter einem ›Explizitmachen‹ eines impliziten Wissens wird dann entsprechend eine genaue Charakterisierung des Zustands und der Gehirnstruktur verstanden.

Nun kann man zwar sagen, dieser Zustand bzw. das auf bestimmte Weise strukturierte Gehirn ›verkörpere‹ das Wissen in dem Sinne, daß seine Störung zur Störung derjenigen Handlungen führt, aufgrund derer wir der betroffenen Person das fragliche Wissen zuschreiben. Trotz dieser Verkörperung ist aber der Zustand und die Struktur des Organs nicht der *Gegenstand* des Wissens, nicht das, *wovon* der Sprecher ein Wissen hat. Der Sprecher *weiß* etwas *von der Sprache*; er *ist* aber laut Voraussetzung in einem zerebralen *Zustand*, ohne dessen Vorliegen er das Wissen zwar wohl nicht hätte, *von* dem er aber nicht schon deshalb auch etwas *weiß*, weil er ein kompetenter Sprecher ist.

Was bei Chomskys Forschungsprogramm ›explizit‹ gemacht werden soll, ist also nicht das Wissen eines Sprechers von seiner Sprache, insofern sie ein möglicher ›Gegenstand seines eigenen Nachdenkens‹ ist. Es wird nicht ein unsicheres oder unvollkommenes Wissen mit wissenschaftlichen Mitteln sicherer gemacht oder vervollständigt. Zu erforschen sind bei Chomskys Zielsetzung vielmehr körperliche Zustände und Abläufe, von denen der Sprecher im Durchschnittsfall *gar nichts* weiß. Zwar haben wir Gründe für die Annahme, daß das Vorhandensein dieser Zustände und das Funktionieren dieser Abläufe notwendige Bedingungen dafür darstellen, daß der Sprecher diejenigen von uns als sinnvoll wahrgenommenen Handlungen ausführen kann, von denen wir sagen, sie würden sein Wissen von der Sprache zeigen: Zerstört man die entsprechenden Gehirnregionen oder stört ihre Funktionen, dann kann der betroffene Mensch nicht mehr oder nur noch in behinderter Weise sprechen. Aber dieser

Zusammenhang macht sie nicht zu den Gegenständen des Wissens des Sprechers. Deshalb wäre es terminologisch klarer zu sagen: In einem Projekt, wie es Chomsky verfolgt, geht es nicht um das Explizitmachen eines impliziten Wissens, sondern um die Erforschung körperlicher Gegebenheiten, die allein in dem Sinne mit dem Wissen des Sprechers von seiner Sprache verbunden sind, daß ihr Vorliegen eine notwendige Bedingung für den Erwerb dieses Wissens ist und für den Vollzug derjenigen Handlungen, aufgrund derer wir dem Akteur ein solches Wissen zusprechen.

Daß die ›abstrakte‹ Darstellung eines Aspekts der Handlungen, deren Ausübung uns zur Zuschreibung des Wissens führt (die kalkülförmige Darstellung der möglichen Nachbarschaftsverhältnisse der zugehörigen Laute), die Kluft zwischen Wissensgegenstand und Gehirnzustand nicht schließt, hatten wir oben ausführlich erörtert. Die abstrakte, gewisse Merkmale ausblendende und den ›Mechanismus‹ eines Kalküls benutzende Darstellung der Handlungen des Sprechens ist wegen dieser Abstraktheit und ›Mechanik‹ der Darstellung noch keine abstrakte Darstellung von ›Gehirnmechanismen‹. Und umgekehrt wäre auch eine abstrakte Darstellung von Gehirnvorgängen noch nicht *eo ipso* auch schon eine abstrakte Darstellung der Handlungen, die ihnen zugeordnet werden können. Damit eine Beschreibung als Darstellung einer Handlung gelten kann, müssen zusätzliche Forderungen erfüllt sein, insbesondere muß die Darstellung der Handlung dem Verständnis des Handelnden, wie vermittelt auch immer, angemessen sein. Dieser Angemessenheitsforderung braucht nicht jede Theorie über Gehirnmechanismen notwendigerweise von vornherein unterworfen zu sein, trivialerweise z. B. dann nicht, wenn es um Prozesse geht, denen gar keine Handlungen zugeordnet werden können. Wenn es aber um die Erforschung der zerebralen ›Seite‹ von *Handlungen* geht (der Körperprozesse, deren Störung auf spezifische Weise die Handlung stört), ist es methodisch gefordert, eine vorwissenschaftlich plausible Beschreibung der betreffenden Handlung oder Handlungskompetenz zugrundezulegen. Diese Forderung fanden wir bei Chomsky nicht erfüllt.

Der Theoriestatus der Ergebnisse eines an Chomsky orientierten Forschungsprogramms soll hier nicht in Zweifel gezogen werden; diese Ergebnisse handeln ihrem Anspruch nach letztlich von vorfindlichen körperlichen Prozessen, und die systematische Zusammenstellung des Wissens über solche Prozesse kann zweifellos die Gestalt einer Theorie annehmen. Zweifel erhoben sich allerdings nicht nur, wie eben erläutert, bezüglich der Adäquatheit des gewählten Zugangswegs, sondern auch (und im Zusammenhang damit) bezüglich des empirischen Gehaltes der gegenwärtig vorliegenden Fassung der Theorie. Dies braucht hier aber nicht noch einmal ausgeführt zu werden.

Chomskys Entwürfe steuern also durchaus auf eine Theorie zu, allerdings nicht auf eine Theorie der *Bedeutung* oder eine Theorie der Sprachkompetenz *als Handlungsfähigkeit*. Wir hatten im Gegenteil gesehen, daß er zwei gegenstandskonstituierende Schritte vollzieht, die zusammengenommen die Behandlung der Bedeutung nicht nur auf einen späteren Zeitpunkt vertagen, sondern endgültig aus dem Bereich dessen ausklammern, was mit den von ihm zugelassenen wissenschaftlichen Mitteln thematisierbar ist. Diese Schritte sind erstens seine Entscheidung, die Sprachkompetenz zunächst (d.h. bevor eine Performanztheorie entwickelt ist) als Kompetenz zur Produktion nur formal charakterisierter Lautketten zu fassen. Diese Entscheidung allein würde die Bedeutungsseite der Sprache dann noch nicht *endgültig* aus der Betrachtung ausschließen, wenn sich ein Weg fände, diese Bedeutungsseite so darzustellen, daß sie der unabhängig entwickelten Behandlung der Lautseite in einem späteren, zusätzlichen Schritt hinzugefügt werden kann. Chomsky schließt diese Möglichkeit aber faktisch aus, denn er legt sich (und dies ist der zweite gegenstandskonstituierende Schritt) methodologisch darauf fest, daß sein Gesamtprojekt in einer naturwissenschaftlichen Theorie über zerebrale Mechanismen resultieren soll; diese methodologische Festlegung gilt auch für diejenigen Erweiterungen der Kompetenztheorie, die sie eines Tages zu einer Performanztheorie machen (bzw. sie zu einer solchen in einem integrierenden Rahmen in Beziehung setzen) sollen. Die kommunikative Kompetenz im Sinne einer Handlungskompetenz kann mit der so eingeschränkten Methodologie Chomskys folglich deshalb nicht in den Blick kommen, weil er Handlungen *als Handlungen* auch dann noch nicht thematisiert hätte, wenn es ihm eines Tages gelungen wäre, die ›Mechanismen‹, deren Zerstörung die Ausführung der Handlungen (im Sinne der Performanz) unmöglich macht, vollständig zu beschreiben. Eine Handlung *als Handlung* zu thematisieren erfordert eine andere Methode (d. h. auch: eine andere Sprache) als ihre Thematisierung unter dem einschränkenden Aspekt, sie allein als körperlichen Ablauf zum Gegenstand zu machen. Das erste Vorhaben blickt aus der Perspektive des Handelnden, das zweite blickt ›von außen‹, mit den Augen des Laborwissenschaftlers. Beide Sehweisen können selbstverständlich legitim sein; sie sind im guten Fall komplementär, nämlich dann, wenn die adäquate Handlungsbeschreibung die Suche nach den zerebralen Prozessen erfolgreich leitet. Aber keine der beiden Sehweisen kann die jeweils andere ersetzen.

Soviel noch einmal zur ersten Weise, die Formel vom Explizitmachen eines impliziten Wissens zu verstehen. Ihre zweite, vom Wortlaut her näher liegende Interpretation versteht unter dem ›Explizitmachen‹ eine Anstrengung, die nicht auf die körperliche Ermöglichung, sondern auf den *Gegenstand* des Wissens gerichtet ist. Es wird also im geläufigen Sinn das Wissen des Sprechers von seiner Sprache explizit gemacht, nicht wird ein Organ erforscht, ohne dessen ordentliches Funktionieren dieses Wissen nicht vorliegen kann. Das bedeutet, daß diese zweite Weise der Thematisierung der Sprachfähigkeit zumindest am Anfang selbst die Sprache derjenigen Personen sprechen muß, um deren Wissen es geht, denn nur so kann sie sich ihres Gegenstandes vergewissern. Nach diesem Verständnis muß es dem Sprecher prinzipiell möglich sein, zu beurteilen, ob eine solche Darstellung das trifft, was er als sein Wissen kennt, was ihm vertraut ist, einerseits auf *praktische Weise*, im Sinne eines Könnens (der Fähigkeit zum sprachlichen Handeln), andererseits aber auch als ein von ihm selbst sprachlich thematisierbares und gelegentlich tatsächlich thematisiertes Wissen.

Jeder über das Kleinkindalter hinausgewachsene Sprecher kann über die natürliche Sprache, die er spricht, auch (wahre oder falsche) Aussagen machen; nur deshalb kann man aus der Sicht dieser Interpretation im Fall der Sprache in einem strengen Sinn vom *Explizitmachen* eines *Wissens* sprechen, und nicht nur, wie z. B. bei einer Erklärung der Fähigkeit zum aufrechten Gang oder zum räumlichen Sehen, von einer Theorie über ›Mechanismen‹, die ein *Können* ermöglichen. Nicht auf jedes Können ist der Terminus ›Explizitmachen‹ (in diesem Verständnis) sinnvoll anwendbar; damit dies möglich ist, muß das Können selbst schon eine Beziehung zum Bereich des Wissens haben.

Es ist klar, daß eine philosophische Behandlung der Bedeutungsseite der Sprache nur ein Forschungsprogramm in diesem zweiten Sinne verfolgen kann; und auch nur hier ist der Theoriestatus des Ergebnisses problematisch. Wenn wir später fragen werden, in welchem Sinne das so bestimmte ›Explizitmachen des impliziten Wissens von der Sprache‹ zu einer *Theorie* führen kann, ist allein an diese zweite Bedeutung der Formel gedacht.

Nun wäre es aber falsch zu meinen, eine philosophische Behandlung der Bedeutungsseite der Sprache könne die Überlegungen Chomskys zum Verhältnis von Syntax und Semantik einfach beiseite lassen. Denn wir hatten gesehen, daß er zwar keinen überzeugenden Grund, wohl aber einen gewichtigen und ernst zu nehmenden Anlaß für seinen *ersten* einschränkenden Schritt hatte, für den Schritt, sich auf eine rein formale Weise mit der Struktur der Sprache zu beschäftigen, d. h. inhaltliche Verhältnisse nicht zum Ausgangspunkt seiner grammatischen Überlegungen zu machen und sie auch nicht von vornherein in jedem Einzelschritt stets mitzuberücksichtigen. Dieser Anlaß war, wie wir jetzt sagen können, die Tatsache, daß die Komplexbildungsmittel der natürlichen Sprache, diejenigen Ausdrucksmittel, die ihr eine Struktur verleihen, die Eigenschaft haben, zwar für die Semantik eine (uns inzwischen verständliche) Rolle zu spielen, aber zugleich nicht auf eine ›rein‹ semantische, von grammatischen Fragen scharf trennbare Weise faßbar zu sein. Die semantische Relevanz der Sprachstruktur hat auch

Chomsky als Tatsache nicht in Abrede gestellt, sondern er hat im Gegenteil wiederholt auf sie hingewiesen; nur kann er diese Tatsache mit seinen Mitteln nicht verständlich machen. Wenn wir nun anders vorgehen und (in diesem Punkt eher Searle als Chomsky folgend) das Ziel anstreben, die Sprachkompetenz als Handlungsfähigkeit zu verstehen, müssen wir die Tatsache, daß die Sprachstrukturen zwar semantisch relevant, zugleich aber ›rein‹ semantisch nicht zu fassen sind, ebenfalls berücksichtigen, auch wenn wir aus ihr andere Konsequenzen ziehen als Chomsky. Wir brauchen seine einschränkenden Schritte nicht mitzuvollziehen (also weder Äußerungen nur als Lautfolgen zu thematisieren, noch methodisch uns auf naturwissenschaftliche Verfahren zu beschränken); trotzdem müssen wir auch bei unserer Zielsetzung das sprachliche Faktum berücksichtigen, in dem wir den Anlaß zum ersten dieser Schritte gesehen haben.

Wie es zu berücksichtigen sei, ist in den Kapiteln vier und fünf dargestellt worden. Wir fanden es nicht zwingend, daß der Sprachtheoretiker wegen des Auseinanderklaffens von Syntax und Semantik sich vom Wissen des Sprechers um sein sprachliches Handeln distanziert und sich (um einer am Bild der Naturwissenschaften orientierten methodischen Strenge willen) zurückzieht auf die Behandlung von Lautketten-Regelmäßigkeiten. Wir hatten im Gegenteil skizziert, wie dieses Auseinanderfallen selbst noch als Resultat sprachlichen Handelns *verständlich gemacht* werden kann. Diesen Schritt kann allerdings nur mitgehen, wer Überlegungen für zulässig hält, die (z. B. auf die von Wittgenstein vorgeführte Weise) die Sprache aus der Perspektive des handelnden Sprechers zum Gegenstand haben.

Dies tut Chomsky nicht; er scheint diese Möglichkeit gar nicht klar zu sehen, sie vielmehr mit behavioristischen Vorstellungen wie denjenigen Skinners gleichzusetzen, die er mit Recht für ihrem Gegenstand unangemessen hält. Statt aber den Schritt von der Thematisierung des Verhaltens (Skinner) zur Thematisierung des *Handelns* (Wittgenstein) zu machen, bleibt Chomsky bei der Beschränkung auf naturwissenschaftliche Methoden und fügt lediglich ein neues Thema hinzu, die von ihm hypothetisch angenommenen ›angeborenen Mechanismen‹, mit deren Existenz der behavioristisch orientierte Skinner nicht rechnet. Chomsky *nennt* sich in diesem Zusammenhang zwar einen ›Rationalisten‹, er versteht die ›angeborenen Ideen‹ aber nicht (wie die Philosophiegeschichte) als ›Inhalte‹, als Gegenstände des Wissens, sondern als Eigenschaften des Gehirns.

Diese aus unserer Perspektive ganz unnötige und kontraproduktive Festlegung auf naturwissenschaftliche Methoden führt dazu, daß Chomsky, ohne diesen Schritt mit seinen eigenen Mitteln thematisieren zu können, halb-explizit versucht, die ja nicht zu leugnende ›geistige‹ Seite der Sprache sich dadurch zugänglich zu halten, daß er im Sinne eines ›naturalistischen Intellektualismus‹ postuliert, die Gehirnprozesse selbst seien ›von Natur aus‹ geistig, weshalb sie mit Methoden, die für die Erforschung von Naturprozessen entwickelt wurden, letztlich auch ohne weiteres methodologisches Nachdenken faßbar sein müßten. Dies ist aber ein Irrtum; der Versuch, durch ›mehr Naturwissenschaft‹ zur Geisteswissenschaft vorzustoßen, ist zum Scheitern verurteilt, weil die Festlegung auf ausschließlich naturwissenschaftliche Begriffe gerade *bedeutet*, daß ›das Geistige‹ (einfacher gesagt: die Dimension sinnvollen freien Handelns) nicht thematisiert wird, weder als das, was es für den Sprecher ist, noch auch als unmittelbar (ohne eine Berücksichtigung der Meinungen des Sprechers) zugänglicher Gegenstand einer naturalistisch verstandenen Wissenschaft. Diese Unzugänglichkeit des Geistigen für die Methodologie Chomskys ist keine Konsequenz eines ›gespenstartigen‹ Charakters dessen, wovon dabei die Rede sein müßte (nur wenn man den Körper als Maschine sieht, bleibt der Geist als ›Gespenst in der Maschine‹ übrig[1]), sondern die Folge einer *sprachlichen* Tatsache: Die Sprache der Prozesse, die für die naturwissenschaftlichen Methoden konstitutiv ist, kann die Sprache des Handelns nicht ersetzen.

Der Anlaß für Chomskys Rückzug aufs Formale war, wie erwähnt, die Beobachtung, daß die Komplexbildungsmittel, die Vehikel des ›structural meaning‹, in den natürlichen Spra-

1 Ryle 1949

chen zwar unleugbar bedeutungsrelevant sind, daß es aber nicht möglich ist, ihnen jeweils einzeln auf präzise Weise eine bestimmte, klar umrissene Bedeutung zuzuschreiben. Es schien deshalb so, als würde sich die Bedeutungsseite von Sprachen entweder gar nicht klar fassen lassen, oder, wenn dies einer philosophischen, ›reinen‹ Semantik doch gelänge, daß das so Erfaßte mit der strukturellen Seite der *natürlichen* Sprachen in keine klare Beziehung gesetzt werden könnte. In dem Sinne war Chomskys Festellung richtig, daß Bedeutungsunterschiede mit grammatischen Unterschieden nicht zusammenfallen. Aufgrund unserer Auseinandersetzungen vor allem mit den Gedanken Wittgensteins können wir die damit herausgestellte Eigenschaft natürlicher Sprachen nun aber *verständlich* machen und zugleich die Möglichkeit aufweisen, aus ihr andere Konsequenzen zu ziehen als Chomsky; Konsequenzen, die der Zielsetzung entsprechen, die Formel vom ›Explizitmachen eines impliziten Wissens‹ im zweiten Sinne zu verstehen, der sie auf das *Wissen* eines Sprechers von seinen Handlungen bezieht, nicht auf die ihm unbekannten Abläufe in seinem Körper. Es erscheint dann zwar als nachvollziehbar, aber von der Sache her nicht nötig und nicht wünschenswert, daß sich der Sprachwissenschaftler auf die nur als Lautschemata betrachteten *Formen* der Sprache zurückzieht und statt zu einer Erörterung von Handlungen zu einem naturalistischen Intellektualismus greift, der sich schließlich gezwungen sieht, zwar nicht Menschen, aber (was wohl kaum als ›wissenschaftlicher‹ gelten kann) mythische Subjekte wie ›die Evolution‹ als Autoren sinnvollen Handelns zu Hilfe zu nehmen.

Wie sowohl die Auseinandersetzung mit Freges Bemühungen um eine ›Begriffsschrift‹ als auch die Erörterung des Programms von Searle, über-einzelsprachliche Sprechhandlungsstrukturen herauszuarbeiten, als auch schließlich die Diskussion der konstruktiven Schritte zum Aufbau einer ›Orthosprache‹ gezeigt haben, ist Chomsky im Recht mit seinen Zweifeln an medienlosen Bedeutungselementen. Wir sahen keine Möglichkeit, von ›rein‹ semantischen Strukturen zu sprechen, die von (so oder so möglichen) *grammatischen* Weichenstellungen unabhängig sind und die von einer medienfrei gedachten Bedeutungsstruktur von ›Sprachen überhaupt‹ (einer universalen Sprechhandlungslogik, einer hinter der Sprache liegenden Welt der ›Bedeutungskörper‹) erzwungen werden. Daher ist das Ideal einer ›expliziten und eindeutigen‹ Sprache in dem Maße verfehlt, in dem es die Existenz eines sprachunabhängigen Maßes voraussetzt, nach dem sich beurteilen ließe, wann das Ziel der Explizitheit erreicht wäre. Der Terminus ›explizit‹ hat nur einen relativen, auf ein konkretes Ausdrucksmittel bezogenen Sinn. Wer von der Sprache unter dem Aspekt der Bedeutung handeln will, unter dem Aspekt des Gebrauchs ihrer Ausdrücke als Zeichen, kommt folglich in der Tat um die Einbeziehung *spezifischer* Medieneigenschaften (und dies heißt: um die Einbeziehung ›bloß‹ grammatischer Unterscheidungen, die mit Bedeutungsunterscheidungen nicht einfach zusammenfallen) nicht herum. Legt man Sprachspiele zugrunde, die auch nur einigermaßen komplex sind, so ist man sofort mit einer ›Verunreinigung‹ der reinen Semantik durch das Grammatische (d. h. mit einer jeweils *spezifischen* Grammatik) konfrontiert.

Diese unumgängliche Medienbezogenheit der Untersuchung, die Unmöglichkeit einer ›reinen‹ Semantik, das Hereindrängen des durch die Semantik (dies heißt jetzt: durch den bis dahin jeweils üblichen Gebrauch) nicht mehr gedeckten Syntaktischen und in diesem Sinne ›bloß Grammatischen‹, läßt sich als eine Tendenz zur Verselbständigung der *Form* beschreiben: Konnte es bei der Erörterung der Gedanken Freges und zu Beginn der Auseinandersetzung mit Wittgenstein noch so scheinen, als könnte es überschaubar viele und daher eindeutig durch Formen zu kennzeichnende Weisen geben, wie man einen Ausdruck als Zeichen gebrauchen könne, so erwies sich dies im Fortgang des Wittgenstein-Kapitels als Illusion: Es ist charakteristisch für natürliche Sprachen, daß in ihnen *dieselben Formen* nicht nur für verschiedene, sondern auch für *verschiedenartige* Inhalte verwendet werden. In diesem Sinne verselbständigt sich die Form gegenüber dem ursprünglichen Inhalt; eine Sprechhandlung *erscheint* z. B. als ein Sortieren, obwohl sie, wie eine ›grammatische‹ Reflexion in Wittgensteins Sinn (also eine Überlegung zu den Normen für den Gebrauch des fraglichen Ausdrucks im Handlungszusammenhang) zeigt, kein Sortieren ist.

Diese ›Verselbständigung‹ der Satzbildungsmittel gegenüber ihren primären (d.h. zeitlich früheren) Inhalten erzwingt nun aber keineswegs eine formale Betrachtungsweise in dem von den Logikkalkülen her vertrauten Sinn, dem gemäß ›formal‹ soviel heißt wie ›schematisch‹, ›nur auf die äußere Gestalt von Zeichen gerichtet‹ und ›von allen inhaltlichen Erwägungen absehend‹. Es wäre ein Fehlschluß zu meinen, wir hätten wegen des Entstehens dieser Kluft nur noch die Möglichkeit, statt der (als illusorisch erkannten) ›reinen‹ semantischen Struktur eine nun umgekehrt vom Aspekt der *Bedeutung* völlig ›gereinigte‹ *Form* so zu betrachten, als hätte sie mit dem sinnvollen Handeln, in dessen Kontext sie ja auftritt, nichts zu tun. Zwar ist es richtig, daß grammatische Unterscheidungen mit semantischen nicht *zusammenfallen*, trotzdem läßt sich aus der inzwischen gewonnenen Perspektive sagen, daß die späteren ›bloß‹ grammatischen Unterscheidungen auf Bedeutungsunterscheidungen in dem Sinne ›aufruhen‹, daß es die Unterschiede im Handeln sind, die dazu führen, daß ›bloß grammatische‹ Unterschiede allererst entstehen; und dieser Zusammenhang zwischen Stufen des Handelns kann *verständlich gemacht* werden. Wie es sich schon bei Boas angedeutet fand, kommt es angesichts der Spannungen zwischen Form und Inhalt gerade darauf an, aufzuklären, was es heißt, daß eine bestimmte Sprache *ein x als ein y behandelt*. In der oben benutzten Terminologie können wir auch sagen, es müsse gezeigt werden, wie man sich die Möglichkeit verständlich machen kann, daß eine eigene ›grammatische Kompetenz‹, die an *spezifische* Handlungen nicht mehr streng gebunden ist, in den von Wittgenstein mit seinen ›Sprachspielen‹ fingierten Frühphasen der Entwicklung der ›kommunikativen Kompetenz‹ entstanden ist und nun, im Stadium der komplexeren Sprachen, einen nicht mehr wegzudenkenden Teil der kommunikativen Kompetenz ausmacht.

Die zwischen Chomsky und Searle strittige Frage nach dem Prioritätsverhältnis zwischen Funktion und Struktur erhält dann eine ›dialektische‹ Antwort:[2] Funktionen, die von einfachen Ausdrücken in fest umrissenen Sprachspielen bereits erfüllt werden, können unter Benutzung dieser Ausdrücke modifiziert werden (so daß neue Sprachspiele entstehen), und es können sich, über einmalige Einfälle hinausgehend, *Arten* von Modifikationen ausbilden, die durch neu hinzutretende Zeichen signalisiert werden können. Auf diese Weise entstehen Teilhandlungen und also Strukturen, die dann wiederum neue Funktionen ermöglichen, etc., wie wir das oben an Beispielen erörtert haben. Um diese sich aufstufenden Handlungsmöglichkeiten thematisieren zu können, brauchen wir allerdings eine Perspektive, die sowohl den Sprecher als Subjekt möglicher Handlungen einbezieht (nicht nur sein Gehirn als Ort möglicher Prozesse), als auch *diachronisch* denkt, also Aussagen der Art gestattet, eine Ausdrucksform F werde vom Sprecher von einem ursprünglichen auf einen anderen Handlungsbereich *übertragen*. Diese beiden Möglichkeiten stehen Chomskys Theorie nicht zur Verfügung: Sie kann keine Handlungen thematisieren und sie verfährt synchronisch.

Blicken wir aus dieser Perspektive auf Searles Einwände gegen Chomsky zurück, dann stehen unverändert positiv einzuschätzende Züge anderen gegenüber, mit denen er hinter dessen Einsichten zurückbleibt. Unter den hier verfolgten Interessen positiv zu bewerten ist Searles Wahl einer ›höheren‹ Zugangsebene als der der Laute, seine Thematisierung der Handlung im Unterschied zum Körperprozeß und der Teilhandlungen mit ihren Funktionen im Unterschied zu den Handlungsmerkmalen.

Interpretationsbedürftig ist aber bereits sein Protest gegen Chomskys Festlegung, die Regeln der Grammatik müßten formal erfaßt werden: Richtig daran ist, daß dann, wenn es um die Aufklärung der Sprachkompetenz als Handlungsfähigkeit geht, die ›formale‹ Betrachtung nicht von der Art sein darf, die *allein* die Zeichengestalt betrachtet und auf schematische Herstellungsregeln zielt, deren besonderer Charakter gerade darin besteht, von inhaltlichen Gesichtspunk-

2 Vgl. die Überlegungen von P. Carr (1987) zur ›Interaktion‹ zwischen sozialen und ›autonomen‹ sprachlichen Regeln.

ten ganz unabhängig zu sein. Wenn man sie so losgelöst von ihrem Sinn betrachtet, werden die grammatischen Regeln auf eine Weise verfremdet, die sie dann ganz zu Unrecht als schwer erlernbar erscheinen lassen, auf eine vergleichbare Weise, wie das bei den Kalkülregeln der Fall sein würde, mit denen von einem Spiel-Unkundigen die Prinzipien der Laut-ketten-Erzeugung beim Telefonschach angegeben werden würden. Bedenklich erscheint Searles Protest gegen die for-male Betrachtungsweise aber dann, wenn er die These ent-hält, Searles eigene Theorie der Sprechhandlungen müßte imstande sein, die möglichen Arten von Teil-Sprechhandlun-gen medienunabhängig (womit auch gemeint sein kann: universal, für alle Medien gleich) so anzugeben, daß alle in natürlichsprachlichen Äußerungen auftretenden Teilhand-lungen ihnen so zugeordnet werden können, daß die Unter-schiede zwischen den Sprachen nur noch solche der ›Ver-wirklichung‹ der vom Philosophen über-einzelsprachlich charakterisierten Teil-Sprechakte sind. Nur wenn diese These zu halten wäre, würde es reichen, *allein* von ›Funk-tionen in Sprechhandlungen‹ zu sprechen; die universalen Formen (wenn auch nicht ihre ›Realisierungen‹ in den ver-schiedenen Medien) ergäben sich eindeutig aus den Funktio-nen. Jeder Funktion wäre eine Form zugeordnet und umgekehrt, und daher müßte man von den Formen nicht mehr gesondert sprechen.

Hier übersieht Searle das, was in der eben angesprochenen ›dialektischen‹ Entwicklung von Funktion und Form als die relative Verselbständigung der Form bezeichnet wurde, ob-wohl sich die ersten Schritte dazu, wie wir gezeigt haben, auch in seinen ›Standardformen‹ aufweisen lassen, was ihm selbst aber offenbar verborgen geblieben ist. Indem dieselbe Form verschiedene Funktionen ausfüllt, löst sie sich von der Bindung an nur eine *spezifische* Funktion, und es entsteht jenes Auseinanderklaffen von Semantik und Syntax, auf das Chomsky hingewiesen hatte. Um dies zu beschreiben, könnte man zwar sagen, die syntaktischen Formen seien an-gesichts der Verschiedenheit ihrer möglichen Funktionen zu ›bloßen‹ Formen geworden. Sogar Frege hatte hier vom ›for-malen Teil‹ der Sprache gesprochen, vom ›logischen Mörtel‹, der die im engeren Sinne ›inhaltlichen‹ Teile eines Satzes bloß zusammenhalte. Ein solcher Sprachgebrauch sollte aber nicht darüber hinwegtäuschen, daß eine Betrachtung der ›bloßen Form‹ in *diesem* Sinne, bei dem sich der relativ inhaltsunspezifische Charakter einem nachvollziehbaren Übertragungsvorgang verdankt, etwas anderes ist als eine Erörterung der ›bloßen Form‹ einer Äußerung in dem Sinne, daß der Aspekt des Sinnes der Äußerung von vornherein und vollständig ausgeschlossen bleibt zugunsten einer Betrachtung rein schematisch erfaßbarer, *allein* auf Zeichengestalten bezogener Zusammenhänge. Die durch Übertragungen erfolgende schrittweise Lockerung des Verhältnisses eines Komplexbildungsmittels zu seiner ursprünglichen, sehr spezifischen Rolle führt zu einem ›formalen‹ Charakter in einem ganz anderen Sinn als eine von vornherein alle Inhalte ausklammernde Sichtweise.

Wenn Searle sich also gegen Chomskys formalen Zugang ausspricht, ist er im Recht, wenn er ›formal‹ als ›schematisch‹, ›rein figurenbezogen‹, ›nicht semantisch‹ interpretiert. Ihm ist aber zu widersprechen, wenn er meint, die Sprechakttheorie könne als ein Gedankengebäude gelten, das sich auf ›bloß grammatische‹ Formen nicht einlassen müsse und es nur mit universalen Funktionen zu tun habe, so daß Form und Funktion zusammenfallen. Daß sich Searle mit dem Grammatischen nicht gründlich beschäftigt, hat aus der hier erarbeiteten Perspektive zur Folge, daß er über den elementarsten Bereich sprachlichen Handelns in seiner sehr traditionellen, d.h. auf dem Stand der Grundunterscheidungen Freges bleibenden Darstellung allein dort einen Schritt hinauskommt, wo er, in Anlehnung an Austin, ein Zeichen für die illokutive Kraft einführt. Im propositionalen Bereich bleibt er, an Wittgenstein gemessen, beschränkt und konservativ: Eine Proposition auszudrücken heißt auch bei Searle noch, von einem Gegenstand zu sagen, unter welchen Begriff er falle; er verbleibt insofern im oben polemisch so genannten ›Aschenputtel-Paradigma‹. Wie eingeschränkt diese Sicht ist, hatten wir bei der Auseinandersetzung mit Davidsons Adverbientheorie und Lorenzens sehr viel reicherem Orthosprachen-Konzept gesehen. Searle dagegen bleibt bei den allereinfachsten Funktionen sprachlicher Ausdrücke stehen; er übersieht den medienbezogenen Charakter seines Prädikationsbegriffs und unterläßt jeden Schritt, der weiter in das Gebiet des traditionell Grammatischen hineinführen und so sichtbar machen würde, daß es bei der Entwicklung möglicher Formen zum Vollzug von Sprechhandlungen verschiedene, in ihren Resultaten nicht Schritt für Schritt ineinander übersetzbare Optionen gibt (und damit von Sprache zu Sprache wechselnde Teilhandlungen).

Wenn dies richtig ist, besteht auch für die Sprachphilosophie die Notwendigkeit, die ›Funktionen‹ von Ausdrücken *auch* durch ihre ›Rolle im Satz‹ zu bestimmen, nicht nur durch ihre ›Rolle in der Sprechhandlung‹. Dieser Bezug auf den Satz ist in vielen Fällen nicht auf über-einzelsprachliche Weise möglich; die Zusammengesetztheit komplexer sprachlicher Handlungen aus Teilhandlungen ist deshalb sehr häufig nur medienspezifisch bestimmbar, nicht (wie im Bereich der wahrheitsfunktionalen Junktorenlogik) auf eine Weise, die für alle Sprachen gleich ist.[3] Den Zwischenbereich des Grammatischen, der hier in den Blick kommen müßte (wir hatten gesagt: die Ebene des ›grammatischen Sinnes‹), macht Searle nicht zum Gegenstand seiner Untersuchung. Er erörtert die Tatsache nicht, daß hier eine eigene Handlungsebene vorliegt, zwischen der bloßen Lauterzeugung auf der einen Seite und den als ›Züge im Sprachspiel‹ charakterisierbaren illokutiven Akten mit ihren nur auf den ersten Blick medienunabhängigen Teilakten auf der anderen. Searle hält vielmehr am traditionellen Bild der Logik fest, die die Verhältnisse im Bereich der ›Gedanken‹ (bei ihm: der medienunspezifischen Sprechhandlungen) in dem Sinne als Orientierungspunkt benutzen will, daß die genaue Widerspiegelung dieser Verhältnisse zu einem sprachphilosophisch bevorrechtigten Medium (den ›Standardformen‹ der Sprechakttheorie) führen soll.

Als Exponenten dieser älteren Tradition, die bei Searle nur in einem neuen Gewand erscheint, hatten wir Frege betrachtet;

3 Diese Universalität liegt natürlich daran, daß einheitlich *definiert* worden ist, welche Gebrauchsweisen satzverbindender Wörter ›logisch‹ heißen sollen.

unsere Auseinandersetzung mit seinen Arbeiten zeigt aus der Perspektive der Rückschau einen doppelten Nutzen: Erstens war sie von Anfang an dazu gedacht, an einer ausgearbeiteten Konzeption konkret zu überprüfen, was unter einer Behandlung *semantischer* (im Gegensatz zu bloß lautlichen) Strukturen zu verstehen wäre. Auf diesem Gebiet hatte Freges Grundgedanke eingeleuchtet, daß Sätze keine Namenslisten sind, sondern daß die Art ihrer Komplexität so verstanden werden muß, daß etwas schon Bedeutungsvolles durch eine Modifikation (z. B. das Hinzutreten eines unselbständigen Zeichens) erweitert, verändert wird. Auf diese Weise ließ sich begreiflich machen, was es heißt, sprachliche Strukturen unter dem Aspekt der Bedeutung zu erfassen. Zweitens hat sich im Verlauf dieser Auseinandersetzung aber gezeigt, daß das dem intuitiven Verständnis so plausible Vorhaben scheitert, sich an den reinen, ›hinter‹ der Grammatik stehenden Bedeutungsverhältnissen zu orientieren, auf die wir als das gleichbleibende ›Gemeinte‹ abzuzielen scheinen, wenn wir eine sprachliche Äußerung erläutern, paraphrasieren oder übersetzen: Wir meinen, ›dasselbe‹ nur jeweils anders zu ergreifen. Eine solche hinter der Sprache liegende und als Gegenstand einer Theorie in Frage kommende Bedeutungsrealität (das, was in Wittgensteins Bild später der Bereich der ›Bedeutungskörper‹ heißt) gibt es nun aber nicht; schon Frege hatte sich zu der Einsicht durchgerungen, der Sinn eines Wortes sei sein ›Gebrauch als Zeichen‹. Dies hat für die Frage einer *Theorie* der Bedeutung auch die Konsequenz, daß ihr Gegenstandsbereich, dasjenige, *von dem* sie zu handeln hat, anders bestimmt werden muß, als es das Bild einer solchen fertig vorliegenden Hinterwelt, deren Konturen man bei der Konstruktion einer Begriffsschrift bloß zu folgen hätte, nahelegt. Bei Frege hatten wir Ansätze dafür gefunden, diesen Gegenstandsbereich in den *Arten* des Gebrauchs zu sehen, den man von sprachlichen Zeichen verschiedener Klassen machen kann. Das ›Explizitmachen eines impliziten Wissens‹ hätte also ein ›Wissen vom Gebrauch‹ als Gegenstand; eine mögliche Weise des Explizitmachens, so erschien es zunächst, könnte ein Sichtbarmachen dieser Gebrauchsarten durch ihnen jeweils eindeutig zugeordnete grafische Formen sein; die Zeichenkategorien der Begriffsschrift würden also Gebrauchsweisen sichtbar machen.

Es gab am Anfang der Überlegungen zu Frege noch keinen Anlaß, diese Arten des Gebrauchs nicht für überschaubar zu halten; diese unterstellte Überschaubarkeit sprach noch für die Möglichkeit einer *Theorie* der Bedeutung. Zugunsten dieser Möglichkeit fällt bei einer Orientierung an Frege ferner die Tatsache ins Gewicht, daß seine Begriffsschrift auf höchst eindrucksvolle Weise systematisch aufgebaut und überblickbar ist, was sich auch daran zeigt, daß es ihm gelungen ist, die Quantorenlogik zu kalkülisieren. Aus diesen Gründen ist die Begriffsschrift auch dann ein wichtiger Orientierungspunkt für die Frage, ob es möglich ist, eine systematische Theorie der Bedeutung zu entwickeln, wenn es ein sprachunabhängiges Reich des ›Sinnes‹ nicht gibt, sondern nur klar abgrenzbare Weisen der Zeichenverwendung. Diese klar abgrenzbaren Verwendungsarten kann man, wie Searle es versucht, als über-einzelsprachlich vorgegebene, von einer universalen ›Logik der Kommunikation‹ diktierte Handlungsarten konzipieren, oder als Resultate frei wählbarer, keineswegs alternativenloser normativer Festsetzungen. Da uns der Weg Searles nicht überzeugte, sahen wir uns aufgrund späterer Überlegungen zur zweiten Deutung veranlaßt: Die Einheitlichkeit von Freges Begriffsschrift erscheint so als das Resultat einer Festsetzung darüber, in welcher Form alles, was an Inhalten überhaupt in den Blick gerät, in diesem, sehr speziellen Zielen dienenden Medium zur Sprache kommen darf. Wenn dies richtig ist, kann uns Freges Begriffsschrift verstehen helfen, welche ihrer Merkmale für ihren systematischen Charakter verantwortlich sind. Und ist dies klargestellt, dann kann in einem nächsten Schritt untersucht werden, ob die natürlichen Sprachen diese Merkmale mit der Begriffsschrift teilen oder nicht.

Bei unserer Erörterung der Begriffe zweiter Stufe fanden wir bei Frege auch Ansätze für eine Berücksichtigung der bei Boas angesprochenen Tatsache, daß die Sprache ein x *als ein y behandeln* kann; daneben stand aber Freges Tendenz, diese im Bereich der natürlichen Sprache gegebene Möglichkeit für die Begriffsschrift auszuschließen. So hatte er über die ›Aussagen von einem Begriff‹, wenn sie in der natürlichen Sprache formuliert sind, gesagt, in ihnen werde ein Gegenstand fingiert, wo in Wirklichkeit keiner sei; es werde also ein Gegenstandsausdruck an einer Stelle verwendet, wo kein Gegenstand vorliege; nur die Sprache fingiere einen Gegenstand. In der begriffsschriftlichen Fassung benutzt Frege dann aber eine *andere* Form der Darstellung als das Gegenstand-Begriff-Schema der ersten Stufe; insofern wendet er sich gegen die Verwendung *einer* Komplexbildungsweise in inhaltlich *verschiedenen* Funktionen. Dem scheint zu widersprechen, daß Frege andererseits bereit ist, einen begriffsschriftlichen Satz der einfachen Form ›F(x)‹ nicht nur als ›x ist F‹, sondern auch als ›der Begriff F wird von x erfüllt‹ zu lesen, so daß auch bei begriffsschriftlichen Ausdrücken eine Mehrdeutigkeit der Komplexbildungsmittel vorliegen würde. Sie schien der Tatsache zu entsprechen, daß Gedanken, von ihrem Ausdruck getrennt, ganz ungegliedert sind, was aber die Rede von der ›Zerfällung‹ eines Gedankens zum Gewinn seiner begrifflichen Teile problematisch macht. Ein Ausweg aus diesen Problemen bietet sich, wenn man anerkennt, daß sich selbst in Freges Entwurf die Frage nach der semantischen Komplexität eines ›Gedankens‹ nicht unabhängig von einer bestimmten *Formulierung* beantworten läßt; ›Gedanken‹ sind nur als sprachlich verkörperte zu fassen, nur dann haben sie (und das heißt nun: hat ihr Ausdruck) Teile und eine Struktur. In diesem Sinne ist auch Frege gezwungen, das Medium in seine Betrachtung einzubeziehen. Was eine ›Begriffsschrift‹ zu heißen verdient, muß dann durch Normen für das Medium festgelegt werden und kann nicht der Orientierung an einer schon vorliegenden Welt strukturierter ›Gedanken‹ überlassen werden.

Die Erörterung der Begriffe zweiter Stufe gab ferner Anlaß zu der Vermutung, daß auch im Bereich der auf Wahrheit bezogenen Aussagen noch andere Weisen der Komplexbildung möglich sind als das von Frege so sehr in den Vordergrund gestellte Fallen eines Gegenstandes unter einen Begriff. Auch dies spricht dafür, daß die von ihm vorgenommene Vereinheitlichung als Resultat einer Festsetzung verstanden werden muß und sich nicht medienunabhängigen Vorgegebenheiten verdankt.

Auf diese Weise wurde die Theoriefähigkeit des Bereichs der Bedeutung zwar durch die Beschäftigung mit den Gedanken Freges insofern in Frage gestellt, als dieser Bereich bei einer genauen Erörterung der involvierten Fragen nicht als ein vorgegebenes Gebiet angesehen werden konnte, das eine vom konkreten sprachlichen Zugriff unabhängige Ordnung zeigt, von der eine Bedeutungstheorie handelt. Andererseits gefährdete aber die sich ergebende Interpretation der semantischen Unterscheidungen Freges als Unterscheidungen, die den Gebrauch von Ausdrücken als Zeichen betreffen, zunächst noch nicht die Vorstellung eines nach Prinzipien geordneten Gegenstandsbereichs, der zwar aus menschlichen Handlungen stammt, gleichwohl aber seiner internen Ordnung wegen einen systematischen Zugriff gestattet. Es schien überschaubar viele Weisen geben zu müssen, auf die der Sinn eines Satzes sich aus der Art des Sinnes seiner ›Teile‹ (einschließlich der Komplexbildungsmittel) ergeben kann, was immer der besondere Sinn, der spezifische ›Inhalt‹ der verwendeten (zu jeweils einer wohlbestimmten Art gehörenden) Wörter sein mag. Wir konnten die Erörterung des späten Wittgenstein deshalb mit der auch durch seine eigenen Texte erzeugten Erwartung beginnen, er würde die Arten, wie (in seinem Fall: natürlichsprachliche) Ausdrücke als Zeichen gebraucht werden können, von seinen einfachen Sprachspielen ausgehend schrittweise so verständlich machen, daß dabei auch auf unsere entwickelte Sprache ein Licht fallen würde. Und da wir mit Frege zunächst noch zu der Unterstellung neigten, die Arten des Zeichengebrauchs könnten nur endlich viele sein und von ihnen könne man sprechen, ohne auf die *besonderen* Eigenschaften eines bestimmten Zeichensystems Bezug nehmen zu müssen, hatten wir zumindest nicht ausgeschlossen, auf diese Weise zu einer Art ›logischer Grammatik‹ des sprachlichen Handelns geführt zu werden, die zwar reicher und vielfältiger wäre als Freges ausdrücklich für begrenzte Zwecke entworfene Begriffsschrift, die aber doch mit der Schulgrammatik (und ihrer bei Philosophen verpönten ›Oberflächenbezogenheit‹)

nicht zusammenfallen würde. Wittgensteins eigener häufiger Gebrauch des Ausdrucks ›Grammatik‹ kann solche (wie sich dann herausstellte: falschen) Erwartungen bestärken.

Aus der Rückschau, und dies heißt hier, vor allem aufgrund der Ergebnisse des Wittgenstein-Kapitels, müssen wir nun aber feststellen, daß sich diese Erwartungen nicht erfüllt haben. Je mehr wir es mit ›Sprachspielen‹ zu tun hatten, deren Funktionieren an der natürlichen Sprache orientiert war, desto wichtiger erschien Freges eigene Aussage, seine Begriffsschrift unterscheide sich von einer natürlichen Sprache ähnlich wie sich ein Mikroskop vom Auge unterscheide. Im Lichte der unter den Titeln ›Übertragung‹ und ›syntaktische Metapher‹ erörterten sprachlichen Verfahrensweisen erscheint die Einheitlichkeit der Begriffsschrift nun nicht mehr als Ausdruck grundlegender aber nicht leicht sichtbarer Strukturen in den Möglichkeiten des Zeichengebrauchs, die die natürlichen Sprachen in den verschiedensten ›Realisierungsformen‹, aber als in der Tiefe stets dieselben zur Verfügung stellen, sondern diese Einheitlichkeit wird immer deutlicher sichtbar als Ergebnis der Befolgung einer *Vereinheitlichungsnorm*: den Ausdruck eines Gedankens auf seine logische Form zu bringen heißt dann nicht, eine ihm selbst, ohne das Herantragen eines bestimmten Gesichtspunktes, zukommende Form *offenzulegen* (›Analyse‹), sondern ihn in ein Ausdrucksmittel zu übersetzen, für das (unter spezieller Zwecksetzung: aus guten Gründen) eine bestimmte ›Form der Darstellung‹ obligatorisch gemacht wurde.

Hält man sich diesen Aspekt des Obligatorischmachens einer Form vor Augen, dann sieht man deutlicher, daß Freges im Zusammenhang mit den Begriffen zweiter Stufe genannter Tendenz, *eine* Form nicht zum Ausdruck verschiedener inhaltlicher Verhältnisse zuzulassen (z. B. das Gegenstand-Begriff-Schema nicht auf die Begriffe zweiter Stufe zu übertragen), eine gegenläufige Tendenz gegenübersteht, nämlich seine Bereitschaft, verschiedenste Inhalte vereinheitlichend unter eine einzige Form zu bringen. Bei Frege selbst zeigte sich diese Seite des ›logischen Blicks‹ in seinem Verfahren, z. B. Orte und Zeitspannen ohne weitere Begründung als Gegenstände zu behandeln. Ein deutliches Beispiel für diese normierende Rolle der Logik Freges bei seinen Nachfolgern war die Behandlung von Adverbien bei Davidson im Vergleich zu ihrer Behandlung bei Lorenzen: Nicht weil es ›Ereignisse‹ in irgendeinem nicht grammatischen Sinne ›gibt‹, müssen Adverbien des hier einschlägigen Typus als Prädikate über Ereignisse ›erkannt‹ werden, sondern: *Wenn* man (bei Davidson im Interesse einer ›mechanischen‹ Behandlung von Folgerungen) als einzige zulässige Form, in der Inhalte erscheinen können, das Fallen eines Gegenstandes unter einen Begriff (und junktoren- und quantorenlogische Komplexbildung) zuläßt, *dann* ist es sinnvoll, in Anknüpfung an Nominalisierungsmöglichkeiten in den natürlichen Sprachen ›Ereignisse‹ als diejenigen ›Gegenstände‹ zu betrachten, *über die* der Sprecher mit Hilfe von Adverbien etwas prädiziert. So bestimmt die Entscheidung für eine bestimmte ›Form der Darstellung‹ mit darüber, was ein ›Gegenstand‹ ist, und nicht umgekehrt orientiert sich die Begriffsschrift allein an der außersprachlichen Wirklichkeit oder den medienunabhängig charakterisierbaren Arten des Zeichengebrauchs, um zu sagen, was ›in Wirklichkeit‹, unabhängig von den Formen der zugrundegelegten Grammatik, Gegenstände sind und was nicht. Abermals gelangen das Medium und das ›bloß Grammatische‹ ins Blickfeld.

Es ist eine Folge dieser Einsicht, daß nun auch die von Frege angestrebte ›Explizitheit‹ in einem anderen Licht erscheint. Hatten wir sie am Ende des dritten Kapitels als das Ziel verstanden, die verschiedenen Arten des Zeichengebrauchs an den Sprachformen äußerlich sichtbar zu machen (man erinnere sich an das von Frege monierte ›Erraten‹ beim Erfassen der Art der Zusammengehörigkeit der Teile in den Ausdrücken ›Baumriese‹ und ›Berggipfel‹), so müssen wir sie nun als auf eine spezifische Normierung gerichtet verstehen, deren wichtigstes Merkmal die Forderung ist, alle elementaren Inhalte auf die Form $F(x_1, x_2, \ldots, x_n)$ zu bringen, so daß alle Teil-Wahrheitsansprüche als (junktorenlogisch hinzugefügte) Teil-*Sätze* von dieser Form erscheinen. Besonders die zweite Komponente dieser Forderung läßt es verständlich erscheinen, daß man hier von einem ›Explizitmachen‹ spricht, weil ein Satz, der auf mehr als eine Weise falsch sein kann, bei der Befolgung dieser Norm so umgeformt wird, daß die resultierende Anzahl der Teilsätze genau der Anzahl der Weisen des Falschseins entspricht. Was z. B. in einem Adverb ›versteckt‹ erschien, muß nun ›explizit‹ als Behauptung eines eigenen *Satzes* hervortreten.

Dies Verständnis der Formel vom ›Explizitmachen von etwas Implizitem‹ macht aber zugleich deutlich, daß für denjenigen, der die Darstellungsnorm nicht bereits aus äußeren, auf spezielle Zwecke bezogenen (oder rein traditionellen) Gründen akzeptiert hat, die Aussage nicht akzeptabel ist, das Resultat der Umformung zeige die semantische Struktur des Ausgangssatzes. Die beeindruckende Einheitlichkeit, der systematische Charakter der Begriffsschrift ist also *erzeugt*, nicht in einem Bereich ›hinter‹ der Sprache oder in ihrer ›Tiefe‹, ihrer durch die Grammatik nur unvollkommen sichtbar gemachten Handlungsstruktur, verankert. Geht es also um ein Verständnis der semantischen Struktur natürlicher Sprachen, ist auch im wahrheitsrelevanten Bereich schon mit sehr viel mehr Vielfalt zu rechnen, als wir bei Frege antreffen.

Rückblickend müssen wir nun auch feststellen, daß unser der damaligen Absicht nach mit Frege konform gehender Versuch, die ›Aussagen von einem Begriff‹ als Aussagen über *Zeichen* zu verstehen, die den üblichen Konventionen gemäß durch ihre mit Anführungszeichen gebildeten ›Namen‹ genannt werden, ein Fall des ›Etwas-als-Gegenstand-Behandelns‹ war, eine Übertragung des Aschenputtel-Paradigmas auf einen Fall, der sich von den Ausgangsfällen dieses Musters erheblich unterscheidet. Zeichen sind ja keine Dinge wie Äpfel und Birnen; und wir hatten oben schon die Auffassung Palmers erwähnt, ›Begriffe‹ könnten keine ›Gegenstände des Wissens‹ sein und deshalb könne es eine Theorie der Bedeutung nicht geben. Was oben also als ein harmloser Schritt erschien, der die Einheitlichkeit von Freges Entwurf noch vergrößerte, indem er es gestattete, auch die Aussagen mit Begriffen zweiter Stufe nach dem einfachen Gegenstand-Begriff-Schema zu deuten, stellt sich nun als Normierungsresultat heraus, das zwar Einheitlichkeit erzeugt, aber um den Preis einer Vergegenständlichung, die zwar üblich, aber nicht unproblematisch ist.

Das Wittgenstein-Kapitel bedeutete für unseren Gedankengang im Rückblick vor allem eine Konfrontation mit der Vielfalt der Arbeitsweisen der natürlichen Sprachen und zugleich, auf methodologischer Ebene, eine Exemplifikation, wie sich die Bedeutungsseite der Sprache durch die Erörterung ihrer Handlungsseite aufklären läßt.

Irritierend war am Anfang Wittgensteins Geringschätzung der Wortarten, der ›Weisen des Zeichengebrauchs‹, die sich in der These ausdrückte, diese Gebrauchsweisen in Arten einzuteilen, sei auch eine Sache der ›Neigung‹. Wittgenstein hatte es ja zunächst (in Abhebung von Augustinus) als wichtig herausgestellt, daß es Wörter mit sehr verschiedenen Rollen gibt; es war uns aus der Perspektive des Frege-Kapitels auch dringend wünschenswert erschienen, über diese ›semantischen Rollen‹ eine Übersicht zu gewinnen, denn es hatte so ausgesehen, als könnte man auf diesem Wege zu einer erweiterten ›logischen Grammatik‹ oder ›Begriffsschrift‹ kommen, die sich als Darstellung der semantischen Struktur natürlicher Sprachen würde lesen lassen. Wir haben dann aber gefunden, daß die Existenz von Übertragungsprozessen im weiteren Sinne, vor allem die große Häufigkeit des von uns als ›syntaktische Metapher‹ bezeichneten Verfahrens, eine Komplexbildungsweise unter Veränderung ihrer Bedeutung von einem auf einen anderen Kontext zu übertragen, für Wittgenstein einen Grund dafür abgeben kann, sich den einzelnen Formen einer so auf der Basis der Gebrauchsweisen entwickelten Grammatik kaum zuzuwenden: Wenn sich die anfänglich zu unterstellenden fixen Gebrauchsweisen ohnehin durch vielfache Übertragungen auf nicht vorhersehbare Weise erweitern, ist ihre Erfassung (genauer: die Katalogisierung *einer* möglichen Weise ihrer Ausprägung) sprachphilosophisch weit weniger interessant und bedeutsam als die Bemühung um ein angemessenes Verständnis der Übertragungsprozesse selbst. Trotzdem wird aber die Einteilung der Wörter in *grammatische* Arten dadurch nicht zu einer Sache der ›Neigung‹; diese These, die Wittgenstein durch seine nur mangelhafte Herausarbeitung des Grammatischen im traditionellen Sinn zumindest nahelegt, verwischt die wahren Verhältnisse. In Wirklichkeit hängen nämlich die grammatischen Regeln und die freien Übertragungen so eng zusammen, daß das eine ohne das andere nicht verständlich gemacht werden kann: Ohne freie Modifikationen der jeweils gegebenen elementaren sprachlichen Handlungsmöglichkeiten kann sich eine Grammatik gar nicht ausbilden, und ohne einen beträchtlichen Formenvorrat mit bekannten paradigmatischen Verwendungen kann sich die freie Übertragung nicht recht entfalten.

Da die angesprochenen Übertragungsprozesse für die semantischen Strukturen natürlicher Sprachen charakteristisch sind, erscheint die durch Formen erfaßbare ›Kalkülseite‹ der Sprache in ihrer Relevanz stark reduziert gegenüber der Rolle, die sie in einer sekundären Sprache vom Typus der Begriffsschrift spielt: Zwar ist es wichtig, die Möglichkeit der Entstehung von Formen und der sich aufstufenden Erweiterung der Formenvielfalt im sprachlichen Handeln zu durchschauen und den Bereich des dadurch ermöglichten kalkülmäßigen Rechnens erstens überhaupt zur Kenntnis zu nehmen und dann zweitens in seiner Rolle und Reichweite einzuschätzen. Dieser letzte Punkt betrifft insbesondere die Einsicht in die Unumgänglichkeit einer ›Zusammenarbeit‹ der Kalkül- mit der Phantasieseite im Erfassen der Übertragungen und in die Tatsache, daß eine Übereinstimmung in der Form noch keine Garantie für eine Übereinstimmung in der semantischen Gefügtheit der Inhalte bedeutet. Diese Überlegung zeigt aber auch, daß es keine *sprachphilosophische* Aufgabe sein kann, solche Formen aufzuzählen. Wenn ihnen keine besondere Dignität im Sinne einer wie auch immer fundierten ›reinen‹ Semantik mehr zukommt, wenn die Formen die Arten der inhaltlichen Zusammengehörigkeit ohnehin nur im elementarsten Anfang und also nur im Ausnahmefall getreu widerspiegeln (d.h.: einem einzigen begrenzten Handlungszusammenhang zugeordnet sind), dann gehört zwar die exemplarische Erörterung ihrer Rolle im sprachlichen Handeln zu den besonders wichtigen Aufgaben der Sprachphilosophie, nicht aber ihre (notwendig auf eine *bestimmte* Sprache bezogene) vollständige Darstellung. Jede nicht nur als Beispiel gemeinte Darstellung *einer* Formenwelt wäre den damit nicht dargestellten *anderen* Formen gegenüber in einer *sprachphilosophischen* Abhandlung (wie Wittgenstein sich ausgedrückt hatte) eine ›Ungerechtigkeit‹, d. h. eine durch die Sache nicht legitimierte Auszeichnung. Die Aufgabe, ein jeweils bestimmtes Formensystem darzustellen, hat nicht der Philosoph, sondern der Sprachwissenschaftler. Das Untersuchungsfeld des Sprachphilosophen bilden dagegen die für die Sprachkompetenz typischen Verfahren, z. B. das Zusammenspiel von (im traditionellen Sinn) grammatischer Form *und* Gebrauch, von Kalkül *und* Phantasie. Beide Bereiche zusammen bilden das, was Wittgenstein in seinem abweichenden Sprachgebrauch ›die Grammatik‹ nennt. Daß er bei seinen eigenen Überlegungen die grammatische Seite im traditionellen Sinn eher zu wenig erörtert hat und in ihrer Behandlung auch Unsicherheiten zeigte (etwa dort, wo er die Komplexität von Sätzen immer wieder am Modell des Stehens eines komplexen Ausdrucks für eine Folge von Einzelhandlungen zu begreifen suchte), hatten wir schon oben vermerkt; hier könnte auch ein Grund dafür liegen, daß Linguisten wie Chomsky so wenig mit seiner Philosophie anzufangen wissen.

Daß es sinnvoll ist, *nach* einer vorwissenschaftlich überzeugenden Bestimmung dessen, was unter der ›Sprachkompetenz‹ verstanden werden soll, die Aufgaben von Sprachphilosophie und Linguistik zu trennen, wird durch die erst im fünften Kapitel deutlich herausgearbeitete Tatsache bestärkt, daß ›die Grammatik‹ in Wittgensteins Sinn, also das Zusammenspiel von Form und Gebrauch, von Kalkül und Phantasie, nicht selbst wieder mit philosophischem Gewinn durch *Formen* (etwa durch die Formen einer ›Orthosprache‹) eingefangen werden kann. Die Frage nach den ›Arten‹ der Zeichenverwendung hat keinen Sinn, wenn man sie sowohl vom zugrundegelegten Medium als auch vom Handlungskontext trennt. Unterläßt man diese Trennung, dann bedeutet im Fall der mediumsbezogenen Frage die Rede von den ›Arten der Zeichenverwendung‹, daß man sich auf *grammatische* Wortarten bezieht, wie sie in dieser Sprache faktisch als unterschiedlich behandelt werden. Ist die Frage dagegen handlungsbezogen im Sinne eines nichtgrammatischen Verständnisses von ›Zügen im Sprachspiel‹ gemeint (also in dem

Sinn, in dem Wittgenstein häufig den Ausdruck ›grammatisch‹ verwendet), dann ist die Frage nach der ›Art‹ äquivalent mit der Frage, ob die betrachtete Verwendung eines Ausdrucks ›als Zug im Sprachspiel‹ gleich ist wie eine andere Verwendung, was man u. a. daran erkennt, ob beide Fälle analoge Fortführungen erlauben oder nicht (ein triviales Beispiel dafür ist die Frage: erlaubt der Ausdruck ›ich habe Kummer‹ ebenso wie der Ausdruck ›ich habe Schmerzen‹ die Fortführung ›wo?‹). Wollte man versuchen, die Resultate einer Untersuchung des Bereichs des Grammatischen in Wittgensteins Sinn selbst wieder ganz durch Formen darzustellen, so könnte dies (wenn nicht auf syntaktische Komplexität überhaupt verzichtet werden soll) nur gelingen, wenn es entweder sprachphilosophische Gründe dafür gäbe, eine einzige (oder einige wenige) ›Form(en) der Darstellung‹ für alle möglichen Inhalte obligatorisch zu machen, oder wenn es sich rechtfertigen ließe, die philosophische Betrachtung durch ein ›Einfrieren‹ der Sprache auf ihre Anwendung in einem völlig überschaubaren, sich nicht mehr verändernden Bereich einzugrenzen. Nur auf diese beiden Weisen ließen sich ›Arten des Gebrauchs‹ in einem nicht traditionell-grammatischen Sinne auszeichnen, aufzählen und festschreiben; nur so ließe sich eine Strukturzuordnung vor anderen als (unter dem gegebenen Gesichtspunkt) bevorrechtigte herausstellen.

Freges Begriffsschrift muß, was er selbst zum Ausdruck gebracht hat, im Sinne der ersten Möglichkeit als ein Spezialinstrument für die Verfolgung eines bestimmten Zwecks gesehen werden. Seine besondere Zielsetzung, logische Schlüsse *formal* (im Sinne von ›schematisch‹) handhabbar zu machen, verlangte die Vereinheitlichung der Formen aller möglichen Inhalte; er hat sie vollzogen und sein Ziel auf diesem Wege auch erreicht. Das Resultat, die Begriffsschrift, verhält sich zur natürlichen Sprache wie ein Mikroskop zum Auge; sie zu studieren, wirft im Vergleich zwar ein Licht auf die natürliche Sprache, ihre Systematik ist aber nicht schon der Kern einer systematischen Theorie der Bedeutungsstrukturen natürlicher Sprachen.

Ebensowenig kann eine allein zurückblickende, archivierend-absichernde Perspektive, die durch eine Festschreibung oder ein ›Einfrieren‹ eines bestimmten Sprachzustands versucht, die ›Arten der Zeichenverwendung‹ ein für allemal zu erfassen, dem Zweck einer Philosophie der natürlichen Sprache dienen, der es darum gehen muß, die wirkliche sprachliche Handlungsfähigkeit unter Einschluß ihrer charakteristischen Unsicherheiten, Offenheiten und nicht auf Altes reduzierbaren Neuerungen verständlich zu machen. Unsere tatsächliche Sprachfähigkeit besteht gerade auch darin, zu immer wieder neuen Übertragungsschritten fähig zu sein, die durch einen Rekurs auf Regeln nicht abgedeckt sind und deren Ergebnisse sich in den charakteristischen Fällen nicht in einen ›wörtlichen‹ Ausdruck des bisherigen Repertoires (als adäquaten Ausdruck des ›eigentlich Gemeinten‹) zurückübersetzen lassen. Ohne diese projektive, in die noch ungebahnte Zukunft gerichtete kommunikative Handlungsfähigkeit und Handlungsgewißheit an der Basis aller Regelbeherrschung ist sogar die Fähigkeit, Regeln zu formulieren und ihnen zu folgen, wie Wittgenstein gezeigt hat, gar nicht verständlich zu machen. Wenn es nicht darum geht, die Bewegungen auf den *aus unserer Sicht* gut bekannten ersten Feldern der Ausübung der Sprachfähigkeit z. B. durch ein Kind aus der Perspektive unserer eigenen Sprache (der Sicht eines Versuchsleiters) zu protokollieren und in einem Modell, das *unsere* Kategorisierungen unbezweifelt zugrundelegt, schematisch zu *simulieren*, sondern wenn das Ziel darin besteht, die Sprachkompetenz als *unsere eigene* Fähigkeit zu *verstehen*, d. h. aus einer Perspektive begreiflich zu machen, die nicht (wie es der Erwachsene dem Kind gegenüber in Anspruch nehmen möchte) alles schon kennt, dann muß gerade auch diese in die Zukunft gerichtete Seite in Rechnung gestellt werden.

Nachdem so die Thesen des späten Wittgenstein sich mehr und mehr als überzeugend herausstellten, diente das fünfte Kapitel dem Zweck, die Chancen zu erkunden, trotzdem eine Verbindung der logisch-systematischen Perspektive Freges mit der reichhaltigeren und handlungsbezogenen Herangehensweise Wittgensteins zuwege zu bringen. Dies war aus zwei Gründen noch notwendig bzw. naheliegend:

Erstens hatten wir die Frage zu klären, ob Wittgensteins Theorieskepsis so radikal ist, daß sie, wie Dummett meint, jede systematische Behandlung der Bedeutungsseite natürlicher Sprachen ausschließt und zu der absurden Konsequenz führt, wir würden deren Sätze einzeln erlernen. Und zweitens war es naheliegend, dem nicht so leicht zum Schweigen zu bringenden Sprachgefühl nachzugehen, es *müsse* doch eine Art über-einzelsprachlicher ›Logik‹ sprachlichen Handelns oder ›Meinens‹ geben, dessen schon immer im Sprechen angezielte Inhalte sich im Prinzip restlos müßten ausdrücken lassen in einem Medium, das darin vor anderen privilegiert ist, daß in ihm die Strukturen des Gemeinten und des Gesagten, die semantische und die syntaktische Struktur, sich decken. Wir haben also die systematischen Einsichten des vierten Kapitels bewußt zurückgestellt, um die Berechtigung hartnäckiger gegenläufiger Intuitionen genau zu überprüfen.

Bezüglich der ersten Frage konnten wir zeigen, daß die Existenz einer Ebene des ›grammatischen Sinnes‹, auf der sprachspezifisch die Arten der Zusammengehörigkeit der Teilausdrücke einer Äußerung verstanden werden, auch bei Wittgensteins Vorgehensweise implizit anerkannt ist. Sie leistet zwar weit weniger, als Freges Ebene des ›Sinnes‹ leisten sollte (und im mathematischen Bereich auch geleistet hat), weil sie kein ›Ausrechnen‹ des Satz-Sinnes aus dem Sinn und der Verknüpfungsweise der Teile erlaubt, sondern in vielen Fällen ›vorher‹ zum Stehen kommt. So bleibt dem Hörer, bis er den Sinn des Satzes erfaßt, auch nach dem korrekten Auffassen des grammatischen Sinnes ein nicht schematischer, die Beteiligung seiner ›Phantasie‹ erfordernder Übertragungsschritt zu tun. Auf der anderen Seite gestattet es aber die Anerkennung dieser grammatischen Sinn-Ebene, die absurde Konsequenz zu vermeiden, wir würden die Sätze unserer Sprache einzeln erlernen. Wir lernen viele, sich aufstufende und sich ineinander verschachtelnde Weisen der Komplexbildung, die allesamt sinnbezogen sind, die es aber nur im Ausnahmefall gestatten, den Sinn eines Satzes aus seinen Teilen ›auszurechnen‹. Abermals wurde dabei deutlich, wie die Kalkül- mit der Phantasieseite der Sprache zusammengehört. Es gibt zwar auf der Ebene des ›grammatischen Sinns‹ ein Erfassen der durch Formen signalisierten Zusammenhänge, das als eine Art ›Rechnen‹ angesehen werden kann, dieses führt aber nicht bis zum Ziel der vollständigen Erfassung des Sinnes eines Satzes. Nicht nur müssen die Bereiche der illokutiven Kraft und des speziellen Witzes einer situierten Äußerung einer Semantik im engeren Sinne noch hinzugefügt werden (was auch bei Dummett nicht strittig war), sondern diese ›Semantik im engeren Sinne‹ ist in den natürlichen Sprachen nicht als ein Bereich abtrennbar, der es mit der vollen Bedeutung von Sätzen im Sinne nicht situierter Schemata (›types‹) zu tun hätte, der sich mit schematischen Mitteln erfassen ließe, und zu dem dann nur noch äußerungsbezogene (allein auf der Ebene der ›tokens‹ relevante) Ergänzungen kämen. Eine vergleichbare Rolle kann hier nur der ›grammatische Sinn‹ spielen, mit seiner für das Verständnis unumgänglichen, aber aus der Sicht des Modells von Frege sehr eingeschränkten Systematik und seiner ebenfalls sehr eingeschränkten Reichweite.

Im zweiten Teil des Kapitels haben wir in mehreren Anläufen versucht, den Intuitionen bezüglich einer ›Tiefenstruktur‹ auf der Ebene des ›Gemeinten‹ doch noch zum Sieg zu verhelfen: Die Sprechhandlungstheorie Searles wurde als pragmatische Umformulierung und damit als mit wittgensteinischen Mitteln arbeitende Rechtfertigung von Freges Begriffsschrift interpretiert; die Behandlung bestimmter Adverbien bei Davidson wurde zur weiteren (über das Frege-Kapitel hinausgehenden) Aufklärung des Begriffs der ›logischen Form‹ eines natürlichsprachlichen Satzes benutzt; und diesem Zweck diente auch die Erörterung der Kritik, die Hegselmann an den Elementarsatzformen der ›Orthosprache‹ vorgetragen hat. Schließlich haben wir die Aufbauschritte dieser konstruierten ›richtigen‹ Sprache unter der Fragestellung betrachtet, ob ihr sehr differenziertes Vorgehen zu einer Weise des Zusammenfallens von Semantik und Syntax führt, die die Aussage gestatten würde, in ihr habe man schließlich doch ein Medium vor sich, das die Struktur des Gemeinten unverfälscht widerspiegele.

Alle diese Anläufe haben zu negativen Ergebnissen geführt,

gemessen an dem Ziel, die Vorstellung von einer entweder medienunabhängigen oder medienbezogenen, aber universalen ›reinen Bedeutungsstruktur‹ zu rehabilitieren: Schon Searles Prädikationsbegriff hat sich als medienspezifisch erwiesen, geleitet von Freges ›logischer Grundbeziehung‹; er fundiert sie nicht und führt nicht über sie hinaus. Davidsons Erörterungen der ›logischen Formen‹ natürlichsprachlicher Ausdrücke erweisen diese nicht als Herausarbeitungen von etwas ›Tieferem‹ *in* diesen Ausdrücken, sondern als die Formen eines jeweils *anderen* Ausdrucks, der ein Umformungs- oder Übersetzungsresultat des ursprünglichen Ausdrucks in ein Medium ist, das (wie bei Frege) nach an technischen Zielen orientierten Kriterien aufgebaut wurde, wie z. B. dem der schematischen Handhabbarkeit von Folgerungen. Das ›Zusammenfallen von Semantik und Syntax‹ ist bei Davidson (ebenso wie bei Frege und bei Searle) das Resultat einer Normierung, die festlegt, in welcher ›Form der Darstellung‹ Inhalte überhaupt auftreten dürfen. Nicht die Syntax folgt der Semantik, sondern eine syntaktische Regelung über die Form der Darstellung aller möglichen Inhalte sorgt dafür, daß semantische Abweichungen nicht auftreten können. Dies haben auch die Überlegungen Hegselmanns zur ›klassischen‹ Elementarsatzform deutlich gemacht. Daß z. B. alle Teilbehauptungen als Teil-*Sätze* auftreten müssen, hat mit einer verborgenen Eigenschaft des ›Meinens‹ nichts zu tun; es ist eine Norm für eine Form der Darstellung.

Die Bemühungen um eine ›Orthosprache‹ schließlich haben wir als den Versuch gelesen, ausdrücklich nicht die möglichen Inhalte von vornherein einer festen ›Form der Darstellung‹ zu unterwerfen, sondern umgekehrt, die Formen der Darstellung so differenziert zu wählen, wie es den verschiedenen sprachlichen Handlungsmöglichkeiten angemessen erscheint. Gerade diese Berücksichtigung der Vielfalt, so könnte man meinen, müßte zu einem Zusammenfallen von Syntax und Semantik führen, das sich nicht einer syntaktischen Vorentscheidung über die für Inhalte zulässigen Formen verdankt, sondern dem Vorsatz, dafür zu sorgen, daß die syntaktischen Formen sich ganz der Semantik anpassen.

Gegen diese Erwartung hat eine genaue Betrachtung dieses ›schrittweisen Hinzufügens neuer Formen‹ (wie sich Wittgenstein im ›Blue Book‹ ausgedrückt hatte) abermals bestätigt, daß es ›die Semantik‹ als etwas, das unabhängig von konkreten syntaktischen Festlegungen so existieren würde, daß ihm eine sekundär entworfene Syntax ›folgen‹ könnte, nicht gibt: Wenn es überhaupt *syntaktische* Komplexität (im Gegensatz zu einer Komplexität allein der Wortbildung) geben soll, sind die syntaktisch zulässigen Komplexe stets vielfältiger als die bis dahin vorgegebenen Sprachverwendungsweisen (die etablierte ›Semantik‹). Folglich gibt es einen großen Vorrat an semantisch nicht festgelegten, ›offenen‹ Komplexen, die einem phantasievollen Sprecher für einen konstruktiv gewendeten ›Mißbrauch‹ zur Verfügung stehen, d. h. für einen Gebrauch, der keiner bisher etablierten Sprachpraxis oder Regel entspricht. In diesem Sinne ist die neue Verwendung der alten Formen deren traditioneller, bereits geregelter Verwendung stets voraus, so sehr man auch mit der Formulierung neuer Regeln hinterherhinken mag. Diese neue Verwendung ist zugleich auf die schon vorliegenden Regelungen angewiesen: Ein phantasievoller Gebrauch (aus konservativer Sicht: ein ›Mißbrauch‹) einer Form ist nur dort möglich, wo die entsprechende Form und ihr oben so genannter ›grammatischer Sinn‹ bekannt, d. h. in einer geteilten sozialen Praxis verankert sind.[4] Erst unter der Benutzung der Gerüste, die der Kalkül zur Verfügung stellt, kann sich die genuin sprachliche Phantasie voll entfalten.

Sie zu zügeln, um eine unterstellte ›Gesamtheit‹ sprachlicher Handlungsmöglichkeiten systematisch zu erfassen, würde bedeuten, diese Handlungsmöglichkeiten auf eine der folgenden, z. T. schon oben erwähnten und kritisierten Weisen zu beschränken und damit den Gegenstand, um dessen Auf-

---

4 Diesem Punkt gibt Davidson in seinem provozierenden Aufsatz »A Nice Derangement of Epitaphs« (Davidson 1986) zu wenig Gewicht, und so kommt er zu dem Schluß, es gebe gar keine Sprache in dem Sinne, wie die Philosophen sich das vorgestellt hätten. Aus der hier entwickelten Sicht wäre hinzuzufügen: wenn diese Vorstellung ahistorisch war und die Polarität von überkommenem Gerüst und ständiger Veränderung unberücksichtigt ließ.

klärung es gehen soll, nämlich die Sprachfähigkeit, schon am Anfang der Aufklärungsbemühung zu verfälschen: Die erste Möglichkeit wäre der Versuch, syntaktische Komplexität an einer Modellsprache verständlich zu machen, die keine syntaktische Komplexität zeigt, sondern nur entweder nicht-komplexe Sprechhandlungen oder eine bloße Wort-Komplexität. Da ein solches Modell die zu erklärenden sprachlichen Eigenschaften nicht aufweist, könnte es diese auch nicht verständlich machen. – Die zweite Möglichkeit wäre der von der Logik beschrittene Weg, eine einzige (oder überschaubar wenige) ›Form(en) der Darstellung‹ normativ für alle auszudrückenden Inhalte festzulegen. Die damit charakterisierte ›Gesamtheit‹ sprachlichen Handelns wäre dann in ihren Formen in der Tat völlig überschaubar; der Grund dafür läge aber in der durch eine normative Anforderung erzeugten Tatsache, daß jedes solche Handeln in stets denselben Formen erscheinen würde, ganz gleichgültig, welches die ›Inhalte‹ oder Funktionen der in diesen Formen ausgeführten sprachlichen Handlungen wären. Diese Überschaubarkeit wäre ›oberflächlich‹ in dem Sinne, daß sie sich allein dem Formzwang verdanken würde und die Frage, ob dieselben Formen (wie z. B. ›etwas über etwas sagen‹) in völlig verschiedenen Funktionen benutzt werden, außer acht ließe. Auch diese Möglichkeit ist sprachphilosophisch dann nicht von Interesse, wenn es um die Sprachkompetenz im allgemeinen geht, nicht um eine übersichtliche Darstellung eines speziellen, abgegrenzten Bereichs. – Die dritte Möglichkeit schließlich wäre eine reale, nicht nur auf die Ausdrucksformen, sondern auf die nichtsprachlichen Kontexte bezogene Beschränkung des Bereichs des Sagbaren, wie wir sie oben mit Hilfe der Beispiele des ›monotonen Häuserbaus‹ und der Fernsprechauskunft charakterisiert hatten. Hier läge ein ›Einfrieren‹ der zu einem gegebenen Zeitpunkt bestehenden Handlungsmöglichkeiten vor, eine rückblickend-archivierende Bestandsaufnahme einer (bei aller möglicherweise einbezogener Vielfalt) als ›tot‹ behandelten Sprache. Eine solche Bestandsaufnahme mag in manchen Kontexten linguistisch von Interesse sein, vor allem im Bereich der auch üblicherweise so bezeichneten ›toten Sprachen‹. Wo es aber um die

Sprachkompetenz geht, um die Selbstvergewisserung über eine ›lebendige‹ Fähigkeit, deren Ausübungsresultate zumindest unter semantischen Gesichtspunkten eben gerade *nicht* berechenbar sind, greift auch diese Möglichkeit zu kurz.

Den Bereich dessen, was man sprachlich ›meinen‹ kann, sich aufgrund von festen Regeln als abgeschlossen und gegenständlich vorliegend zu denken, erweist sich damit mit Bezug auf die natürliche Sprache als ebenso grundverkehrt wie die Vorstellung von den ›Bedeutungskörpern‹, die in Teil-Ganzes-Beziehungen stehen können, und deren geometrische Eigenschaften von einem ›Passen‹ zu reden gestatten, nach denen sich das Passen der zugehörigen Wort-Marken, ihre Teil-Ganzes-Beziehungen auf dem Papier, richten. Was sinnvoll ist, liegt nicht in einem verborgenen aber vorhandenen Bereich fest, sondern erweist sich im kommunikativen Handeln. Das Projekt, durch ein zurück oder in die ›Tiefe‹ blickendes Katalogisieren und Archivieren den Bereich des Sinnvollen so verfügbar zu machen, daß die genaue Orientierung an expliziten Regeln den Verbleib innerhalb dieses Bereichs garantiert, daß, wie Carnap sich ausdrückte, der Unsinn schon ›automatisch ausgeschaltet‹ ist, beruht auf einer Illusion. Die Aufklärung darüber, was der Sinn einer Äußerung war, ist eine Folge von Schritten in einem Prozeß der Verständigung, der stärker in die Zukunft gerichtet ist als in die Vergangenheit. ›Das Gemeinte‹ ist nur im Ausnahmefall ein zur Zeit der Äußerung mehr oder minder ›fertig‹ Vorliegendes (z.B. ein schriftliches Konzept); es außerhalb dieses Ausnahmefalls verständlich zu machen heißt, *sich* verständlich zu machen. Es heißt, in der Kette der kommunikativen Handlungen einen weiteren Schritt tun, und nicht in erster Linie, weiteres Licht auf ein vergangenes ›seelisches Ereignis‹ zu werfen.[5]

5 Auf Samoa sollen die entsprechenden ›irreführenden‹ Sprachformen nicht existieren; vgl. Schneider, (Objectivism) und die dort erörterten Arbeitsberichte von Duranti; zugänglicher ist Duranti 1988.

2. Läßt sich eine Bedeutungstheorie als ein axiomatisch-deduktiver Satzzusammenhang aufbauen?

Michael Dummett hat in zwei großen Abhandlungen[6] einen Anlauf unternommen, die philosophischen Probleme, die mit dem Bedeutungsbegriff verbunden sind, dadurch einer Klärung näherzubringen, daß er die Frage zu beantworten suchte, welche Gestalt eine *Theorie* der Bedeutung annehmen müßte, um philosophisch aufschlußreich zu sein. Eine Auseinandersetzung mit einigen der in diesem Zusammenhang von ihm vorgetragenen Gedanken scheint uns am besten geeignet, die Ergebnisse der hier vorgetragenen Überlegungen noch einmal daraufhin zu befragen, ob und in welchem Sinne sie selbst als Schritte zu einer Theorie der Bedeutung zu gebrauchen sind, und darüber hinaus, ob sie für die Möglichkeit, eine Bedeutungstheorie in Dummetts Sinn zu entwickeln, sprechen oder gegen sie. Die davon abtrennbare Frage, ob Dummett mit seinen Argumenten der Auffassung Davidsons gerecht wird, mit der er sich in der ersten Abhandlung auseinandersetzt, wollen wir dabei nicht erörtern; es geht hier also allein um einige systematische Argumente Dummetts in ihrem Verhältnis zu den *hier* vorgetragenen Überlegungen.

Uneingeschränkt zustimmungsfähig ist aus der hier entwickelten Sicht seine These, eine philosophisch relevante Bedeutungstheorie müsse eine Theorie des *Verstehens* sein, d. h. sie dürfe dem kompetenten Sprecher bestimmte, in Propositionen formulierte Kenntnisse nicht nur zuschreiben (wie z. B. ›S weiß, daß der Ausdruck A den Begriff B bedeutet‹), sondern sie müsse darüber hinaus sagen, was es für den Sprecher *heiße*, eine Sprache (einen Begriff, eine Proposition) zu kennen. Entsprechend könne sie nicht einfach voraussetzen, daß dem Bedeutungstheoretiker Wendungen wie ›den Begriff F kennen‹ unproblematisch verfügbar seien. Man müsse umgekehrt erwarten, daß gerade eine Bedeutungstheorie klarmache, worin dieses Kennen bestehe.[7] Nur dann gehe sie in

6 Dummett 1975, 1976
7 Dummett 1975, S. 99 ff.

ihrem Wert über ein Übersetzungshandbuch hinaus, für das es charakteristisch sei, nicht die Bedeutungsseite einer Sprache grundsätzlich aufzuklären, sondern *eine* Sprache in Beziehung zu setzen zu einer als beherrscht vorausgesetzten *anderen* Sprache.

An einer anderen Stelle bringt Dummett diesen Sachverhalt durch die These zum Ausdruck, die Möglichkeit, Sprechhandlungen zu *internalisieren* (und entsprechend Termini wie ›meinen‹, ›wissen‹, ›beabsichtigen‹, etc. zu benutzen), dürfe von einer Bedeutungstheorie nicht vorausgesetzt werden, sondern umgekehrt solle gerade die Reflexion auf die Sprache dazu beitragen, diese Tatsache verständlich zu machen.[8] Der Rekurs auf die Welt des ›inneren‹ Denkens und Vorstellens, der bei klassischen Autoren wie Locke zur Erklärung der Tätigkeit des Sprechens so benutzt wird, als sei das Sprechen ein bloßes Übermitteln, ein nach außen gerichtetes Erkennenlassen vorher fertiger innerer Handlungen, erklärt aus dieser Sicht nicht wirklich etwas. Vielmehr spiegelt er einige Merkmale unserer Sprache in eine Innenwelt zurück und mißversteht dann das so entstandene virtuelle Bild als Erklärung seines Ausgangspunktes, obwohl seine erklärungsrelevanten Eigenschaften doch nur Verdoppelungen, Spiegelungen dessen sind, was es angeblich erklärt. Eine Bedeutungstheorie, die einen solchen Gebrauch von Redeweisen über ›Inneres‹ zu machen versucht, erliegt dem Mißverständnis, das Wittgenstein mit Bezug auf Augustinus kritisiert hatte:[9] Sie versucht, den Erwerb auch der primären Sprache so zu erklären, als verfüge der Lernende bereits über eine andere (›innere‹) Sprache, nur noch nicht über die in seiner sozialen Umgebung gesprochene. Die ›Plätze‹, an die die fremden Ausdrücke gehören, werden dabei unausdrücklich als schon vorgesehen und markiert vorgestellt (und zwar so, wie sie in der Sprache, mit der über die ›inneren Vorgän-

8 Dummett 1976, S. 84. Dies ist ein zentraler Punkt aller pragmatisch orientierten Sprachphilosophien seit C.S. Peirce, der hier nicht noch einmal gegen ›Hypothesen‹ über eine fertig vorliegende ›innere‹ Sprache verteidigt wird. Vgl. Schneider 1975

9 Wittgenstein 1953, § 32. Zur Kritik am Subjektbegriff, der solchen Vorstellungen zugrundeliegt, vgl. Kerr (1986) und Taylor (1989).

ge‹ gesprochen wird, aussehen), nur die bestimmten Lautgestalten oder andere oberflächliche Eigenschaften der Ausdrücke müssen, so scheint es dann, beim Spracherwerb noch
gelernt werden. Die Bedeutungstheorie würde bei diesem
Vorgehen aber wiederum nicht mehr leisten als ein Übersetzungshandbuch. Übersetzt werden würde von einer ›inneren‹ in eine ›äußere‹ Sprache.

Es ist nun aber unangemessen, das Vorgehen Dummetts wegen dieses Bezugs auf die *Handlungen* des Sprechers statt auf
die ›in‹ ihm ablaufenden ›inneren Vorgänge‹ in die Nähe des
Behaviorismus zu rücken, wie es in der ansonsten in vielen
Punkten Zustimmung verdienenden Arbeit von B. Rössler
geschieht. Zuzustimmen ist z. B. ihren Hinweisen auf die
konstruktive und interpretatorische Seite sprachlichen Handelns und ihrer These, Sprachanalyse und Hermeneutik
seien aufeinander angewiesen.[10] Der von ihr verkannte systematische Punkt Dummetts ist aber aus unserer Sicht
dessen These, daß in einem *philosophischen* Kontext nicht
der Rekurs auf ›postulierte‹ mentale Fähigkeiten das Verstehen von Sprache erklären kann, sondern daß umgekehrt die
Philosophie die sprachliche Handlung der Zuschreibung einer mentalen Fähigkeit verständlich zu machen hat, so daß
hier ein Verstehen statt eines Postulierens möglich wird. Die
grundlegende Differenz der hier entwickelten Sicht zur Arbeit Rösslers kommt (unabhängig von der Position Dummetts) in ihrer von uns nicht geteilten These zum Ausdruck,
Philosophieren heiße, sich »...auf eine Metaebene der Verständigung zu stellen und nach Theorien über unser Verhalten generell zu suchen,«[11] wobei eine Theorie ein Modell
aufstellt und, wie die empirischen Wissenschaften, gewisse
Dinge wie z. B. »mentale Fähigkeiten« *postuliert*.[12]

Wir meinen also mit Dummett, eine philosophisch auf-
schlußreiche Bedeutungstheorie müsse sagen, worin die
Kenntnis eines Begriffs, einer Proposition etc. besteht, und
sie müsse dies, wie Dummett ebenfalls ausführt, so tun, daß
auch den Äußerungs*teilen* Teil-Kompetenzen oder Teil-

10 Rössler 1990, S. 274   11 A. a. O., S. 154
12 A. a. O., S. 133

Kenntnisse zugeordnet werden, nicht nur der Beherrschung der gesamten Sprache eine nicht weiter differenzierte Gesamtkompetenz, die sich in einem durchschnittlichen Gesamtverhalten ausdrückt. Da es möglich ist, ein großes Gebiet einer Sprache zu beherrschen, sich bezüglich *einiger* Teile oder Teilgebiete aber nicht auszukennen oder sich zu irren (z. B. ein Fremdwort falsch zu gebrauchen), und da uns aus philosophischer Sicht der Ausdruck eines Irrtums als fehlgehende *Handlung*, nicht als statistische Abweichung interessiert, muß die Darstellung der Gesamtfähigkeit so geschehen, daß partielle Unfähigkeiten als *Handlungs*unfähigkeiten verständlich werden. Ein ›Holismus‹, der aus der Beobachterperspektive allein etwas über durchschnittliches Sprachverhalten einer Gruppe sagen könnte, wäre keine Bedeutungstheorie in einem sprachphilosophisch relevanten Sinn, weil er die Sprachfähigkeit nicht als eine Handlungsfähigkeit verständlich machen würde, mit Bezug auf die es sinnvoll ist, von Teilfähigkeiten (oder Teil-Unfähigkeiten) zu sprechen, die sowohl einem Verstehen zugänglich sind als auch seiner bedürfen.[13] Die verhaltensorientierte Beschreibungsweise von außen würde dem Handlungsbewußtsein des Handelnden nicht gerecht, weil zu diesem Handlungsbewußtsein auch die Unterscheidung von Teilhandlungen (und ein Verständnis ihrer Richtigkeit oder Unrichtigkeit) gehört.

Auch Dummett bedient sich der Formulierung, daß wir von einer Bedeutungstheorie erwarten, sie würde ein implizites Wissen explizit machen, bzw. ein praktisches Wissen oder

13 Wird dagegen unter Holismus die These verstanden, daß Erweiterungen im Prozeß des ›schrittweisen Hinzufügens neuer Formen‹ das bis dahin jeweils verfügbare Geflecht von Handlungsmöglichkeiten verändern und in diesem Sinne eine Modifikation des ›Ganzen‹ bedeuten, dann ist dieser Holismus problemlos vereinbar mit der Forderung, es müßten auch Teilkompetenzen verständlich gemacht werden: Sie müssen *als* Erweiterungen von Handlungsmöglichkeiten an ihrem Ort in der fingierten Entwicklungsgeschichte verständlich gemacht werden. Vgl. die Bemerkungen zur Abgrenzung von Holismus und Molekularismus in Dummett 1976, S. 79

Können als ein propositionales, in Behauptungssätzen ausdrückbares Wissen darstellen. Er vertritt ferner die These, die Beherrschung eines Verfahrens, einer konventionellen Handlungsweise, könne *stets* so dargestellt werden, und diese Darstellungsweise sei im Fall einer *komplexen* Handlungsweise oft die einzige bequeme Analysemöglichkeit.[14] Wie hängen nun das Können, das ›implizite‹ und das ›explizite‹ Wissen im Fall der Sprache zusammen?

Ein wichtiger Umstand, der zu dem Eindruck beiträgt, das Projekt einer solchen theoretischen Darstellung müsse sich verwirklichen lassen, ist die schon oben erörterte Tatsache, daß wir die Sätze unserer Sprache offenbar nicht als ganze einzeln erlernen, sondern daß wir Wörter und Fügungsweisen lernen, die wir dann benutzen können, um auf geordnete Weise immer wieder neue Sätze einerseits zu bilden und andererseits zu verstehen. Zur Charakterisierung dessen, was hier ›auf geordnete Weise‹ heißt, benutzt Dummett die Wendung, der Sprecher würde sein Verständnis eines beliebigen Satzes der Sprache aus seinem Verständnis der Wortbedeutungen und der Fügungsweisen ›ableiten‹.[15] Daraus folgert er, daß die Sätze, die zusammen die theoretische Darstellung der praktischen Fähigkeit ausmachen, ein deduktiv verbundenes Satzsystem bilden: dem plausiblerweise unterstellten ›praktischen Ableiten‹ (der Sprecher ›benutzt‹ seine früher erworbenen Fähigkeiten, um sich in der neuen Situation zurechtzufinden) entspricht in der theoretischen Darstellung die Deduktion, die Ableitung eines Satzes aus einem anderen. Dummett sagt, zunächst auf die Syntax bezogen, ein implizites Verständnis gewisser allgemeiner Prinzipien befähige den Sprecher mit Bezug auf eine sehr große (möglicherweise unendliche) Anzahl von Sätzen, zu erkennen, ob sie wohlgeformt seien. Auf der Seite der Theorie könnten die genannten allgemeinen Prinzipien als Axiome dargestellt werden, und die Fähigkeit, die Wohlgeformtheit beliebiger Sätze zu erkennen, als stillschweigende Ableitung gewisser Theoreme der Theorie. Und das Entsprechende gelte auch für die semantische Ebene, wo nicht die Wohlgeformtheit,

14 Dummett 1976, S. 69   15 Ibid.

sondern die Bedeutung dasjenige sei, was aufgrund von Prinzipien, die die Bedeutungen der Wörter und Fügungsweisen betreffen, und die darstellen, wie die Bedeutung eines Satzes von der Bedeutung und Gefügtheit seiner Teile abhängt, erschlossen werde.[16]

Wie wir schon oben erörtert haben, besteht der problematische Schritt dieser Begründungskette im Übergang von der richtigen Beobachtung, daß wir unsere Bekanntschaft mit den Bedeutungen der Wörter und Fügungsweisen unserer Sprache in irgendeinem Sinne ›benutzen‹, wenn wir neue Sätze verstehen, zu der zweifelhaften Formulierung, die Ordnung, die dieses Benutzen ermögliche, verdanke sich allgemeinen Prinzipien, deren Charakter es gestatte, das Benutzen der aus früheren Kontexten stammenden Erfahrungen, das sich *praktisch* im Formulieren und Verstehen von neuen Sätzen zeigt, *theoretisch* im syntaktischen *und* im semantischen Fall als ein ›Ableiten‹ darzustellen, so daß die Bedeutungstheorie dadurch die Gestalt eines axiomatisch-deduktiven Satzzusammenhangs bekommen würde.

Um die Stelle, an der das Problem steckt, an einem einfachen Beispiel noch einmal genau zu markieren, betrachten wir ein fingiertes Sprachspiel, auf das diese Beschreibung zutrifft, nämlich die Fähigkeit, bereits unterschiedene zählbare Gegenstände wie Äpfel oder Birnen mit Hilfe des primitiven Ziffernsystems /,//,///,…etc. zu zählen und über das Ergebnis der Zählhandlung zu berichten bzw. mit einem entsprechenden Satz eine Anzahl von Dingen zu bestellen. Dabei sollen die Ziffern bei der Zählhandlung notiert und vor den entsprechenden, ebenfalls niederzuschreibenden Prädikator gesetzt werden, und es soll zur Beherrschung dieses Sprachspiels gehören, Bestellungen und Berichte unabhängig davon korrekt ausführen zu können, ob der Ausführende der gerade benutzten Ziffer (sowohl überhaupt als auch in Verbindung mit gerade *diesem* Prädikator) vorher schon einmal begegnet ist oder nicht.

16 Dummett 1976, S. 70f.- Es ist vor dem Hintergrund der Kritik Rösslers erwähnenswert, daß Dummett an derselben Stelle ausdrücklich feststellt, daß es auch ihm um eine *Handlungsfähigkeit* geht, nicht um psychologische ›Mechanismen‹.

Sehen wir die damit charakterisierten Handlungsmöglichkeiten, ähnlich wie es Wittgenstein mit Bezug auf seine erfundenen Sprachspiele tut, als eine *vollständige* Sprache an, die auf praktische Weise, durch Vor- und Nachmachen erworben wurde, so können wir sagen, wir hätten es hier (zumindest vorläufig, solange der Sprecher über keine weiteren sprachlichen Handlungsmöglichkeiten verfügt) mit einem *bloßen Können* zu tun, weil der Sprecher selbst sein Handeln nicht kommentieren oder beschreiben kann; er macht etwas richtig, aber er kann auf Fragen nach seinen Handlungen nicht antworten. Wollten wir das, worüber der Sprecher verfügt, ein *Wissen* nennen, dann könnte dies nur im Sinne eines ›impliziten‹ Wissens gemeint sein. Eine solche Zuschreibung könnte z.B. zum Ausdruck bringen sollen, daß der Sprecher selbst sein ›know how‹ (durch Handlungen wie Vormachen, Korrigieren, etc.) weitergeben, nicht aber in Sätzen darstellen kann: ihm fehlen die sprachlichen Mittel für eine solche Darstellung; er verfügt noch nicht über ein Medium des Wissens.

Wir selbst allerdings, als Beobachter seiner Handlungen, können seine Handlungsfähigkeit unter Benutzung *unserer* Sprache darstellen, wir können beschreiben, worin sie besteht. Und wir werden kaum Anstoß erregen, wenn wir uns dabei z.B. auch der Ausdrucksweise bedienen, er ›wisse‹, daß auf die Ziffer ›///‹ die Ziffer ›////‹ folge, oder er ›kenne‹ die Konventionen, die das geschilderte Ziffernsystem und seine Relation zu den Prädikatoren konstituieren. Diese Redeweise könnte als zulässig und unproblematisch gelten, obwohl *der Sprecher* einer Aufforderung, die Konventionen zu nennen, nicht nachkommen könnte.

Wir können nun mit Bezug auf dieses primitive Sprachspiel im Sinne Dummetts sagen, der Sprecher habe nicht die ›Sätze‹ der Form ›//Äpfel‹, ›////Birnen‹, etc. einzeln erlernt, sondern er habe einerseits die einzelnen Prädikatoren und andererseits die Ergänzung dieser Prädikatoren durch in der Zählhandlung hinzugefügte Ziffern so gelernt, daß er diese beiden Teilkompetenzen benutzen kann, um auf geordnete Weise, ohne zu raten, immer wieder neue Sätze der Form ›Ziffer Prädikator‹ einerseits zu bilden und andererseits zu verstehen. Welche Umstände machen es nun sinnvoll, daß ein Beobachter, der die Handlungsfähigkeit eines solchen Sprechers beschreibt, diesem nicht nur ein implizites Wissen bezüglich einzelner Handlungen, sondern darüber hinaus auch ein ›implizites Ableiten‹ zuschreibt? Und was ist mit einer solchen Zuschreibung genau gemeint?

Ein erster Schritt zu diesem Resultat kann offenbar in der These bestehen, es sei für den *Beobachter* möglich und sinnvoll, sich zur Darstellung der Ergebnisse oder ›Produkte‹ der Ausübung der untersuchten praktischen Fähigkeit eines deduktiv verbundenen Satzsystems zu bedienen. Die erste Frage lautet demnach: Was macht diese Art der Darstellung der Ergebnisse im vorliegenden Fall möglich und sinnvoll? Und die sich anschließende zweite Frage lautet dann: In welchem Sinne läßt sich, wenn nicht die Ergebnisse, sondern die Weise ihres Zustandekommens zum Thema gemacht werden, *vom Sprecher* sagen, seine Handlungsweise beruhe auf Prinzipien oder Regeln, und seine Fähigkeit, neue Sätze zu bilden und richtig zu verstehen, sei eine ›implizite Ableitung‹ von Theoremen? Und schließlich ist drittens zu fragen: Ist eine solche Darstellung auch für den gesamten Bereich (insbesondere die Bedeutungsseite) einer natürlichen Sprache möglich?

Zur Beantwortung der ersten Frage können wir zunächst feststellen, daß man aus der Beobachterperspektive problemlos sagen kann, die Handlung des Ziffernerzeugens beim Zählen zeige eine Ordnung, sie folge ›Prinzipien‹, in einem präzise erfaßbaren Sinn: Wer zu zählen gelernt hat, hat eine Reihe verschiedener, aber zusammenhängender Handlungen gelernt, und die Art des Zusammenhangs dieser Handlungen läßt sich (wenn eine entsprechend entwickelte Beobachtersprache zur Verfügung steht) mit Hilfe einer einfachen Anweisung oder Regel, wie beim Zählen zu verfahren sei, charakterisieren. Diese Anweisung kann das ›Prinzip‹ des Zählens heißen; es macht die Gesamtheit der das Zählen ausmachenden Einzelhandlungen insofern überschaubar, als es eine Regel darstellt, nach der die Ziffernerzeugung erfolgt sein könnte (und in einem Fall, in dem das Zählen *explizit*, unter Benutzung einer bereits beherrschten Sprache, erlernt wurde, auch tatsächlich erfolgen kann; dadurch ist eine Beziehung zum ›expliziten Wissen‹ des Beobachters gegeben, die beim ›Aufrecht-gehen-Können‹ fehlt). Die Regelformulierung (und in diesem Sinne die ›Regel selbst‹) gehört dabei der Sprache (d. h.: dem Entwicklungsstand und den spezifischen Unterscheidungsweisen der Sprache) des Beobachters an, nicht dem Sprachspiel der Person, von deren Kompetenz die Rede ist. Expliziert, aufgeklärt wird also relativ zur Sprache des Beobachters, die im betrachteten Kontext als nicht aufklärungsbedürftig gelten muß.

Es liegt nahe, die Anweisung für die erste Teilhandlung in Äußerungen der Form ›/// Birnen‹ in die Form eines Kalküls zur Herstellung von Ziffern zu bringen, der (in metasprachlicher Formulierung) die beiden Axiome enthält ›/ ist eine Ziffer‹ und ›wenn ein Zeichen x eine korrekt gebildete Ziffer ist, dann ist auch das Zeichen x/ eine Ziffer‹. Mit Hilfe dieses Kalküls lassen sich unbegrenzt viele Ziffern herstellen (und Sätze der Form ›n ist eine Ziffer‹ ableiten), und wenn man nun noch die Regeln hinzufügt, daß jeder Prädikator (in unserem Fall mit der Einschränkung ›für zählbare Gegenstände‹) ein wohlgebildeter Satz des Sprachspiels ist und jeder durch eine korrekt gebildete Ziffer erweiterte Prädikator ebenfalls, dann haben wir einen systematischen Zusammenhang von unbegrenzt vielen (metasprachlichen) Sätzen der Form ›mn ist ein wohlgebildeter Satz‹. Die damit charakterisierte schematische Erzeugbarkeit einer unbegrenzten Menge wohlgebildeter und stets nach dem gleichen Muster zu verstehender Sätze der Form ›Ziffer Prädikator‹ macht diese besondere Art der Darstellung der Ergebnisse der fraglichen Kompetenzausübung (d. h. der Gesamtheit der objektsprachlichen Sätze) möglich und sinnvoll. Die bei dieser Darstellung gewonnenen metasprachlichen Sätze der Form ›mn ist ein wohlgebildeter Satz‹ bilden zusammen ein axiomatisch deduktives System und in diesem Sinne eine Theorie.

Unsere zweite Frage lautete: In welchem Sinne kann dieser ›theoretische‹ Satzzusammenhang als eine Darstellung der zugrundeliegenden praktischen Fähigkeit gelten? Erlaubt die Tatsache, daß er aus der Perspektive des Beobachters zur

Darstellung der Produkte der Handlungen der beobachteten Person geeignet ist, bereits die Aussage, der Sprecher selbst würde auf ›implizite‹ Weise seine Äußerungen gemäß der in der theoretischen Darstellung formulierten Regeln ›ableiten‹? Damit hängt die weitergehende dritte Frage zusammen, ob es *besondere* Umstände gibt, die eine solche Aussage im vorliegenden Fall erlauben (und ihr möglicherweise einen spezifischen Sinn geben), so daß ihr Fehlen in anderen Fällen, insbesondere dort, wo eine ganze natürliche Sprache der Gegenstand der Untersuchung ist, die entsprechende Aussage nicht erlauben würde.

Positiv ist zunächst wieder zu vermerken, daß die schon erwähnte ausdrückliche Forderung Dummetts, eine Bedeutungstheorie müsse sagen, worin die Kenntnis des dem Sprecher zugeschriebenen propositionalen Wissens bestehe, dazu führt, daß sein Entwurf sich nicht dem oben gegen Chomsky erhobenen Vorwurf aussetzt, die kalkülmäßige Darstellung der zulässigen Sätze erfolge nur unter dem Gesichtspunkt der Geräuschproduktion und könne daher Sprachspiel aus der Perspektive des Handelnden auch dann unangemessen sein, wenn sie, was den ›output‹, die Produkte der Sprechtätigkeit angehe, möglicherweise nicht zu beanstanden sei. Wenn nämlich die Bedeutungstheorie für das skizzierte Sprachfragment Aussagen darüber enthält, was es für den Sprecher heißt, von einem beliebigen Zeichen zu wissen, ob es eine Ziffer ist, und von einem beliebigen komplexen Ausdruck, ob er das Ergebnis einer Zählhandlung ausdrückt, dann sind dies Aussagen über die Handlungen des Zählens und des Bestellens oder Meldens aus der Perspektive des Sprechers. Diese handlungsbezogenen Aussagen können im Fall der Zählhandlung so gegeben werden, daß mit der Charakterisierung des Sinnes der Ausgangshandlung (die dem ersten Axiom entspricht) und der Charakterisierung des Sinnes des schrittweisen Voranschreitens in der Zählhandlung (dies entspricht dem zweiten Axiom) und schließlich der Charakterisierung des Sinnes der von vornherein unterstellten Verbindung eines gewählten Prädikators mit den schrittweise erzeugten und zu ihm hinzutretenden Ziffern (dies entspricht den Axiomen ›P‹ ist ein Satz‹

und ›'Ziffer P' ist ein Satz‹) jedes beliebige der unbegrenzt vielen Theoreme des Aussagensystems, d.h. der theoretischen Darstellung, die das Können eines Sprechers charakterisieren soll, auf eine sinnvolle, über die Lauterzeugung hinausgehende Handlung bezogen ist. Dieser stets gesicherte Handlungsbezug der kalkülmäßig charakterisierten Ergebnisse kommt darüber hinaus so zustande, daß die in der theoretischen Darstellung benutzten Regeln sämtlich als Ausdruck derjenigen ›Inhalte‹ gelesen werden können, die es im Falle des praktischen, durch Vormachen und Korrigieren erfolgenden Lehrens des Sprachspiels zu vermitteln gilt. Jedem theoretischen Schritt (Nennung des ersten Axioms, Nennung des zweiten Axioms, Ableitung eines Theorems) entspricht ein praktischer Lernschritt (Erlernen des Beginnens mit ›/Apfel‹, Erlernen des Übergangs zu ›//Apfel‹ und allgemein zu ›x/Apfel‹, Ausführen einer Zählhandlung mit offenem Resultat). Und es ist genau diese Entsprechung zwischen den theoretischen Sätzen und Übergangsregeln einerseits und den praktisch zu vermittelnden Handlungsschritten andererseits (der Korrespondenz zwischen Wissen und Können), die es sinnvoll macht, in einem übertragenen Sinne zu sagen, der Sprecher des Sprachfragments komme durch ein ›Ableiten‹ zu einem bestimmten, ihm vorher noch nicht begegneten Zählresultat. Dazu braucht kein ›innerer Vorgang‹ postuliert zu werden, es reicht der Bezug auf die ›äußerlich‹ vermittelten Handlungsschritte und die Möglichkeit, die fragliche Handlungsweise auch explizit, durch die ausdrückliche Formulierung von Regeln, zu lehren, wenn ein geeignetes Medium expliziten Wissens, d.h. eine Sprache zur Formulierung der Regeln, zur Verfügung steht.

Nach dieser Vergewisserung über die Eigenschaften eines Sprachspiels, das es in einem präzise bestimmten Sinn gestattet, dem Sprecher ein ›Ableiten‹ zuzuschreiben und in dieser Zuschreibung ein ›Explizitmachen‹ von etwas ›Implizitem‹ zu sehen, können wir nun auf die Frage zurückkommen, wie aussagekräftig dieses Beispiel für andere Bereiche der natürlichen Sprache ist: Liegen im gerade erörterten Sprachspiel besondere Umstände vor, oder zeigt es Verhältnisse, an denen sich die Arbeit an einer Bedeutungstheorie für eine *ganze* natürliche Sprache orientieren kann? Insbesondere erhebt sich die Frage, ob generell die Möglichkeit gegeben ist, das praktische Können, das die Beherrschung der Sprache ausmacht, so mit Hilfe von Sätzen darzustellen, daß der Zusammenhang dieser Sätze einer zwischen Axiomen, Ableitungsregeln und Theoremen ist (und in diesem strengen Sinne ›theorieförmig‹). Dabei ist zu fordern, daß der Bezug zum sprachlichen *Handeln* in die Darstellung so eingeht, daß der illokutive (mehr als nur phonetische) Aspekt sowohl für die Ausgangsschritte (die Axiome) erkennbar ist, als auch bei der Darstellung der ›abgeleiteten‹ Äußerungen (der Theoreme) erhalten bleibt.

Die Antwort ist durch die bisherige Argumentation deutlich vorgezeichnet. Wir brauchen nur an das zu erinnern, was oben zum ›grammatischen Sinn‹ und zum Auseinanderfallen von Semantik und Syntax gesagt wurde, um sichtbar zu machen, daß eine Verallgemeinerung der Eigenschaften des Zählsprachspiels auf die ganze natürliche Sprache nicht möglich ist. Im geschilderten Sprachspiel des Zählens ist die Art der Verbindung zwischen der Ziffer und dem nachfolgenden Prädikator stets gleich, während es sonst charakteristisch für die Komplexbildungsweisen der natürlichen Sprachen ist, ganz verschiedenartige inhaltliche Verhältnisse auszudrükken. Daher bedeutet eine einmalige, auf die gerade vorliegende Handlungsfunktion bezogene Angabe darüber, was es für einen Sprecher heißt, den Sinn einer bestimmten Komplexbildungsweise zu kennen, noch nicht, daß damit auch für alle anderen mit diesem sprachlichen Mittel gebildeten komplexen Ausdrücke eine Funktion im Handeln, ein Handlungssinn angegeben ist. Der Sinn der neu gebildeten Ausdrücke läßt sich nicht schematisch aus dem Sinn der Teile (der Worte und der Komplexbildungszeichen) entnehmen, auch wenn eine schematische Beurteilung der Grammatikalität möglich sein sollte (eine Frage, die wir hier offen lassen). Wie oben ausführlich dargestellt wurde, verbleiben die schematischen Operationen, die im Fall des Zählens den Gesamtsinn der Handlung erreichen, im natürlichsprachlichen Normalfall im Bereich des bloß ›grammatischen Sinns‹; sie erreichen nicht die Funktion des neu gebildeten Satzes im Handeln. Und dies gilt, obwohl es in einem nicht schematischen Sinne richtig ist, zu sagen, der Sprecher ›benutze‹ beim Verstehen neuer Sätze seine vorausgegangenen sprachlichen Erfahrungen.

Aus diesen Gründen ist die Reichweite einer axiomatisch-deduktiven Theorie auf den Bereich des ›grammatischen Sinns‹ beschränkt: Deduzieren lassen sich allenfalls die Lautgestalten grammatisch korrekt gebildeter Sätze, nicht aber ihre Bedeutungen. Eine Behandlung der Bedeutungsseite der Sprache, die über den ›grammatischen Sinn‹ hinaus will, muß folglich andere, reichere Mittel zur Beschreibung der Fähigkeiten von Sprechern und Hörern zulassen; sie muß von anderen geistigen Fähigkeiten sprechen können als nur dem Ableiten: von der Fähigkeit zur Übertragung, zur Projektion, zum metaphorischen Gebrauch eines Ausdrucks, etc. Diese Fähigkeiten lassen sich, wenn sie dem Sprecherverständnis adäquat dargestellt werden sollen, zwar zu Sätzen in Beziehung bringen, die wie allgmeine Regeln oder Prinzipien aussehen (›Gegenstände werden im Satz durch Namen vertreten‹), aber die Fähigkeiten, die solche Sätze einfangen sollen, lassen sich nicht als schematische Fähigkeiten fassen,[17] (im vorliegenden Fall deshalb, weil schematisch nicht festgelegt werden kann, was als Gegenstand gilt). Sie in einem abgegrenzten Bereich durch schematische Operationen zu simulieren würde, wie oben ausgeführt, dem Anspruch einer erhellenden Darstellung *unserer eigenen* Sprachfähigkeit nicht gerecht.

Weil wir Dummett zustimmen, wenn er darauf insistiert, daß eine Bedeutungstheorie sagen muß, was es für den Sprecher heiße, über dasjenige Können zu verfügen, das die Theorie propositional darstellen möchte, gelangen wir zu

---

17 Vgl. die Bemerkung Wittgensteins (1953 § 81): »All das kann aber erst dann im rechten Licht erscheinen, wenn man über die Begriffe des Verstehens, Meinens und Denkens größere Klarheit gewonnen hat. Denn dann wird es auch klar werden, was uns dazu verleiten kann (und mich verleitet hat) zu denken, daß, wer einen Satz ausspricht und ihn *meint*, oder *versteht*, damit einen Kalkül betreibt nach bestimmten Regeln.«

der Folgerung, daß die Bedeutungstheorie im Fall der natür-lichen Sprache in der Lage sein muß, ein Können zu ihrem Gegenstand zu machen, das nicht schematisch ist und aus diesem Grunde nicht in einer axiomatisch-deduktiven Theorie, als ein Ableiten, dargestellt werden kann. Wollte man sich doch auf diese Theorieform beschränken, bliebe man entweder im Bereich so einfacher Sprachspiele wie dem oben erörterten ›Schiffesortieren‹ oder dem Zählen ›mittel-großer trockener Güter‹ stecken, oder man verbliebe im Bereich des ›grammatischen Sinns‹. Hier könnte z. B. die Regel aufgestellt werden, in jedem elementaren Satz eines vorgestellten Sprachspiels müsse einem Gegenstand ein Prä-dikator zugesprochen werden, und dies könnte so an Bei-spielen erläutert werden, daß die Darstellung des Sprach-spiels über die Darstellung eines bloßen Lautkettenkalküls hinausginge. Bliebe man aber beim ›grammatischen Sinn‹ und diesseits der Übertragungsschritte, dann wäre die Fra-ge, was ein Gegenstand sei, was es für den Sprecher heiße, über die Kategorie des Gegenstandsnamens zu verfügen (eine Frage, die sich nur medienbezogen beantworten läßt) nicht thematisierbar. Beide Möglichkeiten der Begrenzung wären von der Zielsetzung Dummetts her gesehen nicht wünschenswert.

3. Eine Theorie der Phantasie?

Auch wenn damit noch einmal deutlich geworden ist, daß die Fähigkeit zum sprachlichen Handeln zwar schematische Sei-ten hat, daß sie aber unter dem Aspekt der Bedeutung keine schematische Handlungsfähigkeit *ist* und sich daher, anders als der spezielle Fall der Zählkompetenz, einer axiomatisch-deduktiven Darstellung nicht fügt, läßt sich doch in einem weiten Sinne sagen, das sprachliche Handeln folge ›Prinzi-pien‹, es geschehe nicht *ad hoc*. Dies war oben ausführlich zur Sprache gekommen, bei der Erörterung der Einwände Dummetts gegen Wittgenstein, die uns zum Begriff des ›grammatischen Sinnes‹ geführt hatte und damit zu einer Ebene, auf der das Verstehen durchaus von einer Fähigkeit abhängt, die als eine Art ›Rechnen‹ dargestellt werden kann. Es ist sogar im Einklang mit den hier vorgetragenen Überlegungen, wenn man von denjenigen Schritten, die einen jeweils eingespielten, konventionell etablierten Zusammenhang zwischen sprachlichen und nichtsprachlichen Handlungen auf sinnvolle, nämlich sinnerweiternde Weise stören, als sprachlichen *Verfahrensweisen* spricht, von denen wir z.B. die Übertragung und die syntaktische Metapher namhaft gemacht hatten.

Selbst wenn man das Wort ›Wissen‹ so eingeschränkt verstehen wollte, daß man mit Palmer[18] sagen würde, da Begriffe keine Gegenstände seien, gäbe es auch kein Wissen von ihnen, denn ein Wissen könne es nur von Gegenständen geben, selbst dann müßte man wohl zugeben, daß die Fähigkeit, mit Begriffsausdrücken umzugehen, ein ›Gegenstand der Untersuchung‹ sein kann, zu dem sich auch dann Erhellendes sagen läßt, wenn das Gesagte sich nicht zu einer axiomatisch-deduktiven Theorie formen läßt. Zwar mag es Gründe für die terminologische Entscheidung geben, Erörterungen dieser Art nicht ›Theorien‹ zu nennen (etwa für denjenigen, der von Theorien erwartet, sie müßten Prognosen erlauben und experimentell falsifizierbar sein). Man würde dann sagen, ein Können (etwa unsere Fähigkeit, Begriffsausdrücke zu verwenden), das sich nicht schematisch darstellen und so vergegenständlichen lasse, sei kein ›Wissen von etwas‹ und könne damit auch selbst nicht zum Gegenstand einer ›Theorie von etwas‹ werden. Dennoch handelt es sich bei dem, was wir erläuternd zu einem solchen Können sagen, nicht um zusammenhanglose, argumentativ unstrukturierte, auf ihre Angemessenheit nicht beurteilbare Bemerkungen zu zufällig herangezogenen Einzelfällen. Auch in der vorliegenden Untersuchung ging es darum, an Beispielen Einsichten in die ›Arbeitsweisen‹ einer natürlichen Sprache zu gewinnen, die sogar (und hier ist Dummett zuzustimmen, gegen Rortys Bevorzugung einer ›reinen‹ Theorie, wie er sie bei Davidson sieht) erkenntnistheoretisch von Belang sind, etwa dort, wo sie die Fallstricke in der Rede von den ›Gegenständen‹ zu

18 Palmer 1988; vgl. oben, Kap. III, Anm. 66

erkennen versuchen. Solche Überlegungen sind durchaus allgemeiner Art. Obwohl sie keine erschöpfende Theorie eines begrenzten Gegenstandsbereichs darstellen und sich nicht in die Gestalt von schematisch anwendbaren Regeln bringen lassen, geht es ihnen um Verfahrensweisen und in diesem Sinne um ›Prinzipien‹, die über den Einzelfall hinausweisen.

Wo wir solche Verfahrensweisen erörtert haben, haben wir sie stets als Handlungsmöglichkeiten erörtert; nur dort, wo es um eine Abgrenzung gegen die schon in den ersten Schritten auf Gehirnmechanismen zielende Theorie Chomskys ging, war dabei von Prozessen die Rede, die dem Handeln ›zugrundeliegen‹. Es ging nie um die Erklärung der menschlichen Handlungsfähigkeit durch einen Rekurs auf etwas ihr noch Zugrundeliegendes, sondern immer darum, komplexe Handlungsmöglichkeiten durch eine Einbettung in einfachere Handlungen als schrittweise Erweiterungen verständlich zu machen. Entsprechend war von der Phantasie nur als von einer Fähigkeit die Rede, die jedem Leser aus seinen eigenen Erfahrungen mit sich selbst bekannt ist; es wurde nicht der Versuch unternommen, eine Theorie zu entwerfen, deren Aufgabe es hätte sein sollen, einen alltäglich als phantasievoll wahrgenommenen Schritt durch einen hypothetisch unterstellten ›Mechanismus‹, nach dem diese Phantasie arbeitet, zu erklären.

Nun soll hier nicht grundsätzlich geleugnet werden, daß es Kontexte gibt, in denen es ein sinnvolles Ziel ist, etwas zu entwickeln, was als eine ›Theorie der Phantasie‹ bezeichnet werden könnte. Ein solcher Kontext könnte z.B. der Versuch sein, eine technische Simulation einer bestimmten Art von Problemlösungsverhalten zu entwickeln, die wir alltagsweltlich als ›Phantasie erfordernd‹ bezeichnen würden; auch psychoanalytische und andere ›Theorien der Phantasie‹ ließen sich erörtern. Deren erkenntnistheoretischen Status genau zu beurteilen erfordert aber umfangreiche Vorarbeiten, die hier nicht durchführbar sind. Um die *sprachphilosophische* Sicht, die unser eigenes Vorgehen bestimmte, noch einmal zu verdeutlichen, soll aber ein kurzer Blick geworfen werden auf den philosophisch-linguistischen Versuch von

Lakoff und Johnson,[19] sprachliche Phänomene der Art, die oben als charakteristisch für natürliche Sprachen erörtert wurden, durch eine Theorie über besondere psychische ›Mechanismen‹ zu *erklären*, statt, dem Verfahren Wittgensteins folgend, an einfache Kompetenzen wie z. B. das (immer wieder einmal glückende) Fortsetzen einer Reihe oder das Verstehen des Witzes eines Grammatikverstoßes nur zu *erinnern*, wenn auch auf eine geordnete, vom Einfachen zum Komplexen fortschreitende und so ein immer besseres Verständnis ermöglichende Weise. Es soll also auf einen sehr grundlegenden Unterschied im Vorgehen und in der Zielsetzung aufmerksam gemacht werden, der trotz der Gemeinsamkeit in wichtigen Grundaussagen (z. B. dem ›Anti-Objektivismus‹) zwischen Lakoff/Johnson auf der einen Seite und der hier in Auseinandersetzung mit Wittgenstein entwickelten Sicht auf der anderen besteht. Diese Bemerkungen sind eher als Anregungen zur Diskussion zu lesen und nicht in erster Linie als Abgrenzung. Auch sollen andere Aussagen dieser Arbeiten und insbesondere die reichhaltigen Beispiel-Erörterungen damit nicht entwertet werden.

Johnson benutzt in seinem Buch[20] zwei Grundbegriffe, um das sprachliche Handeln zu beschreiben bzw. zu erklären: Er spricht von ›image schemata‹ als abstrakten Strukturen, die wir in der Erkenntnistätigkeit verwenden, und von ›metaphorical projections‹, mit denen wir solche Strukturen von einem Erfahrungsbereich in einen anderen projizieren. Die methodologisch entscheidende Frage ist nun, ob dieser Rekurs auf Schemata und Projektionen gemeint ist als der Verweis auf etwas der Sprache Zugrundeliegendes, dessen Funktion darin besteht, unsere Fähigkeit zum sprachlichen Handeln zu *erklären*, oder ob umgekehrt die Rede von den Schemata und den Projektionen selbst nur dadurch verständlich gemacht werden kann, daß sie als Beschreibung bestimmter Aspekte unseres sprachlichen Handelns gelesen wird, mit der Folge, daß die Vertrautheit mit dem sprachlichen Handeln diese Redeweise allererst mit Inhalt füllt. Im

---

19 Lakoff und Johnson 1980, Johnson 1987, Lakoff 1987
20 Johnson 1987; dies ist die ausführlichste Argumentation von der philosophischen Seite des Autoren-Teams.

zweiten Fall wären die neu eingeführten (bzw. im Rückgriff auf die Tradition einfach benutzten) Begriffe ›Bild-Schema‹ und ›Projektion‹ für eine *Erklärung* der Sprache nicht geeignet (und auch nicht für eine *diesem* Zweck dienende ›Theorie der Phantasie‹), sondern nur für eine zusammenfassende *Beschreibung* von an Beispielen aufgewiesenen Zügen der (einer) Sprache.

In den hier vorliegenden Erörterungen wurde entschieden dafür plädiert, daß im Kontext einer philosophischen, voreinzelwissenschaftlichen Untersuchung sprachlichen Handelns allein die zweite Sicht angemessen ist. Wenn wir uns mit Hilfe sehr einfacher Beispiele unserer elementaren (und dann komplexeren) sprachlichen Fähigkeiten erinnernd vergewissert haben, können wir einen bestimmten Zusammenhang zwischen sprachlichen Handlungen mit Hilfe des Bildes vom Gebrauch eines *Schemas* (konkret z. B. einer Zeichenschablone) in verschiedenen Anwendungsmomenten zum Ausdruck bringen: Wenn wir immer wieder erfolgreich das Wort ›Apfel‹ verwenden, ist es, *als ob* wir immer wieder dieselbe Schablone an die vielen neuen Gegenstände anlegen würden, deren Passen darüber entscheidet, ob wir einen Apfel vor uns haben oder nicht. Das Bild vom Schema faßt nach dieser Deutung aber nur etwas auf bildliche Weise zusammen, was vorher am Beispiel von Handlungen erläutert wurde; die Rede vom Schema geht deshalb nach dieser Deutung inhaltlich über die Rede vom erfolgreichen Handeln nicht hinaus. Nach dieser Lesart wäre eine sinnvolle Verwendung des Ausdrucks ›Schema‹ an dieser Stelle also nicht so zu verstehen, daß mit ihm ein mentaler Gegenstand ›postuliert‹ wird, der die Aufgabe erfüllen könnte, unsere Fähigkeit, das Wort ›Apfel‹ korrekt zu gebrauchen, zu *erklären*. Hat man das Verlangen nach einer solchen Erklärung, dann ist es verständlich, daß man nach dem *einen* Gleichbleibenden sucht, das sich in den raum-zeitlich verschiedenen Handlungssituationen als dasselbe durchhält, und daß man versucht sein kann, im ›Schema‹ dieses Gleichbleibende zu sehen. Dies wäre aus der hier entwickelten Sicht als sprachphilosophischer Ausgangspunkt, d. h. dort, wo keine aus anderer Quelle stammenden Argumente hinzukommen, aber eine Illusion: Es kann nicht die bildliche Beschreibung einer Fähigkeit die Fähigkeit selbst erklären, sondern nur umgekehrt kann eine genaue Betrachtung der Fähigkeit den bildlichen Ausdruck verbindlich mit Sinn versehen. Nicht ein ›postuliertes‹ Schema erklärt die Einheit der Erfahrung, sondern umgekehrt: die Einheit der Erfahrung erklärt den Sinn des Ausdrucks ›Schema‹.

Was eben eine ›genaue Betrachtung der Fähigkeit‹ hieß, muß daher aus der Perspektive des Handelnden selbst erfolgen, nicht mit den Augen eines ihm in die Tiefen des Geistes oder des Gehirns blickenden Beobachters. Wenn uns aus vorwissenschaftlicher, philosophischer Sicht ein unmittelbarer Zugang weder zu ›mentalen Mechanismen‹ gegeben ist noch zu einem sprachlich noch nicht erfaßten Erfahrungsbereich, auf den die ›Schemata‹ und die ›Projektionen‹ angewendet werden sollen, dann lassen sich die Prozesse der Anwendung nicht ›von außen‹ beschreiben. Wir können, wo es um die primäre menschliche Sprachfähigkeit geht, nicht aus der Perspektive des Beobachters sagen, die Person P, die mit dem Erfahrungsbereich E_2 konfrontiert sei, projiziere jetzt zur sinnvollen Ordnung dieses Erfahrungsbereichs das aus dem früheren Erfahrungsbereich E_1 stammende Schema S auf E_2. Denn entweder ist das Thema eine adäquate Beschreibung unserer eigenen primären sprachlichen Fähigkeit; dann können wir nur sagen: Es gelingt, z. B. das (etwa beim Pflücken erworbene) Wort ›Apfel‹ immer wieder zur erfolgreichen Handlungskoordination in unserer Sprachgemeinschaft (beim Einkaufen, bei der Bildbeschreibung) zu verwenden. Die Erfahrung mit diesem Gelingen können wir *dann* durch das Bild vom gleichbleibenden Schema ausdrücken, von der stets als mit sich identisches Ding von uns herumgetragenen ›geistigen Schablone‹. Oder wir können sagen: Es gelingt, das Täter-Tätigkeitsschema für einen neuen Fall (z. B. Chomskys ›the fighting stopped‹) zu ›mißbrauchen‹ und damit verstanden zu werden. Zur Beschreibung dieser Art ›Mißbrauch‹ haben auch wir (an Wittgenstein anknüpfend) das Bild von der Projektion benutzt. In beiden Fällen ist die bildliche Beschreibung aber keine Erklärung.

Anders liegen die Dinge, wenn das Thema nicht unsere eigene primäre sprachliche Fähigkeit ist, sondern das sprachliche Handeln in einem anderen Medium oder ein Handeln auf einer vorsprachlichen Stufe. Dann haben wir zwar auch keinen Zugang zu den ›Gegenständen, wie sie vor unserem sprachlichen Zugriff sind‹, aber wir haben den durch *unsere* Sprache gegebenen Zugang, und dieser wird bei den beiden jetzt betrachteten Aufgabenstellungen als unproblematisch unterstellt. Geht es darum, zwei Sprachen zu vergleichen (etwa die ersten Stufen einer Kleinkindersprache mit der Erwachsenensprache der Umgebung), dann steht aus der Perspektive des Beobachters die Möglichkeit zur Verfügung, zwei Erfahrungsbereiche E_1 und E_2 zu unterscheiden, – in *seiner*, des Beobachters Sprache. In dieser Beobachtersprache steht auch das Wort ›Projektion‹ zur Verfügung; daß es eine Bedeutung hat, liegt aber am Erfolg derjenigen sprachlichen Handlungen im Medium der Beobachtersprache selbst, unter Verweis auf die es erklärt wird. Auch hier reicht es nicht in einen Bereich hinein, der Sprache (also auch die Beobachtersprache) allererst ermöglicht, und es kann diese Ermöglichung nicht erklären.

Ein wenig komplizierter, aber nicht grundsätzlich anders liegen die Verhältnisse schließlich dort, wo das Thema ein beobachtetes Handeln oder Verhalten auf einer vorsprachlichen Stufe ist. Auch hier werden in der Beobachtersprache Erfahrungsbereiche unterschieden, und das Verhalten des studierten Lebewesens (die Art, wie es im Verhalten Unterschiede ›macht‹) wird so beschrieben, *als ob* es geistige Handlungen ausführen würde. Deren Identität können wir aber ›unter uns Beobachtern‹ nur unter Rekurs auf die von uns geteilten *sprachlichen* Handlungen bestimmen: ›ein A von einem B unterscheiden‹, ›etwas als C identifizieren‹, ›erkennen, daß der Sachverhalt S vorliegt‹: was das heißt, hat die Sprachphilosophie (bei Dummett: eine Bedeutungstheorie) aufzuklären; folglich können diese Zuschreibungen im Kontext einer Beobachtung vorsprachlichen Verhaltens zwar sinnvoll sein (wir deuten z. B. frühere Stufen menschlicher Handlungskompetenz im Lichte unserer Erfahrungen auf späteren Stufen), die Tatsache aber, daß sie sich auf eine vorsprachliche Stufe beziehen, befähigt sie nicht, die sprachliche

Stufe im Sinne einer explanativen Theorie zu erklären. Denn die Beschreibung der vorsprachlichen Stufe gelingt nicht anders als durch eine Projektion der äußeren Handlungen nach ›innen‹; und auch hier gilt, daß das virtuelle Bild keine Erklärung seines Ausgangspunktes liefern kann.

Zuerst muß der Ausgangspunkt, unser eigenes reales sprachliches Handeln, wie wir es als zugleich leibliche und geistige Wesen vollziehen und erfahren, verstanden werden, und dann kann dieses Verständnis ein Licht werfen auf verinnerlichte, ›geistige‹ Handlungen einerseits und auf experimentell zugängliche körperliche Mechanismen andererseits. Wenn Johnson dem Objektivismus zu Recht (und ganz im Sinne philosophischer Einsichten seit Kant) vorwirft, er irre sich, wenn er das Gleichbleibende in der menschlichen Erfahrung ›außen‹, in einer von der Erkenntnis unabhängigen ›objektiven‹ Welt suche, scheint er selbst, zu Unrecht, der Meinung zu sein, es sei richtig, dies Gleichbleibende nach ›innen‹, in die ›psychischen Mechanismen‹ und ihre Instrumente (die Schemata) zu verlegen. Hier wurde im Gegensatz dazu dafür argumentiert, daß wir ein solches Gleichbleibendes, unserer Handlungsfähigkeit Zugrundeliegendes, für ein sprachphilosophisches Verständnis, wie es allen speziellen Theorien und falsifizierbaren Hypothesen ausgesprochen oder unausgesprochen zugrundeliegt, nicht brauchen. Zunächst besteht das Ziel darin, unsere Handlungsfähigkeit, auch unsere Fähigkeit zur Phantasie, unmittelbar zu verstehen. Dies erfordert bei einer komplexen Kompetenz das Verständnis einfacher Handlungen und, in einem sehr weiten Sinne, ein Verständnis der ›Prinzipien‹, nach denen wir die Handlungen immer komplexer machen können. Diese Prinzipien sind solche des Handelns, nicht ablaufender Mechanismen.

Wenn das Ziel die Erarbeitung einer Grammatik für eine einzelne natürliche Sprache ist, kann es sinnvoll sein, in diesem Bereich der grammatischen Regeln, des ›grammatischen Sinns‹, einen Begriff der ›Vollständigkeit‹ zu definieren und eine ihm genügende Darstellung anzustreben. Im Bereich der Bedeutung in einem umfassenderen, auf die ermöglichten Einzelhandlungen bezogenen Sinn dagegen können die

›Prinzipien‹, die das Ineinandergreifen von Kalkül und Phantasie bestimmen, nur an Beispielen erläutert werden. Jedes Beispiel weist (insofern es ein Beispiel *für etwas* ist) über sich hinaus, die Beispiele decken aber die Gesamtheit sprachlicher Handlungsmöglichkeiten nicht ab, sondern helfen im Gegenteil, verständlich zu machen, warum es im Bereich der unter semantischen Gesichtspunkten erörterten natürlichen Sprache ohne künstliche Beschränkung gar nicht sinnvoll ist, von einer solchen ›Gesamtheit‹ zu sprechen.

Stehen wir also am Ende, da wir zu keiner Theorie im Sinne eines Instruments zur Beherrschung eines klar abgegrenzten Gegenstandsbereichs gekommen sind, mit leeren Händen da? Wittgenstein hat über seine Untersuchungen gesagt, in ihnen werde »...an Beispielen eine Methode gezeigt, und die Reihe dieser Beispiele kann man abbrechen.«[21] Das Auffinden einer Möglichkeit, sich in den Prinzipien sprachlichen Handelns ohne die Stütze einer flächendeckenden Theorie so auszukennen, daß er sich fähig fühlt, die nach seiner Auffassung für die Philosophie charakteristischen Verwirrungen von Fall zu Fall zum Verschwinden zu bringen und so zu einer ›vollkommenen Klarheit‹ zu finden, hat Wittgenstein als seine »eigentliche Entdeckung« bezeichnet, die die Philosophie (und das heißt wohl vor allem: sein eigenes Denken) ›zu Ruhe bringe‹.[22] Nach allem, was wir wissen, war diese Ruhe bei Wittgenstein durch große Anstrengungen errungen.[23] Was ihm dieses Ziel bedeutete, findet sich angedeutet in Aussagen wie »Friede in den Gedanken. Das ist das ersehnte Ziel dessen, der philosophiert.«[24] Die Wortwahl zeigt, daß es hier nicht um ein rein intellektuelles Ziel geht; und dies wiederum läßt auch die Bedeutung des Wortes »Durchsichtigkeit« in einem Licht erscheinen, das über bloße Folgerichtigkeit hinausweist, wenn Wittgenstein an anderer

21 Wittgenstein 1953 § 133
22 Ibid.
23 Vgl. Monk 1990. Für ein tieferes Verständnis des Zieles dieser Anstrengungen vgl. das Vorwort zu Wittgenstein 1964 und Kerr 1986
24 Wittgenstein 1977, S. 87

Stelle sagt: »Die Menschen, welche kein Bedürfnis nach Durchsichtigkeit ihrer Argumentation haben, sind für die Philosophie verloren.«[25]

Die angestrebte Durchsichtigkeit und Klarheit und die damit ermöglichte Ruhe verdankt sich einem Sich-Auskennen, das aus der philosophischen Tätigkeit erwächst, das aber kein Verfügen über eine Theorie ist. Diese Klarheit dürfte aber eine gute Voraussetzung dafür sein, nun auch Theorien (in einem hinreichend weiten Sinne) zu entwickeln oder fortzuentwickeln, die uns bei der Aufklärung über uns selbst von Nutzen sind, z. B. psychologische (oder gar psychosomatische) Theorien, von denen nicht mehr gesagt werden muß, sie verbänden »experimentelle Methoden *und Begriffsverwirrung*«.[26] Steht die Klarheit über unsere eigenen Handlungsfähigkeiten in ihrer Vielfalt am Ausgangspunkt und nicht eine methodische Festlegung der Untersuchungen *allein* auf die ›äußere Gestalt‹ des Menschen, d. h. auf die körperlichen ›Mechanismen‹, deren Störung die jeweilige Handlungsfähigkeit beeinträchtigt, dann haben wir wohl auch gute Chancen, als Ergebnis unserer Verstehensbemühungen schließlich doch einmal mehr in den Händen zu halten als einen »toten Klotz, der auch keine Ähnlichkeit mit einem Lebewesen hat.«[27]

25 Wittgenstein 1989 a, S. 192
26 Wittgenstein 1953, II S. 232. Als aktuelle Einschätzung der Theorien über Sprache, Geist und Wirklichkeit sei diejenige von R.M.Kempson zitiert: »And the present state of the art is in general unrelentingly tribal..., each researcher articulating and evaluating solutions within the confines of their own selected paradigm.« (Kempson 1988, S. 21) Einen impliziten positiven Vorschlag enthält die folgende Aussage Bruners, der mit Bezug auf die Ansätze zu einer kulturell orientierten, d. h. das Handlungsverständnis der Menschen einschließenden Psychologie schreibt: »I think that what kept psychology from continuing to develop steadily along these promising lines was its stubborn antiphilosophical stance that kept it isolated from currents of thought in its neighboring disciplines in the human sciences.« (1990, S. 101) Er skizziert auch, wie er sich eine weniger eingeschränkte Psychologie vorstellt.
27 Wittgenstein 1953 § 430

Literaturverzeichnis

Um das Verzeichnis nicht zu sehr aufzublähen, werden nur Werke aufgeführt, aus denen im Text zitiert wird, oder die den Gedankengang entscheidend beeinflußt haben. Angeführt wird die jeweils benutzte Ausgabe; Übersetzungen sind nur dort vermerkt, wo die Originalarbeit schwer zugänglich ist.

Anderson, J. R. (1988): Kognitive Psychologie: Eine Einführung, Heidelberg (Spektrum der Wissenschaft)

Angelelli, I. (1975): Freges Ort in der Begriffsgeschichte; in: Ch. Thiel, (Hrsg.), Frege und die moderne Grundlagenforschung, 9-22, Meisenheim am Glan (Anton Hain)

Angelelli, I. (1984): Frege and Abstraction; in: P. Weingartner, Ch. Pühringer (eds.), Philosophy of Science, History of Science; A Selection of Contributed Papers of the 7th International Congress of Logic, Methodology, and Philosophy of Science, Salzburg 1983, 453-471, Meisenheim am Glan (Anton Hain)

Anscombe, G.E.M. (1957): Intention, Oxford (Blackwell)

Anscombe, G.E.M. (1979): Under a Description, Noûs 13, 219-233

Apel, K.-O. (1973): Transformation der Philosophie II, Frankfurt (Suhrkamp)

Austin, J. L. (1962): How to do things with words, Oxford (O. Univ. Press)

Baker, G. und Hacker, P.M.S. (1980): Wittgenstein. Understanding and Meaning, Oxford (Blackwell)

Baker, G. und Hacker, P.M.S. (1984): Frege: Logical Excavations, Oxford (O. Univ. Press)

Bar-Hillel, Y. (1963): Remarks on Carnap's Logical Syntax of Language; in: P.A. Schilpp (ed.), The Philosophy of Rudolf Carnap (The Library of Living Philosophers, Vol. XI), 519-543, La Salle, Illinois (Open Court)

Bennett, J. (1988): Events and their Names, Oxford (Clarendon)

Black, M. (1964): A Companion to Wittgenstein's ›Tractatus‹, Cambridge (Cambr. Univ. Press)

Bloomfield, L. (1983): An Introduction to the Study of Language, New edition with an introduction by J. F. Kess, Amsterdam (John Benjamins) (Orig. London 1914)

Bloomfield, L. (1935): Language, rev. ed. London (George Allen & Unwin)

Boas, F. (1911): Handbook of American Indian Languages, Part 1, Washington (Government Printing Office) (Smithsonian Institution, Bureau of American Ethnology, Bulletin 40). Nachdruck Oosterhout 1969 (Anthropological Publ.)

Bruner, J. (1975): The Ontogenesis of Speech Acts, *Journal of Child Language* 2, 1-19

Bruner, J. (1983): Child's Talk. Learning to Use Language, New York (W.W. Norton & Co.)

Bruner, J. (1990): Acts of Meaning, Cambridge, Mass. (Harvard Univ. Press)

Campbell, R. und R. Wales (1970): The Study of Language Acquisition; in: J. Lyons (ed.), New Horizons in Linguistics, 242-260, Harmondsworth (Penguin Books)

Carnap, R. (1932): Überwindung der Metaphysik durch logische Analyse der Sprache, *Erkenntnis* 2, 219-241

Carnap, R. (1934): Logische Syntax der Sprache, Wien (Julius Springer)

Carnap, R. (1963): Intellectual Autobiography; in: P.A. Schilpp (ed.), The Philosophy of Rudolf Carnap (The Library of Living Philosophers, Vol. XI), 3-84, La Salle, Ill. (Open Court)

Carr, Ph. (1987): Psychologism in Linguistics, and its Alternatives; in: Modgil und Modgil (eds.) 1987; 211-221

Chomsky, N. (1957): Syntactic Structures, Den Haag (Mouton)

Chomsky, N. (1959): Review of ›Verbal Behavior‹ by B.F. Skinner; *Language* 35, 26-58

Chomsky, N. (1965): Aspects of the Theory of Syntax, Cambridge, Mass. (The MIT Press)

Chomsky, N. (1966): Cartesian Linguistics. A Chapter in the History of Rationalist Thought, New York (Harper & Row)

Chomsky, N. (1969): Some Empirical Assumptions in Modern Philosophy of Language; in: S. Morgenbesser, P. Suppes, M. White (eds.), Philosophy, Science, and Method. Essays in Honor of Ernest Nagel, 260-285, New York (St. Martin's Press)

Chomsky, N. (1971): The Case Against B.F. Skinner; *The New York Review of Books*, 30. Dezember, 18-24

Chomsky, N. (1972): Language and Mind, enlarged ed., New York (Harcourt Brace Jovanovich)

Chomsky, N. (1975): Knowledge of Language; in: K. Gunderson (ed.), Language, Mind, and Knowledge (Minnesota Studies in the Philosophy of Science ed. H. Feigl, G. Maxwell, vol. 7), 299-320, Minneapolis (Univ. of Minnesota Press)

Chomsky, N. (1976): Reflections on Language, Glasgow (Fontana/Collins)

Chomsky, N. (1977): Essays on Form and Interpretation, New York (North Holland)

Chomsky, N. (1980): Rules and Representations, Oxford (Blackwell)

Chomsky, N. (1982): Noam Chomsky on The Generative Enterprise. A Discussion with Riny Huybregts and Henk van Riemsdijk, Dordrecht (Foris Publications)

Chomsky, N. (1985): The Logical Structure of Linguistic Theory, Chicago (The Univ. of Chicago Press)

Chomsky, N. (1986): Knowledge of Language: Its Nature, Origin, and Use, New York (Praeger)

Chomsky, N. (1987): Language and Problems of Knowledge, Linguistic Agency University of Duisburg, Duisburg

Chomsky, N. (1988): Language and Problems of Knowledge; The Managua Lectures, Cambridge, Mass. (The MIT Press)

Churchland, P. S. (1986): Neurophilosophy. Toward a Unified Science of the Mind-Brain, Cambridge, Mass. (The MIT Press)

D'Agostino, F. (1986): Chomsky's System of Ideas, Oxford (O. University Press)

Davidson, D. (1980): Essays on Actions and Events, Oxford (Clarendon Press)

Davidson, D. (2984): Inquiries into Truth and Interpretation, Oxford (Clarendon Press)

Davidson, D. (1986): A Nice Derangement of Epitaphs; in: E. Lepore (ed.), Truth and Interpretation; Perspectives on the Philosophy of Donald Davidson, 433-446, Oxford (Blackwell)

Duden (1959): Grammatik der deutschen Gegenwartssprache, hrsg. von der Dudenredaktion unter Leitung von P. Grebe, Mannheim (Bibliographisches Institut)

Dummett, M. (1981): Frege; Philosophy of Language, 2nd ed., London (Duckworth)

Dummett, M. (1975): What is a Theory of Meaning? In: S. Guttenplan (ed.), Mind and Language, 97-138, Oxford (Clarendon Press); dt. in: Dummett, Wahrheit, Stuttgart (Reclam) 1982, S. 94-155

Dummett, M. (1976): What is a Theory of Meaning? (II) In: G. Evans, J. McDowell (eds.), Truth and Meaning. Essays in Semantics, 67-137, Oxford (Clarendon)

Dummett, M. (1977): Can Analytical Philosophy be systematic, and should it be? In: D. Henrich (Hrsg.), Ist systematische Philosophie möglich? (Hegel-Studien, Hrsg. F Nicolin u. O. Pöggeler, Beiheft 17), 305-326, Bonn (Grundmann). (Abdruck in: Dummett 1978, S. 437-458; dt. in: Dummett, Wahrheit, Stuttgart 1982, 185-220, (Reclam))

Dummett, M. (1978): Truth and other Enigmas, London (Duckworth)

Dummett, M. (1979): What does the Appeal to Use do for the Theory of Meaning? In: A. Margalit (ed.), Meaning and Use, 123-135, Dordrecht (Reidel)

Dummett, M. (1981a): Objections to Chomsky, *London Review of Books 3, No.* 16, 5-6

Dummett, M. (1981 b): Frege and Wittgenstein; in: J. Block (ed.), Perspectives on the Philosophy of Wittgenstein, 31-42, Oxford (Blackwell); abgedruckt in Dummett 1991, 237-248

Dummett, M. (1989): Language and Communication; in: A.George (ed.), Reflections on Chomsky, 192-212, Oxford (Blackwell)

Dummett, M. (1991): Frege and Other Philosophers, Oxford (Clarendon)

Duranti, A. (1988): Intentions, Language, and Social Action in a Samoan Context, *Journal of Pragmatics* 12, 13-33

Feyerabend, P. (1983): Wider den Methodenzwang; revidierte und erweiterte Fassung, Frankfurt (Suhrkamp)

Fillmore, C.J. (1968): The Case for Case; in: E. Bach, R. Harms (eds.), Universals in Linguistic Theory, 1-88, New York (Holt, Rinehart and Winston)

Fillmore, C.J. (1977): The Case for Case Reopened; in: P. Cole, J.M. Sadock (eds.), Syntax and Semantics, Vol. 8: Grammatical Relations, 59-81, New York (Academic Press)

Fleck, L. (1980): Entstehung und Entwicklung einer wissenschaftlichen Tatsache, Frankfurt (Suhrkamp)

Fleisher Feldman, C. und Toulmin, S. (1976): Logic and the Theory of Mind; in: W.J. Arnold (ed.), Conceptual Foundations of Psychology [J.K. Cole (ed.), Nebraska Symposium on Motivation 1975], 409-476, Lincoln, Nebr. (Univ. of Nebr. Press)

Frege, G. (1962): Grundgesetze der Arithmetik, begriffsschriftlich abgeleitet, Band 1; reprografischer Nachdruck der Auflage Jena 1893; Band 2; reprografischer Nachdruck der Ausgabe Jena 1903; Darmstadt (Wissenschaftliche Buchgesellschaft)

Frege, G. (1964): Begriffsschrift, eine der arithmetischen nachgebildete Formelsprache des reinen Denkens (Halle 1879), in: I.Angelelli (Hrsg.), G. Frege: Begriffsschrift und andere Aufsätze, VII-99, Hildesheim, 2. Aufl. (Olms)

Frege, G. (1967): Kleine Schriften, hrsg. von I. Angelelli, Darmstadt (Wissenschaftliche Buchgesellschaft)

Frege, G. (1969): Nachgelassene Schriften, hrsg. von H.Hermes, F. Kambartel u. F.Kaulbach, Hamburg (Felix Meiner)

Frege, G. (1986): Die Grundlagen der Arithmetik. Eine logisch mathematische Untersuchung über den Begriff der Zahl. Centenarausgabe, mit ergänzenden Texten kritisch herausgegeben von Ch. Thiel, Hamburg (Felix Meiner)

Gethmann, C.F. (1979): Protologik. Untersuchungen zur formalen Pragmatik von Begründungsdiskursen, Frankfurt (Suhrkamp)

Goodman, N. (1976): Languages of Art. An Approach to a Theory of Symbols, Indianapolis (Hackett Pbl. Co.)

Grice, P. (1968): Utterer's Meaning, Sentence-Meaning, and Word-Meaning, *Foundations of Language* 4, 1-18

Habermas, J. (1971): Vorbereitende Bemerkungen zu einer Theorie der kommunikativen Kompetenz; in: J.Habermas, N.Luhmann, Theorie der Gesellschaft oder Sozialtechnologie. Was leistet die Systemforschung? 101-141, Frankfurt (Suhrkamp)

Habermas, J. (1981): Theorie des kommunikativen Handelns, 2 Bde., Frankfurt (Suhrkamp)

Harris, Z.S. (1951): (Methods in) Structural Linguistics, Chicago (The Univ. of Chicago Press)

Hegselmann, R. (1979): Klassische und konstruktive Theorie des Elementarsatzes, *Zeitschrift für Philosophische Forschung 33*, 89-107

Hobbes, T. (1966): The English Works, ed. W. Molesworth, London 1839-45; 2nd repr. 1966, Bd. 3, Aalen (Scientia)

Jäger, L. (1990): Die Evolution der Sprache. Die biologischen Grundlagen des sozialen Wandels der Sprache und ihre Erörterung in der modernen Linguistik; in: M. Kerner (Hrsg.), Evolution und Prognose. Beiträge des ersten interdisziplinären Kolloquiums der RWTH Aachen; *Alma Mater Aquensis*, Sonderband 2, 185-214 Aachen, (RWTH)

Johnson, M. (1987): The Body in the Mind. The Bodily Basis of Meaning, Imagination, and Reason, Chicago (The Univ. of Chicago Press)

Kambartel, F. (1979): Überlegungen zum pragmatischen und argumentativen Fundament der Logik. In: K.Lorenz (Hrsg.), Konstruktionen versus Positionen. Beiträge zur Diskussion um die Konstruktive Wissenschaftstheorie, Bd. 1, 216-228 Berlin (de Gruyter)

Kambartel, F. und P. Stekeler-Weithofer (1988): Ist der Gebrauch der Sprache ein durch ein Regelsystem geleitetes Handeln? – Das Rätsel der Sprache und der Versuch seiner Lösung. In: A.von Stechow, M.-Th.Schepping (Hrsg.), Fortschritte in der Semantik, 201-223, Weinheim (VCH Acta humaniora)

Kamlah, W. und P. Lorenzen (1967): Logische Propädeutik; Vorschule des vernünftigen Redens, Mannheim (Bibliographisches Institut); (2. Aufl. 1973)

Katz, J.J. (1980): Chomsky on Meaning; *Language* 56, 1-41

Kempson, R.M. (Ed.) (1988): Mental Representations. The Interface Between Language and Reality. Cambridge (C. Univ. Press)

Kenny, A. (1984): The Legacy of Wittgenstein, Oxford (Blackwell)

Kerr, F. (1986): Theology after Wittgenstein, Oxford (Blackwell)

Kleist, H.v. (1964): Anekdoten, Kleine Schriften, dtv-Gesamtausgabe Bd. 5, München (Deutscher Taschenbuch Verlag) [nach H. Sembdner, Hrsg., Sämtliche Werke und Briefe, München (Hanser) ²1961]

Koppe, F. (1983): Grundbegriffe der Ästhetik, Frankfurt (Suhrkamp)

Kuhn, T. (1967): Die Struktur wissenschaftlicher Revolutionen, Frankfurt (Suhrkamp)

Lakoff, G. (1987): Women, Fire, and Dangerous Things: What Categories Reveal about the Mind, Chicago (The Univ. of Chicago Press)

Lakoff, G. und M. Johnson (1980): Metaphors We Live By, Chicago (The Univ. of Chicago Press)

Lashley, K.S. (1960), The problem of serial order in behavior; in: Beach, Leslie et al. (eds.), The Neuropsychology of Lashley 506-528, New York (McGraw) (Orig. 1951)

Locke, J. (1975): An Essay Concerning Human Understanding; ed. P.H. Nidditch, Oxford (Clarendon)

Lorenzen, P. (1973): Semantisch normierte Orthosprachen; in: F.Kambartel, J.Mittelstraß (Hrsg.), Zum normativen Fundament der Wissenschaft, 231-249, Frankfurt (Athenäum). (Erstveröffentlichung in: *Die wissenschaftliche Redaktion* 7, 1972, 117-132)

Lorenzen, P. und O. Schwemmer (1975): Konstruktive Logik, Ethik und Wissenschaftstheorie, Mannheim (Bibliographisches Institut); 2. Aufl.

Lyons, J. (1970): Chomsky, London (Fontana/Collins)

Maclay, H. (1971): Linguistics: Overview; in: D.D.Steinberg, L.A.Jacobovits (eds.), Semantics. An Interdisciplinary Reader in Philosophy, Linguistics, and Psychology, 157-182, Cambridge (C. Univ. Press)

Magee, B. (1988): The Great Philosophers. An Introduction to Western Philosophy, Oxford (O. Univ. Press)

Malcolm, N. (1979/80): ›Functionalism‹ in Philosophy of Psychology; *Proc. Arist. Soc., N.S., Vol. LXXX*, 211-229

Mill, J. St. (1879): A System of Logic, ratiocinative and inductive, Vol. 1, tenth ed. London (Longmans, Green & Co.)

Modgil, S. und Modgil, C. (eds.), (1987): Noam Chomsky. Consensus and Controversy; Essays in Honour of Noam Chomsky (Falmer

International Master-Minds Challenged, Vol. 3), New York (The Falmer Press)

Monk, R. (1990): Ludwig Wittgenstein; The Duty of Genius, London (Jonathan Cape)

Moravcsik, J. (1983): Can There Be a Science of Thought? *Conceptus* XVII, 239-262

Moravcsik, J. (1979): Understanding, *Dialectica 33*, 201-216

Neisser, U. (1974): Kognitive Psychologie, Stuttgart (Ernst Klett)

Neisser, U. (1979): Kognition und Wirklichkeit; Prinzipien und Implikationen der kognitiven Psychologie, Stuttgart (Klett/Cotta)

Nicod, J.G.P. (1920): A Reduction in the number of the Primitive Propositions of Logic, *Proceedings of the Cambridge Philosophical Society, Vol. XIX*, 30. Oct.-24. Nov. 1919, 32-41. (CUP)

Palmer, A. (1988): Concept and Object. The Unity of the Proposition in Logic and Psychology, London (Routledge)

Peirce, C.S. (1970): Schriften II; Vom Pragmatismus zum Pragmatizismus; mit einer Einführung hrsg. von K.-O. Apel, Frankfurt (Suhrkamp)

Piattelli-Palmarini, M. (ed.), (1980): Language and Learning. The Debate between Jean Piaget and Noam Chomsky, London (Routledge & Kegan Paul)

Picardi, E. (Chemistry): The Chemistry of Concepts; erscheint in: B. Naumann, F. Plank, G. Hofbauer (eds.), Language and Earth. Elective Affinities between the Emerging Sciences of Language and of the Earth, Amsterdam (John Benjamins) 125-146

Prätor, K. (1982): Das Interesse an Gegenständen. Überlegungen zur Form elementarer Sätze im Logischen Empirismus. *Grazer Philosophische Studien 16/17*, 425-436

Prätor, K. (Hrsg.) (1988): Aspekte der Abstraktionstheorie. Ein interdisziplinäres Kolloquium (Aachener Schriften zur Wissenschaftstheorie, Logik und Sprachphilosophie, hrsg. von M. Gatzemeier, Bd. 2) (Rader)

Ricœur, P. (1986): Die lebendige Metapher, München (Fink)

Ricœur, P. (1978): The Metaphorical Process as Cognition, Imagination, and Feeling. In: Sh. Sacks (ed.), On Metaphor, Chicago (The Univ. of Chicago Press) 141-157

Rössler, B. (1990): Die Theorie des Verstehens in Sprachanalyse und Hermeneutik. Untersuchungen am Beispiel M. Dummetts und F.D.E. Schleiermachers, Berlin (Duncker & Humblot)

Rorty, R. (1980): Philosophy and the Mirror of Nature, Oxford (Blackwell)

Russell, B. (1937): The Principles of Mathematics, 2nd ed., London (Allen & Unwin)

Ryle, G. (1949): The Concept of Mind, London (Hutchinson)

Ryle, G. (1932): Systematically Misleading Expressions; *Proceedings of the Aristotelian Society, N.S., Vol. XXXII*, 139-170. [Dt.: Systematisch irreführende Ausdrücke; in: R. Bubner (Hrsg.), Sprache und Analysis. Texte zur englischen Philosophie der Gegenwart, Göttingen (Vandenhoeck & Ruprecht) 1968, 31-62]

Schneider, H. J. (1970): Historische und systematische Untersuchungen zur Abstraktion. Diss. Erlangen (Fotodruck)

Schneider, H. J. (1975): Pragmatik als Basis von Semantik und Syntax, Frankfurt (Suhrkamp)

Schneider, H.J. (1979): Ist die Prädikation eine Sprechhandlung? Zum Zusammenhang zwischen pragmatischen und syntaktischen Funktionsbestimmungen. In: K.Lorenz (Hrsg.), Konstruktionen versus Positionen. Beiträge zur Diskussion um die Konstruktive Wissenschaftstheorie, Bd. 2, 23-36, Berlin (de Gruyter)

Schneider, H. J. (1980): On Language Use and Language Structure, *Kodikas/Code 2*, 77-85

Schneider, H.J. (1982 a): Gibt es eine ›Transzendental-‹ bzw. ›Universalpragmatik‹? *Zeitschrift für philosophische Forschung 36*, 208-226

Schneider, H.J. (1982 b): Dient der Subjunktor der Diskursabkürzung? Zu C.F.Gethmanns Protologik. In: C.F.Gethmann (Hrsg.), Logik und Pragmatik. Zum Rechtfertigungsproblem logischer Sprachregeln, 143-163, Frankfurt (Suhrkamp)

Schneider, H.J. (1983): Komplexität als Eigenschaft von Handlungen und sprachlichen Ausdrücken. In: G.Frey, J.Zelger (Hrsg.), Der Mensch und die Wissenschaften vom Menschen (Die Beiträge des XII. Deutschen Kongresses für Philosophie in Innsbruck vom 29.Sept. bis 3.Okt. 1981), Bd. 2, 1005-1011, Innsbruck (Solaris)

Schneider, H. J. (1986): Wenn/dann-Verbindungen in der Logik und in der natürlichen Sprache. In: Schweizerische Naturforschende Gesellschaft (Hrsg.), Jahrbuch 1982 / 1, 181-188, Basel (Birkhäuser)

Schneider, H.J. (1987): Rezension von G. Baker, P.M.S. Hacker, Frege: Logical Excavations, *Zeitschrift für philosophische Forschung 41*, 482-486

Schneider, H.J. (1988): Der Konstruktivismus ist kein Reduktionismus! Thesen zur konstruktiven Abstraktionstheorie. In: K.Prätor (Hrsg.) 1988, 164-169

Schneider, H. J. (1989): Anthropomorphes versus anthropozentrisches Denken. Zur ethischen und wissenschaftstheoretischen Bedeutung einer Unterscheidung. In: M. Gatzemeier (Hrsg.), Verantwortung in Wissenschaft und Technik, 34-45, Mannheim (Bibliographisches Institut)

Schneider, H.J. (1990a): Was heißt: Reden von etwas? In: W.Huber, E.Petzold, Th.Sundermeier (Hrsg.), Implizite Axiome. Tiefenstrukturen des Denkens und Handelns, 140-150, München (Chr.Kaiser)

Schneider, H. J. (1990b): Syntactic Metaphor: Frege, Wittgenstein, and the Limits of a Theory of Meaning; *Philosophical Investigations 13*, 137-153

Schneider, H. J. (Annahmen): Die sprachphilosophischen Annahmen der Sprechakttheorie. Erscheint in: M.Dascal, D.Gerhardus, K.Lorenz, G.Meggle (Hrsg.), Sprachphilosophie. Ein internationales Handbuch zeitgenössischer Forschung, Berlin (de Gruyter)

Schneider, H. J. (Objectivism): Objectivism in Pragmatics as a Hindrance to Intercultural Communication. In: J.Blommaert, J.Verschueren (eds.), The Pragmatics of Intercultural and International Communication: Selected Papers of the 1987 International Pragmatics Conference (Part III) and the Ghent Symposium on Intercultural Communication, 163-172, Amsterdam 1991 (John Benjamins)

Schulte, J. (1989): Wittgenstein's Notion of Secondary Meaning and Davidson's Account of Metaphor – A Comparison; in: J. Brandl, W.L. Gombocz (eds.), The Mind of Donald Davidson; 141-148, Amsterdam *(Grazer Philos. Studien Bd. 36)*

Searle, J. (1969): Speech Acts; An Essay in the Philosophy of Language, Cambridge (C. Univ. Press)

Searle, J. (1972): Chomsky's Revolution in Linguistics; *The New York Review of Books*, June 29, 16-24; Abdruck in: G. Harman (ed.), On Noam Chomsky, Garden City (Anchor Press) 1974; dt. in: Grewendorf/Meggle (Hrsg.), Linguistik und Philosophie, 404-438, Frankfurt 1974 (Athenäum)

Searle, J. (1976): The Rules of the Language Game; *The Times Literary Supplement*, No. 3.887, Sept. 10; 1118-1120

Soskice, J. M. (1985): Metaphor and Religious Language, Oxford (Clarendon)

Stekeler-Weithofer, P. (1986): Grundprobleme der Logik. Elemente einer Kritik der formalen Vernunft; Berlin (de Gruyter)

Stenius, E. (1960): Wittgenstein's Tractatus. A Critical Exposition of its Main Lines of Thought, Oxford (Blackwell)

Stetter, Ch. (1974): Sprachkritik und Transformationsgrammatik, Düsseldorf (Schwann)

Taylor, Ch. (1980): Theories of Meaning; *Proceedings of the British Academy 66*, 283-327, Oxford (O. Univ. Press); abgedruckt in: Taylor, Philosophical Papers, Vol. 1, Cambridge 1985, 248-292 (C. Univ. Press); dt. in: Taylor, Negative Freiheit? Zur Kritik des neuzeitlichen Individualismus, Frankfurt (Suhrkamp) 1988, 52-117

Taylor, Ch. (1989): Sources of the Self: The Making of the Modern Identity, Cambridge (C. Univ. Press)

Thiel, Ch. (1982): From Leibniz to Frege: Mathematical Logic between 1679 and 1879; in: L.J. Cohen, H. Pfeiffer, K.-P. Podewski (eds.), Logic, Methodology and Philosophy of Science VI, Proc. of the Sixth Intern. Congress for Logic, Meth. and Phil. of Science, Hannover 1979, Amsterdam (North Holland)

Thiel, Ch. (1985): Gottlob Frege: Die Abstraktion; in: J. Speck (Hrsg.), Grundprobleme der großen Philosophen, Philosophie der Gegenwart I, 9-46; 3., teilweise überarbeitete Aufl., Göttingen (Vandenhoeck & Ruprecht)

Toulmin, S.(1971): Brain and Language: A Commentary; *Synthese* 22, 369-395

Valéry, P. (1987): Cahiers/Hefte, Bd. 1, Frankfurt (S. Fischer)

Waismann, F. (1976): Logik, Sprache, Philosophie, Stuttgart (Reclam)

Wellmer, A.: (1989): Was ist eine pragmatische Bedeutungstheorie? Variationen über den Satz ›Wir verstehen einen Sprechakt, wenn wir wissen, was ihn akzeptabel macht‹: in: A. Honneth et al. (Hrsg.), Zwischenbetrachtungen. Im Prozeß der Aufklärung (Jürgen Habermas zum 60. Geburtstag), 318-370, Frankfurt (Suhrkamp)

Wittgenstein, L. (1953): Philosophische Untersuchungen / Philosophical Investigations, New York (Macmillan)

Wittgenstein, L. (1958): Preliminary Studies for the ›Philosophical Investigations‹, generally known as The Blue and Brown Books, Oxford (Blackwell)

Wittgenstein, L. (1964): Philosophische Bemerkungen, hrsg. von Rush Rhees; Schriften 2, Frankfurt (Suhrkamp)

Wittgenstein, L. (1969): Philosophische Grammatik, hrsg. von Rush Rhees, Schriften 4, Frankfurt (Suhrkamp)

Wittgenstein, L. (1970): Das Blaue Buch; übers. von P. von Morstein; Eine Philosophische Betrachtung; hrsg. von R.Rhees; Zettel, hrsg. von G.E.M. Anscombe und G.H. von Wright, Schriften 5, Frankfurt (Suhrkamp)

Wittgenstein, L. (1977): Vermischte Bemerkungen. Eine Auswahl aus dem Nachlaß, hrsg. von G. H. v.Wright, Frankfurt (Suhrkamp)

Wittgenstein, L. (1982): Bemerkungen über die Philosophie der Psychologie, hrsg. von G.E.M. Anscombe und G.H. von Wright, Schriften 8, Frankfurt (Suhrkamp)

Wittgenstein, L. (1989a): ›Philosophie‹; §§ 86-93 (S. 405-435) aus dem sogenannten »Big Typescript« (Katalognummer 213); *Revue Internationale de Philosophie* 43, 175-203

Wittgenstein, L. (1989b): Vortrag über Ethik und andere kleine Schriften, hrsg. von J. Schulte, Frankfurt (Suhrkamp).

Wright, G. H. von (1971): Explanation and Understanding, London (Routledge & Kegan Paul); (dt.: Erklären und Verstehen, Königstein (Athenäum) 1974)

Register